Reichsgesundheitswesen

Eine Sammlung der wichtigeren Gesetze, Verordnungen und Verwaltungsvorschriften des Reichsrechts über das Gesundheitswesen

von

Dr. jur. Fritz Goetze und Dr. jur. Hellmuth Meeske
Amts- und Landrichter in Berlin
Landgerichtsrat im Reichsjustizministerium

1937
München, Berlin und Leipzig
J. Schweitzer Verlag (Arthur Sellier)

Druck von Dr. F. P. Datterer & Cie., Freising-München.

Vorwort.

Das Buch will der Praxis dienen. Im Laufe der Zeit sind die auf dem Gebiete des Gesundheitswesens bestehenden Rechts- und Verwaltungsvorschriften immer schwerer übersehbar geworden. Seit der Machtergreifung ist auf verschiedenen Gebieten eine große Zahl von Vorschriften ergangen. Neben dem grundsätzlich Neuen, das der Nationalsozialismus aufgebaut hat, ist aber vieles Alte erhalten geblieben. Wichtige Gesetze, die vor einem halben Jahrhundert ergangen sind, stehen noch in Kraft und sind in mancherlei Hinsicht geändert und ergänzt worden. Groß ist schließlich auch die Zahl der Verwaltungsvorschriften, deren Kenntnis für die Praxis unerläßlich ist. So ist es für den, der auf dem Gebiete des Gesundheitswesens tätig ist, oft nur in zeitraubender Arbeit möglich, sich über den derzeitigen Rechtszustand zu unterrichten. Diesen Schwierigkeiten will das Buch durch eine Zusammenstellung der geltenden Rechts- und Verwaltungsvorschriften abhelfen.

Bei der Fülle des Stoffes mußte eine Auswahl getroffen werden. Das konnte aber ohne Schaden in der Sache geschehen. Die Auswahl ist unter dem Gesichtspunkt vorgenommen worden, wem das Buch zu dienen bestimmt ist. Sondergebiete, die nur bestimmte Personenkreise interessieren, wie z. B. Unfallverhütung, Gewerbe- und Arbeitsrecht, Sozialversicherung, Jugendwohlfahrt,

Eisenbahn- und Schiffsverkehr, internationale Vereinbarungen sind fortgelassen worden. Auf den übrigen Gebieten ist aber möglichste Vollständigkeit in dem Sinne erstrebt worden, daß jedenfalls alle wichtigeren Bestimmungen gebracht werden. Dabei haben die Verfasser besonderen Wert auf die Zusammenstellung der gerade für die Praxis wichtigen Verwaltungsvorschriften gelegt.

Es haben bearbeitet:

Goetze: 3. Teil Unterabschnitt I, 5. Teil;

Meeske: 1. Teil, 2. Teil, 3. Teil Unterabschnitte II, III, 4. Teil.

Möge das Buch seine Aufgabe, der Praxis ein Helfer zu sein, erfüllen.

Die Verfasser.

Inhaltsverzeichnis.

Erster Teil.

Gesundheitswesen im allgemeinen.

IV. Verschiedene Vorschriften.

Dritter Teil.

Bekämpfung übertragbarer Krankheiten.

I. Seuchen im allgemeinen.

Seite

Vierter Teil.

Arzneimittel, Betäubungsmittel, Gifte.

I. Arzneimittel.

II. Betäubungsmittel.

III. Verwendung von hochgiftigen Stoffen zur Schädlingsbekämpfung.

A. Blausäure.

Erster Teil.

Gesundheitswesen im allgemeinen.

1. Gesetz über die Vereinheitlichung des Gesundheitswesens.

Vom 3. Juli 1934 (RGBl. I S. 531).

(Auszug.)

§ 1. Zur einheitlichen Durchführung des öffentlichen Gesundheitsdienstes sind in den Stadt- und Landkreisen in Anlehnung an die untere Verwaltungsbehörde Gesundheitsämter einzurichten.

§ 2. Leiter des Gesundheitsamtes ist ein staatlicher Amtsarzt. Seine Stellung wird durch eine Dienstordnung bestimmt, die der Reichsminister des Innern erläßt; im übrigen bleibt bis zur anderweitigen Regelung die bestehende Landesgesetzgebung in Kraft.

§ 3. (1) Den Gesundheitsämtern liegt ob:

I. Die Durchführung der ärztlichen Aufgaben:
  a) der Gesundheitspolizei,
  b) der Erb- und Rassenpflege einschließlich der Eheberatung,
  c) der gesundheitlichen Volksbelehrung,
  d) der Schulgesundheitspflege,
  e) der Mütter- und Kinderberatung,
  f) der Fürsorge für Tuberkulöse, für Geschlechtskranke, körperlich Behinderte, Sieche und Süchtige;

II. die ärztliche Mitwirkung bei Maßnahmen zur Förderung der Körperpflege und Leibesübungen;

III. die amts-, gerichts- und vertrauensärztliche Tätigkeit, soweit sie durch Landesrecht den Amtsärzten übertragen ist.

(2) Weitere vertrauensärztliche Tätigkeit, besonders auf dem Gebiete der Sozialversicherung, können die Gesundheitsämter auf Grund besonderer Regelung übernehmen.

(3) Krankenhäuser, Heil- und Pflegeanstalten, Heime der geschlossenen und halbgeschlossenen Fürsorge, Kur- und Badeanstalten und ähnliche Einrichtungen bleiben in der Verwaltung der bisherigen Träger.

§ 4. (1) Die Gesundheitsämter sind staatliche Einrichtungen. Die Stadt- und Landkreise tragen zu den Kosten der Unterhaltung und Einrichtung nach Bedürfnis und Leistungsfähigkeit bei.

(2) An Stelle staatlicher Gesundheitsämter können Einrichtungen der Stadt- und Landkreise als Gesundheitsämter im Sinne des § 1 anerkannt werden. In diesem Falle bleiben die Stadt- und Landkreise Kostenträger; sie erhalten vom Staat einen Zuschuß für den entstehenden Mehraufwand.

(3) Das Nähere regeln die Ausführungsbestimmungen.

§ 5. (1) Auch der Leiter eines Gesundheitsamts nach § 4 Abs. 2 ist ein staatlicher Amtsarzt. Der Reichsminister des Innern kann Ausnahmen hiervon zulassen.

(2) Bei der Ernennung des staatlichen Amtsarztes ist die Gemeinde oder der Gemeindeverband zu hören.

(3) Die bisherigen ärztlichen Leiter dieser Gesundheitsämter sind in den Staatsdienst zu übernehmen, wenn sie eine den Amtsärzten gleichwertige Ausbildung nachweisen oder sich in der Leitung eines Gesundheitsamtes hinreichend bewährt haben.

§ 6. In Stadt- und Landkreisen, deren Einrichtungen nach § 4 Abs. 2 als Gesundheitsämter im Sinne des § 1 anerkannt worden sind, kann die Anerkennung widerrufen werden, wenn sie die ihnen durch dieses Gesetz übertragenen Aufgaben nicht ordnungsgemäß erfüllen.

§ 7. Die Gesundheitsämter erheben Gebühren nach einer vom Reichsminister des Innern zu erlassenden Gebührenordnung.[1])

§ 10. Die zur Ausführung und Ergänzung dieses Gesetzes erforderlichen Rechts- und Verwaltungsvorschriften erläßt der Reichsminister des Innern, soweit finanzielle Auswirkungen in

[1]) VO. über die Gebührenerhebung der Gesundheitsämter v. 31. März 1935 (RGBl. S. 481).

Frage kommen, im Einvernehmen mit dem Reichsminister der Finanzen. Der Reichsminister des Innern kann ferner im Einvernehmen mit dem Reichsminister der Finanzen für die Übergangszeit von diesem Gesetz abweichende Bestimmungen erlassen. Die obersten Landesbehörden werden ermächtigt, im Verordnungswege Vorschriften des Landesrechts an den durch dieses Gesetz geschaffenen Rechtszustand anzugleichen.

§ 11. Dieses Gesetz tritt am 1. April 1935 in Kraft. Der Reichsminister des Innern ist ermächtigt, die zur Durchführung des Gesetzes erforderlichen Maßnahmen schon vor diesem Zeitpunkt zu treffen.

2. Erste Durchführungsverordnung zum Gesetz über die Vereinheitlichung des Gesundheitswesens.

Vom 6. Februar 1935 (RGBl. I S. 177).

(Auszug.)

Aufgabengebiet der Gesundheitsämter.

§ 4. (1) Das Gesetz überträgt im § 3 Abs. 1 Nr. I den Gesundheitsämtern die ärztlichen Aufgaben auf den dort bezeichneten Gebieten. Den Gesundheitsämtern liegt danach nur die ärztliche Feststellung und die Begutachtung ob, wie etwaige gesundheitliche Gefahren oder Mißstände zu beheben oder sonst Maßnahmen zur Förderung der Volksgesundheit zu treffen sind. Die Durchführung der von ihnen vorgeschlagenen Maßnahmen verbleibt denjenigen Stellen, die bisher dazu verpflichtet waren oder sie freiwillig übernommen hatten. Danach ist insbesondere die wirtschaftliche Fürsorge keine Aufgabe der Gesundheitsämter. Diese haben aber die ärztlichen Maßnahmen bei der nachgehenden gesundheitlichen Fürsorge im Rahmen der Familienfürsorge durchzuführen. Darüber hinaus kann in einem kleinen Bezirk ein Kreis freiwillig und widerruflich mit Genehmigung der obersten Landesbehörde oder der von ihr bestimmten Behörde dem Gesundheitsamt auch die auf Grund ärztlicher Feststellung vorzuschlagenden Maßnahmen zur Durchführung im Wege wirtschaftlicher Fürsorge übertragen und ihm hierfür Haushaltsmittel zur Verfügung stellen.

(2) Gesundheitsämter, welche die ihnen übertragenen ärztlichen Aufgaben nicht sogleich auf allen im § 3 Abs. 1 Nr. I b bis f und Nr. II bezeichneten Gebieten im vollen Umfange durchführen können, müssen jedenfalls fortsetzen, was bisher auf diesen Gebieten in ärztlicher Hinsicht von den örtlichen staatlichen oder kommunalen Stellen geleistet worden ist. Vorhandene Einrichtungen sollen bestehen bleiben. Der Ausbau hat dann allmählich nach den verfügbaren Mitteln stattzufinden. Dabei sind diejenigen Gebiete in erster Linie zu berücksichtigen, bei denen ein Ausbau nach den örtlichen Verhältnissen vordringlich ist.

(3) Zu § 3 I a: Das Gesundheitsamt ist ärztlicher Berater der Gesundheitspolizeibehörde. Es hat besonders bei der Bekämpfung der übertragbaren Krankheiten durch Ermittelungen über Art, Stand und Ursache der Krankheit mitzuwirken und der Gesundheitspolizeibehörde die zur Verhütung der Weiterverbreitung der Krankheiten erforderlichen Maßnahmen zu bezeichnen. Ihm liegen auch die ärztlichen Aufgaben auf dem Gebiete der Lebensmittel- und Gewerbepolizei ob, soweit nicht den Gewerbepolizeibehörden für bestimmte Aufgaben besondere ärztliche Staatsbeamte als Berater beigegeben sind.

(4) Zu § 3 I b: Das Gesundheitsamt hat die natürliche Bevölkerungsbewegung in seinem Bezirk zu verfolgen, das wertvolle Erbgut in unserem Volke zu pflegen und hierauf insbesondere bei der Eheberatung zu achten. Es hat die im Gesetz zur Verhütung erbkranken Nachwuchses dem beamteten Arzt übertragenen Aufgaben zu erfüllen und bei der Bekämpfung des Geburtenrückganges nachdrücklich mitzuwirken.

(5) Zu § 3 I c: Die gesundheitliche Volksbelehrung, durch die allgemein anerkannte Grundsätze auf dem Gebiete des Gesundheitswesens und der Erblehre und Rassenpflege Gemeingut der Bevölkerung werden sollen, ist vom Gesundheitsamt im engen Einvernehmen mit den die gleichen Ziele verfolgenden Organisationen der Nationalsozialistischen Deutschen Arbeiterpartei

durchzuführen. Eine Unterstützung durch die freipraktizierenden Ärzte ist anzustreben.

(6) Zu § 3 I d: Die Schulgesundheitspflege, in der jedes Schulkind vorsorglich hinsichtlich seiner körperlichen und geistigen Gesundheit laufend überwacht werden soll, ist im Gesundheitsamt zusammenzufassen. Zu ihrer Durchführung kann das Gesundheitsamt auch andere Ärzte als Schulärzte heranziehen. Diese sollen ebenso wie das Gesundheitsamt den Erziehungsberechtigten in Fragen, welche die gesundheitliche Entwicklung eines Kindes betreffen, für eine ärztliche Beratung zur Verfügung stehen. Ärztliche Behandlung in der Schulgesundheitspflege ist nicht Aufgabe des Gesundheitsamts.

(7) Zu § 3 I e: Das Gesundheitsamt hat die Mütter während der Schwangerschaft und des Wochenbetts in gesundheitlichen Fragen zu beraten. Ferner hat es den Gesundheitszustand der Säuglinge und Kleinkinder zu überwachen und den Müttern Anleitung für eine gesunde Aufzucht der Kinder zu geben.

(8) Zu § 3 I f: Die ärztlichen Aufgaben des Gesundheitsamts auf dem Fürsorgegebiet der Tuberkulose beschränken sich auf Maßnahmen zur Ermittelung Tuberkulosekranker und im Einzelfall auf die Feststellung, welcher Art die Erkrankung ist und welche Maßnahmen zur Verhütung ihrer Weiterverbreitung erforderlich sind, ferner auf Vorschläge für die Durchführung eines Heilplanes und schließlich auf die Anregung etwa in Betracht kommender wirtschaftlicher Hilfsmaßnahmen für den Kranken. Die Entscheidung über die Durchführung der Maßnahmen und die Durchführung selbst gehören zu der den Gesundheitsämtern gesetzlich nicht obliegenden wirtschaftlichen Fürsorge.

(9) Bei der Bekämpfung der Geschlechtskrankheiten ist das Gesundheitsamt der ärztliche Berater der Gesundheitsbehörde im Sinne des Gesetzes zur Bekämpfung der Geschlechtskrankheiten vom 18. Februar 1927 (Reichsgesetzbl. I S. 61). Eine Heilbehandlung Geschlechtskranker findet im Gesundheitsamt nicht statt.

(10) Auf dem Gebiet der Krüppelfürsorge hat das Gesundheitsamt einen Heilplan festzulegen und an die Stelle weiter-

zuleiten, die über die Durchführung des Planes zu entscheiden hat.

(11) Die Mitwirkung des Gesundheitsamts bei der Fürsorge für Sieche umfaßt die Feststellung des Gebrechens und die Äußerung, ob die Unterbringung des Siechen in einer geeigneten Pflegestelle angezeigt ist.

(12) Den Kampf gegen die Rauschgiftsucht, besonders gegen den Alkoholmißbrauch, hat das Gesundheitsamt dadurch zu unterstützen, daß es den Verbänden, die sich mit der Fürsorge für Süchtige befassen, die ärztlich-wissenschaftlichen Grundlagen für ihre Fürsorgemaßnahmen gibt.

(13) Die Einrichtung und Unterhaltung von Fürsorge- und Beratungsstellen auf den im § 3 Abs. 1 Nr. I des Gesetzes unter f angegebenen Fürsorgegebieten gehört zu den Aufgaben des Gesundheitsamts, wenn bei diesen Stellen der Schwerpunkt der Tätigkeit in der ärztlichen Beratung und Untersuchung liegt. Mit anderen Fürsorge- oder Beratungsstellen hat das Gesundheitsamt eng zusammenzuarbeiten.

(14) Wo es die örtlichen Verhältnisse erfordern, können für ein einzelnes Gesundheitsgebiet einem Gesundheitsamt die ärztlichen Aufgaben mehrerer Gesundheitsämter übertragen werden. Für die Übertragung ist die gemeinsame Aufsichtsbehörde zuständig. Mit ihrer Genehmigung können auch Fürsorge- und Beratungsstellen für mehrere Gesundheitsämter gemeinschaftlich eingerichtet und unterhalten werden.

§ 5. Zur Förderung der Körperpflege und Leibesübungen (§ 3 Abs. 1 Nr. II des Gesetzes) hat das Gesundheitsamt durch ärztlichen Rat mitzuwirken, wie gesundheitliche Schädigungen der dabei Beteiligten vermieden werden können; gegebenenfalls sind von ihm Veranstaltungen auf den bezeichneten Gebieten ärztlich zu überwachen.

§ 6. In größeren Gesundheitsämtern kann die Bearbeitung einzelner Aufgabengebiete, z. B. die der Erb- und Rassenpflege einschließlich der Eheberatung und die der ärztlichen Mitwirkung bei Maßnahmen zur Förderung der Körperpflege und Leibesübungen, besonders zusammengefaßt werden.

§ 7. (1) Der Übergang amts-, gerichts- und vertrauensärztlicher Tätigkeit auf die Gesundheitsämter (§ 3 Abs. 1 Nr. III des Gesetzes) läßt Art und Umfang der einzelnen Tätigkeit unverändert. Er umfaßt die gerichtsärztliche Tätigkeit auch solcher Ärzte, die bisher von einem Lande nur für diese Tätigkeit angestellt waren. Die Befugnis zur Wahrnehmung gerichtsärztlicher Tätigkeit bestimmt sich bis zu einer reichsrechtlichen Regelung nach Landesrecht.

(2) Die Dienstordnung (§ 10) regelt, welche Behörde die Genehmigung zur Übernahme vertrauensärztlicher Tätigkeit erteilt.

§ 8. Zu den Anstalten und Einrichtungen, die nach § 3 Abs. 3 des Gesetzes in der Verwaltung der bisherigen Träger verbleiben, gehören auch Medizinal- und bakteriologische Untersuchungsstellen sowie Lebensmitteluntersuchungsstellen.

§ 9. Auf den durch § 3 des Gesetzes den Gesundheitsämtern übertragenen Gebieten haben sich kreisangehörige Gemeinden (Gemeindeverbände) jeder eigenen Tätigkeit zu enthalten.

§ 10. Die Durchführung der nach § 3 des Gesetzes den Gesundheitsämtern obliegenden Aufgaben wird in der Dienstordnung (§ 2 des Gesetzes) näher geregelt.

Staatliche Gesundheitsämter.

§ 19. (1) Die staatlichen Gesundheitsämter üben ihre Tätigkeit in Anlehnung an die untere Verwaltungsbehörde aus und haben ihre Aufgaben in steter Fühlungnahme und enger Zusammenarbeit mit dieser Behörde durchzuführen.

(2) Die untere Verwaltungsbehörde hat den Amtsarzt an allen Angelegenheiten zu beteiligen, die für die Durchführung der Aufgaben des Gesundheitsamts von Bedeutung sind oder von Bedeutung werden können. Der Amtsarzt ist zu Sitzungen, in denen solche Angelegenheiten erörtert werden, von der unteren Verwaltungsbehörde in gleicher Weise hinzuzuziehen, wie ein Beamter des Gemeindeverbandes (Stadtkreises) in leitender Stellung. Er hat in den Sitzungen beratende Stimme.

(3) Näheres regelt die Dienstordnung.

Kommunale Gesundheitsämter.

§ 20. (1) Einrichtungen eines Stadt- oder eines Landkreises können als Gesundheitsamt anerkannt werden (§ 4 Abs. 2 des Gesetzes), wenn sie schon bisher die ärztlichen Aufgaben auf den im § 3 Abs. 1 Nrn. I und II des Gesetzes angegebenen Gebieten allein oder im Zusammenwirken mit anderen Einrichtungen des Kreises erfüllt haben. Dabei ist es unerheblich, wenn ihre Tätigkeit auf einzelnen dieser Gebiete noch nicht voll ausgebaut war. Sie müssen jedoch für die Übernahme dieser Aufgaben nach ihrem Personalbestand und ihrer räumlichen und sonstigen Ausgestaltung geeignet und ihr Weiterbestehen muß finanziell gesichert sein. Die Kosten dieser Einrichtung sind im Haushalt in Einnahme und Ausgabe abgesondert zu behandeln.

(2) Die Anerkennung und ihr Widerruf (§ 6 des Gesetzes) erfolgt nach Anhören der obersten Landesbehörde durch den Reichsminister des Innern.

§ 21. Eine als Gesundheitsamt anerkannte kommunale Einrichtung erledigt die ihr obliegenden amtlichen Aufgaben als Auftragsangelegenheiten.

§ 22. (1) Der staatliche Amtsarzt eines kommunalen Gesundheitsamts hat den auf die Durchführung der Aufgaben des Gesundheitsamts bezüglichen Weisungen des Leiters des Kreises Folge zu leisten. Er untersteht jedoch nicht dessen Dienststrafgewalt.

(2) Der § 19 Abs. 2 findet entsprechende Anwendung.

3. Zweite Durchführungsverordnung zum Gesetz über die Vereinheitlichung des Gesundheitswesens.

(Dienstordnung — Allgemeiner Teil.)

Vom 22. Februar 1935 (RGBl. I S. 215).

(Auszug.)

Abschnitt I

Aufgaben und Stellung des Gesundheitsamtes.

§ 1. Das Gesundheitsamt hat die ihm gesetzlich obliegenden Aufgaben nach wirtschaftlichen Gesichtspunkten durchzuführen.

Es hat insbesondere

1. die gesundheitlichen Verhältnisse des Bezirkes zu beobachten;
2. die Durchführung der Gesundheitsgesetzgebung zu überwachen;
3. sich auf Erfordern der zuständigen Behörden in Angelegenheiten des Gesundheitswesens gutachtlich zu äußern und ihnen Vorschläge zur Abstellung von Mängeln und zur Förderung der Volksgesundheit zu unterbreiten;
4. die für die Durchführung der Erb- und Rassenpflege und der gesundheitlichen Für- und Vorsorge erforderlichen Untersuchungen und Feststellungen vorzunehmen;
5. amtliche Zeugnisse in allen Fällen auszustellen, in denen die Beibringung eines amtsärztlichen Zeugnisses vorgeschrieben ist.

§ 2. Das Gesundheitsamt muß sich über den Gesundheitszustand in seinem Bezirke, insbesondere über die klimatischen, Boden-, Luft-, Trinkwasser-, Wohnungs-, Erwerbs- und sonstigen Lebensverhältnisse der Bevölkerung laufend unterrichten. Die Ärzte des Gesundheitsamtes sollen jede Gelegenheit benutzen, die einschlägigen örtlichen Verhältnisse zu erkunden, dabei Vorurteile und Unwissenheit zu bekämpfen und das Interesse für die Gesundheitspflege zu heben.

§ 3. Verstöße gegen die Vorschriften der Gesundheitsgesetzgebung hat das Gesundheitsamt zur Kenntnis der zuständigen Behörden zu bringen. Bei Unregelmäßigkeiten von geringerer Bedeutung soll es selbst durch Vorstellungen und Ratschläge Abhilfe anstreben.

§ 4. (1) Die Ärzte des Gesundheitsamtes dürfen zum Zwecke der amtlichen Besichtigung alle der Aufsicht des Gesundheitsamtes unterstellten Anstalten, Anlagen, Räume und Örtlichkeiten betreten.

(2) Sie führen eine von der Aufsichtsbehörde ausgestellte Ausweiskarte.

(3) Von Besichtigungen, die im gesundheitspolizeilichen Interesse stattfinden, ist die Ortspolizeibehörde rechtzeitig zu benachrichtigen, wenn ihre Mitwirkung angezeigt ist.

(4) Der Leiter eines kommunalen Gesundheitsamtes hat dem Leiter des Kreises einen Bericht über das Ergebnis derjenigen Besichtigungen zu erstatten, bei denen es sich um Anstalten oder Anlagen des Kreises handelt. Der Leiter des Kreises hat eine Abschrift des Berichtes der Aufsichtsbehörde zur Kenntnisnahme einzureichen.

§ 5. Vorschläge zur Abstellung von Mißständen dürfen nicht über das Maß des tatsächlichen Bedürfnisses hinausgehen. Dieses Maß ist unter Berücksichtigung der praktischen Erfahrung festzustellen und soll den finanziellen Mitteln Rechnung tragen. Finden die Vorschläge keine Beachtung, so ist die Angelegenheit der Aufsichtsbehörde zu unterbreiten.

§ 6. (1) In allen Zweigen der Gesundheitsfür- und -vorsorge sind die Grundsätze der Erb- und Rassenpflege zu beachten. Dabei ist auf die Beseitigung gesundheitlicher Gefahrenquellen in der Umwelt Gewicht zu legen.

(2) Die beim Gesundheitsamt beschäftigten Gesundheitspflegerinnen haben durch Hausbesuche und Hilfe in den Beratungsstunden die Ermittlungen und Feststellungen zu unterstützen und beratend einzugreifen. Sie können, ebenso wie das übrige ärztliche Hilfspersonal, nebenher zu Büroarbeiten des Gesundheitsamtes herangezogen werden.

§ 7. (1) Das Gesundheitsamt hat sicherzustellen, daß die für seine Ermittlungen und Feststellungen erforderlichen physikalischen, chemischen und mikroskopischen Untersuchungen zweckmäßig ausgeführt werden können.

(2) Alle Ämter müssen in der Lage sein, hierbei diejenigen Untersuchungen, welche ein Laboratorium nicht erfordern, selbst auszuführen; schwierigere Untersuchungen können sie auf Grund von Verträgen mit Kranken- und Untersuchungsanstalten anderwärts vornehmen lassen. Doch sollen größere Ämter für ihre Untersuchungen nach Möglichkeit ein eigenes Laboratorium haben und eine eigene Röntgenuntersuchungsstelle bereitstellen.

(3) Anstalten, die im Besitz der öffentlichen Hand sind, sind verpflichtet, sich im Rahmen ihrer Ausstattung den Gesund-

heitsämtern zu Untersuchungen gegen eine angemessene Vergütung zur Verfügung zu stellen. Der Reichsminister des Innern kann die Vergütungen tariflich regeln.

§ 8. Die staatlichen Gesundheitsämter sind derjenigen Behörde unterstellt, die die Stadt- und Landkreise (§ 2 der Ersten Durchführungsverordnung) beaufsichtigt. Die Stellung des staatlichen Amtsarztes als Leiter eines kommunalen Gesundheitsamtes regelt sich nach § 22 Abs. 1 der Ersten Durchführungsverordnung, die des Kommunalarztes als Leiter eines kommunalen Gesundheitsamtes nach der Deutschen Gemeindeordnung.

§ 12. (1) Aufträge erhält das Gesundheitsamt durch die vorgesetzte Dienstbehörde, soweit im nachstehenden nichts anderes bestimmt ist.

(2) Das staatliche Gesundheitsamt hat Ersuchen des Leiters des Kreises (§ 2 der Ersten Durchführungsverordnung) in Angelegenheiten des Gesundheitswesens zu befolgen.

(3) Der Reichsminister des Innern bestimmt, welche Behörden oder Dienststellen Gesundheitszeugnisse vom Gesundheitsamt unmittelbar anfordern können.

§ 13. (1) Das staatliche Gesundheitsamt hat Berichte, die es in Angelegenheiten des Gesundheitswesens seiner vorgesetzten Dienstbehörde erstattet, durch die Hand des Leiters des Kreises einzureichen. Berichtet dieser seiner vorgesetzten Dienstbehörde über gesundheitliche Angelegenheiten des Kreises, so hat er den Bericht vorher dem Gesundheitsamt zur Kenntnis zu geben und eine etwa abweichende Stellungnahme dieses Amtes seinem Berichte beizufügen.

(2) Hält der Leiter des Kreises eine Maßnahme des Gesundheitsamtes mit den Belangen der allgemeinen Verwaltung nicht für vereinbar, so hat er, falls sich ein Einvernehmen nicht herstellen läßt, die Entscheidung der Aufsichtsbehörde einzuholen. Ist dies wegen Gefahr im Verzuge nicht möglich, so ist der Leiter des Kreises befugt, einstweilige Anordnungen zu treffen.

(3) Der Abs. 1 Satz 2 findet entsprechende Anwendung, wenn das Gesundheitsamt eine Einrichtung des Kreises ist und der Leiter des Kreises der Aufsichtsbehörde berichtet.

§ 14. In allen Fragen, in denen sich die gegenseitigen Arbeitsgebiete berühren, hat das Gesundheitsamt mit den Kreis- und Gemeindebehörden enge Fühlung zu halten. Diese können das Gesundheitsamt unmittelbar um gutachtliche Äußerungen ersuchen. Das Gesundheitsamt soll von ihnen zu örtlichen Besichtigungen, bei denen gesundheitliche Verhältnisse geprüft werden, eingeladen werden und sie seinerseits zu solchen einladen.

§ 15. (1) Die Ortspolizeibehörden können an das Gesundheitsamt unmittelbare Ersuchen richten.

(2) Die Ortspolizeibehörden sind verpflichtet, das Gesundheitsamt bei seiner Amtstätigkeit zu unterstützen, seine Vorschläge zur Abstellung von gesundheitlichen Mängeln zu prüfen, um das Erforderliche anzuordnen. Sie haben dem Gesundheitsamt mitzuteilen, was sie auf Grund seiner Vorschläge veranlaßt haben.

(3) Die Ortspolizeibehörden haben ferner das Gesundheitsamt von allen wichtigen, das Gesundheitswesen des Bezirkes betreffenden Vorkommnissen zu unterrichten. Wenn nach Reichs- oder Landesrecht die durch die Seuchengesetzgebung vorgeschriebenen Anzeigen dem Gesundheitsamt unmittelbar zugehen, so hat es so bald als möglich die Anzeige mit dem Ergebnis der Ermittlungen und mit seinen Vorschlägen an die Ortspolizeibehörde weiterzugeben. Erhält die Ortspolizeibehörde auf andere Weise vom Ausbruch einer übertragbaren oder der Anzeigepflicht unterliegenden Krankheit Kenntnis, so ist das Gesundheitsamt hiervon zu benachrichtigen.

(4) Bei Gefahr im Verzug kann das Gesundheitsamt die zur Verhütung, Feststellung, Abwehr und Unterdrückung einer übertragbaren Krankheit erforderlichen vorläufigen Anordnungen treffen. Diesen Anordnungen ist Folge zu leisten.

(5) Die getroffenen vorläufigen Anordnungen sind den Beteiligten durch das Gesundheitsamt entweder zur Niederschrift oder durch schriftliche Verfügung zu eröffnen und der Ortspolizei und der unteren Verwaltungsbehörde sofort mitzuteilen.

Sie bleiben so lange in Kraft, bis von der zuständigen Behörde anderweitige Verfügung getroffen wird.

(6) Polizeiverordnungen der Orts- und Kreispolizeibehörden, die das Gesundheitswesen betreffen, sollen nur nach Anhörung des Gesundheitsamtes erlassen werden und sind nach dem Erlaß dem Gesundheitsamt mitzuteilen.

§ 16. (1) Die oberen Bergbehörden sind berechtigt, Ersuchen in gesundheitlichen Angelegenheiten unmittelbar an das Gesundheitsamt zu richten.

(2) Die gesundheitliche Beaufsichtigung der Bergwerksbetriebe durch das Gesundheitsamt regeln die Oberbergämter mit der vorgesetzten Dienstbehörde des Gesundheitsamtes.

(3) Eine möglichst enge Zusammenarbeit der Gesundheitsämter mit den Bergrevierbeamten in Fragen des Gesundheitswesens ist sicherzustellen.

§ 17. (1) Zwischen den Gerichten und den Gesundheitsämtern findet ein unmittelbarer Schriftverkehr statt.

(2) Wenn das Gesundheitsamt von einem Gericht um ein Gutachten ersucht worden ist, so hat der Amtsarzt der vorgesetzten Dienstbehörde zu berichten, falls er glaubt, daß durch die Erstattung des Gutachtens dienstliche Belange gefährdet würden. Das gleiche gilt, wenn ein Arzt des Gesundheitsamtes von einem Gericht als Zeuge geladen ist.

§ 18. Die Gesundheitsämter sollen bei der Erledigung ihrer Aufgaben mit den gesundheitlichen Einrichtungen der Nationalsozialistischen Deutschen Arbeiterpartei eng zusammenarbeiten.

§ 19. (1) Die Ärzte des Gesundheitsamtes sollen mit den übrigen Ärzten ihres Bezirkes und den ärztlichen Organisationen möglichst nahe wissenschaftliche und berufliche Beziehungen unterhalten.

(2) Bei amtlichen Ermittlungen und Feststellungen soll das Gesundheitsamt den behandelnden Arzt nach Möglichkeit benachrichtigen.

(3) Bezüglich der Ermittlung und Feststellung von übertragbaren Krankheiten verbleibt es bei den gesetzlichen Vorschriften.

§ 26. Für Privatpersonen darf das Gesundheitsamt amtliche Zeugnisse nur ausstellen, wenn die Begutachtung als Dienstaufgabe erklärt ist (§ 3 des Gesetzes).

§ 27. Die bei einem Gesundheitsamt beschäftigten nichtbeamteten Personen sind bezüglich aller Angelegenheiten, die ihnen durch ihre Tätigkeit bei dem Amt bekannt werden, zur Verschwiegenheit zu verpflichten.

§ 32. Der Geschäftsgang der Gesundheitsämter wird vom Reichsminister des Innern durch eine Dienstanweisung geregelt.

4. Dritte Durchführungsverordnung zum Gesetz über die Vereinheitlichung des Gesundheitswesens.

(Dienstordnung für die Gesundheitsämter — Besonderer Teil).

Vom 30. März 1935 (RMBl. S. 327).

Abschnitt I.

Medizinalpersonen.

§ 1. (1) Das Gesundheitsamt führt Listen über diejenigen Personen, die in seinem Bezirk selbständig oder in abhängiger Stellung Behandlung, Pflege oder gesundheitliche Fürsorge am Menschen ausüben, die Leichenschau betätigen oder die Entkeimungen von Wohnungen und Gegenständen vornehmen. Die polizeilichen Meldelisten sind die Grundlage dieser Listenführung. Das Gesundheitsamt erhält von den An- und Abmeldungen rechtzeitig Kenntnis und ist verpflichtet, etwaige Ergänzungen anzufordern. Es prüft die Berechtigungsausweise und kann hierbei polizeiliche Hilfe in Anspruch nehmen.

(2) Für jede Berufsart ist eine besondere Liste zu führen; die Führung als Kartei ist statthaft.

(3) Eine Nachweisung des Zu- und Abganges ist für Ärzte, Zahnärzte und Apotheker monatlich, für die übrigen Personen jährlich der staatlichen Aufsichtsbehörde vorzulegen.

(4) Für die An- und Abmeldung der Schiffsärzte gelten bis zum Erlaß einer besonderen Verordnung die landesrechtlichen Vorschriften.

Ausübung des Heilgewerbes durch Personen ohne staatliche Anerkennung.

§ 2. (1) Das Gesundheitsamt führt eine gesonderte Liste über diejenigen Personen, die ohne ärztliche Bestallung die Heilkunde am Menschen betreiben, und hat darauf zu achten, daß Personen ohne ärztliche Bestallung

1. sich nicht die Bezeichnung „Arzt" oder eine arztähnliche Bezeichnung zwecks Täuschung beilegen,
2. die Heilkunde nicht im Umherziehen oder gelegentlich von Vorträgen oder im Anschluß an solche ausüben (vgl. Gewerbeordnung § 56a Nr. 1; § 148 Nr. 7a) oder Arznei- und Geheimmittel feilbieten oder an andere käuflich überlassen (vgl. a. a. O. § 56 Nr. 9; § 148 Nr. 7a),
3. nicht Krankheiten behandeln, deren Behandlung gesetzlich den Ärzten vorbehalten ist, und
4. nicht verbotene öffentliche Anzeigen oder Ankündigungen ergehen lassen.

(2) Gesetzesverletzungen und Gesundheitsschädigungen sind der zuständigen Behörde anzuzeigen.

Abschnitt II.

Apothekenwesen.

Überwachung und Musterung des Geschäftsbetriebs.

§ 3. (1) Das Gesundheitsamt beaufsichtigt den Geschäftsbetrieb in den selbständigen Apotheken (Vollapotheken), Zweigapotheken, Krankenhausapotheken (Dispensieranstalten) und ärztlichen Haus- (Hand-) Apotheken.

(2) Jährlich einmal werden die Apotheken des Bezirks von einem beamteten Arzt unvermutet besucht, wobei auf die Ordnung und Sauberkeit (auch in den Arzneibehältnissen) sowie auf die Beachtung der sonstigen gesetzlichen Vorschriften zu achten ist. Es ist festzustellen, ob anderes als das pharmazeutische Personal in der Apotheke mit pharmazeutischen Arbeiten, insbesondere mit Anfertigung und Abgabe von ärztlichen Rezepten, beschäftigt wird.

(3) Unregelmäßigkeiten des Geschäftsbetriebs, z. B. unbefugte Ausübung der Heilkunde, gesetzwidrige Abgabe von Geheimmitteln oder stark wirkenden Arzneimitteln, Überschreitungen des amtlichen Verzeichnisses der Arzneipreise (Arzneitaxe), Betrieb von nicht genehmigten Nebengeschäften, unbefugtes Halten von Praktikanten, sind der Aufsichtsbehörde mitzuteilen.

(4) Bei der Musterung der Apotheken hat der beamtete Arzt die vorschriftsmäßige Ausbildung der Praktikanten zu prüfen. Dies ist im Tagebuch der Praktikanten zu vermerken. Über das Ergebnis ist eine Niederschrift zu fertigen, von der ein Abdruck in der Apotheke verbleibt, der zweite zu den Akten des Gesundheitsamtes genommen wird.

Teilnahme an Apothekenbesichtigungen.

§ 4. (1) Zu den Apothekenbesichtigungen, die im Auftrage der Aufsichtsbehörde vorgenommen werden, ist der Amtsarzt rechtzeitig und vertraulich einzuladen; er nimmt teil, falls er nicht dienstlich verhindert ist.

(2) Die Aufsichtsbehörde kann ausnahmsweise den Amtsarzt des Gesundheitsamtes mit der Vertretung ihres Medizinalreferenten bei den Besichtigungen beauftragen.

(3) Das Gesundheitsamt hat den Vollzug der auf Grund der Besichtigung ergangenen Bescheide und Anordnungen zu überwachen. Für die Apotheken am Sitz des Gesundheitsamtes ist hierbei die gesetzte Frist maßgebend; an auswärtigen Orten erfolgt die Überwachung gelegentlich, spätestens jedoch bei der nächsten Jahresmusterung.

(4) Die Berichte der Apothekenvorstände über die Erledigung der Besichtigungsbescheide sind unter Beifügung etwaiger Bemerkungen vom Gesundheitsamt der Aufsichtsbehörde weiterzuleiten.

Apothekenvorstände.

§ 5. (1) Die Apothekenvorstände haben Eingaben an die Aufsichtsbehörde beim Gesundheitsamt einzureichen. Dieses gibt sie unter Beifügung seiner Stellungnahme ohne Verzug weiter.

(2) Das Gesundheitsamt wacht über die ordnungsmäßige

Regelung der Stellvertretung eines abwesenden Apothekers. Deshalb ist der Apothekenvorstand verpflichtet, jede die Dauer von drei Tagen übersteigende Behinderung in der Leitung der Apotheke unter Benennung des Vertreters dem Gesundheitsamt rechtzeitig anzuzeigen.

(3) Kann in besonderen Fällen (z. B. plötzliche Erkrankung, Tod) die Vertretung auch mit Hilfe des Gesundheitsamtes nicht ordnungsmäßig geregelt werden, so hat der Amtsarzt bei der Aufsichtsbehörde unverzüglich die vorläufige Schließung der Apotheke zu beantragen.

Apothekerassistenten.

§ 6. Das Gesundheitsamt wacht darüber, daß in den Apotheken nur solche Kandidaten der Pharmazie beschäftigt werden, welche die durch §§ 15 bis 45 der Apothekerprüfungsordnung vom 8. Dezember 1934 (Reichsministerialbl. S. 769) vorgeschriebene Prüfung bestanden haben, oder solche Assistenten, denen gemäß §§ 19 Abs. 2, 48 der Prüfungsordnung vor vollständig bestandener Prüfung eine Genehmigung hierzu erteilt worden ist. Bis auf weiteres ist es nicht zu beanstanden, wenn Apothekerassistenten beschäftigt werden, die nach den Bestimmungen der Apothekerprüfungsordnung vom 18. Mai 1904 (Zentralbl. f. d. Deutsche Reich S. 150) die in den §§ 3 bis 15 dieser Prüfungsordnung und ihrer Nachträge vorgesehene Vorprüfung bestanden haben, oder die auf Grund einer im Ausland abgelegten gleichartigen Prüfung ausnahmsweise zur Beschäftigung als Apothekerassistenten zugelassen worden sind (vgl. Bekanntmachung des Reichskanzlers vom 12. Februar 1902 — Zentralbl. f. d. Deutsche Reich S. 23). Handelt es sich um einen Kandidaten der Pharmazie, so ist darauf zu achten, daß das Zeugnis dem durch § 46 der Apothekerprüfungsordnung vom 8. Dezember 1934 (Reichsministerialbl. S. 769) vorgeschriebenen Muster entspricht.

Apothekerpraktikanten.

§ 7. (1) Das Gesundheitsamt hat dem, der als Praktikant in eine Lehrapotheke eintreten will, auf Grund der von ihm vorzulegenden Papiere (Zeugnis über die wissenschaftliche Vorbildung, vgl. § 6 Abs. 1a der Apothekerprüfungsordnung vom 8. Dezember 1934 — Reichsministerialbl. S. 769 —, Zeugnis über die Wiederimpfung und selbstgeschriebener Lebenslauf) ein Zulassungszeugnis auszustellen, aus dem auch der Tag des Eintritts in die Lehrapotheke ersichtlich sein muß. Ohne dieses Zeugnis darf kein Apothekenvorstand einen Praktikanten annehmen. Wechselt ein Praktikant die Ausbildungsstelle (vgl. § 6 Abs. 1 Buchstabe b, Satz 7 der Apothekerprüfungsordnung vom 8. Dezember 1934 — Reichsministerialbl. S. 769), so ist das Zulassungszeugnis von dem für die neue Ausbildungsstelle zuständigen Amtsarzte zu genehmigen. Vor der Genehmigung hat sich dieser das Abgangszeugnis der früheren Lehrapotheke, aus dem der Grund des Wechsels der Ausbildungsstelle ersichtlich sein muß, vorlegen zu lassen.

(2) Das vom Apothekenvorstand bei Beendigung der Ausbildungszeit auszustellende Zeugnis, das außer einem Urteil über Leistungen und Führung des Praktikanten auch eine Angabe über etwaige Unterbrechungen der Praktikantenzeit (vgl. § 6 Abs. 1 Buchstabe b, Satz 5 der Apothekerprüfungsordnung vom 8. Dezember 1934) enthalten muß, ist vom Amtsarzt hinsichtlich der Dauer der Ausbildung zu prüfen und amtlich zu bestätigen. Dasselbe gilt von dem bei einem Wechsel der Lehrapotheke auszustellenden Abgangszeugnis.

Prüfung des Personals für Krankenhausapotheken.

§ 8. Im Auftrage der Aufsichtsbehörde hat der Amtsarzt in Gemeinschaft mit einem als zweites Mitglied der Prüfungskommission zuzuziehenden Apotheker Diakonissen und Mitglieder staatlich anerkannter geistlicher Genossenschaften für Krankenpflege (barmherzige Schwestern, barmherzige Brüder usw.), welche die Verwaltung der Dispensieranstalt eines Krankenhauses übernehmen wollen, zu prüfen. Die Verhandlungen sind der Aufsichtsbehörde einzureichen, damit diese bei günstigem Prüfungsergebnis das Befähigungszeugnis zur Verwaltung einer Krankenhaus-Dispensieranstalt ausstellt.

Errichtung neuer Apotheken.

§ 9. (1) Der Amtsarzt muß darauf achten, daß die für eine geregelte Arzneiverordnung notwendige Vermehrung der Apotheken mit der Zunahme der Bevölkerung tunlichst gleichen Schritt hält.

(2) Er hat daher nach Maßgabe der Vorschriften rechtzeitig die Errichtung neuer Apotheken bei der staatlichen Aufsichtsbehörde anzuregen. Dieser hat er auch derartige Anträge anderer Stellen mit seinem Gutachten vorzulegen.

Abschnitt III.

Überwachung des Verkehrs mit Arznei- und Geheimmitteln sowie des Handels mit Giften außerhalb der Apotheken.

Besichtigung der Drogen- und ähnlichen Handlungen.

§ 10. (1) Das Gesundheitsamt hat darüber zu wachen, daß die Bestimmungen über den Verkehr mit Arznei- und Geheimmitteln sowie über den Handel mit Giften außerhalb der Apotheken beobachtet werden. Zuwiderhandlungen hat es zur Kenntnis der zuständigen Behörden zu bringen (vgl. § 367 Nr. 3, 5 Strafgesetzbuch, § 6 Abs. 2, § 56 Gewerbeordnung, Kaiserl. Verordnung, betreffend den Verkehr mit Arzneimitteln, vom 22. Oktober 1901).

(2) Wegen der Beteiligung der Ärzte des Gesundheitsamts an den Besichtigungen derjenigen Verkaufsstellen, in denen Arzneimittel, Gifte oder giftige Farben feilgehalten werden — Drogen-, Material-, Farben- und ähnlicher Handlungen —, bleibt es bis zu einer reichsrechtlichen Regelung bei den landesrechtlichen Bestimmungen.

Berichterstattung.

§ 11. Eine Zusammenstellung der besichtigten Drogen- usw. Handlungen, der festgestellten Übertretungen und der erfolgten Bestrafungen ist der Aufsichtsbehörde mit dem Jahresbericht einzureichen.

Mitwirkung bei Erteilung der Genehmigung zum Handel mit Giften.

§ 12. (1) Der Amtsarzt prüft, sei es auf Ersuchen der Polizeibehörde oder auf unmittelbare Meldung, diejenigen Personen, welche die Genehmigung zum Handel mit Giften nachsuchen.

(2) Die Prüfung erstreckt sich bei Bewerbern um eine uneingeschränkte Genehmigung zum Gifthandel auf die allgemeine Kenntnis der Vorschriften des Strafgesetzbuchs, der Gewerbeordnung und der Polizeiverordnungen über den Handel mit Giften, auf die Kenntnis der Zusammensetzung der hauptsächlich gehandelten Gifte und giftigen Farben, ihrer landesüblichen Bezeichnung und der Gefahren, die beim Umgang mit ihnen drohen (Feuergefährlichkeit, Ätzwirkung, Schädlichkeit der Verstäubung u. dgl.). Die Bestimmung einiger Proben von besonders gearteten Giften und giftigen Farben ist zu verlangen. Bei Bewerbern um eine beschränkte Genehmigung zum Gifthandel genügt außer der Kenntnis der erwähnten Rechtsvorschriften die Kenntnis der Zusammensetzung derjenigen Stoffe, für welche die Genehmigung beantragt wird, und der beim Umgang mit ihnen drohenden Gefahren. Die Bestimmung einiger Proben von diesen Stoffen ist zu verlangen.

(3) In dem zu erteilenden Zeugnis sind, falls es sich um eine beschränkte Genehmigung handelt, die Stoffe einzeln einzutragen. Eine zweite Ausfertigung des Zeugnisses ist zu den Akten zu nehmen; in ihnen ist auch ein ungünstiger Ausgang der Prüfung zu vermerken.

Abschnitt IV.

Hebammenwesen.

Beaufsichtigung der Hebammen.

§ 13. (1) Die Hebammen des Bezirks unterstehen der Beaufsichtigung durch den Amtsarzt, bei dem sie sich vor Beginn ihrer Berufstätigkeit oder vor deren Wiederaufnahme nach mehr als einjähriger Unterbrechung unter Vorlegung des Prüfungszeugnisses, der erforderlichen Instrumente und Geräte, wie des

Tagebuches persönlich zu melden haben; den Hebammen ist aufzugeben, jeden Wohnungswechsel dem Gesundheitsamt anzuzeigen.

(2) Die Überwachung erstreckt sich auf die gesamte Berufstätigkeit und die Instandhaltung der Geräte, die regelmäßig nachzuprüfen sind.

(3) Das Gesundheitsamt hat darauf zu achten, daß die Hebammen Fieber im Wochenbett vorschriftsmäßig melden, jeden Todesfall einer Gebärenden oder einer Wöchnerin ihrer Praxis anzeigen und bei Fällen von Kindbettfieber bis zu einer etwaigen anderen Anordnung vor Ablauf von acht Tagen sich sonstiger beruflicher Tätigkeit enthalten. Der Amtsarzt kann der Hebamme, die bei einer an Kindbettfieber Erkrankten tätig gewesen ist, die Wiederaufnahme der Berufstätigkeit schon früher gestatten, wenn sie vorher ihre Hände und Kleidung keimfrei gemacht, gebadet und dies dem Amtsarzt gemeldet hat.

(4) Die zu Beginn jeden Jahres von den Hebammen vorzulegenden Verzeichnisse der von ihnen in dem Bezirk des Gesundheitsamtes geleiteten Entbindungen hat das Gesundheitsamt zu prüfen und eine Gesamtübersicht in den Jahresgesundheitsbericht aufzunehmen.

Prüfung der sich zum Hebammenberufe meldenden Personen.

§ 14. (1) Dem Amtsarzt liegt die Prüfung derjenigen weiblichen Personen ob, die sich zur Teilnahme an einem Hebammenlehrgang melden oder von Gemeinden oder sonstigen Berechtigten hierzu in Vorschlag gebracht werden. Diese haben folgende Unterlagen beizubringen:

a) die Bescheinigung der Polizeibehörde, daß die Bewerberin unbescholten ist, und daß keine Tatsachen bekannt sind, die ihre Zuverlässigkeit für den Hebammenberuf in Frage stellen;

b) ein Geburtsschein; Personen, die jünger als 20 und älter als 30 Jahre sind, dürfen nur dann geprüft werden, wenn ihre Aufnahme durch eine Zulassungsbehörde beabsichtigt ist;

c) ein Zeugnis über die erfolgte Wiederimpfung, es sei denn, daß diese durch vorhandene Impfnarben sichergestellt ist.

(2) Falls die Bewilligung von Ausnahmen in Frage kommt, hat der Amtsarzt die Bewerberin zunächst an die zuständige Stelle zu verweisen.

(3) Die vom Amtsarzt vorzunehmende Prüfung hat sich auf die körperliche und geistige Befähigung zur Ausübung des Hebammenberufs und auf das Vorhandensein der erforderlichen Schulbildung zu erstrecken. Die Anwärterin muß mindestens fließend und mit Verständnis lesen, ein Diktat ohne grobe Verstöße gegen die Rechtschreibung fertigen, die vier Rechenarten, auch mit Brüchen, mehrstelligen und Verhältniszahlen beherrschen und mit den gesetzlichen Maßen und Gewichten vertraut sein. Bei günstigem Ausfalle ist ein Fähigkeitszeugnis auszustellen.

(4) Bei Aufforderung hat sich der Amtsarzt an der Prüfung der Hebammenschülerinnen in der zuständigen Hebammenlehranstalt als Prüfer zu beteiligen.

Nachprüfung der Hebammen.

§ 15. (1) Der Amtsarzt hat die Hebammen seines Bezirks mindestens alle drei Jahre nachzuprüfen.

(2) Die Ladung zur Nachprüfung ist spätestens vier Wochen vorher zu veranlassen.

(3) Der Zeitpunkt der Nachprüfung ist der vorgesetzten Dienstbehörde und dem ärztlichen Leiter der zuständigen Hebammenlehranstalt rechtzeitig mitzuteilen.

(4) Über den Ausfall der Nachprüfung ist ein Vermerk in das Tagebuch der Hebamme einzutragen.

(5) Eine Hebamme, die bei der Nachprüfung versagt, soll binnen sechs Monaten nochmals nachgeprüft werden. Denjenigen Hebammen, die bei der Wiederholung der Nachprüfung ungenügende Kenntnisse zeigen, ist die Teilnahme an einem Wiederholungslehrgang aufzugeben. Die Entziehung des Prüfungszeugnisses auf Grund der unzureichenden Ergebnisse von Nachprüfungen und Wiederholungskursen kommt in Frage,

wenn das weitere Verbleiben einer Hebamme im Beruf auch wegen ungenügender Leistung in der Praxis mit den Erfordernissen der Volksgesundheit nicht mehr vereinbar ist.

Förderung des Hebammenwesens.

§ 16. Es ist Aufgabe des Amtsarztes, in seinem Bezirke auf ein geordnetes Hebammenwesen hinzuwirken und es zu fördern. Er soll die Hebammen bei unverschuldeten Unglücksfällen in ihrer Praxis in Schutz nehmen und in wirtschaftlicher Hinsicht ihnen bei der Durchsetzung begründeter Forderungen behilflich sein. Besonderer Wert ist darauf zu legen, daß Entbindungen, auch in den Krankenhäusern, nicht ohne Zuziehung einer Hebamme erfolgen, und daß die Hebammen auch bei der Säuglingsfürsorge und Mütter-Beratung beteiligt werden. Die Hebammen sind auf die Bestrebungen der NSV, insbesondere bei der Fürsorge für Mutter und Kind, hinzuweisen.

§ 17. (1) Der Amtsarzt hat darauf zu achten, daß der Bedarf an Hebammen in seinem Bezirke gedeckt ist, eine Überfüllung des Hebammenberufs jedoch vermieden wird.

(2) Bei der Verteilung der Hebammen im Bezirk ist das Gesundheitsamt heranzuziehen. Die mit den Hebammen abzuschließenden Verträge sollen vorher dem Amtsarzt vorgelegt werden. Er hat nach Möglichkeit dafür einzutreten, daß den Hebammen neben einem angemessenen Diensteinkommen auch die unentgeltliche Beschaffung der Instrumente, Geräte, Bücher und Entkeimungsmittel und eine Entschädigung für die Ausfälle bei angeordneter Unterbrechung der Berufstätigkeit und für die Teilnahme an Nachprüfungen und Wiederholungslehrgängen gewährt werden. Auch ist darauf zu achten, daß die Alters- und Invaliditäts- sowie die Krankheitsversorgung der Hebammen geordnet wird.

Verwarnungen, Bestrafungen.

§ 18. (1) Bei geringen Verstößen sind die Hebammen zu belehren und gegebenenfalls zu verwarnen; grobe Pflichtwidrigkeiten und Verschulden sind zur weiteren Veranlassung der zuständigen Behörde anzuzeigen.

(2) Handelt es sich um die Hebamme eines Nachbarkreises, so ist das zuständige Gesundheitsamt zu benachrichtigen.

§ 19. Besondere Aufmerksamkeit hat der Amtsarzt auf die gewerbsmäßige Vornahme geburtshilflicher Handlungen durch nicht geprüfte Personen zu richten und gegebenenfalls deren Bestrafung aus §§ 30, 147 Nr. 1 der Gewerbeordnung zu veranlassen.

Abschnitt V.

Sonstiges ärztliches Hilfspersonal.

§ 20. (1) Bei Gesundheits- und Volkspflegerinnen, technischen Assistentinnen, Krankenpflegepersonen, Säuglings- und Kleinkinderschwestern und -pflegerinnen, Heilgymnastinnen, Wochenpflegerinnen, Massierern (-innen), Heilgehilfen und weiteren Angehörigen von Berufen des Heilwesens, die sich als „staatlich anerkannt" bezeichnen, hat das Gesundheitsamt nachzuprüfen, ob sie die Berechtigung hierzu besitzen. Das gesamte ärztliche Hilfspersonal des Bezirks untersteht, unbeschadet der Dienstaufsicht des zuständigen Arbeitgebers, in seiner Berufstätigkeit der Aufsicht des Gesundheitsamts. Dieses hat insbesondere darauf zu achten, daß die in den Befähigungszeugnissen gesetzten Grenzen der Betätigung nicht überschritten werden.

(2) Wenn von einer dieser Personen Tatsachen bekannt sind, die den Mangel an Eigenschaften dartun, die zur Ausübung ihres Berufes erforderlich sind, oder wenn eine solche Person den in Ausübung der staatlichen Aufsicht erlassenen Vorschriften beharrlich zuwiderhandelt, so hat der Amtsarzt die Zurücknahme der Anerkennung bei der zuständigen Behörde zu beantragen.

Desinfektoren.

§ 21. (1) Das Gesundheitsamt hat auf einen hinreichenden Bestand an Desinfektoren in seinem Bezirk zu achten. Sie können im Gesundheitsamt selbst oder von den beteiligten Kreisen und Gemeinden (Gemeindeverbände) angestellt sein, in Ausnahmefällen jedoch ihren Beruf auch frei ausüben.

(2) Die Zulassung eines Desinfektors zur Prüfung ist von einer Bescheinigung des Gesundheitsamts abhängig, daß der

Bewerber hinsichtlich seines Gesundheitszustandes und seiner Schulkenntnisse für den Beruf geeignet ist.

(3) Die Desinfektoren unterstehen der Aufsicht des Amtsarztes und sind alle drei Jahre einer Nachprüfung zu unterziehen. Das Gesundheitsamt reicht zu diesem Zwecke seiner vorgesetzten Dienstbehörde die Namen der Nachzuprüfenden zum 1. April jeden Jahres ein; diese veranlaßt alsdann die Ladung. Das Ergebnis der Nachprüfung ist ihr mitzuteilen, desgleichen der Dienststelle, die den Desinfektor angestellt hat.

(4) Die Anordnung einer zweiten Nachprüfung innerhalb drei Monaten ist zulässig, wenn der Prüfling in der ersten Nachprüfung versagt hat.

(5) Diese Bestimmungen gelten sinngemäß auch für die Gesundheitsaufseher, Hafenaufseher und ähnliche Gruppen des ärztlichen Hilfspersonals.

Leichenschauer.

§ 22. Wo ein Bedürfnis dazu vorhanden und die ärztliche Leichenschau noch nicht allgemein durchgeführt ist, liegt dem Gesundheitsamt die Ausbildung, Prüfung und Dienstaufsicht der Leichenschauer (Leichenschauerinnen) ob.

Abschnitt VI.

Ortsbesichtigungen.

§ 23. (1) Die einzelnen Ortschaften des Bezirks sind von einem beamteten Arzt des Gesundheitsamts in angemessenen Zwischenräumen zu besichtigen. In der Regel wird es genügen, wenn die Besichtigung alle fünf Jahre erfolgt. Ortschaften, in denen besondere gesundheitliche Übelstände zutage getreten sind, müssen vor anderen und in kürzeren Zeiträumen sowie zu denjenigen Jahreszeiten besichtigt werden, in denen die Mißstände am häufigsten auftreten. Für Ortschaften, in denen die Verhältnisse es zulässig erscheinen lassen, kann die Besichtigungsfrist über den Zeitraum von fünf Jahren hinaus verlängert werden.

(2) Hierfür ist im Einvernehmen mit dem Leiter des Kreises ein Besichtigungsplan aufzustellen. Der Tag der erfolgten Besichtigung ist in ihn einzutragen.

(3) Zu den Besichtigungen sind die Ortspolizeibehörde, der Vorstand der Gemeinde sowie in den Orten, in denen Gesundheitskommissionen oder ähnliche Einrichtungen bestehen, auch diese nach Möglichkeit zuzuziehen.

(4) Die beteiligten Stellen sind von der geplanten Besichtigung tunlichst acht Tage vorher zu benachrichtigen. Von der Besichtigung der Domänen ist die dafür zuständige Behörde wenigstens vierzehn Tage vorher in Kenntnis zu setzen.

(5) Die Besichtigung hat sich auf alle für das öffentliche Gesundheitswesen wichtigen Verhältnisse und Einrichtungen zu erstrecken.

(6) Die Maßnahmen zur Beseitigung gesundheitlicher Mißstände sind im unmittelbaren Anschlusse an die Besichtigung zu erörtern.

(7) Über das Ergebnis der Besichtigung ist eine Verhandlung in drei Stücken aufzunehmen und von den Beteiligten zu vollziehen. Das eine Stück ist dem Vorstand der Gemeinde — bei Domänenbesichtigungen der zuständigen Behörde — auszuhändigen, ein zweites hat der Amtsarzt mit seinen Vorschlägen dem Leiter des Kreises zu übersenden. Dieser teilt dem Gesundheitsamt mit, welche Maßregeln zur Abstellung der einzelnen Mißstände getroffen sind. Hält der Amtsarzt noch weitere Maßregeln für erforderlich, so hat er die Angelegenheit der Entscheidung der Aufsichtsbehörde zu unterbreiten.

(8) In die Akten über die einzelnen Ortschaften oder Ortspolizeibezirke sind die Besichtigungsverhandlungen und sonstige die Ortschaft betreffende Vorgänge allgemeiner Natur einzuheften.

Abschnitt VII.

Wohnungshygiene.

Reinhaltung von Boden und Luft; Wohnungshygiene.

§ 24. (1) Das Gesundheitsamt muß allen Verhältnissen, die für die Reinhaltung des Bodens und der Luft in Betracht kommen, seine Aufmerksamkeit zuwenden.

(2) Seine Ärzte haben darauf zu achten, daß in den Ortschaften und deren Umgebung, innerhalb und außerhalb der

Wohnungen oder sonstiger zum dauernden Aufenthalt von Menschen bestimmter Räume gesundheitswidrige Zustände sich nicht entwickeln und, sofern solche vorhanden sind, ihre Beseitigung anzuregen.

(3) Bei Wohnungen und zum dauernden Aufenthalt von Menschen bestimmten Räumen haben sie zu prüfen, ob diese den baupolizeilich festgelegten gesundheitlichen Vorschriften, insbesondere den gesundheitlichen Anforderungen an Licht und Luft genügen.

(4) Der Wohnungs- und Ortschaftshygiene ist dort erhöhte Aufmerksamkeit zu widmen, wo gemeingefährliche Krankheiten drohen oder Überschwemmungen besondere gesundheitliche Gefahren befürchten lassen. Auch dem Vorkommen von tierischen Gesundheitsschädlingen haben die Ärzte des Gesundheitsamts ihre Aufmerksamkeit zuzuwenden.

(5) Wegen der Wasserversorgung und der Beseitigung der Abfallstoffe vgl. §§ 28 bis 30 dieser Dienstordnung, wegen Anlage und Erweiterung von Begräbnisplätzen die Ausführungen des § 76 dieser Dienstordnung.

(6) Als Beratungsstelle kann die Anstalt für Wasser-, Boden- und Lufthygiene in Berlin-Dahlem in allen schwierigen Fragen auf diesem Gebiete zugezogen werden.

Begutachtung von Baupolizeiverordnungen und Ortsbebauungsplänen, Mitwirkung bei der Handhabung der Baupolizei.

§ 25. Das Gesundheitsamt hat für seinen Amtsbezirk die Baupolizeiverordnungen vor ihrem Erlaß und die Ortsbebauungspläne vor ihrer endgültigen Festsetzung vom Standpunkt der öffentlichen Gesundheitspflege zu begutachten und etwaige Ausstellungen vorzubringen.

Beaufsichtigung von Herbergen, Schlafstellen, Massenquartieren und Räumen, die zeitweise für größere Menschenansammlungen bestimmt sind.

§ 26. Das Gesundheitsamt hat auf die gesundheitsgemäße Beschaffenheit von Herbergen, Schlafstellen, Massenquartieren und dergleichen sowie von Räumen, in denen zeitweise größere Menschenansammlungen stattfinden (Versammlungs- und Ausstellungsräume, Theater und Lichtspielhäuser), zu achten und die Ortspolizeibehörden hierbei zu beraten. Mangel an Luft und Licht, Feuchtigkeit der Mauern, Schmutz und Verwahrlosung in den Räumen, zu dichte Belegung, mangelhafte Versorgung mit Trinkwasser und unzweckmäßige Beseitigung der Abfallstoffe sind nachdrücklichst zur Sprache zu bringen.

Gemeinnützige Bestrebungen auf dem Gebiete der Wohnungshygiene.

§ 27. Gemeinnützige Bestrebungen auf dem Gebiete der Wohnungshygiene, Errichtung von (Arbeiter- und) Werkwohnungen, hat das Gesundheitsamt anzuregen und zu unterstützen.

Abschnitt VIII.

Wasserversorgung, Beseitigung der flüssigen und festen Abfallstoffe, öffentliche Wasserläufe.

Wasserversorgung.

§ 28. (1) Auf die Beschaffung ausreichenden und hygienisch einwandfreien Trink- und Gebrauchswassers hat das Gesundheitsamt hinzuwirken und insbesondere anzustreben, daß mangelhafte und nicht genügend gegen Verunreinigung geschützte Trinkwasseranlagen beseitigt und an ihrer Stelle zweckmäßige Einzel- oder Zentralanlagen errichtet werden.

(2) Die bestehenden Trinkwasserversorgungsanlagen hat das Gesundheitsamt durch regelmäßig wiederkehrende, bei besonderen Vorkommnissen auch durch außerordentliche Prüfungen zu überwachen. Die regelmäßigen Prüfungen finden bei größeren Anlagen je nach den Verhältnissen und dem letztmalig erhobenen Befund innerhalb eines ein- bis zweijährigen Zwischenraums, bei anderen Anlagen mindestens alle drei Jahre statt. Sie sind tunlichst in die Zeiten zu verlegen, die sich für gewöhnlich als besonders gefahrvoll erwiesen haben, z. B. bei Wasserknappheit, Wasserfülle. Aber auch sonst soll das

Gesundheitsamt geeignete Gelegenheiten wahrnehmen, um sich über die Beschaffenheit der Trinkwasserversorgungsanlagen zu unterrichten. Dabei wird der beamtete Arzt neben dem Ergebnis der chemischen und bakteriologischen Untersuchung von Wasserproben den Schwerpunkt auf die örtliche Besichtigung zu legen und dahin zu streben haben, laufend ein Bild von den Trinkwasserverhältnissen in den einzelnen Ortschaften zu erhalten, um gegebenenfalls die zur Beseitigung von gesundheitswidrigen Verhältnissen geeigneten Maßnahmen vorschlagen zu können.

(3) Über alle Pläne zu zentralen Wasserleitungen hat sich der Amtsarzt gutachtlich zu äußern und hierbei die Beschaffenheit und Menge des Wassers, die Entnahmestellen insbesondere im Hinblick auf die Möglichkeit einer Verseuchung oder unzureichenden Zuführung, die Einrichtung der Wasserbehälter usw. zu berücksichtigen. Besondere Aufmerksamkeit hat er auf die Errichtung von Einzelwasserversorgungsanlagen im Bereiche zentraler Wasserleitungen zu richten.

(4) Auf § 24 Abs. 3 dieser Dienstordnung wird hierbei besonders hingewiesen.

(5) Gegenüber Anträgen von Gemeinden oder Wasserwerksverwaltungen auf Übernahme der Tätigkeit als hygienischer Beirat soll der Amtsarzt sich entgegenkommend verhalten.

Beseitigung der flüssigen und festen Abfallstoffe.

§ 29. (1) Das Gesundheitsamt hat auf den Verbleib der flüssigen und festen Abgänge in den Ortschaften, auf die Beschaffenheit der Abzugskanäle, Aborte, Düngerstätten zu achten und, sofern in dieser Beziehung Mißstände bestehen, auf die Einführung planmäßiger Beseitigung der Schmutzstoffe aller Art im Wege einer geregelten Abfuhr oder Kanalisation hinzuwirken. Hierbei ist besonders auf die Abwässer von Schlachthäusern, Abdeckereien, gewerblichen Anlagen und Krankenhäusern zu achten.

(2) Über jeden Kanalisationsplan hat der Amtsarzt vor Weitergabe an die höhere Behörde sich gutachtlich zu äußern.

Reinhaltung der Gewässer.

§ 30. (1) Bei der Überwachung der Gewässer hat das Gesundheitsamt zwecks Verhütung einer Verunreinigung durch Zuführung schmutziger oder giftiger Abwässer aus gewerblichen Anlagen, aus städtischen Kanalisationseinrichtungen usw. nach Kräften mitzuwirken, und zwar nicht nur bei Gelegenheit einer amtlichen Beteiligung, sondern auch aus eigenem Antriebe, sobald Mißstände zu seiner Kenntnis gelangen. Insbesondere hat es den Betrieb der öffentlichen Kläranlagen zu überwachen und ihre Wirkung auch hinsichtlich der Verwendung der Gewässer zu Badezwecken (vgl. § 69 dieser Dienstordnung) fortgesetzt zu beobachten.

(2) Auf § 24 Abs. 3 wird auch in diesem Zusammenhang hingewiesen.

Abschnitt IX.

Verkehr mit Lebensmitteln und Bedarfsgegenständen.

Überwachung im allgemeinen.

§ 31. (1) Das Gesundheitsamt hat die Polizeibehörden bei der Überwachung des Verkehrs mit Lebensmitteln und Bedarfsgegenständen zu unterstützen. Die erforderlichen bakteriologischen, serologischen sowie gegebenenfalls physiologischen und biologischen Untersuchungen sind in den zuständigen Untersuchungsanstalten vorzunehmen.

(2) Der beamtete Arzt hat bei den allgemeinen Ortsbesichtigungen und bei sonst sich bietender Gelegenheit auch auf den Zustand der der Herstellung und dem Verkauf von Lebensmitteln dienenden Betriebe, insbesondere der Fleischereien, Bäckereien, Gaststätten, Molkereien und Lebensmittelgeschäfte, sowie der Trinkwasserversorgungsanlagen zu achten, die im Verkehr mit Lebensmitteln und Bedarfsgegenständen beobachteten Mißstände, namentlich soweit es sich um gesundheitsschädliche oder im Nahrungs- oder Genußwert herabgesetzte Waren handelt, der Polizeibehörde anzuzeigen und den zu seiner Kenntnis gelangenden Gesundheitsschädigungen nachzuforschen.

(3) Der beamtete Arzt kann als Sachverständiger der Polizei-

behörde zur Abwendung einer dringenden Gefahr für die menschliche Gesundheit vorläufige Anordnungen treffen und Proben verdächtiger Lebensmittel und Bedarfsgegenstände entnehmen (vgl. §§ 6 ff. des Lebensmittelgesetzes in der Fassung der Bekanntmachung vom 17. Januar 1936 — Reichsgesetzbl. I S. 17). Die sonst zuständigen Sachverständigen (Lebensmittelchemiker, Tierarzt) sind alsbald zu benachrichtigen. Auf möglichst ersprießliche Zusammenarbeit mit diesen Sachverständigen ist Bedacht zu nehmen.

(4) Im einzelnen gelten die Vorschriften für die einheitliche Durchführung des Lebensmittelgesetzes (Reichsgesundheitsbl. 1934 I S. 590).[1])

(5) Befindet sich in dem Bezirk eine Lebensmitteluntersuchungsanstalt, so ist der Amtsarzt bei ihrer Beaufsichtigung nach Anweisung der Aufsichtsbehörde zu beteiligen.

Verkehr mit Milch.

§ 32. Der Verkehr mit Milch verlangt namentlich mit Rücksicht auf deren Bedeutung für die Ernährung der Kinder eine Beaufsichtigung, die sich nicht nur auf den Milchverkauf, sondern auch auf die Milchgewinnung zu erstrecken hat; hierbei sind insbesondere die Bestimmungen über die ärztliche Beaufsichtigung des Personals zu beachten. Die allgemeine gesundheitliche Aufsicht ist im Benehmen mit den Veterinärbeamten durchzuführen. Sie hat auch stets die Möglichkeit der Verschleppung ansteckender Krankheiten durch den Verkehr mit Milch, insbesondere bei den Sammelmolkereien, ins Auge zu fassen.

Verkehr mit Fleisch, Schlachthäuser.

§ 33. Bei der Überwachung des Verkehrs mit Fleisch und des allgemeinen hygienischen Betriebs in den Schlachthäusern hat das Gesundheitsamt die gesundheitlichen Interessen der Bevölkerung unbeschadet der Aufsicht durch den Veterinärbeamten wahrzunehmen und etwa erforderlich werdende Gutachten zu erstatten.

---

[1]) Hier nicht abgedruckt.

Beaufsichtigung der Mineralwasserfabrikation.

§ 34. Der beamtete Arzt hat sich auf Ersuchen der Ortspolizeibehörde an den von dieser vorzunehmenden Besichtigungen zu beteiligen und hierbei nicht nur auf die Beschaffenheit der Fabrikräume, sondern auch darauf zu achten, daß die Beschaffenheit des zur Herstellung des Mineralwassers benutzten Wassers und seine Entnahmestelle den hygienischen Anforderungen entsprechen.

Abschnitt X.

Verhütung und Bekämpfung übertragbarer Krankheiten.

Verhalten im allgemeinen.

§ 35. (1) Das Gesundheitsamt hat das Auftreten und den Verlauf der übertragbaren Krankheiten zu verfolgen und schon bei drohender Annäherung die gegen ihr Eindringen geeigneten Maßnahmen in Anregung zu bringen.

(2) Der Amtsarzt hat die Beachtung der Anzeigepflicht zu sichern, Säumige an ihre Pflicht zu erinnern und im Wiederholungsfalle zur gesetzlichen Bestrafung zu bringen.

(3) Er hat, sobald er von dem Ausbruch einer übertragbaren Krankheit Kenntnis erhält, unverzüglich an Ort und Stelle die erforderlichen Ermittlungen vorzunehmen oder durch einen beamteten Arzt des Gesundheitsamts zu veranlassen.

(4) Die Vorschrift zu Abs. 3 findet Anwendung:

a) beim Ausbruch oder Verdacht des Ausbruchs von Aussatz (Lepra), Cholera (asiatischer), Fleckfieber (Flecktyphus), Gelbfieber, Kindbettfieber (Wochenbett-, Puerperalfieber), auch fieberhafter Fehlgeburt (septischem Abort), Pest, Pocken, Typhus (Unterleibstyphus), Paratyphus und Papageienkrankheit (Psittakosis) in einer Ortschaft;

b) beim Ausbruch von Gehirnentzündung (epidemischer), übertragbarer Genickstarre, Kinderlähmung (epidemischer), Rückfallfieber (febris recurrens), übertragbarer Ruhr (Dysenterie), Milzbrand, Rotz, Tollwut (Lyssa), bakterieller Lebensmittelvergiftung, Trichinose sowie in jedem Falle einer

Bißverletzung durch ein tolles oder der Tollwut verdächtiges Tier;

Dem Ausbruch der Krankheit in einer Ortschaft im Sinne der Vorschriften unter a und b steht der Ausbruch in einem gemäß § 6 Abs. 2 des Reichsgesetzes, betreffend die Bekämpfung gemeingefährlicher Krankheiten, vom 30. Juni 1900 räumlich abgegrenzten Teile einer Ortschaft mit mehr als 10000 Einwohnern gleich.

c) bei weiteren Erkrankungs-, Todes- oder Verdachtsfällen der zu a und bei allen weiteren Erkrankungs- oder Todesfällen der zu b genannten Krankheiten sowie bei Diphtherie, Scharlach und Körnerkrankheit,

α) soweit die Aufsichtsbehörde dies angeordnet hat,

β) soweit es der Amtsarzt nach pflichtmäßigem Ermessen für erforderlich hält, um die Ausbreitung der Krankheit örtlich und zeitlich zu verfolgen.

(5) Erlangt das Gesundheitsamt davon Kenntnis, daß in einer Ortschaft eine der unter a bis c nicht genannten übertragbaren Krankheiten, z. B. Grippe, Keuchhusten, Malaria, Masern oder Röteln, in außergewöhnlichem Umfange, in besonders bösartiger Form oder sonst in einer für das öffentliche Wohl bedenklichen Weise auftritt, so soll der beamtete Arzt unverzüglich örtliche Ermittlungen vornehmen und den betreffenden Stellen Vorschläge für etwaige Maßnahmen zum Schutze der Bevölkerung machen. Dasselbe gilt, wenn das Gesundheitsamt vom gehäuften oder gruppenweisen Auftreten einer nicht aufgeklärten Krankheit Kenntnis erhält, das den Verdacht des Ausbruchs einer übertragbaren Krankheit begründet.

(6) Im übrigen soll der beamtete Arzt örtliche Ermittlungen hinsichtlich übertragbarer Krankheiten nur auf Ersuchen des Leiters des Kreises, in Stadtkreisen der Ortspolizeibehörde, oder der Aufsichtsbehörde vornehmen.

§ 36. (1) Bei den örtlichen Ermittlungen hat der beamtete Arzt die Art, den Stand und die Ursache der Krankheit festzustellen (Art und Wege der Einschleppung und Verbreitung,

Übertragung durch die Schulen, die Arbeitsstätte, Gewerbebetriebe, durch das Trinkwasser oder andere Nahrungsmittel, z. B. Milch, durch Keimträger oder Dauerausscheider usw.). Soweit es zur Sicherung der Diagnose, der Feststellung der Quelle und der Ausbreitung der Krankheit notwendig erscheint, ist eine bakteriologische und serologische Untersuchung zu veranlassen. Bei bakterieller Lebensmittelvergiftung ist auch das Lebensmittel, das die Vergiftung herbeigeführt hat, bakteriologisch zu untersuchen. In Fällen von Bang'scher Krankheit, bakterieller Lebensmittelvergiftung, Milzbrand, Papageienkrankheit, Rotz, Tollwut und Trichinose hat der beamtete Arzt die Ermittlungen im Benehmen mit dem Veterinärbeamten vorzunehmen.

(2) Hält der Amtsarzt bei Cholera-, Gelbfieber-, Pocken-, Pest-, Rotz-, Typhus- oder Paratyphusverdacht zur Feststellung der Krankheit die Öffnung der Leiche für erforderlich, so ist, wenn die Angehörigen die Erlaubnis zur Leichenöffnung verweigern und die bakteriologische Untersuchung zur Feststellung der Krankheit nicht ausreichend oder nach Lage des Falles nicht ausführbar ist, die polizeiliche Anordnung der Leichenöffnung zu beantragen.

(3) Auf Grund der Ermittlungen hat der Amtsarzt der Ortspolizeibehörde eine Erklärung darüber abzugeben, ob der Ausbruch der Krankheit festgestellt oder der Verdacht des Ausbruchs begründet ist, und ihr die sonst erforderlichen Mitteilungen zu machen.

(4) Bei der Verhütung und Bekämpfung der übertragbaren Krankheiten ist auf die Mitwirkung etwaiger Gesundheitskommissionen in geeigneter Weise Bedacht zu nehmen.

Schutzmaßregeln.

§ 37. Die Bekämpfung der übertragbaren Krankheiten erfolgt mittels nachstehender Schutzmaßregeln, die, soweit die landesrechtlichen Vorschriften dem nicht entgegenstehen, nach Lage des Falles der Polizeibehörde vom Gesundheitsamt vorzuschlagen sind.

I. Beobachtung

Sie kommt in Frage für:

1. kranke Personen bei bakterieller Lebensmittelvergiftung;
2. kranke und krankheitsverdächtige Personen bei Körnerkrankheit, Rotz, Rückfallfieber, Typhus und Paratyphus; als krankheitsverdächtig gelten auch Typhus- (Paratyphus-) bazillenträger und -dauerausscheider;
3. kranke, krankheitsverdächtige und ansteckungsverdächtige Personen bei Aussatz, Cholera, Fleckfieber, Gelbfieber, Papageienkrankheit, Pest und Pocken sowie bei Gehirnentzündung, übertragbarer Genickstarre und Kinderlähmung ferner bei Syphilis, Tripper und Schanker, sofern die Befallenen gewerbsmäßig Unzucht treiben;
4. ansteckungsverdächtige Personen bei Tollwut, das heißt: solche Personen, welche von einem tollen oder tollwutverdächtigen Tiere verletzt worden sind.

Krank im Sinne dieser Vorschrift sind solche Personen, bei denen eine der angeführten Krankheiten des § 35 festgestellt worden ist;

Krankheitsverdächtig sind solche Personen, welche unter Erscheinungen erkrankt sind, die den Ausbruch einer solchen Krankheit befürchten lassen;

Ansteckungsverdächtig sind solche Personen, bei denen zwar Krankheitserscheinungen noch nicht vorliegen, bei denen aber infolge ihrer nahen Berührung mit Kranken die Besorgnis gerechtfertigt ist, daß sie den Ansteckungsstoff in sich aufgenommen haben;

Keimträger sind Personen, die Krankheitskeime aufgenommen haben und, ohne zu erkranken, nur vorübergehend ausscheiden;

Dauerausscheider sind Personen, die vom Zeitpunkt der überstandenen Infektionskrankheit ab deren Erreger länger als 10 Wochen ausscheiden.

II. Beschränkungen für Zureisende.

Sie können von der Aufsichtsbehörde in Fällen dringender Gefahr für den ganzen Umfang oder Teile eines Bezirks im

Polizeiverordnungswege vorgeschrieben werden und bestimmen, daß zureisende Personen, sofern sie sich innerhalb einer der Inkubationszeit entsprechend zu bestimmenden Frist vor ihrer Ankunft in Ortschaften oder Bezirken aufgehalten haben, in denen Aussatz, Cholera, Fleckfieber, Gelbfieber, Körnerkrankheit, Pest, Pocken, Rückfallfieber, Typhus oder Paratyphus ausgebrochen ist, nach ihrer Ankunft der Ortspolizeibehörde schriftlich oder mündlich sich melden (Meldepflicht).

III. Absonderung in der Wohnung oder in einer Krankenanstalt.

Sie kommt in Frage für:

1. kranke Personen, und zwar:

a) ohne Einschränkung bei bakterieller Lebensmittelvergiftung, übertragbarer Genickstarre, Ruhr und Tollwut; Erwachsene auch bei Diphtherie und Scharlach;

b) bei Diphtherie, Gehirnentzündung, Kinderlähmung und Scharlach kranke Kinder mit der Einschränkung, daß ihre Absonderung in einem Krankenhaus oder in einem anderen geeigneten Unterkunftsraum gegen den Widerspruch der Eltern nicht angeordnet werden darf, wenn nach der Ansicht des beamteten Arztes eine ausreichende Absonderung in der Wohnung sichergestellt ist;

c) kranke Personen, die gewerbsmäßig Unzucht treiben, bei Syphilis, Tripper und Schanker;

2. kranke und krankheitsverdächtige Personen bei Gehirnentzündung, Genickstarre, Kinderlähmung, Rotz, Rückfallfieber, Typhus und Paratyphus;

3. kranke, krankheits- und ansteckungsverdächtige Personen bei Aussatz, Cholera, Gelbfieber, Fleckfieber, Pest, Pocken und Papageienkrankheit.

IV. Kenntlichmachung von Wohnungen und Häusern, in denen an Cholera, Fleckfieber, Gelbfieber, Pest, Pocken, Rückfallfieber, Typhus oder Paratyphus erkrankte Personen sich befinden.

V. Verkehrsbeschränkungen für das berufsmäßige Pflegepersonal.

Sie können beantragt werden beim Auftreten von Aussatz, Cholera, Diphtherie, Fleckfieber, Gehirnentzündung, übertragbarer Genickstarre, Kindbettfieber, Gelbfieber, Kinderlähmung, bakterieller Lebensmittelvergiftung, Papageienkrankheit, Pest, Pocken, Rückfallfieber, Scharlach, Typhus und Paratyphus.

VI. Beschränkungen für Handel und Gewerbe.

Für Ortschaften und Bezirke, die von Cholera, Fleckfieber, Gelbfieber, Pest oder Pocken befallen oder bedroht sind sowie für solche, die von bakterieller Lebensmittelvergiftung, Diphtherie, Milzbrand, Scharlach, Typhus oder Paratyphus befallen sind, können hinsichtlich der gewerbsmäßigen Herstellung, Behandlung und Aufbewahrung sowie hinsichtlich des Vertriebes von Gegenständen, die geeignet sind, die Krankheit zu verbreiten, eine gesundheitspolizeiliche Überwachung und die zur Verhütung der Verbreitung der Krankheit erforderlichen Maßregeln beantragt werden, auch können Gegenstände der bezeichneten Art vorübergehend für den Gewerbebetrieb im Umherziehen verboten werden.

VII. Beschränkungen von Messen und Märkten.

Für Ortschaften und Bezirke, die von Cholera, Fleckfieber, Gelbfieber, Pest oder Pocken befallen oder bedroht sind sowie für solche, die von Diphtherie, Gehirnentzündung, übertragbarer Genickstarre, Kinderlähmung, Ruhr, Scharlach, Typhus oder Paratyphus befallen sind, kann das Verbot oder eine Beschränkung der Abhaltung von Märkten, Messen und anderen Veranstaltungen, welche eine Ansammlung größerer Menschenmengen mit sich bringen, beantragt werden, bei Rückfallfieber, Ruhr, Typhus oder Paratyphus jedoch nur, sobald die Krankheit einen epidemischen Charakter angenommen hat.

VIII. Fernhaltung von der Schule und vom Unterricht.

Jugendliche Personen aus Behausungen, in denen eine Erkrankung an Aussatz, bakterieller Lebensmittelvergiftung,

Cholera, Diphtherie, Fleckfieber, Gehirnentzündung, übertragbarer Genickstarre, Gelbfieber, Kinderlähmung, Papageienkrankheit, Pest, Pocken, Ruhr, Scharlach, Typhus oder Paratyphus vorgekommen ist, sind, soweit und solange eine Weiterverbreitung der Krankheit aus diesen Behausungen durch sie zu befürchten ist, vom Schul- und Unterrichtsbesuche fernzuhalten.

IX. Beschränkungen in Wasserbenutzung und im Badebetrieb.

In Ortschaften, die von Cholera, Fleckfieber, Gelbfieber, Pest, Pocken, Ruhr, Typhus oder Paratyphus befallen oder bedroht sind, sowie in deren Umgegend, kann die Benutzung von Brunnen, Teichen, Seen, Wasserläufen, Wasserleitungen sowie der dem öffentlichen Gebrauche dienenden Bade-, Schwimm-, Wasch- und Bedürfnisanstalten verboten oder beschränkt werden. Für die zentralen Entwässerungs- und Reinigungsanlagen können im Bedarfsfalle besondere Maßnahmen vorgeschlagen werden.

X. Räumung von Wohnungen und Gebäuden.

Die gänzliche oder teilweise Räumung kann beantragt werden, wenn in ihnen Erkrankungen an Cholera, Fleckfieber, Gelbfieber, Pest, Pocken, Ruhr, Typhus oder Paratyphus vorgekommen sind, insoweit der Amtsarzt diese einschneidende Maßregel zur wirksamen Bekämpfung der Krankheit ausnahmsweise in Fällen dringender Not für unerläßlich erklärt.

XI. Entkeimung.

Für Gegenstände und Räume, von denen anzunehmen ist, daß sie mit dem Krankheitsstoffe behaftet sind, kann eine Entkeimung beantragt werden. Ist die Entkeimung nicht ausführbar oder im Verhältnis zum Werte der Gegenstände zu kostspielig, so kann deren Vernichtung beantragt werden. Bei Fleckfieber muß die Entlausung der kranken, krankheitsverdächtigen und ansteckungsverdächtigen Personen beantragt werden, sobald der Verdacht der Verlausung besteht.

XII. Maßnahmen bei der Aufbahrung, Einsargung und Bestattung von Leichen.

(1) Falls Personen an Aussatz, bakterieller Lebensmittelvergiftung, Cholera, Diphtherie, Fleckfieber, Gehirnentzündung, übertragbarer Genickstarre, Gelbfieber, Kinderlähmung, Papageienkrankheit, Pest, Pocken, Ruhr, Scharlach, Typhus, Paratyphus, Milzbrand oder Rotz gestorben sind, so können besondere Vorsichtsmaßregeln für die Aufbahrung, Einsargung und Bestattung von Leichen beantragt werden.

(2) Personen, die an Körnerkrankheit leiden, können in solchen Orten und Bezirken, in denen eine planmäßige Bekämpfung der Krankheit stattfindet, zu einer ärztlichen Behandlung zwangsweise angehalten werden.

Vorbereitung der Seuchenbekämpfung.

§ 38. (1) Das Gesundheitsamt hat die dem allgemeinen Gebrauch dienenden Einrichtungen für Versorgung mit Trink- oder Wirtschaftswasser und für Fortschaffung der Abfallstoffe dauernd zu überwachen (vgl. §§ 28 bis 30 dieser Dienstordnung) und die Beseitigung vorgefundener gesundheitsgefährlicher Mißstände sowie die Herstellung von Einrichtungen der genannten Art, sofern diese zum Schutz gegen übertragbare Krankheiten erforderlich sind, bei der Gemeindebehörde anzuregen. Ebenso hat es seine Aufmerksamkeit darauf zu richten, daß der beim epidemischen Auftreten übertragbarer Krankheiten zu erwartende Bedarf an Beobachtungs- und Absonderungsräumen, Unterkunftsstätten für Kranke, Ärzte, Pflegepersonal, Arznei, Entkeimungs- und Beförderungsmitteln für Kranke und Verstorbene, Leichenhallen und Beerdigungsplätzen seitens der Gemeinde oder Kreise beizeiten sichergestellt wird. In größeren Orten ist nach Möglichkeit die Errichtung öffentlicher Entkeimungsanstalten anzuregen, in denen die Anwendung von Wasserdampf als Entkeimungsmittel erfolgen kann.

(2) Unterläßt es eine Gemeinde trotz vorhandener Leistungsfähigkeit, unbedingt notwendige Vorbereitungsmaßregeln im Sinne des vorstehenden Absatzes zu treffen, so hat der Amtsarzt

den Sachverhalt dem Leiter des Kreises, in Stadtgemeinden auch der Ortspolizeibehörde, gegebenenfalls der Aufsichtsbehörde zwecks Abstellung der Mängel mitzuteilen.

Berichterstattung.

§ 39. (1) Das Gesundheitsamt hat der Aufsichtsbehörde zu jedem Dienstag eine Nachweisung über die in der vorhergehenden Woche amtlich gemeldeten Erkrankungen und Todesfälle an übertragbaren Krankheiten einzureichen. Die untere Verwaltungsbehörde, in Stadtkreisen auch die Polizeibehörde, erhält Abschrift der Nachweisung.

(2) Außerdem ist bei dem Auftreten einer gemeingefährlichen Krankheit sowie im Falle epidemischer Ausbreitung einer anderen übertragbaren Krankheit, beim gehäuften oder gruppenweisen Auftreten einer nicht aufgeklärten Krankheit (§ 35 vorletzter Abs. dieser Dienstordnung) oder in sonstigen dringenden Angelegenheiten über das Ergebnis der Ermittlungen sowie über die getroffenen Maßnahmen an die Aufsichtsbehörde unmittelbar zu berichten. Auch in diesen Fällen ist der unteren Verwaltungsbehörde (bei kommunalen Ämtern der vorgesetzten Dienstbehörde) Abschrift zu geben. Die Bestimmungen über die Reichs-Jahresstatistik sind streng innezuhalten.

Abschnitt XI.

Schutzpockenimpfung.[1])

Anstellung der Impfärzte, Abgrenzung der Impfbezirke.

§ 40. Der Amtsarzt hat sich auf Erfordern über die Befähigung der anzustellenden Impfärzte sowie über die Abgrenzung der Impfbezirke gutachtlich zu äußern.

Beaufsichtigung der Schutzpockenimpfung.

§ 41. (1) Die Schutzpockenimpfung unterliegt der technischen Beaufsichtigung durch den Amtsarzt, und in denjenigen Be-

---

[1]) Vgl. Impfgesetz vom 8. April 1874 (Reichsgesetzbl. S. 31).

zirken, in welchen er selbst Impfarzt ist, der Beaufsichtigung durch den Medizinaldezernenten der Aufsichtsbehörde.

(2) Der Leiter des Kreises hat die Impflisten zur Aufstellung des Planes der Impftermine dem Gesundheitsamt rechtzeitig zu übermitteln.

(3) Der Amtsarzt ist insbesondere gehalten, im Laufe des Jahres einzelnen öffentlichen sowie nach Bedürfnis auch öffentlich ausgeschriebenen privatärztlichen Impf- und Nachschauterminen beizuwohnen und hierbei auf die Impftechnik, die Beachtung der hinsichtlich des Gesundheitsstandes der Impflinge gegebenen Vorschriften, den Impferfolg, die Listenführung, die Beschaffenheit der benutzten Räumlichkeiten, die Zahl der Impflinge, die Reinheit und Wirksamkeit des Impfstoffes und die hierüber von dem Impfarzt gemachten Aufzeichnungen zu achten. Es ist darauf zu halten, daß die Impfärzte zur Erleichterung der Nachprüfung zu den Impfterminen das von ihnen über den Bezug des Impfstoffes zu führende Buch mitbringen.

(4) Der Amtsarzt hat auch auf den Handel mit Impfstoff sein Augenmerk zu richten und die Befolgung der hierüber erlassenen Vorschriften zu überwachen.

Impfschädigungen.

§ 42. Gelangen Mitteilungen über Impfschädigungen zur Kenntnis des Gesundheitsamts, so hat der Amtsarzt alsbald alle zur Aufklärung des Sachverhalts gebotenen oder zweckdienlich erscheinenden Maßnahmen in die Wege zu leiten und geeignetenfalls durch persönliche Ermittlungen zu unterstützen. Die Ortspolizeibehörden sind verpflichtet, die ihnen zugehenden Nachrichten über Impfschädigungen unverzüglich dem Gesundheitsamt mitzuteilen. Ergibt sich die Unrichtigkeit verbreiteter Nachrichten über Impfschädigungen, so hat das Gesundheitsamt erforderlichenfalls eine öffentliche Richtigstellung zu veranlassen und irrtümliche Auffassungen in der Bevölkerung zu beseitigen.

Impfbericht.

§ 43. Aus den Berichten der Impfärzte und den Impflisten hat das Gesundheitsamt einen Hauptimpfbericht zusammenzustellen und der Aufsichtsbehörde bis zum 1. März des folgenden Jahres einzureichen.

Abschnitt XII.

Gewerbehygiene.

Mitwirkung bei der Konzessionierung gewerblicher Anlagen.

§ 44. (1) Das Gesundheitsamt hat die ihm von den zuständigen Behörden mitzuteilenden Vorlagen über die Genehmigung zur Errichtung, Verlegung oder Veränderung von gewerblichen, nach den §§ 16, 25 der Gewerbeordnung erlaubnispflichtigen Anlagen einer sorgfältigen Prüfung und Begutachtung zu unterziehen. Aufgabe dieser Prüfung ist es, rechtzeitig diejenigen Mängel und Fehler festzustellen, die in der Folge zu gesundheitlichen Mißständen und Schädigungen für die Arbeiter, Anwohner und die Bevölkerung überhaupt führen können, und deren spätere Beseitigung vielfach mit Schwierigkeiten und kostspieligen Aufwendungen verknüpft ist. Die Prüfung hat unter Beachtung der hierüber erlassenen Vorschriften zu erfolgen und ist nach Möglichkeit zu beschleunigen.

(2) Wird bei der Veränderung bestehender Anlagen der Antrag gestellt, von der öffentlichen Bekanntmachung Abstand zu nehmen, so hat sich auch der Amtsarzt über die Zulässigkeit zu äußern. Er wird in der Regel den Antrag befürworten, wenn es sich um eine unzweifelhafte Verbesserung handelt oder die Unschädlichkeit der beabsichtigten Veränderung klar zutage liegt. Eine Befürwortung ist auch dann zulässig, wenn neue oder größere Nachteile, Gefahren oder Belästigungen, als mit der vorhandenen Anlage verbunden sind, durch die beabsichtigte Veränderung nicht herbeigeführt werden können. In allen Fällen, in denen das Gesundheitsamt nicht allein imstande ist, die ihm mitgeteilten Vorlagen ärztlich abschließend zu beurteilen, hat es sie dem zuständigen Gewerbemedizinalrat (Landesgewerbearzt) vorzulegen.

Mitwirkung bei der Gewerbeaufsicht.

§ 45. (1) Das Gesundheitsamt muß auch den bestehenden Gewerbebetrieben seines Bezirks, welche die öffentliche Gesundheit oder die der beschäftigten Arbeiter zu schädigen geeignet sind, oder die durch ihre festen und flüssigen Abgänge eine Verunreinigung der öffentlichen Wasserläufe und des Untergrundes befürchten lassen, seine Aufmerksamkeit zuwenden und auf die Beseitigung von gesundheitlichen Schädlichkeiten und Belästigungen hinwirken. Es hat sich hierüber mit den zuständigen Behörden und Beamten, namentlich dem Gewerberat, Bergrat und Gewerbemedizinalrat (Landesgewerbearzt) in Verbindung zu halten, mit diesem gemeinsam nach Bedürfnis die Anlagen, insbesondere solche, deren Betrieb vorzugsweise Gesundheitsschädigungen im Gefolge hat (Spiegel-, Akkumulatoren-, Glühlampen-, Bleifarben- und andere chemische Fabriken oder Anlagen mit starker Staubentwicklung) zu besichtigen und darauf zu achten, daß den gesundheitlichen Anforderungen überall gebührend Rechnung getragen wird.

(2) Wird dem Gesundheitsamt bekannt, daß in gewerblichen Betrieben seines Bezirks die Gesundheit der Arbeiter gefährdet erscheint, so hat es außer dem Gewerberat (Bergrat) den zuständigen Gewerbemedizinalrat (Landesgewerbearzt) hiervon zu benachrichtigen. Dieser soll das Gesundheitsamt bei den weiteren Ermittlungen möglichst beteiligen.

(3) Auch die mit einzelnen Zweigen der Hausindustrie sowie der landwirtschaftlichen Betriebe verbundenen gesundheitlichen Schädlichkeiten soll das Gesundheitsamt beachten und entsprechende Abhilfemaßnahmen anregen.

Gesundheitliche Beobachtung staatlicher Betriebe.

§ 46. Das Gesundheitsamt hat die in seinem Bezirke gelegenen, unter die Vorschriften der Reichsgewerbeordnung oder der Berggesetze fallenden Staatsbetriebe in gleicher Weise wie die privaten Betriebe gesundheitlich zu beobachten. Bei Betrieben, die der Aufsicht des Oberbergamts unterstellt sind, ist eine Anzeige über die Sachlage auch dem zuständigen Oberbergamt zu erstatten.

Abschnitt XIII.

Krankenanstalten usw.

Beaufsichtigung der Kranken- usw. Anstalten.

§ 47. (1) Die nichtstaatlichen Anstalten zur Behandlung oder Pflege von Kranken, Siechen oder Krüppeln sowie die Einrichtungen zur ersten Hilfe hat das Gesundheitsamt in gesundheitspolizeilicher Hinsicht zu überwachen. Der Amtsarzt hat diese Anstalten mindestens jährlich einmal abwechselnd im Sommer und Winter unter Zuziehung des leitenden Arztes und eines Vertreters der Krankenhausverwaltung (Vorstandes, Kuratoriums usw.) eingehend zu besichtigen. Der Arzt und die Krankenhausverwaltung sind erst kurz vor der Besichtigung zu benachrichtigen.

(2) Bei der Beaufsichtigung hat der Amtsarzt festzustellen, ob jedes Haus seine besondere Aufgabe erfüllt, die Vorschriften über Anstellung von Ärzten und Medizinalpraktikanten eingehalten werden, die Krankengeschichten ordnungsmäßig geführt und aufbewahrt und die Bestimmungen über die Beschäftigung des Pflegepersonals beachtet sind.

(3) Die Vorbereitungen für die Erste Hilfe und des Luftschutzes, die Einrichtung der Entbindungs-, Operations- und Röntgenabteilung, die Unterbringung von Kindern, die Absonderung von Personen, die an übertragbaren Krankheiten leiden, der Krankenhausapothekenbetrieb, die Einrichtung der Laboratorien, die Entkeimungsanlage, auch das Leichenhaus und die Einrichtung für Leichenöffnungen sind eingehend nachzuprüfen.

(4) In allen Anstalten sollen, abgesehen von den Krankenpflege-Schülerinnen und dem männlichen Hilfspersonal, möglichst nur staatlich anerkannte Schwestern in der Krankenpflege tätig sein. Ihre Unterbringung, Dienst- und Freizeiteinteilung muß billigen Anforderungen genügen. Die Zahl der angestellten Schwestern ist daraufhin zu prüfen, ob sie in einem angemessenen

Verhältnis zu der durchschnittlichen Belegungszahl steht. Befindet sich in einer Anstalt eine Schule für Kranken- oder Säuglingspflegerinnen oder -schwestern, so hat der Amtsarzt darauf zu achten, daß die Ausbildung der Schülerinnen den Vorschriften entspricht und nicht unter einer zu starken Ausdehnung ihrer praktischen Arbeit leidet. Wo Mißstände festgestellt werden, ist zunächst auf eine Belehrung der Krankenhausleiter und -vorstände Bedacht zu nehmen und auf möglichst baldige Herstellung geordneter Zustände hinzuwirken.

(5) Die Ausübung einer Aufsicht über die staatlichen Anstalten durch das Gesundheitsamt hat nur auf Anweisung stattzufinden. Zur Feststellung übertragbarer Krankheiten oder zur Durchführung sonstiger Dienstaufgaben sind der Amtsarzt und sein Stellvertreter zum Betreten sämtlicher Anstalten ohne weiteres befugt.

(6) Soweit eine Krankenhausfürsorge nötig ist, soll sie vom Gesundheitsamt und dem Krankenhaus möglichst im Rahmen der Familienfürsorge gefördert werden.

(7) Für den Fall des Eintritts von Massenunglücksfällen, Krieg oder ausgedehnter Seuchengefahr hat es geeignete Gebäude als Behelfskrankenhäuser in Aussicht zu nehmen und für die notwendigen Einrichtungen einen jederzeit ausführbaren Plan aufzustellen.

(8) Die Besichtigung der Arbeitsdienstlager erfolgt nach besonderer Anweisung.

Krankenfürsorge auf Handelsschiffen.

§ 48. Das Gesundheitsamt hat den Reedern den Arzt und den Apotheker zu bezeichnen, denen die Prüfung der Ausrüstung der Handelsschiffe mit Arznei- und anderen Hilfsmitteln sowie mit Lebensmitteln zur Krankenpflege übertragen werden soll (§ 15 der Bekanntmachung des Reichskanzlers vom 3. Juli 1905 — Reichsgesetzbl. S. 568),[1]) und sich die Bescheinigungen über den Befund (Absätze 2 und 3) daselbst vorlegen zu lassen.

---

[1]) Hier nicht abgedruckt.

Übersichten über die Krankenbewegung. Zählkarten.

§ 49. Das Gesundheitsamt hat bei den vorgeschriebenen statistischen Erhebungen über die Krankenhäuser und ihre Belegung nach Maßgabe der Bestimmungen mitzuwirken.

§ 50. (1) Bei der Vorlage von Anträgen zum Bau von Krankenhäusern hat der Amtsarzt im Interesse einer Planwirtschaft zu prüfen, ob ein öffentliches gesundheitliches Bedürfnis für den Bau besteht. Ist dieses nicht der Fall, so hat er auf Unterlassung des Vorhabens zu dringen.

(2) Er hat die Anträge auf Erteilung der Konzession zu Privatkranken-, Privatentbindungs- und Privatirrenanstalten vom gesundheitlichen Standpunkte nach Maßgabe der hierüber erlassenen Vorschriften zu prüfen und in dem darüber zu erstattenden Gutachten auch etwaige Tatsachen, die auf eine Unzuverlässigkeit des Unternehmers bezüglich Leitung oder Verwaltung der Anstalt schließen lassen, zum Ausdruck zu bringen (vgl. § 30 Abs. 1 Gewerbeordnung in der Fassung des Gesetzes vom 6. August 1896 — Reichsgesetzbl. S. 685).

Abschnitt XIV[1]).

Erb- und Rassenpflege.

§ 51. Das Gesundheitsamt soll die Bevölkerungsbewegung seines Bezirks verfolgen und sich in den Dienst einer aufbauenden Bevölkerungspolitik stellen. Dazu wird es die Familiengründung zu fördern suchen und überall da, wo es möglich erscheint, für eine Besserstellung der Familie, im besonderen der kinderreichen Familie, eintreten.

§ 52. (1) Das Gesundheitsamt ist verpflichtet, praktische Erb- und Rassenpflege zu treiben. Zur Durchführung dieser Aufgabe hat es nach Bedarf Beratungsstellen für Erb- und Rassenpflege einzurichten. Seine beamteten Ärzte sollen in allen Fragen, die die Erbgesundheit und Rassenreinheit der Familie oder des einzelnen betreffen, die Bevölkerung beraten und die dem Amts-

[1]) Hierzu s. das unter Nr. 87 abgedruckte Rundschreiben.

arzt zufallenden Aufgaben des Gesetzes zur Verhütung erbkranken Nachwuchses erfüllen.

(2) Dabei sollen sie die zur Heirat entschlossenen Personen vor der Eheschließung beraten, wie auch Verheirateten und ihren Familien mit ihrem sachverständigen Rat zur Seite stehen. Dazu werden sie Ehezeugnisse und im besonderen die für Ehestandsdarlehnsbewerber und Siedler erforderlichen Zeugnisse sowie Gutachten über Kinder und Personen auszustellen haben, die an Kindes Statt angenommen werden sollen. Die Beratungsstellen sind ferner zur Untersuchung und Begutachtung derjenigen Ausländer heranzuziehen, die die Einbürgerung im Deutschen Reich beantragt haben. Dabei sollen sie erbbiologisch belastete oder sonst rassisch nicht zum deutschen Volkstum gehörende Personen durch eine ablehnende Stellungnahme von dem deutschen Volkskörper fernhalten.

(3) Bei Ausübung ihrer Tätigkeit werden sie körperlich und seelisch Untaugliche von der Ehe und Zeugung möglichst abzuhalten suchen, um unerwünschten Nachwuchs auch über den Rahmen des Gesetzes zur Verhütung erbkranken Nachwuchses hinaus zu verhindern und eine Aufartung des deutschen Volkes zu erreichen.

(4) Als Eheberater sind nur Ärzte zu bestellen, die über ein ausreichendes Wissen auf dem Gebiet der Erb- und Rassenpflege verfügen und auf dem Boden der nationalsozialistischen Weltanschauung stehen.

§ 53. (1) Die bei den Gesundheitsämtern vorhandenen Untersuchungsergebnisse und Vorgänge sind in einer erbbiologischen Kartei zu sammeln. Zur Vervollständigung dieser Kartei ist eine enge Zusammenarbeit mit den Standesämtern, Einwohnermeldeämtern, Jugendämtern, Parteidienststellen und allen übrigen Organisationen, die sich mit Familienfürsorge oder Familienforschung befassen und Auskunft erteilen können, anzustreben.

(2) Im übrigen sollen die Beratungsstellen für Erb- und Rassenpflege die wissenschaftliche Erbforschung nach Möglichkeit unterstützen.

Gesundheitliche Volksbelehrung.

§ 54. (1) Das Gesundheitsamt hat die Tätigkeit aller an der gesundheitlichen Aufklärung des Volkes beteiligten Stellen, sowohl der öffentlichen Einrichtungen (z. B. Schulen) als auch der privaten Einzelpersonen und Verbände, einheitlich zusammenzufassen. Auf eine enge Zusammenarbeit und Fühlungnahme mit den Stellen, die für die Durchführung gesundheitlicher Schulung in Frage kommen (Gliederungen der NSDAP., NSV. usw.), ist Bedacht zu nehmen. Das Gesundheitsamt soll darauf achten, daß Vorträge, Ausstellungen und andere Veranstaltungen vom ärztlichen Standpunkt einwandfrei sind und dem Willen der Reichsführung entsprechen.

(2) Der Beschaffung und Bereitstellung von Anschauungs- und Aufklärungsstoff ist im Benehmen mit dem Reichsausschuß für Volksgesundheitsdienst besondere Aufmerksamkeit zu widmen.

Abschnitt XV.

Schulhygiene.

Gesundheitliche Beaufsichtigung der Schulen (auch Waisenhäuser, Kindergärten und ähnlicher Einrichtungen).

§ 55. Das Gesundheitsamt wacht darüber, daß die Schulgebäude und die dem Unterricht dienenden Einrichtungsgegenstände (Schulbänke usw.) den Anforderungen der Hygiene genügen.

§ 56. Der beamtete Arzt hat innerhalb eines in der Regel fünfjährigen Zeitraumes jede Schule seines Bezirks abwechselnd im Sommer und Winter auf ihre Baulichkeit und Einrichtung sowie auf den Gesundheitszustand der Schüler unter Zuziehung des Schulvorstandes und des Schularztes zu besichtigen. Der Leiter des Kreises, der Schulrat, bei Fortbildungs- und Fachschulen der Vorsitzende des Schulvorstandes, sind rechtzeitig vorher zu benachrichtigen. Das Gesundheitsamt hat rechtzeitig Neu- und Umbauten von Schulen anzuregen, wenn die vorhandenen Schulen den Anforderungen der Hygiene nicht mehr genügen und die Baupläne für Neu- und Umbauten rechtzeitig zu prüfen. Zur Prüfung der Bauvorhaben hat der beamtete Arzt, soweit erforderlich, Ermittlungen an Ort und Stelle, insbesondere Besichtigungen der Bauplätze vorzunehmen.

Verhütung der Verbreitung übertragbarer Krankheiten durch die Schulen und in den Schulen.

§ 57. Das Gesundheitsamt hat darüber zu wachen, daß der Verbreitung übertragbarer Krankheiten durch die Schulen nach Möglichkeit vorgebeugt wird, und daß die gesetzlichen Vorschriften zur Verhütung der Verbreitung übertragbarer Krankheiten durch die Schulen genaue Beachtung finden. Vor Abgabe seines Gutachtens hat der Amtsarzt in der Regel eine örtliche Besichtigung vorzunehmen und zu prüfen, welche Maßregeln zur Verhinderung der Verbreitung der Krankheit zu treffen sind. Ist eine Schule geschlossen worden, so hat der Amtsarzt sich im allgemeinen erst dann für die Wiedereröffnung auszusprechen, wenn die Schule oder Schulklasse und die dazugehörigen Nebenräume gründlich gereinigt und entkeimt worden sind.

Schulgesundheitspflege.

§ 58. (1) Der Amtsarzt hat darüber zu wachen, daß der schulärztliche Dienst einschließlich der Schulzahnpflege einwandfrei durchgeführt wird; Schulärzte unterstehen der Dienstaufsicht des Amtsarztes. Dieser soll sich am schulärztlichen Dienst beteiligen, sofern es seine übrigen Amtsgeschäfte zulassen.

(2) Zum schulärztlichen Dienst gehören:

a) Reihenuntersuchungen, insbesondere bei der Einschulung und bei der Entlassung; Anlegung einer Kartei,
b) besondere Überwachung der Schüler, deren Gesundheitszustand eine fortlaufende Kontrolle erforderlich macht,
c) schulärztliche Sprechstunden für Eltern, Schüler und Lehrer,
d) Herbeiführung gesundheitsfürsorgerischer Maßnahmen für die Schüler,
e) Beratung und Belehrung der Lehrer in Fragen der Gesundheitspflege,

f) Mitarbeit bei der Bekämpfung übertragbarer Krankheiten in den Schulen.

(3) Das Gesundheitsamt hat auf die gesundheitliche Erziehung der Schüler und eine ihrem Alter entsprechende Belehrung über die Grundgedanken der Erbgesundheits- und Rassenpflege hinzuwirken. Nach Möglichkeit sind auch Vorträge der Schulärzte vor Lehrern, ferner für Schüler der oberen Klassen und für Eltern vorzusehen und anzuregen.

Abschnitt XVI.

Bekämpfung des Geburtenrückganges; Mütterberatung, Säuglings- und Kleinkinderfürsorge.

§ 59. (1) Das Gesundheitsamt hat den Willen zum Kinde in der erbgesunden Bevölkerung zu stärken; ungesetzliche Schwangerschaftsunterbrechungen hat es sofort zur Anzeige zu bringen.

(2) Den Ursachen der Säuglingssterblichkeit hat es nachzugehen und an ihrer Beseitigung mitzuwirken.

(3) Deshalb hat es vor allem die Bevölkerung über die Bedeutung der natürlichen Ernährung der Säuglinge und des Selbststillens der Mütter aufzuklären. Es muß jede Gelegenheit wahrnehmen, um durch mündliche Belehrung in Einzelfällen, schriftliche Aufklärung in der Presse und durch Verteilung von Merkblättern hierzu beizutragen. Wenn mangels Möglichkeit der natürlichen Ernährung die Ernährung durch Kuhmilch in Frage kommt, so sind die Mütter über die beste Art der Zubereitung und Darreichung eingehend zu beraten. Bei der Überwachung der Milchgewinnung und des Verkehrs mit Milch muß das Gesundheitsamt maßgebend beteiligt bleiben (vgl. § 32 dieser Dienstordnung). Die Errichtung von Säuglingsfürsorgestellen, in denen Schwangere und Mütter unentgeltlich ärztlich beraten und die Säuglinge regelmäßig untersucht werden, hat der Amtsarzt überall dort anzustreben, wo sie notwendig sind.

(4) Auf die Heranziehung der Hebammen und ihre enge Zusammenarbeit mit den Gesundheitspflegerinnen und den Gemeindeschwestern ist besonderer Wert zu legen. Mit dem Hilfs-

werk „Mutter und Kind" der NSV. ist enge Verbindung zu halten.

(5) Mit Rücksicht auf Fälle abnormen Geburtsverlaufs und auf besonders ungünstige Wohnungsverhältnisse soll das Gesundheitsamt auf die Schaffung ausreichender Möglichkeiten zur Entbindung in Anstalten hinwirken. Bestrebungen nach grundsätzlicher Verlegung aller Entbindungen in eine Anstalt soll es, insbesondere zur Erhaltung des Familiensinns, entgegentreten.

(6) Anstalten, in denen Entbindungen vorgenommen werden, oder die der Pflege von Wöchnerinnen und Säuglingen dienen, hat der Amtsarzt zu überwachen und alljährlich zu besichtigen. Hierbei ist besonders darauf zu achten, daß für die Säuglinge genügend Absonderungsmöglichkeiten vorhanden sind und ausreichendes und sachgemäß geschultes Personal zur Verfügung steht, und zwar für Entbindungen Hebammen, für die Pflege der Neugeborenen und Kleinkinder Hebammen oder Säuglingspflegerinnen bzw. -schwestern.

(7) Auf die Innehaltung der gesetzlichen Bestimmungen zum Schutze werdender und stillender Mütter in den gewerblichen Betrieben des Bezirks ist zu achten.

Pflegekinderwesen.

§ 60. (1) Bei der Überwachung des Pflegekinderwesens hat das Gesundheitsamt nach Maßgabe der bestehenden Vorschriften mitzuwirken. Es hat sich von dem Kreis-Jugendamt ein Verzeichnis derjenigen Personen, bei welchen fremde, noch nicht sechs Jahre alte Kinder gegen Entgelt in Kost und Pflege untergebracht sind, zu beschaffen und fortlaufend zu ergänzen.

(2) Bei der Besichtigung von Pflegekinderstellen soll sich der beamtete Arzt vom Zustande der Wohnung, der Art der Wartung, Pflege, Ernährung und Behandlung sowie vom Gesundheitszustande der Pfleglinge überzeugen. Bei Todesfällen von Pflegekindern ist gegebenenfalls zu klären, ob der Pflegestelle ein Verschulden zur Last fällt.

(3) Von dem Ergebnis solcher Besichtigungen ist dem Kreis-

jugendamt unter Angabe der vorgefundenen Mißstände Mitteilung zu machen und bei erheblichen Mängeln die Zurückziehung der Erlaubnis zur Aufnahme von Pflegekindern zu veranlassen.

Tuberkulosebekämpfung und -fürsorge.

§ 61. (1) Das Gesundheitsamt hat die Bekämpfung der Tuberkulose im Rahmen der für die Seuchenbekämpfung geltenden Vorschriften sowie die ärztliche Fürsorge für Tuberkulose-Erkrankte und -Gefährdete durchzuführen.

(2) Es muß hierzu die zur Feststellung der Krankheit und des Umfanges der Ansteckungsgefahr erforderlichen Ermittlungen vornehmen und die zur Verhütung einer Weiterverbreitung der Krankheit nötigen Maßnahmen (einschließlich der Entkeimung) treffen.

(3) Zu den fürsorgerischen ärztlichen Aufgaben des Gesundheitsamts gehören insbesondere die Erfassung der Tuberkulosekranken, ihre laufende ärztliche Überwachung, Beratung und Belehrung sowie die Vermittlung zweckmäßiger Heilbehandlung. Außerdem sind die Tuberkulose-Gefährdeten planmäßig zu untersuchen und ärztlich zu beraten. Die Wohn-, Schlaf- und Berufsverhältnisse Tuberkulosekranker und -bedrohter sind zu prüfen; auch ist die Begutachtung und Antragstellung auf Beihilfengewährung, die Erstattung von Zeugnissen und Gutachten auf Anfordern von Behörden oder beim Vorliegen eines öffentlichen Interesses, wie die allgemeine Aufklärung und Belehrung der Bevölkerung in allen die Tuberkuloseverhütung und -bekämpfung betreffenden Fragen zu gewährleisten.

(4) Zur Durchführung dieser Aufgaben bedarf es einer der Größe und Bevölkerungsdichte des Bezirks entsprechenden Zahl von Tuberkulosefürsorgestellen. Ihre ärztliche Leitung ist, wenn geeignete hauptamtliche Kräfte nicht oder nicht in genügender Zahl vorhanden sind, nach Möglichkeit Tuberkulose-Fachärzten, sonst solchen praktischen Ärzten nebenamtlich zu übertragen, die auf dem Gebiete der Tuberkuloseerkrankung besondere Erfahrungen besitzen. Jede Tuberkulosefürsorgestelle soll mit den

notwendigen medizinisch-technischen Einrichtungen ausgerüstet sein, insbesondere über einen leistungsfähigen Röntgenapparat und über ausreichend geschulte Hilfskräfte verfügen. Wenn die erforderlichen Einrichtungen in der Fürsorgestelle selbst nicht vorhanden sind, muß ihre Benutzung andernorts vertraglich gesichert sein. Zahl, Sitz und Ausstattung der Tuberkulosefürsorgestellen bestimmt die vorgesetzte Dienstbehörde nach Anhören des Gesundheitsamts.

(5) Die Untersuchung und Beratung in den Tuberkulosefürsorgestellen erfolgt unentgeltlich. Eine ärztliche Behandlung ist ihnen grundsätzlich untersagt; Ausnahmen sind nur mit Erlaubnis der Aufsichtsbehörde im Einvernehmen mit der ärztlichen Standesorganisation zulässig.

(6) Die der Tuberkulosebekämpfung und -fürsorge sich widmenden sonstigen Stellen privaten und öffentlichen Rechts einschließlich der Sozialversicherungsträger sind zu einer praktischen Arbeitsgemeinschaft zusammenzufassen, um den einheitlichen und planmäßigen Einsatz aller dem gleichen Zweck dienenden Kräfte und Einrichtungen sowie die größtmögliche Wirtschaftlichkeit der aufgebrachten Mittel sicherzustellen.

Abschnitt XVII.

Überwachung der Prostitution.

§ 62. Das Gesundheitsamt hat die zuständigen Behörden bei der Durchführung des Reichsgesetzes zur Bekämpfung der Geschlechtskrankheiten ärztlich zu unterstützen und, wo erforderlich, Beratungsstellen für Geschlechtskranke einzurichten. Sind für den Bezirk mehrerer Gesundheitsämter Arbeitsgemeinschaften zur Bekämpfung der Geschlechtskrankheiten gebildet, so regelt die Aufsichtsbehörde die Beteiligung der einzelnen Gesundheitsämter an der Organisation und der Arbeit dieser Arbeitsgemeinschaften durch besondere Richtlinien.

Krüppelfürsorge.

§ 63. Das Gesundheitsamt achtet darauf, daß die gesetzlichen Vorschriften über die Krüppelfürsorge befolgt werden und hat dafür zu sorgen, daß drohenden Verkrüppelungen vorgebeugt wird und jugendliche Krüppel rechtzeitig der Heilbehandlung zugeführt werden.

Alkohol- und Rauschgiftbekämpfung.

§ 64. (1) Die Gesundheitsämter haben dem Mißbrauch von Alkohol, Tabak und Schlafmitteln, Opiaten und ähnlich wirkenden Giftstoffen ihre Aufmerksamkeit zuzuwenden. Insbesondere hat das Gesundheitsamt zu prüfen, ob nach Maßgabe der örtlichen Verhältnisse Einschränkungen in der Erteilung von Schankkonzessionen und polizeiliche Anordnungen über Öffnungs- und Schließungsstunde der Schankstätten wünschenswert erscheinen.

(2) Der Ausschank alkoholfreier Getränke ist zu fördern, die Arbeit der den Alkoholmißbrauch bekämpfenden Kreise zu unterstützen.

(3) Gegebenenfalls sind in größeren Bezirken Beratungsstellen für Alkoholkranke und deren Familien einzurichten.

§ 65. (1) Bei der Aufnahme von Geisteskranken, Psychopathen, Epileptikern und Idioten in Anstalten hat das Gesundheitsamt mitzuwirken und gegebenenfalls sich gutachtlich zu äußern.

(2) Die Pflegestellen der in fremden Familien untergebrachten Geisteskranken, Epileptischen und Idioten sind gemäß den in den einzelnen Bezirken bestehenden Vorschriften zu beaufsichtigen. Bei Mißständen ist gegebenenfalls eine andere Unterbringung in die Wege zu leiten.

Ärztliche Mitwirkung bei Maßnahmen zur Förderung der Körperpflege und Leibesübungen.

§ 66. (1) Das Gesundheitsamt hat alle der körperlichen Ertüchtigung und Wehrhaftmachung des Volkes dienenden Bestrebungen des nationalsozialistischen Staates tatkräftig zu fördern. Es hat bei seiner ärztlichen Mitwirkung darauf zu achten, daß Gesundheitsschädigungen vermieden werden.

(2) Zu diesem Zweck hat es mit allen Körperpflege und Leibesübungen treibenden Verbänden, insbesondere den Jugend-

organisationen der nationalsozialistischen Bewegung, enge Fühlung zu halten und sie in einschlägigen ärztlichen Fragen unentgeltlich zu beraten. Die auf sportlichem Gebiet tätigen oder für Sportfragen besonders interessierten praktischen Ärzte sind planmäßig zur Mitarbeit heranzuziehen.

(3) Das Gesundheitsamt hat die sportlichen Anlagen und Einrichtungen, wie z. B. Turnhallen, Turn- und Sportplätze, Schwimmbäder, Luftbäder, Jugendherbergen und Sportlager jeglicher Art, gesundheitlich zu beaufsichtigen. Bei Errichtung neuer Anlagen hat es begutachtend mitzuwirken. Wird seinen Anträgen auf Abstellung von Mißständen nicht nachgekommen, so ist die Entscheidung der Aufsichtsbehörde anzurufen.

Abschnitt XVIII.

Rettungs- und Krankenbeförderungswesen.

§ 67. Die Gesundheitsämter haben im Benehmen mit den örtlichen Organisationen der nationalsozialistischen Bewegung, des Roten Kreuzes, der Landkrankenpflege u. a. an der Durchführung des öffentlichen Sanitätsdienstes, der Ersten Hilfe und der Krankenbeförderung mitzuwirken. Die genannten Organisationen sollen bei Unfällen, Krankenbeförderungen usw. den Anforderungen der Gesundheitsämter nach Möglichkeit entsprechen. Es ist erwünscht, daß diese Organisationen den Gesundheitsämtern zum 15. Januar eines jeden Jahres über Personalbestand, sachliche Einrichtungen und getätigte Hilfeleistungen zahlenmäßige Nachweisungen nach dem Stande vom 31. Dezember des Vorjahres vorlegen.

Luftschutz.

§ 68. Die Gesundheitsämter haben bei der Durchführung des bürgerlichen Luftschutzes im Rahmen der Bestimmungen der vorläufigen Ortsanweisung für den Luftschutz der Bevölkerung (Abschnitt Luftschutz-Sanitätsdienst) mitzuwirken. Sie können ferner zur Untersuchung des Personals des Sicherheits- und Hilfsdienstes herangezogen werden.

Abschnitt XIX.

Öffentliches Badewesen.

§ 69. (1) Das Gesundheitsamt hat die Errichtung von öffentlichen Bade- und Schwimmanstalten, von Volks- und Schulbrausebädern zu fördern.

(2) Die Badeanstalten und Freibäder sind vom beamteten Arzt nach Bedarf daraufhin zu besichtigen, ob sie den gesundheitlichen Anforderungen entsprechen, ob die Beschaffenheit des Wassers, bei Schwimmbädern auch die Art der Erneuerung des Wassers, zu Bedenken Anlaß geben, ob die nötigen Vorsichtsmaßregeln zur Verhütung von Unglücksfällen und geeignete Maßnahmen für die erste Hilfeleistung usw. getroffen sind. Bei den von Privatunternehmern unterhaltenen Kurbädern ist zu prüfen, ob sie als Krankenanstalten im Sinne des § 30 der Gewerbeordnung (vgl. § 50 dieser Dienstordnung) anzusehen sind.

(3) Werden Tatsachen festgestellt, welche die Unzuverlässigkeit des Unternehmers hinsichtlich des Betriebs der Badeanstalt dartun, so ist die Untersagung des Gewerbebetriebs zu veranlassen (§ 35 Gewerbeordnung).

Abschnitt XX.

Heilquellen, Kurorte.

Beaufsichtigung.

§ 70. (1) Die Heilquellen, Bäder und sonstigen Kurorte des Bezirks hat der Amtsarzt in gesundheitlicher Hinsicht zu überwachen und jährlich mindestens einmal zu besichtigen.

(2) Bei den Besichtigungen hat er auf die Badeeinrichtungen, die Beschaffenheit der Heilquellen, die Füllmethoden der für den Versand bestimmten Mineralwässer sowie auf die gesamten gesundheitlichen Einrichtungen des Ortes zu achten.

(3) Auf Ersuchen der zuständigen Behörde hat er sich in Fragen des Quellenschutzes gutachtlich zu äußern. Wird eine als gemeinnützig anerkannte Quelle oder eine Quelle, für welche die Voraussetzung zu dieser Anerkennung durch ihre Heilwirkung gegeben

erscheint, auf eine ihren Bestand oder ihren Mineralgehalt gefährdende Weise benutzt, oder entspricht die Art ihrer Unterhaltung und Benutzung nicht den Forderungen der öffentlichen Gesundheitspflege, so hat der Amtsarzt die Einleitung des Verfahrens auf Enteignung der Quelle bei den zuständigen Behörden zu beantragen.

Berichterstattung.

§ 71. Über das Ergebnis der Besichtigung der Bäder ist im Jahresbericht das Erforderliche anzugeben. Der Bericht muß namentlich erkennen lassen, ob an dem Zustande der Einrichtungen Ausstellungen zu machen waren, und ob Verbesserungen den Beteiligten in Vorschlag gebracht worden sind.

Abschnitt XXI.

Leichenwesen, Erd- und Feuerbestattung.

Leichenschau.

§ 72. Das Gesundheitsamt hat darauf hinzuwirken, daß die Leichenschau nach Möglichkeit überall eingerichtet und möglichst von Ärzten durchgeführt wird. Insbesondere hat das Gesundheitsamt auf die sorgfältige Ausstellung der Totenscheine durch die Ärzte zu achten.

Leichenbeförderung.

§ 73. (1) Das Gesundheitsamt hat darüber zu wachen, daß Aufbahrung, Beförderung, Bestattung, Ausgrabung und Umbettung der Leichen in gesundheitlich einwandfreier Weise erfolgen und die in dieser Hinsicht erlassenen Vorschriften befolgt werden.

(2) Soweit die Ausstellung eines Leichenpasses von der Beibringung einer amtsärztlichen Bescheinigung über die Todesursache und die Unbedenklichkeit der Beförderung abhängig ist, hat der Amtsarzt nach Anhörung des Arztes, der den Verstorbenen in der tödlich gewordenen Krankheit behandelt hat, diese Bescheinigung auszustellen. Genügen die dem Amtsarzt unterbreiteten Unterlagen für die Bestätigung der Unbe-

denklichkeit einer Beförderung nicht, so darf die Ausstellung der Bescheinigung erst nach vorheriger Besichtigung der Leiche erfolgen.

(3) Für die Beförderung der Leichen von Personen, die an einer gemeingefährlichen Krankheit (§ 1 des Reichsgesetzes vom 30. Juli 1900 — Reichsgesetzbl. S. 306) gestorben sind, ist die Ausstellung der amtsärztlichen Bescheinigung für die Frist eines Jahres nach dem Tode zu versagen. Bei Fleckfieber ist die Beförderung erlaubt, wenn die Leiche zuverlässig entlaust ist. Bei Diphtherie, Ruhr, Scharlach, Typhus, Paratyphus, Milzbrand oder Rotz hat das Gesundheitsamt nach Lage des Falles zu entscheiden, ob mit Rücksicht auf die Gefahr einer Verschleppung der Krankheit die Bescheinigung abzulehnen ist. Handelt es sich um die Leiche einer Person, die an einer anderen übertragbaren Krankheit gestorben ist, so darf aus diesem Umstand ein Bedenken gegen die Beförderung nicht hergeleitet werden.

Ausgrabung von Leichen.

§ 74. Bei der Ausgrabung von Leichen ist, falls sie nicht auf gerichtliche Anordnung erfolgt (vgl. § 87 Abs. 3 der Strafprozeßordnung), vom beamteten Arzt eine gutachtliche Äußerung darüber abzugeben, ob und unter welchen Bedingungen die Ausgrabung unbedenklich ist.

Anlegung und Erweiterung von Begräbnisplätzen.

§ 75. (1) Bei der Anlegung neuer und der Erweiterung bestehender Begräbnisplätze und Krematorien hat der Amtsarzt auf Antrag nach örtlicher Besichtigung und nach Maßgabe der gesetzlichen und sonstigen Vorschriften sich gutachtlich zu äußern.

(2) Die Entwürfe der zu erlassenden Begräbnis- und Friedhofsordnungen werden von dem Amtsarzt geprüft.

(3) Auf die Errichtung und die einwandfreie Beschaffung von Leichenhallen hat das Gesundheitsamt hinzuwirken.

Beaufsichtigung der Begräbnisplätze.

§ 76. Die Begräbnisplätze und Krematorien sind von dem Amtsarzt auf Einrichtung und Ordnung des Betriebes gelegentlich der Ortsbesichtigung (§ 23 dieser Dienstordnung) zu besichtigen. Die Schließung ungünstig gelegener Begräbnisplätze ist anzustreben, insbesondere wenn gesundheitsschädliche Einflüsse auf die Umgebung zu befürchten sind.

Feuerbestattung.

§ 77. Der beamtete Arzt hat die durch § 3 des Reichsgesetzes über die Feuerbestattung vom 15. Mai 1934 (Reichsgesetzbl. I S. 380) und § 3 der zur Durchführung dieses Gesetzes erlassenen Verordnung vom 26. Juni 1934 (Reichsgesetzbl. I S. 519) vorgeschriebene Leichenschau vorzunehmen.

Abschnitt XXII.

Geschäftsführung.

Amtlicher Schriftverkehr.

§ 78. Das Gesundheitsamt hat die für den Schriftverkehr der Behörden bestehenden Vorschriften zu beachten. Die für die Berichterstattung gesetzten Fristen sind pünktlich innezuhalten; andernfalls ist rechtzeitig die Bewilligung einer Nachfrist nachzusuchen. Um den Geschäftsverkehr (§ 13 der Dienstordnung — Allgemeiner Teil, vom 22. Februar 1935, Reichsgesetzbl. I S. 215) zu beschleunigen, sind zwischen Gesundheitsamt und dem Leiter des Kreises Vereinbarungen über eine Vereinfachung der gegenseitigen Beteiligung zu treffen.

Medizinalstatistik, Jahresgesundheitsbericht.

§ 79. Die Gesundheitsämter haben bei der Durchführung der Medizinalstatistik und der Anfertigung des Jahresgesundheitsberichts die hierüber erlassenen Vorschriften sorgfältig zu beachten.

Erhebung der Gebühren, Fahrgelder und Reisekosten.

§ 80. Die dem Gesundheitsamt für seine Tätigkeit zustehenden Gebühren sind nach dem für Behörden gültigen Zahlungsverkehr zu vereinnahmen und zu buchen, so daß jederzeit eine Nachprüfung durch die Prüfungsbehörde möglich ist. Das gleiche gilt für die Berechnung und Vereinnahmung von Reisekosten und Tagegeldern.

Geschäftsbücher, Listenführung, Registratur, Postsendungen.

§ 81. (1) Zu führen sind:
ein Tagebuch, ein Reisetagebuch, ein Terminkalender, ein Inventarverzeichnis, ein Aktenverzeichnis, ein Gebührenverzeichnis, ferner die erforderlichen Übersichten.

(2) Der gesamte Schriftverkehr ist, soweit er beim Gesundheitsamt verbleibt, in übersichtlicher Form der Registratur einzuverleiben. Bei urschriftlichen Vorgängen ist ein entsprechender Aktenvermerk aufzunehmen.

(3) Dienstmarken dürfen nur im amtlichen Schriftverkehr verwendet werden.

§ 82. Die von dem Gesundheitsamt für die Durchführung seiner Aufgaben erforderlichen Formbogen, Bücher und Listen werden, soweit sie nicht in diese Dienstordnung bereits aufgenommen sind, durch Erlaß bestimmt werden.

5. Zusammenarbeit der Gesundheitsämter mit den Ämtern für Volksgesundheit der NSDAP.

Runderlaß des Reichs- und Preußischen Ministers des Innern.

Vom 12. März 1936 (MBliV. Sp. 359).

(1) Auf Grund einer mit dem Hauptamt für Volksgesundheit getroffenen Vereinbarung ist auf eine gute Zusammenarbeit zwischen den staatlichen bzw. kommunalen Gesundheitsämtern und den Ämtern für Volksgesundheit der NSDAP. besonderer Wert zu legen. Schwierigkeiten, die diesem Ziele entgegenstehen, sind von den zuständigen Aufsichtsstellen möglichst aus dem Wege zu räumen; jede Doppelarbeit soll unterbleiben. Die Ämter für Volksgesundheit werden durch das Hauptamt für Volksgesundheit mit entsprechender Weisung versehen werden; für die Gesundheitsämter ordne ich folgendes an:

(2) Amtsärzte als Leiter von Gesundheitsämtern, die als

Mitglieder der NSDAP. von den zuständigen Parteidienststellen ersucht werden, die Leitung eines Amtes für Volksgesundheit zu übernehmen, haben dieser Aufforderung nach Möglichkeit zu entsprechen. Auf den RdErl. v. 24. 6. 1935 — IV f 3292/2011 i (MBliV. S. 839)[1]) wird Bezug genommen. Um durch die Übernahme dieser Nebentätigkeit die ärztliche Versorgung in den Gesundheitsämtern nicht in Mitleidenschaft zu ziehen, ist zu prüfen, ob sich gegebenenfalls die Einberufung von Hilfsärzten im Rahmen der bewilligten Haushaltmittel ermöglichen läßt.

(3) Gegen die Übernahme von vertrauensärztlicher Tätigkeit bei den Ämtern für Volksgesundheit durch die beamteten oder angestellten Ärzte der Gesundheitsämter bestehen keine Bedenken. Der RdErl. v. 24. 6. 1935 — IV f 3292/2011 i (MBliV. S. 839)[1]) findet sinngemäße Anwendung.

(4) Den Gesundheitsämtern werden fortlaufend gemäß Anweisung des Hauptamtes für Volksgesundheit die von den Ämtern für Volksgesundheit geführten Gesundheitsstammbücher zur erbkarteimäßigen Auswertung zugehen. Um eine Überlastung der Gesundheitsämter zu verhindern, sollen die Leiter der Gesundheitsämter sich mit den zuständigen Leitern der Ämter für Volksgesundheit zwecks Übersendung der Stammbücher ins Benehmen setzen. Diese Stammbücher sind je nach Vereinbarung terminmäßig zurückzugeben.

(5) Soweit bei den Gesundheitsämtern die Abteilungen oder Beratungsstellen für Erb- und Rassenpflege bereits ausreichend mit Ärzten versorgt sind, soll diesen Ärzten grundsätzlich gestattet werden, auf Anfordern des Hauptamtes für Volksgesundheit zum Zwecke einer einheitlichen Arbeit in der Erb- und Rassenpflege auch in den Parteiämtern tätig zu sein. Bei Neueinstellungen in den Abteilungen oder Beratungsstellen für Erb- und Rassenpflege soll der Leiter des Gesundheitsamtes sich zunächst mit dem zuständigen Leiter des Amtes für Volksgesundheit in Verbindung setzen, um ihn selbst oder einen anderen

[1]) Hier nicht abgedruckt.

geeigneten Arzt für die Tätigkeit als voll oder teilweise zu beschäftigender Arzt zu gewinnen. Die Mitarbeit dieser Ärzte kann je nach Vorbildung, Eignung und Bedürfnis auch in sonstigen Zweigen der Gesundheitsfür- und -vorsorge erfolgen. Hierzu verweise ich auf die RdErl. v. 8. 4. 1935 — IV f 2070/1000 b (nicht veröffentl.) und v. 4. 7. 1935 — IV f 4094/1000 b (nicht veröffentl.).

(6) Über die Durchführung dieses Erlasses und die dabei gemachten Erfahrungen ist mir **bis zum 1. 11. 1936** zu berichten. Ich ersuche, dazu anzugeben:

Zu 2: Welche Amtsärzte — und für welchen Bezirk — gleichzeitig Leiter von Ämtern für Volksgesundheit der NSDAP. sind.

Zu 3: In welchen Gesundheitsämtern eine Inanspruchnahme von Ärzten dieser Gesundheitsämter durch die Ämter für Volksgesundheit der NSDAP. nicht erfolgt ist.

Zu 4: Wieviel Stammbücher den einzelnen Gesundheitsämtern bis zum 1. 10. 1936 zugegangen sind.

Zu 5: In welchen Gesundheitsämtern die Leiter der Ämter für Volksgesundheit der NSDAP. oder andere von ihnen benannte Ärzte als voll oder teilweise beschäftigte Hilfsärzte tätig und mit welchen Aufgaben sie betraut sind.

6. Übertragung amtsärztlicher Dienstgeschäfte auf die Sanitätsdienststellen der Wehrmacht.

Runderlaß des Reichs- und Preußischen Minister des Innern.

Vom 23. September 1936 (MBliV. Sp. 1281).

(1) Im Einvernehmen mit dem RKMuObdW. bestimme ich, daß die amtsärztlichen Dienstgeschäfte (Ges. über die Vereinheitlichung des Gesundheitswesens v. 3. 7. 1934, RGBl. I S. 531, Erste Durchf.-VO. v. 6. 2. 1935, RGBl. I S. 177, Zweite Durchf.-VO. v. 22. 2. 1935, RGBl. I S. 215, und Dritte Durchf.-VO. v. 30. 3. 1935, RMBl. S. 327)[1]) im Bereiche der

[1]) Abgedruckt unter Nr. 1 bis 4.

Wehrmacht von den Sanitätsdienststellen der Wehrmacht übernommen werden.

(2) Im Sinne dieses RdErl. unterstehen der Zuständigkeit der Sanitätsdienststellen alle Personen, die aktiv der Wehrmacht angehören, sowie deren Angehörige, soweit sie zur Heilfürsorge berechtigt sind. Örtlich zuständig sind die Sanitätsdienststellen für die gesundheitlichen Verhältnisse in allen im Besitze der Wehrmacht befindlichen Gebäuden und Liegenschaften einschließlich derjenigen, die von der Wehrmacht angemietet und ausschließlich von ihr bewohnt sind.

(3) Die Sanitätsdienststellen sind gehalten, die amtsärztlichen Dienstaufgaben auf dem Gebiete des öffentlichen Gesundheitsdienstes in enger Fühlungnahme mit den staatlichen und kommunalen Gesundheitsämtern durchzuführen, die Bestimmungen über die wechselseitige Benachrichtigung über das Auftreten übertragbarer Krankheiten (VO. v. 1. 2. 1936, RGBl. I S. 58) und die Richtlinien zur Durchf. der Erb- und Rassenpflege (Ges. v. 14. 7. 1933, RGBl. I S. 529, und v. 18. 10. 1935, RGBl. I S. 1246[2]), sowie meine RdErl. v. 21. 5. 1935 — IV f 3060/1075 b[3]) und v. 6. 1. 1934 — II 1079/20. 12[1]) zu beachten und den Ärzten der Gesundheitsämter zwecks gemeinsamer Feststellungen aus Anlaß des Auftretens übertragbarer Krankheiten gegebenenfalls auch im Bereiche ihrer örtlichen Zuständigkeit den Zutritt zu ermöglichen.

(4) Die Ärzte der Gesundheitsämter werden angewiesen, in dem gleichen Maße mit den Sanitätsdienststellen der Wehrmacht in engster Fühlungnahme zu arbeiten.

(5) Die Einzelheiten werden durch Richtlinien der zuständigen Ministerien geregelt.

(6) Dieser RdErl. tritt für die Sanitätsdienststellen am 1. 10. 1936 in Kraft, soweit nicht einzelne Bestimmungen bereits früher in Kraft gesetzt worden sind.

---

[2]) Abgedruckt unter Nr. 21.

[3]) Nicht veröffentlicht.

Zweiter Teil.

Erb- und Rassenpflege.

I. Erbgesundheit.

7. Gesetz zur Verhütung erbkranken Nachwuchses.

Vom 14. Juli 1933 (RGBl. I S. 529)[1].

§ 1. (1) Wer erbkrank ist, kann unfruchtbar gemacht (sterilisiert) werden, wenn nach den Erfahrungen der ärztlichen Wissenschaft mit großer Wahrscheinlichkeit zu erwarten ist, daß seine Nachkommen an schweren körperlichen oder geistigen Erbschäden leiden werden.

(2) Erbkrank im Sinne dieses Gesetzes ist, wer an einer der folgenden Krankheiten leidet:

1. angeborenem Schwachsinn,
2. Schizophrenie,
3. zirkulärem (manisch-depressivem) Irresein,
4. erblicher Fallsucht,
5. erblichem Veitstanz (Huntingtonsche Chorea),
6. erblicher Blindheit,
7. erblicher Taubheit,
8. schwerer erblicher körperlicher Mißbildung.

(3) Ferner kann unfruchtbar gemacht werden, wer an schwerem Alkoholismus leidet.

§ 2. (1) Antragsberechtigt ist derjenige, der unfruchtbar gemacht werden soll. Ist dieser geschäftsunfähig oder wegen Geistesschwäche entmündigt oder hat er das achtzehnte Lebensjahr noch nicht vollendet, so ist der gesetzliche Vertreter antragsberechtigt; er bedarf dazu der Genehmigung des Vormundschaftsgerichts. In den übrigen Fällen beschränkter Geschäftsfähigkeit bedarf der Antrag der Zustimmung des gesetzlichen Vertreters. Hat ein Volljähriger einen Pfleger für seine Person erhalten, so ist dessen Zustimmung erforderlich.

---

[1] In der Fassung der Ges. vom 26. Juni 1935 (RGBl. I S. 773) und vom 4. Februar 1936 (RGBl. I S. 119).

(2) Dem Antrag ist eine Bescheinigung eines für das Deutsche Reich approbierten Arztes beizufügen, daß der Unfruchtbarzumachende über das Wesen und die Folgen der Unfruchtbarmachung aufgeklärt worden ist.

(3) Der Antrag kann zurückgenommen werden.

§ 3. Die Unfruchtbarmachung können auch beantragen

1. der beamtete Arzt,
2. für die Insassen einer Kranken-, Heil- oder Pflegeanstalt oder einer Strafanstalt der Anstaltsleiter.

§ 4. Der Antrag ist schriftlich oder zur Niederschrift der Geschäftsstelle des Erbgesundheitsgerichts zu stellen. Die dem Antrag zugrunde liegenden Tatsachen sind durch ein ärztliches Gutachten oder auf andere Weise glaubhaft zu machen. Die Geschäftsstelle hat dem beamteten Arzt von dem Antrag Kenntnis zu geben.

§ 5. Zuständig für die Entscheidung ist das Erbgesundheitsgericht, in dessen Bezirk der Unfruchtbarzumachende seinen allgemeinen Gerichtsstand hat.

§ 6. (1) Das Erbgesundheitsgericht ist einem Amtsgericht anzugliedern. Es besteht aus einem Amtsrichter als Vorsitzenden, einem beamteten Arzt und einem weiteren für das Deutsche Reich approbierten Arzt, der mit der Erbgesundheitslehre besonders vertraut ist. Für jedes Mitglied ist ein Vertreter zu bestellen.

(2) Als Vorsitzender ist ausgeschlossen, wer über einen Antrag auf vormundschaftsgerichtliche Genehmigung nach § 2 Abs. 1 entschieden hat. Hat ein beamteter Arzt den Antrag gestellt, so kann er bei der Entscheidung nicht mitwirken.

§ 7. (1) Das Verfahren vor dem Erbgesundheitsgericht ist nicht öffentlich.

(2) Das Erbgesundheitsgericht hat die notwendigen Ermittelungen anzustellen; es kann Zeugen und Sachverständige vernehmen sowie das persönliche Erscheinen und die ärztliche Untersuchung des Unfruchtbarzumachenden anordnen und ihn bei unentschuldigtem Ausbleiben vorführen lassen. Auf die Vernehmung

und Beeidigung der Zeugen und Sachverständigen sowie auf die Ausschließung und Ablehnung der Gerichtspersonen finden die Vorschriften der Zivilprozeßordnung sinngemäße Anwendung. Ärzte, die als Zeugen oder Sachverständige vernommen werden, sind ohne Rücksicht auf das Berufsgeheimnis zur Aussage verpflichtet. Gerichts- und Verwaltungsbehörden sowie Krankenanstalten haben dem Erbgesundheitsgericht auf Ersuchen Auskunft zu erteilen.

§ 8. Das Gericht hat unter Berücksichtigung des gesamten Ergebnisses der Verhandlung und Beweisaufnahme nach freier Überzeugung zu entscheiden. Die Beschlußfassung erfolgt auf Grund mündlicher Beratung mit Stimmenmehrheit. Der Beschluß ist schriftlich abzufassen und von den an der Beschlußfassung beteiligten Mitgliedern zu unterschreiben. Er muß die Gründe angeben, aus denen die Unfruchtbarmachung beschlossen oder abgelehnt worden ist. Der Beschluß ist dem Antragsteller, dem beamteten Arzt sowie demjenigen zuzustellen, dessen Unfruchtbarmachung beantragt worden ist, oder, falls dieser nicht antragsberechtigt ist, seinem gesetzlichem Vertreter.

§ 9. Gegen den Beschluß können die im § 8 Satz 5 bezeichneten Personen binnen einer Notfrist von 14 Tagen nach der Zustellung schriftlich oder zur Niederschrift der Geschäftsstelle des Erbgesundheitsgerichts Beschwerde einlegen. Die Beschwerde hat aufschiebende Wirkung. Über die Beschwerde entscheidet das Erbgesundheitsobergericht. Gegen die Versäumung der Beschwerdefrist ist Wiedereinsetzung in den vorigen Stand in entsprechender Anwendung der Vorschriften der Zivilprozeßordnung zulässig.

§ 10. (1) Das Erbgesundheitsobergericht wird einem Oberlandesgericht angegliedert und umfaßt dessen Bezirk. Es besteht aus einem Mitglied des Oberlandesgerichts, einem beamteten Arzt und einem weiteren für das Deutsche Reich approbierten Arzt, der mit der Erbgesundheitslehre besonders vertraut ist. Für jedes Mitglied ist ein Vertreter zu bestellen. § 6 Abs. 2 gilt entsprechend.

(2) Auf das Verfahren vor dem Erbgesundheitsobergericht finden §§ 7, 8 entsprechende Anwendung.

(3) Das Erbgesundheitsobergericht entscheidet endgültig.

§ 10a. (1) Hat ein Erbgesundheitsgericht rechtskräftig auf Unfruchtbarmachung einer Frau erkannt, die zur Zeit der Durchführung der Unfruchtbarmachung schwanger ist, so kann die Schwangerschaft mit Einwilligung der Schwangeren unterbrochen werden, es sei denn, daß die Frucht schon lebensfähig ist oder die Unterbrechung der Schwangerschaft eine ernste Gefahr für das Leben oder die Gesundheit der Frau mit sich bringen würde.

(2) Als nicht lebensfähig ist die Frucht dann anzusehen, wenn die Unterbrechung vor Ablauf des sechsten Schwangerschaftsmonats erfolgt.

§ 11. (1) Die Unfruchtbarmachung hat im Wege des chirurgischen Eingriffs zu erfolgen. Die Reichsminister des Innern und der Justiz bestimmen, unter welchen Voraussetzungen auch andere Verfahren zur Unfruchtbarmachung angewendet werden können.

(2) Der zur Unfruchtbarmachung und Schwangerschaftsunterbrechung notwendige ärztliche Eingriff darf nur in einer Krankenanstalt von einem für das Deutsche Reich approbierten Arzt ausgeführt werden. Dieser darf den Eingriff erst vornehmen, wenn der die Unfruchtbarmachung und Schwangerschaftsunterbrechung anordnende Beschluß endgültig geworden ist. Die oberste Landesbehörde bestimmt die Krankenanstalten und Ärzte, denen die Ausführung der Unfruchtbarmachung und Schwangerschaftsunterbrechung überlassen werden darf. Der Eingriff darf nicht durch einen Arzt vorgenommen werden, der den Antrag gestellt oder in dem Verfahren als Beisitzer mitgewirkt hat.

(3) Der ausführende Arzt hat dem beamteten Arzt einen schriftlichen Bericht über die Ausführung der Unfruchtbarmachung und Schwangerschaftsunterbrechung unter Angabe des angewendeten Verfahrens einzureichen.

§ 12. (1) Hat das Gericht die Unfruchtbarmachung endgültig beschlossen, so ist sie auch gegen den Willen des Unfruchtbarzumachenden auszuführen, sofern nicht dieser allein den Antrag gestellt hat. Der beamtete Arzt hat bei der Polizeibehörde die erforderlichen Maßnahmen zu beantragen. Soweit andere Maßnahmen nicht ausreichen, ist die Anwendung unmittelbaren Zwanges zulässig.

(2) Ergeben sich Umstände, die eine nochmalige Prüfung des Sachverhalts erfordern, so hat das Erbgesundheitsgericht das Verfahren wieder aufzunehmen und die Ausführung der Unfruchtbarmachung vorläufig zu untersagen. War der Antrag abgelehnt worden, so ist die Wiederaufnahme nur zulässig, wenn neue Tatsachen eingetreten sind, welche die Unfruchtbarmachung rechtfertigen.

§ 13. (1) Die Kosten des gerichtlichen Verfahrens trägt die Staatskasse.

(2) Die Kosten des ärztlichen Eingriffs trägt bei den der Krankenversicherung angehörenden Personen die Krankenkasse, bei anderen Personen im Falle der Hilfsbedürftigkeit der Fürsorgeverband. In allen anderen Fällen trägt die Kosten bis zur Höhe der Mindestsätze der ärztlichen Gebührenordnung und der durchschnittlichen Pflegesätze in den öffentlichen Krankenanstalten die Staatskasse, darüber hinaus der Unfruchtbargemachte.

§ 14. (1) Eine Unfruchtbarmachung oder Schwangerschaftsunterbrechung, die nicht nach den Vorschriften dieses Gesetzes erfolgt, sowie eine Entfernung der Keimdrüsen sind nur dann zulässig, wenn ein Arzt sie nach den Regeln der ärztlichen Kunst zur Abwendung einer ernsten Gefahr für das Leben oder die Gesundheit desjenigen, an dem er sie vornimmt, und mit dessen Einwilligung vollzieht.

(2) Eine Entfernung der Keimdrüsen darf beim Manne mit seiner Einwilligung auch dann vorgenommen werden, wenn sie nach amts- oder gerichtsärztlichem Gutachten erforderlich ist, um ihn von einem entarteten Geschlechtstrieb zu befreien, der die Begehung weiterer Verfehlungen im Sinne der §§ 175 bis 178, 183, 223 bis 226 des Strafgesetzbuchs befürchten läßt. Die Anordnung der Entmannung im Strafverfahren oder im Sicherungsverfahren bleibt unberührt.

§ 15. (1) Die an dem Verfahren oder an der Ausführung des ärztlichen Eingriffs beteiligten Personen sind zur Verschwiegenheit verpflichtet.

(2) Wer der Schweigepflicht unbefugt zuwiderhandelt, wird mit Gefängnis bis zu einem Jahre oder mit Geldstrafe bestraft. Die Verfolgung tritt nur auf Antrag ein. Den Antrag kann auch der Vorsitzende stellen.

§ 16. (1) Der Vollzug dieses Gesetzes liegt den Landesregierungen ob.

(2) Die obersten Landesbehörden bestimmen, vorbehaltlich der Vorschriften des § 6 Abs. 1 Satz 1 und des § 10 Abs. 1 Satz 1, Sitz und Bezirk der entscheidenden Gerichte. Sie ernennen die Mitglieder und deren Vertreter.

§ 17. Der Reichsminister des Innern erläßt im Einvernehmen mit dem Reichsminister der Justiz die zur Durchführung dieses Gesetzes erforderlichen Rechts- und Verwaltungsvorschriften.

§ 18. Dieses Gesetz tritt am 1. Januar 1934 in Kraft.

8. (Erste) Verordnung zur Ausführung des Gesetzes zur Verhütung erbkranken Nachwuchses.

Vom 5. Dezember 1933 (RGBl. I S. 1021)[1]).

Art. 1 (zu § 1 Abs. 1, 2 des Gesetzes). (1) Die Unfruchtbarmachung setzt voraus, daß die Krankheit durch einen für das Deutsche Reich approbierten Arzt einwandfrei festgestellt ist, mag sie auch nur vorübergehend aus einer verborgenen Anlage sichtbar geworden sein.

(2) Der Antrag auf Unfruchtbarmachung soll nicht gestellt werden, wenn der Erbkranke infolge hohen Alters oder aus anderen Gründen nicht fortpflanzungsfähig ist, oder wenn der zuständige Amtsarzt bescheinigt hat, daß der Eingriff eine Gefahr für das Leben des Erbkranken bedeuten würde, oder wenn er wegen Anstaltsbedürftigkeit in einer geschlossenen Anstalt dauernd verwahrt wird. Die Anstalt muß volle Gewähr dafür

---

[1]) In der Fassung der 3. und 4. AusführungsVO. vom 25. Februar 1935 (RGBl. I S. 289) und vom 18. Juli 1935 (RGBl. I S. 1035).

bieten, daß die Fortpflanzung unterbleibt. Ein fortpflanzungsfähiger Erbkranker, der in einer geschlossenen Anstalt verwahrt wird, darf nicht entlassen oder beurlaubt werden, bevor die Unfruchtbarmachung durchgeführt oder der Antrag endgültig abgelehnt worden ist; dies gilt nicht, wenn der für die Anstalt zuständige Amtsarzt aus besonderen Gründen der Entlassung oder Beurlaubung ausnahmsweise zustimmt.

(3) Die Unfruchtbarmachung soll nicht vor Vollendung des zehnten Lebensjahres vorgenommen werden.

(4) Die Unfruchtbarmachung erfolgt in der Weise, daß ohne Entfernung der Hoden oder Eierstöcke die Samenstränge oder Eileiter verlegt, undurchgängig gemacht oder durchgetrennt werden.

Art. 2 (zu § 2 Abs. 2). (1) Wird der Antrag von dem gesetzlichen Vertreter gestellt, so ist ärztlich zu bescheinigen, daß dieser über das Wesen und die Folgen der Unfruchtbarmachung aufgeklärt worden ist.

(2) Für die Bescheinigung ist der Vordruck Anlage 1[1]) zu verwenden. Dem Unfruchtbarzumachenden oder seinem gesetzlichen Vertreter ist ein Merkblatt nach Vordruck Anlage 2 auszuhändigen.

Art. 3 (zu §§ 3, 4). (1) Als beamtete Ärzte im Sinne des Gesetzes gelten

a) der örtlich zuständige Amtsarzt (Kreisarzt, Bezirksarzt usw.) und sein Stellvertreter,

b) der Gerichtsarzt und sein Stellvertreter für die von ihnen amtlich untersuchten Personen.

(2) Strafanstalten im Sinne des Gesetzes sind Anstalten, in denen Strafgefangene oder Untersuchungsgefangene untergebracht oder in denen mit Freiheitsentziehung verbundene Maßregeln der Sicherung und Besserung vollzogen werden. Als Pflegeanstalten gelten auch Fürsorgeerziehungsanstalten.

(3) Ist der Anstaltsleiter nicht selbst Arzt, so bedarf sein Antrag

---

[1]) Hier nicht abgedruckt.

auf Unfruchtbarmachung der Zustimmung des leitenden Anstaltsarztes.

(4) Wird einem approbierten Arzt in seiner Berufstätigkeit eine Person bekannt, die an einer Erbkrankheit (§ 1 Abs. 1, 2) oder an schwerem Alkoholismus leidet, so hat er dem zuständigen Amtsarzt hierüber nach Vordruck Anlage 3[1]) unverzüglich Anzeige zu erstatten. Die gleiche Verpflichtung haben sonstige Personen, die sich mit der Heilbehandlung, Untersuchung oder Beratung von Kranken befassen. Bei Insassen von Anstalten trifft den Anstaltsleiter die Anzeigepflicht.

(5) Hält der beamtete Arzt die Unfruchtbarmachung für geboten, so soll er dahin wirken, daß der Unfruchtbarzumachende selbst oder sein gesetzlicher Vertreter den Antrag stellt. Unterbleibt dies, so hat er selbst den Antrag zu stellen.

(6) Für den Antrag ist der Vordruck Anlage 4[1]), für das nach § 4 Satz 2 des Gesetzes zu erstattende ärztliche Gutachten von beamteten Ärzten der Vordruck Anlage 5[1]) zu verwenden.

Art. 4 (zu §§ 6 bis 10, 16). (1) Die obersten Landesbehörden können die Befugnis zur Bestellung der Mitglieder der Erbgesundheitsgerichte und der Erbgesundheitsobergerichte anderen Stellen übertragen. Die Bestellung erfolgt auf die Dauer von mindestens einem Jahre. Soweit nicht in dem Gesetz oder in dieser Verordnung etwas anderes bestimmt ist, finden auf das Verfahren vor den Erbgesundheitsgerichten und den Erbgesundheitsobergerichten die Vorschriften des Reichsgesetzes über die Angelegenheiten der freiwilligen Gerichtsbarkeit entsprechende Anwendung.

(2) Das Erbgesundheitsgericht und das Erbgesundheitsobergericht können nach Anhörung des beamteten Arztes die Unterbringung des Unfruchtbarzumachenden in einer geeigneten Krankenanstalt bis zur Dauer von sechs Wochen anordnen.

Art. 5 (zu § 11). Für die Ausführung des chirurgischen Eingriffs sind staatliche und kommunale Kranken-, Heil- und Pflegeanstalten zu bestimmen, andere Anstalten nur, wenn sie sich

---

[1]) Hier nicht abgedruckt.

dazu bereit erklären. Es muß volle Gewähr dafür geboten sein, daß der Eingriff durch einen chirurgisch geschulten Arzt vorgenommen wird. Für die Berichterstattung ist der Vordruck Anlage 6[1]) zu verwenden.

Art. 6 (zu § 12). (1) Hat das Gericht die Unfruchtbarmachung endgültig beschlossen, so hat der beamtete Arzt den Unfruchtbarzumachenden schriftlich aufzufordern, den Eingriff binnen zwei Wochen vornehmen zu lassen; die in Betracht kommenden Anstalten sind ihm dabei zu benennen.

(2) Hat der Unfruchtbarzumachende nicht allein den Antrag gestellt, so ist ihm ferner mitzuteilen, daß der Eingriff auch gegen seinen Willen vorgenommen werden wird.

(3) Ist der Eingriff nach Urteil des ausführenden Arztes wegen besonderer Umstände mit Lebensgefahr für den Erbkranken verbunden oder aus einem anderen wichtigen gesundheitlichen Grunde nicht alsbald durchführbar, so kann der zuständige Amtsarzt auf Antrag des Arztes, der den Eingriff ausführen soll, anordnen, daß die Vornahme des Eingriffs einstweilen unterbleibt. Die Aussetzung erfolgt auf bestimmte Zeit. Wiederholte Aussetzung ist zulässig. Die Aussetzung ist dem Erbgesundheitsgericht anzuzeigen.

(4) Hat sich der Unfruchtbarzumachende auf seine Kosten in eine geschlossene Anstalt aufnehmen lassen, die volle Gewähr dafür bietet, daß die Fortpflanzung unterbleibt, so ordnet das Gericht auf seinen Antrag an, daß die Vornahme des Eingriffs so lange ausgesetzt wird, als er sich in dieser oder in einer gleichartigen Anstalt befindet. Ist der Unfruchtbarzumachende geschäftsunfähig oder hat er das achtzehnte Lebensjahr noch nicht vollendet, so ist sein gesetzlicher Vertreter antragsberechtigt. Ist die Aussetzung vor Vollendung des achtzehnten Lebensjahres erfolgt, so kann der Unfruchtbarzumachende nach diesem Zeitpunkt die Wiederaufhebung der Aussetzung beantragen.

(5) Ist bei Ablauf der Frist (Abs. 1) der Eingriff noch nicht

[1]) Hier nicht abgedruckt.

erfolgt, und hat sich der Unfruchtbarzumachende auch nicht in eine geschlossene Anstalt begeben oder ist er daraus wieder entwichen, so ist der Eingriff mit Hilfe der Polizeibehörde, nötigenfalls unter Anwendung unmittelbaren Zwanges, in der von dem beamteten Arzt bezeichneten Anstalt auszuführen. Bei Jugendlichen darf der Eingriff unter Anwendung unmittelbaren Zwanges nicht vor Vollendung des vierzehnten Lebensjahres ausgeführt werden. Die Polizeibehörde hat den beamteten Arzt über die getroffenen Maßnahmen zu unterrichten.

(6) Der Leiter einer Anstalt, die eine Person aufnimmt, deren Unfruchtbarmachung endgültig beschlossen ist, hat dem für das Verfahren zuständigen beamteten Arzt die Aufnahme unverzüglich mitzuteilen. Entweicht der Unfruchtbarzumachende, so ist der beamtete Arzt unverzüglich zu benachrichtigen. Der Unfruchtbarzumachende darf nur dann aus der Anstalt entlassen oder beurlaubt werden, wenn er unfruchtbar gemacht oder die Entscheidung über die Unfruchtbarmachung wieder aufgehoben worden ist.

Art. 7 (zu § 13). (1) Wer den Kostenbedarf für den chirurgischen Eingriff nicht oder nicht ausreichend aus eigenen Kräften und Mitteln beschaffen kann und ihn auch nicht von anderer Seite, insbesondere von Angehörigen erhält, ist hilfsbedürftig im Sinne der Fürsorgepflichtverordnung. Soweit nicht § 15 der Fürsorgepflichtverordnung Platz greift, sind die Kosten des ärztlichen Eingriffs endgültig von dem Fürsorgeverband zu tragen, der für den Unfruchtbargemachten bei dem Eintritt oder der Einlieferung in die Krankenanstalt (§ 11 Abs. 1 Satz 1 des Gesetzes) endgültig fürsorgepflichtig gewesen wäre; § 2 Abs. 5 der Fürsorgepflichtverordnung findet entsprechende Anwendung. Die öffentliche Fürsorge hat weder gegen den Unfruchtbargemachten noch seine Eltern oder seinen Ehegatten einen Anspruch auf Ersatz der Kosten des ärztlichen Eingriffs.

(2) Soweit die oberste Landesbehörde nichts anderes bestimmt, sind als durchschnittliche Pflegesätze die in den öffentlichen Krankenanstalten von der Ortskrankenkasse am Orte der

Krankenanstalt (§ 11 Abs. 1 Satz 1 des Gesetzes) durchschnittlich gezahlten Beträge anzusehen.

Art. 8 (zu § 14). (1) Nimmt ein Arzt eine Unfruchtbarmachung oder eine Entfernung der Keimdrüsen zur Abwendung einer ernsten Gefahr für das Leben oder die Gesundheit vor, so hat er dem zuständigen Amtsarzt binnen drei Tagen nach Vornahme des Eingriffs einen schriftlichen Bericht nach Vordruck Anlage 7[1]) zu erstatten.

(2) Wenn eine Gutachterstelle befragt war, ist außerdem dem Leiter dieser Gutachterstelle binnen drei Tagen nach dem Eingriff Anzeige zu erstatten.

Art. 9. Wer vorsätzlich oder fahrlässig der ihm in § 11 Abs. 2 des Gesetzes, Artikel 3 Abs. 4, Artikel 6 Abs. 6, Artikel 8 auferlegten Anzeigepflicht zuwiderhandelt, wird mit Geldstrafe bis zu einhundertfünfzig Reichsmark bestraft.

Art. 10. Die Gerichtsakten und die Berichte über die Ausführung des Eingriffs sind nach Abschluß des Verfahrens einer durch den Reichsminister des Innern zu bestimmenden Dienststelle zur Aufbewahrung zu übersenden.

Anlage 2.

Merkblatt über die Unfruchtbarmachung

(gemäß Artikel 2 Abs. 3 der Verordnung zur Ausführung des Gesetzes zur Verhütung erbkranken Nachwuchses vom 5. Dezember 1933 — Reichsgesetzbl. I S. 1021).

(1) Die Unfruchtbarmachung, d. h. die Aufhebung der Zeugungsfähigkeit männlicher oder weiblicher Personen, hat den Zweck, die Weiterverbreitung von Erbkrankheiten zu verhindern. Solche Krankheiten sind: angeborener Schwachsinn, Schizophrenie, zirkuläres (manisch-depressives) Irresein, erbliche Fallsucht, erblicher Veitstanz (Hungtingtonsche Chorea), erbliche Blindheit, erbliche Taubheit, schwere erbliche körperliche Mißbildung, ferner schwerer Alkoholismus.

(2) Die Unfruchtbarmachung erfolgt in der Weise, daß ohne

---

[1]) Hier nicht abgedruckt.

Entfernung der Hoden oder Eierstöcke die Samenstränge oder Eileiter verlegt, undurchgängig gemacht oder durchgebrannt werden. Die Eingriffe werden von Fachärzten in den dazu bestimmten Krankenanstalten ausgeführt.

(3) Irgendwelche gesundheitlichen Störungen sind von der Unfruchtbarmachung weder beim Manne noch bei der Frau zu befürchten. Das Geschlechtsempfinden und die Fähigkeit zum Geschlechtsverkehr werden durch die Operation nicht beeinträchtigt.

9. Zweite Verordnung zur Ausführung des Gesetzes zur Verhütung erbkranken Nachwuchses.

Vom 29. Mai 1934 (RGBl. I S. 475)[1]).

(Auszug.)

Art. 1 (zu §§ 3 bis 7 des Gesetzes). (1) Der im Artikel 3 Abs. 6 der Verordnung zur Ausführung des Gesetzes zur Verhütung erbkranken Nachwuchses vom 5. Dezember 1933 (Reichsgesetzbl. I S. 1021) für das ärztliche Gutachten vorgeschriebene Vordruck 5 ist auch von Anstaltsleitern und Anstaltsärzten zu verwenden.

(2) Für die Insassen einer Kranken-, Heil- oder Pflegeanstalt oder einer Strafanstalt sind auch das Erbgesundheitsgericht und der Amtsarzt zuständig, in deren Bezirk die Anstalt liegt.

(3) Zur Vorbereitung des Antrags auf Unfruchtbarmachung kann der Amtsarzt den Unfruchtbarzumachenden zur ärztlichen Untersuchung vorladen und nötigenfalls polizeiliche Hilfe in Anspruch nehmen. Kranken-, Heil- und Pflegeanstalten sowie die nach Artikel 3 Abs. 4 der Verordnung zur Ausführung des Gesetzes zur Verhütung erbkranken Nachwuchses vom 5. Dezember 1933 anzeigepflichtigen Personen haben dem Amtsarzt auf Verlangen Auskunft zu erteilen.

(4) Ordnet der Amtsarzt oder das Gericht das persönliche Erscheinen des Unfruchtbarzumachenden an, so werden diesem, wenn er zur Bestreitung der Kosten der Terminswahrnehmung

---

[1]) In der Fassung der 3. AusführungsVO. vom 25. Februar 1935 (RGBl. I S. 289).

nachweislich nicht in der Lage ist, die notwendigen Reisekosten aus der Staatskasse gezahlt. Diese bemessen sich nach den für Zeugen geltenden Vorschriften der Gebührenordnung für Zeugen und Sachverständige in der Fassung der Bekanntmachung vom 21. Dezember 1925 (Reichsgesetzbl. I S. 471).

Art. 3 (zu § 9 des Gesetzes). Auf die Beschwerde kann verzichtet werden. Der Verzicht ist schriftlich oder zur Niederschrift des Gerichts oder der Geschäftsstelle zu erklären.

Art. 4 (zu Artikel 1, 6 der Ersten Ausführungsverordnung). Die Vorschriften im Artikel 1 Abs. 2 und im Artikel 6 Abs. 3 der Verordnung zur Ausführung des Gesetzes zur Verhütung erbkranken Nachwuchses vom 5. Dezember 1933 gelten auch für die an schwerem Alkoholismus leidenden Personen (§ 1 Abs. 3 des Gesetzes).

10. Dritte Verordnung zur Ausführung des Gesetzes zur Verhütung erbkranken Nachwuchses.

Vom 25. Februar 1935 (RGBl. I S. 289).

(Auszug.)

Art. 2. (1) Einem Unfruchtbarzumachenden, der wegen krankhaften Geisteszustandes seine Belange nicht selbst wahrnehmen kann, ist von dem Erbgesundheitsgericht für dieses Verfahren ein Pfleger zu bestellen. Der Pfleger hat die Stellung eines gesetzlichen Vertreters. Der Unfruchtbarzumachende steht einer wegen Geistesschwäche entmündigten Person gleich. Der Pfleger bedarf zur Stellung des Antrags auf Unfruchtbarmachung nicht der Genehmigung des Vormundschaftsgerichts.

(2) Ein Pfleger soll nicht bestellt werden, wenn der Unfruchtbarzumachende unter elterlicher Gewalt oder unter Vormundschaft steht, oder einen Pfleger für seine Person erhalten hat.

(3) In dem dem Antrag auf Unfruchtbarmachung beizufügenden ärztlichen Gutachten ist auch zu der Frage Stellung zu nehmen, ob die Bestellung eines Pflegers nach Abs. 1 erforderlich ist.

(4) Die Pflegschaft endigt, falls das Gericht sie nicht früher

aufhebt, mit der Durchführung der Unfruchtbarmachung oder der endgültigen Ablehnung des Antrags.

(5) Der Pfleger erhält Ersatz seiner notwendigen baren Auslagen aus der Staatskasse.

Art. 4. Bevollmächtigten und Beiständen kann das Auftreten vor den Erbgesundheitsgerichten und Erbgesundheitsobergerichten aus wichtigen Gründen untersagt werden; der Beschluß ist unanfechtbar.

Art. 5. Falls der Beschluß des Erbgesundheitsgerichts oder Erbgesundheitsobergerichts dem Unfruchtbarzumachenden persönlich zuzustellen ist, kann nach dem Ermessen des Gerichts von einer Mitteilung der Gründe abgesehen werden. Auf Verlangen ist dem Unfruchtbarzumachenden eine Ausfertigung des vollständigen Beschlusses kostenlos zu erteilen. Die Zustellung eines abgekürzten Beschlusses steht in den Wirkungen der Zustellung eines vollständigen Beschlusses gleich.

Art. 6. Die Beschwerde gegen den Beschluß des Erbgesundheitsgerichts kann auch bei dem Erbgesundheitsobergericht schriftlich oder zur Niederschrift der Geschäftsstelle dieses Gerichts eingelegt werden.

Art. 8. (1) Der die Unfruchtbarmachung ausführende Arzt hat dem Erbgesundheitsgericht und dem beamteten Arzt einen schriftlichen Bericht über die Unfruchtbarmachung und das hierbei angewandte Verfahren spätestens zwei Wochen nach Vornahme des Eingriffs einzureichen.

(2) Ist die Heilung zur Zeit der Berichterstattung noch nicht abgeschlossen, so ist dies in dem Bericht zu vermerken und erneut zu berichten, sobald die Heilung erfolgt ist.

Art. 9. (1) Als Kosten des ärztlichen Eingriffs gelten:

1. die Kosten der Reise des Unfruchtbarzumachenden und seiner etwa notwendigen Begleitung in die Anstalt, in welcher der ärztliche Eingriff ausgeführt werden soll,
2. die Kosten seines Aufenthalts in der Anstalt, solange dieser zur Ausführung des ärztlichen Eingriffs notwendig ist,
3. die Kosten des ärztlichen Eingriffs selbst,

4. die Kosten einer während eines halben Jahres nach dem Eingriff etwa erforderlichen Nachbehandlung,
5. die Kosten, die aus einer Verwahrung des Erbkranken in einer geschlossenen Anstalt auf Grund des Artikels 1 Abs. 2 Satz 3 der Verordnung zur Ausführung des Gesetzes zur Verhütung erbkranken Nachwuchses vom 5. Dezember 1933 (Reichsgesetzbl. I S. 1021) entstehen, solange der Erbkranke lediglich zur Verhütung der Fortpflanzung und nicht aus anderen Gründen in der Anstalt verwahrt worden ist.

(2) Die Kosten zu den Ziffern 1, 2 und 5 sind von den im § 13 Abs. 2 des Gesetzes bezeichneten Stellen auch dann zu übernehmen, wenn der Eingriff selbst nicht zur Ausführung kommt.

(3) Die Verpflichtung der Krankenkasse, die Kosten des ärztlichen Eingriffs zu tragen (§ 13 Abs. 2 Satz 1 des Gesetzes), umfaßt auch die im Abs. 1 Nrn. 1 bis 3 genannten Kosten des ärztlichen Eingriffs an einem nach § 205 der Reichsversicherungsordnung berechtigten Familienmitglied des Versicherten. Die im Abs. 1 Nrn. 4 und 5 genannten Kosten trägt die Krankenkasse nach den Vorschriften der Reichsversicherungsordnung über den Umfang der Leistungen, jedoch nur, wenn die Voraussetzungen für die Gewährung der Leistungen nach der Reichsversicherungsordnung erfüllt sind.

(4) Soweit die Staatskasse die Kosten des ärztlichen Eingriffs trägt (§ 13 Abs. 2 Satz 2 des Gesetzes), sind die Kosten nicht erstattungsfähig, die nach dem Gutachten des Amtsarztes nicht zu den Kosten des ärztlichen Eingriffs im Sinne des Absatzes 1 gehören oder das Maß dessen übersteigen, was bei einem Hilfsbedürftigen von der öffentlichen Fürsorge zu übernehmen wäre. Die Vorschriften des § 13 Abs. 2 Satz 2 des Gesetzes und des Artikels 7 Abs. 2 der Verordnung zur Ausführung des Gesetzes zur Verhütung erbkranken Nachwuchses vom 5. Dezember 1933 (Reichsgesetzbl. I S. 1021) werden hierdurch nicht berührt. Die Feststellung der den Krankenkassen zur Last fallenden Kosten erfolgt nach den Vorschriften der Reichsversicherungsordnung im Spruchverfahren.

Art. 10. (1) Solange die Unterbringung eines Minderjährigen zur Fürsorgeerziehung angeordnet ist, fallen die Kosten des ärztlichen Eingriffs an dem Minderjährigen dem Träger der Kosten der Fürsorgeerziehung nach den für diese geltenden Vorschriften zur Last; § 75 des Reichsgesetzes für Jugendwohlfahrt findet keine Anwendung.

(2) Die Verpflichtung der Staatskasse und der Krankenkasse nach § 13 Abs. 2 des Gesetzes bleibt unberührt. Für die Verpflichtung der Krankenkassen ist im übrigen die Vorschrift des § 216 Abs. 1 Nr. 1 der Reichsversicherungsordnung entsprechend anzuwenden.

Art. 11. (1) Soweit Krankenkasse, öffentliche Fürsorge, Träger der Kosten der Fürsorgeerziehung, Polizei oder Staatskasse bis zu dem auf die Verkündung dieser Verordnung folgenden Tage Kosten des ärztlichen Eingriffs getragen haben, können sie untereinander Rückersatz dieser Kosten auch dann nicht fordern, wenn sie nach dieser Verordnung für die Übernahme der Kosten nicht zuständig waren.

(2) Fälle, die durch Festsetzung der Kosten bereits abgeschlossen sind, werden nur dann von dieser Verordnung berührt, wenn beim Inkrafttreten dieser Verordnung schriftliche Einwendungen gegen die Kostenfestsetzung vorliegen.

11. Vierte Verordnung zur Ausführung des Gesetzes zur Verhütung erbkranken Nachwuchses.

Vom 18. Juli 1935 (RGBl. I S. 1035).

Art. 1. Die Unterbrechung der Schwangerschaft nach § 10a des Gesetzes zur Verhütung erbkranken Nachwuchses und die Unfruchtbarmachung sollen nach Möglichkeit gleichzeitig durchgeführt werden.

Art. 2. Der Unterbrechung der Schwangerschaft im Sinne des § 14 des Gesetzes steht die Tötung eines in der Geburt befindlichen Kindes gleich.

Art. 3. Die Einwilligung zur Schwangerschaftsunterbrechung nach § 10a und zur Unfruchtbarmachung, Schwangerschaftsunterbrechung oder Entfernung der Keimdrüsen nach § 14 des Gesetzes ist von demjenigen zu erklären, an dem der Eingriff vorgenommen werden soll. Kann ihm nach Ansicht des Amtsarztes die Bedeutung der Maßnahme nicht verständlich gemacht werden, so ist die Einwilligung des gesetzlichen Vertreters oder des Pflegers erforderlich.

Art. 4. Ohne die Einwilligung (Artikel 3) ist der Eingriff nur statthaft, wenn er wegen unmittelbarer Gefahr für Leben oder Gesundheit nicht aufgeschoben werden kann.

Art. 5. (1) Eine Unfruchtbarmachung oder Schwangerschaftsunterbrechung gemäß § 14 Abs. 1 des Gesetzes darf erst vorgenommen werden, nachdem eine Gutachterstelle (Artikel 6 und 7) den Eingriff für erforderlich erklärt hat, es sei denn, daß er wegen unmittelbarer Gefahr für Leben oder Gesundheit nicht aufgeschoben werden kann.

(2) Der Anrufung der Gutachterstelle bedarf es nicht, wenn die Unfruchtbarmachung dadurch bewirkt wird, daß erkrankte Teile der Geschlechtsorgane entfernt werden.

Art. 6. (1) Der Reichsminister des Innern bildet nach Bedarf Gutachterstellen, die darüber entscheiden, ob gesundheitliche Gründe die Unterbrechung der Schwangerschaft oder die Unfruchtbarmachung erfordern.

(2) Der Reichsminister des Innern erläßt Richtlinien über die Voraussetzungen, unter denen solche Gründe als vorhanden anzusehen sind.

(3) Der Leiter der Gutachterstelle wird von dem Reichsminister des Innern berufen und abberufen.

Art. 7. (1) Der Leiter der Gutachterstelle regelt die Bestellung von Ärzten zu Gutachtern und bestimmt die Reihenfolge ihrer Heranziehung zur Gutachtertätigkeit. Zum Gutachteramt dürfen nur Ärzte arischer Abstammung im Sinne der Ziffer 2 Abs. 1 der Ersten Verordnung zur Durchführung des Gesetzes zur Wiederherstellung des Berufsbeamtentums vom 11. April 1933 (Reichsgesetzbl. I S. 195) berufen werden. Von der Gutachtertätigkeit ist der Arzt ausgeschlossen, der die Maßnahme beantragt hat.

Ausnahmen hiervon kann der Reichsminister des Innern zulassen.

(2) Die Berufung als Gutachter kann nicht abgelehnt werden. Über Einwendungen eines Arztes gegen seine Heranziehung zur Gutachtertätigkeit im Einzelfall entscheidet der Leiter der Gutachterstelle. Über eine Beschwerde hiergegen entscheidet endgültig der Reichsminister des Innern.

Art. 8. (1) Zur Einleitung des Verfahrens bei der Gutachterstelle bedarf es des schriftlichen Antrags eines approbierten Arztes.

(2) Die Gutachterstelle läßt jeden einzelnen Fall durch zwei approbierte Ärzte schriftlich begutachten. Diese sollen ihr Gutachten nach persönlicher Untersuchung des Betroffenen in der Weise erstatten, daß vor Abschluß des Verfahrens keiner von dem Gutachten des anderen Kenntnis erhält.

(3) Stimmen die Gutachten im Ergebnis überein, so ist entsprechend zu verfahren. Andernfalls entscheidet der Leiter der Gutachterstelle nach Beiziehung eines Obergutachtens oder auf Grund eigener Untersuchung.

Art. 9. (1) Die Unterbrechung der Schwangerschaft nach § 10a sowie die Unfruchtbarmachung, Unterbrechung der Schwangerschaft oder die Entfernung der Keimdrüsen nach § 14 des Gesetzes dürfen nur in einer Krankenanstalt von einem approbierten Arzt vorgenommen werden. Sie sollen tunlichst nicht vorgenommen werden von einem Arzt, der an dem Verfahren als Gutachter (Obergutachter) beteiligt gewesen ist.

(2) Die Unterbrechung der Schwangerschaft kann außerhalb einer Krankenanstalt vorgenommen werden, wenn die Beförderung in die Krankenanstalt eine ernste Gefahr für das Leben oder die Gesundheit der Schwangeren mit sich bringen würde. In der Anzeige über die Schwangerschaftsunterbrechung gemäß Artikel 12 ist zu begründen, weshalb der Eingriff nicht in einer Krankenanstalt vorgenommen worden ist.

Art. 10. (1) Die Kosten der Unterbrechung der Schwangerschaft nach § 10a des Gesetzes sind nach den Vorschriften über die Kosten der Unfruchtbarmachung Erbkranker zu tragen.

(2) Die Kosten eines Eingriffs gemäß § 14 des Gesetzes sowie die Kosten des Gutachterverfahrens trägt für die bei einer reichsgesetzlichen Krankenkasse oder einer Ersatzkrankenkasse gegen Krankheit versicherten Personen und ihre anspruchsberechtigten Familienangehörigen die Krankenkasse. Bei Hilfsbedürftigen fallen diese Kosten der öffentlichen Fürsorge, bei Fürsorgezöglingen dem Träger der Kosten der Fürsorgeerziehung zur Last; insoweit finden die Vorschriften über die Kosten der Unfruchtbarmachung Erbkranker entsprechende Anwendung.

Art. 11. (1) Der Reichsminister des Innern bestimmt im Einvernehmen mit dem Reichsarbeitsminister die Gebührensätze für das Gutachterverfahren.

(2) Der Reichsminister des Innern bestimmt das Nähere über die Festsetzung und die Verwendung der Gebühren. Der Reichsminister des Innern bestimmt ferner das Verfahren, in dem die Gebühren eingezogen werden.

(3) Der Gutachter hat keinen Anspruch auf Vergütung; jedoch werden ihm seine Unkosten ersetzt.

Art. 12. (1) Jede Unterbrechung der Schwangerschaft sowie jede vor Vollendung der 32. Schwangerschaftswoche eintretende Fehlgeburt (Fruchtabgang) oder Frühgeburt sind binnen drei Tagen dem zuständigen Amtsarzt schriftlich anzuzeigen.

(2) Zur Anzeige sind verpflichtet:

1. der hinzugezogene Arzt,
2. die hinzugezogene Hebamme,
3. jede sonst zur Hilfeleistung bei der Fehlgeburt (Fruchtabgang) oder Frühgeburt hinzugezogene Person, mit Ausnahme der Verwandten, Verschwägerten und der zum Hausstand der Schwangeren gehörenden Personen.

(3) Jedoch tritt die Verpflichtung der in der vorstehenden Reihenfolge später genannten Personen nur dann ein, wenn ein früher genannter Verpflichteter nicht vorhanden oder an der Erstattung der Anzeige verhindert ist.

(4) Hat eine Gutachterstelle über die Zulässigkeit der Unterbrechung der Schwangerschaft gemäß Artikel 5 entschieden, so hat

der den Eingriff vornehmende Arzt außerdem der Gutachterstelle binnen drei Tagen nach dem Eingriff hiervon Anzeige zu erstatten.

Art. 14. (1) Wer den Vorschriften des Artikels 5 zuwiderhandelt, wird, soweit nicht nach anderen Vorschriften eine höhere Strafe verwirkt ist, mit Gefängnis bestraft.

(2) Wer vorsätzlich oder fahrlässig der ihm in den Artikeln 12 .... auferlegten Anzeigepflicht zuwiderhandelt, wird mit Geldstrafe bis zu einhundertfünfzig Reichsmark bestraft.

Art. 15. (1) Die Reichsminister des Innern und der Justiz können Bestimmungen darüber treffen, ob und in welchem Umfange von den Gesundheitsämtern und Erbgesundheitsgerichten Behörden und Parteidienststellen Auskünfte über die Durchführung von Verfahren auf Unfruchtbarmachung erteilt werden dürfen.

(2) Auf die Beamten, Angestellten und Arbeiter der Stellen, denen Auskunft erteilt wird, findet § 15 des Gesetzes zur Verhütung erbkranken Nachwuchses Anwendung.

Art. 16. Der Reichsminister des Innern kann seine Befugnisse gemäß Artikel 6, 7 und 11 Abs. 2 Satz 1 auf andere Stellen übertragen.

Art. 17. Die Verordnung tritt am Tage nach der Verkündung in Kraft; jedoch treten die Artikel 5 bis 8 erst am 1. Oktober 1935 in Kraft.

12. Fünfte Verordnung zur Ausführung des Gesetzes zur Verhütung erbkranken Nachwuchses.

Vom 25. Februar 1936 (RGBl. I S. 122).

Art. 1. (1) Die Unfruchtbarmachung einer Frau zum Zwecke der Verhütung erbkranken Nachwuchses kann durch Strahlenbehandlung (Röntgenbestrahlung, Radiumbestrahlung) vorgenommen werden,

1. wenn die Frau über 38 Jahre alt ist, oder
2. wenn die Vornahme eines chirurgischen Eingriffs wegen besonderer Umstände mit Gefahr für Leben oder Gesundheit der Frau verbunden oder aus gesundheitlichen Gründen

ohnedies eine Strahlenbehandlung der Geschlechtsorgane erforderlich ist, und wenn der Leiter des Gesundheitsamts der Strahlenbehandlung zustimmt.

(2) Zur Strahlenbehandlung ist die Einwilligung der Frau erforderlich. Kann ihr wegen ihres krankhaften Geisteszustandes die Bedeutung der Maßnahme nicht verständlich gemacht werden, so bedarf es der Einwilligung des gesetzlichen Vertreters oder Pflegers.

Art. 2. (1) Die durch Bestrahlung behandelten Personen sind verpflichtet, sich drei Nachuntersuchungen und notfalls einer Nachbehandlung zu unterziehen und dem untersuchenden Arzt alle für die Beurteilung des Erfolges der Strahlenbehandlung notwendigen Angaben zu machen. § 12 Abs. 1 des Gesetzes zur Verhütung erbkranken Nachwuchses findet Anwendung.

(2) Die Ergebnisse der Nachuntersuchungen und einer etwaigen Nachbehandlung sind dem Leiter des Gesundheitsamts mitzuteilen.

Art. 3. Der Reichsminister des Innern bestimmt die Anstalten und Ärzte, denen die Unfruchtbarmachung durch Röntgen- oder Radiumbestrahlung überlassen werden darf. Er bestimmt auch die hierfür zu berechnenden Gebühren.

Art. 4. Als Kosten des ärztlichen Eingriffs gelten auch die Kosten der Nachuntersuchung und Nachbehandlung gemäß Artikel 2 Abs. 1 einschließlich der etwa entstehenden Nebenkosten im Sinne des Artikels 9 Abs. 1 Nrn. 1, 2 und 4 der Dritten Verordnung zur Ausführung des Gesetzes zur Verhütung erbkranken Nachwuchses vom 25. Februar 1935 (Reichsgesetzbl. I S. 289).

Art. 5. (1) Soll aus gesundheitlichen Gründen eine Unfruchtbarmachung durch Strahlenbehandlung vorgenommen werden, so ist nach den Vorschriften der Artikel 3 bis 14 der Vierten Verordnung zur Ausführung des Gesetzes zur Verhütung erbkranken Nachwuchses vom 18. Juli 1935 (Reichsgesetzbl. I S. 1035) zu verfahren.

(2) Ist zu erwarten, daß eine Frau infolge einer Strahlenbehandlung, die nicht zum Zwecke der Unfruchtbarmachung statt-

findet, unfruchtbar wird oder daß hierdurch sonstige Funktionen ihrer Geschlechtsorgane beeinflußt werden, so kann der Leiter der Gutachterstelle ohne Beiziehung von Gutachtern entscheiden.

(3) In den Fällen der Absätze 1 und 2 kann der Leiter der Gutachterstelle zulassen, daß die Strahlenbehandlung auch außerhalb einer Krankenanstalt und in Anstalten und von Ärzten vorgenommen wird, die zur Strahlenbehandlung aus erbpflegerischen Gründen (Artikel 1 bis 4) nicht zugelassen sind.

(4) Die Vorschriften dieses Artikels finden bei über 45 Jahre alten Frauen keine Anwendung.

Art. 6. Der Reichsminister des Innern regelt die Einzelheiten durch Erlaß. Er kann seine Befugnisse ganz oder teilweise auf nachgeordnete Behörden übertragen.

Art. 7. Die Verordnung tritt am 1. Mai 1936 in Kraft.

II. Blutschutz.

13. Gesetz zum Schutze des deutschen Blutes und der deutschen Ehre.

Vom 15. September 1935 (RGBl. I S. 1146).

Durchdrungen von der Erkenntnis, daß die Reinheit des deutschen Blutes die Voraussetzung für den Fortbestand des Deutschen Volkes ist, und beseelt von dem unbeugsamen Willen, die Deutsche Nation für alle Zukunft zu sichern, hat der Reichstag einstimmig das folgende Gesetz beschlossen, das hiermit verkündet wird:

§ 1. (1) Eheschließungen zwischen Juden und Staatsangehörigen deutschen oder artverwandten Blutes sind verboten. Trotzdem geschlossene Ehen sind nichtig, auch wenn sie zur Umgehung dieses Gesetzes im Ausland geschlossen sind.

(2) Die Nichtigkeitsklage kann nur der Staatsanwalt erheben.

§ 2. Außerehelicher Verkehr zwischen Juden und Staatsangehörigen deutschen oder artverwandten Blutes ist verboten.

§ 3. Juden dürfen weibliche Staatsangehörige deutschen oder artverwandten Blutes unter 45 Jahren in ihrem Haushalt nicht beschäftigen.

§ 4. (1) Juden ist das Hissen der Reichs- und Nationalflagge und das Zeigen der Reichsfarben verboten.

(2) Dagegen ist ihnen das Zeigen der jüdischen Farben gestattet. Die Ausübung dieser Befugnis steht unter staatlichem Schutz.

§ 5. (1) Wer dem Verbot des § 1 zuwiderhandelt, wird mit Zuchthaus bestraft.

(2) Der Mann, der dem Verbot des § 2 zuwiderhandelt, wird mit Gefängnis oder mit Zuchthaus bestraft.

(3) Wer den Bestimmungen der §§ 3 oder 4 zuwiderhandelt, wird mit Gefängnis bis zu einem Jahr und mit Geldstrafe oder mit einer dieser Strafen bestraft.

§ 6. Der Reichsminister des Innern erläßt im Einvernehmen mit dem Stellvertreter des Führers und dem Reichsminister der Justiz die zur Durchführung und Ergänzung des Gesetzes erforderlichen Rechts- und Verwaltungsvorschriften.

§ 7. Das Gesetz tritt am Tage nach der Verkündung, § 3 jedoch erst am 1. Januar 1936 in Kraft.

14. Erste Verordnung zur Ausführung des Gesetzes zum Schutze des deutschen Blutes und der deutschen Ehre.

Vom 14. November 1935 (RGBl. I S. 1334).

§ 1. (1) Staatsangehörige sind die deutschen Staatsangehörigen im Sinne des Reichsbürgergesetzes.

(2) Wer jüdischer Mischling ist, bestimmt § 2 Abs. 2 der Ersten Verordnung vom 14. November 1935 zum Reichsbürgergesetz (Reichsgesetzbl. I S. 1333).

(3) Wer Jude ist, bestimmt § 5 der gleichen Verordnung.

§ 2. Zu den nach § 1 des Gesetzes verbotenen Eheschließungen gehören auch die Eheschließungen zwischen Juden und staatsangehörigen jüdischen Mischlingen, die nur einen volljüdischen Großelternteil haben.

§ 3.[1]) (1) Staatsangehörige jüdische Mischlinge mit zwei volljüdischen Großeltern bedürfen zur Eheschließung mit Staats-

[1]) Hierzu s. die unter Nr. 19 abgedruckte Ausführungsanweisung.

angehörigen deutschen oder artverwandten Blutes oder mit staatsangehörigen jüdischen Mischlingen, die nur einen volljüdischen Großelternteil haben, der Genehmigung des Reichsministers des Innern und des Stellvertreters des Führers oder der von ihnen bestimmten Stelle.

(2) Bei der Entscheidung sind insbesondere zu berücksichtigen die körperlichen, seelischen und charakterlichen Eigenschaften des Antragstellers, die Dauer der Ansässigkeit seiner Familie in Deutschland, seine oder seines Vaters Teilnahme am Weltkrieg und seine sonstige Familiengeschichte.

(3) Der Antrag auf Genehmigung ist bei der höheren Verwaltungsbehörde zu stellen, in deren Bezirk der Antragsteller seinen Wohnsitz oder gewöhnlichen Aufenthalt hat.

(4) Das Verfahren regelt der Reichsminister des Innern im Einvernehmen mit dem Stellvertreter des Führers.

§ 4. Eine Ehe soll nicht geschlossen werden zwischen staatsangehörigen jüdischen Mischlingen, die nur einen volljüdischen Großelternteil haben.

§ 5. Die Ehehindernisse wegen jüdischen Bluteinschlages sind durch § 1 des Gesetzes und durch §§ 2 bis 4 dieser Verordnung erschöpfend geregelt.

§ 6. Eine Ehe soll ferner nicht geschlossen werden, wenn aus ihr eine die Reinerhaltung des deutschen Blutes gefährdende Nachkommenschaft zu erwarten ist.

§ 7. Vor der Eheschließung hat jeder Verlobte durch das Ehetauglichkeitszeugnis (§ 2 des Ehegesundheitsgesetzes vom 18. Oktober 1935 — Reichsgesetzbl. I S. 1246) nachzuweisen, daß kein Ehehindernis im Sinne des § 6 dieser Verordnung vorliegt. Wird das Ehetauglichkeitszeugnis versagt, so ist nur die Dienstaufsichtsbeschwerde zulässig.

§ 8. (1) Die Nichtigkeit einer entgegen dem § 1 des Gesetzes oder dem § 2 dieser Verordnung geschlossenen Ehe kann nur im Wege der Nichtigkeitsklage geltend gemacht werden.

(2) Für Ehen, die entgegen den §§ 3, 4 und 6 geschlossen worden sind, treten die Folgen des § 1 und des § 5 Abs. 1 des Gesetzes nicht ein.

§ 9. Besitzt einer der Verlobten eine fremde Staatsangehörigkeit, so ist vor einer Versagung des Aufgebotes wegen eines der im § 1 des Gesetzes oder in den §§ 2 bis 4 dieser Verordnung genannten Ehehindernisse sowie vor einer Versagung des Ehetauglichkeitszeugnisses in Fällen des § 6 die Entscheidung des Reichsministers des Innern einzuholen.

§ 10. Eine Ehe, die vor einer deutschen Konsularbehörde geschlossen ist, gilt als im Inlande geschlossen.

§ 11. Außerehelicher Verkehr im Sinne des § 2 des Gesetzes ist nur der Geschlechtsverkehr. Strafbar nach § 5 Abs. 2 des Gesetzes ist auch der außereheliche Verkehr zwischen Juden und staatsangehörigen jüdischen Mischlingen, die nur einen volljüdischen Großelternteil haben.

§ 12. (1) Ein Haushalt ist jüdisch (§ 3 des Gesetzes), wenn ein jüdischer Mann Haushaltungsvorstand ist oder der Hausgemeinschaft angehört.

(2) Im Haushalt beschäftigt ist, wer im Rahmen eines Arbeitsverhältnisses in die Hausgemeinschaft aufgenommen ist, oder wer mit alltäglichen Haushaltsarbeiten oder anderen alltäglichen, mit dem Haushalt in Verbindung stehenden Arbeiten beschäftigt ist.

(3) Weibliche Staatsangehörige deutschen oder artverwandten Blutes, die beim Erlaß des Gesetzes in einem jüdischen Haushalt beschäftigt waren, können in diesem Haushalt in ihrem bisherigen Arbeitsverhältnis bleiben, wenn sie bis zum 31. Dezember 1935 das 35. Lebensjahr vollendet haben.

(4) Fremde Staatsangehörige, die weder ihren Wohnsitz noch ihren dauernden Aufenthalt im Inlande haben, fallen nicht unter diese Vorschrift.

§ 13. Wer dem Verbot des § 3 des Gesetzes in Verbindung mit § 12 dieser Verordnung zuwiderhandelt, ist nach § 5 Abs. 3 des Gesetzes strafbar, auch wenn er nicht Jude ist.

§ 14. Für Verbrechen gegen § 5 Abs. 1 und 2 des Gesetzes ist im ersten Rechtszuge die große Strafkammer zuständig.

§ 15. Soweit die Vorschriften des Gesetzes und seiner Ausführungsverordnungen sich auf deutsche Staatsangehörige beziehen, sind sie auch auf Staatenlose anzuwenden, die ihren

Wohnsitz oder gewöhnlichen Aufenthalt im Inlande haben. Staatenlose, die ihren Wohnsitz oder gewöhnlichen Aufenthalt im Auslande haben, fallen nur dann unter diese Vorschriften, wenn sie früher die deutsche Staatsangehörigkeit besessen haben.

§ 16. (1) Der Führer und Reichskanzler kann Befreiungen von den Vorschriften des Gesetzes und der Ausführungsverordnungen erteilen.

(2) Die Strafverfolgung eines fremden Staatsangehörigen bedarf der Zustimmung der Reichsminister der Justiz und des Innern.

§ 17. Die Verordnung tritt an dem auf die Verkündung folgenden Tage in Kraft. Den Zeitpunkt des Inkrafttretens des § 7 bestimmt der Reichsminister des Innern; bis zu diesem Zeitpunkt ist ein Ehetauglichkeitszeugnis nur in Zweifelsfällen vorzulegen.

15. Erste Verordnung zum Reichsbürgergesetz.

Vom 14. November 1935 (RGBl. I S. 1333).

(Auszug.)

§ 2. (1) . . . .

(2) Jüdischer Mischling ist, wer von einem oder zwei der Rasse nach volljüdischen Großelternteilen abstammt, sofern er nicht nach § 5 Abs. 2 als Jude gilt. Als volljüdisch gilt ein Großelternteil ohne weiteres, wenn er der jüdischen Religionsgemeinschaft angehört hat.

§ 5. (1) Jude ist, wer von mindestens drei der Rasse nach volljüdischen Großeltern abstammt. § 2 Abs. 2 Satz 2 findet Anwendung.

(2) Als Jude gilt auch der von zwei volljüdischen Großeltern abstammende staatsangehörige jüdische Mischling,

a) der beim Erlaß des Gesetzes der jüdischen Religionsgemeinschaft angehört hat oder danach in sie aufgenommen wird,

b) der beim Erlaß des Gesetzes mit einem Juden verheiratet war oder sich danach mit einem solchen verheiratet,

c) der aus einer Ehe mit einem Juden im Sinne des Absatzes 1 stammt, die nach dem Inkrafttreten des Gesetzes zum

Schutze des deutschen Blutes und der deutschen Ehre vom 15. September 1935 (Reichsgesetzbl. I S. 1146) geschlossen ist,

d) der aus dem außerehelichen Verkehr mit einem Juden im Sinne des Absatzes 1 stammt und nach dem 31. Juli 1936 außerehelich geboren wird.

16. Verbot von Rassenmischungen. Runderlaß des Reichs- und Preußischen Ministers des Innern.

Vom 26. November 1935 (MBliV. Sp. 1429).

(1) Durch das Ges. zum Schutze des deutschen Blutes und der deutschen Ehre vom 15. September 1935 (RGBl. I S. 1146) in Verbindung mit der Ersten VO. zur Ausführung dieses Gesetzes vom 14. November 1935 (RGBl. I S. 1334) und der Ersten VO. zum Reichsbürgergesetz vom 14. November 1935 (RGBl. I S. 1333) ist eindeutig und endgültig klargestellt worden, in welchem Umfange im nationalsozialistischen Staate im Interesse der Reinerhaltung des deutschen Blutes Rassenmischehen verboten sind; Eheschließungen, die in diesen Vorschriften nicht ausdrücklich untersagt werden, sind zulässig.

(2) Bei der Anwendung der in Abs. 1 genannten Vorschriften ist folgendes besonders zu beachten:

a) Jude ist ohne Rücksicht auf seine Staatsangehörigkeit und sein Geschlecht:

1. wer von 4 volljüdischen Großeltern abstammt (Volljude),
2. wer von 3 volljüdischen und einem andern Großelternteil abstammt.

Als Jude gilt der deutsche Staatsangehörige ohne Rücksicht auf sein Geschlecht, der von 2 volljüdischen und 2 anderen Großelternteilen abstammt, sofern er

α) am 16. September 1935 der jüdischen Religionsgemeinschaft angehört hat oder danach in diese aufgenommen ist oder wird, oder

β) am 16. September 1935 mit einem Juden verheiratet gewesen ist oder sich danach mit einem solchen verheiratet hat oder verheiratet, oder γ) aus einer Ehe mit einem der unter a) 1 und 2 bezeichneten Juden stammt, die nach dem 17. September 1935 geschlossen ist, oder

δ) aus einem außerehelichen Verkehr mit einem der unter a) 1 und 2 bezeichneten Juden stammt und nach dem 31. Juli 1936 außerehelich geboren wird.

b) Bei der Beurteilung, ob jemand Jude ist oder nicht, wird grundsätzlich auf die Rasse der Großeltern abgestellt. Sind diese nicht volljüdisch, befinden sich aber unter ihren Vorfahren einzelne Personen jüdischer Rasse, so bleiben diese Personen bei der Beurteilung der Rassezugehörigkeit außer Betracht.

c) Bei der Beurteilung, ob jemand Jude ist oder nicht, ist grundsätzlich nicht die Zugehörigkeit zur jüdischen Religionsgemeinschaft, sondern zur jüdischen Rasse maßgebend. Um Schwierigkeiten bei der Beweisführung auszuschließen, ist aber ausdrücklich bestimmt, daß ein Großelternteil, der der jüdischen Religionsgemeinschaft angehört hat, ohne weiteres als Angehöriger der jüdischen Rasse gilt; ein Gegenbeweis ist nicht zulässig.

d) Jüdischer Mischling ist, wer von einem oder zwei der Rasse nach volljüdischen Großelternteilen abstammt, sofern er nicht nach den Vorschriften des Abs. (2) a) unter α—δ als Jude gilt.

e) Die Eheverbote, die in den in Abs. (1) genannten Vorschriften enthalten sind, beziehen sich auf Eheschließungen von Juden ohne Rücksicht auf ihre Staatsangehörigkeit. Dagegen beziehen sie sich auf Eheschließungen von jüdischen Mischlingen und von Personen deutschen oder artverwandten Blutes nur dann, wenn diese die deutsche Staatsangehörigkeit besitzen; Staatenlose, die ihren Wohnsitz oder gewöhnlichen Aufenthalt im Inland haben, werden dabei wie deutsche Staatsangehörige behandelt, Staatenlose mit Wohnsitz oder gewöhnlichem Aufenthalt im Ausland dagegen nur dann, wenn sie früher die deutsche Staatsangehörigkeit besessen haben.

f) Im Geschäftsverkehr sind künftig in der Regel folgende Bezeichnungen zu verwenden:

für einen jüdischen Mischling mit zwei volljüdischen Großeltern
Mischling ersten Grades,

für einen jüdischen Mischling mit einem volljüdischen Großelternteil

Mischling zweiten Grades,

für eine Person deutschen oder artverwandten Blutes

Deutschblütiger.

(3) Durch die in Abs. (1) genannten Vorschriften sind die Zulässigkeit und die Unzulässigkeit von Rassenmischehen, an denen Juden oder deutschjüdische Mischlinge beteiligt sind, erschöpfend geregelt. Es gilt dabei folgendes:

A. Verboten sind:

1. Ehen zwischen Juden und Staatsangehörigen deutschen oder artverwandten Blutes (Deutschblütigen),
2. Ehen zwischen Juden und staatsangehörigen jüdischen Mischlingen mit einem volljüdischen Großelternteil (Mischlingen zweiten Grades),
3. Ehen zwischen staatsangehörigen jüdischen Mischlingen mit einem volljüdischen Großelternteil (Mischlingen zweiten Grades).

B. Sofern nicht im Einzelfall eine Genehmigung des RuPrMdJ. und des Stellvertreters des Führers vorliegt, sind ferner verboten:

Ehen zwischen staatsangehörigen jüdischen Mischlingen mit zwei volljüdischen Großeltern (Mischlingen ersten Grades) und Staatsangehörigen deutschen oder artverwandten Blutes (Deutschblütigen) oder staatsangehörigen jüdischen Mischlingen mit einem volljüdischen Großelternteil (Mischlingen zweiten Grades).

Das Verfahren bei der Einholung der Genehmigung wird noch geregelt werden.

(4) Von deutsch-jüdischen Rassenmischehen abgesehen, sind Rassenmischehen von Staatsangehörigen deutschen oder artverwandten Blutes (und ebenso von Mischlingen mit nur einem jüdischen Großelternteil) mit Angehörigen anderer fremder Rassen dann verboten, wenn daraus eine die Reinerhaltung des deutschen Blutes gefährdende Nachkommenschaft zu erwarten ist.

(5) In Zukunft hat jeder Verlobte vor der Eheschließung dem

Standesbeamten den Nachweis seiner Abstammung zu erbringen. Dabei ist folgendes zu beachten:

a) Die praktische Anwendung der in Abs. (1) genannten Vorschriften muß in einer Weise erfolgen, die unnötige Erschwerungen für den ganz überwiegenden Teil des deutschen Volkes, der deutschen und artverwandten Blutes ist, ausschließt. Die Anforderungen an den Nachweis der Abstammung müssen deshalb auf das unbedingt Notwendige beschränkt werden. Dies ist um so eher möglich, als die Verletzung der einschlägigen Vorschriften durchweg mit schweren Zuchthausstrafen geahndet wird.

b) Zum Nachweis der Abstammung sind beim Aufgebot außer den Geburtsurkunden der Verlobten die Heiratsurkunden ihrer Eltern, bei unehelichen Kindern die Geburtsurkunde der Mutter und, falls der Vater bekannt ist, auch dessen Geburtsurkunde vorzulegen. Die Verlobten haben ferner schriftlich oder zu Protokoll zu versichern, was ihnen über die Rassezugehörigkeit und die Religion ihrer Großeltern bekannt ist, und zu erklären, daß sie die Angaben über ihre Abstammungsverhältnisse nach bestem Wissen gemacht haben. Andere Erklärungen soll der Standesbeamte von den Verlobten grundsätzlich nicht fordern. Er kann aber verlangen, daß weitere Urkunden, insbesondere die Heiratsurkunden der Großeltern, vorgelegt werden, wenn ihm bestimmte Tatsachen bekannt sind, die für eine andere als die von den Verlobten behauptete Abstammung sprechen. Grundsätzlich sind bei der Führung des Abstammungsnachweises vollständige Personenstandsurkunden zu benutzen. Scheine sind nicht zulässig; dagegen bestehen gegen die Verwendung der sog. abgekürzten Urkunden des preußischen Rechts keine Bedenken. Können die Verlobten Personenstandsurkunden über Geburt oder Heirat nicht beibringen, weil diese in einem fremden Lande erfolgt sind, das keine staatliche Beurkundung der Personenstandsfälle kennt, so reicht die Vorlage kirchlicher oder sonst beweiskräftiger Bescheinigungen aus.

c) Der Nachweis, daß aus einer Ehe keine die Reinerhaltung des deutschen Blutes gefährdende Nachkommenschaft im Sinne des § 6 der Ersten Ausf.-VO. zum Blutschutzgesetz vom 14. November 1935 zu erwarten ist, wird von einem noch zu bestimmenden Zeitpunkte ab allgemein durch das Ehetauglichkeitszeugnis, das vom Gesundheitsamt ausgestellt wird, erbracht. Bis zu diesem Zeitpunkt hat der Standesbeamte das Ehetauglichkeitszeugnis nur in solchen Fällen zu verlangen, in denen er infolge der Zugehörigkeit der Verlobten zu verschiedenen Rassen eine für das deutsche Blut ungünstige Nachkommenschaft befürchtet (z. B. bei einer Eheschließung von deutschblütigen Personen mit Zigeunern, Negern oder ihren Bastarden). Es wird jedoch nochmals hervorgehoben, daß durch diese Vorschriften die Ehehindernisse wegen jüdischen Bluteinschlags nicht erweitert werden.

(6) Sind bei einer Eheschließung beide Verlobte Ausländer, so kommen die in Abs. (1) genannten Vorschriften nicht zur Anwendung. Ist nur ein ausländischer Verlobter beteiligt, so steht diese Tatsache der Anwendung der Vorschriften nicht entgegen, denn ein dadurch begründetes Ehehindernis besteht stets in der Person des deutschen Verlobten. Dieser muß auch den Nachweis der Abstammung des ausländischen Verlobten führen, da nur danach beurteilt werden kann, ob die Eheschließung des deutschen Verlobten zulässig ist. Dieses gilt auch im Verhältnis zu den Staaten, die dem Haager Eheschließungsabkommen vom 12. Juni 1902 (RGBl. 1904 S. 221) beigetreten sind. Besitzt einer der Verlobten eine fremde Staatsangehörigkeit, so darf jedoch der Standesbeamte das Aufgebot und das Gesundheitsamt die Ausstellung des Ehetauglichkeitszeugnisses niemals von sich aus versagen; es ist vielmehr in allen Fällen, in denen eine Eheschließung nach Abs. (3) oder (4) unzulässig ist, eine Entscheidung des RuPrMdJ. einzuholen.

(7) In den Fällen, in denen eine Eheschließung im Inlande nicht zulässig ist, darf der Standesbeamte auch kein Ehefähigkeitszeugnis zum Zwecke einer Eheschließung im Auslande ausstellen.

(8) Die Standesbeamten müssen sich mit den Bestimmungen dieses RdErl. genau vertraut machen. In Fällen, in denen

danach ein Grund zur Versagung des Aufgebotes, zur Verweigerung der Mitwirkung bei einer Eheschließung oder zur Verweigerung der Ausstellung eines Ehefähigkeitszeugnisses nicht besteht, darf der Standesbeamte diese Amtshandlungen nicht ablehnen. Es ist nicht angängig, daß ein Standesbeamter sich seiner eigenen Verantwortung dadurch entzieht, daß er die beantragte Amtshandlung in Kenntnis ihrer gesetzlichen Zulässigkeit ablehnt und eine Anweisung des Gerichts abwartet. Ich ordne daher an, daß jeder Standesbeamte, der seine Mitwirkung bei einer Eheschließung wegen jüdischen Bluteinschlags eines Verlobten verweigert, mir hierüber unter eingehender Begründung seiner Stellungnahme unverzüglich berichtet. Desgleichen hat mir der Standesbeamte gerichtliche Entscheidungen aus seinem Geschäftsbereich, die die Zulässigkeit solcher Eheschließungen betreffen, umgehend in zweifacher Ausfertigung vorzulegen.

(9) Die von den Standesbeamten nach Abs. (6) und (8) zu erstattenden Berichte sind durch die Hand der Aufsichtsbehörden zu leiten. Diese haben die Berichte unverzüglich weiterzugeben.

(10) Der RdErl. vom 30. September 1935 — I B (I B 3/324) (nicht veröffentl.) wird aufgehoben.

17. Befreiungen von den Vorschriften des Reichsbürgergesetzes und des Blutschutzgesetzes sowie der Ausf.-VO. hierzu. Runderlaß des Reichs- und preußischen Ministers des Innern.

Vom 4. Dezember 1935 (MBliV. Sp. 1455).

(1) Gesuche um Bewilligung von Befreiungen durch den Führer und Reichskanzler gem. § 7 der Ersten VO. zum Reichsbürgerges. v. 14. 11. 1935 (RGBl. I S. 1333) und gem. § 16 der Ersten VO. zur Ausf. des Ges. zum Schutze des deutschen Blutes und der deutschen Ehre v. 14. 11. 1935 (RGBl. I S. 1334) sind vorbehaltlich der Bestimmung unter Abs. (7) dieses RdErl. bei der für den Wohnsitz oder gewöhnlichen Aufenthalt des

Gesuchstellers zuständigen höheren Verwaltungsbehörde zu stellen. Anträge von Personen, die nicht Reichsbürger sind, auf Belassung in dem von ihnen bisher bekleideten öffentlichen Amt, sind auf dem Dienstwege dem zuständigen Reichsminister einzureichen.

(2) Höhere Verwaltungsbehörde im Sinne des Abs. (1) ist
in Preußen der Regierungspräsident (in Berlin in Eheangelegenheiten der Staatskommissar der Hauptstadt Berlin, im übrigen der Polizeipräsident),
in Bayern der Regierungspräsident,
in Sachsen die Kreishauptmannschaft,
in den übrigen Ländern die Landesregierung.

(3) Besitzt der Gesuchsteller im Inlande keinen Wohnsitz oder gewöhnlichen Aufenthalt, so ist das Gesuch bei dem Reichs- und Preußischen Minister des Innern einzureichen. Dies gilt nicht im Fall des Abs. (1) Satz 2.

(4) Die Bewilligung einer Befreiung soll nur in ganz besonders liegenden Ausnahmefällen befürwortet werden, in denen schwerwiegende Gründe vom Gesichtspunkt der Allgemeinheit — nicht nur im Interesse des Gesuchstellers — eine Abweichung von der Regelung nahelegen, die in den Nürnberger Gesetzen als Grundlage für den Aufbau von Volk und Staat geschaffen worden ist. Lassen die Angaben des Gesuchstellers erkennen, daß ein solcher Ausnahmefall nicht vorliegt, so ist das Gesuch unter Hinweis hierauf ohne weitere Vorbereitung dem Reichs- und Preußischen Minister des Innern vorzulegen.

(5) In denjenigen Fällen, die nicht von vornherein zur Ablehnung reif erscheinen, stellt die höhere Verwaltungsbehörde die für die Beurteilung der Person des Gesuchstellers erforderlichen Ermittlungen an. Sie trifft Feststellungen über seine persönlichen, insbesondere seine rassischen, seelischen und charakterlichen Eigenschaften, seine Teilnahme am Weltkrieg und seine politische Zuverlässigkeit. Sie veranstaltet weiter Erhebungen über seine Familiengeschichte und über die Richtigkeit

der zur Begründung seines Gesuchs geltend gemachten Gründe. Betrifft das Gesuch die Befreiung von einem Ehehindernis, so hat die höhere Verwaltungsbehörde etwa bereits bei dem Standesbeamten entstandene Vorgänge einzufordern und dem Gesuchsteller aufzugeben, ein Gutachten des für seinen Wohnsitz zuständigen Gesundheitsamts beizubringen, das sich insbesondere auf die rassischen Merkmale des Gesuchstellers erstreckt. Das Nähere über die Erstattung der Gutachten wird durch einen besonderen Runderlaß geregelt.

(6) Vor Weitergabe des Gesuchs an den Reichs- und Preußischen Minister des Innern hat die höhere Verwaltungsbehörde in den Ausnahmefällen, in denen sie eine Befreiung befürworten will, der zuständigen Gauleitung der NSDAP. Gelegenheit zur Stellungnahme zu geben.

(7) Die für Befreiungen von § 3 des Blutschutzges. und § 12 der Ersten Ausf.-VO. hierzu in dem Runderlaß v. 4. 12. 1935 — I A 15517/5017 (nicht veröffentl.) getroffene Sonderregelung bleibt unberührt.

18. Bekanntmachung.

Vom 21. November 1935 (RMBl. S. 835).

Auf Grund der Ersten Verordnung zur Ausführung des Gesetzes zum Schutze des deutschen Blutes und der deutschen Ehre vom 14. November 1935 (Reichsgesetzbl. I S. 1334), § 16, wird folgendes bestimmt:

§ 3 des Gesetzes zum Schutze des deutschen Blutes und der deutschen Ehre vom 15. September 1935 (Reichsgesetzbl. I S. 1146) findet keine Anwendung auf die Personen, auf die sich nach den Bestimmungen der §§ 18, 19 des Gerichtsverfassungsgesetzes in der Fassung des Gesetzes vom 13. Dezember 1934 (Reichsgesetzbl. I S. 1233) die deutsche Gerichtsbarkeit nicht erstreckt, und auf die Leiter und das Geschäftspersonal ausländischer Konsulate, soweit diese Personen nicht die Reichsangehörigkeit besitzen.

19. Ausführungsanweisung zu § 3 der ersten VO. zur Ausf. des Ges. zum Schutze des deutschen Blutes und der deutschen Ehre.

Runderlaß des Reichs- und Preußischen Ministers des Innern, zugleich im Namen des Stellvertreters des Führers.

Vom 23. Dezember 1935 (MBliV. 1936 Sp. 11).

1.

(1) Anträge von staatsangehörigen jüdischen Mischlingen mit zwei volljüdischen Großeltern (Mischlingen ersten Grades) auf Genehmigung der Eheschließung mit Staatsangehörigen deutschen oder artverwandten Blutes (Deutschblütigen) oder mit staatsangehörigen jüdischen Mischlingen, die nur einen volljüdischen Großelternteil haben (Mischlingen zweiten Grades), sind schriftlich bei der für den Wohnsitz oder gewöhnlichen Aufenthalt des Antragstellers zuständigen höheren Verwaltungsbehörde zu stellen.

(2) Höhere Verwaltungsbehörde im Sinne des Abs. 1 ist:

in Preußen	der Regierungspräsident (in Berlin der Staatskommissar der Hauptstadt Berlin),
in Bayern	der Regierungspräsident,
in Sachsen	die Kreishauptmannschaft,
in den übrigen Ländern	die Landesregierung.

(3) Besitzt der Antragsteller im Inland keinen Wohnsitz oder gewöhnlichen Aufenthalt, so ist der Staatskommissar der Hauptstadt Berlin zuständig.

2.

(1) Die höhere Verwaltungsbehörde stellt die für die Beurteilung der Person des Antragstellers erforderlichen Ermittlungen an. Sie trifft insbesondere Feststellungen über seine körperlichen, seelischen und charakterlichen Eigenschaften, seine Teilnahme am Weltkrieg, seine politische Zuverlässigkeit und seine rassischen Eigenschaften. Sie veranstaltet ferner Erhebungen über die Familiengeschichte des Antragstellers; dabei ist besonders zu berücksichtigen, seit wann die Familie in Deutschland an-

sässig ist, welche Berufe die Familienangehörigen bekleidet haben, ob sie in der deutschen Wehrmacht Dienste geleistet haben, ob sie, zumal soweit sie deutschblütig sind, am deutschen Geistesleben teilgenommen haben, usw. Der Antragsteller hat seine Angaben über diese Verhältnisse nach Möglichkeit zu belegen.

(2) Hat der Antragsteller bei dem Standesbeamten bereits das Aufgebot beantragt, so hat die höhere Verwaltungsbehörde auch die bei dem Standesbeamten vorhandenen Unterlagen einzufordern.

(3) Die höhere Verwaltungsbehörde veranlaßt die Untersuchung des Antragstellers durch das Gesundheitsamt. Die Untersuchung hat sich insbesondere auf die rassischen Merkmale des Antragstellers zu erstrecken.

3.

Die nach Nr. 2 zu treffenden Feststellungen sind sinngemäß auch auf den anderen Verlobten auszudehnen.

4.

Die höhere Verwaltungsbehörde hat unter Vorlage der Ermittlungs- und Untersuchungsergebnisse die Stellungnahme des Leiters des zuständigen Amts für Volksgesundheit der NSDAP. einzuholen. Dieser übermittelt seine Äußerung der Gauleitung, die sie mit ihrer Stellungnahme an die höhere Verwaltungsbehörde weiterleitet.

5.

Nach Abschluß der Ermittlungen reicht die höhere Verwaltungsbehörde unter Beifügung sämtlicher Unterlagen einen Bericht mit einem Entscheidungsvorschlag an den Reichsausschuß für Ehegenehmigungen (Nr. 6) ein. Dieser prüft die Feststellungen der höheren Verwaltungsbehörde und bereitet die Entscheidung des Reichsministers des Innern und des Stellvertreters des Führers vor.

6.

(1) Der Reichsausschuß für Ehegenehmigungen wird dem Reichsministerium des Innern angegliedert.

(2) Der Ausschuß setzt sich aus 7 Mitgliedern zusammen, die vom Führer und Reichskanzler ernannt werden. Der Vorsitzende und ein weiteres Mitglied sollen dem Reichsministerium des Innern, je ein Mitglied dem Reichsministerium der Justiz und dem Reichswirtschaftsministerium angehören; die übrigen Mitglieder benennt der Stellvertreter des Führers.

(3) Der Führer und Reichskanzler ernennt für den Vorsitzenden und jedes Mitglied einen oder mehrere Stellvertreter. Abs. 2 Satz 2 findet Anwendung.

7.

(1) Die laufenden Geschäfte des Ausschusses außerhalb seiner Sitzungen führt der Vorsitzende. Er kann sich dabei durch seine Stellvertreter vertreten lassen.

(2) Der Vorsitzende verteilt insbesondere die eingehenden Anträge auf die einzelnen Mitglieder des Ausschusses als Berichterstatter. Als Berichterstatter sind sämtliche Mitglieder gleichmäßig heranzuziehen.

(3) Der Vorsitzende kann die höhere Verwaltungsbehörde zur Ergänzung ihrer Feststellungen veranlassen.

(4) Dem Ausschuß steht zur Erledigung der büromäßigen Arbeiten eine besondere Geschäftsstelle zur Verfügung.

8.

(1) Der Ausschuß berät über die Anträge auf Ehegenehmigung in nichtöffentlicher Sitzung. Er kann selbst Ermittlungen vornehmen, insbesondere das persönliche Erscheinen der Beteiligten anordnen, sowie Zeugen und Sachverständige vernehmen. Die Zeugnis- und Gutachtenpflicht sowie die Eidesleistung regelt sich unter sinngemäßer Anwendung der Bestimmungen der Zivilprozeßordnung. Gerichte und Verwaltungsbehörden sind zur Rechts- und Amtshilfe verpflichtet.

(2) Der Ausschuß entscheidet nach Vortrag eines Berichterstatters über den dem Reichsminister des Innern und dem

Stellvertreter des Führers zu machenden Vorschlag. Der Berichterstatter hat den Vorschlag schriftlich zu begründen.

9.

Der Reichsminister des Innern und der Stellvertreter des Führers treffen die Entscheidung über die Anträge auf Vorschlag des Ausschusses.

10.

(1) Für die Erteilung oder die Versagung der Ehegenehmigung wird eine Gebühr von 10 RM. erhoben.

(2) Der Antragsteller hat außerdem die im Einzelfall entstehenden besonderen Auslagen zu tragen.

(3) Die Gebühr wird bei Einreichung des Antrags, die Auslagen werden mit ihrer Entstehung fällig. Die Einforderung von Vorschüssen ist zulässig.

(4) Bei Unvermögen des Antragstellers ist die Gebühr zu ermäßigen oder zu erlassen.

20. Durchführung des Blutschutzgesetzes.

Runderlaß des Reichs- und Preußischen Ministers des Innern.

Vom 1. September 1936 (MBliV. Sp. 1199).

(1) § 9 der I. Ausf.-VO. z. BlSchG. schreibt u. a. vor, daß vor einer Versagung des Aufgebotes wegen eines der in § 1 des BlSchG. oder in den §§ 2—4 der I. Ausf.-VO. hierzu genannten Ehehindernisse die Entscheidung des RMdJ. einzuholen ist, wenn einer der Verlobten eine fremde Staatsangehörigkeit besitzt. Eine solche Entscheidung des RMdJ. ist von jetzt an bei Beteiligung eines Verlobten mit fremder Staatsangehörigkeit auch dann einzuholen, wenn die Ausstellung eines Ehefähigkeitszeugnisses zum Zwecke der Eheschließung im Ausland wegen eines der genannten Ehehindernisse versagt werden müßte.

(2) Die Urkunden, die die Verlobten dem Standesbeamten gem. Abs. (5) b des RdErl. v. 26. 11. 1935 (MBliV. S. 1429)[1])

[1]) Hier abgedruckt Nr. 16.

zum Nachweis ihrer Abstammung vorlegen müssen, sind den Verlobten nicht zurückzugeben, sondern zu den Sammelakten der Standesbeamten zu nehmen, damit die Zulässigkeit der Eheschließung jederzeit nachgeprüft werden kann. Handelt es sich um Urkunden, die nur mit besonderen Schwierigkeiten beschafft werden können, z. B. um ausländische Urkunden, so können sie den Verlobten auf Antrag zurückgegeben werden, nachdem eine beglaubigte Abschrift für die Sammelakten gefertigt ist.

(3) Die mir oder dem Reichsausschuß zum Schutze des deutschen Blutes nach den RdErl. v. 4. 12. 1935 (MBliV. S. 1455) und v. 23. 12. 1935 (RMBliV. 1936 S. 11)[1]) vorzulegenden Anträge gehen vielfach erst geraume Zeit nach der Antragstellung ein. Wenn ich auch nicht verkenne, daß die Vorbereitung der Anträge durch die höhere Verwaltungsbehörde bei dem Umfang der anzustellenden Ermittlungen zeitraubend ist, so läßt es sich doch bei der Wichtigkeit der Entscheidung für die Beteiligten nicht verantworten, diese über die unvermeidlich notwendige Zeit hinaus auf die Entscheidung warten zu lassen. Ich ordne daher an, daß alle beteiligten Dienststellen derartige Anträge, insbesondere wenn sie Eheschließungen betreffen, mit Beschleunigung zu behandeln haben.

III. Ehegesundheit.

21. Gesetz zum Schutze der Erbgesundheit des deutschen Volkes (Ehegesundheitsgesetz).

Vom 18. Oktober 1935 (RGBl. I S. 1246).

§ 1. (1) Eine Ehe darf nicht geschlossen werden,

a) wenn einer der Verlobten an einer mit Ansteckungsgefahr verbundenen Krankheit leidet, die eine erhebliche Schädigung der Gesundheit des anderen Teiles oder der Nachkommen befürchten läßt,

b) wenn einer der Verlobten entmündigt ist oder unter vorläufiger Vormundschaft steht,

---

[1]) Hier abgedruckt Nr. 17, 19.

c) wenn einer der Verlobten, ohne entmündigt zu sein, an einer geistigen Störung leidet, die die Ehe für die Volksgemeinschaft unerwünscht erscheinen läßt,

d) wenn einer der Verlobten an einer Erbkrankheit im Sinne des Gesetzes zur Verhütung erbkranken Nachwuchses leidet.

(2) Die Bestimmung des Absatzes 1 Buchstabe d steht der Eheschließung nicht entgegen, wenn der andere Verlobte unfruchtbar ist.

§ 2[1]. Vor der Eheschließung haben die Verlobten durch ein Zeugnis des Gesundheitsamtes (Ehetauglichkeitszeugnis) nachzuweisen, daß ein Ehehindernis nach § 1 nicht vorliegt.

§ 3. (1) Eine entgegen den Verboten des § 1 geschlossene Ehe ist nichtig, wenn die Ausstellung des Ehetauglichkeitszeugnisses oder die Mitwirkung des Standesbeamten bei der Eheschließung von den Verlobten durch wissentlich falsche Angaben herbeigeführt worden ist. Sie ist auch nichtig, wenn sie zum Zwecke der Umgehung des Gesetzes im Ausland geschlossen ist. Die Nichtigkeitsklage kann nur vom Staatsanwalt erhoben werden.

(2) Die Ehe ist von Anfang an gültig, wenn das Ehehindernis später wegfällt.

§ 4. (1) Wer eine verbotene Eheschließung erschleicht (§ 3), wird mit Gefängnis nicht unter drei Monaten bestraft. Der Versuch ist strafbar.

(2) Die Verfolgung wegen des vollendeten Vergehens tritt nur ein, wenn die Ehe für nichtig erklärt ist.

§ 5. (1) Die Vorschriften dieses Gesetzes finden keine Anwendung, wenn beide Verlobte oder der männliche Verlobte eine fremde Staatsangehörigkeit besitzen.

(2) Die Strafverfolgung eines Ausländers nach § 4 tritt nur auf Anordnung ein, die der Reichsminister der Justiz im Einvernehmen mit dem Reichsminister des Innern trifft.

§ 6. Der Reichsminister des Innern oder die von ihm ermächtigte Stelle kann Befreiungen von den Vorschriften dieses Gesetzes bewilligen.

---

[1]) S. § 8.

§ 7. Der Reichsminister des Innern erläßt im Einvernehmen mit dem Stellvertreter des Führers und dem Reichsminister der Justiz die zur Durchführung und Ergänzung dieses Gesetzes erforderlichen Rechts- und Verwaltungsvorschriften.

§ 8. (1) Das Gesetz tritt am Tage nach der Verkündung in Kraft.

(2) Den Zeitpunkt des Inkrafttretens des § 2 bestimmt der Reichsminister des Innern. Bis zu diesem Zeitpunkt ist ein Ehetauglichkeitszeugnis nur in Zweifelsfällen vorzulegen.

22. Erste Verordnung zur Durchführung des Ehegesundheitsgesetzes.

Vom 29. November 1935 (RGBl. I S. 1419).

§ 1. Die Ausstellung des Ehetauglichkeitszeugnisses (Anlage 1) ist ein Teil der Eheberatung und erfolgt durch das zuständige Gesundheitsamt (Beratungsstelle für Erb- und Rassenpflege).

§ 2. (1) Zwecks Erlangung des Ehetauglichkeitszeugnisses hat sich jeder Verlobte bei dem Gesundheitsamt untersuchen zu lassen, in dessen Bezirk er seinen Wohnsitz oder gewöhnlichen Aufenthalt hat. Hat ein Verlobter seinen Wohnsitz im Ausland oder hält er sich längere Zeit im Ausland auf, so kann er sich bei jedem deutschen Gesundheitsamt untersuchen lassen. Das Gesundheitsamt hat Ermittlungen über die Erbgesundheit der Verlobten anzustellen.

(2) Der Verlobte kann sich auch von einem vom Reichsärzteführer hierfür zugelassenen Arzt der freien Praxis untersuchen lassen. Das Ergebnis der Untersuchung ist in einem Untersuchungsbogen (Anlage 2) niederzulegen und dem zuständigen Gesundheitsamt unmittelbar nach der Untersuchung zu übersenden. Das Gesundheitsamt hat das Untersuchungsergebnis seiner Beurteilung zugrunde zu legen.

(3) Hat einer der Verlobten seinen Wohnsitz oder gewöhnlichen Aufenthalt im Ausland, so kann die Untersuchung auch durch einen ausländischen Arzt erfolgen, dessen Zuverlässigkeit durch den zuständigen deutschen Berufskonsul oder diplomatischen Vertreter nach Anhörung des zuständigen politischen Leiters der NSDAP. bestätigt wird.

§ 3. Bis zum Inkrafttreten des § 2 des Gesetzes ist ein Ehetauglichkeitszeugnis nur beizubringen, wenn der Standesbeamte begründete Zweifel hat, ob ein Ehehindernis im Sinne des § 1 des Ehegesundheitsgesetzes oder des § 6 der Ersten Verordnung vom 14. November 1935 zur Ausführung des Gesetzes zum Schutze des deutschen Blutes und der deutschen Ehre (Reichsgesetzbl. I S. 1334) vorliegt.

§ 4. Das Ehetauglichkeitszeugnis wird von dem für die Untersuchung der Braut zuständigen Gesundheitsamt ausgestellt. Ist das Gesundheitsamt nicht auch für die Untersuchung des Bräutigams zuständig, so ist das Ehetauglichkeitszeugnis erst auszustellen, wenn die Unterlagen über den Gesundheitszustand des Bräutigams vorliegen.

§ 5. Leisten die Verlobten einer Anordnung des Gesundheitsamts zur Beibringung der für ihre Beurteilung erforderlichen Nachweise keine Folge, so kann das Gesundheitsamt die Ausstellung des Ehetauglichkeitszeugnisses ablehnen.

§ 6. Besitzt nur der Bräutigam die Reichsangehörigkeit, so ist er verpflichtet, die Unterlagen für die Beurteilung der Ehetauglichkeit der Braut beizubringen.

§ 7. Das Ehetauglichkeitszeugnis wird ungültig, wenn die Ehe nicht binnen sechs Monaten seit der Ausstellung geschlossen wird. Das Gesundheitsamt kann die Frist verlängern.

§ 8. (1) Werden dem Gesundheitsamt nach Erteilung des Ehetauglichkeitszeugnisses Ehehindernisse nach § 1 des Gesetzes bekannt, so kann es das Zeugnis zurücknehmen, solange die Ehe nicht geschlossen ist.

(2) Die Zurücknahme ist beiden Verlobten und den für die Eheschließung zuständigen Standesbeamten mitzuteilen.

§ 9. Über die Versagung des Ehetauglichkeitszeugnisses ist den Verlobten von dem Gesundheitsamt eine Bescheinigung zu erteilen (Anlage 3).

§ 10. (1) Für die Erteilung oder die Versagung des Ehetauglichkeitszeugnisses erhebt das Gesundheitsamt von jedem Verlobten eine Gebühr von fünf Reichsmark. Bei Bedürftigkeit hat das Gesundheitsamt die Gebühr zu ermäßigen oder zu erlassen. Über Beschwerden gegen die Gebührenfestsetzung entscheidet die höhere Verwaltungsbehörde endgültig.

(2) Die Aushändigung des Zeugnisses oder der Bescheinigung (§ 9) kann von der vorherigen Zahlung der Gebühr abhängig gemacht werden.

(3) Die Tätigkeit des Arztes nach § 2 Abs. 2 ist kostenlos, wenn sie für eine Person, die bei einer reichsgesetzlichen Krankenkasse oder einer Ersatzkasse versichert ist, für deren anspruchsberechtigte Familienangehörigen oder für solche Personen ausgeübt wird, für die im Fall einer Krankheit die öffentliche Fürsorge eintreten muß. Das Vorhandensein dieser Voraussetzungen ist dem Arzt durch Vorlage eines Ausweises der Krankenkasse oder des Fürsorgeträgers nachzuweisen.

§ 11. Gegen die Versagung (§ 9) oder Zurücknahme (§ 8) des Ehetauglichkeitszeugnisses aus Gründen des § 1 des Ehegesundheitsgesetzes kann jeder Verlobte die Entscheidung des Erbgesundheitsgerichts anrufen.

§ 12. Zuständig ist das Erbgesundheitsgericht, in dessen Bezirk das Gesundheitsamt seinen Sitz hat. Aus wichtigen Gründen kann das Erbgesundheitsgericht die Sache an ein anderes Erbgesundheitsgericht abgeben; die Abgabeverfügung ist für dieses Gericht bindend.

§ 13. (1) Gegen die Entscheidung des Erbgesundheitsgerichts ist binnen einer Notfrist von zwei Wochen seit der Zustellung die Beschwerde an das Erbgesundheitsobergericht zulässig. Die Beschwerde hat aufschiebende Wirkung.

(2) Die Beschwerde kann von jedem Verlobten sowie von dem Leiter des Gesundheitsamts eingelegt werden.

§ 14. (1) Das Gericht hat von Amts wegen zu prüfen, ob ein Ehehindernis nach § 1 des Gesetzes vorliegt.

(2) Der Beschluß, daß ein solches Ehehindernis nicht vorliegt, ersetzt das Ehetauglichkeitszeugnis.

§ 15. Als Richter sind die Ärzte ausgeschlossen, die bei der Untersuchung auf die Ehetauglichkeit oder bei der Ausstellung der Bescheinigung (§ 9) mitgewirkt haben.

§ 16. (1) Ein minderjähriger Verlobter kann seine Rechte selbst wahrnehmen.

(2) Dem Antrag auf gerichtliche Entscheidung ist, wenn einer der Verlobten minderjährig ist, die nach dem Bürgerlichen Gesetzbuch erforderliche elterliche Einwilligung zur Eheschließung beizufügen.

(3) Ein Pfleger wird in Ehegesundheitssachen nicht bestellt.

§ 17. Auf das Verfahren in Ehegesundheitssachen finden die Vorschriften des Gesetzes zur Verhütung erbkranken Nachwuchses vom 14. Juli 1933 (Reichsgesetzbl. I S. 529) in der Fassung vom 26. Juni 1935 (Reichsgesetzbl. I S. 773) und seiner Ausführungsverordnungen entsprechende Anwendung.

§ 18. (1) Das Gericht kann das persönliche Erscheinen der Verlobten und ihre ärztliche Untersuchung anordnen. Ein Zwang zur Durchführung dieser Anordnungen ist nicht statthaft.

(2) Wird der Anordnung nicht Folge geleistet, so kann das Gericht die Versagung oder Zurücknahme des Zeugnisses ohne weitere Ermittlungen bestätigen.

§ 19. Der Beschluß des Gerichts ist beiden Verlobten sowie dem Gesundheitsamt unter Mitteilung der Gründe zuzustellen.

§ 20. (1) Für das gerichtliche Verfahren wird in jedem Rechtszug eine Gebühr von fünf Reichsmark erhoben. Für das Verfahren vor dem Erbgesundheitsobergericht wird die Gebühr nicht erhoben, wenn die Beschwerde von dem Leiter des Gesundheitsamts eingelegt worden ist.

(2) Auf Antrag kann der Vorsitzende die Gebühr, solange sie noch nicht gezahlt ist, ermäßigen oder erlassen, wenn die Verlobten bedürftig sind und die Rechtsverfolgung nicht aussichtslos erscheint; die Verfügung ist unanfechtbar.

(3) Sofern die Gebühr nicht erlassen ist, wird das Gericht erst nach Zahlung der im Abs. 1 bestimmten oder nach Abs. 2 ermäßigten Gebühr in der Sache tätig.

(4) Der unterliegende Verlobte hat die Auslagen des Verfahrens zu tragen. Die Vorschriften des Gerichtskostengesetzes finden Anwendung.

(5) Ist rechtskräftig festgestellt, daß ein Ehehindernis nach § 1 des Gesetzes nicht besteht, so werden die gerichtlichen Gebühren erstattet.

§ 21. Eine Wiederaufnahme des Verfahrens findet nicht statt.

§ 22. Die Ausstellung des Ehetauglichkeitszeugnisses kann frühestens sechs Monate, nachdem der Beschluß des Gerichts rechtskräftig geworden ist, erneut beim Gesundheitsamt beantragt werden.

§ 23. Das Aufgebot darf erst angeordnet werden, wenn dem Standesbeamten das Ehetauglichkeitszeugnis vorgelegt worden ist. § 3 findet Anwendung.

§ 24. § 1 des Ehegesundheitsgesetzes steht der Eheschließung nicht entgegen, wenn die Ehe nach § 50 des Personenstandsgesetzes vom 6. Februar 1875 (Reichsgesetzbl. S. 23, 33) wegen lebensgefährlicher Erkrankung eines Verlobten ohne Aufgebot geschlossen werden darf.

§ 25. Die Unfruchtbarkeit einer Frau, die über 45 Jahre alt ist, braucht im Fall des § 1 Abs. 2 des Gesetzes nicht nachgewiesen zu werden.

§ 26. Lehnt der Standesbeamte vor dem Inkrafttreten des § 2 des Gesetzes das Aufgebot ab, weil das von ihm geforderte Zeugnis nicht beigebracht wird, so ist eine Anrufung des Gerichts (§ 11 Abs. 3 des Personenstandsgesetzes) ausgeschlossen.

§ 27. Bis zum Inkrafttreten des § 2 des Gesetzes[1]) darf, wenn auch nur ein Verlobter seinen gewöhnlichen Aufenthalt im Ausland hat, der Standesbeamte die Ausstellung eines Ehefähigkeitszeugnisses nicht von der Beibringung eines Ehetauglichkeitszeugnisses abhängig machen.

§ 28. Die Nichtigkeit einer entgegen dem § 1 des Ehegesundheitsgesetzes geschlossenen Ehe kann nur im Wege der Nichtigkeitsklage geltend gemacht werden.

---

[1]) S. § 8 des Ges.

§ 29. Auf Staatenlose, die ihren gewöhnlichen Aufenthalt im Ausland haben, findet das Ehegesundheitsgesetz keine Anwendung, es sei denn, daß die Ehe in Deutschland geschlossen wird.

§ 30. (1) In besonderen Ausnahmefällen kann die höhere Verwaltungsbehörde nach Richtlinien, die vom Reichsminister des Innern im Einvernehmen mit dem Stellvertreter des Führers erlassen werden, Befreiungen von den Vorschriften der §§ 1 und 2 des Gesetzes bewilligen.

(2) Gegen die Ablehnung des Befreiungsgesuchs ist Beschwerde an den Reichsminister des Innern zulässig.

(3) Der Reichsminister des Innern kann in Fällen bestimmter Art und in Einzelfällen über Befreiungsgesuche selbst entscheiden.

23. Ehegesundheitsgesetz.

Runderlaß des Reichs- und Preußischen Ministers des Innern.

Vom 18. Oktober 1935 (MBliV. Sp. 1295).

(1) Nach dem Ges. zum Schutze der Erbgesundheit des deutschen Volkes (Ehegesundheitsges.) vom 18. Oktober 1935 (RGBl. I S. 1246), § 1, darf eine Ehe nicht geschlossen werden,

a) wenn einer der Verlobten an einer mit Ansteckungsgefahr verbundenen Krankheit leidet, die eine erhebliche Schädigung der Gesundheit des anderen Teiles oder der Nachkommen befürchten läßt,

b) wenn einer der Verlobten entmündigt ist oder unter vorläufiger Vormundschaft steht,

c) wenn einer der Verlobten, ohne entmündigt zu sein, an einer geistigen Störung leidet, die die Ehe für die Volksgemeinschaft unerwünscht erscheinen läßt,

d) wenn einer der Verlobten an einer Erbkrankheit im Sinne des Ges. zur Verhütung erbkranken Nachwuchses leidet, es sei denn, daß der andere Verlobte unfruchtbar ist.

(2) Der Nachweis, daß kein Ehehindernis nach § 1 des Ehegesundheitsges. vorliegt, wird in Zukunft allgemein durch ein Ehetauglichkeitszeugnis erbracht, dessen Ausstellung dem Gesundheitsamt obliegt. Den Zeitpunkt, von dem ab das Ehetauglichkeitszeugnis allgemein vorzulegen ist, werde ich noch bestimmen. Von diesem Zeitpunkt ab haben die Verlobten dem Standesbeamten vor dem Aufgebot außer den sonst zur Eheschließung erforderlichen Unterlagen auch ein Ehetauglichkeitszeugnis vorzulegen. Sind beide Verlobte oder der männliche Verlobte Ausländer, braucht ein Ehetauglichkeitszeugnis nicht vorgelegt zu werden.

(3) Bis zu dem Zeitpunkt, von dem ab die allgemeine Vorlegung der Ehetauglichkeitszeugnisse angeordnet wird, hat der Standesbeamte die Vorlegung des Zeugnisses nur dann zu verlangen, wenn er begründete Zweifel daran hat, daß die Eheschließung nach § 1 des Ehegesundheitsges. (vgl. Abs. (1)) zulässig ist. Da ihm besonders in größeren Gemeinden meist unbekannt sein wird, ob die Voraussetzungen des § 1 a. a. O. vorliegen, hat er die Verlobten während der Aufgebotsverhandlung bei der üblichen Befragung über die Kenntnis von Ehehindernissen besonders auf die Ehehindernisse des § 1 a. a. O. hinzuweisen und sie darauf aufmerksam zu machen, daß sie strafbar sind, wenn sie wissentlich falsch angeben, daß derartige Hindernisse nicht vorliegen. In der Aufgebotsverhandlung ist anzugeben, daß dieser Hinweis gemacht worden ist. Ist nur ein Verlobter bei der Aufgebotsverhandlung zugegen, muß die von dem anderen Verlobten erteilte Ermächtigung zur Beantragung des Aufgebots gleichzeitig seine Erklärung enthalten, daß ihm ein Ehehindernis nach § 1 a. a. O. nicht bekannt ist und daß er weiß, daß unrichtige Angaben hierüber bestraft werden. Die Erklärung der Verlobten hat der Standesbeamte ohne besondere Nachprüfung als zutreffend anzusehen und demgemäß von der Anforderung eines Ehetauglichkeitszeugnisses abzusehen, wenn ihm nicht *sichere* Tatsachen bekannt sind, die die Erklärung unrichtig erscheinen lassen. Die Vorschriften dieses Absatzes dürfen keinesfalls die Schließung gesunder Ehen erschweren.

(4) Der Standesbeamte darf in Zukunft auch für eine Eheschließung im Ausland ein Ehefähigkeitszeugnis nur ausstellen, wenn ihm ein Ehetauglichkeitszeugnis vorgelegt wird. Dies gilt jedoch allgemein erst von dem Zeitpunkt an, dessen Bestimmung ich mir nach Abs. (2) vorbehalten habe. Vorläufig ist ein Ehetauglichkeitszeugnis nur in Zweifelsfällen (vgl. Abs. (3)) zu verlangen. Vor der Ausstellung des Ehefähigkeitszeugnisses sind die Verlobten entsprechend der Regelung in Abs. (3) darauf hinzuweisen, daß unrichtige Angaben über Nichtvorliegen von Ehehindernissen nach § 1 des Ehegesundheitsges. bestraft werden. Der Vermerk darüber, daß die Verlobten auf die Strafbarkeit hingewiesen worden sind, ist zu den Sammelakten zu nehmen.

(5) § 3 des Ehegesundheitsges. legt die Voraussetzungen fest, unter denen eine entgegen den Verboten des § 1 a. a. O. geschlossene Ehe nichtig ist. Eine solche Ehe ist nichtig, wenn die Ausstellung des Ehetauglichkeitszeugnisses oder die Mitwirkung des Standesbeamten bei der Eheschließung von den Verlobten durch wissentlich falsche Angaben herbeigeführt worden ist. Sie ist auch nichtig, wenn sie zum Zwecke der Umgehung des Ges. im Ausland geschlossen ist. Die Absicht einer Umgehung des Ges. ist nicht anzunehmen, wenn die Ehe in einem Staat geschlossen werden soll, in dem einer der Verlobten zur Zeit der Eheschließung seinen ständigen Aufenthalt hat. Durch diese Bestimmungen werden aber die Eheverbote des § 1 a. a. O. nicht dahin eingeschränkt, daß der Standesbeamte seine Mitwirkung nur bei der Schließung derjenigen Ehen verweigern dürfte, die nach § 3 a. a. O. nichtig sind. Für den Standesbeamten bleibt allein maßgebend, ob eine Ehe nach § 1 a. a. O. zulässig ist oder nicht; der Nachweis der Zulässigkeit wird, wie sich aus den Abs. (2) bis (4) ergibt — in Zweifelsfällen auch in der Übergangszeit —, durch das Ehetauglichkeitszeugnis erbracht. § 3 a. a. O. hat demgegenüber vorwiegend für die Justizbehörden, die über die Nichtigkeit der verbotswidrig geschlossenen Ehen zu befinden haben, praktische Bedeutung.

24. Durchf. des Ges. zum Schutze der Erbgesundheit des deutschen Volkes (Ehegesundheitsgesetz).

Runderlaß des Reichs- und Preußischen Ministers des Innern.

Vom 19. Oktober 1935 (MBliV. Sp. 1299).

1. Nach dem Ges. zum Schutze der Erbgesundheit des deutschen Volkes (Ehegesundheitsges.) vom 18. Oktober 1935 (RGBl. I S. 1246) darf eine Ehe nicht geschlossen werden,
   a) wenn einer der Verlobten an einer mit Ansteckungsgefahr verbundenen Krankheit leidet, die eine erhebliche Schädigung der Gesundheit des anderen Teiles oder der Nachkommen befürchten läßt,
   b) wenn einer der Verlobten entmündigt ist oder unter vorläufiger Vormundschaft steht,
   c) wenn einer der Verlobten, ohne entmündigt zu sein, an einer geistigen Störung leidet, die die Ehe für die Volksgemeinschaft unerwünscht erscheinen läßt,
   d) wenn einer der Verlobten an einer Erbkrankheit im Sinne des Ges. zur Verhütung erbkranken Nachwuchses leidet, es sei denn, daß der andere Verlobte unfruchtbar ist.
2. Der Nachweis, daß kein Ehehindernis nach § 1 des Ehegesundheitsges. vorliegt, wird durch ein Ehetauglichkeitszeugnis erbracht, dessen Ausstellung dem Gesundheitsamt obliegt. Die Verlobten haben daher erst nach Inkrafttreten des § 2 dem Standesbeamten vor dem Aufgebot außer den sonst zur Eheschließung erforderlichen Unterlagen auch ein Ehetauglichkeitszeugnis des zuständigen Gesundheitsamts vorzulegen. Sind beide Verlobte oder der männliche Teil Ausländer, so braucht ein Ehetauglichkeitszeugnis nicht vorgelegt zu werden.
3. Den Zeitpunkt, von dem ab in jedem Falle ein Ehetauglichkeitszeugnis vorzulegen ist, werde ich noch bestimmen. Bis zu diesem Zeitpunkt hat der Standesbeamte die Vorlegung des Zeugnisses nur dann zu verlangen, wenn er begrün-

bete Zweifel daran hat, daß die Eheschließung nach § 1 des Ehegesundheitsges. zulässig ist. Auf den RdErl. an die Standesbeamten vom 18. Oktober 1935 — I B 3/345 (MBliV. S. 1295) weise ich besonders hin.

4. Die Gesundheitsämter werden also in der nächsten Zeit nur dann ein Ehetauglichkeitszeugnis auszustellen haben, wenn der Standesbeamte die Vorlage eines solchen Zeugnisses verlangt hat. Das Ehetauglichkeitszeugnis ist unter Benutzung eines Vordrucks nach Muster A auszustellen. Wird das Zeugnis versagt, so ist den Verlobten eine Bescheinigung nach Muster B auszuhändigen, wobei ich schon jetzt darauf hinweise, daß in den Ausf.-Best. eine Beschwerdemöglichkeit geschaffen wird. Der Grund der Ablehnung ist im Muster B hinter dem Wort „weil" durch wörtliche Anführung der zutreffenden Bestimmung des § 1 ersichtlich zu machen (z. B. „weil der X. entmündigt ist"). Die Verlobten sind mündlich darüber zu belehren, ob das Ehehindernis voraussichtlich ein dauerndes oder nur ein vorübergehendes sein wird.

5. (1) Die Ausstellung des Ehetauglichkeitszeugnisses hat grundsätzlich durch das für den Wohnort der Braut zuständige Gesundheitsamt zu erfolgen.

(2) Sofern die Verlobten ihren Wohnsitz oder ständigen Aufenthalt nicht im Bezirk des gleichen Gesundheitsamtes haben, hat die Untersuchung des Bräutigams bei dem für ihn zuständigen Gesundheitsamt stattzufinden. Dieses übersendet mit möglichster Beschleunigung die Akten dem für die Untersuchung der Braut zuständigen Gesundheitsamt, das alsdann über die Ausstellung des Ehetauglichkeitszeugnisses entscheidet. In den Ausf.-Best. zum Ehegesundheitsges. wird geregelt werden, welches Gesundheitsamt zuständig ist, wenn einer der Verlobten oder beide im Inland weder einen Wohnsitz noch einen ständigen Aufenthalt haben.

6. (1) Anläßlich der Ausstellung des Ehetauglichkeitszeugnisses ist auch eine Eheberatung nach den von mir herausgegebenen „Grundsätzen für die Errichtung und Tätigkeit der

Beratungsstellen für Erb- und Rassenpflege"[1]) vorzunehmen. Liegt zwar ein Ehehindernis im Sinne des § 1 des Ehegesundheitsges. nicht vor, glaubt aber der untersuchende Arzt von der Eheschließung abraten zu müssen, so soll er das mündlich tun, muß aber das Ehetauglichkeitszeugnis ausstellen. Ergeben sich bei der Untersuchung des einen Verlobten Tatsachen, die die Eheschließung zwar nicht verboten, aber als unerwünscht erscheinen lassen, so teilt das Gesundheitsamt dies beiden Verlobten mit; gegebenenfalls ist der Befund dem für den anderen Verlobten zuständigen Gesundheitsamt mitzuteilen, das diesem dann die entsprechende Eröffnung zu machen hat. Im übrigen ist das ärztliche Berufsgeheimnis streng zu wahren, wobei die ärztliche Beratung möglichst mündlich erfolgen soll.

(2) Um Verwechslungen mit dem nunmehr gesetzlich vorgeschriebenen Ehetauglichkeitszeugnis (Muster A) zu vermeiden, setze ich die in Anlagen 10 bis 15 der „Grundsätze für die Errichtung und Tätigkeit der Beratungsstellen für Erb- und Rassenpflege" vorgesehenen Bescheinigungen außer Kraft und verbiete ihre weitere Benutzung.

7. (1) Die Fälle, in denen die Ausstellung des Ehetauglichkeitszeugnisses zu unterbleiben hat, sind unter 1. aufgeführt. Zu Buchst. c bemerke ich, daß hierunter vor allem solche Personen fallen, bei denen trotz ihres krankhaften Geisteszustandes eine Entmündigung deshalb unterblieben ist, weil sie ihre geringfügigen Angelegenheiten selbst zu besorgen vermögen. Es werden darunter aber auch Personen fallen, bei denen Geistesschwäche oder geistige Störungen vorliegen, die zu schwerer Psychopathie oder zu verbrecherischem und gemeinschaftsgefährdendem Verhalten geführt haben.

(2) Hat das Erbgesundheitsgericht die Unfruchtbarmachung einer Person endgültig abgelehnt, weil das Vorliegen einer Erbkrankheit nicht einwandfrei festzustellen

[1]) Hier abgedruckt Nr. 37, Anlage 1.

war, so darf das Ehetauglichkeitszeugnis auf Grund des § 1 Abs. 1 Buchst. d des Ehegesundheitsges. nicht verweigert werden. Dies gilt nicht, wenn durch die Untersuchung neue Tatsachen festgestellt sind, die eine Wiederaufnahme des Verfahrens nach § 12 Abs. 2 des Ges. zur Verhütung erbkranken Nachwuchses rechtfertigen und demgemäß der Wiederaufnahmeantrag gestellt ist.

8. Vorbehaltlich der späteren Regelung sind die Ehetauglichkeitszeugnisse zunächst bis auf weiteres gebührenfrei auszustellen.

Muster A.

Gesundheitsamt[1]) ...., den .... 193..

Tgb.-Nr. ...... (Anschrift u. Fernsprecher)

Ehetauglichkeitszeugnis.

Bei dem ....
geb. am .... in ....
wohnhaft in ....
und der ....
geb. am .... in ....
wohnhaft in ....
liegen keine Ehehindernisse im Sinne des Gesetzes zum Schutze der Erbgesundheit des deutschen Volkes (Ehegesundheitsgesetz) vom 18. Oktober 1935 (RGBl. I S. 1246) vor.

(Siegel.) ....

Unterschrift.

Muster B.

Gesundheitsamt[1]) ...., den .... 193..

Tgb.-Nr. ...... (Anschrift u. Fernsprecher)

---

[1]) Einzusetzen: amtliche Bezeichnung des Gesundheitsamts.

Bescheinigung.

Dem ....
geb. am .... in ....
wohnhaft in ....
und der ....
geb. am .... in ....
wohnhaft in ....
ist das auf Grund des Gesetzes zum Schutze der Erbgesundheit des deutschen Volkes (Ehegesundheitsgesetz) vom 18. Oktober 1935 (RGBl. I S. 1246) erforderliche Ehetauglichkeitszeugnis versagt worden, weil ....
....
....

(Siegel.) ....
Unterschrift.

25. Ehegesundheitsgesetz.

Runderlaß des Reichs- und Preußischen Ministers des Innern.

Vom 12. Dezember 1935 (MBliV. Sp. 1489).

(1) Nachdem die VO. zur Durchf. des Ehegesundheitsges. v. 29. 11. 1935 (RGBl. I S. 1419) ergangen ist, wird der RdErl. v. 18. 10. 1935 (MBliV. S. 1295) wie folgt ergänzt:

(2) Jeder Verlobte, der ein Ehetauglichkeitszeugnis beibringen muß, hat den Antrag auf Ausstellung des Ehetauglichkeitszeugnisses bei demjenigen Gesundheitsamt zu stellen, in dessen Bezirk er seinen Wohnsitz oder ständigen Aufenthalt hat. Hat ein Verlobter seinen Wohnsitz im Auslande oder hält er sich für längere Zeit im Auslande auf, so kann er den Antrag bei jedem deutschen Gesundheitsamt stellen; die Untersuchung, deren Ergebnis dem Gesundheitsamt einzureichen ist, kann durch einen ausländischen Arzt erfolgen, sofern dessen Zuverlässigkeit von einer deutschen diplomatischen oder konsularischen Vertretung im Einvernehmen mit der zuständigen Organisation der NSDAP. bestätigt wird.

(3) Für beide Verlobte wird grundsätzlich ein gemeinsames Ehetauglichkeitszeugnis ausgestellt. Die Ausstellung erfolgt durch das Gesundheitsamt, bei dem die Braut den Antrag gestellt hat.

(4) Der Standesbeamte darf das Aufgebot erst anordnen, wenn ihm das Ehetauglichkeitszeugnis vorgelegt wird; dies gilt in der Übergangszeit jedoch lediglich in den Zweifelsfällen, in denen der Standesbeamte gemäß Abs. (3) des RdErl. v. 18. 10. 1935 (MBliV. S. 1295)[1]) die Vorlage eines Ehetauglichkeitszeugnisses ausdrücklich verlangt hat. Dieses darf nicht veraltet sein, d. h. es dürfen am Tage der Eheschließung nicht mehr als 6 Monate seit seiner Ausstellung verstrichen sein. Das Gesundheitsamt kann jedoch die Geltungsdauer des Ehetauglichkeitszeugnisses verlängern.

(5) An Stelle des Ehetauglichkeitszeugnisses können die Verlobten dem Standesbeamten den rechtskräftigen Beschluß eines Erbgesundheitsgerichts oder Erbgesundheitsobergerichts vorlegen, daß kein Ehehindernis nach § 1 des Ehegesundheitsgesetzes vorliegt. Seit der Rechtskraft des Beschlusses dürfen am Tage der Eheschließung nicht mehr als 6 Monate verstrichen sein.

(6) Das Gesundheitsamt kann, solange die Ehe noch nicht geschlossen ist, das Ehetauglichkeitszeugnis zurücknehmen, wenn ihm nachträglich Ehehindernisse nach § 1 des Ehegesundheitsges. bekannt werden. Die Zurücknahme wird auch den für die Eheschließung zuständigen Standesbeamten mitgeteilt. Hat einer von diesen den Standesbeamten eines anderen Bezirks zur Mitwirkung bei der Eheschließung ermächtigt, so hat er diesen von der Zurücknahme des Ehetauglichkeitszeugnisses unverzüglich zu benachrichtigen. Der Beschluß eines Erbgesundheitsgerichts oder Erbgesundheitsobergerichts, daß kein Ehehindernis nach § 1 des Ehegesundheitsgesetzes vorliegt, kann dagegen, wenn er einmal rechtskräftig geworden ist, seiner Rechtswirksamkeit nicht mehr entkleidet werden; er wird nur durch Zeitablauf unwirksam (vgl. Abs. (5)).

---

[1]) Hier abgedruckt Nr. 23.

(7) Sind beide Verlobte oder der männliche Verlobte Ausländer, so findet das Ehegesundheitsgesetz keine Anwendung. Eine Ehe kann daher trotz des Vorliegens eines der in § 1 des Ehegesundheitsgesetzes aufgeführten Ehehindernisse geschlossen werden. Ist der weibliche Verlobte Ausländer, so hat nur der männliche Verlobte das Ehetauglichkeitszeugnis beizubringen; da dieses sich jedoch auch auf die gesundheitlichen Verhältnisse der Braut erstrecken muß, ist der männliche Verlobte verpflichtet, die vom Gesundheitsamt verlangten Unterlagen für die Ehetauglichkeit der Braut beizubringen.

(8) Staatenlose, die ihren gewöhnlichen Aufenthalt im Inlande haben, werden ohne Rücksicht auf ihre frühere Staatsangehörigkeit bei der Anwendung des Ehegesundheitsgesetzes wie Inländer behandelt; Staatenlose, die ihren gewöhnlichen Aufenthalt im Auslande haben, werden dagegen nur dann wie Inländer behandelt, wenn die Ehe in Deutschland geschlossen werden soll.

(9) § 1 des Ehegesundheitsgesetzes steht der Eheschließung nicht entgegen, wenn die Ehe nach § 50 PStG. wegen lebensgefährlicher Erkrankung eines Verlobten ohne Aufgebot geschlossen werden darf. Die Standesbeamten haben aber darauf zu achten, daß diese Vorschrift nicht zu einer Umgehung des Gesetzes ausgenutzt wird.

(10) Eine Frau, die über 45 Jahre alt ist, darf einen Verlobten, der an einer Erbkrankheit leidet, heiraten, ohne daß sie ihre Unfruchtbarkeit nachzuweisen braucht.

(11) Lehnt der Standesbeamte in der Übergangszeit, in der er das Ehetauglichkeitszeugnis nur in Zweifelsfällen zu verlangen hat, das Aufgebot ab, weil das von ihm geforderte Ehetauglichkeitszeugnis nicht beigebracht wird, so ist eine Anrufung des Gerichts gem. § 11 Abs. 3 PStG. ausgeschlossen. Es ist vielmehr nur die Dienstaufsichtsbeschwerde zulässig.

(12) In der Übergangszeit darf der Standesbeamte die Ausstellung eines Ehefähigkeitszeugnisses nicht von der Beibringung eines Ehetauglichkeitszeugnisses abhängig machen, wenn auch nur ein Verlobter seinen gewöhnlichen Aufenthalt im Auslande

hat. Es erübrigt sich daher auch, die Verlobten zu befragen, ob ein Ehehindernis nach § 1 des Ehegesundheitsgesetzes vorliegt.

(13) Das Ehetauglichkeitszeugnis gibt nicht nur darüber Auskunft, daß kein Ehehindernis nach § 1 des Ehegesundheitsgesetzes besteht, sondern es stellt auch fest, daß aus der Ehe keine die Reinerhaltung des deutschen Blutes gefährdende Nachkommenschaft zu erwarten ist (§ 6 der Ersten Ausf.-VO. zum Blutschutzgesetz; vgl. hierzu Abs. (4) und (5)c des RdErl. v. 26. 11. 1935 (MBliV. S. 1429)[1]).

26. Ehegesundheitsgesetz.

Runderlaß des Reichs- und Preußischen Ministers des Innern.

Vom 16. Juni 1936 (MBliV. Sp. 825).

(1) Schon vor der Inkraftsetzung des § 2 des Ehegesundheitsges. v. 18. 10. 1935 (RGBl. I S. 1246) muß sichergestellt werden, daß die bei den Gesundheitsämtern vorhandenen amtlichen Unterlagen, die auf das Bestehen eines Ehehindernisses nach § 1 des Ehegesundheitsges. schließen lassen, nach Möglichkeit praktisch ausgewertet werden. Die Standesbeamten haben daher dem zuständigen Gesundheitsamt unverzüglich von jedem Aufgebot Kenntnis zu geben, das bei ihnen beantragt wird; einer besonderen Benachrichtigung des Gesundheitsamtes bedarf es nur in den Fällen nicht, in denen der Standesbeamte von den Verlobten bereits gemäß Abs. (3) des RdErl. v. 18. 10. 1935 (MBliV. S. 1295)[2]) ein Ehetauglichkeitszeugnis verlangt. Geht bei dem Gesundheitsamt eine Nachricht des Standesbeamten ein, so prüft es sofort an Hand seiner Vorgänge, ob danach begründeter Anlaß zu der Annahme vorliegt, daß ein Ehehindernis nach § 1 des Ehegesundheitsges. besteht. Ist dies der Fall, so benachrichtigt es unverzüglich den Standesbeamten, daß es notwendig sei, von den Verlobten ein Ehetauglichkeitszeugnis zu verlangen. Der Standesbeamte hat dann die Eheschließung von der Vorlage eines Ehetauglichkeitszeugnisses

---

[1]) Hier abgedruckt Nr. 16.
[2]) Hier abgedruckt Nr. 23.

abhängig zu machen. Erhält der Standesbeamte bis zu dem für die Eheschließung festgesetzten Termin keine Mitteilung des Gesundheitsamtes, so steht der Eheschließung nichts entgegen.

(2) Die Benachrichtigung des Gesundheitsamts durch den Standesbeamten hat sich auf die Angabe zu beschränken, daß die nach Name, Vorname, Geburtsdatum, Geburtsort und Wohnung zu bezeichnenden Verlobten das Aufgebot beantragt haben. Die Mitteilung des Gesundheitsamts an den Standesbeamten darf nur besagen, daß die Beibringung eines Ehetauglichkeitszeugnisses verlangt werden müsse; von einer Begründung ist unter allen Umständen abzusehen.

(3) Der Standesbeamte hat dasjenige Gesundheitsamt zu benachrichtigen, in dessen Bezirk die Verlobten ihren Wohnsitz oder gewöhnlichen Aufenthalt haben. Bei verschiedenem Wohnsitz (gewöhnlichem Aufenthalt) der Verlobten ist beiden Gesundheitsämtern von dem Aufgebot Kenntnis zu geben.

(4) Geht bei dem Standesbeamten die Mitteilung des Gesundheitsamts ein, daß ein Ehetauglichkeitszeugnis verlangt werden müsse, so hat er diese Mitteilung unverzüglich weiterzuleiten, sofern er einen anderen Standesbeamten zur Mitwirkung bei der Eheschließung ermächtigt hat.

(5) Die in diesem RdErl. angeordneten Benachrichtigungen haben ab 1. 8. 1936 zu geschehen.

27. Mitwirkung der privaten Ärzte bei der Durchführung des Ehegesundheitsgesetzes.

Runderlaß des Reichs- und Preußischen Ministers des Innern.

Vom 11. Juni 1936 (MBliV. Sp. 802).

(1) Nach § 2 Abs. 2 der ersten VO. zur Durchf. des Ehegesundheitsges. v. 29. 11. 1935 (RGBl. I S. 1419) ist es den Verlobten freigestellt, sich auch von einem vom Reichsärzteführer hierfür zugelassenen Arzt der freien Praxis untersuchen zu lassen. . . .

(2) Durch Anordnung v. 7. 5. 1936 hat der Reichsärzteführer sämtliche zur Tätigkeit in den Ämtern für Volksgesundheit der

NSDAP. zugelassenen Ärzte auch für die Vornahme der Untersuchungen in Durchführung des Ehegesundheitsges. zugelassen. Von der in Aussicht genommenen Übersendung eines namentlichen Verzeichnisses der hiernach für die Vornahme der Untersuchungen in Frage kommenden Ärzte an die Gesundheitsämter wird daher Abstand genommen. Die Amtsärzte haben sich vielmehr mit den Kreisamtsleitern des Amts für Volksgesundheit in Verbindung zu setzen und sich von diesen ein Verzeichnis der für ihren Amtsbereich zugelassenen Ärzte geben zu lassen und hierbei gleichzeitig sicherzustellen, daß ihnen Veränderungen in dem Verzeichnis zu bestimmten Zeitpunkten mitgeteilt werden.

(3) Die Zahl der im Bereich der einzelnen Gesundheitsämter zugelassenen Ärzte ist mir jeweils **zum 1. 10.**, also erstmalig **zum 1. 10. 1936**, durch die Hand der Landesregierung bzw. in Preußen der Reg.-Präs., für Berlin des Staatskommissars für die Hauptstadt Berlin mitzuteilen.

28. Ehetauglichkeitszeugnis.

Runderlaß des Reichs- und Preußischen Ministers des Innern.

Vom 20. April 1936 (MBliV. Sp. 571).

Bei der Beantragung von Befreiungen von den Vorschriften des Ehegesundheitsges. ist vor der Bearbeitung des Gesuchs zu prüfen, ob der Nachweis des Ehehindernisses durch die entsprechende Bescheinigung des Gesundheitsamts (§ 9 der 1. VO. zur Durchf. des Ehegesundheitsges.) beigebracht ist. Die Bearbeitung der Gesuche ist von dem Vorhandensein des vorgenannten Zeugnisses abhängig zu machen.

29. Ausstellung von Ehetauglichkeitszeugnissen bei der Eheschließung von Angehörigen des Reichsarbeitsdienstes.

Runderlaß des Reichs- und Preußischen Ministers des Innern.

Vom 10. Juli 1936 (MBliV. Sp. 979).

Gemäß Art. 21 der 2. Durchf.-VO. zum Reichsarbeitsdienstges. v. 1. 10. 1935 (RGBl. I S. 1215) ist vor der Genehmigung zur Verheiratung eines Angehörigen des Reichsarbeitsdienstes der Nachweis zu erbringen, daß die Braut u. a. auch erbgesund ist. Bis zum Inkrafttreten des § 2 des Ges. zum Schutze der Erbgesundheit des deutschen Volkes (Ehegesundheitsges.) v. 18. 10. 1935 (RGBl. I S. 1246), durch den die Vorlage von Ehetauglichkeitszeugnissen allgemein angeordnet ist, ist dieser Nachweis durch Vorlegung eines von dem für den Wohnort der Braut zuständigen Gesundheitsamt ausgestellten Ehetauglichkeitszeugnisses zu erbringen. Die Vornahme der anzustellenden Ermittlungen hat für jeden einzelnen Verlobten durch das für seinen Wohnort zuständige Gesundheitsamt — für den Verlobten mithin durch das für den Sitz des Arbeitsdienstlagers zuständige Gesundheitsamt — zu erfolgen.

IV. Verschiedene Vorschriften.

30. Gesetz zur Verminderung der Arbeitslosigkeit.

Vom 1. Juni 1933 (RGBl. I S. 323).[1]).

(Auszug.)

Abschnitt V.

Förderung der Eheschließungen.

Das Reich fördert Eheschließungen nach Maßgabe der folgenden Vorschriften:

Ehestandsdarlehen.

§ 1. (1) Deutschen Reichsangehörigen kann auf Antrag ein Ehestandsdarlehen im Betrag bis zu eintausend Reichsmark gewährt werden. Der Antrag auf Gewährung des Ehestandsdarlehens kann erst nach Bestellung des standesamtlichen Aufgebots und muß vor Eingehung der Ehe gestellt werden. Die Hingabe des Betrags erfolgt erst nach der Eheschließung. Voraussetzung für die Gewährung des Ehestandsdarlehens ist:

a) daß die künftige Ehefrau innerhalb der letzten zwei Jahre vor Stellung des Antrags mindestens neun Monate lang im Inland in einem Arbeitnehmerverhältnis gestanden hat,

---

[1]) In der Fassung des Gesetzes vom 24. Januar 1935 (RGBl. I S. 47).

b) daß die künftige Ehefrau ihre Tätigkeit als Arbeitnehmerin, falls sie diese im Zeitpunkt der Stellung des Antrags nicht bereits aufgegeben hat, noch vor der Empfangnahme des Ehestandsdarlehens aufgibt,

c) daß die künftige Ehefrau sich verpflichtet, eine Tätigkeit als Arbeitnehmerin so lange nicht auszuüben, als der Ehemann nicht als hilfsbedürftig im Sinne der Vorschriften über die Gewährung von Arbeitslosenunterstützung betrachtet wird und das Ehestandsdarlehen nicht restlos getilgt ist.

31. (Erste) Durchführungsverordnung über die Gewährung von Ehestandsdarlehen (ED. = DVO.).

Vom 20. Juni 1933 (RGBl. I S. 377).

(Auszug.)

Zu § 1 Abs. 1 des Gesetzes.

Nichtgewährung des Ehestandsdarlehens.

§ 1. Ehestandsdarlehen werden nicht gewährt:

a) wenn die Ehe vor dem 3. Juni 1933 geschlossen worden ist;

b) wenn einer der beiden Ehegatten nicht im Besitz der bürgerlichen Ehrenrechte ist;

c) wenn nach der politischen Einstellung eines der beiden Ehegatten anzunehmen ist, daß er sich nicht jederzeit rückhaltlos für den nationalen Staat einsetzt;

d) wenn einer der beiden Ehegatten an vererblichen geistigen oder körperlichen Gebrechen leidet, die seine Verheiratung nicht als im Interesse der Volksgemeinschaft liegend erscheinen lassen;

e) wenn nach dem Vorleben oder dem Leumund eines oder beider Ehegatten anzunehmen ist, daß die Ehegatten ihrer Verpflichtung zur Rückzahlung des Darlehens nicht nachkommen werden.

32. Zweite Durchführungsverordnung über die Gewährung von Ehestandsdarlehen.

Vom 26. Juli 1933 (RGBl. I S. 540)[1].

§ 4. Ehestandsdarlehen werden nicht gewährt, wenn einer der beiden Ehegatten zur Zeit der Antragstellung an Infektionskrankheiten oder sonstigen das Leben bedrohenden Krankheiten leidet.

§ 5. (1) Die Tatsache, daß keiner der Ehegatten an vererblichen geistigen oder körperlichen Gebrechen leidet, die seine Verheiratung nicht als im Interesse der Volksgemeinschaft liegend erscheinen lassen, und die Tatsache, daß keiner der Ehegatten zur Zeit der Antragstellung an Infektionskrankheiten oder sonstigen das Leben bedrohenden Krankheiten leidet, sind durch ein Zeugnis eines beamteten Arztes oder eines nach Abs. 2 an seine Stelle tretenden Arztes nachzuweisen.

(2) Den Landesregierungen bleibt es freigestellt, mit der Untersuchung und der Ausstellung der Zeugnisse neben den beamteten Ärzten auch Kommunalärzte und Stadtärzte zu beauftragen.

(3) Die Untersuchung und die Ausstellung der Zeugnisse erfolgt durch denjenigen beamteten oder an seine Stelle tretenden Arzt, in dessen Bezirk die Ehegatten ihren Wohnsitz oder gewöhnlichen Aufenthalt haben. Die Untersuchung und die Ausstellung der Zeugnisse sind für die Ehegatten kostenfrei.

(4) Kosten der Untersuchung und der Ausstellung von Zeugnissen durch beamtete Ärzte der Länder sind von den Ländern zu tragen. Kosten der Untersuchung und der Ausstellung von Zeugnissen durch Kommunalärzte oder Stadtärzte sind durch die Gemeinden (Gemeindeverbände) zu tragen.

§ 6. Diese Verordnung tritt mit Wirkung ab 3. Juni 1933 in Kraft.

---

[1]) In der Fassung der 4. DurchführungsVO. vom 2. Dezember 1933 (RGBl. I S. 1019).

33. Verordnung über die Gewährung von Kinderbeihilfen an kinderreiche Familien (KFV.).

Vom 15. September 1935 (RGBl. I S. 1160).

§ 1. Kinderreichen Familien können aus den Mitteln des Sondervermögens des Reichs für Ehestandsdarlehen, das nach Artikel II § 1 des Zweiten Gesetzes zur Änderung des Gesetzes über Förderung der Eheschließungen vom 24. Januar 1935 (Reichsgesetzbl. I S. 47, 48) gebildet ist, auf Antrag einmalige Kinderbeihilfen gewährt werden.

§ 2. Die Bestimmungen zur Durchführung dieser Verordnung erläßt der Reichsminister der Finanzen.

§ 3. Diese Verordnung tritt mit Wirkung ab 1. Oktober 1935 in Kraft.

34. Durchführungsbestimmungen zur Verordnung über die Gewährung von Kinderbeihilfen an kinderreiche Familien (KFV. DB.).

Vom 26. September 1935 (RGBl. I S. 1206).

(Auszug.)

§ 1. Kinderbeihilfen können unter folgenden Voraussetzungen gewährt werden:

1. Die Familie muß vier oder mehr zum elterlichen Haushalt gehörige Kinder, die das sechzehnte Lebensjahr noch nicht vollendet haben, umfassen.
2. Die Eltern müssen Reichsbürger im Sinn des Reichsbürgergesetzes vom 15. September 1935 (Reichsgesetzblatt I S. 1146) sein.
3. Das Vorleben und der Leumund der Eltern müssen einwandfrei sein.
4. Die Eltern und die Kinder müssen frei von vererblichen geistigen oder körperlichen Gebrechen sein.
5. Der zum Unterhalt der Kinder Verpflichtete darf nach seinen gegenwärtigen Einkommens- und Vermögensverhältnissen

nicht in der Lage sein, die Gegenstände, die zu angemessener Einrichtung des Haushalts erforderlich sind, aus eigenen Mitteln zu beschaffen.

35. Ärztliche Untersuchung für Bewerber um Ehestandsdarlehen.

Runderlaß des Ministers des Innern.

Vom 10. März 1934 (MBliV. Sp. 483).

(1) Mit RdErl. d. RFM. v. 8. Januar 1934 — H 2075/24 II (nicht veröffentl.) sind den Landesfinanzämtern neue Muster für die Personalbogen für Bewerber um Ehestandsdarlehen und für die amtsärztliche — ärztliche — Bescheinigung über die Untersuchung auf Eignung zur Ehe zugefertigt worden, die inzwischen bei den örtlichen Stellen zur Ausgabe gelangt sein dürften. Die dem RdErl. v. 7. August 1933 — III a I 1246/33 beigedruckten Formblätter kommen danach nicht mehr zur Verwendung.

(2) Der neue Personalbogen bietet eine völlig sichere Gewähr dafür, daß der zur Untersuchung beim beamteten Arzt sich einfindende Bewerber auch tatsächlich die auf S. 1 des Musters bezeichnete und von der Gemeindebehörde bestätigte Persönlichkeit ist, er sieht eine eingehende Anamnese des zu Untersuchenden und seiner Familie vor und vermehrt die Möglichkeiten, Ehestandsdarlehen wegen eugenischer Bedenken abzulehnen. Um die erfahrungsgemäß immer wiederkehrenden, wissentlich falschen Angaben über eigene oder in der Familie bestehende, die Gewährung des Darlehens ausschließende Erkrankungen nach Möglichkeit einzuschränken, empfiehlt es sich, Erkundigungen bei der zuständigen Fürsorgestelle (-schwester) einzuziehen oder den Gemeindevorsteher zu bezüglichen Mitteilungen (im verschlossenen Umschlag) zu veranlassen. Zwecks Nachprüfung der über den Schulerfolg eingetragenen Angaben ist es ferner ratsam, die Vorlage des Schulentlassungszeugnisses zu verlangen.

(3) Wenn bei der Behandlung von Gesuchen um Gewährung von Ehestandsdarlehen noch nicht die gleichen Forderungen erhoben werden dürfen, wie sie dem Gesetz zur Verhütung erb-

kranken Nachwuchses vom 14. Juli 1933 (RGBl. I S. 529) als Grundlage dienten, so ist das in der Tatsache begründet, daß die Einrichtung der Ehestandsdarlehen im Rahmen des Gesetzes zur Verminderung der Arbeitslosigkeit vom 1. Juni 1933 (RGBl. I S. 323) geschaffen wurde; daher muß bei der Gewährung von Ehestandsdarlehen der Gesichtspunkt der Arbeitsbeschaffung überwiegen. Die Frage, ob die bezüglichen Vorschriften im Sinne einer stärkeren Betonung eugenischer Interessen und unter gewisser Annäherung an die Vorschriften des Gesetzes vom 14. Juli 1933 erweitert werden müssen, wird noch geprüft. Vorerst müssen sich jedoch die Ablehnungsgründe in erster Linie auf solche vererblichen, geistigen oder körperlichen Gebrechen, Infektionskrankheiten und sonstige das Leben bedrohende Krankheiten beschränken, bei denen im Sinne des § 1d der 1. Durchf.-VO. über die Gewährung von Ehestandsdarlehen vom 20. Juni 1933 (RGBl. I S. 377) und der §§ 4 u. 5 der 2. Durchf.-VO. vom 26. Juli 1933 (RGBl. I S. 540) eine Verheiratung nicht als im Interesse der Volksgemeinschaft liegend erscheinen kann. Die neuen Muster für den Personalbogen und für die ärztliche Bescheinigung werden aber immerhin eine Grundlage dafür bilden, bei ernsteren (rezessiven) Erbanlagen des Bewerbers einen strengeren Maßstab anzulegen als das früher möglich war. Zeugungs- und Gebärunfähigkeit allein sowie höheres Lebensalter können noch nicht als Grund für eine Ablehnung angesehen werden. Da im Falle der ärztlichen Ablehnung eines Ehestandsdarlehens von den Finanzämtern nachträglich wiederholt eine Abschrift des ärztlichen Untersuchungsbefundes verlangt worden ist, dieser aber inzwischen an das Reichsgesundheitsamt weitergereicht worden war, empfiehlt es sich, eine Abschrift des ablehnenden Zeugnisses zurückzubehalten.

(4) Die Ausführung der Untersuchungen bleibt gemäß den Vorschriften des RdErl. vom 7. Aug. 1933 den beamteten (Kreis-) Ärzten und den dazu bestellten Kommunalärzten vorbehalten. Nachdem der RAM. durch Erl. vom 24. Nov. 1933 — I b 7357/33 sich grundsätzlich bereit erklärt hat, geeignete beamtete Ärzte des Versorgungswesens für unentgeltliche Unter-

suchungen zur Verfügung zu stellen, ersuche ich, von diesem dankenswerten Entgegenkommen nach Benehmen mit dem zuständigen Hauptversorgungsamt dann Gebrauch zu machen, wenn (z. B. in großen Städten) die alleinige Erledigung der Untersuchungen durch Kreis- und Kommunalärzte diese zu stark belasten würde.

36. Richtlinien für die ärztliche Untersuchung der Ehestandsdarlehensbewerber.

Rundschreiben des Reichsministers des Innern.

Vom 16. März 1934 (Reichsgesundheitsblatt S. 269).

Ich ersuche ergebenst, den mit der Untersuchung der Ehestandsdarlehnsbewerber beauftragten Ärzten die anliegenden Richtlinien zur Kenntnis und Beachtung zuzuleiten.

Richtlinien über die ärztlichen Untersuchungen der Ehestandsdarlehnsbewerber.

A. Gesetzliche Bestimmungen.

Die zur „Förderung der Eheschließungen" erlassenen reichsgesetzlichen Bestimmungen stellen einen Teil (Abschnitt 5) des Gesetzes zur Verminderung der Arbeitslosigkeit vom 1. Juni 1933[1]) (Reichsgesetzbl. I S. 323) dar. Sie haben demzufolge in erster Linie den Zweck, der Arbeitsbeschaffung zu dienen. Um zu verhüten, daß öffentliche Gelder an gesundheitlich ungeeignete Personen verteilt werden, ist in der 2. Durchführungsverordnung des Reichsministers der Finanzen über die Gewährung von Ehestandsdarlehen vom 26. Juli 1933 (Reichsgesetzbl. I S. 540)[2]) verfügt worden: „§ 5: Die Tatsache, daß keiner der Ehegatten an vererblichen geistigen oder körperlichen Gebrechen leidet, die seine Verheiratung nicht als im Interesse der Volksgemeinschaft liegend erscheinen lassen, und die Tatsache, daß keiner der Ehegatten zur Zeit der Antragstellung an Infektionskrankheiten

---

[1]) Hier abgedruckt Nr. 30 (Auszug).
[2]) Hier abgedruckt Nr. 32.

oder sonstigen das Leben bedrohenden Krankheiten leidet, sind durch ein Zeugnis eines beamteten Arztes .... nachzuweisen."

Das Ziel umfangreicher Arbeitsbeschaffung würde nicht zu erreichen sein, wenn bei der Auslese der Darlehnsbewerber schon geringfügige Gesundheitsstörungen oder ein wissenschaftlich nur ungenügend begründeter Verdacht auf erbliche Belastung Berücksichtigung fänden. Auch vom Standpunkt der quantitativen Bevölkerungspolitik sind derartige unbegründete Darlehnsverweigerungen unerwünscht, da die hiervon betroffenen Ehepaare wegen der vom untersuchenden Arzt ausgesprochenen Vermutung einer erblichen Belastung zweifellos sehr zur Kinderlosigkeit neigen werden. Andererseits darf aber nicht die Fortpflanzung Erbuntüchtiger durch Hingabe öffentlicher Gelder gefördert und dadurch der für Ehestandsdarlehen verfügbare Gesamtbetrag zuungunsten der Erbtüchtigen geschmälert werden. Es geht auch nicht an, das Darlehen solchen Personen zu gewähren, die infolge von Infektionskrankheiten ihre Ehegatten und Nachkommen gefährden, oder die durch ein sonstiges Leiden hinsichtlich ihrer Erwerbsfähigkeit oder ihres Lebens bedroht sind, oder bei denen sonst wenig Aussicht auf die Gründung und ungestörte Erhaltung einer fruchtbaren Familie besteht.

Wenn auch anfangs, der wirtschaftlichen Hauptaufgabe des Gesetzes entsprechend, die gesundheitlichen, erbbiologischen und besonders die bevölkerungspolitischen Gesichtspunkte bei der Auswahl der Darlehnsempfänger nicht im Vordergrund gestanden haben, so gewinnt die amtliche Gewährung von Ehestandsdarlehen doch zunehmend die Bedeutung einer erbbiologischen und gesundheitlichen Auslese innerhalb der zur Familiengründung schreitenden Bevölkerung. Da die Versagung eines Ehestandsdarlehens in keiner Hinsicht einen Eingriff in das persönliche Selbstbestimmungsrecht des Darlehnsbewerbers darstellt, dürfen keine persönlichen Belange, sondern nur die Interessen der Volksgemeinschaft für die Entscheidung über die Eheeignung ausschlaggebend sein, wobei allerdings die Gesichtspunkte der qualitativen und quantitativen Bevölkerungspolitik gegeneinander abzuwägen sind.

B. Beurteilung der Eheeignung.

Bei der ärztlichen Untersuchung der Darlehnsbewerber ist zu achten auf:

I. Vorliegen einer Erbkrankheit,
II. erbliche Belastung,
III. Vorhandensein einer Infektionskrankheit,
IV. Vorhandensein einer das Leben bedrohenden Krankheit,
V. Vorliegen von anderen Umständen, die eine Verheiratung als im Interesse der Volksgemeinschaft nicht ratsam erscheinen lassen.

Zu I: Das Eheeignungszeugnis ist Personen zu versagen, die selbst an angeborenem Schwachsinn, Schizophrenie, zirkulärem (manisch-depressivem) Irresein, erblicher Fallsucht, erblichem Veitstanz (Huntingtonscher Chorea), erblicher Blindheit, erblicher Taubheit, schweren vererbbaren körperlichen Gebrechen, hochgradiger Psychopathie, schwerer konstitutioneller Krankheit oder dgl. leiden oder auch — bei in Schüben auftretenden Geistesstörungen bzw. operativ beseitigten erblichen Mißbildungen — gelitten haben.

Dabei ist folgendes zu berücksichtigen:

Für die Beurteilung des angeborenen Schwachsinns ist die Bewertung lediglich der intellektuellen Leistung und des Wissensumfangs nicht ausreichend, vielmehr ist auch nach den übrigen Anzeichen des Schwachsinns, wie Urteilsschwäche, Beeinflußbarkeit, Mangel an höheren sittlichen Vorstellungen, Gedächtnis- und Merkschwäche, gemütliche Stumpfheit usw. sowie nach antisozialen, insbesondere kriminellen Eigenschaften zu fahnden; ferner können Schulzeugnisse und die bisherigen Leistungen im Leben für die Beurteilung aufschlußreich sein. Ausgesprochener Schwachsinn kann in allen Fällen als Ablehnungsgrund im Sinne des Gesetzes vom 1. Juni 1933 bewertet werden.

Die Erblichkeit der Fallsucht, Blindheit, Taubheit und schwerer körperlicher Gebrechen wird oft mit Sicherheit schwer nachweisbar sein. Die Fortpflanzung und darum auch die Verheiratung der Gebrechlichen dieser Art kann aber im Sinne der

Bestrebungen zur Ausartung des Volkes nur in den Fällen erwünscht sein, in denen sich das Leiden eindeutig auf Unfälle, auf erblich belanglose Infektionskrankheiten, Vergiftungen und dgl., äußere Ursachen zurückführen, also als „erworben" feststellen läßt, und in denen die Gebrechlichen ungeachtet ihres Leidens ihre Familie wirtschaftlich sicherzustellen vermögen. Bei den mit den erwähnten Gebrechen behafteten Personen muß somit die positive Bescheinigung der Eheeignung auf die Fälle des in dieser Weise erworbenen Leidens beschränkt bleiben. Als schwere vererbbare **körperliche** Gebrechen gelten im Sinne der hier in Betracht kommenden gesetzlichen Bestimmungen u. a. die angeborene Hüftgelenkverrenkung, der angeborene Klumpfuß, der Wolfsrachen, die angeborene Spalthand, die Spina bifida mit deutlichen nervösen Störungen, die vererbliche Form des engen Beckens mit absoluter Unmöglichkeit, auf natürlichem Wege entbunden zu werden, die hereditäre (juvenile) Ataxie (Friedreichsche Krankheit), die erbliche Myotonie, die progressive Muskeldystrophie, die erbliche spastische Spinalparalyse, ausgesprochen zwerghafte Gestalt von unter 130 cm Körpergröße.

Ausgesprochene **konstitutionelle Besonderheiten**, wie Asthenie, sind nur im Zusammenhang mit anderen Minderwertigkeiten für die Versagung des Eheeignungszeugnisses ausreichend, ebenso mehrfache leichtere Gebrechen nur dann, wenn sie gemeinsam auf eine allgemeine ausgesprochen degenerative Konstitution hindeuten und ihre erbanlagemäßige Bedingtheit in hohem Grade wahrscheinlich ist. Unter den Begriff der hochgradigen **Psychopathie** fallen außer den ausgesprochen degenerativen Formen von charakterlicher Abwegigkeit auch Fälle von asozialem bzw. antisozialem Verhalten, sofern diese Eigenschaften im Berufsleben bereits deutlich und wiederholt in Erscheinung getreten sind.

Als schwere, vererbbare **konstitutionelle Krankheiten** gelten u. a. die jugendlichen Zuckerkrankheiten, die ausgesprochene Dystrophia adiposo-genitalis, schwerster Lymphatismus, frühzeitige, schwere Otosklerose, Hämophilie, Myxödem, ausgesprochener Infantilismus und schwere Formen von Kropf.

In Gegenden mit endemischem Kropf kommen nur außergewöhnlich schwere Kröpfe oder solche mit bereits vorhandenen Herzstörungen als Ablehnungsgrund in Betracht.

Zu II: Das Eheeignungszeugnis ist weiterhin Personen zu versagen, die zwar nicht selbst sichtbar erkrankt sind, deren **Blutsverwandtschaft** aber in so hohem Maße vererbbare Gesundheitsstörungen darbietet oder dargeboten hat, daß die Nachkommenschaft des Darlehnsbewerbers voraussichtlich in beträchtlich höherem Grade als die Durchschnittsbevölkerung erblich mit diesen Krankheiten belastet sein wird.

Dabei ist die erbliche Belastung möglichst beider Ehegatten zusammen zu berücksichtigen auch dann, wenn es sich um verschiedene Erbkrankheiten handelt. Die gesetzlichen Bestimmungen lassen eine Versagung des Eheeignungszeugnisses nur bei einer sicheren oder in hohem Maße wahrscheinlichen erblichen Belastung des Darlehnsbewerbers zu. Eine solche wird im allgemeinen, sofern nicht besondere Umstände hinsichtlich der Art und des Erbgangs der vorliegenden Krankheit eine abweichende Beurteilung nahelegen, anzunehmen sein, wenn mindestens ein Elternteil oder zwei Geschwister oder mehr als ein Drittel der übrigen näheren erwachsenen Blutsverwandten (Großeltern und Geschwister der Eltern) oder ein Geschwister und zwei der Großeltern oder Geschwister der Eltern an schweren, sicher erblichen körperlichen oder geistigen Gebrechen leiden oder litten, wobei auch schwere Gebrechen verschiedener Art zusammenzuzählen sind. Eine weniger schwere, erbliche Belastung kann für die Versagung des Eheeignungszeugnisses als ausreichend gelten, wenn gleichzeitig der andere Ehepartner, wie besonders bei Verwandtenehen, in ähnlicher Weise erblich belastet ist.

Wichtig ist aber die Nachforschung danach, ob die Krankheiten tatsächlich vererblich sind; bei Depressionszuständen und kurzfristigen Geistesstörungen, zumal im höheren Lebensalter, ist auch an die nicht vererbbaren, endokrinen und anderen Krankheitszustände, bei Spätepilepsie an die symptomatischen, durch Verletzungen, Neubildungen, Vergiftungen, Infektionen oder vasomotorisch bedingten Formen zu denken. Zur Klärung dieser

Fragen ist engste Zusammenarbeit mit den behandelnden Ärzten, insbesondere den Anstaltsärzten, erforderlich. Die Entscheidung kann letzten Endes naturgemäß nur von Fall zu Fall getroffen werden.

Zu III: Die Bescheinigung der Eheeignung ist demjenigen zu versagen, der an einer übertragbaren Krankheit leidet, die einerseits das Leben oder die Gesundheit der Ehegatten oder der Nachkommen im Zeitpunkt der Untersuchung oder später gefährdet oder andererseits die Erwerbsfähigkeit oder das Leben des Erkrankten bedroht. Bei Geschlechtskranken sind bezüglich der Beurteilung ihrer Ansteckungsfähigkeit die gemäß dem Gesetz zur Bekämpfung der Geschlechtskrankheiten herausgegebenen „Richtlinien für die Ärzte hinsichtlich der Abgabe der Merkblätter" zu beachten. Die Begutachtung hat sich hier u. a. aber auch noch darauf zu erstrecken, ob die Fortpflanzungsfähigkeit etwa aufgehoben ist.

Zu IV: Inwieweit eine sonstige Krankheit eine Untauglichkeit im Sinne des Gesetzes vom 1. Juni 1933 zu bedingen vermag, kann nur von Fall zu Fall entschieden werden. Bei der Beurteilung sind Art des Leidens, Schwere des Krankheitszustandes, therapeutische Beeinflußbarkeit, allgemeine und spezielle Prognose in gleicher Weise zu berücksichtigen. Alle die Erwerbsfähigkeit oder das Leben bei normaler Berufstätigkeit bzw. ehelicher Fruchtbarkeit bedrohenden Erkrankungen machen eheuntauglich.

Zu V: Die Verheiratung widerspricht dem Interesse der Volksgemeinschaft, wenn einer der beiden Ehegatten als fortpflanzungsunfähig zu gelten hat.

Durch eine solche Verheiratung wird nämlich der etwa fortpflanzungsfähige Ehepartner von der Fortpflanzung abgehalten. Überdies steht eine nachhaltige Minderung der Arbeitslosigkeit von einer der Aussicht auf Kindersegen ermangelnden Eheschließung nicht zu erwarten, da die Kinder als Nurverbraucher in der Volkswirtschaft eine besondere Bedeutung haben. Einen weiteren Ablehnungsgrund stellt der schwere Alkoholismus dar, wenn er auf ererbter Minderwertigkeit beruht oder zu einer

Zerrüttung der Gesamtpersönlichkeit geführt hat oder zu führen droht, so daß ein gedeihliches Familienleben, das für die Erziehung der Kinder Voraussetzung ist, nicht mehr erwartet werden kann.

C. Eheeignungs-Prüfungsbogen.

Der auf die Personal- und Prüfungsbogen der Ehestandsdarlehensbewerber aufgedruckten Anweisung entsprechend, sind die Bogen sämtlicher Darlehnsbewerber, ob sie für ehegeeignet oder für -ungeeignet erklärt worden sind, nach Abschluß der Untersuchungen und nach ihrer lückenlosen Ausfüllung an das Reichsgesundheitsamt pünktlich einzusenden. Sie werden hier geordnet aufbewahrt, einerseits als Unterlagen für zahlreiche amtliche Auskünfte, andererseits als ein Bestandteil der für die erbbiologische Forschung im Reichsgesundheitsamt vorzunehmenden umfangreichen Materialsammlung.

37. Beratungsstellen für Erb- und Rassenpflege.

Rundschreiben des Reichs- und Preußischen Ministers des Innern.

Vom 21. Mai 1935 — IV f 3060/1075b.

Zur Wahrnehmung der gemäß §§ 51 bis 53 der Dritten Durchführungsverordnung zum Gesetz über die Vereinheitlichung des Gesundheitswesens (Dienstordnung für die Gesundheitsämter — Besonderer Teil), vom 30. März 1935 — Reichsministerialbl. S. 327 ff.[1]) — den Gesundheitsämtern auf dem Gebiet der Erb- und Rassenpflege zugewiesenen Aufgaben sind Beratungsstellen für Erb- und Rassenpflege einzurichten.

Für die Errichtung und Tätigkeit dieser Beratungsstellen habe ich die in der Anlage 1 abgedruckten Grundsätze aufgestellt.

Ihre Befolgung ist sicherzustellen.

Im Mittelpunkt der Tätigkeit der Beratungsstellen hat die Beurteilung der Erbgesundheit der zu Beratenden zu stehen. Zu diesem Zweck ist es unerläßlich, sich über die in der Sippe

[1]) Hier abgedruckt Nr. 4.

des zu Beratenden etwa vorhandenen Erbkrankheiten einerseits und das Auftreten besonders wertvoller Eigenschaften andererseits zu vergewissern.

... Mit Rücksicht darauf, daß für die rassische und gesundheitliche Beurteilung von Ehestandsdarlehensbewerbern bereits Richtlinien bestehen, die zunächst auch weiterhin gelten und in der Praxis sich bewährt haben, habe ich zur Vermeidung von etwa aufkommenden Irrtümern davon abgesehen, für die Eheberatung neue Richtlinien aufzustellen. Es wird daher gemäß Erläuterungen des Herrn Reichsministers der Finanzen zum Gesetz über Förderung der Eheschließungen vom 5. Juli 1933 (Reichsanzeiger Nr. 199) von einer Eheschließung dann abzuraten sein, wenn einer der Ehebewerber nichtarischer Abstammung ist oder an vererblichen Leiden oder Gebrechen, die seine Verheiratung als nicht im Interesse der Volksgemeinschaft liegend erscheinen lassen, oder an Infektionskrankheiten oder an sonstigen, das Leben bedrohenden Krankheiten leidet. Als Anhalt für die Beurteilung der erbbiologischen und ärztlichen Gesichtspunkte sind die in dem als Anlage 8 beigefügten Rundschreiben des Reichsministers des Innern vom 16. März 1934 — II 1072/26. 2. — (Reichsgesundheitsblatt 1934 Heft 13),[1]) betreffend ärztliche Untersuchung der Ehestandsdarlehnsbewerber, enthaltenen Richtlinien maßgebend. Im einzelnen bemerke ich hierzu für die Durchführung der freiwilligen Eheberatung noch folgendes:

Auch dann, wenn genügend Anhaltspunkte für das Erworbensein einer Krankheit oder eines Gebrechens vorzuliegen scheinen, ist die tatsächliche Nichterblichkeit des Leidens erst mit Hilfe einer aufgestellten Sippentafel zu überprüfen.

Bei eineiigen Zwillingen ist in dem Fall, daß einer der Paarlinge an einer Erbkrankheit leidet, der andere gleichfalls so zu betrachten, als ob er selbst erbkrank wäre, selbst wenn bei ihm die Krankheit noch nicht zum Ausbruch gekommen sein sollte.

[1]) Hier abgedruckt Nr. 36.

Außerdem sind Konduktoren von rezessiv im Geschlechtschromosom gebundenen Anlagen zu schweren Leiden, soweit sie als solche einwandfrei feststellbar sind, zu berücksichtigen.

Abgesehen von den in den Richtlinien genannten Leiden sind andere schwere vererbbare konstitutionelle Krankheiten bei der Beurteilung entsprechend zu werten und zu berücksichtigen. Bei Tuberkulose läßt sich jedoch eine Ablehnung nur dann rechtfertigen, wenn Ansteckungsgefahr besteht oder wenn wegen allzu großer Hinfälligkeit von der Heirat abzuraten ist.

Wie schwere Psychopathien sind auch die schweren Fälle von Hysterie und Homosexualität anzusehen, ferner Alkoholismus und andere Rauschgiftsüchte. Von einer Ehe wird auch solchen Personen abzuraten sein, die an solchen Formen der Psychopathie leiden, welche, ohne den Träger asozial oder antisozial zu machen, ihrer Art und besonderen Schwere nach ein großes Hemmnis für die Arbeit und die Freude am Dasein sind, falls deren Erblichkeit sicher erwiesen ist (Psychopathische Zustände mit schweren Verstimmungen, Depressionen, Angstzuständen, Lebensüberdruß, Selbstmordneigung, Zwangsdenken, Zwangshandlungen usw.).

In den Richtlinien sind gewisse Regeln für die Ablehnung eines Ehestandsdarlehensbewerbers bei erblicher Belastung aufgestellt. Ob der untersuchende Arzt die Richtlinien als Grundlage für seine zu treffenden Entscheidungen auch bei der sonstigen Eheberatung wählen oder ob er seine Anforderungen mehr dem Einzelfall anpassen will, muß seinem pflichtgemäßen Ermessen überlassen bleiben. Bei der Beurteilung der erblichen Belastung ist die persönliche Befähigung und Leistung des Probanden und der gesunden Sippenangehörigen gegenüber den belastenden Momenten sorgfältig abzuwägen. Dem Bewerber ist hieraus die voraussichtliche Beschaffenheit seines Nachwuchses klarzumachen. Eine weniger schwere erbliche Belastung kann für die Versagung des Ehezeugnisses dann als ausreichend gelten, wenn gleichzeitig der andere Ehepartner, wie es z. B. besonders bei Verwandtenehen vorkommt, in gleicher oder ähnlicher Weise belastet ist.

Eine weitere Pflicht der Eheberatungsstellen ist es, solchen Eltern, die nicht krank sind, denen aber ein schwer erbkrankes Kind bereits geboren ist, von der Zeugung weiterer Kinder abzuraten. Wichtig sind hier vor allem diejenigen Fälle, bei denen die Erbkrankheit des Kindes schon früh nach der Geburt erkennbar wird. Es kommen hier die zahlreichen angeborenen schweren Mißbildungen und Nervenleiden, soweit sie vererbbar sind, in Betracht. Aus dem Gebiet der Irren- und Nervenheilkunde gehören hierher alle erblichen Idiotieformen, die Myoklonus-Epilepsie, gewisse Formen spastischer Paraplegie, die zentrale Diplegie, die Pseudosklerose, die Wilsonsche Krankheit, schwere frühzeitige spastische Spinalparalyseformen, zahlreiche schwere Nervenkrankheiten u. a.

Anlage 1.

Grundsätze für die Errichtung und Tätigkeit der Beratungsstellen für Erb- und Rassenpflege.

Im § 51 bis 53 der Dienstordnung für die Gesundheitsämter — Besonderer Teil — vom 30. März 1935 (Reichsministerialbl. S. 327 ff.)[1]) sind die Aufgaben behandelt, die den Gesundheitsämtern auf dem Gebiet der Erb- und Rassenpflege zufallen. Zur Durchführung dieser Aufgaben sollen sie nach Bedarf Beratungsstellen für Erb- und Rassenpflege einrichten. Grundsätzlich muß im Bereich eines Gesundheitsamtes mindestens eine solche Beratungsstelle vorhanden sein.

Die Beratungsstelle für Erb- und Rassenpflege soll der Bevölkerung für die Beratung in allen einschlägigen Fragen zur Verfügung stehen. Sie hat ein- oder zweimal in der Woche Sprechstunden abzuhalten, an der außer dem mit der Leitung der Beratungsstelle betrauten Arzt mindestens eine Gesundheitspflegerin teilzunehmen hat. Die Sprechstunden sind der Bevölkerung mit einem entsprechenden Hinweis auf die Aufgaben der Beratungsstelle in geeigneter Weise bekanntzugeben.

Im Gegensatz zu den bisher bestehenden Beratungsstellen z. B. für Tuberkulöse, Geschlechtskranke usw. hat die Beratungsstelle

---

[1]) Hier abgedruckt Nr. 4.

für Erb- und Rassenpflege neben dem augenblicklichen Gesundheitszustand des zu Beratenden vor allem seine Erbbeschaffenheit zu erforschen. Dazu ist es aber notwendig, sich zu unterrichten, ob in der Sippe des Betreffenden Erbkrankheiten einerseits oder besonders vortreffliche Eigenschaften anderseits vorgekommen sind. Das Zusammenstellen der hierfür notwendigen Personalangaben und der erbbiologischen sowie sonstigen medizinischen Tatsachen erfolgt durch Aufstellung einer Sippentafel. In dieser sind die vier Großeltern des zu Beratenden und ihre sämtlichen Nachfahren aufzuführen, soweit sie mit ihm bis zu einem Achtel blutsverwandt sind. Man wird sich aber dabei nicht allein auf die Angaben des zu Beratenden verlassen, sondern wird versuchen, die Angaben durch objektive Unterlagen und Anstellung von Ermittlungen zu stützen. Zur Beibringung der Personalangaben wird es sich empfehlen, die Unterstützung der Behörden und der Organisationen der NSDAP., wie der Familienforscher und besonders interessierter Familienangehöriger zu gewinnen. Der Beratungsstelle für Erb- und Rassenpflege liegt es ferner ob, bei Ärzten, Krankenhäusern, Anstalten oder sonstigen Stellen Auskünfte über etwaige Untersuchungsbefunde einzuholen.

Nur auf diese Weise wird es möglich sein, bisher aufgetretene Mängel zu beseitigen, die sich bei der Begutachtung der Ehestandsdarlehnsbewerber und Siedler gezeigt haben. So wird z. B. durch die Erforschung der Sippen von Personen, die auf Grund des Gesetzes zur Verhütung erbkranken Nachwuchses gemeldet sind, sowohl Material zur restlosen Klärung des einzelnen Falles beschafft als auch die Erfassung der sonstigen erbkranken Sippenangehörigen ermöglicht werden.

Die durch die Untersuchungen bekanntgewordenen Tatsachen sind in einer erbbiologischen Kartei zu sammeln. Dies geschieht so, daß für jede Person, über die ausreichende Unterlagen vorhanden sind, eine Karte anzulegen und auszufüllen ist.

Ferner ist über jede Person eine Karteikarte zu führen, die bei Durchführung des Gesetzes zur Verhütung erbkranken Nachwuchses im Gesundheitsamt untersucht wird oder bei der das

Gesundheitsamt im Laufe des Verfahrens Kenntnis von den Befundergebnissen erhält. Über die Auswertung der den Gesundheitsämtern von den Erbgesundheitsgerichten und -obergerichten einzusendenden Akten ergeht im übrigen noch eine besondere Anweisung. Einzelheiten über die Ausfüllung der Karteikarte sind aus der beigefügten Anleitung — Anl. 5. — zu entnehmen.

Die erbbiologische Kartei ist dann allmählich dadurch zu ergänzen, daß nach Möglichkeit für jede Person, über die im Gesundheitsamt (nicht allein in der Beratungsstelle für Erb- und Rassenpflege) hinsichtlich der Erbgesundheit etwas bekanntgeworden ist, eine Karte ausgestellt und der Kartei einverleibt werden soll.

Wenn dann im Laufe der Arbeit Rückfragen bei Jugendämtern, Gerichten und Wohlfahrtsämtern nach asozialen, kriminellen und wegen Erbkrankheiten der Fürsorge zur Last fallenden Personen gehalten werden, muß es auf diese Weise gelingen, die Kartei nach und nach zu einem lückenlosen Nachschlagewerk über die im Bereiche des Gesundheitsamts wohnenden erbkranken Sippen auszugestalten. Aufgabe der folgenden Zeit wird es dann sein, diese Kartei auch besonders im Hinblick auf die wertvollen Sippen und die gesunden Erblinien zu vervollständigen.

Hinsichtlich eines Nachrichtenaustauschs zwischen den einzelnen Gesundheitsämtern und über die Einsendung einer Abschrift der Karte an das Reichsgesundheitsamt verweise ich auf die in Anlage 5 beigefügte Erläuterung zur Karteikarte.

Im allgemeinen wird also die ärztliche Untersuchung und die abschließende Beurteilung erst erfolgen, wenn die medizinischen und genealogischen Ermittlungen abgeschlossen sind.

Die Untersuchung und Beurteilung der Ehestandsdarlehnsbewerber, Siedler und einzubürgernden Personen erfolgt bis auf weiteres nach den hierzu besonders erlassenen Vorschriften. Bei Begutachtungen über die Annahme an Kindes Statt sollen die Beratungsstellen für Erb- und Rassenpflege darauf hinwirken, daß die Wohltat der Adoption nach Möglichkeit nur erbgesunden Kindern vermittelt wird. Dies ist naturgemäß nur dann möglich, wenn der Erzeuger des Kindes bekannt ist. Es ist zu hoffen, daß durch eine solche Beratung späteren Enttäuschungen der Adoptiveltern vorgebeugt, der Gedanke der Adoption im Volke aber noch mehr als bisher verbreitet wird. Bei der Eheberatung soll der Arzt stets das Gesamtwohl des Volkes im Auge behalten, während die Besucher der Beratungsstelle ja zunächst an ihr eigenes Schicksal und das ihrer Familie denken werden. Eine aus belasteter Familie stammende Person wird einen Rat dahingehend haben wollen, wie man wohl die eigene Familie „auffrischen" könne, die aus erbgesunder Familie stammende wird dagegen wissen wollen, wie sie ihre Familie vor Einschleppung von Erbkrankheiten schützen könne. Es wird vornehmste Pflicht des beratenden Arztes sein, sich zum Beschützer der erbgesunden Familie zu machen. Er wird daher erbgesunde Eheschließungen möglichst zu fördern, dagegen von der Einheirat eines schwer Belasteten in eine erbgesunde Familie abzuraten haben.

Ratschläge wegen der Eheschließung können eingeholt werden

1. von Personen, die noch nicht verlobt oder verheiratet sind. Der zukünftige Ehepartner ist hier noch unbekannt, so daß der Rat nur ein bedingter sein kann. Wer sich vor der Verlobung bereits ein Fähigkeitszeugnis ausstellen läßt, ist darauf hinzuweisen, daß er sich vor der Ehe noch einmal zusammen mit seinem Ehepartner untersuchen lassen müßte.
2. Im allgemeinen wird aber wohl die Beratung so erfolgen, daß bereits Verlobte die Beratungsstelle aufsuchen. Falls beide Verlobte nicht in einer Beratungsstelle für Erb- und Rassenpflege beraten werden können, ist so vorzugehen, daß zunächst eine Beratung des Bräutigams nach 1 erfolgt. Die Beratungsstelle übersendet alsdann die entsprechenden Vorgänge der für die Beratung der Braut zuständigen Stelle, die dann das abschließende Urteil abzugeben haben wird.

Eine Ergänzung und Vervollkommnung der für die Beratungsstellen herausgegebenen Richtlinien bleibt vorbehalten.

38. Verzeichnis der Erbgesundheitsgerichte.

S. Bekanntmachung vom 16. Februar 1934 (RMBl. S. 84); für das Saarland AV. des RJM. vom 18. Oktober 1935 (Deutsche Justiz S. 1542).

Dritter Teil.

Bekämpfung übertragbarer Krankheiten.

I. Seuchen im allgemeinen.

39. Gesetz, betreffend die Bekämpfung gemeingefährlicher Krankheiten.

Vom 30. Juni 1900 (RGBl. S. 306).

Anzeigepflicht.

§ 1. Jede Erkrankung und jeder Todesfall an

Aussatz (Lepra), Cholera (asiatischer), Fleckfieber (Flecktyphus), Gelbfieber, Pest (orientalischer Beulenpest), Pocken (Blattern),

sowie jeder Fall, welcher den Verdacht einer dieser Krankheiten erweckt, ist der für den Aufenthaltsort des Erkrankten oder den Sterbeort zuständigen Polizeibehörde unverzüglich anzuzeigen.

Wechselt der Erkrankte den Aufenthaltsort, so ist dies unverzüglich bei der Polizeibehörde des bisherigen und des neuen Aufenthaltsorts zur Anzeige zu bringen.

§ 2. Zur Anzeige sind verpflichtet:

1. der zugezogene Arzt,
2. der Haushaltungsvorstand,
3. jede sonst mit der Behandlung oder Pflege des Erkrankten beschäftigte Person,
4. derjenige, in dessen Wohnung oder Behausung der Erkrankungs- oder Todesfall sich ereignet hat,
5. der Leichenschauer.

Die Verpflichtung der unter Nr. 2 bis 5 genannten Personen tritt nur dann ein, wenn ein früher genannter Verpflichteter nicht vorhanden ist.

§ 3. Für Krankheits- und Todesfälle, welche sich in öffentlichen Kranken-, Entbindungs-, Pflege-, Gefangenen- und ähnlichen Anstalten ereignen, ist der Vorsteher der Anstalt oder die von der zuständigen Stelle damit beauftragte Person ausschließlich zur Erstattung der Anzeige verpflichtet.

Auf Schiffen oder Flößen gilt als der zur Erstattung der Anzeige verpflichtete Haushaltungsvorstand der Schiffer oder Floßführer oder deren Stellvertreter. Der Bundesrat[1]) ist ermächtigt, Bestimmungen darüber zu erlassen, an wen bei Krankheits- und Todesfällen, welche auf Schiffen oder Flößen vorkommen, die Anzeige zu erstatten ist.

§ 4. Die Anzeige kann mündlich oder schriftlich erstattet werden. Die Polizeibehörden haben auf Verlangen Meldekarten für schriftliche Anzeigen unentgeltlich zu verabfolgen.

§ 5. Landesrechtliche Bestimmungen, welche eine weitergehende Anzeigepflicht begründen, werden durch dieses Gesetz nicht berührt.

Durch Beschluß des Bundesrats[1]) können die Vorschriften über die Anzeigepflicht (§§ 1 bis 4) auf andere als die im § 1 Abs. 1 genannten übertragbaren Krankheiten ausgedehnt werden[2]).

Ermittelung der Krankheit.

§ 6. Die Polizeibehörde muß, sobald sie von dem Ausbruch oder dem Verdachte des Auftretens einer der im § 1 Abs. 1 genannten Krankheiten (gemeingefährliche Krankheiten) Kenntnis erhält, den zuständigen beamteten Arzt benachrichtigen. Dieser hat alsdann unverzüglich an Ort und Stelle Ermittelungen über die Art, den Stand und die Ursache der Krankheit vorzunehmen und der Polizeibehörde eine Erklärung darüber abzugeben, ob der Ausbruch der Krankheit festgestellt oder der Verdacht des Ausbruchs begründet ist. In Notfällen kann der beamtete Arzt die Ermittelung auch vornehmen, ohne daß ihm eine Nachricht der Polizeibehörde zugegangen ist.

---

[1]) Jetzt Reichsregierung.

[2]) Ausgedehnt auf Milzbrand durch die Bekanntmachung, betreffend die Anzeigepflicht bei Erkrankungen und Todesfällen an Milzbrand. Vom 28. September 1909 (RGBl. S. 933).

In Ortschaften mit mehr als 10000 Einwohnern ist nach den Bestimmungen des Abs. 1 auch dann zu verfahren, wenn Erkrankungs- oder Todesfälle in einem räumlich abgegrenzten Teile der Ortschaft, welcher von der Krankheit bis dahin verschont geblieben war, vorkommen.

Die höhere Verwaltungsbehörde kann Ermittelungen über jeden einzelnen Krankheits- oder Todesfall anordnen. Solange eine solche Anordnung nicht getroffen ist, sind nach der ersten Feststellung der Krankheit von dem beamteten Arzte Ermittelungen nur im Einverständnisse mit der unteren Verwaltungsbehörde und nur insoweit vorzunehmen, als dies erforderlich ist, um die Ausbreitung der Krankheit örtlich und zeitlich zu verfolgen.

§ 7. Dem beamteten Arzte ist, soweit er es zur Feststellung der Krankheit für erforderlich und ohne Schädigung des Kranken für zulässig hält, der Zutritt zu dem Kranken oder zur Leiche und die Vornahme der zu den Ermittelungen über die Krankheit erforderlichen Untersuchungen zu gestatten. Auch kann bei Cholera-, Gelbfieber- und Pestverdacht eine Öffnung der Leiche polizeilich angeordnet werden, insoweit der beamtete Arzt dies zur Feststellung der Krankheit für erforderlich hält.

Der behandelnde Arzt ist berechtigt, den Untersuchungen, insbesondere auch der Leichenöffnung beizuwohnen.

Die in §§ 2 und 3 aufgeführten Personen sind verpflichtet, über alle für die Entstehung und den Verlauf der Krankheit wichtigen Umstände dem beamteten Arzte und der zuständigen Behörde auf Befragen Auskunft zu erteilen.

§ 8. Ist nach dem Gutachten des beamteten Arztes der Ausbruch der Krankheit festgestellt oder der Verdacht des Ausbruchs begründet, so hat die Polizeibehörde unverzüglich die erforderlichen Schutzmaßregeln zu treffen.

§ 9. Bei Gefahr im Verzuge kann der beamtete Arzt schon vor dem Einschreiten der Polizeibehörde die zur Verhütung der Verbreitung der Krankheit zunächst erforderlichen Maßregeln anordnen. Der Vorsteher der Ortschaft hat den von dem beamteten Arzte getroffenen Anordnungen Folge zu leisten. Von den Anordnungen hat der beamtete Arzt der Polizeibehörde sofort schriftliche Mitteilung zu machen; sie bleiben solange in Kraft, bis von der zuständigen Behörde anderweite Verfügung getroffen wird.

§ 10. Für Ortschaften und Bezirke, welche von einer gemeingefährlichen Krankheit befallen oder bedroht sind, kann durch die zuständige Behörde angeordnet werden, daß jede Leiche vor der Bestattung einer amtlichen Besichtigung (Leichenschau) zu unterwerfen ist.

Schutzmaßregeln.

§ 11. Zur Verhütung der Verbeitung der gemeingefährlichen Krankheiten können für die Dauer der Krankheitsgefahr Absperrungs- und Aufsichtsmaßregeln nach Maßgabe der §§ 12 bis 21 polizeilich angeordnet werden.

Die Anfechtung der Anordnungen hat keine aufschiebende Wirkung.

§ 12. Kranke und krankheits- oder ansteckungsverdächtige Personen können einer Beobachtung unterworfen werden. Eine Beschränkung in der Wahl des Aufenthalts oder der Arbeitsstätte ist zu diesem Zwecke nur bei Personen zulässig, welche obdachlos oder ohne festen Wohnsitz sind oder berufs- oder gewohnheitsmäßig umherziehen.

§ 13. Die höhere Verwaltungsbehörde kann für den Umfang ihres Bezirkes oder für Teile desselben anordnen, daß zureisende Personen, sofern sie sich innerhalb einer zu bestimmenden Frist vor ihrer Ankunft in Ortschaften oder Bezirken aufgehalten haben, in welchen eine gemeingefährliche Krankheit ausgebrochen ist, nach ihrer Ankunft der Ortspolizeibehörde zu melden sind.

§ 14. Für kranke und krankheits- oder ansteckungsverdächtige Personen kann eine Absonderung angeordnet werden.

Die Absonderung kranker Personen hat derart zu erfolgen, daß der Kranke mit anderen als den zu seiner Pflege bestimmten Personen, dem Arzte oder dem Seelsorger nicht in Berührung kommt und eine Verbreitung der Krankheit tunlichst ausgeschlossen ist. Angehörigen und Urkundspersonen ist, insoweit es zur Erledigung wichtiger und dringender Angelegenheiten geboten ist, der Zutritt zu dem Kranken unter Beobachtung der erforderlichen Maßregeln gegen eine Weiterverbreitung der Krankheit gestattet. Werden auf Erfordern der Polizeibehörde in der Behausung des Kranken die nach dem Gutachten des beamteten Arztes zum Zwecke der Absonderung notwendigen Einrichtungen nicht getroffen, so kann, falls der beamtete Arzt es für unerläßlich und der behandelnde Arzt es ohne Schädigung des Kranken für zulässig erklärt, die Überführung des Kranken in ein geeignetes Krankenhaus oder in einen anderen geeigneten Unterkunftsraum angeordnet werden.

Auf die Absonderung krankheits- oder ansteckungsverdächtiger Personen finden die Bestimmungen des Abs. 2 sinngemäße Anwendung. Jedoch dürfen krankheits- oder ansteckungsverdächtige Personen nicht in demselben Raume mit kranken Personen untergebracht werden. Ansteckungsverdächtige Personen dürfen in demselben Raume mit krankheitsverdächtigen Personen nur untergebracht werden, soweit der beamtete Arzt es für zulässig hält.

Wohnungen oder Häuser, in welchen erkrankte Personen sich befinden, können kenntlich gemacht werden.

Für das berufsmäßige Pflegepersonal können Verkehrsbeschränkungen angeordnet werden.

§ 15. Die Landesbehörden sind befugt, für Ortschaften und Bezirke, welche von einer gemeingefährlichen Krankheit befallen oder bedroht sind,

1. hinsichtlich der gewerbsmäßigen Herstellung, Behandlung und Aufbewahrung sowie hinsichtlich des Vertriebs von Gegenständen, welche geeignet sind, die Krankheit zu verbreiten, eine gesundheitspolizeiliche Überwachung und die zur Verhütung der Verbreitung der Krankheit erforderlichen Maßregeln anzuordnen; die Ausfuhr von Gegenständen der bezeichneten Art darf aber nur für Ortschaften

verboten werden, in denen Cholera, Fleckfieber, Pest oder Pocken ausgebrochen sind,

2. Gegenstände der in Nr. 1 bezeichneten Art vom Gewerbebetrieb im Umherziehen auszuschließen,
3. die Abhaltung von Märkten, Messen und anderen Veranstaltungen, welche eine Ansammlung größerer Menschenmengen mit sich bringen, zu verbieten oder zu beschränken,
4. die in der Schiffahrt, der Flößerei oder sonstigen Transportbetrieben beschäftigten Personen einer gesundheitspolizeilichen Überwachung zu unterwerfen und kranke, krankheits- oder ansteckungsverdächtige Personen sowie Gegenstände, von denen anzunehmen ist, daß sie mit dem Krankheitsstoffe behaftet sind, von der Beförderung auszuschließen,
5. den Schiffahrts- und Flößereiverkehr auf bestimmte Tageszeiten zu beschränken.

§ 16. Jugendliche Personen aus Behausungen, in denen Erkrankungen vorgekommen sind, können zeitweilig vom Schul- und Unterrichtsbesuche fern gehalten werden. Hinsichtlich der sonstigen für die Schulen anzuordnenden Schutzmaßregeln bewendet es bei den landesrechtlichen Bestimmungen.

§ 17. In Ortschaften, welche von Cholera, Fleckfieber, Pest oder Pocken befallen oder bedroht sind, sowie in deren Umgegend kann die Benutzung von Brunnen, Teichen, Seen, Wasserläufen, Wasserleitungen sowie der dem öffentlichen Gebrauche dienenden Bade-, Schwimm-, Wasch- und Bedürfnisanstalten verboten oder beschränkt werden.

§ 18. Die gänzliche oder teilweise Räumung von Wohnungen und Gebäuden, in denen Erkrankungen vorgekommen sind, kann, insoweit der beamtete Arzt es zur wirksamen Bekämpfung der Krankheit für unerläßlich erklärt, angeordnet werden. Den betroffenen Bewohnern ist anderweit geeignete Unterkunft unentgeltlich zu bieten.

§ 19. Für Gegenstände und Räume, von denen anzunehmen ist, daß sie mit dem Krankheitsstoffe behaftet sind, kann eine Desinfektion angeordnet werden.

Für Reisegepäck und Handelswaren ist bei Aussatz, Cholera und Gelbfieber die Anordnung der Desinfektion nur dann zulässig, wenn die Annahme, daß die Gegenstände mit dem Krankheitsstoffe behaftet sind, durch besondere Umstände begründet ist.

Ist die Desinfektion nicht ausführbar oder im Verhältnisse zum Werte der Gegenstände zu kostspielig, so kann die Vernichtung angeordnet werden.

§ 20. Zum Schutze gegen Pest können Maßregeln zur Vertilgung und Fernhaltung von Ratten, Mäusen und anderem Ungeziefer angeordnet werden.

§ 21. Für die Aufbewahrung, Einsargung, Beförderung und Bestattung der Leichen von Personen, welche an einer gemeingefährlichen Krankheit gestorben sind, können besondere Vorsichtsmaßregeln angeordnet werden.

§ 22. Die Bestimmungen über die Ausführung der in den §§ 12 bis 21 vorgesehenen Schutzmaßregeln, insbesondere der Desinfektion, werden vom Bundesrat[1]) erlassen.

§ 23. Die zuständige Landesbehörde kann die Gemeinden oder die weiteren Kommunalverbände dazu anhalten, diejenigen Einrichtungen, welche zur Bekämpfung der gemeingefährlichen Krankheiten notwendig sind, zu treffen. Wegen Aufbringung der erforderlichen Kosten findet die Bestimmung des § 37 Abs. 2 Anwendung.

§ 24. Zur Verhütung der Einschleppung der gemeingefährlichen Krankheiten aus dem Auslande kann der Einlaß der Seeschiffe von der Erfüllung gesundheitspolizeilicher Vorschriften abhängig gemacht sowie

1. der Einlaß anderer dem Personen- oder Frachtverkehre dienenden Fahrzeuge,
2. die Ein- und Durchfuhr von Waren und Gebrauchsgegenständen,
3. der Eintritt und die Beförderung von Personen, welche aus dem von der Krankheit befallenen Lande kommen,

verboten oder beschränkt werden.

---

[1]) Jetzt Reichsregierung.

Der Bundesrat[1]) ist ermächtigt, Vorschriften über die hiernach zu treffenden Maßregeln zu beschließen. Soweit sich diese Vorschriften auf die gesundheitspolizeiliche Überwachung der Seeschiffe beziehen, können sie auf den Schiffsverkehr zwischen deutschen Häfen erstreckt werden.

§ 25. Wenn eine gemeingefährliche Krankheit im Ausland oder im Küstengebiete des Reichs ausgebrochen ist, so bestimmt der Reichskanzler[2]) oder für das Gebiet des zunächst bedrohten Bundesstaats im Einvernehmen mit dem Reichskanzler[2]) die Landesregierung, wann und in welchem Umfange die gemäß § 24 Abs. 2 erlassenen Vorschriften in Vollzug zu setzen sind.

§ 26. Der Bundesrat[1]) ist ermächtigt, Vorschriften über die Ausstellung von Gesundheitspässen für die aus deutschen Häfen ausgehenden Seeschiffe zu beschließen.

§ 27. Der Bundesrat[1]) ist ermächtigt, über die bei der Ausführung wissenschaftlicher Arbeiten mit Krankheitserregern zu beobachtenden Vorsichtsmaßregeln sowie über den Verkehr mit Krankheitserregern und deren Aufbewahrung Vorschriften zu erlassen.

Entschädigungen.

§ 28. Personen, welche der Invalidenversicherung unterliegen, haben für die Zeit, während der sie auf Grund des § 12 in der Wahl des Aufenthalts oder der Arbeitsstätte beschränkt oder auf Grund des § 14 abgesondert sind, Anspruch auf eine Entschädigung wegen des ihnen dadurch entgangenen Arbeitsverdienstes, bei deren Berechnung als Tagesarbeitsverdienst der dreihundertste Teil des für die Invalidenversicherung maßgebenden Jahresarbeitsverdienstes zugrunde zu legen ist.

Dieser Anspruch fällt weg, insoweit auf Grund einer auf gesetzlicher Verpflichtung beruhenden Versicherung wegen einer mit Erwerbsunfähigkeit verbundenen Krankheit Unterstützung gewährt wird oder wenn eine Verpflegung auf öffentliche Kosten stattfindet.

§ 29. Für Gegenstände, welche infolge einer nach Maßgabe

---

[1]) Jetzt Reichsregierung.
[2]) Jetzt Reichsminister des Innern.

dieses Gesetzes polizeilich angeordneten und überwachten Desinfektion derart beschädigt worden sind, daß sie zu ihrem bestimmungsmäßigen Gebrauche nicht weiter verwendet werden können, oder welche auf polizeiliche Anordnung vernichtet worden sind, ist, vorbehaltlich der in §§ 32 und 33 angegebenen Ausnahmen, auf Antrag Entschädigung zu gewähren.

§ 30. Als Entschädigung soll der gemeine Wert des Gegenstandes gewährt werden ohne Rücksicht auf die Minderung des Wertes, welche sich aus der Annahme ergibt, daß der Gegenstand mit Krankheitsstoff behaftet sei. Wird der Gegenstand nur beschädigt oder teilweise vernichtet, so ist der verbleibende Wert auf die Entschädigung anzurechnen.

§ 31. Die Entschädigung wird, sofern ein anderer Berechtigter nicht bekannt ist, demjenigen gezahlt, in dessen Gewahrsam sich der beschädigte oder vernichtete Gegenstand zur Zeit der Desinfektion befand. Mit dieser Zahlung erlischt jede Entschädigungsverpflichtung aus § 29.

§ 32. Eine Entschädigung auf Grund dieses Gesetzes wird nicht gewährt:

1. für Gegenstände, welche im Eigentume des Reichs, eines Bundesstaats oder einer kommunalen Körperschaft sich befinden;
2. für Gegenstände, welche entgegen einem auf Grund des § 15 Nr. 1 oder des § 24 erlassenen Verbot aus- oder eingeführt worden sind.

§ 33. Der Anspruch auf Entschädigung fällt weg:

1. wenn derjenige, welchem die Entschädigung zustehen würde, die beschädigten oder vernichteten Gegenstände oder einzelne derselben an sich gebracht hat, obwohl er wußte oder den Umständen nach annehmen mußte, daß dieselben bereits mit dem Krankheitsstoffe behaftet oder auf polizeiliche Anordnung zu desinfizieren waren;
2. wenn derjenige, welchem die Entschädigung zustehen würde oder in dessen Gewahrsam die beschädigten oder vernichteten Gegenstände sich befanden, zu der Desinfektion durch

eine Zuwiderhandlung gegen dieses Gesetz oder eine auf Grund desselben getroffene Anordnung Veranlassung gegegeben hat.

§ 34. Die Kosten der Entschädigungen sind aus öffentlichen Mitteln zu bestreiten. Im übrigen bleibt der landesrechtlichen Regelung vorbehalten, Bestimmungen darüber zu treffen:

1. von wem die Entschädigung zu gewähren und wie dieselbe aufzubringen ist,
2. binnen welcher Frist der Entschädigungsanspruch geltend zu machen ist,
3. wie die Entschädigung zu ermitteln und festzustellen ist.

Allgemeine Vorschriften.

§ 35. Die dem allgemeinen Gebrauche dienenden Einrichtungen für Versorgung mit Trink- oder Wirtschaftswasser und für Fortschaffung der Abfallstoffe sind fortlaufend durch staatliche Beamte zu überwachen.

Die Gemeinden sind verpflichtet, für die Beseitigung der vorgefundenen gesundheitsgefährlichen Mißstände Sorge zu tragen. Sie können nach Maßgabe ihrer Leistungsfähigkeit zur Herstellung von Einrichtungen der im Abs. 1 bezeichneten Art, sofern dieselben zum Schutze gegen übertragbare Krankheiten erforderlich sind, jederzeit angehalten werden.

Das Verfahren, in welchem über die hiernach gegen die Gemeinden zulässigen Anordnungen zu entscheiden ist, richtet sich nach Landesrecht.

§ 36. Beamtete Ärzte im Sinne dieses Gesetzes sind Ärzte, welche vom Staate angestellt sind oder deren Anstellung mit Zustimmung des Staates erfolgt ist.

An Stelle der beamteten Ärzte können im Falle ihrer Behinderung oder aus sonstigen dringenden Gründen andere Ärzte zugezogen werden. Innerhalb des von ihnen übernommenen Auftrags gelten die letzteren als beamtete Ärzte und sind befugt, und verpflichtet, diejenigen Amtsverrichtungen wahrzunehmen, welche in diesem Gesetz oder in den hierzu ergangenen Ausführungsbestimmungen den beamteten Ärzten übertragen sind.

§ 37. Die Anordnung und Leitung der Abwehr- und Unterdrückungsmaßregeln liegt den Landesregierungen und deren Organen ob.

Die Zuständigkeit der Behörden und die Aufbringung der entstehenden Kosten regelt sich nach Landesrecht.

Die Kosten der auf Grund des § 6 angestellten behördlichen Ermittelungen, der Beobachtung in den Fällen des § 12, ferner auf Antrag die Kosten der auf Grund des § 19 polizeilich angeordneten und überwachten Desinfektion und der auf Grund des § 21 angeordneten besonderen Vorsichtsmaßregeln für die Aufbewahrung, Einsargung, Beförderung und Bestattung der Leichen sind aus öffentlichen Mitteln zu bestreiten.

Die Landesregierungen bestimmen, welche Körperschaften unter der Bezeichnung Gemeinde, weiterer Kommunalverband und kommunale Körperschaft zu verstehen sind.

§ 38. Die Behörden der Bundesstaaten sind verpflichtet, sich bei der Bekämpfung übertragbarer Krankheiten gegenseitig zu unterstützen.

§ 39. Die Ausführung der nach Maßgabe dieses Gesetzes zu ergreifenden Schutzmaßregeln liegt, insoweit davon

1. dem aktiven Heere oder der aktiven Marine angehörende Militärpersonen,
2. Personen, welche in militärischen Dienstgebäuden oder auf den zur Marine gehörigen oder von ihr gemieteten Schiffen und Fahrzeugen untergebracht sind,
3. marschierende oder auf dem Transporte befindliche Militärpersonen und Truppenteile des Heeres und der Marine sowie die Ausrüstungs- und Gebrauchsgegenstände derselben,
4. ausschließlich von der Militär- oder Marineverwaltung benutzte Grundstücke und Einrichtungen

betroffen werden, den Militär- und Marinebehörden ob.

Auf Truppenübungen finden die nach diesem Gesetze zulässigen Verkehrsbeschränkungen keine Anwendung.

Der Bundesrat[1]) hat darüber Bestimmung zu treffen, inwie-

---

[1]) Jetzt Reichsregierung.

weit von dem Auftreten des Verdachts und von dem Ausbruch einer übertragbaren Krankheit sowie von dem Verlauf und dem Erlöschen der Krankheit sich die Militär- und Polizeibehörden gegenseitig in Kenntnis zu setzen haben.

§ 40. Für den Eisenbahn-, Post- und Telegraphenverkehr sowie für Schiffahrtsbetriebe, welche im Anschluß an den Eisenbahnverkehr geführt werden und der staatlichen Eisenbahnaufsichtsbehörde unterstellt sind, liegt die Ausführung der nach Maßgabe dieses Gesetzes zu ergreifenden Schutzmaßregeln ausschließlich den zuständigen Reichs- und Landesbehörden ob.

Inwieweit die auf Grund dieses Gesetzes polizeilich angeordneten Verkehrsbeschränkungen und Desinfektionsmaßnahmen

1. auf Personen, welche während der Beförderung als krank, krankheits- oder ansteckungsverdächtig befunden werden,
2. auf die im Dienste befindlichen oder aus dienstlicher Veranlassung vorübergehend außerhalb ihres Wohnsitzes sich aufhaltenden Beamten und Arbeiter der Eisenbahn-, Post- und Telegraphenverwaltungen sowie der genannten Schiffahrtsbetriebe

Anwendung finden, bestimmt der Bundesrat[1]).

§ 41. Dem Reichskanzler[2]) liegt ob, die Ausführung dieses Gesetzes und der auf Grund desselben erlassenen Anordnungen zu überwachen.

Wenn zur Bekämpfung der gemeingefährlichen Krankheiten Maßregeln erforderlich sind, von welchen die Gebiete mehrerer Bundesstaaten betroffen werden, so hat der Reichskanzler[2]) oder ein von ihm bestellter Kommissar für Herstellung und Erhaltung der Einheit in den Anordnungen der Landesbehörden zu sorgen und zu diesem Behufe das Erforderliche zu bestimmen, in dringenden Fällen auch die Landesbehörden unmittelbar mit Anweisungen zu versehen.

§ 42. Ist in einer Ortschaft der Ausbruch einer gemeingefährlichen Krankheit festgestellt, so ist das Reichsgesundheitsamt hiervon sofort auf kürzestem Wege zu benachrichtigen. Die Reichs-

---

[1]) Jetzt Reichsregierung.
[2]) Jetzt Reichsminister des Innern.

regierung [der Bundesrat] ist ermächtigt zu bestimmen, inwieweit im späteren Verlaufe dem Reichsgesundheitsamte Mitteilungen über Erkrankungs- und Todesfälle zu machen sind.

§ 43. In Verbindung mit dem Reichsgesundheitsamte wird ein Reichsgesundheitsrat gebildet. Die Geschäftsordnung wird vom Reichskanzler [1]) mit Zustimmung des Bundesrats [2]) festgestellt. Die Mitglieder werden vom Bundesrat [2]) gewählt.

Der Reichs-Gesundheitsrat hat das Gesundheitsamt bei der Erfüllung der diesem Amte zugewiesenen Aufgaben zu unterstützen. Er ist befugt, den Landesbehörden auf Ansuchen Rat zu erteilen. Er kann sich, um Auskunft zu erhalten, mit den ihm zu diesem Zwecke zu bezeichnenden Landesbehörden unmittelbar in Verbindung setzen, sowie Vertreter absenden, welche unter Mitwirkung der zuständigen Landesbehörden Aufklärungen an Ort und Stelle einziehen.

Strafvorschriften.

§ 44. Mit Gefängnis bis zu drei Jahren wird bestraft:

1. wer wissentlich bewegliche Gegenstände, für welche eine Desinfektion polizeilich angeordnet war, vor Ausführung der angeordneten Desinfektion in Gebrauch nimmt, an andere überläßt oder sonst in Verkehr bringt;
2. wer wissentlich Kleidungsstücke, Leibwäsche, Bettzeug oder sonstige bewegliche Gegenstände, welche von Personen, die an einer gemeingefährlichen Krankheit litten, während der Erkrankung gebraucht oder bei deren Behandlung oder Pflege benutzt worden sind, in Gebrauch nimmt, an andere überläßt oder sonst in Verkehr bringt, bevor sie den auf Grund des § 22 vom Bundesrate [2]) beschlossenen Bestimmungen entsprechend desinfiziert worden sind;
3. wer wissentlich Fahrzeuge oder sonstige Gerätschaften, welche zur Beförderung von Kranken oder Verstorbenen der in Nr. 2 bezeichneten Art gedient haben, vor Ausführung

---

[1]) Jetzt Reichsminister des Innern.
[2]) Jetzt Reichsregierung.

der polizeilich angeordneten Desinfektion benutzt oder anderen zur Benutzung überläßt.

Sind mildernde Umstände vorhanden, so kann auf Geldstrafe erkannt werden.

§ 45. Mit Geldstrafe bis einhundertfünfzig Reichsmark oder mit Haft nicht unter einer Woche wird bestraft:

1. wer die ihm nach den §§ 2, 3 oder nach den auf Grund des § 5 vom Bundesrate[1]) beschlossenen Vorschriften obliegende Anzeige unterläßt oder länger als vierundzwanzig Stunden, nachdem er von der anzuzeigenden Tatsache Kenntnis erhalten hat, verzögert. Die Strafverfolgung tritt nicht ein, wenn die Anzeige, obwohl nicht von dem zunächst Verpflichteten, doch rechtzeitig gemacht worden ist;
2. wer im Falle des § 7 dem beamteten Arzte den Zutritt zu dem Kranken oder zur Leiche oder die Vornahme der erforderlichen Untersuchungen verweigert;
3. wer den Bestimmungen im § 7 Abs. 3 zuwider über die daselbst bezeichneten Umstände dem beamteten Arzte oder der zuständigen Behörde die Auskunft verweigert oder wissentlich unrichtige Angaben macht;
4. wer den auf Grund des § 13 erlassenen Anordnungen zuwiderhandelt.

§ 46. Mit Geldstrafe bis zu einhundertfünfzig Reichsmark oder mit Haft wird, sofern nicht nach den bestehenden gesetzlichen Bestimmungen eine höhere Strafe verwirkt ist, bestraft:

1. wer den im Falle des § 9 von dem beamteten Arzte oder dem Vorsteher der Ortschaft getroffenen vorläufigen Anordnungen oder den auf Grund des § 10 von der zuständigen Behörde erlassenen Anordnungen zuwiderhandelt;
2. wer den auf Grund des § 12, des § 14 Abs. 5, der §§ 15, 17, 19 bis 22 getroffenen polizeilichen Anordnungen zuwiderhandelt;
3. wer den auf Grund der §§ 24, 26, 27 erlassenen Vorschriften zuwiderhandelt.

---

[1]) Jetzt Reichsregierung.

Schlußbestimmungen.

§ 47. Die vom Bundesrat[1]) zur Ausführung dieses Gesetzes erlassenen allgemeinen Bestimmungen sind dem Reichstage zur Kenntnis mitzuteilen.

§ 48. Landesrechtliche Vorschriften über die Bekämpfung anderer als der im § 1 Abs. 1 genannten übertragbaren Krankheiten werden durch dieses Gesetz nicht berührt.

40. Bekanntmachung, betreffend Bestimmungen zur Ausführung des Gesetzes über die Bekämpfung gemeingefährlicher Krankheiten.

Vom 21. Februar 1904 (RGBl. S. 67)[2]).

I. Bekämpfung der Cholera.

1. Zu §§ 12, 13. Diejenigen Personen, welche mit einer an der Cholera erkrankten oder verstorbenen Person, mit Wäsche, Kleidungsstücken oder Ausleerungen Cholerakranker in Berührung gekommen sind, sowie die Haus- und Arbeitsgenossen Cholerakranker (ansteckungsverdächtige Personen) sind einer Beobachtung zu unterstellen, soweit nicht schärfere Maßregeln nach Nr. 2 zu ergreifen sind oder vom beamteten Arzte aus besonderen Gründen für erforderlich erklärt werden. Die Beobachtung soll nicht länger als 5 Tage, gerechnet vom Tage der letzten Ansteckungsgelegenheit, dauern. Sie ist in schonender Form und so vorzunehmen, daß Belästigungen tunlichst vermieden werden. Sie wird, abgesehen von den etwa erforderlichen bakteriologischen Untersuchungen der Ausleerungen, in der Regel darauf beschränkt werden können, daß durch einen Arzt oder durch eine sonst geeignete Person täglich Erkundigungen über den Gesundheitszustand der betreffenden Personen eingezogen werden. Findet zugleich eine bakteriologische Untersuchung statt, so ist, falls bei zwei solchen durch einen Tag ge-

---

[1]) Jetzt Reichsregierung.

[2]) In der Fassung der Bekanntmachungen v. 5. 4. 1907 (RGBl. S. 91), 10. 7. 1913 (RGBl. S. 572), 12. 1. 1916 (RGBl. S. 29) u. 24. 2. 1920 (RGBl. S. 281).

trennten Untersuchungen keine Choleraerreger gefunden worden sind, der Ansteckungsverdacht als beseitigt anzusehen.

Die höhere Verwaltungsbehörde kann für den Umfang ihres Bezirkes oder für Teile desselben anordnen, daß zureisende fremde oder ortsansässige Personen, welche sich innerhalb der letzten fünf Tage vor ihrer Ankunft in einem von der Cholera betroffenen Bezirk oder Orte aufgehalten haben, nach ihrer Ankunft der Ortspolizeibehörde binnen einer zu bestimmenden, möglichst kurzen Frist schriftlich oder mündlich zu melden sind. Derartige Personen können als ansteckungsverdächtig angesehen und der Beobachtung unterworfen werden.

Eine verschärfte Art der Beobachtung, verbunden mit Beschränkungen in der Wahl des Aufenthalts oder der Arbeitsstätte (zum Beispiel Anweisung eines bestimmten Aufenthalts, Verpflichtung zum zeitweisen persönlichen Erscheinen vor der Gesundheitsbehörde, Untersagung des Verkehrs an bestimmten Orten) ist solchen Personen gegenüber zulässig, welche obdachlos oder ohne festen Wohnsitz sind oder berufs- oder gewohnheitsmäßig umherziehen, zum Beispiel die in der Flußschiffahrt oder der Flößerei beschäftigten Personen, fremdländische Auswanderer und Arbeiter, fremdländische Drahtbinder, Zigeuner, Landstreicher, Hausierer.

2. Zu §§ 14, 18. An der Cholera erkrankte oder krankheitsverdächtige Personen sind ohne Verzug unter Beobachtung der Bestimmungen im § 14 Abs. 2 und 3 des Gesetzes abzusondern. Als krankheitsverdächtig sind, solange nicht durch den negativen Ausfall der bakteriologischen Untersuchungen an drei durch je eine eintägige Zwischenzeit getrennten Tagen der Choleraverdacht beseitigt ist, solche Personen zu betrachten, welche unter Erscheinungen erkrankt sind, die den Ausbruch der Cholera befürchten lassen. Anscheinend gesunde Personen, in deren Ausleerungen bei der bakteriologischen Untersuchung Choleraerreger gefunden wurden, sind wie Kranke zu behandeln.

Als genesen sind die Erkrankten erst dann zu betrachten, wenn bei den bakteriologischen Untersuchungen an drei durch je eine eintägige Zwischenzeit getrennten Tagen Choleraerreger nicht mehr festgestellt worden sind.

Ansteckungsverdächtige Personen sind gleichfalls unter Beobachtung der Bestimmungen im § 14 Abs. 2 und 3 des Gesetzes abzusondern, wenn sie mit einem Cholerakranken in Wohnungsgemeinschaft leben. Jedoch kann die Absonderung unterbleiben, sofern der beamtete Arzt die Beobachtung (Nr. 1) für ausreichend erachtet.

Die Absonderung ansteckungsverdächtiger Personen darf die Dauer von fünf Tagen, gerechnet vom Tage der letzten Ansteckungsgelegenheit, nicht übersteigen.

Insoweit der beamtete Arzt es zur wirksamen Bekämpfung der Krankheit für unerläßlich erklärt, kann angeordnet werden, daß die Gesunden aus der Wohnung entfernt und die Kranken, anstatt daß sie zur Absonderung in ein Krankenhaus oder in einen sonst geeigneten Unterkunftsraum verbracht werden, in der Wohnung belassen werden. Unter der gleichen Voraussetzung kann ausnahmsweise sogar die Räumung des ganzen Hauses angeordnet werden, wenn in ihm außergewöhnlich ungünstige, der Krankheitsverbreitung förderliche Zustände (Überfüllung, Unreinlichkeit und dergleichen) herrschen. Den betreffenden Bewohnern ist anderweit geeignete Unterkunft unentgeltlich zu bieten.

Zur Fortschaffung von Kranken und Krankheitsverdächtigen sollen dem öffentlichen Verkehre dienende Beförderungsmittel (Droschken, Straßenbahnwagen und dergleichen) in der Regel nicht benutzt werden (vergleiche Nr. 6).

Wohnungen oder Häuser, in denen an der Cholera erkrankte Personen sich befinden, sind kenntlich zu machen.

Denjenigen Personen, welche der Pflege und Wartung von Cholerakranken sich widmen, ist aufzugeben, den Verkehr mit anderen Personen solange als erforderlich tunlichst zu vermeiden. Sie haben die von dem beamteten Arzte für nötig befundenen Maßnahmen gegen eine Weiterverbreitung der Krankheit zu beobachten.

Als geeignet zur Absonderung sind nur solche Krankenhäuser,

oder Unterkunftsräume anzusehen, in welchen die Absonderung des Kranken derart erfolgen kann, daß er mit anderen als den zu seiner Pflege bestimmten Personen, dem Arzte oder dem Seelsorger nicht in Berührung kommt und eine Weiterverbreitung der Krankheit tunlichst ausgeschlossen ist.

3. Zu § 15. Die zuständigen Behörden haben besonders zu erwägen, inwieweit Veranstaltungen, welche eine Ansammlung größerer Menschenmengen mit sich bringen (Messen, Märkte usw.), in oder bei solchen Ortschaften, in welchen die Cholera ausgebrochen ist, zu untersagen sind.

In einem Hause, in welchem ein Cholerakranker sich befindet, können gewerbliche Betriebe, durch welche eine Verbreitung des Ansteckungsstoffs zu befürchten ist, insbesondere Betriebe zur Herstellung und zum Vertriebe von Nahrungs- und Genußmitteln, Beschränkungen unterworfen oder geschlossen werden, insoweit nach dem Gutachten des beamteten Arztes die Fortsetzung des Betriebs als gefährlich zu betrachten ist.

Die Polizeibehörden der von der Cholera ergriffenen Ortschaften haben dafür zu sorgen, daß Gegenstände, von denen nach dem Gutachten des beamteten Arztes anzunehmen ist, daß sie mit dem Ansteckungsstoffe der Cholera behaftet sind, vor wirksamer Desinfektion nicht in den Verkehr gelangen.

Insbesondere ist für Ortschaften oder Bezirke, in denen die Cholera gehäuft auftritt, die Ausfuhr von Milch, von gebrauchter Leibwäsche, alten und getragenen Kleidungsstücken, gebrauchtem Bettzeuge, Hadern und Lumpen zu verbieten. Ausgenommen sind zusammengepreßte Lumpen, welche in verschnürten Ballen im Großhandel versendet werden; ferner neue Abfälle, welche unmittelbar aus Spinnereien, Webereien, Konfektions- und Bleichanstalten kommen, Kunstwolle, neue Papierschnitzel, unverdächtiges Reisegepäck und Umzugsgut.

Bei gehäuftem Auftreten der Cholera ist in den von der Krankheit befallenen Ortschaften oder Bezirken das gewerbsmäßige Einsammeln von alten Kleidungsstücken, alter Leib- und Bettwäsche, Hadern und Lumpen im Umherziehen zu verbieten.

Einfuhrverbote gegen inländische, von der Cholera befallene Ortschaften oder Bezirke sind nicht zulässig. Das Verbot der Einfuhr bestimmter Waren und anderer Gegenstände aus dem Auslande richtet sich ausschließlich nach den gemäß § 25 des Gesetzes in Vollzug gesetzten Bestimmungen.

Für gebrauchtes Bettzeug, Leibwäsche und getragene Kleidungsstücke, welche aus einer von der Cholera betroffenen Ortschaft stammen und noch nicht wirksam desinfiziert worden sind, kann eine Desinfektion angeordnet werden. Im übrigen ist eine Desinfektion von Gegenständen des Güter- und Reiseverkehrs einschließlich der von Reisenden getragenen Wäsche- und Kleidungsstücke nur dann geboten und zulässig, wenn die Gegenstände nach dem Gutachten des beamteten Arztes als mit dem Ansteckungsstoffe der Cholera behaftet anzusehen sind.

Weitergehende Beschränkungen des Gepäck- und Güterverkehrs sowie des Verkehrs mit Post- (Brief- und Paket-) Sendungen sind nicht zulässig.

In den von der Cholera befallenen oder bedrohten Bezirken können die in der Schiffahrt oder der Flößerei beschäftigten Personen einer gesundheitspolizeilichen Überwachung unterworfen werden. Die Überwachung ist nach den in der Anlage 1 enthaltenen Grundsätzen einzurichten[1]).

4. Zu § 16. Jugendliche Personen aus Behausungen, in welchen ein Cholerafall vorgekommen ist, müssen, soweit und solange nach dem Gutachten des beamteten Arztes eine Weiterverbreitung der Krankheit aus diesen Behausungen zu befürchten ist, vom Schulbesuche ferngehalten werden.

Das gleiche gilt hinsichtlich des Besuchs jedes anderen Unterrichts, an welchem mehrere Personen teilnehmen.

5. Zu § 17. In Ortschaften, welche von der Cholera befallen oder bedroht sind, sowie in deren Umgegend kann die Benutzung von Brunnen, Teichen, Seen, Wasserläufen, Wasserleitungen sowie der dem öffentlichen Gebrauche dienenden Bade-, Schwimm-, Wasch- und Bedürfnisanstalten verboten oder be-

[1]) Die den Ausführungsbestimmungen beigefügten Anlagen sind hier nicht abgedruckt.

schränkt werden. Jedoch sind diese Anordnungen nur im Einvernehmen mit dem beamteten Arzte zu treffen.

6. Zu § 19. In einem Hause, in welchem ein Cholerafall vorgekommen ist, sind die erforderlichen Maßnahmen zur Desinfektion der Abgänge des Kranken (Stuhlentleerungen, Erbrochenes, Harn) sowie der mit dem Kranken oder Gestorbenen in Berührung gekommenen Gegenstände zu treffen. Ganz besondere Aufmerksamkeit ist der Desinfektion infizierter Räume, ferner der Kleidungsstücke, der Betten und der Leibwäsche des Kranken oder Gestorbenen sowie der bei der Wartung und Pflege des Kranken benutzten Kleidungsstücke, des Badewassers und der Badewanne zuzuwenden. Auch ist Vorsorge zu treffen, daß Fahrzeuge und andere Beförderungsmittel, welche zur Fortschaffung von kranken oder krankheitsverdächtigen Personen gedient haben, alsbald und vor anderweitiger Benutzung desinfiziert werden.

Besteht der Verdacht, daß in der Umgebung des Hauses offene Dungstätten, Stallungen, Höfe oder Gartenland mit menschlichen Ausleerungen verunreinigt sind, so müssen die in Betracht kommenden Bodenoberflächen, Schmutzwasseransammlungen, Rinnsteine und dergleichen desinfiziert werden.

Wohnungen, welche wegen Choleraausbruchs geräumt worden sind, dürfen erst nach einer wirksamen Desinfektion zur Wiederbenutzung freigegeben werden.

Die Desinfektionen sind nach Maßgabe der aus der Anlage 2 ersichtlichen Anweisung zu bewirken.

7. Zu § 21. Die Leichen der an der Cholera Gestorbenen sind ohne vorheriges Waschen und Umkleiden sofort in Tücher einzuhüllen, welche mit einer desinfizierenden Flüssigkeit getränkt sind. Sie sind alsdann in dichte Särge zu legen, welche am Boden mit einer reichlichen Schicht Sägemehl, Torfmull oder anderen aufsaugenden Stoffen bedeckt sind. Der Sarg ist alsbald zu schließen.

Soll mit Rücksicht auf religiöse Vorschriften das Waschen der Leiche ausnahmsweise stattfinden, so darf es nur unter den vom beamteten Arzte angeordneten Vorsichtsmaßregeln und nur mit desinfizierenden Flüssigkeiten ausgeführt werden.

Ist ein Leichenhaus vorhanden, so ist die eingesargte Leiche sobald als möglich dahin überzuführen. In Ortschaften, in welchen ein Leichenhaus nicht besteht, ist dafür Sorge zu tragen, daß die eingesargte Leiche tunlichst in einem besonderen, abschließbaren Raume bis zur Beerdigung aufbewahrt wird.

Die Ausstellung der Leiche im Sterbehaus oder im offenen Sarge ist zu untersagen, das Leichengefolge möglichst zu beschränken und dessen Eintritt in das Sterbehaus zu verbieten.

Die Beförderung der Leichen von Personen, welche an der Cholera gestorben sind, nach einem anderen als dem ordnungsmäßigen Beerdigungsort ist zu untersagen.

Die Bestattung der Choleraleichen ist tunlichst zu beschleunigen. Personen, die bei der Einsargung beschäftigt gewesen sind, ist die Einhaltung der von dem beamteten Arzte gegen eine Weiterverbreitung der Krankheit für erforderlich erachteten Maßregeln zur Pflicht zu machen.

8. Zu § 22. Die Aufhebung der zur Abwehr der Choleragefahr getroffenen Anordnungen darf nur nach Anhörung des beamteten Arztes erfolgen.

9. Zu § 24. Bei einem gefahrdrohenden Ausbruche der Cholera im Ausland ist der Übertritt von Durchwanderern aus solchen ausländischen Gebieten, in denen die Cholera herrscht, nur an bestimmten Grenzorten zu gestatten, wo eine ärztliche Besichtigung sowie die Zurückhaltung und Absonderung der an der Cholera Erkrankten und der Krankheitsverdächtigen stattzufinden hat.

Die Massenbeförderung von Durchwanderern mit der Eisenbahn hat in Sonderzügen oder in besonderen Wagen, und zwar nur in Abteilen ohne Polsterung, zu geschehen. Die benutzten Wagen sind nach jedesmaligem Gebrauche zu desinfizieren. Müssen die Durchwanderer während der Reise durch das Reichsgebiet behufs Übernachtung den Zug verlassen, so darf dies nur auf Eisenbahnstationen geschehen, bei denen sich Auswandererhäuser befinden.

Es ist dafür Sorge zu tragen, daß solche Durchwanderer mit dem Publikum so wenig wie möglich in Berührung kommen und in den Hafenorten tunlichst in Auswandererhäusern untergebracht werden.

Auf fremdländische Arbeiter, welche aus ausländischen von der Cholera betroffenen Gebieten zum Erwerb ihres Unterhalts einwandern, sowie auf ihre Angehörigen finden die Bestimmungen unter Nr. 1 letzter Absatz Anwendung.

10. Zu § 27. Für das Arbeiten und den Verkehr mit Choleraerregern gelten die auf Grund des § 27 des Gesetzes in Vollzug gesetzten Vorschriften.

11. Zu § 40. Cholerakranke dürfen in der Regel nicht mittels der Eisenbahn befördert werden. Ausnahmen sind nur nach dem Gutachten des für die Abgangsstation zuständigen beamteten Arztes zulässig. In solchen Ausnahmefällen ist der Kranke in einem besonderen Wagen, der alsbald nach der Benutzung zu desinfizieren ist, zu befördern. Das bei ihm beschäftigt gewesene Personal ist anzuhalten, vor ausgeführter Desinfektion (Anlage 2) den Verkehr mit anderen Personen nach Möglichkeit zu vermeiden.

Ergibt sich bei einem Reisenden während der Eisenbahnfahrt Choleraverdacht, so ist er, falls nicht die Verkehrsordnung seinen Ausschluß von der Fahrt vorschreibt, an der Weiterfahrt nicht zu verhindern; jedoch ist, sobald dies ohne Unterbrechung der Reise möglich ist, die Feststellung der Krankheit durch einen Arzt herbeizuführen. Der Abteil, in welchem der Kranke untergebracht war, und die damit in Zusammenhang stehenden Abteile sind zu räumen. Der Wagen ist, falls der Choleraverdacht sich bestätigt, sobald wie möglich außer Betrieb zu setzen und zu desinfizieren.

Im einzelnen gelten beim Auftreten der Cholera die in der Anlage 3 enthaltenen Bestimmungen.

12. Zu § 42. Von jedem ersten, nach den Ermittelungen des beamteten Arztes vorliegenden Falle von Cholera oder Choleraverdacht in einer Ortschaft ist sofort dem Reichsgesundheitsamt auf kürzestem Wege Nachricht zu geben.

Weiterhin sind von den durch die Landesregierungen zu bestimmenden Behörden an das Reichsgesundheitsamt mitzuteilen:

a) täglich Übersichten über die weiteren Erkrankungs- und Todesfälle unter Benennung der Ortschaften und Bezirke,
b) wöchentlich eine Nachweisung über die in der vergangenen Woche bis Sonnabend einschließlich in den einzelnen Ortschaften gemeldeten Erkrankungs- und Todesfälle nach Maßgabe des als Anlage 4 beigefügten Formulars.

Die täglichen Übersichten sind auf kürzestem Wege zu übermitteln. Die Wochennachweisungen sind so zeitig abzusenden, daß sie bis Montag Mittag im Gesundheitsamt eingehen.

II. Bekämpfung der Pocken.

Als das wirksamste Mittel zur Bekämpfung der Pocken ist die Schutzpockenimpfung anzusehen, deren Durchführung durch das Impfgesetz vom 8. April 1874 (Reichs-Gesetzbl. S. 31) und die hierzu ergangenen Vollzugsvorschriften geregelt ist. Wo auf Grund landesrechtlicher Bestimmungen Zwangsimpfungen beim Ausbruch einer Pockenepidemie zulässig sind (vergleiche § 18 Abs. 3 des Impfgesetzes vom 8. April 1874 — Reichs-Gesetzbl. S. 31 —), ist darauf hinzuwirken, daß gegebenenfalls alle der Ansteckung ausgesetzten Personen, sofern sie nicht die Pocken überstanden haben oder durch Impfung hinreichend geschützt sind, sich impfen lassen. Wo Zwangsimpfungen nicht zulässig sind, ist in geeigneter Weise auf die Durchführung der Schutzpockenimpfung hinzuwirken. Dies gilt besonders für die Bewohner und Besucher eines Hauses, in welchem die Pocken aufgetreten sind, wie für das Pflegepersonal, die Ärzte, die Studierenden der Medizin, welche klinische Vorlesungen besuchen, ferner für die bei der Einsargung von Pockenleichen beschäftigten Personen, für Desinfektoren sowie für Arbeiter in gewerblichen Anlagen, welche den Ausgangspunkt von Pockenerkrankungen gebildet haben.

Außerdem wird folgendes bestimmt:

1. Zu §§ 12, 13. Diejenigen Personen, welche mit einer an den Pocken erkrankten oder verstorbenen Person unmittelbar oder,

wie zum Beispiel Arbeitsgenossen, unter Umständen auch Boten, Briefträger und dergleichen, nur mittelbar in Berührung gekommen sind, ferner die Bewohner eines Hauses, in welchem ein Pockenfall festgestellt ist, sowie Arbeiter, welche mit Sachen, die möglicherweise den Krankheitsstoff an sich tragen (Hadern, Haare, Bettfedern und dergleichen), umgegangen sind (ansteckungsverdächtige Personen), sind einer Beobachtung zu unterstellen, soweit nicht schärfere Maßregeln nach Nr. 2 zu ergreifen sind oder vom beamteten Arzte aus besonderen Gründen für erforderlich erklärt werden. Die Beobachtung soll nicht länger als vierzehn Tage, gerechnet vom Tage der letzten Ansteckungsgelegenheit, dauern. Sie ist in schonender Form und so vorzunehmen, daß Belästigungen tunlichst vermieden werden. Sie wird in der Regel darauf beschränkt werden können, daß durch einen Arzt oder durch eine sonst geeignete Person zeitweise Erkundigungen über den Gesundheitszustand der betreffenden Personen eingezogen werden. Erklärt der beamtete Arzt es für erforderlich, daß die der Beobachtung unterstellten Personen Wirtshäusern, Spielplätzen, öffentlichen Versammlungsorten und gemeinschaftlichen Arbeitsstätten fern bleiben, oder sonst sich Verkehrsbeschränkungen unterwerfen, und sind diese Personen hierzu nicht bereit, so ist je nach Lage des Falles deren Absonderung gemäß Nr. 2 anzuordnen.

Die höhere Verwaltungsbehörde kann für den Umfang ihres Bezirkes oder für Teile desselben anordnen, daß zureisende fremde oder ortsansässige Personen, welche sich innerhalb der letzten vierzehn Tage vor ihrer Ankunft in einem von den Pocken betroffenen Bezirk oder Orte aufgehalten haben, nach ihrer Ankunft der Ortspolizeibehörde binnen einer zu bestimmenden möglichst kurzen Frist schriftlich oder mündlich zu melden sind. Derartige Personen können als ansteckungsverdächtig angesehen und der Beobachtung unterworfen werden.

Eine verschärfte Art der Beobachtung, verbunden mit Beschränkungen in der Wahl des Aufenthalts oder der Arbeitsstätte (zum Beispiel Anweisung eines bestimmten Aufenthalts, Verpflichtung zum zeitweisen persönlichen Erscheinen vor der

Gesundheitsbehörde, Untersagung des Verkehrs an bestimmten Orten) ist solchen Personen gegenüber zulässig, welche obdachlos oder ohne festen Wohnsitz sind oder berufs- oder gewohnheitsmäßig umherziehen, zum Beispiel fremdländische Auswanderer und Arbeiter, fremdländische Drahtbinder, Zigeuner, Landstreicher, Hausierer.

2. Zu § 14. An den Pocken erkrankte oder krankheitsverdächtige Personen sind ohne Verzug unter Beobachtung der Bestimmungen im § 14 Abs. 2 und 3 des Gesetzes abzusondern. Als krankheitsverdächtig sind solche Personen zu betrachten, welche unter Erscheinungen erkrankt sind, die den Ausbruch der Pocken befürchten lassen.

Ansteckungsverdächtige Personen (Nr. 1) sind abzusondern,

a) wenn anzunehmen ist, daß sie weder mit Erfolg geimpft sind, noch die Pocken überstanden haben;

b) wenn sie mit einem Pockenkranken in Wohnungsgemeinschaft leben oder sonst mit einem solchen Kranken oder mit einer Pockenleiche in unmittelbare Berührung gekommen sind. In diesem Falle kann jedoch die Absonderung unterbleiben, sofern der beamtete Arzt die Beobachtung (Nr. 1) für ausreichend erachtet.

Die Absonderung ansteckungsverdächtiger Personen darf die Dauer von vierzehn Tagen, gerechnet vom Tage der letzten Ansteckungsgelegenheit, nicht übersteigen und ist in dem Falle unter a aufzuheben, sobald der Nachweis der erfolgten Impfung erbracht wird.

Zur Fortschaffung von Kranken und Krankheitsverdächtigen sollen dem öffentlichen Verkehre dienende Beförderungsmittel (Droschken, Straßenbahnwagen und dergleichen) in der Regel nicht benutzt werden (vergleiche Nr. 5).

Wohnungen oder Häuser, in denen an den Pocken erkrankte Personen sich befinden, sind kenntlich zu machen.

Denjenigen Personen, welche der Pflege und Wartung von Pockenkranken sich widmen, ist aufzugeben, den Verkehr mit anderen Personen solange als erforderlich tunlichst zu vermeiden; auch haben sie die von dem beamteten Arzte für nötig befundenen Maßnahmen gegen eine Weiterverbreitung der Krankheit zu beobachten.

Die Behörden haben in geeigneter Weise dahin zu wirken, daß zur Pflege und Behandlung von Pockenkranken nur Personen zugelassen werden, die die Pocken überstanden haben oder durch Impfung hinreichend geschützt sind oder sich sofort der Impfung oder Wiederimpfung unterwerfen.

Als geeignet zur Absonderung sind nur solche Krankenhäuser oder Unterkunftsräume anzusehen, in welchen die Absonderung des Kranken derart erfolgen kann, daß er mit anderen, als den zu seiner Pflege bestimmten Personen, dem Arzte oder dem Seelsorger nicht in Berührung kommt und eine Weiterverbreitung der Krankheit tunlichst ausgeschlossen ist.

3. Zu § 15. Die zuständigen Behörden haben besonders zu erwägen, inwieweit Veranstaltungen, welche eine Ansammlung größerer Menschenmengen mit sich bringen (Messen, Märkte usw.), in oder bei solchen Ortschaften, in welchen die Pocken ausgebrochen sind, zu untersagen sind.

In einem Hause, in welchem ein Pockenkranker sich befindet, können gewerbliche Betriebe, durch welche eine Verbreitung des Ansteckungsstoffs zu befürchten ist, insbesondere Verkaufsstellen von Nahrungs- und Genußmitteln, Beschränkungen unterworfen oder geschlossen werden, insoweit nach dem Gutachten des beamteten Arztes die Fortsetzung des Betriebs als gefährlich zu betrachten ist.

Die Polizeibehörden der von den Pocken ergriffenen Ortschaften haben dafür zu sorgen, daß Gegenstände, von denen nach dem Gutachten des beamteten Arztes anzunehmen ist, daß sie mit dem Ansteckungsstoffe der Pocken behaftet sind, vor wirksamer Desinfektion nicht in den Verkehr gelangen.

Insbesondere ist für Ortschaften oder Bezirke, in denen die Pocken gehäuft auftreten, die Ausfuhr von gebrauchter Leibwäsche, alten und getragenen Kleidungsstücken, gebrauchtem Bettzeug einschließlich Bettfedern, gebrauchten Roßhaaren, Hadern und Lumpen aller Art und alten Papierabfällen zu verbieten. Unter Umständen kann das Verbot auf andere Gegenstände, insoweit dies nach dem Gutachten des beamteten Arztes erforderlich ist, ausgedehnt werden. Reisegepäck und Umzugsgut sind von dem Verbot auszunehmen.

Bei gehäuftem Auftreten der Pocken ist in den von der Krankheit befallenen Ortschaften oder Bezirken das gewerbsmäßige Einsammeln von Lumpen im Umherziehen zu verbieten.

Einfuhrverbote gegen inländische, von den Pocken befallene Ortschaften sind nicht zulässig. Das Verbot der Einfuhr bestimmter Waren und anderer Gegenstände aus dem Auslande richtet sich ausschließlich nach den Vorschriften, welche gegebenenfalls gemäß § 25 des Gesetzes in Vollzug gesetzt werden.

Für gebrauchtes Bettzeug, Leibwäsche und getragene Kleidungsstücke, welche aus einer von den Pocken betroffenen Ortschaft stammen und noch nicht wirksam desinfiziert worden sind, kann eine Desinfektion angeordnet werden. Im übrigen ist eine Desinfektion von Gegenstämden des Güter- und Reiseverkehrs einschließlich der von Reisenden getragenen Wäsche- und Kleidungsstücke nur dann geboten und zulässig, wenn die Gegenstände nach dem Gutachten des beamteten Arztes als mit dem Ansteckungsstoffe der Pocken behaftet anzusehen sind.

Weitergehende Beschränkungen des Gepäck- und Güterverkehrs sowie des Verkehrs mit Post- (Brief- und Paket-) Sendungen sind nicht zulässig.

4. Zu § 16. Jugendliche Personen aus einer Behausung, in welcher ein Pockenfall vorgekommen ist, müssen, soweit und solange nach dem Gutachten des beamteten Arztes eine Weiterverbreitung der Krankheit aus dieser Behausung zu befürchten ist, vom Schulbesuche ferngehalten werden.

Das gleiche gilt hinsichtlich des Besuchs jedes anderen Unterrichts, an welchem mehrere Personen teilnehmen.

5. Zu § 19. In einem Hause, in welchem ein Pockenfall vorgekommen ist, sind die erforderlichen Maßnahmen zur Desinfektion der Ausscheidungen des Kranken sowie der mit dem Kranken oder Gestorbenen in Berührung gekommenen Gegenstände zu treffen. Ganz besondere Aufmerksamkeit ist der Desinfektion infizierter Räume, ferner der Kleidungsstücke, der

Betten und der Leibwäsche des Kranken oder Gestorbenen, der Hautabgänge und Verbandstoffe des Kranken sowie der bei der Wartung und Pflege des Kranken benutzten Kleidungsstücke zuzuwenden. Auch ist Vorsorge zu treffen, daß Fahrzeuge und andere Beförderungsmittel, welche zur Fortschaffung von kranken oder krankheitsverdächtigen Personen gedient haben, alsbald und vor anderweitiger Benutzung desinfiziert werden.

Die Desinfektionen sind nach Maßgabe der aus der Anlage 1 ersichtlichen Anweisung zu bewirken.

6. Zu § 21. Die Leichen der an den Pocken Gestorbenen sind ohne vorheriges Waschen und Umkleiden sofort in Tücher einzuhüllen, welche mit einer desinfizierenden Flüssigkeit getränkt sind. Sie sind alsdann in dichte Särge zu legen, welche am Boden mit einer reichlichen Schicht Sägemehl, Torfmull oder anderen aufsaugenden Stoffen bedeckt sind. Der Sarg ist alsbald zu schließen.

Soll mit Rücksicht auf religiöse Vorschriften das Waschen der Leiche ausnahmsweise stattfinden, so darf es nur unter den vom beamteten Arzte angeordneten Vorsichtsmaßregeln und nur mit desinfizierenden Flüssigkeiten ausgeführt werden.

Ist ein Leichenhaus vorhanden, so ist die eingesargte Leiche sobald als möglich dahin überzuführen. In Ortschaften, in welchen ein Leichenhaus nicht besteht, ist dafür Sorge zu tragen, daß die eingesargte Leiche tunlichst in einem besonderen, abschließbaren Raume bis zur Beerdigung aufbewahrt wird.

Die Ausstellung der Leiche im Sterbehaus oder im offenen Sarge ist zu untersagen, das Leichengefolge möglichst zu beschränken und dessen Eintritt in das Sterbehaus zu verbieten.

Die Beförderung der Leichen von Personen, welche an den Pocken gestorben sind, nach einem anderen als dem ordnungsmäßigen Beerdigungsort ist zu untersagen.

Die Bestattung der Pockenleichen ist tunlichst zu beschleunigen. Die zur Ausschmückung des Sarges verwendeten Gegenstände sind mit in das Grab zu bringen, bei Feuerbestattung mit zu verbrennen. Es ist Vorsorge zu treffen, daß Personen, die bei der Einsargung beschäftigt gewesen sind, nicht mit der Ansage des Leichenbegräbnisses betraut werden, und daß sie den Verkehr mit anderen Personen meiden, solange der beamtete Arzt dies für erforderlich hält. Auch ist ihnen die Einhaltung der sonstigen von dem beamteten Arzte gegen eine Weiterverbreitung der Krankheit für erforderlich erachteten Maßregeln zur Pflicht zu machen.

7. Zu § 22. Die Aufhebung der zur Abwehr der Pockengefahr getroffenen Anordnungen darf nur nach Anhörung des beamteten Arztes erfolgen; insbesondere ist sie von der vorgängigen Desinfektion des Genesenen abhängig zu machen, insoweit es sich um Maßregeln handelt, die sich auf den Kranken und dessen unmittelbare Umgebung bezogen haben.

8. Zu § 24. Bei einem gefahrdrohenden Ausbruche der Pocken im Ausland ist der Übertritt von Durchwanderern aus solchen ausländischen Gebieten, in denen die Pocken herrschen, nur an bestimmten Grenzorten zu gestatten, wo eine ärztliche Besichtigung sowie die Zurückhaltung und Absonderung der an den Pocken Erkrankten und der Krankheitsverdächtigen stattzufinden hat.

Die Massenbeförderung von Durchwanderern mit der Eisenbahn hat in Sonderzügen oder in besonderen Wagen, und zwar nur in Abteilen ohne Polsterung zu geschehen. Die benutzten Wagen sind nach jedesmaligem Gebrauche zu desinfizieren. Müssen die Durchwanderer während der Reise durch das Reichsgebiet behufs Übernachtung den Zug verlassen, so darf dies nur auf Eisenbahnstationen geschehen, bei denen sich Auswandererhäuser befinden.

Es ist dafür Sorge zu tragen, daß solche Durchwanderer mit dem Publikum so wenig wie möglich in Berührung kommen und in den Hafenorten tunlichst in Auswandererhäusern untergebracht werden.

Fremdländischen Arbeitern, welche aus ausländischen von den Pocken befallenen Gebieten zum Erwerb ihres Unterhalts einwandern, sowie ihren Angehörigen ist der Übertritt über die Grenze nur unter der Bedingung zu gestatten, daß sie sich beim Eintritt oder an ihrem ersten Dienstort innerhalb drei Tagen der Schutzimpfung unterwerfen, sofern sie nicht glaubhaft nachweisen, daß sie die Pocken überstanden haben oder durch Impfung hinreichend geschützt sind.

9. Zu § 40. Pockenkranke dürfen in der Regel nicht mittels der Eisenbahn befördert werden. Ausnahmen sind nur nach dem Gutachten des für die Abgangsstation zuständigen beamteten Arztes zulässig. In solchen Ausnahmefällen ist der Kranke in einem besonderen Wagen, der alsbald nach der Benutzung zu desinfizieren ist, zu befördern. Das bei ihm beschäftigt gewesene Personal ist anzuhalten, vor ausgeführter Desinfektion (Anlage 1) den Verkehr mit anderen Personen nach Möglichkeit zu vermeiden.

Ergibt sich bei einem Reisenden während der Eisenbahnfahrt Pockenverdacht, so ist er, falls nicht die Verkehrsordnung seinen Ausschluß von der Fahrt vorschreibt, an der Weiterfahrt nicht zu verhindern; jedoch ist, sobald dies ohne Unterbrechung der Reise möglich ist, die Feststellung der Krankheit durch einen Arzt herbeizuführen. Der Abteil, in welchem der Kranke untergebracht war, und die damit in Zusammenhang stehenden Abteile sind zu räumen. Der Wagen ist, falls der Pockenverdacht sich bestätigt, sobald wie möglich außer Betrieb zu setzen und zu desinfizieren.

Im einzelnen gelten beim Auftreten der Pocken die in der Anlage 2 enthaltenen Bestimmungen.

10. Zu § 42. Ist in einer Ortschaft der Ausbruch der Pocken festgestellt, so ist das Reichsgesundheitsamt hiervon sofort auf dem kürzesten Wege zu benachrichtigen. Neben dieser Benachrichtigung von dem Ausbruche der Pocken ist von den durch die Landesregierungen zu bestimmenden Behörden an das Reichsgesundheitsamt wöchentlich eine Nachweisung über die in der vergangenen Woche bis Sonnabend einschließlich in den einzelnen Ortschaften gemeldeten Erkrankungs- und Todesfälle nach Maßgabe der Anlage 3 in geschlossenem Umschlage mitzuteilen. Die Wochennachweisungen sind so zeitig abzusenden, daß sie bis Montag Mittag im Gesundheitsamt eingehen.

Außerdem ist innerhalb acht Tagen nach der Genesung oder

dem Ableben eines Pockenkranken eine Zählkarte nach dem anliegenden Muster (Anlage 4) von dem durch die Landesregierung zu bestimmenden Medizinalbeamten auszufüllen. Die Zählkarten sind nach Bestimmung der Landesregierung entweder durch Vermittelung der zuständigen Landesbehörde oder unmittelbar an das Reichsgesundheitsamt einzusenden. Falls die Karten zunächst an die Landesbehörde eingereicht werden, ist dafür Sorge zu tragen, daß sie spätestens bis zum 1. Februar des nächstfolgenden Jahres an das Reichsgesundheitsamt gelangen. Diese Bestimmungen treten am 1. Januar 1905 in Kraft.

III. Bekämpfung des Fleckfiebers (Flecktyphus).

1. Zu §§ 12, 13 des Gesetzes. Diejenigen Personen, welche mit einer an Fleckfieber erkrankten oder verstorbenen, zuvor noch nicht wirksam entlausten Person unmittelbar in Berührung gekommen sind, sind einer Beobachtung zu unterwerfen, soweit nicht schärfere Maßregeln nach Nr. 2 zu ergreifen sind oder vom beamteten Arzte aus besonderen Gründen für erforderlich erklärt werden; sie müssen mindestens zweimal in einem Zwischenraume von wenigstens fünf Tagen entlaust werden; erforderlichenfalls ist auch ihre Wohnung zu entlausen. Diese Bestimmungen finden nach dem Ermessen des beamteten Arztes auch Anwendung auf Personen, die nur mittelbar mit einer an Fleckfieber erkrankten oder verstorbenen, zuvor noch nicht wirksam entlausten Person in Berührung gekommen sind, insbesondere auch auf die nicht in Wohnungsgemeinschaft mit dem Kranken lebenden Bewohner des Hauses, ferner auf Arbeitsgenossen und dergleichen. Die Beobachtung soll nicht länger als drei Wochen, gerechnet vom Tage der letzten Ansteckungsgelegenheit, dauern. Sie ist in schonender Form und so vorzunehmen, daß Belästigungen tunlichst vermieden werden. Sie wird in der Regel darauf beschränkt werden können, daß durch einen Arzt oder durch eine sonst geeignete Person täglich Erkundigungen über den Gesundheitszustand der betreffenden Person eingezogen werden.

Die höhere Verwaltungsbehörde kann für den Umfang ihres Bezirkes oder für dessen Teile anordnen, daß zureisende Personen, die sich innerhalb der letzten drei Wochen vor ihrer Ankunft in einem vom Fleckfieber betroffenen Bezirk oder Orte aufgehalten haben, nach ihrer Ankunft der Ortspolizeibehörde binnen einer zu bestimmenden, möglichst kurzen Frist schriftlich oder mündlich zu melden sind. Derartige Personen können als ansteckungsverdächtig angesehen und der Beobachtung unterworfen werden.

Eine verschärfte Art der Beobachtung, verbunden mit mehrmals wiederholter Entlausung sowie mit Beschränkungen in der Wahl des Aufenthalts oder der Arbeitsstätte (z. B. Anweisung eines bestimmten Aufenthalts, Verpflichtung zum zeitweisen persönlichen Erscheinen vor der Gesundheitsbehörde), ist bei gehäuftem Auftreten von Fleckfieber solchen ansteckungsverdächtigen Personen gegenüber zulässig, welche obdachlos oder ohne festen Wohnsitz sind oder berufs- oder gewohnheitsmäßig umherziehen, z. B. fremdländische Auswanderer und Arbeiter, Zigeuner, Landstreicher, Hausierer.

2. Zu §§ 14, 18. An Fleckfieber erkrankte oder krankheitsverdächtige Personen sind ohne Verzug nach Maßgabe der Anlage 1 von Läusen und deren Eiern gründlich zu befreien, mit reiner Leib- und Bettwäsche, erforderlichenfalls auch mit solchen Kleidungsstücken zu versehen und in einem von Läusen freien Raume abzusondern. Als krankheitsverdächtig sind solche Personen zu betrachten, welche unter Erscheinungen erkrankt sind, die den Ausbruch des Fleckfiebers befürchten lassen.

Ansteckungsverdächtige Personen sind in gleicher Weise nach erfolgter Entlausung in einem von Läusen freien Raume abzusondern, wenn sie mit einem Fleckfieberkranken in Wohnungsgemeinschaft gelebt haben oder sonst mit einem solchen oder mit einer Fleckfieberleiche in unmittelbare Berührung gekommen sind. Jedoch kann die Absonderung unterbleiben, sofern der beamtete Arzt die Beobachtung (Nr. 1) für ausreichend erachtet. In diesem Falle ist alsdann mindestens für eine tägliche Messung der abendlichen Körperwärme des Beobachteten Sorge zu tragen.

Die Absonderung ansteckungsverdächtiger Personen darf die Dauer von drei Wochen, gerechnet vom Tage der letzten Ansteckungsgelegenheit, nicht übersteigen.

Insoweit der beamtete Arzt es zur wirksamen Bekämpfung der Krankheit für unerläßlich erklärt, kann angeordnet werden, daß die Gesunden aus der Wohnung entfernt und die Kranken, anstatt daß sie zur Absonderung in ein Krankenhaus oder in einen sonst geeigneten Unterkunftsraum verbracht werden, in der Wohnung belassen werden. Unter der gleichen Voraussetzung kann ausnahmsweise sogar die Räumung des ganzen Hauses angeordnet werden, wenn in ihm außergewöhnlich ungünstige, der Krankheitsverbreitung förderliche Zustände (Verlausung, Überfüllung, Unreinlichkeit in Herbergen, Gastwirtschaften, Massenunterkunftsräumen und dergleichen) herrschen. Den betroffenen Bewohnern ist, nachdem sie von Läusen befreit sind, anderweit geeignete Unterkunft unentgeltlich zu bieten.

Zur Fortschaffung von Kranken und Krankheitsverdächtigen sollen dem öffentlichen Verkehre dienende Beförderungsmittel (Droschken, Straßenbahnwagen und dergleichen) in der Regel nicht benutzt werden (vergleiche Nr. 5).

Wohnungen oder Häuser, in denen Fleckfieberkranke sich befinden, können kenntlich gemacht werden.

Personen, die der Pflege und Wartung von Fleckfieberkranken und der Öffnung von Fleckfieberleichen sich widmen, ist aufzugeben, den Verkehr mit anderen Personen, so lange als der beamtete Arzt es für erforderlich hält, tunlichst zu vermeiden; im übrigen sind sie als ansteckungsverdächtig zu behandeln. Auch ist ihnen die Anwendung der von dem beamteten Arzte außerdem angeordneten Vorsichtsmaßregeln und die Einhaltung der sonst gegen die Weiterverbreitung der Krankheit von dem beamteten Arzte für nötig befundenen Maßnahmen zur Pflicht zu machen.

Personen, die der Entlausung von Fleckfieberkranken sich berufsmäßig widmen, z. B. den Desinfektoren, ist die Anwendung der von dem beamteten Arzte angeordneten Vorsichtsmaßregeln und die Einhaltung der sonst gegen die Weiterverbreitung der Krankheit für nötig befundenen Maßnahmen zur Pflicht zu machen, jedoch sind verkehrsbeschränkende Anordnungen nach Möglichkeit zu vermeiden.

Als geeignet zur Absonderung sind nur solche Krankenhäuser oder Unterkunftsräume anzusehen, in welchen die Absonderung des Kranken derart erfolgen kann, daß er mit anderen als den zu seiner Pflege bestimmten Personen, dem Arzte oder dem Seelsorger nicht in Berührung kommt und eine Verbreitung der Krankheit durch Übertragung von Läusen tunlichst ausgeschlossen ist.

3. Zu § 15. Die zuständigen Behörden haben besonders zu erwägen, inwieweit Veranstaltungen, die eine Ansammlung größerer Menschenmengen mit sich bringen (Messen, Märkte usw.), in oder bei solchen Ortschaften, in welchen das Fleckfieber ausgebrochen ist, zu untersagen sind.

In einem Hause, in dem sich ein Fleckfieberkranker befindet, können Handels- oder gewerbliche Betriebe Beschränkungen unterworfen oder geschlossen werden, insoweit nach dem Gutachten des beamteten Arztes von der Fortsetzung des Betriebs eine Verbreitung des Ansteckungsstoffs zu befürchten ist.

Die Polizeibehörden der vom Fleckfieber ergriffenen Ortschaften haben dafür zu sorgen, daß Gegenstände, von denen nach dem Gutachten des beamteten Arztes anzunehmen ist, daß sie das Fleckfieber durch Läuse zu übertragen geeignet sind, vor wirksamer Entlausung nicht in den Verkehr gelangen.

Insbesondere ist für Ortschaften, oder Bezirke, in denen Fleckfiebererkrankungen gehäuft auftreten, die Ausfuhr von gebrauchter Leibwäsche, getragenen Kleidungsstücken, getragenem Pelzwerk und Schuhzeug, gebrauchtem Bettzeug einschließlich Bettfedern, gebrauchten Roßhaaren sowie von Hadern und Lumpen aller Art zu verbieten. Reisegepäck und Umzugsgut sind von dem Verbot auszunehmen.

Bei gehäuftem Auftreten des Fleckfiebers ist in den von der Krankheit befallenen Ortschaften oder Bezirken das gewerbsmäßige Einsammeln von Lumpen im Umherziehen zu verbieten.

Einfuhrverbote gegen inländische, vom Fleckfieber befallene Ortschaften sind nicht zulässig. Das Verbot der Einfuhr bestimmter Waren und anderer Gegenstände aus dem Ausland richtet sich ausschließlich nach den Vorschriften, welche gegebenenfalls gemäß § 25 des Gesetzes in Vollzug gesetzt werden.

Für gebrauchtes Bettzeug, gebrauchte Leibwäsche, getragene Kleidungsstücke einschließlich Pelzwerk und Schuhzeug, welche aus einer vom Fleckfieber betroffenen Ortschaft stammen und noch nicht wirksam entlaust worden sind, kann eine Entlausung angeordnet werden. Im übrigen ist eine Entlausung von Gegenständen des Güter- und Reiseverkehrs einschließlich der von Reisenden getragenen Wäsche- und Kleidungsstücke nur dann geboten und zulässig, wenn die Gegenstände nach dem Gutachten des beamteten Arztes das Fleckfieber durch Läuse zu übertragen geeignet sind.

Weitergehende Beschränkungen des Gepäck- und Güterverkehrs sowie des Verkehrs mit Post- (Brief- und Paket-) Sendungen sind nicht zulässig.

4. Zu § 16. Jugendliche Personen aus einem Haushalt, in dem ein Fleckfieberfall vorgekommen ist, müssen, soweit und solange nach dem Gutachten des beamteten Arztes eine Weiterverbreitung der Krankheit aus diesem Haushalt zu befürchten ist, vom Schulbesuche ferngehalten werden. Personen, welche der Ansteckung durch das Fleckfieber ausgesetzt gewesen sind, müssen so lange vom Schulbetrieb ausgeschlossen werden, bis sie wirksam entlaust sind.

Das gleiche gilt hinsichtlich des Besuchs jedes anderen Unterrichts, an dem mehrere Personen teilnehmen.

5. Zu § 19. Die Polizeibehörde hat dem Haushaltungsvorstand und dem Pflegepersonal aufzuerlegen, daß die Bett- und Leibwäsche, die Kleidungsstücke sowie andere Gegenstände, auf die Läuse von dem Kranken übergegangen sein können, namentlich solche, welche bei der Reinigung und Pflege des Kranken benutzt worden sind, wie Waschbecken, Badewannen, Kämme,

ferner Bettvorlagen, der Fußboden des Krankenzimmers während des Bestehens der Krankheit fortlaufend, nach Maßgabe der Anlage 1, entlaust und läusefrei gehalten werden. Auch ist Vorsorge zu treffen, daß Fahrzeuge und andere Beförderungsmittel, die zur Fortschaffung von kranken oder krankheitsverdächtigen Personen gedient haben, alsbald und vor anderweitiger Benutzung entlaust werden.

Hat eine fortlaufende Entlausung nicht stattgefunden, so ist nach der Verbringung des Kranken in ein Krankenhaus, nach seiner Genesung oder seinem Ableben eine nachträgliche Entlausung vorzunehmen, die sich auf die im Abs. 1 bezeichneten Gegenstände erstrecken muß.

6. Zu § 21. Die Leichen der an Fleckfieber Gestorbenen sind, sofern der Verstorbene nicht wirksam entlaust war, ohne vorheriges Waschen und Umkleiden sofort in Tücher einzuhüllen, die mit einer läusevertilgenden Flüssigkeit getränkt sind. Sie sind alsdann in dichte Särge zu legen, die am Boden mit einer reichlichen Schicht Sägemehl, Torfmull oder anderen aufsaugenden Stoffen bedeckt sind. Der Sarg ist alsbald zu schließen.

Soll mit Rücksicht auf religiöse Vorschriften das Waschen der Leiche ausnahmsweise stattfinden, so darf es nur unter den vom beamteten Arzte angeordneten Vorsichtsmaßregeln und nur mit läusevertilgenden Flüssigkeiten ausgeführt werden.

Ist ein Leichenhaus vorhanden, so ist die eingesargte Leiche sobald als möglich dahin überzuführen. In Ortschaften, wo ein Leichenhaus nicht besteht, ist dafür Sorge zu tragen, daß die eingesargte Leiche tunlichst in einem besonderen abschließbaren Raume bis zur Beerdigung aufbewahrt wird.

Die Ausstellung der Leiche im Sterbehaus oder im offenen Sarge ist zu untersagen, das Leichengefolge möglichst zu beschränken und dessen Eintritt in das Sterbehaus zu verbieten.

Personen, die bei der Einsargung beschäftigt gewesen sind, ist die Einhaltung der von dem beamteten Arzte gegen eine Weiterverbreitung der Krankheit für erforderlich erachteten Maßregeln zur Pflicht zu machen.

7. Zu § 22. Die Aufhebung der getroffenen Anordnungen

darf nur nach Anhörung des beamteten Arztes erfolgen; insbesondere ist sie von der vorschriftsmäßigen Entlausung abhängig zu machen, insoweit es sich um Maßregeln handelt, die sich auf den Kranken oder dessen unmittelbare Umgebung bezogen haben.

8. Zu § 24. Bei einem gefahrdrohenden Ausbruch des Fleckfiebers im Ausland ist der Übertritt von Durchwanderern aus solchen ausländischen Gebieten, in denen Fleckfieber herrscht, nur an bestimmten Grenzorten zu gestatten. Hier hat eine Entlausung und eine ärztliche Besichtigung sowie die Zurückhaltung und Absonderung der an Fleckfieber Erkrankten und der Krankheitsverdächtigen stattzufinden.

Die Massenbeförderung von Durchwanderern mit der Eisenbahn hat in Sonderzügen oder in besonderen Wagen, und zwar nur in Abteilen ohne Polsterung, zu geschehen. Die benutzten Wagen sind nach jedesmaligem Gebrauche zu entlausen. Müssen die Durchwanderer während der Reise durch das Reichsgebiet behufs Übernachtung den Zug verlassen, so darf dies nur auf Eisenbahnstationen geschehen, bei denen sich Auswandererhäuser befinden.

Es ist dafür Sorge zu tragen, daß solche Durchwanderer mit dem Publikum so wenig wie möglich in Berührung kommen und in den Hafenorten tunlichst in Auswandererhäusern untergebracht werden.

Fremdländischen Arbeitern, die aus ausländischen von dem Fleckfieber betroffenen Gebieten vorübergehend einwandern sowie ihren Angehörigen ist der Übertritt über die Grenze nur dann zu gestatten, wenn die Gewähr dafür gegeben ist, daß sie erforderlichenfalls einer Entlausung unterzogen werden.

Unter Umständen kann fremdländischen Personen aus ausländischen Gebieten, in denen Fleckfieber herrscht, der Übertritt über die Grenze verboten werden.

9. Zu § 40. Fleckfieberkranke dürfen in der Regel nicht mittels der Eisenbahn befördert werden. Ausnahmen sind nur bei zuverlässig entlausten Kranken und nur nach dem Gutachten des für die Abgangsstation zuständigen beamteten Arztes zulässig.

In solchen Ausnahmefällen ist der Kranke in einem besonderen, nicht gepolsterten Abteil zu befördern. Vorsichtshalber ist dieses Abteil alsbald nach der Benutzung zu entlausen.

10. Zu § 42. Ist in einer Ortschaft der Ausbruch des Fleckfiebers festgestellt, so ist das Reichsgesundheitsamt hiervon sofort auf dem kürzesten Wege zu benachrichtigen. Weiterhin ist von den durch die Landesregierungen zu bestimmenden Behörden an das Reichsgesundheitsamt wöchentlich eine Nachweisung über die in der vergangenen Woche bis Sonnabend einschließlich in den einzelnen Ortschaften gemeldeten Erkrankungs- und Todesfälle nach Maßgabe der Anlage 2 in geschlossenem Umschlag mitzuteilen.

Falls von einzelnen Landesregierungen andere Vordrucke eingeführt sind, aus denen jedoch die in Anlage 2 geforderten Angaben gleichfalls entnommen werden können, dürfen auch diese verwendet werden. Die Wochennachweisungen sind so zeitig abzusenden, daß sie bis Montag mittag im Reichsgesundheitsamt eingehen.

IV. Bekämpfung des Aussatzes (Lepra).

1. Zu § 12. Als ansteckungsverdächtig sind solche Personen zu betrachten, bei welchen Krankheitserscheinungen zwar nicht vorliegen, jedoch die Besorgnis gerechtfertigt ist, daß sie den Ansteckungsstoff des Aussatzes aufgenommen haben, weil sie mit Aussätzigen in Wohnungsgemeinschaft leben oder gelebt haben.

Ansteckungsverdächtige Personen sind einer Beobachtung zu unterwerfen, welche nicht länger als fünf Jahre, gerechnet vom Tage der letzten Ansteckungsgelegenheit, dauern soll. Die Beobachtung hat darin zu bestehen, daß der beamtete Arzt von Zeit zu Zeit (in der Regel alle sechs Monate) in schonender Form, nötigenfalls durch Untersuchung den Gesundheitszustand der betreffenden Personen feststellt.

2. Zu § 14. Am Aussatz erkrankte Personen sind ohne Verzug nach Maßgabe der folgenden Vorschriften abzusondern.

Die Absonderung hat derart zu erfolgen, daß der am Aussatz Erkrankte ein besonderes Schlafzimmer und ein besonderes Bett zur Verfügung hat, auch in Räumen wohnt, die nicht von anderen als den zum Umgang mit ihm zugelassenen Personen (Angehörigen, Pflegern) benutzt werden. Die Unterbringung mehrerer Aussätziger in einem Raume ist zulässig. Die dem Kranken zur Verfügung stehenden Gebrauchsgegenstände (Wäsche, Kleider, Schuhzeug, Wasch-, Rasier-, Eß- und Trinkgeschirr, Bücher, Musikalien usw.) dürfen nur von diesem allein benutzt werden und müssen als für den ausschließlichen Gebrauch des Kranken bestimmt kenntlich gemacht sein.

Aussätzigen ist der Besuch von öffentlichen Badeanstalten, Barbier- und Frisiergeschäften, Schulen, Wirtschaften, Theatern und dergleichen sowie die Benutzung der dem öffentlichen Verkehre dienenden Beförderungsmittel (Droschken, Straßenbahnwagen und dergleichen) zu verbieten.

Aussätzigen, welche nach der Art ihrer Krankheitserscheinungen als eine besondere Gefahr für die Weiterverbreitung des Aussatzes nach dem Gutachten des beamteten Arztes anzusehen sind, ist jeder Verkehr an öffentlichen Orten (Straßen usw.) zu untersagen.

Es ist Vorsorge zu treffen, daß Aussätzige keine Beschäftigung ausüben, bei welcher sie mit anderen, nicht aussätzigen Personen in unmittelbarer Berührung kommen, zum Beispiel Wartung von Kindern, Bedienung anderer Personen.

Weitere, über die Bestimmungen der Abs. 2 bis 5 hinausgehende Beschränkungen können Aussätzigen nur auferlegt werden, sofern der beamtete Arzt dies für zulässig erachtet.

Aussätzigen, bei denen in zuverlässiger Weise nachgewiesen ist, daß ihre Ausscheidungen Lepraerreger nicht enthalten, können nach dem Gutachten des beamteten Arztes Erleichterungen für den Aufenthalt außerhalb ihrer Wohnungen gewährt werden. Der Besuch von Wirtschaften, Theatern und dergleichen sowie die Benutzung der dem öffentlichen Verkehre dienenden Beförderungsmittel (Droschken, Straßenbahnwagen und dergleichen) soll ihnen nur dann verboten werden, wenn besondere

Gründe dies erforderlich erscheinen lassen. Solche Kranke sind aber monatlich mindestens einmal durch den beamteten Arzt auf ihren Krankheitszustand zu untersuchen; dabei ist besonders festzustellen, ob ihr Nasen- und Rachenschleim noch frei von Lepraerregern ist.

Krankheitsverdächtige, d. h. solche Personen, welche unter Erscheinungen erkrankt sind, die den Ausbruch des Aussatzes befürchten lassen, sind so lange wie Kranke zu behandeln, bis nachgewiesen ist, daß Aussatz nicht vorliegt.

Falls der beamtete Arzt es für erforderlich erklärt, ist darauf hinzuwirken, daß Kinder aussätziger Eltern aus der Wohnung der letzteren entfernt und in einer anderen Behausung untergebracht werden.

Diejenigen Personen, welche der Pflege und Wartung von Aussätzigen sich widmen oder sonst bei ihnen Dienste verrichten, sind zur Befolgung der Desinfektionsanweisung anzuhalten; auch ist ihnen die Einhaltung der sonstigen gegen eine Weiterverbreitung der Krankheit von dem beamteten Arzte für erforderlich erachteten Maßregeln zur Pflicht zu machen.

3. Zu § 16. Jugendliche Personen aus einem Haushalt, in dem ein Aussätziger sich befindet, müssen, soweit und solange nach dem Gutachten des beamteten Arztes eine Weiterverbreitung der Krankheit zu befürchten ist, vom Schulbesuche ferngehalten werden.

4. Zu § 19. In einem Hause, in welchem ein Aussätziger sich befindet oder befunden hat, sind die erforderlichen Maßnahmen zur Desinfektion der Ausscheidungen der Kranken sowie der mit dem Kranken oder Gestorbenen in Berührung gekommenen Gegenstände zu treffen. Ganz besondere Aufmerksamkeit ist der Desinfektion infizierter Räume sowie der Betten, der Leibwäsche und der Kleidungsstücke des Kranken oder Gestorbenen zuzuwenden. Fahrzeuge und andere Beförderungsmittel, welche ausnahmsweise zur Fortschaffung von solchen kranken oder krankheitsverdächtigen Personen gedient haben, denen gemäß Nr. 2 Abs. 3 dieser Bestimmungen die Benutzung der dem öffentlichen Verkehre dienenden Beförderungsmittel verboten

ist, sind alsbald und vor anderweitiger Benutzung zu desinfizieren.

Die Desinfektionen sind nach Maßgabe der aus der Anlage ersichtlichen Anweisung zu bewirken.

5. Zu § 21. Die Leichen der an Aussatz Gestorbenen sind ohne vorheriges Waschen und Umkleiden in Tücher einzuhüllen, welche mit einer desinfizierenden Flüssigkeit getränkt sind. Sie sind alsdann in dichte Särge zu legen, welche am Boden mit einer reichlichen Schicht Sägemehl, Torfmull oder anderen aufsaugenden Stoffen bedeckt sind. Der Sarg ist alsbald zu schließen.

Soll mit Rücksicht auf religiöse Vorschriften das Waschen der Leiche ausnahmsweise stattfinden, so darf es nur unter den vom beamteten Arzte angeordneten Vorsichtsmaßregeln und nur mit desinfizierenden Flüssigkeiten ausgeführt werden.

Ist ein Leichenhaus vorhanden, so ist die eingesargte Leiche alsbald dahin überzuführen. Die Ausstellung der Leiche im Sterbehaus oder im offenen Sarge ist zu untersagen.

Die Bestattung der Aussatzleichen ist tunlichst zu beschleunigen. Den bei der Einsargung beschäftigt gewesenen Personen ist die Einhaltung der von dem beamteten Arzte gegen eine Weiterverbreitung der Krankheit für erforderlich erachteten Maßregeln zur Pflicht zu machen.

6. Zu § 22. Die Aufhebung der zur Abwehr des Aussatzes getroffenen Anordnungen darf nur nach Anhörung des beamteten Arztes erfolgen.

7. Zu § 24. Fremdländischen Aussätzigen kann der Übertritt über die Grenze verboten werden.

8. Zu § 40. Aussätzige, deren Absonderungen Lepraerreger enthalten, dürfen in der Regel nicht mittels der Eisenbahn befördert werden. Ausnahmen sind nur nach dem Gutachten des für die Abgangsstation zuständigen beamteten Arztes zulässig. In solchen Ausnahmefällen ist der Kranke in einem besonderen Wagenabteil mit getrenntem Abort zu befördern. Aussätzige, die obdachlos oder ohne festen Wohnsitz sind oder berufs- oder gewohnheitsmäßig umherziehen, sind, gleichviel ob

ihre Absonderungen Lepraerreger enthalten oder nicht, in einem besonderen Wagenabteil mit getrenntem Abort zu befördern, auch ist ihnen ein zuverlässiger Begleiter beizugeben.

Wagenabteil und Abort, die von einem Aussatzkranken benutzt worden sind, dessen Absonderungen Lepraerreger enthalten, müssen alsbald und vor anderweitiger Benutzung desinfiziert werden. Handelt es sich um andere Aussatzkranke, so ist eine Desinfektion vorzunehmen, sofern und soweit es der beamtete Arzt für erforderlich erachtet.

9. Zu § 42. Ist in einer Ortschaft der Ausbruch des Aussatzes festgestellt, so ist das Reichsgesundheitsamt hiervon sofort zu benachrichtigen. Ebenso ist jeder weitere Fall dem Reichsgesundheitsamt mitzuteilen.

Die Landesregierungen haben alljährlich bis spätestens den 1. Februar dem Reichsgesundheitsamt über die in dem verflossenen Kalenderjahr in dem betreffenden Staatsgebiet eingetretene Zu- und Abnahme der Krankheitsfälle Mitteilung zu machen.

41. Bekanntmachung, betr. die Desinfektionsanweisungen für gemeingefährliche Krankheiten.

Vom 11. April 1907 (RGBl. S. 95).

Allgemeine Desinfektionsanweisung[1]).

I. Desinfektionsmittel.

1. Verdünntes Kresolwasser (2,5 prozentig). Zur Herstellung werden entweder 50 Kubikzentimeter Kresolseifenlösung (Liquor Cresoli saponatus des Arzneibuchs für das Deutsche Reich) oder ½ Liter Kresolwasser (Aqua cresolica des Arzneibuchs für das Deutsche Reich) mit Wasser zu 1 Liter Desinfektionsflüssigkeit aufgefüllt und gut durchgemischt.

2. Karbolsäurelösung (etwa 3 prozentig). 30 Kubikzentimeter verflüssigte Karbolsäure (Acidum carbolicum liquefactum

---

[1]) Der hierzu gehörige Anhang sowie die sonstigen Desinfektionsanweisungen bei Aussatz (Lepra), Cholera, Fleckfieber (Flecktyphus), Pest, Pocken (Blattern) sind hier nicht abgedruckt.

des Arzneibuchs für das Deutsche Reich) werden mit Wasser zu 1 Liter Desinfektionsflüssigkeit aufgefüllt und gut durchgemischt.

3. Sublimatlösung ($^1/_{10}$ prozentig). Zur Herstellung werden von den käuflichen, rosa gefärbten Sublimatpastillen (Pastilli hydrargyri bichlorati des Arzneibuchs für das Deutsche Reich) entweder 1 Pastille zu 1 Gramm oder 2 Pastillen zu je ½ Gramm in 1 Liter Wasser aufgelöst.

4. Kalkmilch. Frisch gebrannter Kalk wird unzerkleinert in ein geräumiges Gefäß gelegt und mit Wasser (etwa der halben Menge des Kalkes) gleichmäßig besprengt: er zerfällt hierbei unter starker Erwärmung und unter Aufblähen zu Kalkpulver.

Die Kalkmilch wird bereitet, indem zu je 1 Liter Kalkpulver allmählich unter stetem Rühren 3 Liter Wasser hinzugesetzt werden.

Falls frischgebrannter Kalk nicht zur Verfügung steht, kann die Kalkmilch auch durch Anrühren von je 1 Liter gelöschten Kalkes, wie er in einer Kalkgrube vorhanden ist, mit 3 Liter Wasser bereitet werden. Jedoch ist darauf zu achten, daß in diesen Fällen die oberste, durch den Einfluß der Luft veränderte Kalkschicht vorher beseitigt wird.

Die Kalkmilch ist vor dem Gebrauch umzuschütteln oder umzurühren.

5. Chlorkalkmilch wird aus Chlorkalk (Calcaria chlorata des Arzneibuchs für das Deutsche Reich), der in dicht geschlossenen Gefäßen vor Licht geschützt aufbewahrt war und stechenden Chlorgeruch besitzen soll, in der Weise hergestellt, daß zu je 1 Liter Chlorkalk allmählich unter stetem Rühren 5 Liter Wasser hinzugesetzt werden. Chlorkalkmilch ist jedesmal vor dem Gebrauche frisch zu bereiten.

6. Formaldehyd. Formaldehyd ist ein stechend riechendes, auf die Schleimhäute der Luftwege, der Nase und der Augen reizend wirkendes Gas, das in etwa 35 prozentiger wässeriger Lösung (Formaldehydum solutum des Arzneibuchs für das Deutsche Reich) käuflich ist. Die Formaldehydlösung ist gut verschlossen und vor Licht geschützt aufzubewahren. Formaldehyd-

lösung, in welcher sich eine weiße, weiche, flockige Masse, die sich bei vorsichtigem Erwärmen nicht auflöst (Paraformaldehyd), abgeschieden hat, ist weniger wirksam, unter Umständen sogar vollkommen unwirksam und daher für Desinfektionszwecke nicht mehr zu benutzen.

Formaldehyd kommt zur Anwendung:

a) entweder in Dampfform; zu diesem Zwecke wird die käufliche Formaldehydlösung in geeigneten Apparaten mit Wasser verdampft oder zerstäubt oder das Formaldehydgas durch ein anderes erprobtes Verfahren entwickelt;

b) oder in wässeriger Lösung (etwa 1 prozentig). Zur Herstellung werden 30 Kubikzentimeter der käuflichen Formaldehydlösung mit Wasser zu 1 Liter Desinfektionsflüssigkeit aufgefüllt und gut durchgemischt.

7. Wasserdampf. Der Wasserdampf muß mindestens die Temperatur des siedenden Wassers haben. Zur Desinfektion mit Wasserdampf sind nur solche Apparate zu verwenden, welche sowohl bei der Aufstellung als auch später in regelmäßigen Zwischenräumen von Sachverständigen geprüft und geeignet befunden worden sind.

Neben Apparaten, welche mit strömendem Wasserdampfe von Atmosphärendruck arbeiten, sind auch solche, die mäßig gespannten Dampf verwerten, verwendbar. Überhitzung des Dampfes ist zu vermeiden.

Die Prüfung der Apparate hat sich namentlich auf die Art der Dampfentwickelung, die Anordnung der Dampfzu- und -ableitung, den Schutz der zu desinfizierenden Gegenstände gegen Tropfwasser und gegen Rostflecke, die Handhabungsweise und die für eine ausreichende Desinfektion erforderliche Dauer der Dampfeinwirkung zu erstrecken.

Auf Grund dieser Prüfung ist für jeden Apparat eine genaue Anweisung für seine Handhabung aufzustellen und neben dem Apparat an offensichtlicher Stelle zu befestigen.

Die Bedienung der Apparate ist, wenn irgend angängig, nur geprüften Desinfektoren zu übertragen. Es empfiehlt sich, tunlichst bei jeder Desinfektion durch einen geeigneten Kontrollapparat festzustellen, ob die vorschriftsmäßige Durchhitzung erfolgt ist.

8. Auskochen in Wasser, dem Soda zugesetzt werden kann. Die Flüssigkeit muß kalt aufgesetzt werden, die Gegenstände vollständig bedecken und vom Augenblicke des Kochens ab mindestens eine Viertelstunde lang im Sieden gehalten werden. Die Kochgefäße müssen bedeckt sein.

9. Verbrennen, anwendbar bei leicht brennbaren Gegenständen von geringem Werte.

Anmerkung. Unter den angeführten Desinfektionsmitteln ist die Auswahl nach Lage des Falles zu treffen. Auch dürfen unter Umständen andere, in bezug auf ihre desinfizierende Wirksamkeit und praktische Brauchbarkeit erprobte Mittel angewendet werden, jedoch müssen ihre Mischungs- und Lösungsverhältnisse sowie ihre Verwendungsweise so gewählt werden, daß nach dem Gutachten des beamteten Arztes der Erfolg ihrer Anwendung einer Desinfektion mit den unter 1 bis 9 bezeichneten Mitteln nicht nachsteht.

II. Ausführung der Desinfektion.

Vorbemerkung.

Die Desinfektion soll nicht nur ausgeführt werden, nachdem der Kranke genesen, in ein Krankenhaus oder in einen anderen Unterkunftsraum übergeführt oder gestorben ist (Schlußdesinfektion), sondern sie soll fortlaufend auch während der ganzen Dauer der Krankheit stattfinden (Desinfektion am Krankenbette).

Die Desinfektion am Krankenbett ist von ganz besonderer Wichtigkeit. Es ist deshalb in jedem Falle anzuordnen und sorgfältig darüber zu wachen, daß womöglich von Beginn der Erkrankung an bis zu ihrer Beendigung alle Ausscheidungen des Kranken und die von ihm benutzten Gegenstände, soweit anzunehmen ist, daß sie mit dem Krankheitserreger behaftet sind, fortlaufend desinfiziert werden. Hierbei kommen hauptsächlich die nachstehend unter Ziffer 1 bis 6, 9, 14, bis 18 und 24 aufgeführten Gegenstände in Betracht. Auch sollen die mit der

Wartung und Pflege des Kranken beschäftigten Personen ihren Körper, ihre Wäsche und Kleidung nach näherer Anweisung des Arztes regelmäßig desinfizieren.

Bei der Schlußdesinfektion kommen alle von dem Kranken benutzten Räume und Gegenstände in Betracht, soweit anzunehmen ist, daß sie mit dem Krankheitserreger behaftet und soweit ihre Desinfektion nicht schon während der Erkrankung erfolgt ist.

Genesene sollen vor Wiedereintritt in den freien Verkehr ihren Körper gründlich reinigen und womöglich ein Vollbad nehmen.

Auch sollen die Personen, welche die Schlußdesinfektion ausgeführt oder die Leiche eingesargt haben, ihren Körper, ihre Wäsche und Kleidung einer Desinfektion unterwerfen.

1. Ausscheidungen des Kranken.

a) Auswurf, Rachenschleim und Gurgelwasser sind in Gefäßen aufzufangen, welche bis zur Hälfte gefüllt sind

α) entweder mit verdünntem Kresolwasser, Karbolsäurelösung oder Sublimatlösung; in diesem Falle dürfen die Gemische erst nach mindestens zweistündigem Stehen beseitigt werden, am besten durch Ausgießen in den Abort;

β) oder mit Wasser, welchem Soda zugesetzt werden kann, in diesem Falle müssen die Gefäße mit Inhalt ausgekocht oder in geeigneten Desinfektionsapparaten mit Wasserdampf behandelt werden.

Auch läßt sich der Auswurf in brennbarem Material auffangen und mit diesem verbrennen.

b) Erbrochenes, Stuhlgang und Harn sind in Nachtgeschirren, Steckbecken oder dergleichen aufzufangen und alsdann sofort mit der gleichen Menge von Kalkmilch, verdünntem Kresolwasser oder Karbolsäurelösung zu übergießen. Die Gemische dürfen erst nach mindestens zweistündigem Stehen in den Abort geschüttet werden.

c) Blut, blutige, eitrige und wässerige Wund- und Geschwürausscheidungen, Nasenschleim sowie die bei Sterbenden aus Mund und Nase hervorquellende schaumige Flüssigkeit sind in Wattebäuschen, Leinen- oder Mullläppchen oder dergleichen aufzufangen. Diese sind sofort zu verbrennen oder, wenn dies nicht angängig ist, in Gefäße zu legen, welche mit verdünntem Kresolwasser, Karbolsäurelösung oder Sublimatlösung gefüllt sind; sie müssen von der Flüssigkeit vollständig bedeckt sein und dürfen erst nach zwei Stunden beseitigt werden.

d) Hautabgänge (Schorfe, Schuppen und dergleichen) sind zu verbrennen oder, wenn dies nicht angängig ist, in der unter c bezeichneten Weise zu desinfizieren.

2. Verbandgegenstände, Vorlagen von Wöchnerinnen und dergleichen sind nach der unter Ziffer 1c gegebenen Vorschrift zu behandeln.

3. Schmutzwässer sind mit Chlorkalkmilch oder Kalkmilch zu desinfizieren: von der Chlorkalkmilch ist so viel hinzuzusetzen, daß das Gemisch stark nach Chlor riecht, von der Kalkmilch so viel, daß das Gemisch kräftig rotgefärbtes Lackmuspapier deutlich und dauernd blau färbt; in allen Fällen darf die Flüssigkeit erst zwei Stunden nach Zusatz des Desinfektionsmittels beseitigt werden.

4. Badewässer von Kranken sind wie Schmutzwässer zu behandeln. Mit Rücksicht auf Ventile und Ableitungsrohre empfiehlt es sich, hier eine durch Absetzen oder Abseihen geklärte Chlorkalkmilch zu verwenden.

5. Waschbecken, Spuckgefäße, Nachtgeschirre, Steckbecken, Badewannen und dergleichen sind nach Desinfektion des Inhalts (Ziffer 1, 3 und 4) gründlich mit verdünntem Kresolwasser, Karbolsäurelösung oder Sublimatlösung auszuscheuern und dann mit Wasser auszuspülen. Bei nicht emaillierten Metallgefäßen ist die Verwendung von Sublimat zu vermeiden.

6. Eß- und Trinkgeschirre, Tee- und Eßlöffel und dergleichen sind fünfzehn Minuten lang in Wasser, dem Soda — etwa 2 Prozent — zugesetzt werden kann, auszukochen und dann gründlich zu spülen. Messer, Gabeln und sonstige Geräte,

welche das Auskochen nicht vertragen, sind eine Stunde lang in 1prozentige Formaldehydlösung zu legen und dann gründlich trocken zu reiben.

7. Leicht brennbare Spielsachen von geringem Werte sind zu verbrennen, andere Spielsachen von Holz oder Metall sind gründlich mit Lappen abzureiben, welche mit 1prozentiger Formaldehydlösung befeuchtet sind, und dann zu trocknen.

8. Bücher, auch Akten, Bilderbogen und dergleichen sind, soweit sie nicht verbrannt werden, mit Formaldehydgas, Wasserdampf oder trockener Hitze zu desinfizieren.

9. Bett- und Leibwäsche, zur Reinigung der Kranken benutzte Tücher, waschbare Kleidungsstücke und dergleichen sind im Gefäße mit verdünntem Kresolwasser oder Karbolsäurelösung zu legen. Sie müssen von dieser Flüssigkeit vollständig bedeckt sein und dürfen erst nach zwei Stunden weiter gereinigt werden. Das dabei ablaufende Wasser kann als unverdächtig behandelt werden.

10. Kleidungsstücke, die nicht gewaschen werden können, Federbetten, wollene Decken, Matratzen ohne Holzrahmen, Bettvorleger, Gardinen, Teppiche, Tischdecken und dergleichen sind in Dampfapparaten oder mit Formaldehydgas zu desinfizieren. Das gleiche gilt von Strohsäcken, soweit sie nicht verbrannt werden.

11. Die nach den Desinfektionsanstalten oder -apparaten zu schaffenden Gegenstände sind in Tücher, welche mit verdünntem Kresolwasser, Karbolsäurelösung oder Sublimatlösung angefeuchtet sind, einzuschlagen und tunlichst nur in gutschließenden, innen mit Blech ausgeschlagenen Kasten oder Wagen zu befördern. Ein Ausklopfen der zur Desinfektion bestimmten Gegenstände hat zu unterbleiben. Wer solche Gegenstände vor der Desinfektion angefaßt hat, soll seine Hände in der unter Ziffer 14 angegebenen Weise desinfizieren.

12. Gegenstände aus Leder oder Gummi (Stiefel, Gummischuhe und dergleichen) werden sorgfältig und wiederholt mit Lappen abgerieben, welche mit verdünntem Kresolwasser,

Karbolsäurelösung oder Sublimatlösung befeuchtet sind. Gegenstände dieser Art dürfen nicht mit Dampf desinfiziert werden.

13. Pelzwerk wird auf der Haarseite mit verdünntem Kresolwasser, Karbolsäurelösung, Sublimatlösung oder 1prozentiger Formaldehydlösung durchfeuchtet, feucht gebürstet, zum Trocknen hingehängt und womöglich gesonnt. Pelzwerk darf nicht mit Dampf desinfiziert werden.

14. Hände und sonstige Körperteile müssen jedesmal, wenn sie mit infizierten Gegenständen (Ausscheidungen der Kranken, beschmutzter Wäsche usw.) in Berührung gekommen sind, mit Sublimatlösung, verdünntem Kresolwasser oder Karbolsäurelösung gründlich abgebürstet und nach etwa fünf Minuten mit warmem Wasser und Seife gewaschen werden. Zu diesem Zwecke muß in dem Krankenzimmer stets eine Schale mit Desinfektionsflüssigkeit bereitstehen.

15. Haar-, Nagel- und Kleiderbürsten werden zwei Stunden lang in 1prozentige Formaldehydlösung gelegt und dann ausgewaschen und getrocknet.

16. Ist der Fußboden des Krankenzimmers, die Bettstelle, der Nachttisch oder die Wand in der Nähe des Bettes mit Ausscheidungen des Kranken beschmutzt worden, so ist die betreffende Stelle sofort mit verdünntem Kresolwasser, Karbolsäurelösung oder Sublimatlösung gründlich abzuwaschen; im übrigen ist der Fußboden täglich mindestens einmal feucht aufzuwischen, geeignetenfalls mit verdünntem Kresolwasser oder Karbolsäurelösung.

17. Kehricht ist zu verbrennen; ist dies ausnahmsweise nicht möglich, so ist er reichlich mit verdünntem Kresolwasser, Karbolsäurelösung oder Sublimatlösung zu durchtränken und erst nach zweistündigem Stehen zu beseitigen.

18. Gegenstände von geringem Werte (Strohsäcke mit Inhalt, gebrauchte Lappen einschließlich der bei der Desinfektion verwendeten, abgetragene Kleidungsstücke, Lumpen und dergleichen) sind zu verbrennen.

19. Leichen sind in Tücher zu hüllen, welche mit verdünntem Kresolwasser, Karbolsäurelösung oder Sublimatlösung getränkt sind, und alsdann in dichte Särge zu legen, welche am Boden mit einer reichlichen Schicht Sägemehl, Torfmull oder anderen aufsaugenden Stoffen bedeckt sind.

20. Zur Desinfektion infizierter oder der Infektion verdächtiger Räume, namentlich solcher, in denen Kranke sich aufgehalten oder Leichen gestanden haben, sind zunächst die Lagerstellen, Gerätschaften und dergleichen, ferner die Wände mindestens bis zu 2 Meter Höhe, die Türen, die Fenster und der Fußboden mittels Lappen, die mit verdünntem Kresolwasser oder Karbolsäurelösung getränkt sind, gründlich abzuwaschen oder auf andere Weise mit den genannten Lösungen ausreichend zu befeuchten; dabei ist besonders darauf zu achten, daß die Lösungen in alle Spalten, Risse und Fugen eindringen.

Die Lagerstellen von Kranken oder von Verstorbenen und die in der Umgebung auf wenigstens 2 Meter Entfernung befindlichen Gerätschaften, Wand- und Fußbodenflächen sind bei dieser Desinfektion besonders zu berücksichtigen.

Alsdann sind die Räumlichkeiten mit einer ausreichenden Menge heißen Seifenwassers zu spülen und gründlich zu lüften. Getünchte Wände sind mit einem frischen Kalkanstriche zu versehen, Fußböden aus Lehmschlag oder dergleichen reichlich mit Kalkmilch zu bestreichen.

21. Zur Desinfektion geschlossener oder allseitig gut abschließbarer Räume empfiehlt sich auch die Anwendung des Formaldehydgases; sie eignet sich zur Vernichtung von Krankheitskeimen, die an freiliegenden Flächen oberflächlich oder nur in geringer Tiefe haften. Vor Beginn der Desinfektion sind alle Undichtigkeiten der Fenster, Türen, Ventilationsöffnungen und dergleichen genau zu verkleben oder zu verkitten. Es ist überhaupt die größte Sorgfalt auf die Dichtung des Raumes zu verwenden, da hiervon der Erfolg der Desinfektion wesentlich abhängt. Auch ist durch eine geeignete Aufstellung, Ausbreitung oder sonstige Anord-

nung der in dem Raume befindlichen Gegenstände dafür zu sorgen, daß der Formaldehyd ihre Oberflächen in möglichst großer Ausdehnung trifft.

Für je 1 Kubikmeter Luftraum müssen mindestens 5 Gramm Formaldehydgas oder 15 Kubikzentimeter Formaldehydlösung (Formaldehydydum solutum des Arzneibuchs für das Deutsche Reich) und gleichzeitig etwa 30 Kubikzentimeter Wasser verdampft werden. Die Öffnung der desinfizierten Räume darf frühestens nach vier Stunden, soll aber womöglich später und in besonderen Fällen (überfüllte Räume) erst nach sieben Stunden geschehen. Der überschüssige Formaldehyd ist vor dem Betreten des Raumes durch Einleiten von Ammoniakgas zu beseitigen.

Die Desinfektion mittels Formaldehyds soll tunlichst nur von geprüften Desinfektoren nach bewährten Verfahren ausgeführt werden.

Nach der Desinfektion mittels Formaldehyds können die Wände, die Zimmerdecke und die freien Oberflächen der Gerätschaften als desinfiziert gelten. Augenscheinlich mit Ausscheidungen des Kranken beschmutzte Stellen des Fußbodens, der Wände usw. sind jedoch gemäß den Vorschriften unter Ziffer 20 noch besonders zu desinfizieren.

22. Holz- und Metallteile von Bettstellen, Nachttischen und anderen Möbeln sowie ähnliche Gegenstände werden sorgfältig und wiederholt mit Lappen abgerieben, die mit verdünntem Kresolwasser oder Karbolsäurelösung befeuchtet sind. Bei Holzteilen ist auch Sublimatlösung verwendbar. Haben sich Gegenstände dieser Art in einem Raume befunden, während dieser mit Formaldehydgas desinfiziert worden ist, so erübrigt sich die vorstehend angegebene besondere Desinfektion.

23. Sammet-, Plüsch- und ähnliche Möbelbezüge werden mit verdünntem Kresolwasser, Karbolsäurelösung, 1prozentiger Formaldehydlösung oder Sublimatlösung durchfeuchtet, feucht gebürstet und mehrere Tage hintereinander gelüftet. Haben sich Gegenstände dieser Art in einem Raume be-

funden, während dieser mit Formaldehydgas desinfiziert worden ist, so erübrigt sich die vorstehend angegebene besondere Desinfektion.

24. Aborte. Die Tür, besonders die Klinke, die Innenwände bis zu 2 Meter Höhe, die Sitzbretter und der Fußboden sind mittels Lappen, die mit verdünntem Kresolwasser, Karbolsäurelösung oder Sublimatlösung getränkt sind, gründlich abzuwaschen oder auf andere Weise ausreichend zu befeuchten; in jede Sitzöffnung sind mindestens 2 Liter verdünntes Kresolwasser, Karbolsäurelösung oder Kalkmilch zu gießen.

Der Inhalt der Abortgruben ist reichlich mit Kalkmilch zu übergießen. Das Ausleeren der Grube ist während der Dauer der Krankheitsgefahr tunlichst zu vermeiden.

Der Inhalt von Tonnen, Kübeln und dergleichen ist mit etwa der gleichen Menge Kalkmilch zu versetzen und nicht vor Ablauf von vierundzwanzig Stunden nach Zusatz des Desinfektionsmittels zu entleeren; die Tonnen, Kübel und dergleichen sind nach dem Entleeren außen reichlich mit Kalkmilch zu bestreichen.

Pissoire sind mit verdünntem Kresolwasser oder Karbolsäurelösung zu desinfizieren.

25. Düngerstätten, Rinnsteine und Kanäle sind mit reichlichen Mengen von Chlorkalkmilch oder Kalkmilch zu desinfizieren. Das gleiche gilt von infizierten Stellen auf Höfen, Straßen und Plätzen.

26. Krankenwagen, Krankentragen, Räderfahrbahren und dergleichen. Die Holz- und Metallteile der Decke, der Innen- und Außenwände, Trittbretter, Fenster, Räder usw. sowie die Lederüberzüge der Sitze und Bänke werden sorgfältig und wiederholt mit Lappen abgerieben, die mit verdünntem Kresolwasser, Karbolsäurelösung oder Sublimatlösung befeuchtet sind. Bei Metallteilen ist die Verwendung von Sublimatlösung tunlichst zu vermeiden. Kissen und Polster, soweit sie nicht mit Leder überzogen sind, Teppiche, Decken usw. werden mit Wasserdampf oder nach Ziffer 23 des-

infiziert. Der Wagenboden wird mit Lappen und Schrubber, welche reichlich mit verdünntem Kresolwasser, Karbolsäurelösung oder Sublimatlösung getränkt sind, aufgescheuert.

Andere Personenfahrzeuge (Droschken, Straßenbahnwagen, Boote usw.) sind in gleicher Weise zu desinfizieren.

27. Die Desinfektion der Eisenbahn-Personen- und Güterwagen erfolgt nach den Grundsätzen in Ziffer 20, 21 und 26, soweit hierüber nicht besondere Vorschriften ergehen.

28. Brunnen. Röhrenbrunnen lassen sich am besten durch Einleiten von strömendem Wasserdampf, unter Umständen auch mit Karbolsäurelösung, Kesselbrunnen durch Eingießen von Kalkmilch oder Chlorkalkmilch und Bestreichen der inneren Wände mit einem dieser Mittel desinfizieren.

29. Das Rohrnetz einer Wasserleitung läßt sich durch Behandlung mit verdünnter Schwefelsäure desinfizieren, doch darf dies in jedem Falle nur mit Genehmigung der höheren Verwaltungsbehörde und nur durch einen besonderen Sachverständigen geschehen.

Anmerkung. Abweichungen von den Vorschriften unter Ziffer 1 bis 29 sind zulässig, soweit nach dem Gutachten des beamteten Arztes die Wirkung der Desinfektion gesichert ist.

42. Bekanntmachung, betreffend Vorschriften über Krankheitserreger.

Vom 21. November 1917 (RGBl. S. 1069)[1].

A. Vorschriften über das Arbeiten und den Verkehr mit Krankheitserregern.

§ 1. Wer mit Material, das die Erreger der Cholera, der Pest, der Tularaemie, des Rotzes, der Rinderpest, der Maul- und Klauenseuche oder der Schweinepest enthält, oder mit solchen Erregern selbst arbeiten will, ferner wer derartige Erreger in lebendem Zustand aufbewahren oder abgeben will, bedarf dazu

[1]) In der Fassung der Bekanntmachung v. 17. 12. 1921 (RGBl. S. 1608) und der VO. v. 13. 7. 1932 (RGBl. I S. 352), 15. 12. 1933 (RGBl. I S. 1076), 20. 11. 1934 (RGBl. I S. 1187) u. 16. 3. 1936 (RGBl. I S. 178).

der Erlaubnis der Landeszentralbehörde. An Stelle der letzteren treten für das Kaiserliche Gesundheitsamt [1]) das Reichsamt des Innern [2]), für Militäranstalten das zuständige Kriegsministerium [3]), für Marineanstalten das Reichs-Marineamt [4]). Die Erlaubnis darf nur für bestimmte Räume und nur nach Ausweis der erforderlichen wissenschaftlichen Ausbildung erteilt werden. Die den Leitern öffentlicher Anstalten erteilte Erlaubnis gilt auch für die unter ihrer Leitung in diesen Anstalten beschäftigten Personen.

Der Erlaubnis bedarf es nicht für Untersuchungen, welche der behandelnde Arzt oder Tierarzt zu ausschließlich diagnostischen Zwecken in seiner Praxis bis zur Feststellung der Krankheitsart nach den üblichen diagnostisch-bakteriologischen Untersuchungsverfahren vornimmt.

Der Handel mit Kulturen der im Abs. 1 bezeichneten Erreger ist verboten. Lebende Erreger dieser Art und Material, das solche Erreger enthält, dürfen nur an Personen und Stellen, die von der zuständigen Behörde die Erlaubnis zur Annahme erhalten haben, abgegeben werden.

§ 2. Wer mit anderen als den im § 1 bezeichneten Erregern von Krankheiten, die auf Menschen übertragbar sind, oder von Tierkrankheiten, deren Anzeigepflicht, sei es auch nur für einen Teil des Reichsgebiets, eingeführt ist, oder mit Material, das solche Erreger enthält, arbeiten will, ferner wer derartige Erreger in lebendem Zustand aufbewahren will, bedarf dazu der Erlaubnis der zuständigen Polizeibehörde desjenigen Ortes, in welchem der Arbeits- oder Aufbewahrungsraum liegt. Die Erlaubnis darf nur für bestimmte Räume und nur nach Ausweis der erforderlichen wissenschaftlichen Ausbildung erteilt werden.

Ärzte und Tierärzte bedürfen der Erlaubnis nach Abs. 1 nur insoweit, als sie gewerbsmäßig Untersuchungen zur Erkennung und Feststellung von Krankheiten bei Menschen oder Tieren ausführen wollen. Wer die Erlaubnis hierzu erhalten hat, ist verpflichtet, die staatlich festgesetzten Gebührensätze einzuhalten,

---

[1]) Reichsgesundheitsamt.
[2]) Jetzt Reichsminister des Innern.
[3])[4]) Jetzt der Reichskriegsminister.

jede Feststellung einer anzeigepflichtigen Krankheit des Menschen oder einer Tierkrankheit, deren Anzeigepflicht, sei es auch nur für einen Teil des Reichsgebiets, eingeführt ist, dem für den Kranken oder das kranke Tier zuständigen beamteten Arzt oder Tierarzt alsbald schriftlich anzuzeigen und am 1. April jeden Jahres einen Tätigkeitsbericht über das abgelaufene Kalenderjahr an die zuständige obere Verwaltungsbehörde zu erstatten. Im übrigen finden die Vorschriften im Abs. 1, soweit nicht die Landesregierungen anders bestimmen, auf Ärzte und Tierärzte mit der Einschränkung Anwendung, daß sie der Polizeibehörde nur eine Anzeige von ihrem Vorhaben unter Angabe des Raumes nach Lage und Beschaffenheit zu erstatten und später jeden Wechsel des Raumes in gleicher Weise anzuzeigen haben.

Weder der Erlaubnis noch der Anzeige bedarf es, wenn die Arbeit und die Aufbewahrung

a) in öffentlichen Krankenhäusern, die mit den zur Verhinderung einer Verschleppung von Krankheitskeimen erforderlichen Einrichtungen versehen sind, im Interesse der in der Anstalt untergebrachten Kranken durch die daselbst tätigen Ärzte, oder

b) in staatlichen, staatlich beaufsichtigten oder kommunalen Anstalten, die zu einschlägigem Fachunterrichte dienen oder behufs Bekämpfung der Infektionskrankheiten zur Vornahme von Untersuchungen oder zur Herstellung von Schutz- oder Heilstoffen bestimmt sind, oder

c) vom behandelnden Arzte oder Tierarzt zu ausschließlich diagnostischen Zwecken in seiner Praxis zur Feststellung der Krankheitsart vorgenommen werden.

§ 2a. Wer lebende Erreger von Krankheiten, die auf den Menschen übertragbar sind, oder Material, das solche Erreger enthält, einführen will, bedarf dazu der Erlaubnis der Landeszentralbehörde. An Stelle der letzteren tritt für das Reichsgesundheitsamt das Reichsministerium des Innern, für Anstalten des Heeres und der Marine das Reichswehrministerium.

Die Erlaubnis ist jederzeit ohne Entschädigung widerruflich, sie kann allgemein erteilt oder auf bestimmte Gruppen oder Arten von Erregern beschränkt werden.

§ 3. Wer lebende Kulturen von den im § 2 Abs. 1 bezeichneten Krankheitserregern oder Material, welches solche Erreger enthält, feilhalten oder verkaufen will, bedarf dazu der Erlaubnis der zuständigen Polizeibehörde desjenigen Ortes, in welchem das Geschäft betrieben wird. Die Erlaubnis darf nur für bestimmte Räume und nur an zuverlässige Personen erteilt werden. Auf den Handel mit Kuhpockenlymphe durch die Apotheken finden die vorstehenden Vorschriften keine Anwendung.

Der Händler hat sich vor der Abgabe von Kulturen oder Material von dem Erwerber den Nachweis erbringen zu lassen, daß dieser die im § 2 Abs. 1 vorgeschriebene polizeiliche Erlaubnis zum Arbeiten mit Krankheitserregern oder zur Aufbewahrung von solchen erhalten hat, oder daß er einer solchen Erlaubnis im Hinblick auf Abs. 1 Satz 3 sowie auf § 2 Abs. 2 oder Abs. 3a und b nicht bedarf. Über die erfolgte Abgabe von Kulturen oder Material hat der Händler ein Verzeichnis zu führen, in das die Art der Krankheitserreger oder des Materials, der Tag der Abgabe, der Name und die Wohnung des Erwerbers sowie des etwaigen Überbringers, ferner näheres über die Art des erbrachten Nachweises sofort nach der Verabfolgung vom Abgebenden selbst einzutragen sind, und zwar stets in unmittelbarem Anschluß an die nächst vorhergehende Eintragung. Das Verzeichnis ist drei Jahre lang nach Abschluß aufzubewahren.

Die Verwendung bakterienhaltiger Mittel zur Schädlingsbekämpfung ist verboten.

§ 4. Wer eine Tätigkeit der im § 1 Abs. 1, § 2 Abs. 1 und § 3 Abs. 1 bezeichneten Art in dem dafür genehmigten Raume einer anderen Person gestattet oder aufträgt, hat dies der zuständigen Polizeibehörde (§ 2 Abs. 1 und § 3 Abs. 1) unter Angabe des Raumes sowie der Wohnung, des Berufs, des Vor- und Zunamens dieser Person sofort anzuzeigen. Diese Bestimmung findet auf Leiter der im § 2 Abs. 3 bezeichneten öffentlichen Krankenhäuser, staatlichen, staatlich beaufsichtigten und kommunalen Anstalten keine Anwendung. Die sich für die andere Person aus den Bestimmungen in §§ 1 bis 3 ergebenden Pflichten bleiben unberührt.

Im Falle eines Wechsels des Raumes darf der neue Raum erst nach Einholung der gemäß § 1 Abs. 1, § 2 Abs. 1 und § 3 Abs. 1 erforderlichen Erlaubnis benutzt werden.

§ 5. Die im § 1 Abs. 1, § 2 Abs. 1 und § 3 Abs. 1 bezeichnete Tätigkeit sowie die nach § 4 gestattete oder aufgetragene Ausübung solcher Tätigkeit durch andere ist einzustellen, wenn die Erlaubnis der Landeszentralbehörde oder Polizeibehörde zurückgenommen oder wenn die Tätigkeit von der zuständigen Behörde untersagt wird. Die Zurücknahme der Erlaubnis oder die Untersagung soll erfolgen, wenn aus Handlungen oder Unterlassungen der betreffenden Person der Mangel derjenigen Eigenschaften erhellt, welche für jene Tätigkeit vorausgesetzt werden müssen. Dasselbe gilt, wenn die baulichen oder sonstigen Einrichtungen der genehmigten Räume den Anforderungen nicht mehr genügen. Im Falle des § 2 Abs. 1 soll die Zurücknahme der Erlaubnis oder die Untersagung auch dann erfolgen, wenn der Arzt oder Tierarzt den im § 2 Abs. 2 auferlegten Verpflichtungen nicht nachkommt.

§ 6. Wer eine der im § 1 Abs. 1, § 2 Abs. 1 und § 3 Abs. 1 bezeichneten Handlungen vornimmt, hat — auch wenn er von der Einholung der Erlaubnis oder von der Anzeigepflicht entbunden ist — die Erreger so aufzubewahren, daß sie Unberufenen unzugänglich sind; auch hat er sonst alle Vorkehrungen zu treffen, um eine Verschleppung der Krankheitserreger, insbesondere durch Versuchstiere, zu verhüten. Kulturen, infizierte Versuchstiere und deren Organe sowie sonstiges die Krankheitserreger enthaltendes Material müssen, sobald sie entbehrlich geworden sind, derart beseitigt werden, daß jede Verschleppung der Krankheitskeime ausgeschlossen wird. Instrumente, Gefäße usw., die mit infektiösen Gegenständen in Berührung waren, sind sorgfältig zu desinfizieren.

Insbesondere müssen alle Personen, welche die Räume betreten, in denen mit den Erregern der Pest, der Tularaemie, des Rotzes, der Rinderpest oder der Maul- und Klauenseuche oder mit Material, das solche Erreger enthält oder zu enthalten verdächtig ist, gearbeitet wird, leicht desinfizierbare und waschbare Schutzüberkleider anlegen, die vor dem Verlassen der Räume wieder abzulegen sind; diese Schutzkleider sind vor der Ausgabe zur Wäsche in den Arbeitsräumen selbst zu desinfizieren. In den Räumen darf nur bei geschlossenen Türen und Fenstern gearbeitet werden; das Rauchen in den Räumen ist verboten. Sämtliche mit infektionstüchtigem Material in Berührung gekommene Gegenstände, ausgenommen das zur Aufbewahrung bestimmte Material, sind möglichst sofort zu desinfizieren oder zu vernichten. Bei den Arbeiten mit Versuchstieren ist namentlich sorgfältig darauf zu achten, daß ein Entweichen von Tieren oder eine Verstreuung von infektionstüchtigem Material nicht stattfindet. Tiere, welche in den Arbeitsräumen untergebracht waren, sind in diesen selbst zu vernichten; die Kadaver werden zweckmäßig entweder verbrannt oder in konzentrierter Schwefelsäure aufgelöst oder mittels Dampfes sterilisiert. Die Arbeitsräume sind außerhalb der Zeit ihrer Benutzung sicher verschlossen zu halten. Vor dem Verlassen der Räume hat sich der Leiter oder sein Vertreter zu vergewissern, daß die Versuchstiere und Kulturen sicher untergebracht sind und daß Infektionsmaterial nicht verstreut ist.

Untersuchungsmaterial und Kulturen der Erreger der im Abs. 2 genannten Krankheiten dürfen in den Räumen nur in besonderen, fest verschließbaren Schränken aufbewahrt werden.

Versuchsstallungen für größere Tiere, an welchen Versuche mit Rotz, Rinderpest oder mit Maul- und Klauenseuche ausgeführt werden, müssen von anderen Stallungen getrennt sein. Für sie muß besonderes Stallpersonal vorhanden sein. Auch müssen dort Vorrichtungen getroffen werden, welche gestatten, den Mist, die Streu und die Kadaver der Tiere sofort an Ort und Stelle unschädlich zu beseitigen. Wer diese Stallungen betreten will, hat ein waschbares Überkleid sowie Gummischuhe anzulegen, die beim Verlassen des Stalles abzulegen sind. Diese Schutzkleider sind in allen Stallungen selbst zu desinfizieren.

Zweckmäßig werden vor die Ausgänge der Räume und Ställe in Sublimat getränkte dicke Matten gelegt, auf denen alle, die diese Räume verlassen, ihre Schuhsohlen zu desinfizieren haben.

§ 7. Die zur Aufbewahrung von lebenden Erregern der Pest und der Tularaemie oder zum Arbeiten mit Pest-, Tularaemie-, Rotz-, Rinderpest- und Maul- und Klauenseuche-Material oder einer dieser Krankheiten verdächtigem Material bestimmten Räume dürfen nur in der Zeit zu anderen bakteriologischen Untersuchungen benutzt werden, während der dort nicht mit Pest-, Tularaemie-, Rotz-, Rinderpest- oder Maul- und Klauenseuche-Material gearbeitet wird. Sie müssen bezüglich ihrer Beschaffenheit, Einrichtung und Ausstattung folgende Anforderungen erfüllen:

1. Die Räume sollen durch eine in Stein ausgeführte Wand (ohne Tür) getrennt von anderen Räumen liegen und für sich einen eigenen, sicher abschließbaren Eingang besitzen. Das Schloß der Eingangstür darf sich nur mittels des dazu gehörigen Schlüssels öffnen lassen, nicht durch sogenannte Hauptschlüssel. Grundsätzlich sollen wenigstens zwei Räume vorhanden sein, von denen der eine hauptsächlich für die Züchtung der Erreger und für mikroskopische Untersuchungen und dergleichen, der andere hauptsächlich für Unterbringung, Sektion und Vernichtung der kleinen Versuchstiere zu verwenden ist. Die Räume sollen unmittelbar nebeneinanderliegen und durch eine abschließbare Zwischentür verbunden sein. Wenn nur ein einziger Raum zur Verfügung steht und ausnahmsweise für ausreichend erachtet wird, so empfiehlt es sich, diesen so herzurichten, daß eine sichere, gesonderte Unterbringung der Versuchstiere darin gewährleistet wird.

2. Die Räume sollen gut lüftbar und für Licht überall, namentlich auch in den Winkeln, leicht zugänglich sein, glatte, undurchlässige, leicht zu reinigende und zu desinfizierende Fußböden und Wände haben; sie sollen keine Öffnungen besitzen, durch welche kleinere Tiere oder Ratten schlüpfen können. Lüftungsöffnungen sind mit dichten Drahtnetzen zu überziehen. Die Fenster müssen

dicht schließen; werden sie geöffnet, so sind Einsätze mit engmaschigem Drahtgitter einzufügen.

3. Die Räume sollen für sich allein mit allen denjenigen Einrichtungen und Instrumenten ausgestattet sein, welche für die Züchtung von Mikroorganismen und zur Anstellung von Tierversuchen erforderlich sind; namentlich dürfen nicht fehlen:

a) ein mit sicherem Schlosse versehener Behälter zur Aufbewahrung lebender Kulturen und verdächtigen Materials (vgl. § 6 Abs. 3),

b) Einrichtungen für sichere Unterbringung der Versuchstiere (am zweckmäßigsten hohe, in Wasserdampf sterilisierbare Glasgefäße mit Drahtumhüllung und fest anschließendem Drahtdeckel mit Watteabschluß), ferner Einrichtungen für die Öffnung der Tiere, für die Vernichtung der Kadaver und sonstiger infizierter Gegenstände, wie Streumaterialien und Futterreste (z. B. Verbrennungsofen, Dampfsterilisator, Gefäße mit konzentrierter Schwefelsäure),

c) ein hinreichend großes Gefäß mit breiter Öffnung für Kresolwasser, in welches Kadaver und Kadaverteile vor der Sektion zur Vernichtung des an ihnen haftenden Ungeziefers gelegt werden können,

d) Einrichtungen zur Desinfektion und Reinigung der Hände (Waschvorrichtung) und aller bei den Arbeiten gebrauchten Gegenstände (z. B. Autoklav oder Dampfsterilisator, Heißluftsterilisator).

4. Andere Gegenstände, als die zur Ausführung der Untersuchung erforderlichen, dürfen in den Räumen nicht untergebracht werden.

Die Verwendung von Dienern bei den Arbeiten mit den Erregern der Pest, der Tularaemie, des Rotzes, der Rinderpest oder der Maul- und Klauenseuche oder mit Material, das solche Erreger enthält oder zu enthalten verdächtig ist, ist nur dann gestattet, wenn sie über die aus einer Verschleppung dieser Krankheitserreger entstehenden Gefahren wohl unterrichtet und in der sachgemäßen Behandlung bakteriologischer Geräte, Kulturen und infizierter Tiere gut ausgebildet sind.

Alle dem Diener etwa übertragenen Arbeiten (wie Reinigung des Laboratoriums, Fütterung der Tiere, Desinfektion und Reinigung der Käfige, Unschädlichmachung und Vernichtung des Mistes, der Streu und der Kadaver) haben nach genauer Anweisung des Leiters zu geschehen.

Der Diener darf nur zur Ausführung von Anordnungen des Leiters oder seines Vertreters in den Arbeitsräumen sich aufhalten, sobald dort mit Pestmaterial gearbeitet wird.

Die Kulturen der Erreger der Pest, der Tularaemie, des Rotzes, der Rinderpest und der Maul- und Klauenseuche sowie das mit solchen behaftete oder verdächtige Material sollen unter sicherem Verschluß aufbewahrt werden und dürfen dem Diener nicht zugänglich sein.

§ 8. Der Leiter der Arbeiten mit Krankheitserregern hat für die dauernde ordnungsmäßige Instandhaltung und für den gesamten Betrieb in den Arbeitsräumen, namentlich für die Durchführung der bei dem Aufbewahren von Kulturen, insbesondere solchen der Pesterreger, sowie bei Tierversuchen zu beobachtenden Maßregeln Sorge zu tragen. Er darf in Behinderungsfällen sowie für einzelne Arbeiten und Verrichtungen nur solche Persönlichkeiten mit seiner Vertretung betrauen oder zu seiner Hilfe heranziehen, welche nach Vorbildung und persönlichen Eigenschaften (Zuverlässigkeit usw.) imstande sind, die volle Verantwortlichkeit zu übernehmen (siehe auch § 4 Abs. 1). Ist aus besonderen Gründen anderen Personen der Zutritt zu den Räumen zu gestatten, so hat der Leiter die zur Sicherung gegen Ansteckungsgefahr erforderlichen Maßregeln zu treffen.

Es ist darauf hinzuwirken, daß die in Pestlaboratorien zu beschäftigenden Personen (Leiter, Vertreter, Diener) sich aktiv gegen Pest immunisieren lassen.

B. Vorschriften über die Versendung von Krankheitserregern.

§ 9. Die Versendung von lebenden Kulturen der Erreger der Cholera, der Pest, der Tularaemie oder des Rotzes oder von

Material, das die Erreger der Rinderpest, der Maul- und Klauenseuche oder der Schweinepest enthält oder zu enthalten verdächtig ist — dieses nur insofern, als es nach seiner Beschaffenheit für eine solche Versendungsart in Betracht kommen kann (z. B. Bläscheninhalt, Serum) —, hat in zugeschmolzenen Glasröhren zu erfolgen, die, umgeben von einer weichen Hülle (Filtrierpapier und Watte oder Holzwolle), in einem durch übergreifenden Deckel gut verschlossenen Blechgefäße stehen; das letztere ist seinerseits noch in einer Kiste mit Holzwolle oder Watte zu verpacken, es empfiehlt sich, nur frisch angelegte, noch nicht im Brutschrank gehaltene Aussaaten auf festem Nährboden zu versenden.

Die Sendungen müssen mit starkem Bindfaden umschnürt, versiegelt und mit der deutlich geschriebenen Adresse sowie mit dem Vermerke „Vorsicht" versehen werden. Zur Beförderung durch die Post sind die Sendungen als „dringendes Paket" aufzugeben; sie sind den Empfängern telegraphisch anzukündigen. Bei Sendungen an Anstalten ist nicht deren Leiter, sondern die Anstalt als Empfänger zu bezeichnen. Dasselbe gilt hinsichtlich der telegraphischen Ankündigung.

Der Empfänger hat dem Absender den Eingang der Sendung sofort mitzuteilen.

§ 10. Die Versendung von lebenden Kulturen anderer als der im § 9 bezeichneten Erreger von Krankheiten, welche auf den Menschen übertragbar sind, oder von Tierkrankheiten, deren Anzeigepflicht, sei es auch nur für einen Teil des Reichsgebiets, eingeführt ist, hat in wasserdicht verschlossenen Glasröhren zu erfolgen. Diese Röhren sind entweder in angepaßten Hülsen oder, mit einer weichen Hülle (Holzwolle, Watte oder dergleichen) umgeben, derart in festen Kasten zu verpacken, daß sie unbeweglich liegen und nicht aneinanderstoßen. Die Sendungen müssen fest verschlossen und mit deutlicher Adresse sowie mit dem Vermerke „Vorsicht" versehen werden. Bei Sendungen an Anstalten ist nicht deren Leiter, sondern die Anstalt als Empfänger zu bezeichnen.

Der Empfänger hat dem Absender den Eingang der Sendung sofort mitzuteilen[1]).

§ 11. Sonstiges Material, welches lebende Erreger von Krankheiten, die auf den Menschen übertragbar sind, oder lebende Erreger von Tierkrankheiten, deren Anzeigepflicht, sei es auch nur für einen Teil des Reichsgebiets, eingeführt ist, enthält oder zu enthalten verdächtig erscheint, ist vor der Versendung unter Beobachtung der nachstehenden Vorschriften so zu verpacken, daß eine Verschleppung von Krankheitskeimen ausgeschlossen ist.

§ 12. Größere Körperteile und kleinere Tierkadaver sind zunächst in ein mit einem geeigneten Desinfektionsmittel, am besten mit Sublimatlösung durchtränktes und dann gründlich ausgerungenes Tuch einzuhüllen. Sie sind alsdann mit einem undurchlässigen Stoffe (Pergamentpapier oder dergleichen) zu umwickeln und fest zu verschnüren; saftreiche Gegenstände sind außerdem in Tücher einzuschlagen oder in Säcke zu verpacken. Die Gegenstände sind sodann in starke, undurchlässige, sicher verschlossene Behälter (Fässer, Kübel, Kisten) zu bringen und in Sägemehl, Kleie, Torfmull, Lohe, Häcksel, Heu, Holzwolle oder ähnlichen, Feuchtigkeit aufsaugenden Stoffen fest und so einzubetten, daß sie sich nicht verschieben können und ein Durchsickern von Flüssigkeit verhindert wird.

Für Köpfe tollwutverdächtiger Tiere ist als Desinfektionsmittel, mit dem die Tücher getränkt werden, ausschließlich Sublimatlösung zu verwenden. Die Versendung solcher Köpfe hat mit der Post als „dringendes Paket" zu geschehen.

Material, das Rotzerreger enthält oder zu enthalten verdächtig ist, muß zunächst unter Beachtung der im Abs. 1 gegebenen Vorschriften in einen dichten, sicher verschlossenen Behälter verpackt werden; dieser ist in eine starke, dichte Kiste zu bringen. Der Raum zwischen dem Behälter und der Kiste ist mit aufsaugenden Stoffen (Abs. 1) fest auszufüllen.

---

[1]) Lt. Verordnung des Reichsministers des Innern vom 2. August 1922 (ZBl. f. DR. 1922 S. 460) findet § 10 Abs. 2 auf die Sendungen von Rotlaufkulturen an Tierärzte zu Impfzwecken keine Anwendung.

Werden menschliche oder tierische Körperteile mit der Eisenbahn versandt, so muß der Absender im Frachtbrief bescheinigen, daß Zweck und Verpackung der Sendung denjenigen Vorschriften, welche in der Anlage C der Eisenbahn-Verkehrsordnung für „fäulnisfähige Stoffe“ der in Rede stehenden Art ergangen sind, entsprechen. Die Beförderung solcher Gegenstände als Eilgut oder als beschleunigtes Eilgut ist nach den Eisenbahntarifen ausgeschlossen.

§ 13. Zur Aufnahme kleinerer Gegenstände, welche lebende Erreger der Cholera, der Pest, der Tularaemie, des Rotzes, der Rinderpest, der Maul- und Klauenseuche oder der Schweinepest enthalten oder zu enthalten verdächtig sind, eignen sich am besten starkwandige Pulvergläser mit eingeschliffenem Glasstöpsel und weitem Halse, oder, falls sich diese nicht beschaffen lassen, Gläser mit glattem zylindrischen Halse, die mit gut passenden, frisch ausgekochten Korken zu verschließen sind. Die Gläser müssen vor dem Gebrauch in reinem Wasser frisch ausgekocht und dann durch kräftiges Ausschwenken möglichst vom Wasser befreit sein; sie dürfen aber nicht mit einer Desinfektionsflüssigkeit ausgespült werden. Auch darf zu dem Untersuchungsmaterial Flüssigkeit irgendwelcher Art nicht hinzugesetzt werden. Die Gläser sind durch Überbinden der Öffnung oder des Stöpsels mit Schweinsblase oder Pergamentpapier zu verschließen. An jedem Glase ist ein Zettel fest aufzukleben oder sicher anzubinden, der genaue Angaben über den Inhalt enthält. Deckgläschen werden in signierte Stückchen Fließpapier eingeschlagen und mit Watte fest in einem besonderen Schächtelchen verpackt.

Bei Cholera, Pest und Tularaemie darf in eine Sendung in der Regel nur Untersuchungsmaterial von einem Kranken oder einer Leiche gepackt werden. Handelt es sich jedoch um gleichzeitige Übersendung zahlreicher Proben, insbesondere zu Massenuntersuchungen der Umgebung von Cholerakranken, so werden zweckmäßig nur 1 bis 2 ccm der Ausleerungen entnommen, in die üblichen kleinen Glasgefäße gebracht und, wie unten angegeben, verpackt. Dabei ist durch eine entsprechende Kennzeichnung jedes einzelnen Gegenstandes dafür Sorge zu tragen, daß seine Herkunft leicht erkennbar ist (vgl. § 15).

Die Gefäße und Schächtelchen sind in einem widerstandsfähigen Behälter, am besten einer festen Kiste, unter Verwendung von Watte, Sägemehl, Holzwolle oder dergleichen (vgl. § 12 Abs. 1) so zu verpacken, daß sie unbeweglich liegen und nicht aneinanderstoßen. Zigarrenkisten, Pappschachteln und dergleichen dürfen nicht verwendet werden. Die Sendungen müssen mit starkem Bindfaden umschnürt und versiegelt sein.

Enthalten kleinere Gegenstände andere lebende Seuchenerreger oder erscheinen sie verdächtig, solche zu enthalten, so können sie in dicht schließenden Gefäßen aus Metall, Steingut oder Glas untergebracht werden. Metallgefäße sind durch einen übergreifenden Deckel, der am Rande mit einem Streifen Heftpflaster verklebt wird, Steingut- und Glasgefäße in der im Abs. 1 angegebenen Weise zu verschließen und zu verpacken.

Falls kleinere Gegenstände mit der Eisenbahn versandt werden, so finden die Bestimmungen des § 12 Abs. 4 Anwendung.

§ 14. Cholera-, Pest-, Tularaemie, Rotz-, Rinderpest- oder Maul- und Klauenseuche- oder Schweinepest-Material darf nicht mit der Briefpost versandt werden. Dagegen darf in dieser Weise Material, welches lebende Erreger von anderen Krankheiten, die auf den Menschen übertragbar sind, oder von anderen Tierkrankheiten, deren Anzeigepflicht, sei es auch nur für einen Teil des Reichsgebiets, eingeführt ist, enthält oder verdächtig ist, solche Erreger zu enthalten, verschickt werden; dabei ist folgendermaßen zu verfahren:

Trockene Gegenstände, insbesondere mit Untersuchungsmaterial beschickte Deckgläschen, Objektträger, Fließpapier, Gipsstäbchen, Seidenfäden, Räudeborken usw., sind in mehrere Lagen Fließpapier einzuschlagen, alsdann in Pergamentpapier oder einen anderen undurchlässigen Stoff einzuwickeln und, umhüllt mit Watte, in feste Kästchen aus Holz, Blech oder dergleichen mit gut schließendem Deckel zu legen.

Feuchtes oder flüssiges Material (Auswurf, Erbrochenes, Stuhl, Harn, Eiter oder sonstiges Wundsekret, Punktionsflüssigkeit, Blut, Serum, Abstriche von der Rachenschleimhaut, abgeschnittene oder abgeschabte Gewebsteile usw.) ist in ein Gefäß aus hinreichend starkem Glase mit Korkstöpselverschluß zu bringen. Dieses Gefäß ist in einen Blechbehälter zu verpacken. Um aber das Glasgefäß vor Zertrümmerung zu schützen und etwa aus dem Glasgefäß austretende Flüssigkeit aufzusaugen, ist sowohl auf den Boden als auch in den Deckel des Blechbehälters eine Scheibe Asbestpappe oder eine hinreichend starke Schicht von Fließpapier, Watte oder dergleichen zu legen. Der Blechbehälter wird sodann in einen ausgehöhlten, durch einen Deckel verschließbaren Holzblock gebracht. Bei Versendung von Schutzpockenlymphe genügt es, wenn das Glasgefäß unmittelbar in den Holzblock oder in Kästchen von Holz, Blech oder dergleichen gelegt wird; jedoch ist dann die Aushöhlung des Blockes oder das Kästchen besonders sorgfältig mit einem weichen, aufsaugenden Stoffe auszupolstern. Die Kästchen oder Holzblöcke sind mit einem roten Zettel zu bekleben, der die Aufschrift „Vorsicht! Infektiöses Material!" enthält.

Die Holzblöcke oder Kästchen sind in den Briefumschlägen derartig unterzubringen, daß sie bei deren Abstempelung nicht beschädigt werden. Am besten geeignet sind an der Innenseite mit Stoffbezug versehene Briefumschläge aus festem Papier, die nur an der einen Schmalseite offen und etwa doppelt so lang wie die Behälter sind; sie werden nicht durch Zukleben, sondern zweckmäßig durch eine kleine Metallklammer geschlossen. Die zum Abstempeln bestimmte Stelle wird am besten durch einen vorgezeichneten Kreis oder den Vermerk „Hier stempeln" gekennzeichnet.

Die Briefsendungen sollen nicht in den Briefkasten geworfen, sondern an den Postschaltern oder auf dem Lande dem Briefträger übergeben werden.

§ 15. Jeder Sendung ist ein Begleitschein so beizulegen, daß er gegen Durchfeuchtung und Beschmutzung geschützt ist und bei der Öffnung des Behälters leicht in die Augen fällt. Dieser Schein hat genaue Angaben über den Inhalt unter Bezeichnung der

Personen (Name, Geschlecht, Alter, Wohnort) oder der Tiere, von denen er stammt, zu enthalten. Außerdem sind bei Material von kranken Menschen oder Tieren anzugeben

die mutmaßliche Art der Erkrankung,
der Tag des Beginns der Erkrankung,
der Tag des Todes,
der Zeitpunkt der Entnahme des Materials,
der Name und der Wohnort des Arztes oder Tierarztes, der die Einsendung veranlaßt hat,
der Zweck der Einsendung.

Bei Untersuchungsmaterial ist auf dem Scheine auch die Stelle anzugeben, welcher das Ergebnis der Untersuchung mitgeteilt werden soll.

Enthält die Sendung Material von verschiedenen Menschen oder Tieren, so ist durch eine entsprechende Kennzeichnung jedes einzelnen Gegenstandes Sorge zu tragen, daß seine Herkunft leicht erkennbar ist.

§ 16. Auf den Sendungen ist außer der deutlichen Adresse der Name und die Wohnung des Absenders anzugeben und der Vermerk „Vorsicht!" „Menschliche (Tierische) Untersuchungsstoffe!" anzubringen.

Bei Sendungen an Anstalten ist nicht deren Leiter, sondern die Anstalt als Empfänger zu bezeichnen. Dasselbe gilt hinsichtlich der telegraphischen Ankündigung (§ 17).

§ 17. Postsendungen mit Material von Cholera, Pest, Tularaemie, Rotz oder Rinderpest oder mit Material, das lebende Erreger einer dieser Krankheiten zu enthalten verdächtig ist, sind als „dringendes Paket" aufzugeben und den Empfängern rechtzeitig telegraphisch anzukündigen. Diese telegraphische Anzeige hat auch dann zu erfolgen, wenn der Versand von Rotzmaterial mit der Eisenbahn erfolgt.

43. Bestimmungen über die wechselseitige Benachrichtigung der Wehrmachtdienststellen und Gesundheitsämter über das Auftreten übertragbarer Krankheiten.

Vom 28. Februar 1911 (RGBl. S. 63)[1].

A. Mitteilungen der Gesundheitsämter an die Militärbehörden.

1. Die Gesundheitsämter sind verpflichtet, die im Bereich ihrer örtlichen Zuständigkeit auftretenden, unter 2a und b bezeichneten Erkrankungen den Wehrmachtdienststellen nach Maßgabe folgender Bestimmungen mitzuteilen.

2. Die Mitteilungen haben alsbald nach erlangter Kenntnis zu erfolgen und sich zu erstrecken auf

a) jede Erkrankung an Aussatz, Cholera, Fleckfieber, Gelbfieber, Pest, Pocken und Unterleibstyphus sowie jeden Fall, welcher den Verdacht einer dieser Krankheiten erweckt, ferner jede Erkrankung an übertragbarer Genickstarre (Meningitis cerebrospinalis) oder an Rückfallfieber,

b) jedes gehäufte (epidemische) Auftreten der übertragbaren Ruhr (Dysenterie), der Diphtherie, des Scharlachs sowie jedes neue Vorkommen von Massenerkrankungen an der Körnerkrankheit (Trachom).

Über den weiteren Verlauf der übertragbaren Ruhr (Dysenterie) sind wöchentliche Zahlenübersichten der neu festgestellten Erkrankungs- und Todesfälle einzusenden. Ferner ist eine Mitteilung zu machen, sobald Diphtherie, Scharlach sowie Körnerkrankheit (Trachom) erloschen sind oder nur noch vereinzelt auftreten.

Jeder Mitteilung über die unter a bezeichneten Krankheiten sind Angaben über die Gebäude und die Wohnungen, in welchen die Erkrankungen oder der Verdacht aufgetreten sind, beizufügen.

3. Die Mitteilungen der unter 2a und b bezeichneten Krankheiten sind zu richten:

---

[1]) In der Fassung der Bekanntmachung v. 24. 2. 1920 (RGBl. S. 281) und der VO. v. 1. 2. 1936 (RGBl. I S. 58).

a) an den für den Ort der Erkrankung zuständigen Korpsarzt (im örtlichen Bereich der Kriegsmarine an das zuständige Sanitätsamt der Kriegsmarine),

b) abschriftlich an den zuständigen Luftkreisarzt,

c) falls eine der unter 2a und b bezeichneten Erkrankungen an einem Standort der Wehrmacht auftritt, außerdem ebenfalls abschriftlich an den Standortarzt.

B. Mitteilungen der Gesundheitsämter an die Polizeibehörden.

1. Die Standortärzte, für die im Übungsgelände sich befindenden Truppenteile die Truppenärzte, sind verpflichtet, die in ihrem Dienstbereich auftretenden, unter 2a und b bezeichneten Erkrankungen den Zivilbehörden nach Maßgabe der folgenden Bestimmungen mitzuteilen.

2. Die Mitteilungen haben alsbald nach erlangter Kenntnis zu erfolgen und sich zu erstrecken auf

a) jede Erkrankung an Aussatz, Cholera, Fleckfieber, Gelbfieber, Pest, Pocken und Unterleibstyphus sowie jeden Fall, welcher den Verdacht einer dieser Krankheiten erweckt, ferner jede Erkrankung an übertragbarer Genickstarre (Meningitis cerebrospinalis) oder an Rückfallfieber,

b) jedes gehäufte (epidemische) Auftreten der übertragbaren Ruhr (Dysenterie), der Diphtherie, des Scharlachs und der Körnerkrankheit (Trachom).

Über den weiteren Verlauf der übertragbaren Ruhr (Dysenterie) sind wöchentlich Zahlenübersichten der neu festgestellten Erkrankungs- und Todesfälle einzusenden. Auch ist eine Mitteilung zu machen, sobald Diphtherie, Scharlach sowie Körnerkrankheit (Trachom) erloschen sind oder nur noch vereinzelt auftreten.

Jeder Mitteilung über die unter a bezeichneten Krankheiten sind Angaben über das Militärgebäude oder die Wohnungen, in welchen die Erkrankungen oder der Verdacht aufgetreten sind, beizufügen.

3. Die Mitteilungen sind an das für den Ort der Erkrankung zuständige Gesundheitsamt zu richten.

4. Von dem Ausbruch und dem späteren Verlaufe der unter 2a bezeichneten gemeingefährlichen Krankheiten (Aussatz, Cholera, Fleckfieber, Gelbfieber, Pest, Pocken) ist das Reichsgesundheitsamt sofort auf kürzestem Wege zu benachrichtigen.

C. Maßnahmen in besonderen Fällen.

Den Landeszentralbehörden oder den von diesen bestimmten Behörden bleibt vorbehalten,

a) allgemein oder für einzelne Orte weitergehende Vorschriften zu erlassen,

b) bei starker Häufung der unter A 2 a und B 2 a bezeichneten Erkrankungen für die davon betroffenen Orte die Form des Nachrichtenaustausches zu vereinfachen, besonders an Stelle schriftlicher Mitteilung des einzelnen Falles das Auflegen von Listen zur Einsichtnahme oder mündlichen Austausch der Nachrichten zur bestimmten Stunde an vereinbartem Orte zu gestatten.

II. Impfwesen.

44. Impfgesetz.

Vom 8. April 1874 (RGBl. S. 31).

§ 1. Der Impfung mit Schutzpocken soll unterzogen werden:

1. jedes Kind vor dem Ablaufe des auf sein Geburtsjahr folgenden Kalenderjahres, sofern es nicht nach ärztlichem Zeugnis (§ 10) die natürlichen Blattern überstanden hat;
2. jeder Zögling einer öffentlichen Lehranstalt oder einer Privatschule, mit Ausnahme der Sonntags- und Abendschulen, innerhalb des Jahres, in welchem der Zögling das zwölfte Lebensjahr zurücklegt, sofern er nicht nach ärztlichem Zeugnis in den letzten fünf Jahren die natürlichen Blattern überstanden hat oder mit Erfolg geimpft worden ist.

§ 2. Ein Impfpflichtiger (§ 1), welcher nach ärztlichem Zeugnis ohne Gefahr für sein Leben oder für seine Gesundheit nicht geimpft werden kann, ist binnen Jahresfrist nach Aufhören des diese Gefahr begründenden Zustandes der Impfung zu unterziehen.

Ob diese Gefahr noch fortbesteht, hat in zweifelhaften Fällen der zuständige Impfarzt (§ 6) endgültig zu entscheiden.

§ 3. Ist eine Impfung nach dem Urteile des Arztes (§ 5) erfolglos geblieben, so muß sie spätestens im nächsten Jahre und, falls sie auch dann erfolglos bleibt, im dritten Jahre wiederholt werden.

Die zuständige Behörde kann anordnen, daß die letzte Wiederholung der Impfung durch den Impfarzt (§ 6) vorgenommen werde.

§ 4. Ist die Impfung ohne gesetzlichen Grund (§§ 1, 2) unterblieben, so ist sie binnen einer von der zuständigen Behörde zu setzenden Frist nachzuholen.

§ 5. Jeder Impfling muß frühestens am sechsten, spätestens am achten Tage nach der Impfung dem impfenden Arzte vorgestellt werden.

§ 6. In jedem Bundesstaate werden Impfbezirke gebildet, deren jeder einem Impfarzte unterstellt wird.

Der Impfarzt nimmt in der Zeit vom Anfang Mai bis Ende September jeden Jahres an den vorher bekannt zu machenden Orten und Tagen für die Bewohner des Impfbezirks Impfungen unentgeltlich vor. Die Orte für die Vornahme der Impfungen, sowie für die Vorstellung der Impflinge (§ 5) werden so gewählt, daß kein Ort des Bezirks von dem nächstgelegenen Impforte mehr als fünf Kilomter entfernt ist.

§ 7. Für jeden Impfbezirk wird vor Beginn der Impfzeit eine Liste der nach § 1, Ziffer 1 der Impfung unterliegenden Kinder von der zuständigen Behörde aufgestellt. Über die auf Grund des § 1, Ziffer 2 zur Impfung gelangenden Kinder haben die Vorsteher der betreffenden Lehranstalten eine Liste anzufertigen.

Die Impfärzte vermerken in den Listen, ob die Impfung mit oder ohne Erfolg vollzogen, oder ob und weshalb sie ganz oder vorläufig unterblieben ist.

Nach dem Schlusse des Kalenderjahres sind die Listen der Behörde einzureichen.

Die Einrichtung der Listen wird durch den Bundesrat festgestellt.

§ 8. Außer den Impfärzten sind ausschließlich Ärzte befugt, Impfungen vorzunehmen.

Sie haben über die ausgeführten Impfungen in der im § 7 vorgeschriebenen Form Listen zu führen und dieselben am Jahresschluß der zuständigen Behörde vorzulegen.

§ 9. Die Landesregierungen haben nach näherer Anordnung des Bundesrats dafür zu sorgen, daß eine angemessene Anzahl von Impfinstituten zur Beschaffung und Erzeugung von Schutzpockenlymphe eingerichtet werde.

Die Impfinstitute geben die Schutzpockenlymphe an die öffentlichen Impfärzte unentgeltlich ab und haben über Herkunft und Abgabe derselben Listen zu führen.

Die öffentlichen Impfärzte sind verpflichtet, auf Verlangen Schutzpockenlymphe, soweit ihr entbehrlicher Vorrat reicht, an andere Ärzte unentgeltlich abzugeben.

§ 10. Über jede Impfung wird nach Feststellung ihrer Wirkung (§ 5) von dem Arzte ein Impfschein ausgestellt. In dem Impfschein wird, unter Angabe des Vor- und Zunamens des Impflings, sowie des Jahres und Tages seiner Geburt, bescheinigt, entweder,

daß durch die Impfung der gesetzlichen Pflicht genügt ist, oder

daß die Impfung im nächsten Jahre wiederholt werden muß.

In den ärztlichen Zeugnissen, durch welche die gänzliche oder vorläufige Befreiung von der Impfung (§§ 1, 2) nachgewiesen werden soll, wird, unter der für den Impfschein vorgeschriebenen Bezeichnung der Person, bescheinigt, aus welchem Grunde und auf wie lange die Impfung unterbleiben darf.

§ 11. Der Bundesrat bestimmt das für die vorgedachten Bescheinigungen (§ 10) anzuwendende Formular.

Die erste Ausstellung der Bescheinigung erfolgt stempel- und gebührenfrei.

§ 12. Eltern, Pflegeeltern und Vormünder sind gehalten, auf amtliches Erfordern mittels der vorgeschriebenen Bescheinigungen (§ 10) den Nachweis zu führen, daß die Impfung ihrer Kinder und Pflegebefohlenen erfolgt oder aus einem gesetzlichen Grunde unterblieben ist.

§ 13. Die Vorsteher derjenigen Schulanstalten, deren Zöglinge dem Impfzwange unterliegen (§ 1, Ziff. 2), haben bei der Aufnahme von Schülern durch Einfordern der vorgeschriebenen Bescheinigungen festzustellen, ob die gesetzliche Impfung erfolgt ist.

Sie haben dafür zu sorgen, daß Zöglinge, welche während des Besuches der Anstalt nach § 1, Ziff. 2 impfpflichtig werden, dieser Verpflichtung genügen.

Ist eine Impfung ohne gesetzlichen Grund unterblieben, so haben sie auf deren Nachholung zu dringen.

Sie sind verpflichtet, vier Wochen vor Schluß des Schuljahres der zuständigen Behörde ein Verzeichnis derjenigen Schüler vorzulegen, für welche der Nachweis der Impfung nicht erbracht ist.

§ 14. Eltern, Pflegeeltern und Vormünder, welche den nach § 12 ihnen obliegenden Nachweis zu führen unterlassen, werden mit einer Geldstrafe bis zu einhundertundfünfzig Reichsmark bestraft.

Eltern, Pflegeeltern und Vormünder, deren Kinder und Pflegebefohlene ohne gesetzlichen Grund und trotz erfolgter amtlicher Aufforderung der Impfung oder der ihr folgenden Gestellung (§ 5) entzogen geblieben sind, werden mit Geldstrafen bis zu einhundertundfünfzig Reichsmark oder mit Haft bis zu drei Tagen bestraft.

§ 15. Ärzte und Schulvorsteher, welche den durch § 8 Abs. 2, § 7 und durch § 13 ihnen auferlegten Verpflichtungen nicht nachkommen, werden mit Geldstrafe bis zu einhundertundfünfzig Reichsmark bestraft.

§ 16. Wer unbefugterweise (§ 8) Impfungen vornimmt, wird mit Geldstrafe bis zu einhundertfünfzig Reichsmark oder mit Haft bis zu vierzehn Tagen bestraft.

§ 17. Wer bei der Ausführung einer Impfung fahrlässig handelt, wird mit Geldstrafe bis zu zehntausend Reichsmark oder mit Gefängnisstrafe bis zu drei Monaten bestraft, sofern nicht nach dem Strafgesetzbuch eine härtere Strafe eintritt.

45. Beschlüsse des Bundesrats zur Ausführung des Impfgesetzes.[1]

Vom 22. März 1917 (Veröff. d. RGesA. 1917 S. 209).

Der Bundesrat hat in seiner Sitzung vom 22. März 1917 sich mit nachstehenden Beschlüssen und Vorschriften zum Impfgesetz vom 8. April 1874 einverstanden erklärt; sie treten an die Stelle der Beschlüsse vom 28. Juni 1899 und der durch diese Beschlüsse genehmigten Bestimmungen und Vordrucke.

1. Beschlüsse, betreffend den physiologischen und pathologischen Stand der Impffrage.

§ 1. Das einmalige Überstehen der Pocken (Blattern) verleiht mit seltenen Ausnahmen Schutz gegen ein nochmaliges Befallenwerden von dieser Krankheit.

§ 2. Die Impfung mit Kuhpockenlymphe ist imstande, einen ähnlichen Schutz zu bewirken.

§ 3. Die Dauer des durch Impfung erzielten Schutzes gegen Pocken schwankt innerhalb weiter Grenzen, beträgt aber im Durchschnitt zehn Jahre.

§ 4. Um einen ausreichenden Impfschutz zu erzielen, ist mindestens eine gut entwickelte Impfpocke erforderlich.

§ 5. Es bedarf einer Wiederimpfung nach Ablauf von zehn Jahren nach der ersten Impfung.

§ 6. Das Geimpftsein der Umgebung erhöht den Schutz, den der einzelne gegen die Pockenkrankheit erworben hat, und die

---

[1] Nr. 9 der Beschlüsse betr. Vordrucke für Impfscheine, Impfzeugnisse und Impflisten ist hier nicht abgedruckt.

Impfung gewährt demnach nicht nur einen persönlichen, sondern auch einen allgemeinen Nutzen in bezug auf Pockengefahr.

§ 7. Die Impfung kann unter Umständen mit Gefahr für den Impfling verbunden sein.

Abgesehen von zufälligen Übertragungen der Lymphe auf ungeimpfte Körperstellen kommen als Impfschädigungen nur Wundinfektionskrankheiten infolge nachträglicher Verunreinigungen der Impfstellen gelegentlich vor.

Die Gefahr der Impfung kann durch Zurückstellung kranker Kinder von der Impfung, durch sorgfältige Ausführung der Impfung sowie durch richtige Pflege der Impflinge auf einen so geringen Umfang beschränkt werden, daß der Nutzen der Impfung den gelegentlichen Schaden unendlich überwiegt.

§ 8. Die Einführung der Impfung hat, soweit wissenschaftlich nachweisbar ist, keine Zunahme bestimmter Krankheiten oder der Sterblichkeit im allgemeinen zur Folge gehabt.

2. Beschlüsse, betreffend die ausschließliche Verwendung von Tierlymphe zur Impfung.

§ 1. Es haben sich bisher keine Anhaltspunkte für die Annahme eines ursächlichen Zusammenhanges zwischen den in der Tierlymphe bekannten Keimen und den Reizerscheinungen ergeben, die nach der Impfung auftreten.

§ 2. Die Impfung ist sowohl bei öffentlichen als auch bei Privatimpfungen nur mit Tierlymphe vorzunehmen.

§ 3. Der Impfstoff ist aus staatlichen Impfanstalten zu beziehen. Doch können die Landesbehörden bestimmen, daß auch aus Privatimpfanstalten, die der staatlichen Aufsicht unterstehen, solcher bezogen werden darf.

Es ist erwünscht, daß von den staatlichen Impfanstalten auch für private Impfungen der Impfstoff an Ärzte unentgeltlich abgegeben wird.

§ 4. Für den Handel mit Impfstoff in den Apotheken gelten folgende Vorschriften:

a) Der Impfstoff muß aus staatlichen Impfanstalten oder aus deren Niederlagen bezogen werden. Ein Bezug von

Impfstoff aus privaten Anstalten bedarf der Genehmigung der Landesbehörden.

b) Der Impfstoff ist vor Licht geschützt und kühl aufzubewahren.

c) Der Impfstoff darf nur auf ärztliches Erfordern und nur in der von der Impfanstalt gelieferten Verpackung abgegeben werden. Diese muß so beschaffen sein, daß sie nicht ohne Zerreißen oder Zerbrechen des Verschlusses geöffnet werden kann.

Auf jeder Verpackung müssen außen angegeben sein: der Name der Anstalt, die den Impfstoff geliefert hat, die Nummer des Versandbuchs, der Tag der Abnahme des Impfstoffs, der Tag, bis zu dem der Impfstoff verwendet werden darf, und die Zahl der in der Verpackung enthaltenen Portionen. Zugleich mit dem Impfstoff sind eine mit dem Dienststempel der Anstalt versehene Postkarte sowie eine Gebrauchsanweisung abzugeben. Letztere hat den Wortlaut der §§ 5 bis 12 der Vorschriften, die von den Ärzten bei der Ausführung der Impfung zu befolgen sind, zu enthalten. Die Postkarte dient zur Mitteilung an die Impfanstalt darüber, mit welchem Erfolge der übersandte Impfstoff verimpft worden ist.

d) Impfstoff, der vor mehr als drei Monaten abgenommen ist, darf nicht abgegeben werden.

e) Über den Empfang und die Abgabe des Impfstoffs ist ein Buch zu führen, in welchem der Tag des Empfanges, die Bezeichnung der Anstalt, in welcher der Impfstoff gewonnen ist, der Tag der Abgabe, der Name des verordnenden Arztes einzutragen sind.

3. Entwurf von Vorschriften, die von den Ärzten bei der Ausführung der Impfung zu befolgen sind.

A. Allgemeine Bestimmungen.

§ 1. Es ist wünschenswert, daß der Impfarzt in jedem Orte seines Bezirkes öffentliche Impfungen vornimmt. An Orten, an denen übertragbare Krankheiten, wie Diphtherie, Fleckfieber, übertragbare Genickstarre, Keuchhusten, spinale Kinderlähmung, Masern, rosenartige Entzündungen, Scharlach oder Typhus in größerer Verbreitung auftreten, ist die Impfung in öffentlichen Terminen während der Dauer der Epidemie nicht vorzunehmen.

Der Impfarzt soll über den Stand der übertragbaren Krankheiten in seinem Impfbezirke während der Impfzeit fortlaufend unterrichtet sein. Insbesondere soll er sich rechtzeitig vergewissern, ob in den Orten, in denen öffentliche Impfungen stattfinden sollen, eine übertragbare Krankheit herrscht, um erforderlichenfalls den Impftermin aufschieben zu können.

Erhält der Impfarzt erst nach Beginn der Impfung davon Kenntnis, daß derartige Krankheiten herrschen, so hat er die Impfung an diesem Orte sofort zu unterbrechen und der zuständigen Behörde davon Anzeige zu machen.

Hat der Impfarzt Fälle übertragbarer Krankheiten in Behandlung, so hat er sorgfältig darauf zu achten, daß durch seine Person die Krankheiten bei der Impfung nicht weiter verbreitet werden.

Es empfiehlt sich, öffentliche Impfungen während der Zeit der größten Sommerhitze zu vermeiden.

§ 2. Im Impftermine hat der Impfarzt im Einvernehmen mit der Ortspolizeibehörde für die nötige Ordnung zu sorgen, Überfüllung der für die Impfung bestimmten Räume zu verhüten und deren ausreichende Lüftung zu veranlassen.

Die gleichzeitige Anwesenheit der Erstimpflinge und der Wiederimpflinge ist tunlichst zu vermeiden.

B. Beschaffung des Impfstoffs.

§ 3. Die Impfärzte erhalten für die öffentlichen Impfungen ihren Gesamtbedarf an Impfstoff unentgeltlich und portofrei aus den staatlichen Impfanstalten.

§ 4. Der Impfarzt hat — zutreffendenfalls unter Angabe der Nummer des Versandbuchs der betreffenden Impfanstalt — aufzuzeichnen, von wo und wann er seinen Impfstoff erhalten hat.

C. Ausführung der Impfung und Wiederimpfung.

§ 5. Die zu impfenden Kinder sind vom Impfarzt vor der Impfung zu besichtigen; auch sind die begleitenden Angehörigen von ihm über den Gesundheitszustand der Impflinge sowie der Personen in deren Umgebung zu befragen. Insbesondere hat der Impfarzt nicht nur zu Beginn des Impftermins ganz allgemein, sondern auch später vor jeder einzelnen Impfung die begleitenden Angehörigen über das Vorhandensein einer rosenartigen Entzündung oder eines nässenden Hautausschlages in der Behausung des Impflings zu befragen. Sind bei der Wiederimpfung Angehörige nicht anwesend, so sind die Wiederimpflinge selbst zu befragen. Wird dem Impfarzt in glaubhafter Weise nachgewiesen, daß in der Familie des Impfpflichtigen eine Erkrankung an einer rosenartigen Entzündung oder an einem nässenden Ausschlag vorhanden ist, so hat der Impfarzt im ersteren Falle die Impfung zu unterlassen; im anderen Falle soll er berechtigt sein, die Impfung aufzuschieben, sofern eine wirksame Absonderung des Impflinges oder der an dem Ausschlag leidenden Person nicht gewährleistet erscheint.

Kinder, die an schweren akuten oder chronischen, die Ernährung stark beeinträchtigenden oder die Säfte verändernden Krankheiten leiden, sollen in der Regel nicht geimpft und nicht wiedergeimpft werden. Insbesondere sind Kinder, die mit nässenden oder juckenden Ekzemen oder mit Ohrenfluß behaftet sind, von der Impfung zurückzustellen.

Ausnahmen sind (namentlich beim Auftreten der natürlichen Pocken) gestattet und werden dem Ermessen des Impfarztes anheimgegeben.

§ 6. Die Impfung ist als eine chirurgische Operation anzusehen und unter Anwendung aller Vorsichtsmaßregeln auszuführen, die geeignet sind, Wundinfektionskrankheiten fernzuhalten; insbesondere hat der Impfarzt sorgfältig auf die Reinheit seiner Hände, der Impfinstrumente und der Impfstelle Bedacht zu nehmen. Vor Anlegung der Impfschnitte ist die Impfstelle mit Watte und 70prozentigem Alkohol oder einem anderen, von den Landesregierungen zugelassenen gleichwertigen Mittel abzureiben. Für jeden Impfling ist ein neuer Wattebausch zu nehmen. Der dem Versandgefäß entnommene Impfstoff ist im Impftermine durch Bedecken vor Verunreinigung zu schützen; im offenen Versandgefäße kann eine Verunreinigung des Impfstoffes durch Schrägstellen des Gefäßes vermieden werden.

§ 7. Der Impfstoff ist tunlichst bald nach dem Empfange zu verimpfen, bis zum Gebrauch aber an einem kühlen Orte und vor Licht geschützt aufzubewahren. Er darf durch Zusätze von Glyzerin, Wasser oder anderen Stoffen nicht verdünnt werden.

§ 8. Zur Impfung eines jeden Impflings sind nur Instrumente zu benutzen, die durch trockene oder feuchte Hitze (Ausglühen, Auskochen) keimfrei gemacht sind. Frisch ausgeglühte Impfinstrumente dürfen erst nach genügender Abkühlung in den Impfstoff getaucht werden.

Die jedesmal für den Gebrauch notwendige Menge Impfstoff kann entweder unmittelbar aus dem Glasgefäße mit dem Impfinstrument entnommen oder auf ein keimfreies Glasschälchen gebracht werden. Beim Gebrauche von Haarröhrchen kann sie auch unmittelbar aus einem solchen auf das Instrument getropft werden.

§ 9. Die Impfung wird bei Erstimpflingen auf demjenigen Oberarme, welchen die begleitenden Angehörigen bestimmen, vorgenommen, bei Wiederimpflingen der Regel nach auf dem linken Oberarme. Es sind vier seichte Schnitte von höchstens 1 cm Länge anzulegen. Die einzelnen Impfschnitte sollen mindestens 2 cm voneinander entfernt liegen. Es empfiehlt sich, die Impfschnitte in der Längsrichtung des Armes auszuführen. Stärkere Blutungen beim Impfen sind zu vermeiden. Einmaliges Einstreichen des Impfstoffes in die durch Anspannen der Haut klaffend gehaltenen Schnitte ist im allgemeinen ausreichend.

Das Auftragen des Impfstoffs mit einem Pinsel ist verboten.

Übriggebliebene Mengen Impfstoff dürfen nicht in das Gefäß zurückgefüllt und zu späteren Impfungen verwendet werden.

§ 10. Die Erstimpfung hat als erfolgreich zu gelten, wenn mindestens eine Pustel zur regelmäßigen Entwicklung gekommen ist. Bei der Wiederimpfung genügt für den Erfolg schon die Bildung von Knötchen oder Bläschen an den Impfstellen.

§ 11. Der Impfarzt ist verpflichtet, etwaige Störungen des Impfverlaufs und jede wirkliche oder angebliche Nachkrankheit, ferner jede Erkrankung infolge Übertragung des Impfstoffs auf ungeimpfte Personen in der Umgebung des Impflinges, soweit sie ihm bekannt werden, tunlichst genau festzustellen und an zuständiger Stelle sofort anzuzeigen.

D. Privatimpfungen.

§ 12. Für die Privatimpfungen gelten die obigen Vorschriften im § 1 Abs. 4 sowie der §§ 4 bis 11.

4. Entwurf einer Belehrung über den Nutzen der Impfung und von Verhaltungsvorschriften.

A. Für die Angehörigen der Erstimpflinge.

§ 1. Die Pocken sind eine gefährliche und in hohem Grade ansteckende Krankheit. In früheren Jahren, bevor die Impfung allgemein eingeführt war, sind alljährlich Tausende von Menschen im Deutschen Reiche an dieser Seuche gestorben; viele der dem Pockentod Entronnenen sind zeitlebens durch die Blatternnarben entstellt geblieben. Wenn heutzutage die Pocken der Bevölkerung eine fast unbekannte Krankheit geworden sind, so ist dies der durch das Reichsimpfgesetz überall eingeführten Impfung zu verdanken. Fast immer bleiben Personen, welche mit Erfolg geimpft oder wiedergeimpft sind, von den Pocken verschont oder werden nur leicht von dieser Krankheit befallen. Der Impfschutz hält allerdings nicht zeitlebens an; durchschnittlich rechnet man mit einer Schutzdauer von zehn Jahren. Es muß daher die erste Impfung nach Ablauf dieser Frist wiederholt werden. Zur Impfung wird nur vollkommen unschädlicher Impfstoff verwendet, der von gesunden Tieren entnommen und durch sorgfältige Untersuchung als einwandfrei befunden worden ist.

Sowohl vor als auch nach der Impfung sind die nachstehenden Verhaltungsvorschriften zu beachten. Werden sie genau befolgt, so ist nicht zu befürchten, daß Kinder nach der Impfung erkranken.

§ 2. Aus einem Hause, in welchem übertragbare Krankheiten, wie Diphtherie, Fleckfieber, übertragbare Genickstarre, Keuchhusten, spinale Kinderlähmung, Masern, natürliche Pocken (Blattern), rosenartige Entzündungen, Scharlach oder Typhus herrschen, dürfen die Impflinge zum allgemeinen Termine nicht gebracht werden.

§ 3. Die Eltern des Impflinges oder deren Vertreter haben dem Impfarzt vor der Ausführung der Impfung Mitteilung zu machen über frühere oder noch bestehende Krankheiten des Kindes sowie über rosenartige Entzündungen oder nässende Hautausschläge, von denen etwa Personen in der Umgebung des Kindes befallen sind.

§ 4. Die Kinder müssen zum Impftermine mit rein gewaschenem Körper und mit reinen Kleidern gebracht werden.

§ 5. Auch nach dem Impfen muß der Impfling peinlich sauber gehalten werden.

§ 6. Das Baden der Impflinge kann bis zu dem Tage, an dem die Impfschnitte sich durch Rötung von der Umgebung abheben in der Regel dem vierten oder auch fünften Tage nach der Impfung — fortgesetzt werden, soll aber von da bis zum Abfallen der Impfschorfe und völliger Abheilung etwa dabei entstehender kleiner Wundflächen unterbleiben.

§ 7. Die Nahrung des Kindes bleibe unverändert. Brustkinder sind in den ersten Wochen nach der Impfung nicht zu entwöhnen.

§ 8. Bei günstigem Wetter darf das Kind ins Freie gebracht werden. Man vermeide im Hochsommer nur die heißesten Tagesstunden und die unmittelbare Sonnenhitze.

§ 9. Jede unnötige Berührung der Impfstellen ist zu vermeiden; insbesondere sind die Impfstellen mit großer Sorgfalt vor dem Aufreiben, Zerkratzen und vor Beschmutzung zu bewahren.

Gegebenenfalls dürfen sie nur mit frisch gereinigten Händen berührt werden; zum Waschen darf nur reine Watte verwendet werden.

Die Impfstellen sind kühl und trocken zu halten; ein reiner, nichtwollener Hemdärmel ist die zweckmäßigste Bedeckung.

Vor Berührung mit Personen, die an eiternden Geschwüren, Hautausschlägen oder Wundrose, insbesondere an Gesichts- oder Kopfrose, erkrankt sind, ist der Impfling sorgfältig zu bewahren, um die Übertragung von Krankheitskeimen in die Impfstellen zu verhüten; auch sind die von solchen Personen benutzten Gegenstände von dem Impfling fernzuhalten. Kommen in der Umgebung des Impflinges Fälle derartiger Krankheiten vor, so ist es zweckmäßig, den Rat eines Arztes einzuholen.

§ 10. Nach der erfolgreichen Impfung zeigen sich vom vierten Tage ab kleine Bläschen, die sich in der Regel bis zum neunten Tage unter mäßigem Fieber vergrößern und zu erhabenen, von einem roten Entzündungshof umgebenen Schutzpocken entwickeln. Diese enthalten eine klare Flüssigkeit, die sich am achten Tage zu trüben beginnt. Vom zehnten bis zwölften Tage beginnen die Pocken zu einem Schorfe einzutrocknen, der nach drei bis vier Wochen von selbst abfällt.

Die erfolgreiche Impfung läßt Narben von der Größe der Pusteln zurück, die mindestens mehrere Jahre hindurch deutlich sichtbar bleiben.

§ 11. Die Pflegepersonen der Impflinge müssen sich peinlich davor hüten, die in den Impfpusteln enthaltene Flüssigkeit auf wunde oder mit Ausschlag behaftete Hautstellen oder in die Augen zu bringen. Haben sie eine Berührung der Impfstellen nicht vermeiden können, so sollen sie nicht unterlassen, sich sogleich die Hände sorgfältig mit Seife zu waschen; das dazu verwendete Waschwasser darf nicht von anderen Personen benutzt werden.

Ungeimpfte Kinder und solche, die an Ausschlag leiden, dürfen nicht mit Impflingen in nähere Berührung kommen, insbesondere nicht mit ihnen zusammen schlafen.

§ 12. Bei unregelmäßigem Verlaufe der Schutzpocken sowie bei jeder erheblichen, nach der Impfung entstehenden Erkrankung ist ein Arzt zuzuziehen. Der Impfarzt ist von jeder solchen Erkrankung, die vor der Nachschau oder innerhalb 14 Tagen danach eintritt, unverzüglich in Kenntnis zu setzen. Auch ist dem Impfarzt alsbald Anzeige zu erstatten, falls infolge einer zufälligen Übertragung des Impfstoffs bei Personen in der Umgebung des Impflings Impfpusteln auftreten.

§ 13. An dem im Impftermin bekanntzugebenden Tage erscheinen die Impflinge zur Nachschau. Kann ein Kind am Tage der Nachschau wegen erheblicher Erkrankung, oder weil in dem Hause eine übertragbare Krankheit herrscht (§ 2), nicht in das Impflokal gebracht werden, so haben die Eltern oder deren Vertreter dieses spätestens am Termintage dem Impfarzt anzuzeigen.

§ 14. Der Impfschein ist sorgfältig aufzubewahren.

B. Für die Wiederimpflinge und ihre Angehörigen.

§ 1. Die Pocken sind eine gefährliche und in hohem Grade ansteckende Krankheit. In früheren Jahren, bevor die Impfung allgemein eingeführt war, sind alljährlich Tausende von Menschen im Deutschen Reiche an dieser Seuche gestorben; viele der dem Pockentod Entronnenen sind zeitlebens durch die Blatternarben entstellt geblieben. Wenn heutzutage die Pocken der Bevölkerung eine fast unbekannte Krankheit geworden sind, so ist dies der durch das Reichsimpfgesetz überall eingeführten Impfung zu verdanken. Fast immer bleiben Personen, welche mit Erfolg geimpft oder wiedergeimpft sind, von den Pocken verschont oder werden nur leicht von dieser Krankheit befallen. Der Impfschutz hält allerdings nicht zeitlebens an; durchschnittlich rechnet man mit einer Schutzdauer von zehn Jahren. Es muß daher die erste Impfung nach Ablauf dieser Frist wiederholt werden. Zur Impfung wird nur vollkommen unschädlicher Impfstoff verwendet, der von gesunden Tieren entnommen und durch sorgfältige Untersuchung als einwandfrei befunden worden ist.

Sowohl vor als auch nach der Impfung sind die nachstehenden Verhaltungsvorschriften zu beobachten. Werden sie genau befolgt, so ist nicht zu befürchten, daß Kinder nach der Impfung erkranken.

§ 2. Aus einem Hause, in welchem übertragbare Krankheiten, wie Diphtherie, Fleckfieber, übertragbare Genickstarre, Keuchhusten, spinale Kinderlähmung, Masern, natürliche Pocken (Blattern), rosenartige Entzündungen, Scharlach oder Typhus herrschen, dürfen Wiederimpflinge zum allgemeinen Termine nicht kommen.

§ 3. Die Kinder sollen im Impftermine mit reiner Haut, reiner Wäsche und in sauberen Kleidern erscheinen.

§ 4. Auch nach dem Impfen muß der Wiederimpfling peinlich sauber gehalten werden.

§ 5. Die Entwicklung der Impfpusteln tritt am dritten oder vierten Tage ein und ist für gewöhnlich mit so geringen Beschwerden im Allgemeinbefinden verbunden, daß eine Versäumnis des Schulunterrichts deshalb nicht notwendig ist. Stellen sich größere Röte und Anschwellungen der Impfstellen ein, so ist ein Arzt zuzuziehen. Die Kinder können das gewohnte Baden fortsetzen. Das Turnen ist vom dritten bis zwölften Tage von allen, bei denen sich Impfblattern bilden, auszusetzen. Jede unnötige Berührung der Impfstellen ist zu vermeiden; insbesondere sind die Impfstellen sorgfältig vor Beschmutzung, Kratzen und Stoß sowie vor Reibungen durch enge Kleidung und vor Druck von außen zu hüten. Die Impfstellen sind kühl und trocken zu halten; ein reiner, nichtwollener Hemdärmel ist die zweckmäßigste Bedeckung. Der Verkehr mit solchen Personen, die an eiternden Geschwüren, Hausausschlägen oder Wundrose, insbesondere an Gesichts- oder Kopfrose leiden, und die Benutzung der von ihnen gebrauchten Gegenstände ist zu vermeiden.

§ 6. Die Pflegepersonen der Wiederimpflinge müssen sich peinlich davor hüten, die Impfstellen zufällig oder absichtlich zu berühren oder die in den Impfpusteln enthaltene Flüssigkeit auf wunde oder mit Ausschlag behaftete Hautstellen oder in die Augen zu bringen. Haben sie die Impfstellen trotzdem berührt, so sollen sie nicht unterlassen, sich sogleich die Hände sorgfältig mit Seife zu waschen. Das dazu verwendete Waschwasser darf nicht von anderen Personen benutzt werden.

Ungeimpfte Kinder und solche, die an Ausschlag leiden, dürfen nicht mit Wiederimpflingen in nähere Berührung kommen, insbesondere nicht mit ihnen zusammen schlafen.

§ 7. Bei jeder erheblichen, nach der Impfung entstehenden Erkrankung ist ein Arzt zuzuziehen. Der Impfarzt ist von jeder solchen Erkrankung, die vor der Nachschau oder innerhalb 14 Tagen danach eintritt, unverzüglich in Kenntnis zu setzen. Auch ist dem Impfarzt alsbald Anzeige zu erstatten, falls infolge einer zufälligen Übertragung des Impfstoffs bei Personen in der Umgebung des Wiederimpflinges Impfpusteln auftreten.

§ 8. An dem im Impftermine bekanntzugebenden Tage erscheinen die Wiederimpflinge zur Nachschau. Kann ein Kind am Tage der Nachschau wegen erheblicher Erkrankung, oder weil in dem Hause eine übertragbare Krankheit herrscht (§ 2), nicht in das Impflokal kommen, so haben die Eltern oder deren Vertreter dies spätestens am Termintage dem Impfarzt anzuzeigen.

§ 9. Der Impfschein ist sorgfältig aufzubewahren.

5. Entwurf von Vorschriften, die von den Behörden bei der Ausführung der öffentlichen Impfungen zu befolgen sind.

§ 1. Bereits bei der Bekanntmachung des Impftermins hat die Ortspolizeibehörde dafür Sorge zu tragen, daß die Angehörigen der Impflinge gedruckte Verhaltungsvorschriften für die öffentlichen Impfungen und über die Behandlung der Impflinge während der Entwicklung der Impfblattern erhalten.

In Städten mit mehr als 10000 Einwohnern ist es zulässig, die gedruckten Verhaltungsvorschriften für die Angehörigen der Erstimpflinge erst im Impftermin an die Angehörigen zu verteilen, unter der Voraussetzung, daß die §§ 2 und 4 dieser

Vorschriften in der öffentlichen Bekanntmachung des Impftermins zum Abdruck gelangt sind. Wird in diesen Städten die Vorladung zur Impfung durch die Post zugestellt, so sind die §§ 2 und 4 der Verhaltungsvorschriften für die Angehörigen der Erstimpflinge auch auf der Vorladung abzudrucken.

§ 2. Treten an einem Orte übertragbare Krankheiten, wie Diphtherie, Fleckfieber, übertragbare Genickstarre, Keuchhusten, spinale Kinderlähmung, Masern, rosenartige Entzündungen, Scharlach oder Typhus, in größerer Verbreitung auf, so werden die öffentlichen Impftermine ausgesetzt. Die Ortspolizeibehörde hat den Impfarzt davon rechtzeitig zu benachrichtigen.

Aus einem Hause, in welchem Fälle der genannten Krankheiten oder die natürlichen Pocken (Blattern) herrschen, dürfen Kinder zum öffentlichen Termine nicht gebracht werden, auch haben sich Erwachsene aus solchen Häusern vom Impftermine fernzuhalten. Der Termin darf in solchen Häusern nicht abgehalten werden.

Impfung und Nachschau von Kindern aus solchen Häusern müssen getrennt von den übrigen Impflingen vorgenommen werden.

§ 3. Für die öffentliche Impfung sind helle, heizbare, genügend große, gehörig gereinigte und gelüftete Räume bereitzustellen, die womöglich auch eine Trennung des Warteraums vom Operationszimmer gestatten.

Bei kühler Witterung sind die Räume zu heizen.

§ 4. Ein Beauftragter der Ortspolizeibehörde sei im Impftermin zur Stelle, um im Einvernehmen mit dem Impfarzt für Aufrechterhaltung der Ordnung zu sorgen.

Entsprechende Schreibhilfe ist bereitzustellen.

Bei der Wiederimpfung und der darauf folgenden Nachschau sei ein Lehrer anwesend.

§ 5. Eine Überfüllung der Impfräume, namentlich des Operationszimmers, werde vermieden. Falls mehrere Impftermine an einem Tage angesetzt sind, sollen sie nicht zu rasch aufeinanderfolgen. Zwischen den Impfterminen ist der Impfraum gehörig zu lüften.

Die Zahl der vorzuladenden Impflinge richte sich nach der Größe der Impfräume.

§ 6. Man verhüte tunlichst, daß die Impfung mit der Nachschau bereits früher Geimpfter zusammenfällt.

Jedenfalls sind Erstimpflinge und Wiederimpflinge (Revakzinanden, Schulkinder) möglichst voneinander zu trennen.

§ 7. Es ist darauf hinzuwirken, daß die Impflinge mit reingewaschenem Körper und reinen Kleidern zum Impftermine kommen.

Kinder mit unreinem Körper und schmutzigen Kleidern können vom Termine zurückgewiesen werden.

§ 8. Ist ein Impfpflichtiger auf Grund ärztlichen Zeugnisses von der Impfung zweimal befreit worden, so kann die fernere Befreiung nur durch den zuständigen Impfarzt erfolgen (§ 2 Abs. 2 des Impfgesetzes).

Kinder, denen eine Impfung als erfolgreich unrechtmäßig bescheinigt ist, sind nach Lage des Falles als ungeimpfte oder als erfolglos geimpfte Kinder zu behandeln.

§ 9. Bei ungewöhnlichem Verlaufe der Schutzpocken oder bei Erkrankungen geimpfter Kinder ist ärztliche Behandlung, soweit tunlich, herbeizuführen; in Fällen von angeblichen Impfschädigungen sind Ermittlungen einzuleiten und ist über deren Ergebnisse der oberen Verwaltungsbehörde Bericht zu erstatten, in geeigneten Fällen ist eine amtliche öffentliche Richtigstellung unrichtiger, in die Öffentlichkeit gelangter Angaben zu veranlassen. Dem Reichsgesundheitsamt ist über solche Vorkommnisse mit tunlichster Beschleunigung Mitteilung zu machen.

Den Standesbeamten oder den Leichenschauern ist aufzugeben, jeden Todesfall, der als Folge der Impfung gemeldet wird, der Ortpolizeibehörde sofort anzuzeigen.

6. Beschlüsse, betr. Leitsätze für die Sicherung einer zweckmäßigen Auswahl der Impfärzte.

§ 1. Die Bestellung der Impfärzte hat durch die Staatsbehörde zu erfolgen. Die Bewerber haben sich über genügende Kenntnisse auf dem Gebiete des Impfwesens sowie über hinlängliche Technik im Impfen auszuweisen.

§ 2. Die öffentliche Impfung ist vorzugsweise den beamteten Ärzten zu übertragen.

§ 3. Nichtbeamtete Ärzte sind bei der Übernahme der öffentlichen Impfung ausdrücklich in Pflicht zu nehmen.

§ 4. Die Vergütung der Impfärzte bedarf der Bestätigung der Staatsbehörde.

§ 5. Von Zeit zu Zeit ist den Impfärzten Gelegenheit zu geben, sich über die Fortschritte auf dem Gebiete der Impftechnik, der Pathologie der Impfung und der Lymphegewinnung zu unterrichten.

7. Beschlüsse, betr. Leitsätze für die Vorbildung der Ärzte in der Impfung.

§ 1. Hinsichtlich der Vorbildung für die Ausübung der Impfung gelten folgende Anforderungen:

a) Während des klinischen Unterrichts haben die Studierenden am praktischen Unterricht in der Impftechnik teilzunehmen; ferner ist ihnen, soweit möglich, auch durch Besuch einer Impfanstalt Gelegenheit zu geben, die zur Ausübung der Impfung erforderlichen technischen Fähigkeiten und Kenntnisse über Gewinnung und Erhaltung der Lymphe zu erwerben.

b) Bei der ärztlichen Prüfung hat der Kandidat nachzuweisen, daß er sich mit den Grundsätzen und der Technik der Schutzpockenimpfung vertraut gemacht hat, auch die erforderlichen Kenntnisse über Gewinnung und Erhaltung der Lymphe besitzt.

c) Nach Ablauf des praktischen Jahres hat der Kandidat zur Erlangung der ärztlichen Approbation nachzuweisen, daß er mindestens zwei öffentlichen Impfungs- und ebenso vielen Wiederimpfungsterminen beigewohnt hat.

8. Beschlüsse, betr. Leitsätze für die Anordnung einer ständigen technischen Überwachung des Impfwesens durch Medizinalbeamte.

§ 1. Die Beaufsichtigung der Impfärzte ist einem beamteten Arzte, und zwar für den Fall, daß der zuständige Medizinalbeamte selbst Impfarzt ist, einem höheren Medizinalbeamten zu übertragen.

§ 2. Die Beaufsichtigung bestehe in einer an Ort und Stelle auszuführenden Revision eines oder mehrerer Impftermine.

§ 3. Die Revision der Impfärzte hat mindestens alle drei Jahre einmal stattzufinden.

Die Revision hat sich auf die Impftechnik, die Feststellung des Impferfolges, sodann auf die Listenführung, Auswahl des Impflokals, Zahl der Impflinge usw. zu erstrecken.

§ 4. Auch die Impfungen der Privatärzte, soweit sie nicht von diesen als Hausärzten in den Familien ausgeführt werden, sind der Revision zu unterwerfen.

§ 5. Ebenso sind die staatlichen und privaten Impfanstalten technisch zu überwachen. Sie sind alljährlich mindestens einmal zu revidieren.

§ 6. Die Aufmerksamkeit der die Impfung beaufsichtigenden Organe hat sich auch auf den Handel mit Lymphe zu erstrecken.

46. Durchführung der Diphtherieschutzimpfungen.

Runderlaß des Reichs- und Preußischen Ministers des Innern.

Vom 15. Juni 1935 (MBliV. Sp. 813).

(1) Unter Hinweis auf den nicht veröffentl. RdErl. v. 12. 4. 1935 — IV c 668/35 — gebe ich nachstehend die „Richtlinien zur aktiven Diphtherieschutzimpfung“ mit dem Ersuchen bekannt, nach diesen Richtlinien zu verfahren, wenn bei bedrohlichem Auftreten von Diphtherieerkrankungen die aktive Diphtherieschutzimpfung durchgeführt werden soll. Bei der Organisation der Impftermine empfehle ich, weitgehend die NSBO. und die NSV. zu beteiligen, deren Mitwirkung nach den bisherigen Erfahrungen besonders nützlich ist.

(2) Zur Durchführung der Schutzimpfungen ersuche ich in jedem Falle ohne Verzug unter Darlegung der Verhältnisse meine Zustimmung einzuholen. Ich weise auch auf die Veröffentlichungen von Gundel und Niermann sowie von Gundel und Müller-Voigt in der „Deutschen Medizinischen Wochenschrift" 1934 S. 775 u. S. 1663 hin.

Anlage.

Richtlinien zur aktiven Diphtherieschutzimpfung.

1. Allgemeines.

(1) Die aktive Diphtherieschutzimpfung mit Diphtherie-Toxin-Antitoxin-Gemischen (TA.), Diphtherie-Toxin-Antitoxin-Flocken (TAF.) und Diphtherie-Formoltoxoiden erzeugt bei diphtherieempfänglichen Kindern in einem hohen Vom-Hundert-Satz Diphtherie-Antitoxine, wodurch diesen Kindern ein für längere Zeit wirksamer Schutz gegen Diphtherie verliehen wird. Da nur staatlich geprüfte Impfstoffe in Deutschland zur Verwendung gelangen dürfen, ist die Impfung bei sachgemäßer Ausführung ungefährlich.

(2) Bei endemischer Verseuchung eines umschriebenen Gebietes oder bei Epidemiegefahr sind, sofern die staatlichen Gesundheitsbehörden mit der Durchführung der aktiven Diphtherieschutzimpfung in dem betreffenden Gebiet einverstanden sind, möglichst sämtliche Kinder vom vollendeten ersten bis zum vollendeten 14. Lebensjahr der Schutzimpfung zu unterwerfen. Da es sich hierbei nicht um eine verpflichtende Maßnahme, sondern um freiwillige Impfungen handelt, muß die Bevölkerung durch eine zweckdienliche Aufklärung durch öffentliche Vorträge, Flugblätter und Zeitungsaufsätze über die Gefahren der Diphtherie und den Nutzen und die Unschädlichkeit der Schutzimpfung aufgeklärt werden, um zu erreichen, daß möglichst alle Eltern ihre Kinder der Schutzimpfung zuführen. Nach den umfangreichen Erfahrungen in den Jahren 1934 und 1935 kann dieses Ziel tatsächlich unschwer erreicht werden.

(3) In engerem Rahmen ist auch dann die aktive Schutzimpfung gegen Diphtherie angezeigt, wenn in Kinderheimen,

Krippen, Waisenhäusern, Alumnaten usw. immer wieder Diphtherieerkrankungen vorkommen. Wenn die Neuaufnahme von Kindern nicht unterbunden werden kann, sind alle neu eintretenden Kinder der Schutzimpfung zu unterziehen und einer Quarantäne zu unterwerfen.

(4) An Orten, an denen andere ansteckende Krankheiten in epidemischer Form herrschen, wie epidemische Genickstarre, epidemische Kinderlähmung, Keuchhusten, Masern, Scharlach, Typhus usw., sollen öffentliche Impftermine nicht stattfinden.

2. Impfärzte.

Als Impfärzte kommen sowohl beamtete als auch praktische Ärzte in Betracht. Die Verteilung der Ärzte auf die einzelnen Impftermine richtet sich nach den örtlichen Verhältnissen und wird zweckmäßig im Benehmen mit den Ärztevereinen vorgenommen. Die Leitung der gesamten Maßnahmen muß in der Hand des zuständigen Amtsarztes oder des Regierungs- und Medizinalrats liegen.

3. Ausführung der Impfung.

(1) Die aktive Schutzimpfung gegen Diphtherie besteht darin, daß dem Impfling die in der Gebrauchsanweisung vorgeschriebene Menge des Impfstoffes am Oberarm, ungefähr am Ansatz des M. deltoideus, eingespritzt wird. Bei allen drei Impfstoffen sind möglichst drei Impfungen im Abstande von je 8 Tagen vorzunehmen. Die Impfdosis soll im allgemeinen 1,0 ccm betragen. Bei schwächlichen Kindern kann auch mit 0,5 ccm begonnen werden. Von den Impfungen müssen die Kinder ausgeschlossen werden, die auch von der Pockenschutzimpfung zu befreien wären, ferner auch die Kinder, die während der letzten vier Wochen Heilserum vorbeugend oder zu Heilzwecken erhalten haben. Nach Ablauf dieser Frist sind diese Kinder mit anderen zurückgestellten oder zunächst ferngebliebenen Kindern in Sammelterminen nachzuimpfen.

(2) Im allgemeinen gilt die Regel, daß Kinder bis zum vollendeten 6. Lebensjahre mit Formoltoxoid, ältere Kinder mit

TAF. oder TA. geimpft werden. Bei solcher Verteilung der Impfstoffe auf die verschiedenen Altersklassen sind ernstere Reaktionen nicht zu befürchten. Gelegentlich treten leichte lokale Hautreaktionen mit Rötung und Schwellung auf, die von selbst wieder verschwinden. Nur ganz ausnahmsweise ist bei besonders empfindlichen Kindern mit fieberhaften, aber unbedenklichen Reaktionen zu rechnen. Der Impfschutz durch die aktive Schutzimpfung entwickelt sich langsam und allmählich in den der Impfung folgenden Wochen.

(3) Die Impfungen sind als chirurgische Operationen unter Beachtung aller Vorsichtsmaßnahmen vorzunehmen. Zur Impfung sind nur durch Kochen keimfrei gemachte Spritzen zu verwenden. Für jedes Kind muß eine jedesmal frisch sterilisierte Kanüle benutzt werden. Die zur Injektion benötigte Menge Impfstoff ist unmittelbar vorher aus der Ampulle zu entnehmen.

(4) Der Impfstoff wird gebrauchsfertig geliefert und ist an einem kühlen Ort, aber nicht auf Eis aufzubewahren. Angebrochene Ampullen müssen sofort aufgebraucht werden, etwa übriggebliebene Reste sind zu vernichten.

4. Organisation der Impftermine.

(1) Für jedes zu impfende Kind ist eine Karte mit Vordruck für die einzelnen Eintragungen nach nachstehendem Muster (Anl. a) [1]) auszufüllen. Die Karten sind in Karteien für jeden Impftermin gesondert zusammenzustellen. Die Karteien der Schulkinder werden zweckmäßig von den Klassenlehrern geführt. Nach Abschluß der Impfungen werden die Karteien dem zuständigen Amtsarzt zugestellt, der in den Karten etwa notwendig werdende Vermerke einträgt.

(2) Für öffentliche Diphtherieschutzimpfungen in größeren Gemeinden oder Bezirken ist eine ausreichende Zahl heller, heizbarer, gut gereinigter und gelüfteter Räume bereitzustellen. Bei den Kleinkinderimpfterminen ist dafür zu sorgen, daß aus-

---

[1]) Hier nicht abgedruckt.

reichende Wartezimmer zur Verfügung stehen. In dem Impfraum selbst muß Gelegenheit zum Waschen und zur Desinfektion der Hände sowie zur Sterilisation der Instrumente gegeben sein. Dem Impfarzt selbst sind zur Aufrechterhaltung der Ordnung, zur Unterstützung bei dem Impfgeschäft und zur Erledigung der Schreibarbeiten geeignete Hilfskräfte in genügender Zahl zur Verfügung zu stellen. Für die Schulkinderimpftermine ist als Personal notwendig: 1 Impfarzt, 1 Fürsorgerin, 2 Schwestern zur Hilfe des Arztes, 1 Lehrer für die Kartei, 1 Sanitäter zum Desinfizieren. Für die Kleinkinderimpftermine sind erforderlich: 1 Impfarzt, 1 Fürsorgerin, 2 Schwestern, 2 Sanitäter, 2 weitere Hilfskräfte zur Bearbeitung der Kartei im Warteraum und im Impfraum und, falls möglich, ein Pol.-Beamter zur Ausgabe von Nummernkarten und zur Aufrechterhaltung der Ordnung. Bei den Schulkinderimpfungen hat neben dem Hilfspersonal möglichst der Klassenlehrer zur Ausfüllung der von ihm vorbereiteten und geordneten Impfkarten anwesend zu sein, die von ihm über die Dauer der Impfung aufzubewahren wären. Nach Abschluß der Impfungen werden sie, schulweise und abecelich geordnet, der verantwortlichen Zentralstelle zur weiteren Verarbeitung übersandt. Die Kleinkinderimpftermine sind derart einzurichten, daß alle Eltern durch vorherige schriftliche Einladung darüber unterrichtet sind, wann und wo ihr Kind geimpft wird. Für die Kleinkinderimpftermine ist bei der Auswahl der Impfräume darauf zu achten, daß der Anmarschweg nicht zu lang ist. Auch ist der Zeitpunkt für die Impfungen so zu wählen, daß die Mütter ohne größere Störungen des Haushaltes zur Verfügung stehen können. Die Schulkinderimpftermine werden zweckmäßig in die Schulzeiten und in die Schulen gelegt. Diese Impfungen am Vormittag sind, soweit möglich, durch die beamteten Ärzte wahrzunehmen. Die Kleinkinderimpftermine werden am besten auf die Nachmittagsstunden gelegt und, schon wegen der größeren Zahl von Impfterminen, in der Regel praktischen Ärzten zu übertragen sein.

(3) Die Einteilung der Termine hat so zu erfolgen, daß keine Stockungen auftreten. Bei den Schulkinderimpfungen treten

die Schüler klassenweise an, für die reibungslose Abwicklung der Impfungen soll möglichst der Schulleiter sorgen. Bei den Kleinkinderimpfterminen sind die Einladungskarten so auszufüllen, daß für jede halbe Stunde etwa 60—80 Kleinkinder geladen werden, um einer Überfüllung der Warteräume und unnötigem längeren Aufenthalt der Mütter zu begegnen. Die Arbeit in den Impfräumen muß so geregelt sein, daß in diesem Raum gleichzeitig nicht mehr als 6—8 Kinder sich befinden.

(4) Die Organisation des einzelnen Termins geschieht bei Schulkindern am besten in der Weise, daß an der Eingangstür des Impfraums sich der Tisch des Lehrers mit der Kartei befindet. Die Kinder betreten mit bereits entblößtem Oberarm den Raum. Der Lehrer händigt jedem Kinde seine Karteikarte aus. Das Kind geht dann zur Fensterseite, wo der Oberarm von einem Sanitäter desinfiziert wird. Es kommt dann zum Impfarzt, der die Impfung vornimmt. Hier befindet sich ein größerer Tisch, auf dem die Ampullen mit dem Impfstoff und der Sterilisationsapparat stehen. Eine Schwester bedient ihn, reicht dem Arzt für jedes Kind eine frisch ausgekochte Kanüle und füllt die Spritze mit dem Impfstoff. Nach der Impfung geht der Impfling an dem Impfarzt vorbei (nicht den gleichen Weg zurück), die Stichstelle wird von einer Hilfsschwester nachgesehen, u. U. mit steriler Watte abgetupft, und der Impfling verläßt wieder den Impfraum, nachdem ein zweiter Lehrer oder eine andere Hilfsperson die notwendigen Eintragungen in die Karteikarte gemacht hat.

(5) Bei den Kleinkinderimpfungen ist das Verfahren ähnlich. Es empfiehlt sich nur, die Kartei bereits in dem Warteraum unterzubringen, damit das Impfgeschäft keine Stockungen erfährt. Im Warteraum ist dann auch ausreichend Zeit zum Heraussuchen der Impfkarten, die den Müttern übergeben, im Impfraum selbst durch eine zweite Hilfskraft ausgefüllt und erst nach Abschluß eines jeden Impftermins wieder eingeordnet werden.

5. Ausweis.

Jeder Impfling erhält nach Abschluß der Impfungen einen Ausweis nach Anlage b[1]) über die erfolgte Impfung und die Art des verwandten Impfstoffes. Diese Ausweise sind aufzubewahren und bei etwaigen späteren Impfungen und Erkrankungen dem Arzte vorzuzeigen.

III. Einzelne übertragbare Krankheiten.

47. Gesetz zur Bekämpfung der Geschlechtskrankheiten.

Vom 18. Februar 1927 (RGBl. I S. 61).

§ 1. Geschlechtskrankheiten im Sinne dieses Gesetzes sind Syphilis, Tripper und Schanker ohne Rücksicht darauf, an welchen Körperteilen die Krankheitserscheinungen auftreten.

§ 2. Wer an einer mit Ansteckungsgefahr verbundenen Geschlechtskrankheit leidet und dies weiß oder den Umständen nach annehmen muß, hat die Pflicht, sich von einem für das Deutsche Reich approbierten Arzte behandeln zu lassen. Eltern, Vormünder und sonstige Erziehungsberechtigte sind verpflichtet, für die ärztliche Behandlung ihrer geschlechtskranken Pflegebefohlenen zu sorgen.

Durch Ausführungsbestimmungen ist dafür Sorge zu tragen, daß die Behandlung der Minderbemittelten, die keinen Anspruch auf anderweitige ärztliche Behandlung haben oder denen die Behandlung auf Grund einer Versicherung wirtschaftliche Nachteile bringen könnte, aus öffentlichen Mitteln sichergestellt wird.

§ 3. Die Durchführung der aus diesem Gesetz erwachsenden gesundheitlichen Aufgaben ist Gesundheitsbehörden zu übertragen, die sich mit den Beratungsstellen für Geschlechtskranke, den Pflegeämtern und den sonstigen Einrichtungen der sozialen Fürsorge möglichst im Einvernehmen zu halten haben. Die Beamten der Ordnungs- und Wohlfahrtspolizei haben die Durchführung der gesundheitlichen und sozialfürsorgerischen Aufgaben,

[1]) Hier nicht abgedruckt.

insbesondere das Eingreifen der Fürsorgestellen Minderjährigen gegenüber, in jeder Weise zu unterstützen.

§ 4. Die zuständige Gesundheitsbehörde kann Personen, die dringend verdächtig sind, geschlechtskrank zu sein und die Geschlechtskrankheit weiterzuverbreiten, anhalten, ein ärztliches Zeugnis, nur in begründeten Ausnahmefällen ein von einem durch die zuständige Gesundheitsbehörde benannten Arzte ausgestelltes Zeugnis über ihren Gesundheitszustand vorzulegen oder sich der Untersuchung durch einen solchen Arzt zu unterziehen. Auf Antrag des untersuchenden Arztes können solche Personen angehalten werden, wiederholt derartige Gesundheitszeugnisse beizubringen.

Personen, die geschlechtskrank und verdächtig sind, die Geschlechtskrankheit weiterzuverbreiten, können einem Heilverfahren unterworfen, auch in ein Krankenhaus verbracht werden, wenn dies zur Verhütung der Ausbreitung der Krankheit erforderlich erscheint.

Anzeigen, deren Urheber nicht erkennbar sind, dürfen nicht beachtet werden. Personen, die mit Namensnennung andere einer Geschlechtskrankheit bezichtigen, sind zunächst mündlich zu vernehmen und die Anzeigen erst dann weiter zu verfolgen, wenn die Vernehmung ergeben hat, daß ein ausreichender Anhalt für die Richtigkeit der behaupteten Tatsachen vorhanden ist.

Soweit andere Mittel zur Durchführung der in Abs. 1, 2 vorgesehenen Maßnahmen nicht ausreichen, ist die Anwendung unmittelbaren Zwanges zulässig. Ärztliche Eingriffe, die mit einer ernsten Gefahr für Leben oder Gesundheit verbunden sind, dürfen nur mit Einwilligung des Kranken vorgenommen werden. Die Reichsregierung bestimmt, welche ärztlichen Eingriffe insbesondere hierunter fallen[1]).

§ 5. Wer den Beischlaf ausübt, obwohl er an einer mit Ansteckungsgefahr verbundenen Geschlechtskrankheit leidet und dies weiß oder den Umständen nach annehmen muß, wird mit Gefängnis bis zu drei Jahren bestraft, sofern nicht nach den Vorschriften des Strafgesetzbuchs eine härtere Strafe verwirkt ist.

[1]) Hierzu VO. v. 11. 9. 1927 (RGBl. I S. 298), abgedruckt unter Nr. 48.

Die Verfolgung tritt nur auf Antrag ein. Ist der Täter ein Angehöriger des Antragstellers, so ist die Zurücknahme des Antrags zulässig.

Die Strafverfolgung verjährt in sechs Monaten.

§ 6. Wer weiß oder den Umständen nach annehmen muß, daß er an einer mit Ansteckungsgefahr verbundenen Geschlechtskrankheit leidet und trotzdem eine Ehe eingeht, ohne dem anderen Teile vor Eingehung der Ehe über seine Krankheit Mitteilung gemacht zu haben, wird mit Gefängnis bis zu drei Jahren bestraft.

Die Verfolgung tritt nur auf Antrag ein. Die Zurücknahme des Antrags ist zulässig.

Die Strafverfolgung verjährt in sechs Monaten.

§ 7. Die Behandlung von Geschlechtskrankheiten und Krankheiten oder Leiden der Geschlechtsorgane ist nur den für das Deutsche Reich approbierten Ärzten gestattet. Verboten ist, solche Krankheiten anders als auf Grund eigener Wahrnehmung zu behandeln (Fernbehandlung) oder in Vorträgen, Schriften, Abbildungen oder Darstellungen Ratschläge für die Selbstbehandlung zu erteilen.

Wer einen anderen einem der im Abs. 1 enthaltenen Verbote zuwider behandelt oder sich zu einer solchen Behandlung öffentlich oder durch Verbreitung von Schriften, Abbildungen oder Darstellungen, wenn auch in verschleiernder Weise, erbietet, wird mit Gefängnis bis zu einem Jahre und mit Geldstrafe oder mit einer dieser Strafen bestraft.

Gleiche Strafe trifft den Arzt, der sich zur Behandlung der im Abs. 1 bezeichneten Krankheiten in unlauterer Weise erbietet.

§ 8. Wer eine geschlechtskranke Person ärztlich untersucht oder behandelt, soll sie über die Art der Krankheit und über die Ansteckungsgefahr sowie über die Strafbarkeit der in §§ 5, 6 bezeichneten Handlungen belehren und ihr hierbei ein amtlich genehmigtes Merkblatt aushändigen.

Fehlt dem Kranken die zur Erkenntnis der Ansteckungsgefahr erforderliche Einsicht, so soll die Belehrung und die Aushändigung des Merkblatts an denjenigen erfolgen, der für das persönliche Wohl des Kranken zu sorgen hat.

§ 9. Wer eine Person, die an einer mit Ansteckungsgefahr verbundenen Geschlechtskrankheit leidet, ärztlich behandelt, hat der im § 4 bezeichneten Gesundheitsbehörde Anzeige zu erstatten, wenn der Kranke sich der ärztlichen Behandlung oder Beobachtung entzieht oder wenn er andere infolge seines Berufs oder seiner persönlichen Verhältnisse besonders gefährdet.

Die oberste Landesbehörde kann bestimmen, daß die Anzeige anstatt der Gesundheitsbehörde einer Beratungsstelle für Geschlechtskranke zu erstatten ist. Kommt der Kranke den Anweisungen der Beratungsstelle nicht nach, so hat diese der Gesundheitsbehörde Kenntnis zu geben.

§ 10. Wer als Beamter oder Angestellter einer Gesundheitsbehörde oder einer Beratungsstelle unbefugt offenbart, was ihm über Geschlechtskrankheiten eines andern oder ihre Ursache oder über die sonstigen persönlichen Verhältnisse der Beteiligten dienstlich bekannt geworden ist, wird mit Geldstrafe oder mit Gefängnis bis zu einem Jahr bestraft.

Die Verfolgung tritt nur auf Antrag ein. Den Antrag kann auch die Gesundheitsbehörde stellen.

Die Offenbarung ist nicht unbefugt, wenn sie von einem in der Gesundheitsbehörde oder in einer Beratungsstelle tätigen Arzte oder mit Zustimmung eines solchen Arztes an eine Behörde oder an eine Person gemacht wird, die ein berechtigtes gesundheitliches Interesse daran hat, über die Geschlechtskrankheit des andern unterrichtet zu werden.

§ 11. Wer zum Zwecke der Heilung oder Linderung von Geschlechtskrankheiten Mittel, Gegenstände oder Verfahren öffentlich oder durch Verbreitung von Schriften, Abbildungen oder Darstellungen, wenn auch in verschleiernder Weise, ankündigt oder anpreist oder solche Mittel oder Gegenstände an einem allgemein zugänglichen Orte ausstellt, wird mit Gefängnis bis zu sechs Monaten und mit Geldstrafe oder mit einer dieser Strafen bestraft.

Straflos ist, soweit nicht anderweitige reichs- oder landesrechtliche Vorschriften entgegenstehen, die Ankündigung oder Anpreisung dieser Mittel oder Gegenstände an Ärzte oder Apotheker oder an Personen, die mit solchen Mitteln oder Gegenständen erlaubterweise Handel treiben, oder in wissenschaftlichen ärztlichen oder pharmazeutischen Fachzeitschriften.

§ 12. Vorträge, Schriften, Abbildungen und Darstellungen, die nur der Aufklärung über die Geschlechtskrankheiten, insbesondere über ihre Erscheinungsformen, dienen, sind straflos, soweit sie nicht unter die Strafbestimmungen des § 7 fallen.

§ 13. Die Reichsregierung kann das Inverkehrbringen von Mitteln oder Gegenständen, die zur Verhütung von Geschlechtskrankheiten dienen sollen, von dem Ergebnis einer amtlichen Prüfung abhängig machen und das Inverkehrbringen hierfür nicht geeigneter Gegenstände verbieten. Sie kann auch Vorschriften über das Ausstellen, Ankündigen oder Anpreisen der hiernach zugelassenen Mittel oder Gegenstände treffen.

Wer Mittel oder Gegenstände, die auf Grund des Abs. 1 Satz 1 vom Verkehr ausgeschlossen sind, in Verkehr bringt, wird mit Gefängnis bis zu sechs Monaten und mit Geldstrafe oder mit einer dieser Strafen bestraft. Ebenso wird bestraft, wer einer nach Abs. 1 Satz 2 getroffenen Vorschrift zuwiderhandelt.

§ 14. Mit Gefängnis bis zu einem Jahre und mit Geldstrafe oder mit einer dieser Strafen wird bestraft, sofern nicht nach den Vorschriften des Strafgesetzbuchs eine härtere Strafe verwirkt ist,

1. eine weibliche Person, die ein fremdes Kind stillt, obwohl sie an einer Geschlechtskrankheit leidet und dies weiß oder den Umständen nach annehmen muß;
2. wer ein syphilitisches Kind, für dessen Pflege er zu sorgen hat, von einer anderen Person als der Mutter stillen läßt, obwohl er die Krankheit des Kindes kennt oder den Umständen nach kennen muß;
3. wer ein sonst geschlechtskrankes Kind, für dessen Pflege er zu sorgen hat, von einer anderen Person als der Mutter,

ohne sie vorher über die Krankheit und die gebotenen Vorsichtsmaßnahmen durch einen Arzt mündlich unterweisen zu lassen, stillen läßt, obwohl er die Krankheit des Kindes kennt oder den Umständen nach kennen muß;

4. wer ein geschlechtskrankes Kind, obwohl er die Krankheit kennt oder den Umständen nach kennen muß, in Pflege gibt, ohne den Pflegeeltern von der Krankheit des Kindes Mitteilung zu machen.

Straflos ist das Stillen oder Stillenlassen eines syphilitischen Kindes durch eine weibliche Person, die selbst an Syphilis leidet.

§ 15. Mit Geldstrafe bis zu einhundertfünfzig Reichsmark oder mit Haft wird bestraft:

1. eine Amme, die ein fremdes Kind stillt, ohne im Besitz eines unmittelbar vor Antritt der Stellung ausgestellten ärztlichen Zeugnisses darüber zu sein, daß an ihr keine Geschlechtskrankheit nachweisbar ist;
2. wer zum Stillen eines Kindes eine Amme in Dienst nimmt, ohne sich davon überzeugt zu haben, daß sie im Besitze des in Nr. 1 bezeichneten Zeugnisses ist;
3. wer, abgesehen von Notfällen, ein Kind, für dessen Pflege er zu sorgen hat, von einer anderen Person als der Mutter stillen läßt, ohne vorher im Besitz eines ärztlichen Zeugnisses darüber zu sein, daß eine gesundheitliche Gefahr für die Stillende nicht besteht.

Die Vorschriften des Abs. 1 finden im Falle des § 14 Abs. 2 keine Anwendung.

§ 17. Wohnungsbeschränkungen auf bestimmte Straßen oder Häuserblocks zum Zwecke der Ausübung der gewerbsmäßigen Unzucht (Kasernierungen) sind verboten.

§ 18. Die zur Durchführung dieses Gesetzes, insbesondere für das Zusammenwirken der Behörden mit den Einrichtungen der sozialen Fürsorge notwendigen Vorschriften werden von der obersten Landesbehörde erlassen. Die Aufbringung der entstehenden Kosten regelt sich nach Landesrecht.

§ 19. Dieses Gesetz tritt am 1. Oktober 1927 in Kraft.

48. Verordnung zur Bekämpfung der Geschlechtskrankheiten.

Vom 11. September 1927 (RGBl. I S. 298).

§ 1. Zu den ärztlichen Eingriffen, die nur mit Einwilligung des Kranken vorgenommen werden dürfen, gehören insbesondere die Behandlung mit Salvarsan-, Quecksilber- und Wismutpräparaten, die Entnahme der Rückenmarksflüssigkeit, die Cystoskopie, der Ureteren-Katheterismus und die Dehnung der Harnröhre.

49. Gesetz zur Bekämpfung der Papageienkrankheit (Psittacosis) und anderer übertragbarer Krankheiten.

Vom 3. Juli 1934 (RGBl. I S. 532).

§ 1. Wer Papageien oder Sittiche gewerbsmäßig züchten oder mit solchen Tieren Handel treiben will, bedarf dazu der Genehmigung der unteren Verwaltungsbehörde.

§ 2. Züchter und Händler haben über Erwerb und Abgabe von Papageien und Sittichen Buch zu führen. Die Bücher sind der Polizeibehörde, dem beamteten Arzt und dem beamteten Tierarzt auf Verlangen zur Einsicht vorzulegen.

§ 3. Treten Erkrankungs- oder Todesfälle von Papageien oder Sittichen in einem Bestand oder in einer Zucht mehrfach auf, so ist unverzüglich Anzeige an die Polizeibehörde zu erstatten, die den beamteten Arzt und den beamteten Tierarzt zu benachrichtigen hat. Zur Anzeige verpflichtet ist der Tierhalter; sofern ein Tierarzt zugezogen wird, trifft diesen die Anzeigepflicht. Erkrankte Tiere sind abzusondern. Verendete Tiere dürfen nicht vor der amtlichen Besichtigung beseitigt werden.

§ 4. Der zuständige beamtete Tierarzt ist befugt, Bestände und Zuchten von Papageien und Sittichen zu besichtigen und auf ihren Gesundheitszustand zu untersuchen. Auf Anfordern sind ihm die zur Untersuchung erforderlichen Tiere zu überlassen.

§ 5. Wird die Papageienkrankheit (Psittacosis) festgestellt, so kann die Polizeibehörde die Vernichtung und unschädliche Beseitigung ansteckungsverdächtiger Tiere sowie die nötigen Desinfektionen anordnen.

§ 6. Der Reichsminister des Innern kann Vorschriften über die Haltung und Versendung von Papageien und Sittichen erlassen.

§ 7. Jede Erkrankung sowie der Tod eines Menschen an der Papageienkrankheit (Psittacosis) sowie jeder Verdachtsfall ist der Polizeibehörde unverzüglich anzuzeigen. Die §§ 1 bis 4 des Gesetzes, betreffend die Bekämpfung gemeingefährlicher Krankheiten, vom 30. Juni 1900 (Reichsgesetzbl. S. 306), finden entsprechende Anwendung.

§ 8. Der Reichsminister des Innern erläßt in Anlehnung an das Gesetz, betreffend die Bekämpfung gemeingefährlicher Krankheiten vom 30. Juni 1900 (Reichsgesetzbl. S. 306), Vorschriften über die Ermittlung der Krankheit und über die anzuordnenden Schutzmaßnahmen. Er erläßt die sonstigen zur Ausführung und Ergänzung dieses Gesetzes erforderlichen Rechts- und Verwaltungsvorschriften. Er bestimmt im Einvernehmen mit dem Reichsminister der Finanzen, inwieweit zur Vermeidung von Härten für die Vernichtung von Tieren oder die Beschädigung von Gegenständen Entschädigung zu leisten ist.

§ 9. (1) Mit Gefängnis bis zu drei Jahren und mit Geldstrafe oder mit einer dieser Strafen wird bestraft:

1. wer ohne die gemäß § 1 erforderliche Genehmigung Papageien oder Sittiche gewerbsmäßig züchtet oder mit solchen Tieren Handel treibt;
2. wer wissentlich ansteckungsverdächtige Tiere, deren Vernichtung und unschädliche Beseitigung, oder Gegenstände, für die eine Desinfektion gemäß § 5 polizeilich angeordnet ist, vor Ausführung der Anordnung an andere überläßt oder sonst in den Verkehr bringt.

(2) Neben der Strafe kann auf Einziehung der Gegenstände erkannt werden, auf die sich die strafbare Handlung bezieht, auch wenn sie dem Täter nicht gehören. Kann keine bestimmte Person verfolgt oder verurteilt werden, so kann auf die Einziehung selbständig erkannt werden, wenn im übrigen die Voraussetzungen hierfür vorliegen.

§ 10. Mit Geldstrafe bis einhundertfünfzig Reichsmark oder mit Haft wird bestraft:

1. wer entgegen dem § 2 nicht oder nicht ordnungsgemäß Buch führt oder wer der Polizeibehörde, dem beamteten Arzt oder dem beamteten Tierarzt die Einsichtnahme in die Bücher verweigert;
2. wer die ihm nach § 3 oder nach § 7 obliegende Anzeige unterläßt oder sie länger als 24 Stunden, nachdem er von der anzuzeigenden Tatsache Kenntnis erhalten hat, verzögert. Die Strafverfolgung tritt nicht ein, wenn die Anzeige, obwohl nicht von dem zunächst Verpflichteten, dennoch rechtzeitig erstattet worden ist;
3. wer entgegen dem § 3 erkrankte Tiere nicht absondert oder verendete Tiere vor der amtlichen Besichtigung beseitigt;
4. wer im Falle des § 4 dem beamteten Tierarzt den Zutritt zu den Beständen oder Zuchten von Papageien oder Sittichen oder die Vornahme der erforderlichen Untersuchung oder die Überlassung der zu untersuchenden Tiere verweigert;
5. wer den auf Grund des § 6 zu erlassenden Vorschriften zuwiderhandelt.

§ 11. Der Reichsminister des Innern kann bestimmen, daß mit Gefängnis bis zu drei Jahren oder mit Geldstrafe bestraft wird, wer den auf Grund des § 8 zu erlassenden Vorschriften zuwiderhandelt, und daß neben der Strafe auf Einziehung der Gegenstände oder Tiere erkannt werden kann, auf die sich die strafbare Handlung bezieht, auch wenn sie dem Täter nicht gehören.

§ 12. Der Reichsminister des Innern kann die Vorschriften des Gesetzes, betreffend die Bekämpfung gemeingefährlicher Krankheiten, vom 30. Juni 1900 (Reichsgesetzbl. S. 306), sowie die Vorschriften dieses Gesetzes ganz oder teilweise, auch mit Einschränkungen oder Abänderungen auf andere übertragbare Krankheiten ausdehnen.

§ 13. Dieses Gesetz tritt hinsichtlich der §§ 1 und 2 am 1. Oktober 1934, im übrigen mit dem auf die Verkündung folgenden Tag in Kraft.

50. Verordnung zur Bekämpfung der Papageienkrankheit (Psittacosis).

Vom 14. August 1934 (RGBl. I S. 774).

Art. 1. (1) Papageien und Sittiche im Sinne des Gesetzes sind alle den Familien der Papageien (Psittacidae) und der Pinselzüngler (Trichoglossidae) angehörenden Vögel.

(2) Zur Familie der Papageien gehören die Eulenpapageien, die Kakadus und die Sittiche (Stringopinae, Cacatuinae und Psittacinae); zur Familie der Pinselzüngler gehören die Nestorpapageien, die Loris und die Rundschnabelpapageien (Nestorinae, Loriinae und Cyclopsittacinae).

Art. 2. (1) Die untere Verwaltungsbehörde hat vor Erteilung der Genehmigung (§ 1 des Gesetzes) den beamteten Tierarzt gutachtlich zu hören. Sie hat diesen von jeder Genehmigungserteilung und Genehmigungsänderung in Kenntnis zu setzen.

(2) Der beamtete Tierarzt hat, sofern er es für erforderlich erachtet, vor Erstattung des Gutachtens den Bestand oder die Zucht des um die Genehmigung nachsuchenden Händlers oder Züchters sowie die für den Handel oder die Zucht bestimmten Räume zu besichtigen. Er hat über die genehmigten Zuchten und Handlungen ein Verzeichnis zu führen.

Art. 3. (1) Die durch § 2 des Gesetzes vorgeschriebenen Bücher sind nach anliegendem Vordruck (Anlage 1)[1]) zu führen.

(2) Bei Anlegung der Bücher sind zunächst die bereits vorhandenen Bestände an Papageien und Sittichen einzutragen. Veränderungen in dem Bestande der Vögel sind innerhalb 24 Stunden in den Büchern zu vermerken.

(3) Die Bücher sind mit vorgedruckter fortlaufender Seitenzahl zu versehen; sie dürfen frühestens zwei Jahre nach der letzten Eintragung vernichtet werden.

(4) Jeder Händler hat die Vögel seines Bestandes mit bezifferten Fußringen zu versehen, die nur eine einmalige Verwendung gestatten. Die Kennzeichnung hat so zu erfolgen, daß

---

[1]) Hier nicht abgedruckt.

für jeden Vogel mit Hilfe der Buchführung Herkunft und Verbleib einwandfrei festgestellt werden kann.

Art. 4. Ein die Anzeigepflicht begründender Fall mehrfachen Auftretens von Erkrankungs- oder Todesfällen (§ 3 des Gesetzes) liegt insbesondere vor, wenn in einem Bestand oder in einer Zucht aus ungeklärter Ursache und in ungewöhnlicher Häufigkeit Vögel erkranken oder verenden. Die Anzeige kann mündlich oder schriftlich erstattet werden.

Art. 5. (1) Sobald der beamtete Tierarzt den Verdacht oder das Vorliegen von Papageienkrankheit bestätigt, hat die Polizeibehörde dem Tierhalter den Erwerb und die Abgabe von Vögeln aller Art bis auf weiteres zu verbieten. Das Verbot darf erst aufgehoben werden, wenn der beamtete Tierarzt dies für zulässig erklärt hat.

(2) Werden kranke, krankheitsverdächtige oder ansteckungsverdächtige Tiere abgesondert, so sind sie in einem besonderen Raum unterzubringen, der unter Verschluß zu halten ist und nur von dem behandelnden Tierarzt, dem beamteten Tierarzt und dem beamteten Arzt sowie zum Zwecke der Fütterung und Pflege von dem Tierhalter und den mit der Pflege betrauten Personen betreten werden darf.

Art. 6. (1) Bevor die Vernichtung und unschädliche Beseitigung verdächtiger Tiere angeordnet wird, hat die Polizeibehörde die gutachtliche Stellungnahme des beamteten Tierarztes einzuholen.

(2) Die Tiere sind nach näherer Anweisung des beamteten Tierarztes zu vernichten und durch Verbrennen unschädlich zu beseitigen.

(3) Verendete oder getötete Vögel sind, wenn ihre Einlieferung in ein Untersuchungsamt erforderlich wird, mit verdünnter Lysollösung anzufeuchten und in einem dicht verschließbaren Glas- oder Metallbehälter zu verpacken. Größere Vögel können, in ein mit verdünnter Lysollösung getränktes Tuch eingeschlagen, mit undurchlässigem Papier (Pergament-, Ölpapier oder der-

gleichen) umhüllt, in einem fest verschnürten Paket eingeliefert werden. Für die Versendung sind die Vorschriften über Krankheitserreger vom 21. November 1917 (Reichsgesetzbl. S. 1069)[1]) maßgebend.

Art. 7. Räume und Käfige, in denen kranke, krankheitsverdächtige oder ansteckungsverdächtige Vögel untergebracht waren, sind unter entsprechender Anwendung der Anlage A der Ausführungsvorschriften zum Viehseuchengesetz vom 7. Dezember 1911 (Reichsgesetzbl. 1912 S. 4)[2]) nach Anweisung des beamteten Tierarztes, Wohnräume nach Anweisung des beamteten Arztes unter polizeilicher Überwachung zu desinfizieren. Holzkäfige sowie sonstige Gegenstände aus Holz, mit denen die Vögel in Berührung gekommen sind, müssen, soweit es der beamtete Tierarzt für erforderlich hält, verbrannt werden.

Art. 8. Die Polizeibehörde hat, sobald sie von der Erkrankung oder dem Tod eines Menschen an Papageienkrankheit oder von einem Verdachtsfall Kenntnis erhält, unverzüglich den beamteten Arzt und den beamteten Tierarzt zu benachrichtigen. Beide haben sofort an Ort und Stelle Ermittlungen anzustellen über die Art, den Stand und die Ursache der Krankheit sowie über die Gefahr weiterer Ansteckung; sie haben das Ergebnis der Polizeibehörde mitzuteilen und bei dieser die zur Verhütung der Weiterverbreitung der Krankheit erforderlichen Maßnahmen zu veranlassen.

Art. 9. (1) Ist nach dem Gutachten des beamteten Arztes oder des beamteten Tierarztes der Ausbruch der Krankheit festgestellt oder der Verdacht des Ausbruchs begründet, so hat die Polizeibehörde unverzüglich die erforderlichen Schutzmaßregeln zu treffen.

(2) In Fällen dringender Gefahr kann der beamtete Arzt oder der beamtete Tierarzt schon vor dem Eingreifen der Polizeibehörde die zur Ermittlung der Krankheit und zur Verhütung

---

[1]) Abgedruckt unter Nr. 42.
[2]) Hier nicht abgedruckt.

ihrer Weiterverbreitung zunächst erforderlichen Maßregeln schriftlich anordnen. Die Polizeibehörde ist von den Anordnungen sofort schriftlich zu benachrichtigen; die Anordnungen bleiben in Kraft, solange die Polizeibehörde nicht anderweit verfügt.

Art. 10. (1) Der beamtete Arzt und der beamtete Tierarzt haben über jeden Erkrankungs-, Todes- oder Verdachtsfall von Papageienkrankheit der höheren Verwaltungsbehörde nach anliegendem Vordruck (Anlagen 2 und 3) [1]) alsbald zu berichten; sie haben der zuständigen unteren Verwaltungsbehörde Abschrift des Berichts zu übersenden.

(2) Nach Erlöschen der Seuche haben der beamtete Arzt und der beamtete Tierarzt der höheren Verwaltungsbehörde einen Schlußbericht zu erstatten, der durch Vermittlung der obersten Landesbehörde dem Reichsministerium des Innern zu übersenden ist.

Art. 11. (1) Dem beamteten Arzt ist der Zutritt zu dem Kranken, Krankheits- oder Ansteckungsverdächtigen oder zu der Leiche und die Vornahme der erforderlichen Untersuchungen zu gestatten. Die Polizeibehörde kann die Öffnung der Leiche anordnen, wenn der beamtete Arzt dies zur Feststellung der Krankheit für erforderlich hält.

(2) Der behandelnde Arzt ist berechtigt, den Untersuchungen, insbesondere auch der Leichenöffnung, beizuwohnen.

(3) Die in den §§ 2 und 3 des Gesetzes, betreffend die Bekämpfung gemeingefährlicher Krankheiten, vom 30. Juli 1900 (Reichsgesetzbl. S. 306), aufgeführten Personen haben über alle für die Entstehung und den Verlauf der Krankheit wichtigen Umstände dem beamteten Arzt, dem beamteten Tierarzt und der Polizeibehörde auf Befragen Auskunft zu erteilen.

Art. 12. Für kranke sowie für krankheits- oder ansteckungsverdächtige Personen kann die Polizeibehörde Beobachtung, Absonderung und sonstige Verkehrsbeschränkungen anordnen, so-

[1]) Hier nicht abgedruckt.

weit es der beamtete Arzt zur Verhütung der Weiterverbreitung der Krankheit für erforderlich hält.

Art. 13. (1) Die Polizeibehörde kann auf Antrag des beamteten Arztes die Desinfektion derjenigen Gegenstände und Räume anordnen, von denen anzunehmen ist, daß sie mit dem Infektionsstoff behaftet sind.

(2) Ist die Desinfektion nicht ausführbar oder im Verhältnis zum Wert der Gegenstände zu kostspielig, so kann die Vernichtung angeordnet werden.

Art. 14. Die Polizeibehörde kann auf Antrag des beamteten Arztes besondere Vorsichtsmaßregeln anordnen für die Aufbewahrung, Einsargung, Beförderung und Bestattung der Leichen von Personen, die an Papageienkrankheit gestorben sind.

Art. 15. (1) Gewerbsmäßigen Züchtern und Händlern kann durch Entscheidung der höheren Verwaltungsbehörde für die nach den §§ 4 und 5 des Gesetzes abgegebenen oder vernichteten Tiere sowie für die nach den Artikeln 7 und 13 dieser Verordnung vernichteten Gegenstände auf Antrag eine billige Entschädigung aus öffentlichen Mitteln gewährt werden, soweit dies zur Vermeidung von Härten erforderlich erscheint. § 34 Satz 2 des Gesetzes, betreffend die Bekämpfung gemeingefährlicher Krankheiten, vom 30. Juni 1900 (Reichsgesetzbl. S. 306) findet Anwendung.

(2) Der Wert der Tiere ist durch den beamteten Tierarzt abzuschätzen; die Entschädigung soll in der Regel den Betrag von drei Reichsmark je Vogel nicht übersteigen. Der Wert der nach den Artikeln 7 und 13 zu vernichtenden Gegenstände ist möglichst durch Sachverständige abzuschätzen.

Art. 16. Wer den Vorschriften der Artikel 5, 11 oder den auf Grund dieser Verordnung ergangenen Anordnungen zuwiderhandelt, wird mit Geldstrafe bis zu einhundertfünfzig Reichsmark oder mit Haft bestraft.

Vierter Teil.

Arzneimittel, Betäubungsmittel, Gifte.

I. Arzneimittel.

51. Verordnung, betreffend den Verkehr mit Arzneimitteln.

Vom 22. Oktober 1901 (RGBl. S. 380)[1].

§ 1. Die in dem angeschlossenen Verzeichnisse A aufgeführten Zubereitungen dürfen, ohne Unterschied, ob sie heilkräftige Stoffe enthalten oder nicht, als Heilmittel (Mittel zur Beseitigung oder Linderung von Krankheiten bei Menschen oder Tieren) außerhalb der Apotheken nicht feilgehalten oder verkauft werden.

Dieser Bestimmung unterliegen von den bezeichneten Zubereitungen, soweit sie als Heilmittel feilgehalten oder verkauft werden,

a) kosmetische Mittel (Mittel zur Reinigung, Pflege oder Färbung der Haut, des Haares oder der Mundhöhle), Desinfektionsmittel und Hühneraugenmittel nur dann, wenn sie Stoffe enthalten, welche in den Apotheken ohne Anweisung eines Arztes, Zahnarztes oder Tierarztes nicht abgegeben werden dürfen, kosmetische Mittel außerdem auch dann, wenn sie Kreosot, Phenylsalizylat oder Resorzin enthalten;

b) künstliche Mineralwässer nur dann, wenn sie in ihrer Zusammensetzung natürlichen Mineralwässern nicht entsprechen und zugleich Antimon, Arsen, Baryum, Chrom, Kupfer, freie Salpetersäure, freie Salzsäure oder freie Schwefelsäure enthalten.

Auf Verbandstoffe (Binden, Gazen, Watten und dergleichen), auf Zubereitungen zur Herstellung von Bädern sowie auf Seifen zum äußerlichen Gebrauche findet die Bestimmung im Abs. 1 nicht Anwendung.

---

[1]) In der zur Zeit geltenden Fassung.

§ 2. Die in dem angeschlossenen Verzeichnisse B aufgeführten Stoffe dürfen außerhalb der Apotheken nicht feilgehalten oder verkauft werden.

§ 2a. Die in dem Verzeichnis C aufgeführten Stoffe und Zubereitungen dürfen außerhalb der Apotheken nicht feilgehalten oder verkauft werden.

§ 2b. Soweit nach den §§ 1, 2, 2a Zubereitungen und Stoffe dem Verkehr außerhalb der Apotheken entzogen sind, dürfen sie auch von Krankenkassen, Genossenschaften, Vereinen oder ähnlichen Personengesamtheiten an ihre Mitglieder nicht verabfolgt werden.

§ 3. Der Großhandel unterliegt den vorstehenden Bestimmungen nicht. Gleiches gilt für den Verkauf der im Verzeichnisse B aufgeführten Stoffe an Apotheken oder an solche öffentliche Anstalten, welche Untersuchungs- oder Lehrzwecken dienen und nicht gleichzeitig Heilanstalten sind.

Verzeichnis A.

1. Abkochungen und Aufgüsse (decocta et infusa);
2. Ätzstifte (styli caustici);
3. Auszüge in fester oder flüssiger Form (extracta et tincturae), ausgenommen:
   Arnikatinktur,
   Baldriantinktur, auch ätherische,
   Benediktineressenz,
   Benzoetinktur,
   Bischofessenz,
   Eichelkaffee-Extrakt,
   Fichtennadelextrakt,
   Fleischextrakt,
   Himbeeressig,
   Kaffee-Extrakt,
   Lakritzen (Süßholzsaft), auch mit Anis,
   Malzextrakt, auch mit Eisen, Lebertran oder Kalk,
   Myrrhentinktur,
   Nelkentinktur,

Tee-Extrakt von Blättern des Teestrauchs,
Vanillentinktur,
Wacholderextrakt;

4. Gemenge, trockene, von Salzen oder zerkleinerten Substanzen oder von beiden untereinander, auch wenn die zur Vermengung bestimmten einzelnen Bestandteile gesondert verpackt sind (pulveres, salia et species mixta), sowie Verreibungen jeder Art (triturationes), ausgenommen:
Brausepulver aus Natriumbikarbonat und Weinsäure, auch mit Zucker oder ätherischen Ölen gemischt,
Eichelkakao, auch mit Malz,
Hafermehlkakao,
Riechsalz,
Salizylstreupulver,
Salze, welche aus natürlichen Mineralwässern bereitet oder den solchergestalt bereiteten Salzen nachgebildet sind,
Schneeberger Schnupftabak mit einem Gehalte von höchstens 3 Gewichtsteilen Nieswurzel in 100 Teilen des Schnupftabaks;

5. Gemische, flüssige, und Lösungen (mixturae et solutiones) einschließlich gemischte Balsame, Honigpräparate und Sirupe, ausgenommen:
Ätherweingeist (Hoffmannstropfen),
Ameisenspiritus,
aromatischer Essig,
Bleiwasser mit einem Gehalte von höchstens 2 Gewichtsteilen Bleiessig in 100 Teilen der Mischung,
Eukalyptuswasser,
Fenchelhonig,
Fichtennadelspiritus (Waldwollextrakt),
Franzbranntwein mit Kochsalz,
Kalkwasser, auch mit Leinöl,
Kampferspiritus,
Karmelitergeist,
Lebertran mit ätherischen Ölen,

Mischungen von Ätherweingeist, Kampferspiritus, Seifenspiritus, Salmiakgeist und Spanischpfeffertinktur oder von einzelnen dieser fünf Flüssigkeiten untereinander zum Gebrauche für Tiere, sofern die einzelnen Bestandteile der Mischungen auf den Gefäßen, in denen die Abgabe erfolgt, angegeben werden,
Obstsäfte, mit Zucker, Essig oder Fruchtsäuren eingekocht,
Pepsinwein,
Rosenhonig, auch mit Borax,
Seifenspiritus,
weißer Sirup;

6. Kapseln, gefüllte, von Leim (Gelatine) oder Stärkemehl (capsulae gelatinosae et amylaceae repletae), ausgenommen solche Kapseln, welche
Brausepulver der unter Nr. 4 angegebenen Art,
Copaivabalsam,
Lebertran,
Natriumbikarbonat,
Rizinusöl oder
Weinsäure
enthalten;
7. Latwergen (electuaria);
8. Linimente (linimenta), ausgenommen flüchtiges Liniment;
9. Pastillen (auch Plätzchen und Zeltchen), Tabletten, Pillen und Körner (pastilli — rotulae et trochisci —, tabulettae, pilulae et granula), ausgenommen:
aus natürlichen Mineralwässern oder aus künstlichen Mineralsalzen bereitete Pastillen,
einfache Molkenpastillen,
Pfefferminzplätzchen,
Salmiakpastillen, auch mit Lakritzen- und Geschmackzusätzen, welche nicht zu den Stoffen des Verzeichnisses B gehören,
Tabletten aus (Sacharin), Natriumbikarbonat oder Brausepulver, auch mit Geschmackzusätzen, welche nicht zu den Stoffen des Verzeichnisses B gehören;

10. Pflaster und Salben (emplastra et unguenta), ausgenommen:
 Bleisalbe zum Gebrauche für Tiere,
 Borsalbe zum Gebrauche für Tiere,
 Cold-Cream, auch mit Glyzerin, Lanolin oder Vaselin,
 Pechpflaster, dessen Masse lediglich aus Pech, Wachs, Terpentin und Fett oder einzelnen dieser Stoffe besteht,
 englisches Pflaster,
 Heftpflaster,
 Hufkitt,
 Lippenpomade,
 Pappelpomade,
 Salizyltalg,
 Senfleinen,
 Senfpapier,
 Terpentinsalbe zum Gebrauche für Tiere,
 Zinksalbe zum Gebrauche für Tiere;
11. Suppositorien (suppositoria) in jeder Form (Kugeln, Stäbchen, Zäpfchen oder dergleichen) sowie Wundstäbchen (cereoli).

Verzeichnis B.

(S. auch Nachtrag am Schluß dieses Verzeichnisses.)

Bei den mit * versehenen Stoffen sind auch die Abkömmlinge der betreffenden Stoffe sowie die Salze der Stoffe und ihrer Abkömmlinge inbegriffen.

*Acetanilidum.
Acida chloracetica.
Acidum acetylosalicylicum (Aspirinum).
*— aethylphenylbarbituricum.
— benzoicum e resina sublimatum.
Acidum camphoricum.
— cathartinicum.
— cinnamylicum.
— chrysophanicum.
*— diaethylbarbituricum.
*— diallylbarbituricum.
*— dibrompropyldiaethylbarbituricum.

*Acidum dipropylbarbituricum.
— hydrobromicum.
— hydrocyanicum.
*— lacticum.
*— osmicum.
— sclerotinicum.
*— sozojodolicum.
— succinicum.
*— sulfocarbolicum.
*— valerianicum.
*Aconitinum.
Actolum.
Adonidinum.
Aether bromatus.
— chloratus.
— jodatus.
Aethyleni praeparata.
Aethylidenum bichloratum.
Agaricinum.
Airolum.
Aleudrin.
Aluminium acetico-tartaricum.
Ammonium chloratum ferratum.
Amylenchloralum.
Amylenum hydratum.
Amylium nitrosum.
Anthrarobinum.
*Apomorphinum.
Aqua Amygdalarum amararum.
— Lauro-cerasi.
— Opii.
— vulneraria spirituosa.
*Arecolinum.
Argentaminum.
Argentolum.
Argoninum.
Aristolum.
Arsenium jodatum.
*Atropinum.
Betolum.
Bismutum bromatum.
— oxyjodatum.
— subgallicum (Dermatolum).
— subsalicylicum.
— tannicum.
Blatta orientalis.
Bromalum hydratum.
Bromoformium.
*Brucinum.
Bulbus Scillae siccatus.
Butylchloralum hydratum.
Camphora monobromata.
Cannabinonum.
Cannabinum tannicum.
Cantharides.
Cantharidinum.
Cardolum.
Castoreum canadense.
— sibiricum.
Cerium oxalicum.
*Chinidinum.
*Chininum.
Chinoidinum.
Chloralose.
Chloralum formamidatum.
— hydratum.
Chloroformium.

Chrysarobinum.
*Cinchonidinum.
Cinchoninum.
*Cocainum.
*Coffeinum.
Colchicinum.
*Coniinum.
Convallamarinum.
Convallarinum.
Cortex Chinae.
— Condurango.
— Granati.
— Mezerei.
Cotoinum.
Cubebae.
Cuprum aluminatum.
— salicylicum.
Curare.
Curarinum.
*Delphininum.
*Dial.
*Dicodid(Dihydrokodeinon).
*Digitalinum.
*Digitoxinum.
Dihydromorphinum.
*Diogenal.
*Duboisinum.
*Emetinum.
*Eucainum.
Eucodal.
Euphorbium.
Europhenum.
Fel tauri depuratum siccum.
Ferratinum.
Ferrum arsenicicum.
Ferrum arsenicosum.
— carbonicum saccharatum.
— citricum ammoniatum.
— jodatum saccharatum.
— oxydatum dialysatum.
— oxydatum saccharatum
— peptonatum.
— reductum.
— sulfuricum oxydatum ammoniatum.
— sulfuricum siccum.
Flores Cinae.
— Koso.
Folia Belladonnae.
— Bucco.
— Cocae.
— Digitalis.
— Jaborandi.
— Rhois toxicodendri.
— Stramonii.
Fructus Papaveris immaturi.
— maturi ad usum humanum.
Fungus laricis.
Galbanum.
Glycopon.
*Guajacolum.
Hamamelis virginica.
Haemalbuminum.
Hebonal.
Herba Aconiti.
— Adonidis.
— Cannabis indicae.
— Cicutae virosae.

Herba Conii.
— Gratiolae.
— Hyoscyami.
— Lobeliae.
*Holopon.
Homatropinum.
Hydrargyrum aceticum.
— bijodatum.
— bromatum.
— chloratum.
— cyanatum.
— formamidatum.
— jodatum.
— oleinicum.
— oxydatum via humida paratum.
— peptonatum.
— praecipitatum album.
— salicylicum.
— tannicum oxydulatum.
*Hydrastininum.
*Hyoscyaminum.
Isopral.
Itrolum.
Jodoformium.
Jodolum.
Kairinum.
Kairolinum.
Kalium jodatum.
Kamala.
Kosinum.
Kreosotum (e ligno paratum).
Lactopheninum.
Lactucarium.
Larginum.
Laudanon.
Lithium benzoicum.
— salicylicum.
Losophanum.
*Luminal.
Magnesium citricum effervescens.
— salicylicum.
Manna.
Medinal.
Methylenum bichloratum.
Methylsulfonalum (Trionalum).
Muscarinum.
Narcophin.
Natrium aethylatum.
— benzoicum.
— jodatum.
— pyrophosphoricum ferratum.
— salicylicum.
— santoninicum.
— tannicum.
Nirvanol.
*Nosophenum.
Oleum Chamomillae aethereum.
— Chenopodii anthelminthici.
— Crotonis.
— Cubebarum.
— Matico.
— Sabinae.
— Santali.
— Sinapis.
— Valerianae.

Opium, ejus alcaloida eorumque salia et derivata eorumque salia. (Codeinum, Heroinum, Morphinum, Narceinum, Narcotinum, Peroninum, Thebainum et alia.)
*Optochin.
*Orexinum.
*Orthoformium.
Pantopon omniaque similia praeparata, quae alcaloidea Opii continent (Glycopon, Holopon usw.)
Parocodin.
Paracotoinum.
Paralaudin.
Paraldehydum.
Paramorfan.
Pasta Guarana.
*Pelletierinum.
*Phenacetinum.
*Phenocollum.
*Phenylum salicylicum (Salolum).
*Physostigminum (Eserinum).
Picrotoxinum.
*Pilocarpinum.
*Piperazinum.
Plumbum jodatum.
— tannicum.
Podophyllinum.
Praeparata organotherapeutica.
*Proponal.
Propylaminum.
Protargolum.
*Pyrazolonum phenyldimethylicum (Antipyrinum).
Radix Belladonnae.
— Colombo.
— Gelsemii.
— Ipecacuanhae.
— Rhei.
— Sarsaparillae.
— Senegae.
Resina Jalapae.
— Scammoniae.
Resorcinum purum.
Rhizoma Filicis.
— Hydrastis.
— Veratri.
Salia glycerophosphorica.
Salophenum.
*Salvarsan.
Santoninum.
*Scopolaminum.
Secale cornutum.
Semen Calabar.
— Colchici.
— Hyoscyami.
— St. Ignatii.
— Stramonii.
— Strophanthi.
— Strychni.
Sera therapeutica, liquida et sicca et eorum prae-

parata ad usum humanum.
*Sparteinum.
Stifte, Sonden oder Meißel aus Laminaria, Tupeloholz oder anderen quellfähigen Stoffen.
Stipites Dulcamarae.
*Strychninum.
*Sulfonalum.
Sulfur jodatum.
Summitates Sabinae.
Tannalbinum.
Tannigenum.
Tannoformium.
Tartarus stibiatus.
Terpinum hydratum.
Tetronalum.
*Thallinum.
*Theobrominum.
Thioformium.
*Tropacocainum.
Tubera Aconiti.
— Jalapae.
Tuberkuline, flüssige und trockene, sowie alle anderen aus oder unter Verwendung von Tuberkelbazillen gewonnenen Zubereitungen, soweit diese Tuberkuline und Zubereitungen zum Gebrauche beim Menschen bestimmt sind.
*Urea aethylphenylmalonylica.
*— diaethylmalonylica.
*— diallylmalonylica.
*— dibrompropyldiaethylmalonylica.
*— dipropylmalonylica.
*Urethanum.
*Urotropinum.
Vasogenum et ejus praeparata.
*Veratrinum.
*Veronal.
Xeroformium.
*Yohimbinum.
Zincum aceticum.
— chloratum purum.
— cyanatum.
— permanganicum.
— salicylicum.
— sulfoichthyolicum.
— sulfuricum purum.

Nachtrag.

Verordnung vom 30. September 1932 (RGBl. I S. 492).

Zu den Stoffen und Zubereitungen des Verzeichnisses B der Verordnung über den Verkehr mit Arzneimitteln vom 22. Oktober 1901, die nach § 2 dieser Verordnung außerhalb der Apotheken nicht feilgehalten oder verkauft werden dürfen, treten hinzu:

Antiaton, Antigravid, Aretus, Interruptin, Interruptin-Neu, Paste Paul Heisers, Provocol und andere Zubereitungen pasten-, salbenartiger oder ähnlicher Beschaffenheit, die zur Einführung in die Gebärmutter (Uterus) bestimmt sind.

Verzeichnis C.

Abteilung A.

1. Adlerfluid.
2. Amarol (auch als Ingestol).
3. American coughing cure Lutzes.
4. Anticeltatabletten (auch als Anticelta-Tablets oder Fettreduzierungstabletten der Anticelta-Association).
5. Antidiabeticum Bauers.
6. Antiépileptique Uten.
7. Antigichtwein Duflots (auch als Antigichtwein Oswald Niers oder Vin Duflot).
8. Antihydropsin Bödikers (auch als Wassersuchtelixier oder Hydrops-Essenz Bödikers).
9. Antimellin (auch als Essentia Antimellini composita).
10. Antineurasthin (auch als Nervennahrung Hartmanns).
11. Antipositin Wagners (auch als Mittel des Dr. Wagner und Marlier gegen Korpulenz).
12. Asthmamittel Hairs (auch als Asthma cure Hairs).
14. Asthmapulver Zematone, auch in Form der Asthmazigaretten Zematone (auch als antiasthmatische Pulver und Zigaretten des Apothekers Escouflaire).
15. Augenwasser Whites (auch als Dr. Whites Augenwasser von Ehrhardt).
16. Ausschlagsalbe Schützes (auch als Universalheilsalbe oder Universalheil- und Ausschlagsalbe Schützes).
17. Balsam Bilfingers.
18. Balsam Pagliano (auch als Tripperbalsam Pagliano).
19. Balsam Thierrys (auch als allein echter Balsam Thierrys englischer Wunderbalsam oder englischer Balsam Thierrys).
20. Bede-Cur.
21. Beinschäden Indian Bohnerts.

22. Blutreinigungspulver Hohls.
23. Blutreinigungspulver Schützes.
25. Bräune-Einreibung Lamperts (auch als Universal-Bräune-Einreibung und Diphtheritis-Tinktur).
26. Bruchbalsam Tanzers.
27. Bruchsalbe des Pharmazeutischen Bureaus Valkenberg (Valkenburg) in Holland (auch als Pastor Schmits Bruchsalbe).
28. Chromonal-Erzeugnisse (auch als Neo-Chromonal).
29. Corliber.
30. Djoeat Bauers.
31. Elixir Godineau.
32. Embrocation Ellimans (auch als Universal embrocation oder Ellimans Universal-Einreibemittel für Menschen), ausgenommen Embrocation etc. for horses.
33. Entfettungstee Grundmanns.
34. Epilepsieheilmittel Quantes (auch als Spezificum oder Gesundheitsmittel Quantes).
35. Epilepsiepulver Cassarinis (auch als Polveri antiepileptische Cassarinis).
36. Eubalsol (auch als Radikalmittel Dr. Dammanns gegen Gonorrhöe).
37. Euergon.
38. Eukalyptusmittel Heß' (Eukalyptol und Eukalyptusöl Heß').
39. Eusanol (auch als Epilepsiemittel Dr. H. Seemanns oder Ueckers).
40. Excedol.
41. Ferrolin Lochers.
42. Frauenwohl Dr. Heys.
43. Fulgural (auch als Blutreinigungsmittel Steiners und Schulzes).
44. Gehöröl Schmidts (auch als verbessertes Gehöröl Schmidts).
45. Gloria tonic Smith.
46. Glycosolvol Lindners (auch als Antidiabeticum Lindners).
46a. Haemasol (auch als Dr. Schultheiß' blutreinigendes und nervenstärkendes Haemasol).

47. Haematon Haitzemas.
48. Heiltränke Jakobis (auch als Heiltrankessenz, insbesondere Königstrank Jakobis).
49. Homeriana (auch als Brusttee Homeriana oder russischer Knöterich Polygonum aviculare Homeriana).
50. Hustentropfen Lausers.
51. Injection Brou (auch als Brousche Einspritzung).
52. Injection au matico (auch als Einspritzung mit Matiko).
54. Kalosin Lochers.
55. Kava Lahrs (auch als Kavakapseln Lahrs, Sanatol Lahrs mit Kavaharz oder Kavaharz Lahrs mit Sanatol).
56. Knöterichtee, russischer, Weidemanns (auch als russischer Knöterich- oder Brusttee Weidemanns).
57. Kräutergeist Schneiders (auch als wohlriechender Kräutergeist oder Luisafluid Schneiders).
58. Kräuterpillen Burkharts.
59. Krebsmittel Dr. Heys (auch als Krebskur Dr. Heys).
60. Kronessenz, Altonaer (auch als Kronessenz oder Menadiesche oder Altonaische Wunder-Kronessenz).
61. Kropfkur Haigs (auch als Goitre-cure oder Kropfmedizin Haigs).
62. Kurmittel Mayers gegen Zuckerkrankheit.
63. Lungenelixier Dr. Heys.
64. Magenpillen Tachts.
66. Magolan (auch als Antidiabeticum Braemers).
67. Margonal-Erzeugnisse (auch als Erzeugnisse der Margonal-Compagnie), und zwar: Boldo-Tee, Frauen- und Mutterkraut-Tee, Menstruations-, Badekraut-Tee, 63 Tees gegen 63 Krankheiten, Breboral-, Blut- und Nervennahrung (Breboral-Tabletten und -Tropfen), Injektion Trio, Kapseln gegen Harn- und Blasenleiden, Margoglykose, Mittel gegen chronischen Magenkatarrh und Schutzstäbchen.
68. Mother Seigels pills (auch als Mother Seigels Abführungspillen oder operating pills).

69. Mother Seigels syrup auch als Mother Seigels curative syrup for dyspepsia, Extract of American roots oder Mutter Seigels heilender Sirup).
71. Nervenfluid Dressels.
72. Nervenkraftelixier Liebers.
73. Nervenstärker Pastor Königs (auch als Königs Nerve Tonic).
75. Nervicin.
76. Nervol Rays.
77. Orffin (Baumann Orffsches Kräuternährpulver).
78. Oxallo (auch als Oxalka).
79. Pektorals Bocks (auch als Hustenstiller Bocks).
80. Pillen Beechams (auch als Patent pills Beechams).
81. Pillen, indische (auch als Antidysentericum).
82. Pillen Rays (auch als Darm- und Leberpillen Rays).
83. Pilules du Docteur Laville (auch als Pillen Lavilles).
84. Polypec (auch als Naturkräutertee Weidemanns).
85. Rad-Jo (auch als Radjovis-Gonie).
87. Regenerator Dr. Heys.
88. Regenerator Liebauts (auch als Regenerator nach Liebaut).
89. Renascin (auch als verbessertes Renascin).
90. Retterspitzwasser Scheds (auch als Heilwickelbäder von M. Retterspitz).
91. Rongoasalbe.
92. Saccharosalvol.
93. Safe remedies Warners (Safe cure, Safe diabetic, Safe nervine, Safe pills).
94. Sanjana-Präparate (auch als Sanjana-Spezifica).
95. Sarsaparillian Ayers (auch als Ayers zusammengesetzter und gemischter Sarsaparilleextrakt).
96. Sauerstoffpräparate der Sauerstoffheilanstalt Vitafer.
98. Schlagwasser Weißmanns.
99. Sirup Pagliano (auch als Sirup Pagliano Blutreinigungsmittel, Blutreinigungs- und Bluterfrischungssirup Pagliano des Prof. Girolamo Pagliano oder Sirup Pagliano von Prof. Ernesto Pagliano).
100. Spermatol (auch als Stärkungselixier Gordons).

101. Spezialtees Lücks (auch als Spezialkräutertees Lücks).
102. Sterntee Weidhaas' (auch als Sterntee des Kurinstituts „Spiro Spero").
103. Stroopal (auch als Heilmittel Stroops gegen Krebs-, Magen- und Leberleiden oder Stroops Pulver).
105. Tuberkeltod (auch als Eiweiß-Kräuterkognak-Emulsion Stickes).
106. Vater-Philipp-Salbe.
107. Venecin (auch als Venecin-Brunnen).
108. Vin Mariani (auch als Marianiwein).
109. Visnervin (auch in abgeänderter Form als Nervisan).
110. Vulneralcreme (auch als Wundcreme Vulneral).
111. Wunderbalsam jeder Art.
112. Zambakapseln Lahrs.

Abteilung B.

1. Antineon Lochers.
2. Asthmamittel Tuckers (auch als Asthma-Heilmethode [Spezific] Tuckers).
3. Asthmapulver M. Schiffmanns.
4. Augenheilbalsam, vegetabilischer, Reichels (auch als Ophthalmin Reichels).
5. Bandwurmmittel Friedrich Horns.
6. Bandwurmmittel Theodor Horns.
7. Bandwurmmittel Konetzkys (auch als Konetzkys Helminthenextrakt).
8. Bandwurmmittel Schneiders (auch als Granatkapseln Schneiders).
9. Bandwurmmittel Violanis.
10. Bromidia Battle und Komp.
11. Cathartic pills Ayers (auch als Reinigungspillen oder abführende Pillen Ayers).
12. Diphtherietropfen der Marie Osterberg (auch als Universaltropfen der Marie Osterberg oder des Laboratoriums Osterberg).

13. Diphtheritismittel Noortwycks (auch als Noortwycks antiseptisches Mittel gegen Diphtherie).
14. Gesundheitshersteller, natürlicher, Winters (auch als Nature health restorer Winters).
15. Gicht- und Rheumatismuslikör, amerikanischer, Latons (auch als Remedy Latons).
16. Gout and rheumatic pills Blairs.
18. Heilmittel Kidds (auch als Heilmittel der Davis Medical Co.).
19. Kolkodin Heuschkels (auch als Mittel Heuschkels gegen Pferdekolik).
21. Kräutersaft, wunderbar wirkender, Sprengels.
22. Krebspulver Frischmuths (auch als Mittel Frischmuths gegen Krebsleiden).
23. Liqueur du Docteur Laville (auch als Likör des Dr. Laville).
24. Lymphol Rices (auch als Bruchheilmittel Rices).
25. Magalia-Erzeugnisse Krahes (auch als Heilpräparate oder Medizinen Krahes), einschließlich Antitoxinal und Pulmersal.
26. Nalther-Tabletten.
27. Noordyl (auch als Noordyltropfen Noortwycks).
28. Oculin Carl Reichels (auch als Augensalbe Oculin).
29. Panchymagogum Dr. Heys.
30. Pillen Morisons.
31. Pillen Redlingers (auch als Redlingersche Pillen).
32. Pink-Pillen Williams' (auch als Pilules Pink pour personnes pales du Dr. Williams).
33. Reinigungskuren Konetzkys (auch als Reinigungskuren der Kuranstalt Neuallschwil, Schweiz).
34. Remedy Alberts (auch als Rheumatismus- und Gichtheilmittel Alberts).
36. Virol (auch als Asthamittel des Virol-Syndikats).

Abteilung C.

1. Mittel gegen Blutstockung, und zwar auch dann, wenn sie als Mittel gegen Regel-, Perioden- oder Menstruations-

störungen angekündigt werden (z. B. die Margonal-Erzeugnisse, Frauen- und Mutterkraut-Tee, Menstruations-, Badekraut-Tee).

2. Mittel gegen Trunksucht (z. B. Mittel des Alkolin-Instituts, Mittel Burghardts — auch als Diskohol —, Mittel August Ernsts, Franks, Theodor Heintz', Konetzkys — auch als Kephalginpulver oder Mittel der Privatanstalt Villa Christina —, Mittel der Gesellschaft Sanitas, Josef Schneiders, Wessels, Cozapulver, Trinkerhilfe Richard Oldenburgs Kasankha).

II. Betäubungsmittel.

52. Gesetz über den Verkehr mit Betäubungsmitteln (Opiumgesetz).[1]

Vom 10. Dezember 1929 (RGBl. I S. 215)[2].

§ 1. (1) Stoffe im Sinne dieses Gesetzes sind:

1. a) Rohopium, Opium für medizinische Zwecke, Kokablätter, Rohkokain,

b) Morphin, Diazetylmorphin (Heroin) und die anderen Ester des Morphins,
Dihydrokodeinon (Dicodid), Dihydromorphinon (Dilaudid), Dihydrooxykodeinon (Eukodal), Dihydromorphin (Paramorfan), Acetyldihydrokodeinon (Acetyldemethylodihydrothebain, Acedicon) und ihre Ester,
Morphin-Aminoxyd (Morphin-N-oxyd, Genomorphin), die Abkömmlinge des Morphin-Aminoxyds und die anderen Morphinabkömmlinge mit fünfwertigem Stickstoff,
Thebain,
Benzylmorphin (Peronin) und die anderen Äther des Morphins, soweit nicht unter 2 aufgeführt,
Kokain, Ekgonin und die anderen Ester des Ekgonins,

---

[1] Zur Ausführung des Opiumgesetzes sind außer den nachstehend abgedruckten Verordnungen ergangen:
1. VO. über die Einfuhr, Durchfuhr und Ausfuhr von Betäubungsmitteln v. 1. 4. 1930 (RGBl. I S. 114) — betr. zolltechnische Fragen —;
2. VO. über Umlage auf Betäubungsmittel v. 20. 2. 1935 (RGBl. I S. 212) — betr. Erhebung einer Umlage vom Hersteller und vom Importeur von Betäubungsmitteln —.

[2] In der Fassung der Ges. v. 9. 1. 1934 (RGBl. I S. 22) und v. 23. 3. 1934 (RGBl. I S. 213).

c) die Salze der unter b aufgeführten Stoffe,
d) Indischer Hanf,

2. Kodein, Aethylmorphin (Dionin) und ihre Salze.

(2) Stoffe, die nach wissenschaftlicher Feststellung die gleichen schädigenden Wirkungen wie die im Abs. 1 Nr. 1 genannten auszuüben vermögen, können diesen durch eine mit Zustimmung des Reichsrats ergehende Verordnung der Reichsregierung gleichgestellt werden.

(2a) Stoffe, aus denen sich die im Abs. 1 genannten Stoffe oder die diesen auf Grund des Abs. 2 gleichgestellten Stoffe herstellen lassen, können den im Abs. 1 genannten Stoffen durch eine mit Zustimmung des Reichsrats ergehende Verordnung der Reichsregierung gleichgestellt werden.

(3) Zubereitungen im Sinne dieses Gesetzes sind

1. alle Zubereitungen, die die im Abs. 1 Nr. 1a bis c aufgeführten Stoffe enthalten, Zubereitungen, die Morphin oder Kokain oder deren Salze enthalten, jedoch nur, sofern der Gehalt der Zubereitung, berechnet auf Morphin, mehr als 0,2 v. H., berechnet auf Kokain, mehr als 0,1 v. H. beträgt,
2. Indisch-Hanfextrakt und Indisch-Hanftinktur,
3. alle Zubereitungen der Stoffe, die nach Abs. 2 den im Abs. 1 Nr. 1 genannten Stoffen gleichgestellt werden.

(4) Durch eine mit Zustimmung des Reichsrats ergehende Verordnung der Reichsregierung kann bestimmt werden, daß gewisse Stoffe oder Zubereitungen einzelnen Vorschriften dieses Gesetzes oder einzelnen auf Grund des Gesetzes erlassenen Bestimmungen nicht unterstehen.

(5) Durch eine mit Zustimmung des Reichsrats ergehende Verordnung der Reichsregierung kann bestimmt werden, daß Zubereitungen mit einem geringeren als dem im Abs. 3 Nr. 1 genannten Gehalt an Morphin oder Kokain sowie Zubereitungen, die die im Abs. 1 Nr. 2 genannten Stoffe oder deren Salze enthalten, diesem Gesetz oder einzelnen Vorschriften des Gesetzes

oder einzelnen auf Grund des Gesetzes erlassenen Bestimmungen unterstehen.

§ 2. (1) Die Einfuhr, Durchfuhr und Ausfuhr, die Gewinnung, Herstellung und Verarbeitung der Stoffe und Zubereitungen sowie der Verkehr mit ihnen unterliegen der Aufsicht des Reichsgesundheitsamts.

(2) Das Reichsgesundheitsamt ist berechtigt, die Örtlichkeiten, in denen die Stoffe und Zubereitungen gewonnen, hergestellt, verarbeitet, aufbewahrt, feilgehalten oder abgegeben werden, zu besichtigen. Auf Verlangen ist ihm über Ort, Zeit und Menge der Ein- und Ausfuhr, über Lieferer und Empfänger sowie über alle die Gewinnung, die Herstellung, die Verarbeitung der Stoffe und Zubereitungen, den Verkehr mit ihnen und den Bestand betreffenden Fragen Auskunft zu erteilen. Auch ist ihm auf Verlangen Einsicht in die geschäftlichen Aufzeichnungen und Bücher zu gewähren. Die Verpflichtung, Auskunft über Verarbeitung und Bestand zu erteilen, erstreckt sich auch auf solche aus den Stoffen und Zubereitungen hergestellten Erzeugnisse, die diesem Gesetz nicht unterstehen.

(3) Bei der Beaufsichtigung der Einfuhr und Ausfuhr können die Zollabfertigungspapiere sowie die statistischen Anmeldescheine benutzt werden.

(3a) Das Reichsgesundheitsamt ist berechtigt, die Einfuhr, Ausfuhr und Herstellung der Stoffe und Zubereitungen sowie die Bestände an ihnen von Fall zu Fall zu beschränken oder von Bedingungen abhängig zu machen, wenn dies zur Durchführung der internationalen Abkommen über Betäubungsmittel notwendig ist.

(4) Die den Landesregierungen zustehenden gesundheitspolizeilichen Befugnisse bleiben unberührt.

§ 3. (1) Die Einfuhr und Ausfuhr der Stoffe und Zubereitungen, ihre Gewinnung, ihre gewerbsmäßige Herstellung und Verarbeitung, der Handel mit ihnen, ihr Erwerb, ihre Abgabe und Veräußerung sowie jeder sonstige gleichartige Verkehr mit ihnen ist nur Personen gestattet, denen hierzu die Erlaubnis erteilt worden ist. Über den Antrag auf Erteilung der Erlaubnis entscheidet das Reichsgesundheitsamt im Benehmen mit der zuständigen Landesregierung. In der Erlaubnis sind die Örtlichkeiten, für die sie erteilt wird, zu bezeichnen.

(2) Die Erlaubnis kann beschränkt werden.

(3) Die Erlaubnis ist zu versagen, wenn ein Bedürfnis für ihre Erteilung nicht besteht oder wenn Bedenken des Gesundheitsschutzes oder persönliche Gründe ihrer Erteilung entgegenstehen. Die erteilte Erlaubnis kann aus den gleichen Gründen widerrufen werden.

(4) Keiner Erlaubnis nach Abs. 1 bedürfen die Apotheken für den Erwerb der Stoffe und Zubereitungen, für ihre Verarbeitung sowie für ihre Abgabe auf Grund ärztlicher, zahnärztlicher oder tierärztlicher Verschreibung, die behördlich genehmigten ärztlichen Hausapotheken für die Verarbeitung und Abgabe der Stoffe und Zubereitungen, die behördlich genehmigten tierärztlichen Hausapotheken für den Erwerb, die Verarbeitung und Abgabe der Stoffe und Zubereitungen. Einer Erlaubnis bedarf ferner nicht, wer die Stoffe und Zubereitungen aus den Apotheken auf Grund ärztlicher, zahnärztlicher oder tierärztlicher Verschreibung oder aus behördlich genehmigten ärztlichen oder tierärztlichen Hausapotheken oder von Tierärzten, die eine Erlaubnis zur Abgabe nach Abs. 1 erhalten haben, erwirbt.

§ 4. (1) Der Erwerb sowie die Veräußerung und Abgabe der Stoffe und Zubereitungen ist nur auf Grund eines auf den Namen des Erwerbers lautenden, für jeden einzelnen Fall des Erwerbes sowie der Veräußerung und Abgabe ausgestellten Bezugscheins zulässig[1]). Der Bezugschein ist bei der der Aufsicht des Reichsgesundheitsamts unterstehenden Opiumstelle zu beantragen. Ein Bezugschein ist nicht erforderlich für die Abgabe auf Grund ärztlicher, zahnärztlicher oder tierärztlicher Verschreibung in den Apotheken sowie für die Abgabe in den behördlich genehmigten ärztlichen oder tierärztlichen Hausapo-

[1]) Bezugscheine werden von der Reichsdruckerei abgegeben; nur diese Bezugscheine dürfen verwendet werden. Näheres s. VO. v. 20. 2. 1935 (RGBl. I S. 208).

theken oder durch Tierärzte, die eine Erlaubnis zur Abgabe nach § 3 erhalten haben. Ein Bezugschein ist ferner nicht erforderlich für den Erwerb der Stoffe und Zubereitungen aus den Apotheken auf Grund ärztlicher, zahnärztlicher oder tierärztlicher Verschreibung oder aus den behördlich genehmigten ärztlichen oder tierärztlichen Hausapotheken oder von Tierärzten, die eine Erlaubnis zur Abgabe nach § 3 erhalten haben.

(2) Die näheren Bestimmungen über das Verfahren bei der Beantragung und Ausstellung der Bezugscheine sowie über deren Form und Wortlaut erläßt der Reichsminister des Innern.

(3) Die Opiumstelle ist berechtigt, die Ausstellung des Bezugscheins zu versagen, wenn Art und Menge der beantragten Stoffe oder Zubereitungen den Verdacht rechtfertigen, daß die Stoffe oder Zubereitungen in einer Weise verwendet werden sollen, die mit diesem Gesetz oder den auf Grund desselben erlassenen Ausführungsbestimmungen nicht in Einklang steht. Die Opiumstelle kann die beantragten Mengen auch kürzen.

(4) Durch eine mit Zustimmung des Reichsrats ergehende Verordnung der Reichsregierung kann bestimmt werden, daß der Verkehr mit gewissen Stoffen und Zubereitungen auf andere Weise als durch den Bezugschein überwacht wird.

§ 5. (1) Wer eine Erlaubnis gemäß § 3 erhalten hat, ist verpflichtet, ein Lagerbuch zu führen, in dem der Eingang und Ausgang sowie die Verarbeitung für jeden der Stoffe und Zubereitungen einzeln und nach Tag und Menge gesondert zu vermerken ist. Aus den Eintragungen über Eingang und Ausgang müssen auch Namen und Wohnort der Lieferer und Empfänger ersichtlich sein. Wer die Erlaubnis zur Herstellung von Morphin und Kokain oder zur Verarbeitung von Rohopium oder Kokablättern besitzt, ist außerdem verpflichtet, den Gehalt des bezogenen Rohopiums und der bezogenen Kokablätter in das Lagerbuch einzutragen. Das Reichsgesundheitsamt kann bestimmen, wie der Gehalt festzustellen ist.

(2) Die Reichsregierung kann mit Zustimmung des Reichsrats bestimmen, ob und inwieweit Ausnahmen von den Vorschriften des Abs. 1 zugelassen werden können und inwieweit

die Vorschriften des Abs. 1 auch auf Apotheken sowie behördlich genehmigte ärztliche und tierärztliche Hausapotheken Anwendung finden sollen.

§ 6. (1) Durch eine mit Zustimmung des Reichsrats ergehende Verordnung der Reichsregierung werden die Bedingungen festgesetzt, unter denen die Einfuhr, Durchfuhr und Ausfuhr der Stoffe und Zubereitungen erfolgen darf.

(2) Die Genehmigung zur Einfuhr und Ausfuhr der Stoffe und Zubereitungen ist in jedem Falle beim Reichsgesundheitsamt durch den Antrag auf Erteilung eines Einfuhr- oder Ausfuhrscheins nachzusuchen.

(3) Der Reichsminister des Innern kann bestimmen, daß die Einfuhr, Durchfuhr und Ausfuhr nur über bestimmte Orte zulässig ist.

(4) Die Einfuhr und Ausfuhr ist dem Reichsgesundheitsamt nachzuweisen.

§ 7. Durch eine mit Zustimmung des Reichsrats ergehende Verordnung der Reichsregierung können Vorschriften über die Ankündigung und Beschriftung von Zubereitungen der im § 1 Abs. 3 bezeichneten Art erlassen werden. Diese Vorschriften können sich auch auf Zubereitungen erstrecken, die nach § 1 Abs. 3 diesem Gesetze nicht unterstehen.

§ 8. Durch eine mit Zustimmung des Reichsrats ergehende Verordnung der Reichsregierung können über das Verschreiben der Stoffe und Zubereitungen durch Ärzte, Zahnärzte oder Tierärzte und über die Abgabe in den Apotheken, den behördlich genehmigten ärztlichen und tierärztlichen Hausapotheken sowie durch Tierärzte, die eine Erlaubnis hierzu nach § 3 erhalten haben, einschränkende Bestimmungen erlassen werden. Diese Bestimmungen können sich auch auf Zubereitungen erstrecken, die nach § 1 Abs. 3 diesem Gesetze nicht unterstehen.

§ 9. Die Einfuhr, Durchfuhr, Ausfuhr und Herstellung von zubereitetem Opium, von sogenanntem Droß und allen anderen Rückständen des Rauchopiums, von dem aus indischem Hanfe gewonnenen Harz und den gebräuchlichen Zubereitungen dieses

Harzes, insbesondere Haschisch, sowie der Verkehr mit diesen Stoffen und Zubereitungen ist verboten.

§ 10. (1) Mit Gefängnis bis zu drei Jahren und mit Geldstrafe oder mit einer dieser Strafen wird, sofern nicht nach anderen Strafgesetzen eine schwerere Strafe verwirkt ist, bestraft,

1. wer die Stoffe und Zubereitungen ohne die im § 3 vorgeschriebene Erlaubnis einführt, ausführt, gewinnt, herstellt, verarbeitet, Handel mit ihnen treibt, sie erwirbt, abgibt, veräußert oder sonst in den Verkehr bringt oder sie in nicht genehmigten Örtlichkeiten gewinnt, herstellt, verarbeitet, aufbewahrt, feilhält oder abgibt;
2. wer die Stoffe und Zubereitungen ohne den im § 4 vorgeschriebenen Bezugschein erwirbt, abgibt oder veräußert;
3. wer, um einen Bezugschein zu erlangen, zur Täuschung der Opiumstelle in einem Antrag unrichtige Angaben tatsächlicher Art macht oder von einem Antrag, der unrichtige Angaben tatsächlicher Art enthält, Gebrauch macht;
4. wer dem im § 9 ausgesprochenen Verbote zuwiderhandelt;
5. wer den auf Grund des § 5 Abs. 2, § 6 Abs. 1 oder 3 oder § 12 erlassenen Bestimmungen zuwiderhandelt;
6. wer den auf Grund des § 4 Abs. 2 oder Abs. 4, § 7 oder § 8 erlassenen Bestimmungen zuwiderhandelt;
7. wer die Stoffe oder Zubereitungen entgegen den Bestimmungen der Weltpostvereinsverträge mit der Post versendet;
8. wer die ihm obliegende Führung des Lagerbuchs unterläßt oder unrichtige oder unvollständige Eintragungen vornimmt oder der ihm obliegenden Pflicht zur Auskunftserteilung oder zur Gewährung der Einsicht in die geschäftlichen Aufzeichnungen und Bücher nicht nachkommt.
9. wer den nach § 2 Abs. 3a erlassenen Anordnungen des Reichsgesundheitsamts zuwiderhandelt.

(2) In den Fällen des Abs. 1 Nr. 1 bis 7 ist der Versuch strafbar.

(3) Wer die Tat (Abs. 1) fahrlässig begeht, wird im Falle der Nr. 1 bis 5, 7 bis 9 mit Gefängnis bis zu einem Jahre

oder mit Geldstrafe, im Falle der Nr. 6 mit Geldstrafe bis zu 150 Reichsmark oder mit Haft bestraft.

(4) Die Vorschriften der Abs. 1 bis 3 gelten auch dann, wenn Stoffe oder Zubereitungen als solche der im § 1 bezeichneten Art in den Verkehr gebracht werden, ohne es zu sein.

(5) Neben der Strafe kann auf Einziehung der Stoffe und Zubereitungen, auf die sich die strafbare Handlung bezieht, erkannt werden ohne Unterschied, ob sie dem Täter gehören oder nicht. Kann keine bestimmte Person verfolgt oder verurteilt werden, so kann auf Einziehung selbständig erkannt werden, wenn im übrigen die Voraussetzungen hierfür vorliegen.

§ 11. (1) Zur Deckung der Kosten, die sich aus der Durchführung dieses Gesetzes ergeben, können nach näherer Bestimmung des Reichsministers des Innern eine Umlage uaf die Stoffe und Zubereitungen sowie eine Gebühr für die Ausstellung der Bezugscheine erhoben werden.

(2) Die Umlage gilt nicht als Steuer im Sinne der Reichsabgabenordnung.

§ 12. Die zur Ausführung dieses Gesetzes erforderlichen Bestimmungen erläßt die Reichsregierung mit Zustimmung des Reichsrats; soweit es sich um den Verkehr in den Zollausschlüssen und Freibezirken handelt, bedarf sie der Zustimmung der zuständigen Landesregierung.

§ 13. (1) Das Gesetz tritt am 1. Januar 1930 in Kraft. Gleichzeitig tritt das Gesetz zur Ausführung des internationalen Opiumabkommens vom 23. Januar 1912 vom 30. Dezember 1920 (Reichsgesetzbl. 1921 S. 2) in der Fassung des Gesetzes zur Abänderung des Opiumgesetzes vom 21. März 1924 (Reichsgesetzbl. I S. 290) außer Kraft. Die auf Grund dieses Gesetzes erlassenen Verordnungen gelten weiterhin als Verordnungen auf Grund des neuen Gesetzes.

(2) Eine vor Inkrafttreten dieses Gesetzes erteilte Erlaubnis zur Verarbeitung ist spätestens bis zum 1. April 1930 von neuem zu beantragen, widrigenfalls sie erlischt. Wird der Antrag rechtzeitig gestellt, so bleibt die Erlaubnis in ihrem bisherigen Umfang bis zur Entscheidung in Kraft.

(3) Soweit für den Verkehr mit dem Indischen Hanfe und dem Extrakt und der Tinktur des Indischen Hanfes sowie mit Ekgonin und dessen Salzen und Zubereitungen eine Erlaubnis gemäß § 3 Abs. 1 erforderlich ist, darf ein bei Inkrafttreten dieses Gesetzes bereits bestehender Betrieb nach dem 1. April 1930 nur fortgesetzt werden, wenn inzwischen die durch dieses Gesetz vorgeschriebene Erlaubnis erteilt worden ist.

53. Verordnung über die Verarbeitung von Betäubungsmitteln.

Vom 20. Februar 1935 (RGBl. I S. 212).

§ 1. (1) Wer eine Erlaubnis nach § 3 Abs. 1 des Opiumgesetzes zur Verarbeitung von Betäubungsmitteln besitzt, hat dem Reichsgesundheitsamt (Opiumstelle) nach den Bestimmungen dieser Verordnung Meldung über die Verarbeitung zu erstatten.

(2) Ausgenommen von der Verpflichtung nach Abs. 1 sind wissenschaftliche Institute und Tierärzte.

(3) Das Reichsgesundheitsamt kann Ausnahmen von den Bestimmungen dieser Verordnung zulassen, wenn die Verarbeitung der Betäubungsmittel auf andere Weise überwacht wird.

§ 2. (1) Die Meldung über die Verarbeitung der Betäubungsmittel ist unbeschadet der Vorschrift des § 3 innerhalb der ersten fünf Tage jedes Monats für den vorangegangenen Kalendermonat abzugeben.

(2) Aus der Meldung muß Art und Menge der verarbeiteten Betäubungsmittel und der daraus hergestellten Zubereitungen zu ersehen sein.

§ 3. (1) Die Verarbeitung von Kodein, Äthylmorphin (Dionin), von Indischem Hanf, Indisch-Hanfextrakt und Indisch-Hanftinktur ist jährlich nur einmal, und zwar bis zum 15. Januar, für das vorangegangene Kalenderjahr zu melden.

(2) Aus der Meldung muß Art und Menge der verarbeiteten Betäubungsmittel und der daraus hergestellten Zubereitungen zu ersehen sein. Außerdem sind die am Jahresschluß vorhandenen

Bestände an Kodein, Äthylmorphin (Dionin), Indischem Hanf, Indisch-Hanfextrakt und Indisch-Hanftinktur anzugeben.

§ 4. Ist keine Verarbeitung erfolgt, so ist in den in §§ 2 und 3 angegebenen Fristen Fehlanzeige zu erstatten.

§ 5. (1) Diese Verordnung tritt am 1. April 1935 in Kraft.

(2) Die Meldung nach § 2 Abs. 1 ist zum ersten Male für den Monat April 1935 zu erstatten.

54. Verordnung über Zulassung zum Verkehr mit Betäubungsmitteln.

Vom 1. April 1930 (RGBl. I S. 113)[1]).

§ 1. (1) Die Erlaubnis zur Einfuhr und Ausfuhr der dem Opiumgesetz unterstehenden Stoffe und Zubereitungen (Betäubungsmittel), zu ihrer gewerbsmäßigen Herstellung und Verarbeitung, zum Handel mit ihnen, zu ihrem Erwerb, ihrer Abgabe und Veräußerung sowie zu dem sonstigen gleichartigen Verkehre mit ihnen ist abgesehen von Fällen der Absätze 2 und 3 nur solchen Personen zu erteilen, die Arzneimittel herstellen oder verarbeiten oder mit ihnen im Großen Handel treiben.

(2) Tierärzten kann die Erlaubnis zum Erwerbe sowie zur Abgabe und zur Veräußerung der Betäubungsmittel in ihrer Praxis erteilt werden, sofern die landesgesetzlichen Bestimmungen über den Erwerb und die Abgabe von Arzneimitteln durch Tierärzte dem nicht entgegenstehen.

(3) Personen, die Betäubungsmittel nachweislich zu wissenschaftlichen Zwecken verwenden wollen, kann die Erlaubnis zum Erwerb erteilt werden, wenn sie vermöge ihrer Vorbildung und persönlichen Zuverlässigkeit eine Gewähr gegen mißbräuchliche Verwendung der Betäubungsmittel bieten. Zu anderen Zwecken darf die Erlaubnis nur in solchen Fällen erteilt werden, in denen der Nachweis erbracht wird, daß für die beabsichtigte Verwendung ein öffentliches Bedürfnis besteht.

§ 2. (1) Der Antrag auf Erteilung einer Erlaubnis ist bei der für den Ort der geschäftlichen Niederlassung des Antragstellers

---

[1]) In der Fassung der VO. v. 18. 12. 1934 (RGBl. I S. 1266).

zuständigen obersten Landesbehörde, in Preußen bei dem zuständigen Regierungspräsidenten, für Berlin bei dem Polizeipräsidenten schriftlich zu stellen. Diese Behörden prüfen den Antrag und übersenden ihn mit den dazugehörigen Unterlagen und ihrer Stellungnahme dem Reichsgesundheitsamt.

(2) In dem Antrag sind die Tatsachen, die für die Erlaubniserteilung von Bedeutung sind, anzuführen und die Örtlichkeit, für die sie nachgesucht wird, zu bezeichnen.

(3) Wird eine Erlaubnis zur Verarbeitung von Betäubungsmitteln beantragt, so ist anzugeben, auf welche Zubereitungen einschließlich solcher, die nicht unter das Gesetz fallen, und auf welche nicht unter das Gesetz fallenden Stoffe die Verarbeitung erfolgen soll. Handelt es sich nicht um Zubereitungen von allgemein bekannter Zusammensetzung, so ist für jede Zubereitung das Betäubungsmittel, das verwendet werden soll, nach Art und Menge anzugeben. Bei Erzeugnissen, die unter wortgeschütztem Namen in den Verkehr gebracht werden sollen, ist auch dieser Name anzugeben. Bei Erzeugnissen, die in einer zur Abgabe an das Publikum bestimmten Packung in den Verkehr kommen sollen, ist außerdem die Gesamtmenge oder das Gesamtgewicht der in der Packung enthaltenen Zubereitung anzugeben.

(4) In dem Antrag auf Erwerb der Betäubungsmittel zu wissenschaftlichen Zwecken ist darzulegen, welcher Art die wissenschaftliche Verwendung sein soll.

§ 3. (1) Die Zuverlässigkeit des Antragstellers ist stets nachzuprüfen.

(2) Bei der Prüfung der Bedürfnisfrage ist festzustellen, ob ein öffentliches Bedürfnis für die Erteilung der beantragten Erlaubnis besteht. Liegt ein solches nicht vor, so darf die Erlaubnis nur erteilt werden, wenn die Verweigerung der Erlaubnis eine schwere, nach Lage der Verhältnisse nicht zu rechtfertigende Schädigung des Antragstellers bedeuten würde.

§ 4. (1) Die Erlaubnis ist auf den jeweils notwendigen Umfang zu beschränken. Die Beschränkung kann sich beziehen auf die Zeit, die Art und Menge der Betäubungsmittel, die Zwecke, für die der Erwerb genehmigt wird, sowie die einzelnen Formen des Verkehrs. Die Erlaubnis zum Handel mit Betäubungsmitteln ist nur in besonderen Fällen auf bestimmte Mengen der Betäubungsmittel zu begrenzen. Die Erlaubnis zur Verarbeitung ist auf bestimmte Zubereitungen oder nicht unter das Gesetz fallende Stoffe zu beschränken.

(2) Eine Erlaubnis zur Verarbeitung von Betäubungsmitteln zu Zubereitungen, die in den Apotheken rezepturmäßig hergestellt zu werden pflegen (z. B. Pillen, Zäpfchen, Pulver), ist nicht zu erteilen, zu galenischen Zubereitungen (z. B. Opiumextrakt, Opiumtinktur, Doverschem Pulver) nur dann, wenn Gewähr für die vorschriftsmäßige Bereitung und Zusammensetzung gegeben ist.

§ 5. (1) Über die erteilte Erlaubnis ist ein Erlaubnisschein auszustellen. In ihm ist die Örtlichkeit, für die die Erlaubnis erteilt wird, nach Ort, Straße und Hausnummer anzugeben. Wird die Erlaubnis auf einzelne Gebäude oder einzelne Räume beschränkt, so sind auch diese zu bezeichnen. Wird die Erlaubnis zur Verarbeitung erteilt, so ist in dem Erlaubnisschein anzugeben, für welche Zubereitungen einschließlich solcher, die nicht unter das Gesetz fallen, und für welche nicht unter das Gesetz fallenden Stoffe die Erlaubnis erteilt wird.

(2) Das Reichsgesundheitsamt übersendet eine Abschrift des Erlaubnisscheins der nach § 2 Abs. 1 zuständigen Behörde oder benachrichtigt sie, wenn der Antrag abgelehnt wird.

§ 6. Die Erlaubnis gilt nur für die Person und die Betriebsräume, für die sie erteilt ist, sowie für die in dem Erlaubnisschein aufgeführten Stoffe oder Zubereitungen. Jede Änderung in diesen Verhältnissen macht eine Erneuerung der Erlaubnis notwendig, die bei der zuständigen obersten Landesbehörde zu beantragen ist.

§ 7. Die Erlaubnis soll zurückgezogen werden, wenn die Voraussetzungen, die für ihre Erteilung maßgebend waren, nicht mehr bestehen. Wird eine Erlaubnis zurückgezogen, so fordert das Reichsgesundheitsamt den Erlaubnisschein zurück und benachrichtigt die nach § 2 Abs. 1 zuständige Behörde von der Zurückziehung.

§ 8. Diese Verordnung tritt mit dem Tage nach der Verkündung in Kraft.

55. Verordnung über den Fortfall der Bezugsscheinpflicht bei Betäubungsmitteln.[1]

Vom 21. September 1931 (RGBl. I S. 513).

§ 1. In den Fällen, in denen nach § 4 Abs. 1 des Opiumgesetzes für den Erwerb, die Veräußerung und die Abgabe von Betäubungsmitteln ein Bezugschein erforderlich ist, bedarf es für die in der Anlage aufgeführten Zubereitungen des Bezugscheins nicht. Die Veräußerung, die Abgabe und der Erwerb dieser Zubereitungen ist jedoch nur Personen, die eine Erlaubnis nach § 3 Abs. 1 des Opiumgesetzes besitzen, sowie Apotheken und behördlich genehmigten tierärztlichen Hausapotheken gestattet.

§ 2. (1) Wer vermöge der ihm erteilten Erlaubnis die in der Anlage aufgeführten Zubereitungen veräußert oder abgibt, hat dem Reichsgesundheitsamt (Opiumstelle) innerhalb des ersten Monats des auf die Veräußerung oder die Abgabe folgenden Kalendervierteljahrs eine Aufstellung über die im vergangenen Kalendervierteljahre veräußerten oder abgegebenen Zubereitungen zu übersenden. Die Aufstellung ist nach den einzelnen Empfängern und Zubereitungen zu ordnen. Aus der Aufstellung müssen die Empfänger und die im Kalendervierteljahr an den einzelnen Empfänger veräußerten oder abgegebenen Mengen der Zubereitungen zu ersehen sein.

(2) Die Verpflichtung nach Abs. 1 zur Anzeige an das Reichsgesundheitsamt (Opiumstelle) bezieht sich nicht auf die Ver-

[1]) § 2 der VO. v. 5. 8. 1933 (RGBl. I S. 570) bestimmt: Auf solche Benzylmorphin (Peronin) oder seine Salze enthaltenden Arzneien, die von den Apotheken in einer zur Abgabe an das Publikum bestimmten fertigen Packung bezogen und in dieser Packung abgegeben werden, finden die §§ 1 bis 3 der Verordnung über den Fortfall der Bezugscheinpflicht bei Betäubungsmitteln vom 21. September 1931 (Reichsgesetzbl. I S. 513) Anwendung.

äußerung oder Abgabe der Zubereitungen an Apotheken, behördlich genehmigte tierärztliche Hausapotheken und solche Tierärzte, die eine Erlaubnis nach § 3 Abs. 1 des Opiumgesetzes besitzen.

§ 3. Wer vermöge der ihm erteilten Erlaubnis zur Veräußerung oder Abgabe der in der Anlage aufgeführten Zubereitungen berechtigt ist, aber innerhalb eines Kalendervierteljahres keine dieser Zubereitungen veräußert oder abgegeben hat, ist verpflichtet, dem Reichsgesundheitsamt (Opiumstelle) innerhalb des ersten Monats des folgenden Kalendervierteljahrs Fehlanzeige zu erstatten.

§ 4. Im übrigen finden die Bestimmungen des Opiumgesetzes und der auf Grund desselben erlassenen Bestimmungen auch auf die in der Anlage aufgeführten Zubereitungen Anwendung.

Anlage.

Verzeichnis

der bezugscheinfreien Stoffe und Zubereitungen.

I.

Morphin-Atropin-Ampullen,

die in 1 ccm der Lösung enthalten

neben 0,01 g Morphinum hydrochloricum mindestens 0,0002 g Atropinum sulfuricum

oder

neben 0,015 g Morphinum hydrochloricum mindestens 0,0003 g Atropinum sulfuricum

oder

neben 0,02 g Morphinum hydrochloricum mindestens 0,0004 g Atropinum sulfuricum

oder

neben 0,03 g Morphinum hydrochloricum mindestens 0,0005 g Atropinum sulfuricum.

Morphin-Atropin-Tabletten,

die enthalten

neben 0,01 g Morphinum hydrochloricum mindestens 0,0002 g Atropinum sulfuricum

oder

neben 0,015 g Morphinum hydrochloricum mindestens 0,0003 g Atropinum sulfuricum

oder

neben 0,02 g Morphinum hydrochloricum mindestens 0,0004 g Atropinum sulfuricum

oder

neben 0,03 g Morphinum hydrochloricum mindestens 0,0005 g Atropinum sulfuricum.

Laudanon-Atropin-Ampullen

mit einem Gehalt von

0,02 g Laudanon und 0,0005 g Atropinum sulfuricum in 1 ccm der Lösung.

Dilaudid-Atropin-Ampullen

mit einem Gehalt von

0,002 g Dilaudid hydrochloricum und 0,0003 g Atropinum sulfuricum

oder

0,004 g Dilaudid hydrochloricum und 0,0005 g Atropinum sulfuricum in 1 ccm der Lösung.

Holopon-Atropin-Ampullen und Holopon-Atropin-Lösung

mit einem Gehalt von

0,05 g Holopon siccum und 0,001 g Atropinum sulfuricum in 1 ccm der Lösung.

Pantopon-Atrinal-Ampullen

mit einem Gehalt von

0,02 g Pantopon und 0,001 g Atrinal in 1 ccm der Lösung.

Spasmalgin-Tabletten

mit einem Gehalt von

0,01 g Pantopon, 0,001 g Atrinal und 0,02 g Papaverinum hydrochloricum in jeder Tablette.

Spasmalgin-Ampullen

mit einem Gehalt von

0,01 g Pantopon, 0,001 g Atrinal und 0,02 g Papaverinum hydrochloricum in 1 ccm der Lösung.

Opiumkonzentrat-Atropin-Ampullen

mit einem Gehalt von

0,02 g Opium concentratum und 0,0005 g Atropinum sulfuricum in 1 ccm der Lösung.

Opiumkonzentrat-Artopinschwefelsäureester-Ampullen

mit einem Gehalt von

0,02 g Opium concentratum und 0,001 g Atrinal in 1 ccm der Lösung.

Codyl-Sirup, der außer Thebain noch Kodein, Narcotin, Papaverin und Narcein enthält.

II.

Morphin-Skopolamin-Ampullen,

die in 1 ccm der Lösung enthalten

neben 0,01 g Morphinum hydrochloricum mindestens 0,0002 g Scopolaminum hydrobromicum

oder

neben 0,015 g Morphinum hydrochloricum mindestens 0,0003 g Scopolaminum hydrobromicum

oder

neben 0,02 g Morphinum hydrochloricum mindestens 0,0004 g Scopolaminum hydrobromicum

oder

neben 0,03 g Morphinum hydrochloricum mindestens 0,0005 g Scopolaminum hydrobromicum.

Morphin-Skopolamin-Tabletten,

die enthalten

neben 0,01 g Morphinum hydrochloricum mindestens 0,0002 g Scopolaminum hydrobromicum

oder

neben 0,015 g Morphinum hydrochloricum mindestens 0,0003 g Scopolaminum hydrobromicum

oder

neben 0,02 g Morphinum hydrochloricum mindestens 0,0004 g Scopolaminum hydrobromicum

oder

neben 0,03 g Morphinum hydrochloricum mindestens 0,0005 g Scopolaminum hydrobromicum.

Laudanon-Skopolamin-Ampullen

mit einem Gehalt von

0,04 g Laudanon und 0,0004 g Scopolaminum hydrobromicum in 1 ccm der Lösung.

Dilaudid-Skopolamin-Ampullen

mit einem Gehalt von

0,002 g Dilaudid hydrochloricum und 0,0003 g Scopolaminum hydrobromicum in 1 ccm der Lösung.

Holopon-Skopolamin-Ampullen

mit einem Gehalt von

0,05 g Holopon siccum und 0,0003 g Scopolaminum hydrobromicum in 1 ccm der Lösung.

Eukodal-Skopolamin-Ephetonin-Ampullen

mit einem Gehalt von

0,01 g Eukodal, 0,0005 g Scopolaminum hydrobromicum und 0,025 g Ephetonin

oder

0,02 g Eukodal, 0,001 g Scopolaminum hydrobromicum und 0,05 g Ephetonin
in 1 ccm der Lösung.

Narcophin-Skopolamin-Ampullen

mit einem Gehalt von

0,03 g Narcophin und 0,0003 g Scopolaminum hydrobromicum in 1 ccm der Lösung.

Laudopan-Skopolamin-Ampullen

mit einem Gehalt von

0,04 g Laudopan und 0,0004 g Scopolaminum hydrobromicum
in 1 ccm der Lösung.

Pantopon-Skopolamin-Ampullen

mit einem Gehalt von

0,02 g Pantopon und 0,0003 g Scopolaminum hydrobromicum
oder
0,04 g Pantopon und 0,0006 g Scopolaminum hydrobromicum
in 1 ccm der Lösung.

Opiumkonzentrat-Skopolamin-Ampullen

mit einem Gehalt von

0,02 g Opium concentratum und 0,0003 g Scopolaminum hydrobromicum
oder
0,04 g Opium concentratum und 0,0006 g Scopolaminum hydrobromicum
in 1 ccm der Lösung.

III.

Amnesinampullen

mit einem Gehalt von

0,012 g milchsaurem Morphin-Narcotin und 0,2 g Chininum dihydrochloricum carbamidatum
in 1 ccm der Lösung.

Asthma-Inhaliermittel
mit einem Gehalt von

höchstens 0,1 g Kokainsalz und mindestens 0,01 g Atropinsalz in 10 g der Lösung.

Cardiazol-Dicodid-Tropfen
mit einem Gehalt von

0,005 g Dicodid hydrochloricum und 0,1 g Cardiazol in 1 ccm der Lösung.

Digimorvaltabletten
mit einem Gehalt von

0,005 g Morphinum hydrochloricum und unter anderem 0,05 g Folia Digitalis in jeder Tablette.

Kokain-Atropin Augen-Tabletten
mit einem Gehalt von höchstens

0,0003 Cocainum hydrochloricum und mindestens 0,0003 Atropinum sulfuricum in jeder Tablette.

Neurophyllinpillen
mit einem Gehalt von

0,05 g Opium und unter anderem Podophyllin, Extractum Cascarae Sagradae, Extractum Aloes in jeder Pille.

Pulvis Ipecacuanhae opiatus D. A. B. VI
— Pulvis Doveri P. I. —
auch in Tabletten.

IV

Herba Cannabis Indicae
Extractum Cannabis Indicae
Tinctura Cannabis Indicae

56. Verordnung über Ankündigung und Beschriftung von Betäubungsmittel enthaltenden Arzneien.

Vom 14. April 1930 (RGBl. I S. 144).

§ 1. (1) Hinsichtlich der Ankündigung und Beschriftung von Arzneien, die Betäubungsmittel enthalten und von den Apotheken in einer zur Abgabe an das Publikum bestimmten fertigen Packung bezogen und in dieser Packung abgegeben werden, gelten für den Verkehr im Inland die Vorschriften der §§ 2 und 3 dieser Verordnung.

(2) Die Vorschriften gelten auch für Arzneien, deren Gehalt, berechnet auf Morphin, nicht mehr als 0,2 vom Hundert, berechnet auf Kokain, nicht mehr als 0,1 vom Hundert beträgt. Sie gelten jedoch nicht für Arzneien, die in den Apotheken ohne ärztliche, zahnärztliche oder tierärztliche Verschreibung abgegeben werden dürfen.

§ 2. (1) In den Ankündigungen sowie auf dem Arzneibehältnis und seiner Umhüllung ist ungekürzt und deutlich lesbar anzugeben:

1. der dem Opiumgesetz unterstehende Stoff mit einer Bezeichnung, die im Opiumgesetz oder in den gemäß § 1 Abs. 2 des Gesetzes ergehenden Verordnungen gebraucht ist,
2. die in der einzelnen Packung der Arznei enthaltene Menge dieses Stoffes,
3. das Gesamtgewicht oder die Gesamtmenge der in der Packung enthaltenen Arznei.

(2) Statt dieser Angaben ist bei Arzneien, die in abgeteilter Form in den Verkehr kommen, folgendes anzugeben:

1. der dem Opiumgesetz unterstehende Stoff mit einer Bezeichnung, die im Opiumgesetz oder in den gemäß § 1 Abs. 2 des Gesetzes ergehenden Verordnungen gebraucht ist,
2. die in der einzelnen Teilmenge der Arznei enthaltene Menge des Stoffes,
3. die Anzahl der in der Packung enthaltenen Teilmengen.

57. Verordnung über das Verschreiben Betäubungsmittel enthaltender Arzneien und ihre Abgabe in den Apotheken.[1])

Vom 19. Dezember 1930 (RGBl. I S. 635)[2]).

I.

Geltungsbereich der Verordnung.

§ 1. (1) Verschreibungen, die zum Bezuge Betäubungsmittel enthaltender Arzneien aus öffentlichen Apotheken erforderlich sind, dürfen nur nach den Bestimmungen des Abschnitts II dieser Verordnung ausgestellt werden.

(2) Betäubungsmittel enthaltende Arzneien dürfen in den öffentlichen Apotheken, den behördlich genehmigten ärztlichen und tierärztlichen Hausapotheken sowie durch Tierärzte, die eine Erlaubnis nach § 3 des Opiumgesetzes erhalten haben, nur nach den Bestimmungen des Abschnitts III dieser Verordnung abgegeben werden.

(3) Über die Abgabe Betäubungsmittel enthaltender Arzneien ist nach den Bestimmungen des Abschnitts IV dieser Verordnung Buch zu führen.

§ 2. Die Bestimmungen dieser Verordnung gelten auch für Arzneien, die nicht mehr als 0,2 v. H. Morphin oder 0,1 v. H. Kokain enthalten.

§ 3. Die Bestimmungen dieser Verordnung gelten auch für die Salze der Betäubungsmittel, die in der Verordnung als Basen aufgeführt sind. Die für eine Base angegebene Menge gilt auch für ihre Salze.

§ 4. Die Bestimmungen dieser Verordnung gelten auch dann, wenn ein Betäubungsmittel unter einem anderen Namen in dem Verkehr ist als in dieser Verordnung angegeben.

---

[1]) § 3 der VO. v. 5. 8. 1933 (RGBl. I S. 570) bestimmt: Die Verordnung über das Verschreiben Betäubungsmittel enthaltender Arzneien und ihre Abgabe in den Apotheken vom 19. Dezember 1930 (Reichsgesetzbl. I S. 635) findet auf Benzylmorphin (Peronin) und seine Salze und auf Zubereitungen des Benzylmorphins (Peronin) und seiner Salze keine Anwendung.

[2]) In der Fassung der VO. v. 24. 3. 1931 (RGBl. I S. 76), v. 8. 7. 1932 (RGBl. I S. 349) und v. 20. 5. 1933 (RGBl. I S. 287).

§ 5. Die Bestimmungen dieser Verordnung gelten nicht für das Verschreiben und die Abgabe von Arzneien, die Indischen Hanf, Indisch-Hanfextrakt, Indisch-Hanftinktur oder reife oder unreife Mohnkapseln enthalten.

II.

Das Verschreiben Betäubungsmittel enthaltender Arzneien.

A.

Allgemeine Bestimmungen.

§ 6. Die Arzneien dürfen nur von Ärzten, Zahnärzten oder Tierärzten und nur dann verschrieben werden, wenn die Anwendung des Betäubungsmittels ärztlich, zahnärztlich oder tierärztlich begründet ist.

§ 7. (1) Arzneien, die mehr als ein Betäubungsmittel enthalten, dürfen nicht verschrieben werden.

(2) Arzneien, die Kokablätter oder Zubereitungen von Kokablättern oder Ekgonin oder einen Ester des Morphins, ausgenommen Diacetylmorphin (Heroin) enthalten, dürfen nicht verschrieben werden.

B.

Das Verschreiben von Arzneien, die Opium, Morphin, Diacetylmorphin (Heroin), Dihydrokodeinon (Dicodid), Dihydromorphinon (Dilaudid), Dihydrooxykodeinon (Eukodal), Dihydromorphin (Paramorfan), Acetyl-Dimethylo-Dihydrothebain (Acedicon), Morphin-Aminoxyd (Morphin-N-oxyd, Genomorphin), Narcophin, Laudanon, Pantopon oder dem Laudanon oder Pantopon ähnliche Zubereitungen enthalten.

§ 8. (1) Opium, Morphin, Diacetylmorphin (Heroin), Dihydrokodeinon (Dicodid), Dihydromorphinon (Dilaudid), Dihydrooxykodeinon (Eukodal), Dihydromorphin (Paramorfan), Acetyl-Dimethylo-Dihydrothebain (Acedicon), Morphin-Aminoxyd (Morphin-N-oxyd, Genomorphin), Narcophin, Laudanon, Pantopon oder die dem Laudanon oder Pantopon ähnlichen Zubereitungen dürfen in Substanz nicht verschrieben werden.

(2) Arzneien, die mehr als 15 v. H. Morphin oder Diacetyl-

morphin (Heroin) enthalten, dürfen nicht verschrieben werden. Das gleiche gilt für Arzneien, die in Tablettenform mehr als 30 v. H., in den übrigen Arzneiformen mehr als 15 v. H. Dihydrokodeinon (Dicodid) oder Dihydromorphinon (Dilaudid) oder Dihydrooxykodeinon (Eukodal) oder Dihydromorphin (Paramorfan) oder Acetyl-Dimethylo-Dihydrothebain (Acedicon) oder Morphin-Aminoxyd (Morphin-N-oxyd, Genomorphin) oder Narcophin oder Laudanon oder Pantopon oder einer dem Laudanon oder Pantopon ähnlichen Zubereitung enthalten.

§ 9. (1) Der Arzt oder der Zahnarzt darf für einen Kranken an einem Tage Arzneien verschreiben, die entweder

bis 2 g Opium oder die entsprechende Menge einer Opiumzubereitung

oder

bis 0,2 g Morphin

oder

bis 0,4 g Narcophin oder Laudanon oder Pantopon oder einer dem Laudanon oder Pantopon ähnlichen Zubereitung

oder

bis 0,2 g Dihydrokodeinon (Dicodid) oder Dihydrooxykodeinon (Eukodal) oder Dihydromorphin (Paramorfan) oder Acetyl-Dimethylo-Dihydrothebain (Acedicon) oder Morphin-Aminoxyd (Morphin-N-oxyd, Genomorphin)

oder

bis 0,03 g Diacetylmorphin (Heroin) oder Dihydromorphinon (Dilaudid)

enthalten.

(2) In besonderen Fällen darf der Arzt an einem Tage für einen Kranken Arzneien verschreiben, die

mehr als 2 g Opium oder die entsprechende Menge einer Opiumzubereitung

oder

mehr als 0,2 g Morphin

enthalten; in solchen Fällen hat er in einem besonderen, mit fortlaufenden Seitenzahlen versehenen Buche (Morphinbuch) Aufzeichnungen über den Krankheitsfall zu machen, aus denen der Name, die Wohnung und das Alter des Kranken sowie die vom Arzte festgestellte Erkrankung, die das Überschreiten der im Abs. 1 für Morphin oder Opium angegebenen Menge notwendig macht, zu ersehen sein müssen. Anschließend an diese Angabe hat der Arzt jeweils den Tag des Verschreibens, die in der Arznei enthaltene Menge des Morphins, des Opiums oder der Opiumzubereitung sowie den Zeitraum, für den die Arznei verschrieben wird, anzugeben. Ist die Arznei für einen Betäubungsmittelsüchtigen bestimmt, so hat der Arzt in dem Morphinbuch außerdem die folgenden Fragen zu beantworten:

Welche Betäubungsmittelsucht liegt vor?

Seit wann?

Haben Entziehungskuren stattgefunden?

Bejahendenfalls: wann, in welcher Anstalt oder bei welchem Arzte, mit welchem Erfolge?

Welche Menge des Betäubungsmittels wird angeblich täglich gebraucht?

Welche Menge des Betäubungsmittels wird zu dem Zeitpunkt, an dem diese Aufzeichnungen gemacht werden, für ärztlich begründet gehalten?

Warum wird zur Zeit keine Entziehungskur eingeleitet?

Wann soll sie eingeleitet werden?

Auf der Verschreibung (§ 19) hat der Arzt in den Fällen dieses Absatzes vor der Namensunterschrift den eigenhändigen Vermerk „Eingetragene Verschreibung" anzubringen.

(3) Der Arzt darf für den Bedarf in seiner Praxis an einem Tage Arzneien verschreiben, die entweder

bis 2 g Opium oder die entsprechende Menge einer Opiumzubereitung

oder

bis 0,2 g Morphin

oder

bis 0,4 g Narcophin oder Laudanon oder Pantopon oder

einer dem Laudanon oder Pantopon ähnlichen Zubereitung

oder

bis 0,2 g Dihydrokodeinon (Dicodid) oder Dihydrooxykodeinon (Eukodal) oder Dihydromorphin (Paramorfan) oder Acetyl-Dimethylo-Dihydrothebain (Acedicon) oder Morphin-Aminoxyd (Morphin-N-oxyd, Genomorphin)

oder

bis 0,03 g Diacetylmorphin (Heroin) oder Dihydromorphinon (Dilaudid)

enthalten.

(4) Außer für einen Kranken (Abs. 1 und 2) und für den Bedarf in der Praxis (Abs. 3) dürfen Arzneien, die die im § 8 Abs. 1 genannten Betäubungsmittel enthalten, für den allgemeinen Bedarf der öffentlichen und der gemeinnützigen Krankenhäuser, der Universitätskliniken und der den letztgenannten gleichgestellten Anstalten sowie für den Bedarf der behördlich genehmigten ärztlichen Hausapotheken und für die Ausrüstung der Kauffahrteischiffe verschrieben werden. Auf diese Verschreibungen finden Abs. 1 bis 3 keine Anwendung.

§ 10. (1) Der Tierarzt darf für ein Tier an einem Tage Arzneien verschreiben, die entweder

bis 15 g Opium oder die entsprechende Menge einer Opiumzubereitung

oder

bis 0,5 g Morphin

oder

bis 0,4 g Narcophin oder Laudanon oder Pantopon oder einer dem Laudanon oder Pantopon ähnlichen Zubereitung

oder

bis 0,3 g Dihydrooxykodeinon (Eukodal)

oder

bis 0,2 g Dihydrokodeinon (Dicodid) oder Dihydromorphin (Paramorfan) oder Acetyl-Dimethylo-Dihydrothebain

(Acedicon) oder Morphin-Aminoxyd (Morphin-N-oxyd, Genomorphin)

oder

bis 0,03 g Diacetylmorphin (Heroin) oder Dihydromorphinon (Dilaudid)

enthalten.

(2) In besonderen Fällen darf der Tierarzt für ein Tier an einem Tage Arzneien verschreiben, die

mehr als 15 g Opium oder die entsprechende Menge einer Opiumzubereitung

oder

mehr als 0,5 g Morphin

enthalten; in solchen Fällen hat er in einem besonderen mit fortlaufenden Seitenzahlen versehenen Buche (Morphinbuch) Aufzeichnungen über den Krankheitsfall zu machen, aus denen die Art des Tieres, der Name und die Wohnung des Tierhalters, die Erkrankung des Tieres, die das Überschreiten der im Abs. 1 für Morphin oder Opium angegebenen Mengen erforderlich macht, der Tag des Verschreibens sowie die in der Arznei enthaltene Menge des Morphins, des Opiums oder der Opiumzubereitung zu ersehen sein müssen. Auf der Verschreibung (§ 19) hat der Tierarzt in diesen Fällen vor der Namensunterschrift den eigenhändigen Vermerk „Eingetragene Verschreibung" anzubringen.

(3) Der Tierarzt darf für den Bedarf in seiner Praxis an einem Tage Arzneien verschreiben, die entweder

bis 15 g Opium oder die entsprechende Menge einer Opiumzubereitung

oder

bis 0,5 g Morphin

oder

bis 0,4 g Narcophin oder Laudanon oder Pantopon oder einer dem Laudanon oder Pantopon ähnlichen Zubereitung

oder

bis 0,3 g Dihydrooxykodeinon (Eukodal)

oder

bis 0,2 g Dihydrokodeinon (Dicodid) oder Dihydromorphin (Paramorfan) oder Acetyl-Dimethylo-Dihydrothebain (Acedicon) oder Morphin-Aminoxyd (Morphin-N-oxyd, Genomorphin)

oder

bis 0,03 g Diacetylmorphin (Heroin) oder Dihydromorphinon (Dilaudid)

enthalten.

(4) Außer für ein Tier (Abs. 1 und 2) und für den Bedarf in seiner Praxis (Abs. 3) darf der Tierarzt Arzneien, die die im § 8 Abs. 1 genannten Betäubungsmittel enthalten, für den allgemeinen Bedarf der tierärztlichen Universitätskliniken und der diesen gleichgestellten Anstalten sowie für den Bedarf der behördlich genehmigten tierärztlichen Hausapotheken verschreiben. Auf diese Verschreibungen finden Abs. 1 bis 3 keine Anwendung.

§ 11. Das Morphinbuch (§ 9 Abs. 2, § 10 Abs. 2) ist mindestens 5 Jahre, vom Zeitpunkt der letzten Eintragung gerechnet, aufzubewahren und dem zuständigen beamteten Arzte oder Tierarzt auf Verlangen vorzulegen.

C.

Das Verschreiben Kokain enthaltender Arzneien.

§ 12. Kokain in Substanz darf nicht verschrieben werden.

§ 13. (1) Kokain enthaltende Arzneien für einen Kranken zu dessen eigenem Gebrauch darf der Arzt nur in Form der Lösung oder der Salbe und nur dann verschreiben, wenn der beabsichtigte Zweck auf andere Weise nicht erreicht werden kann. Unter dieser Voraussetzung darf er zur Anwendung am Auge eine Lösung oder Salbe verschreiben, die nicht mehr als 2 v. H. Kokain enthält; zu anderen Zwecken darf er eine Lösung verschreiben, die nicht mehr als 1 v. H. Kokain und zugleich nicht weniger als 0,1 v. H. Atropinsulfat enthält.

(2) Die Menge des von dem Arzte an einem Tage für einen

Kranken zu dessen eigenem Gebrauche verschriebenen **Kokains** darf nicht mehr als 0,1 g betragen.

(3) Auf jeder Verschreibung (§ 19) einer **Kokain** enthaltenden Arznei für einen Kranken zu dessen eigenem Gebrauche hat der Arzt vor der Namensunterschrift den eigenhändigen Vermerk „Eingetragene Verschreibung" anzubringen. Ist die Arznei zur Anwendung am Auge bestimmt, so ist in der Gebrauchsanweisung dieser Verwendungszweck anzugeben.

§ 14. (1) Kokain enthaltende Arzneien für den Bedarf in seiner Praxis darf der Arzt nur zu Eingriffen am Auge, am Kehlkopf, an der Nase und am Ohr, der Arzt oder Zahnarzt nur zu chirurgischen Eingriffen am Rachen und Kiefer verschreiben, und zwar nur dann, wenn die beabsichtigte Schmerzbetäubung auf andere Weise nicht möglich ist und die Arznei zum Aufbringen auf das Auge oder auf die Schleimhäute der genannten Körperteile bestimmt ist. Kokain darf für diese Zwecke vom Arzte nur in Form der Lösung mit einem Gehalte bis 20 v. H. Kokain oder in Form der zur Anwendung am Auge bestimmten Tablette oder in Form der Salbe mit einem Gehalt bis 2 v. H. Kokain, vom Zahnarzt nur in Form der Lösung mit einem Gehalte bis 20 v. H. Kokain verschrieben werden. Auf jeder Verschreibung (§ 19) einer Kokain enthaltenden Arznei für den Bedarf in seiner Praxis hat der Arzt oder Zahnarzt vor der Namensunterschrift den eigenhändigen Vermerk „Eingetragene Verschreibung" anzubringen.

(2) Die Menge des vom Arzte oder Zahnarzt an einem Tage für den Bedarf in seiner Praxis verschriebenen Kokains darf nicht mehr als 1 g betragen.

§ 15. Über jede Verschreibung einer Kokain enthaltenden Arznei hat der Arzt oder Zahnarzt in einem besonderen mit fortlaufenden Seitenzahlen versehenen Buche (Kokainbuch) Aufzeichnungen zu machen. Bei Verschreibungen für einen Kranken zu dessen eigenem Gebrauchs (§ 13) hat der Arzt in dem Buche den Namen des Kranken, die vom Arzte festgestellte Erkrankung, die das Verschreiben einer Kokain enthaltenden Arznei notwendig macht, den Tag des Verschreibens und die

Menge des in der Arznei enthaltenen Kokains einzutragen. Bei Verschreibungen für den Bedarf in seiner Praxis (§ 14) hat der Arzt oder Zahnarzt den Tag des Verschreibens und die Menge des in der Arznei enthaltenen Kokains einzutragen.

§ 16. Außer für einen Kranken (§ 13) und für den Bedarf in der Praxis (§ 14) dürfen Kokain enthaltende Arzneien für den allgemeinen Bedarf der öffentlichen und der gemeinnützigen Krankenhäuser, der Universitätskliniken und der den letztgenannten gleichgestellten Anstalten sowie für die Ausrüstung der Kauffahrteischiffe verschrieben werden. Auf diese Verschreibungen finden die §§ 13 bis 15 keine Anwendung. Jedoch darf auch in diesen Fällen Kokain nur in Form der Lösung mit einem Gehalte bis 20 v. H. Kokain oder in Form der zur Anwendung am Auge bestimmten Tablette oder in Form der Salbe mit einem Gehalt bis 2 vom Hundert Kokain verschrieben werden.

§ 17. (1) Kokain enthaltende Arzneien für den Bedarf in seiner Praxis darf der Tierarzt nur zu Eingriffen am Huf, an den Klauen und am Auge verschreiben. Kokain darf für diese Zwecke nur in Form der Lösung mit einem Gehalte bis 20 vom Hundert Kokain oder in Form der zur Anwendung am Auge bestimmten Tablette oder in Form der Salbe mit einem Gehalt bis 2 vom Hundert Kokain verschrieben werden. Auf jeder Verschreibung (§ 19) einer Kokain enthaltenden Arznei für den Bedarf in seiner Praxis hat der Tierarzt vor der Namensunterschrift den eigenhändigen Vermerk „Eingetragene Verschreibung" anzubringen.

(2) Über jede Verschreibung einer Kokain enthaltenden Arznei hat der Tierarzt in einem besonderen mit fortlaufenden Seitenzahlen versehenen Buche (Kokainbuch) Aufzeichnungen zu machen, aus denen der Tag des Verschreibens und die Menge des in der Arznei enthaltenen Kokains zu ersehen sein müssen.

(3) Die Menge des vom Tierarzt an einem Tage für den Bedarf in seiner Praxis verschriebenen Kokains darf nicht mehr als 1 g betragen.

(4) Außer für den Bedarf in seiner Praxis (Abs. 1) darf der Tierarzt Kokain enthaltende Arzneien für den allgemeinen

Bedarf der tierärztlichen Universitätskliniken und der diesen gleichgestellten Anstalten verschreiben. Auf diese Verschreibungen finden Abs. 1 bis 3 keine Anwendung. Jedoch darf auch in diesen Fällen Kokain nur in Form der Lösung mit einem Gehalte bis 20 v. H. Kokain oder in Form der zur Anwendung am Auge bestimmten Tablette oder in Form der Salbe mit einem Gehalt bis 2 vom Hundert Kokain verschrieben werden.

§ 18. Das Kokainbuch (§ 15, § 17 Abs. 2) ist mindestens 5 Jahre, vom Zeitpunkt der letzten Eintragung gerechnet, aufzubewahren und dem zuständigen beamteten Arzt oder Tierarzt auf Verlangen vorzulegen.

D.

Form und Inhalt der Verschreibung.

§ 19. (1) Die Verschreibungen müssen außer der Angabe der Bestandteile der Arznei und ihrer Mengen folgende Angaben enthalten:

a) Name des Arztes, Zahnarztes oder Tierarztes, seine Berufsbezeichnung und seine Anschrift,
b) Tag des Ausstellens,
c) eine ausdrückliche Gebrauchsanweisung — bei Verschreibungen Kokain enthaltender Arzneien für einen Kranken zur Anwendung am Auge außerdem die Angabe dieses Verwendungszwecks —,
d) Name und Wohnung des Kranken, für den die Arznei bestimmt ist, bei tierärztlichen Verschreibungen Art des Tieres sowie Name und Wohnung des Tierhalters,
e) eigenhändige, ungekürzte Namensunterschrift des Arztes, Zahnarztes oder Tierarztes,
f) in Fällen, wo dies in § 9 Abs. 2, § 10 Abs. 2, § 13 Abs. 3, § 14 Abs. 1 und § 17 Abs. 1 vorgeschrieben ist, vor der Namensunterschrift den eigenhändigen Vermerk „Eingetragene Verschreibung".

(2) Die in Abs. 1 vorgeschriebenen Angaben sind mit Tinte oder Tintenstift zu machen, die unter Buchstabe a vorgeschrie-

denen jedoch nur, wenn sie nicht aufgedruckt oder aufgestempelt sind.

(3) Bei Verschreibungen für den allgemeinen Bedarf der öffentlichen und der gemeinnützigen Krankenhäuser, der Universitätskliniken und der den letztgenannten gleichgestellten Anstalten, für den Bedarf in der Praxis des Arztes, Zahnarztes und Tierarztes, für den Bedarf der behördlich genehmigten ärztlichen und tierärztlichen Hausapotheken sowie für die Ausrüstung der Kauffahrteischiffe tritt an Stelle der Vermerke im Abs. 1 Buchstabe c und d ein Hinweis auf den allgemeinen Verwendungszweck.

§ 20. Die Verschreibungen dürfen weder vor- noch zurückdatiert werden.

III.

Die Abgabe Betäubungsmittel enthaltender Arzneien.

A.

In den öffentlichen Apotheken.

§ 21. (1) Die Arzneien dürfen in den Apotheken nur gegen Vorlage einer Verschreibung eines Arztes, Zahnarztes oder Tierarztes abgegeben werden.

(2) Arzneien, die die im § 8 Abs. 1 genannten Betäubungsmittel enthalten, dürfen

auf Verschreibung eines Arztes nur für einen Kranken, für den Bedarf in der Praxis des verschreibenden Arztes, für den allgemeinen Bedarf der öffentlichen und der gemeinnützigen Krankenhäuser, der Universitätskliniken und der den letztgenannten gleichgestellten Anstalten sowie für den Bedarf der behördlich genehmigten ärztlichen Hausapotheken und für die Ausrüstung der Kauffahrteischiffe,

auf Verschreibung eines Zahnarztes nur für einen Kranken sowie für den allgemeinen Bedarf der zahnärztlichen Universitätskliniken und der diesen gleichgestellten Anstalten, auf Verschreibung eines Tierarztes nur für ein Tier, für den Bedarf in der Praxis des verschreibenden Tierarztes, für den allgemeinen Bedarf der tierärztlichen Universitätskliniken und der diesen gleichgestellten Anstalten sowie für den Bedarf einer behördlich genehmigten tierärztlichen Hausapotheke

abgegeben werden.

(3) Arzneien, die Kokain enthalten, dürfen

auf Verschreibung eines Arztes nur für einen Kranken, für den Bedarf in der Praxis des verschreibenden Arztes, für den allgemeinen Bedarf der öffentlichen und der gemeinnützigen Krankenhäuser, der Universitätskliniken und der den letztgenannten gleichgestellten Anstalten sowie für die Ausrüstung der Kauffahrteischiffe,

auf Verschreibung eines Zahnarztes nur für den Bedarf in der Praxis des verschreibenden Zahnarztes sowie für den allgemeinen Bedarf der zahnärztlichen Universitätskliniken und der diesen gleichgestellten Anstalten,

auf Verschreibung eines Tierarztes nur für den Bedarf in der Praxis des verschreibenden Tierarztes und für den allgemeinen Bedarf der tierärztlichen Universitätskliniken und der diesen gleichgestellten Anstalten

abgegeben werden.

(4) Verschreibungen, die entgegen den Bestimmungen der §§ 7 und 8 ausgestellt sind oder in den Fällen des § 9 Abs. 1 und 3 und § 10 Abs. 1 und 3 über größere Mengen des Betäubungsmittels lauten, als dort angegeben, dürfen nicht beliefert werden. Verschreibungen über Kokain enthaltende Arzneien dürfen nur dann beliefert werden, wenn die Verschreibung

hinsichtlich des Prozentgehalts der Arznei an Kokain,

hinsichtlich der Arzneiform,

hinsichtlich der in der einzelnen Arznei enthaltenen Menge des Kokains,

hinsichtlich des Zusatzes an Atropinsulfat im Falle des § 13 Abs. 1 vom Arzt, Zahnarzt oder Tierarzt nach den Bestimmungen der §§ 12, 13, 14, 16 und 17 ausgestellt ist.

(5) Die Verschreibungen dürfen nur beliefert werden, wenn sie den Bestimmungen des § 19 entsprechen. Fehlt jedoch bei Verschreibungen in den Fällen des § 9 Abs. 1 oder § 10 Abs. 1 die Angabe der Wohnung des Kranken oder des Tierhalters, so soll der Apotheker nicht verpflichtet sein, die Belieferung der Verschreibung abzulehnen.

(6) Eine Verschreibung eines Arztes über eine Arznei, die eines der im § 8 Abs. 1 genannten Betäubungsmittel enthält, darf, auch wenn sie den Bestimmungen der Abs. 1 bis 5 nicht entspricht, beliefert werden, wenn der Überbringer der Verschreibung glaubhaft versichert, daß ein dringender Notfall vorliege, der die unverzügliche Anwendung der Arznei erforderlich macht. In diesem Falle darf jedoch nicht mehr als die Menge abgegeben werden, die im § 9 Abs. 1 für das Betäubungsmittel zugelassen ist, auf das die Verschreibung lautet. Auf der Verschreibung ist ein Vermerk über die Angaben des Überbringers der Verschreibung zu machen. Weiter ist die Menge des Betäubungsmittels, die abgegeben worden ist, anzugeben.

§ 22. (1) Die auf einer Verschreibung angegebene Menge muß auf einmal abgegeben werden.

(2) Vordatierte Verschreibungen dürfen nicht beliefert werden.

(3) Verschreibungen für einen Kranken im Falle des § 9 Abs. 2 dürfen nach Ablauf des fünften Tages nach dem Tage des Ausstellens nicht mehr beliefert werden.

§ 23. Die Arzneien über den Niederlassungsort der Apotheke hinaus zu versenden, ist einer Apotheke nur dann gestattet, wenn sie zu den dem Bestimmungsort nächstgelegenen zehn Apotheken gehört.

§ 24. Auf die Verschreibung eines Arztes, Zahnarztes oder Tierarztes, die nach den vorstehenden Bestimmungen nicht beliefert werden darf, hat die Apotheke mit Tinte oder Tintenstift folgenden Vermerk zu setzen: „Die Verschreibung darf nach gesetzlicher Vorschrift nicht beliefert werden". Die Verschreibung ist sodann, mit der Firma der Apotheke versehen, dem Kranken oder dem Überbringer in einem geschlossenen Briefumschlag mit der Anschrift des Arztes, Zahnarztes oder Tierarztes zwecks Übermittlung an diesen zurückzugeben oder auf andere geeignete Weise unmittelbar dem Arzt, Zahnarzt oder Tierarzt zuzustellen.

B.

In den behördlich genehmigten ärztlichen und den tierärztlichen Hausapotheken.

§ 25. In den behördlich genehmigten ärztlichen und tierärztlichen Hausapotheken und durch Tierärzte, die eine Erlaubnis nach § 3 des Opiumgesetzes erhalten haben, dürfen die Arzneien nur dann abgegeben werden, wenn der Arzt oder Tierarzt nach Abschnitt II dieser Verordnung berechtigt ist, die Arznei zu verschreiben. An Stelle der Verschreibung (§ 19) tritt die Eintragung in das Betäubungsmittelbuch (§ 29). Die Bestimmungen über das Morphinbuch (§ 9 Abs. 2, § 10 Abs. 2) und das Kokainbuch (§ 15, § 17 Abs. 2) gelten entsprechend.

IV.

Nachweis des Verbleibs der Betäubungsmittel.

A.

In den öffentlichen Apotheken.

§ 26. Auf Verschreibungen solcher Arzneien, die in der Apotheke angefertigt worden sind, ist der Tag des Anfertigens und der Name des Anfertigers zu vermerken. Auf Verschreibungen solcher Arzneien, die in einer zur Abgabe an das Publikum bestimmten fertigen Packung aus dem Handel bezogen und in dieser Packung abgegeben worden sind, ist der Tag der Abgabe und der Name des Abgebers zu vermerken. Auf allen Verschreibungen ist außerdem die Firma der Apotheke anzugeben. Die Verschreibungen sind in den Apotheken zurückzubehalten, ausgenommen die Verschreibung, die die Apotheke einem Träger der Reichsversicherung oder einer Ersatzkasse zurückzugeben hat, sowie die Verschreibungen auf Kosten der Reichswehr, der Reichsversorgung, der staatlichen Polizeiverwaltungen und der Verbände der öffentlichen Fürsorge und der kommunalen Wohlfahrtspflege. Die zurückbehaltenen Verschreibungen sind für jedes Kalenderjahr mit fortlaufenden, dem Zeitpunkt der Abgabe der Arzneien entsprechenden Nummern zu versehen.

§ 27. (1) Über die Abgabe der Arzneien ist Buch zu führen. Hierzu dienen die mit fortlaufenden Seitenzahlen versehenen Betäubungsmittelbücher für Apotheken (Anlage I und II)[1]). In ihnen hat der Apothekenleiter oder der von ihm Beauftragte die Abgabe der Arzneien unter entsprechender Ausfüllung der Spalten täglich zu vermerken. In dem Betäubungsmittelbuch I ist die Abgabe der Arzneien zu vermerken, die in der Apotheke angefertigt worden sind. In dem Betäubungsmittelbuch II ist die Abgabe der Arzneien zu vermerken, die in einer zur Abgabe an das Publikum bestimmten fertigen Packung aus dem Handel bezogen und in dieser Packung abgegeben worden sind.

(2) In die Betäubungsmittelbücher sind nach den Bestimmungen des Abs. 1 auch diejenigen Betäubungsmittel und Arzneien einzutragen, die die Stammapotheken an die Zweigapotheken abgeben.

(3) Am Schlusse eines jeden Kalendermonats sind in dem Betäubungsmittelbuch I die in dem Monat eingetragenen Mengen der Betäubungsmittel spaltenweise zusammenzuzählen.

(4) Der Apothekenleiter hat am Schlusse eines jeden Kalendermonats in dem Betäubungsmittelbuch einen Sichtvermerk anzubringen, und zwar in dem Betäubungsmittelbuch I unter den im Abs. 3 geforderten Angaben, in dem Betäubungsmittelbuch II hinter der letzten Eintragung.

§ 28. (1) Die Verschreibungen sind nach laufenden Nummern geordnet, nach Kalendermonaten getrennt, mindestens 5 Jahre, die Betäubungsmittelbücher ebenfalls mindestens 5 Jahre, vom Zeitpunkt der letzten Eintragung gerechnet, aufzubewahren. Die Verschreibungen, die Betäubungsmittelbücher oder Auszüge aus letzteren sind auf Verlangen an die zuständige Aufsichtsbehörde oder an das Reichsgesundheitsamt einzusenden oder an Ort und Stelle den Beauftragten dieser Behörden vorzulegen.

---

[1]) Hier nicht abgedruckt.

(2) Während der Zeit, in der die Betäubungsmittelbücher an die im Abs. 1 genannten Stellen abgegeben sind, sind vorläufige Aufzeichnungen zu machen, die nach Wiedereingang der Bücher nachzutragen sind.

B. In den behördlich genehmigten ärztlichen und den tierärztlichen Hausapotheken.

§ 29. (1) In den behördlich genehmigten ärztlichen Hausapotheken ist das mit fortlaufenden Seitenzahlen versehene Betäubungsmittelbuch für ärztliche Hausapotheken (Anlage III)[1]) zu führen. In ihm ist die Abgabe der Arzneien unter entsprechender Ausfüllung der Spalten zu vermerken.

(2) In den behördlich genehmigten tierärztlichen Hausapotheken und von Tierärzten, die eine Erlaubnis nach § 3 des Opiumgesetzes erhalten haben, ist das mit fortlaufenden Seitenzahlen versehene Betäubungsmittelbuch für Tierärzte (Anlage IV)[1]) zu führen. In ihm ist die Verwendung oder Abgabe der Arzneien unter entsprechender Ausfüllung der Spalten zu vermerken, und zwar auch dann, wenn die Arzneien oder die Betäubungsmittel, die in den Arzneien enthalten sind, gegen tierärztliche Verschreibung aus einer Apotheke bezogen worden sind.

(3) Die Betäubungsmittelbücher sind mindestens 5 Jahre, vom Zeitpunkt der letzten Eintragung gerechnet, aufzubewahren. Die Betäubungsmittelbücher oder Auszüge aus ihnen sind auf Verlangen an die zuständige Aufsichtsbehörde oder an das Reichsgesundheitsamt einzusenden oder an Ort und Stelle den Beauftragten dieser Behörden vorzulegen.

(4) Während der Zeit, in der die Betäubungsmittelbücher an die im Abs. 3 genannten Stellen abgegeben sind, sind vorläufige Aufzeichnungen zu machen, die nach Wiedereingang der Bücher nachzutragen sind.

---

[1]) Hier nicht abgedruckt.

58. Verordnung über den Verkehr mit Kodein und Aethylmorphin.

Vom 24. Januar 1934 (RGBl. I S. 58).

§ 1. (1) In den Fällen, in denen nach § 4 Abs. 1 des Opiumgesetzes für den Erwerb, die Veräußerung und die Abgabe von Betäubungsmitteln ein Bezugschein erforderlich ist, bedarf es für Kodein und Aethylmorphin (Dionin) und deren Salze des Bezugscheins nicht. Die Veräußerung, die Abgabe und der Erwerb dieser Stoffe ist jedoch nur Personen, denen eine Erlaubnis nach § 3 Abs. 1 des Opiumgesetzes erteilt worden ist, sowie Apotheken und behördlich genehmigten tierärztlichen Hausapotheken gestattet.

(2) Wer vermöge der ihm erteilten Erlaubnis diese Stoffe veräußert oder abgibt, hat dem Reichsgesundheitsamt (Opiumstelle) innerhalb des ersten Monats eines jeden Kalendervierteljahres eine Aufstellung über die im vorhergegangenen Kalendervierteljahr veräußerten oder abgegebenen Mengen dieser Stoffe und ihrer Empfänger zu übersenden. Bei dem einzelnen Empfänger ist lediglich die Gesamtmenge der an ihn veräußerten oder abgegebenen Stoffe, nicht jede Einzellieferung anzugeben. Die an die Apotheken abgegebene Menge ist als Gesamtmenge ohne Aufteilung auf die einzelnen Apotheken aufzuführen. Ist innerhalb eines Kalendervierteljahres keiner der Stoffe veräußert oder abgegeben worden, so ist dem Reichsgesundheitsamt (Opiumstelle) innerhalb der oben genannten Monatsfrist Fehlanzeige zu erstatten.

§ 2. Auf Zubereitungen von Kodein oder Aethylmorphin (Dionin) oder ihren Salzen, die in abgeteilter Arzneiform mehr als 0,1 Gramm Kodein oder Aethylmorphin (Dionin) je Teilmenge und in Form der Lösung oder Verreibung mehr als 10 vom Hundert Kodein oder Aethylmorphin (Dionin) enthalten, findet die Verordnung über die Einfuhr, Durchfuhr und Ausfuhr von Betäubungsmitteln vom 1. April 1930 (Reichsgesetzbl. I S. 114)[1]) Anwendung.

---

[1]) S. Anm. 1 zum Opiumgesetz.

§ 3. Für die Ankündigung und Beschriftung von Arzneien, die Kodein oder Aethylmorphin (Dionin) oder deren Salze enthalten und von den Apotheken in einer zur Abgabe an das Publikum bestimmten fertigen Packung bezogen und in dieser Packung abgegeben werden, gelten die Vorschriften des § 2 der Verordnung über Ankündigung und Beschriftung von Betäubungsmittel enthaltenden Arzneien vom 14. April 1930 (Reichsgesetzbl. I S. 144).

§ 4. Die Verordnung über das Verschreiben Betäubungsmittel enthaltender Arzneien und ihre Abgabe in den Apotheken vom 19. Dezember 1930 (Reichsgesetzbl. I S. 635) gilt nicht für das Verschreiben und die Abgabe von Arzneien, die Kodein oder Aethylmorphin (Dionin) oder deren Salze enthalten.

§ 5. Soweit diese Verordnung nicht anders bestimmt, gelten die auf Grund des Opiumgesetzes ergangenen Verordnungen auch für Kodein, Äthylmorphin und deren Salze.

III. Verwendung von hochgiftigen Stoffen zur Schädlingsbekämpfung.

59. Verordnung über die Schädlingsbekämpfung mit hochgiftigen Stoffen.

Vom 29. Januar 1919 (RGBl. S. 165).

§ 1. Das Reichswirtschaftsamt[1]) wird ermächtigt, die Verwendung von hochgiftigen Stoffen zur Bekämpfung tierischer und pflanzlicher Schädlinge zu regeln.

§ 2. Mit Gefängnis bis zu einem Jahre und mit Geldstrafe oder mit einer dieser Strafen wird bestraft, wer den zur Durchführung dieser Ermächtigung von dem Reichswirtschaftsamt[1]) erlassenen Anordnungen zuwiderhandelt.

---

[1]) Zuständig ist jetzt der Reichsminister für Ernährung und Landwirtschaft.

A. Blausäure.

60. Verordnung zur Ausführung der Verordnung über die Schädlingsbekämpfung mit hochgiftigen Stoffen.

Vom 22. August 1927 (RGBl. I S. 297).

§ 1. Zur Bekämpfung pflanzlicher und tierischer Schädlinge (einschließlich der als Ungeziefer bezeichneten Arten) ist der Gebrauch von Zyanwasserstoff (Blausäure) und sämtlicher Stoffe, Verbindungen und Zubereitungen, welche zur Entwicklung oder Verdampfung von Zyanwasserstoff oder leichtflüchtiger Zyanverbindungen dienen, in jeder Anwendungsform verboten. Der Reichsminister für Ernährung und Landwirtschaft kann im Einvernehmen mit dem Reichsminister des Innern anordnen, daß das Verbot auf bestimmte Stoffe, Verbindungen oder Zubereitungen keine Anwendung findet.

§ 2. Das Verbot erstreckt sich nicht auf die Tätigkeit der Heeres und Marineverwaltung sowie auf die wissenschaftliche Forschung in Anstalten des Reichs und der Länder. Die obersten Landesbehörden oder die von ihnen bestimmten Behörden können auf Antrag weiteren Stellen oder Personen die Erlaubnis zur Anwendung der nach § 1 verbotenen Stoffe, Verbindungen oder Zubereitungen erteilen.

Die Anwendung der im § 1 Satz 1 genannten Mittel zur Entwesung ganzer Gebäude einschließlich der Schiffe ist verboten, sofern diese nicht vorher von Menschen gänzlich geräumt sind. Der Reichsminister für Ernährung und Landwirtschaft kann im Einvernehmen mit dem Reichsminister des Innern bei der Verwendung bestimmter Mittel für Teildurchgasungen Erleichterungen hinsichtlich der Räumung zulassen. Diese Mittel sind im Reichsanzeiger bekanntzugeben.

§ 3. Die nach § 1 verbotenen Stoffe, Verbindungen und Zubereitungen dürfen nur an die im § 2 Abs. 1 bezeichneten Stellen oder an solche Stellen und Personen abgegeben werden, denen eine Erlaubnis zur Anwendung nach § 2 Abs. 1 erteilt ist.

Die Abgabe darf nur in widerstandsfähigen Gefäßen erfolgen, die für Zyanwasserstoff völlig undurchlässig sind.

§ 4. Der Reichsminister für Ernährung und Landwirtschaft erläßt im Einvernehmen mit dem Reichsminister des Innern die Bestimmungen zur Ausführung dieser Verordnung.

§ 5. Wer den in den §§ 1 bis 3 getroffenen Bestimmungen zuwiderhandelt, wird nach § 2 der Verordnung über die Schädlingsbekämpfung mit hochgiftigen Stoffen vom 29. Januar 1919 in Verbindung mit der Verordnung über Vermögensstrafen und Bußen vom 6. Februar 1924 (Reichsgesetzbl. I S. 44) mit Gefängnis bis zu einem Jahre und mit Geldstrafe oder mit einer dieser Strafen bestraft.

61. Verordnung zur Ausführung der Verordnung über die Schädlingsbekämpfung mit hochgiftigen Stoffen.

Vom 25. März 1931 (RGBl. I S. 83).[1]

§ 1. (1) Die nach § 2 Abs. 1 Satz 2 der Verordnung vom 22. Aug. 1927 vorgesehene Erlaubnis darf nur bei vorliegendem Bedürfnis und nur solchen Personen erteilt werden, die gut beleumundet, geistig und körperlich geeignet, insbesondere zur sinnlichen Wahrnehmung der Blausäure befähigt und in der Anwendung der genannten Stoffe ausgebildet sind. Die durch einen beamteten Arzt vorzunehmende Untersuchung auf Eignung ist alle fünf Jahre zu wiederholen.

(2) Stellen kann die Erlaubnis erteilt werden, wenn sie nachweisen, daß sie über das erforderliche, in der Anwendung der genannten Stoffe ausgebildete Personal verfügen; die Bestimmungen des Abs. 1 finden sinngemäße Anwendung. Veränderungen im Personalbestande sind der zuständigen Behörde anzuzeigen.

(3) Die Erlaubnis kann zu gewerblichen Zwecken oder nur zur Ausübung im eigenen Betrieb, und zwar für alle oder nur für ein bestimmtes Anwendungsverfahren erteilt werden.

§ 2. (1) Die Erlaubnis wird nur auf Widerruf erteilt. Die Personen oder Stellen, denen die Erlaubnis erteilt ist, erhalten eine

[1]) In der Fassung der VO. v. 29. 11. 1932 (RGBl. I S. 539) und v. 6. 5. 1936 (RGBl. I S. 444).

Bescheinigung über die Zulassung und sind in einem amtlichen Verzeichnis zu führen.

(2) Die Erlaubnis erlischt ohne weiteres, wenn Personen oder Stellen, denen die Erlaubnis erteilt ist, während eines Jahres, gerechnet vom Tage der letzten Durchgasung oder vom Tage der Erlaubniserteilung, keine Durchgasungen vorgenommen haben.

§ 3. (1) Die Ausbildung in der Anwendung der genannten Stoffe muß durch Ablegung einer Prüfung vor einer von der obersten Landesbehörde oder den von ihr bestimmten Behörden zu benennenden Stelle nachgewiesen werden. Zu dieser Prüfung dürfen nur solche Personen zugelassen werden, die nachweisen, daß sie sich unter Leitung einer von der zuständigen Behörde zu bestimmenden Stelle die notwendige Übung und Sicherheit in der Anwendung der genannten Stoffe angeeignet haben.

(2) Die Prüfung erstreckt sich auf die Kenntnis der einschlägigen Gesetze und Vorschriften, der Wirkungsweise und Anwendung der genannten Stoffe, der bei der Aufbewahrung und Anwendung der genannten Stoffe zu beachtenden Vorsichtsmaßregeln, der ersten Anzeichen einer auftretenden Blausäurevergiftung und der ersten Hilfe bei Unglücksfällen. Über das Prüfungsergebnis wird eine Bescheinigung ausgestellt, die für das ganze Reichsgebiet Geltung hat und jeweils derjenigen Behörde vorzulegen ist, die für die Entscheidung über die Anträge auf Erlaubniserteilen zur Anwendung der genannten Stoffe zuständig ist.

§ 4. Die Anwendung der nach § 1 der Verordnung vom 22. August 1927 verbotenen Stoffe, Verbindungen und Zubereitungen unterliegt der Überwachung der zuständigen Behörde.

§ 5. Bei der Anwendung der genannten Stoffe müssen mindestens zwei im Sinne dieser Verordnung ausgebildete Personen ständig zugegen sein, von denen die eine als verantwortlicher Leiter tätig ist. Werden mehr als 120 Kilogramm Blausäure vergast, so müssen wenigstens so viele ausgebildete Personen zugegen sein, daß keine von ihnen mehr als 100 Kilogramm Blausäure in einem Arbeitsgange zur Entwicklung bringt. Zu einem zweiten Arbeitsgange dürfen dieselben Personen erst nach einer Erholungspause von mindestens 15 Minuten herangezogen werden.

§ 6. Jede mit der Anwendung der genannten Stoffe beschäftigte Person muß ausgerüstet sein mit:

a) einer gut sitzenden Gasmaske mit einem für die Entgiftung der in der Verordnung genannten Stoffe besonders geeigneten Einsatz. Die Maske muß bei allen Arbeiten mit hochgiftigen Stoffen stets in Bereitschaft sein und bei allen nicht im Freien ausgeführten Arbeiten angelegt werden. Einsätze müssen mit dem Datum ihrer Herstellung versehen sein; sind sie älter als zwei Jahre, so dürfen sie, selbst wenn sie ungebraucht sind, nicht verwendet werden,

b) einem Mundstück mit Atemeinsatz und Nasenklemme für Arbeiten mit hochgiftigen Stoffen im Freien.

§ 7. Ferner muß an Ort und Stelle bereitgehalten werden:

a) ein Sauerstoff-Atmungsgerät mit Gebrauchsanweisung zur Behandlung von Gasvergiftungen,

b) drei weitere dem § 6 entsprechende Gasmasken von verschiedener Kopfgröße und Einsätze in erforderlicher Anzahl,

c) eine Ausrüstung für lebensrettende keimfreie Einspritzungen unter die Haut (0,01 Gramm Lobelin und 0,25 Gramm Coffeinum-Natrium-Benzoicum oder andere von der Reichsregierung zugelassene Mittel) sowie für etwaige Verletzungen notwendige Verbandmittel und eine Gebrauchsanweisung mit besonderer Anleitung für die erste Hilfe bei Gasvergiftungen,

d) eine vollständige Ausrüstung zum Gasrestnachweis nach einem von der zuständigen Behörde anerkannten Verfahren.

§ 8. Jede Durchgasung unter Anwendung der genannten Stoffe muß wenigstens achtundvierzig Stunden vor Beginn unter Angabe des Ortes, des Tages, der Stunde des voraussichtlichen Beginns und der Dauer der Durchgasung sowie des Namens des verantwortlichen Durchgasungsleiters bei der zuständigen Behörde angemeldet werden. Die Bewohner der zu durchgasenden Gebäude sind rechtzeitig durch Anschlag an auffallender Stelle auf die Gefahren einer Blausäurevergiftung und die zu ergreifenden Gegenmaßnahmen aufmerksam zu machen; die Anschläge dürfen erst nach der Freigabe (§ 11) entfernt werden.

§ 9. Die zu durchgasenden Gebäude müssen vor Beginn der Gasentwicklung von Menschen und Haustieren geräumt sein. Sämtliche Zugänge zu den zu durchgasenden Gebäuden sind abzuschließen und die Schlüssel dem verantwortlichen Durchgasungsleiter zu übergeben. Der Durchgasungsleiter hat sich von der erfolgten Räumung selbst zu überzeugen. An sämtlichen Zugängen zu den Gebäuden sind Warnungsschilder anzubringen. Die geräumigen Gebäude sind bis zur Freigabe durch Wachposten zu bewachen und gegen den Zutritt unbefugter Personen zu sichern.

§ 10. (1) Gebäude, die in geschlossener Bauweise stehen, dürfen nur mit besonderer Genehmigung der zuständigen Behörde und nur unter gleichzeitiger Verwendung eines Warnstoffes durchgast werden. Die Gasentwicklung muß spätestens um 13 Uhr beginnen. Bevor die Erlaubnis zur Durchgasung erteilt wird, sind die Brandmauern des zu durchgasenden Gebäudes auf etwaige Gasdurchlässigkeit durch Besichtigung eingehend zu prüfen. Die Bewohner der anliegenden Gebäude sind mindestens vierundzwanzig Stunden vor Beginn der Durchgasung schriftlich zu benachrichtigen. Gleichzeitig ist jedem Haushalt in diesen Gebäuden ein Stück der im § 8 genannten Anschläge zu übermitteln.

(2) Den Landesbehörden bleibt es vorbehalten, weitergehende Sicherheitsmaßnahmen anzuordnen oder auch bei Gebäuden für gewerbliche Zwecke in Sonderfällen Ausnahmen zuzulassen.

§ 11. (1) Nach Beendigung der Durchgasung sind die Gebäude durch Öffnen der Türen, Fenster und sonstigen etwa vorhandenen Lufteinlässe und durch Ingangsetzung vorhandener Entlüftungseinrichtungen gründlich zu lüften. Polstermöbel, Kissen, Betten, Teppiche, Decken, Vorhänge, Kleider und ähnliche Gegenstände sind unter Aufsicht des Durchgasungsleiters oder seines Beauftragten möglichst im Freien gründlich auszuklopfen und auszuschwenken. Nach Lüftung der durchgasten Räume oder Gebäude, die mindestens zwanzig Stunden dauern soll, aber auf begründeten Antrag im Einzelfalle von der zuständigen Behörde ermäßigt werden kann, sind alle zum Ausklopfen und Ausschwenken entfernten Gegenstände zurückzubringen und alsdann sämtliche Türen, Fenster und alle sonstigen Lufteinlässe für eine Stunde zu schließen. In heizbaren Räumen ist die Temperatur auf mindestens 15 Grad Celsius zu bringen. Alsdann ist von dem Durchgasungsleiter die Gasrestprobe zu machen.

(2) Werden bei sorgfältiger Durchführung der Gasrestprobe auch zwischen den übereinandergelegten Decken, Matratzen usw. keine Spuren von Blausäuregas festgestellt, so darf das Gebäude freigegeben werden; andernfalls muß die Lüftung fortgesetzt und die Gasrestprobe wiederholt werden.

(3) Gebäude, die gewerblichen Zwecken dienen, können vorläufig freigegeben werden, wenn die Raumluft so weit blausäurefrei ist, daß nur noch mit einem Freiwerden der von den Wänden und Einrichtungsgegenständen zurückgehaltenen Blausäure zu rechnen ist. Dasselbe gilt auch für Wohngebäude lediglich zur Ausführung von Lüftungs- und Aufräumungsarbeiten. In jedem vorläufig freigegebenen Raume darf nur bei offenen Fenstern und Türen gearbeitet werden. Das Ausruhen und Schlafen in den vorläufig freigegebenen Räumen ist jedoch verboten. Die Lüftung ist bis zur endgültigen Freigabe in vollem Umfang fortzusetzen.

(4) Die bei Benutzung des Bottichverfahrens verbleibenden Rückstände sind möglichst vollständig zu entgiften und mindestens 1 Meter tief und in einem Mindestabstand von 50 Meter von der nächsten Wasserstelle zu vergraben; die Grube muß in nicht klüftigem Boden ausgehoben werden und grundwasserfrei sein. Mit Genehmigung der zuständigen Behörde dürfen die Rückstände ausnahmsweise auch in größere Gewässer oder in die Entwässerungsanlagen entleert werden.

(5) Etwa zu treffende Sondermaßnahmen sind den örtlichen Verhältnissen entsprechend von der zuständigen Behörde anzuordnen.

§ 12. Über jede Durchgasung ist vom verantwortlichen Leiter (§ 5) eine Niederschrift aufzunehmen, in der anzugeben ist: Ort und Tag der Durchgasung, die Art und Größe der durchgasten Räume, der Name des Durchgasungsleiters und die Anschrift der ausführenden Stelle, die Zahl und die Namen des Hilfspersonals und gegebenenfalls die Namen der Beamten, die im Auftrag der zuständigen Behörde teilgenommen haben, die Stunde des Beginns der Durchgasung, der Lüftung und der Freigabe. Die Niederschrift ist mindestens 2 Jahre aufzubewahren; Abschrift der Niederschrift ist der zuständigen Behörde zuzustellen.

§ 13. (1) Auf Schiffsdurchgasungen finden die vorstehenden Vorschriften sinngemäße Anwendung. Die Anmeldung der Durchgasung (§ 8) muß wenigstens 24 Stunden vor Beginn erfolgen. Der Schiffskapitän oder dessen Stellvertreter hat unmittelbar vor der Durchgasung dem Durchgasungsleiter eine schriftliche Erklärung darüber abzugeben, daß das Schiff, abgesehen von der Sicherheitswache, vollständig von der Besatzung geräumt ist. Durch diese Erklärung wird der Durchgasungsleiter von seinen Verpflichtungen gemäß § 9 nicht entbunden. Die Schiffsbesatzung ist außerdem vor jeder Durchgasung durch die Schiffsleitung über den Inhalt des im § 8 genannten Anschlags zu belehren. Das unter Gas stehende Schiff ist weithin sichtbar kenntlich zu machen und darf mit keinem anderen Schiffe in unmittelbarer Berührung stehen.

(2) Schiffe können unter denselben Bedingungen wie Gebäude für gewerbliche Zwecke vorläufig freigegeben werden (§ 11 Abs. 3).

§ 14. Die Einrichtung und Benutzung von festen Kammern für Durchgasungen mit den genannten Stoffen bedarf der Genehmigung der zuständigen Behörde. Die Genehmigung ist nur zu erteilen, wenn die Kammern im Freien oder in Gebäuden, die nicht zum ständigen Aufenthalt von Menschen oder Tieren dienen, aufgestellt werden, gasdicht, verschließbar und mit Vorrichtungen versehen sind, die eine schnelle und auch für die Nachbarschaft ungefährliche Entlüftung ermöglichen. Werden die Kammern im Freien aufgestellt, so ist die Genehmigung nur zu erteilen, wenn die Kammern von Gebäuden, die zum ständigen Aufenthalt von Menschen oder Tieren dienen, mindestens 5 Meter entfernt bleiben. Sind Kammern vor dem Inkrafttreten dieser Verordnung in weniger als 5 Meter Entfernung von Gebäuden, die zum ständigen Aufenthalt von Menschen oder Tieren dienen, im Freien errichtet worden, so kann ihre Benutzung gestattet werden, wenn nach dem Gutachten des beamteten Arztes keine Bedenken bestehen. Im übrigen finden die §§ 1 bis 7 sinngemäß Anwendung. Die Verwendung fahrbarer Kammern ist, ausgenommen für Zwecke der Entseuchung von Pflanzensendungen, verboten. Die Reichsminister für Ernährung und Landwirtschaft und des Innern erlassen Richtlinien für die Zulassung und Durchführung der Ausnahmen.

§ 15. Die vor dem Inkrafttreten dieser Verordnung an Personen oder Stellen auf Grund des § 2 der Verordnung vom 22. August 1927 erteilte Erlaubnis zur Anwendung der genannten Stoffe bleibt bestehen, wenn der Inhaber der Erlaubnis binnen drei Monaten nach dem Inkrafttreten dieser Verordnung bei der zuständigen Behörde nachweist, daß er den Vorschriften dieser Verordnung zu genügen in der Lage ist.

§ 16. Wer den Bestimmungen dieser Verordnung zuwiderhandelt, wird nach § 2 der Verordnung über die Schädlingsbekämpfung mit hochgiftigen Stoffen vom 29. Januar 1919 in Verbindung mit der Verordnung über Vermögensstrafen und Bußen vom 6. Februar 1924 (Reichsgesetzbl. I S. 44) mit Gefängnis bis zu einem Jahre und mit Geldstrafe oder mit einer dieser Strafen bestraft.

§ 17. Diese Verordnung findet keine Anwendung auf die Verwendung von Kalziumzyanid für Gewächshausdurchgasungen. Sie erstreckt sich ferner nicht auf die Tätigkeit der Heeres- und Marineverwaltung sowie auf die wissenschaftliche Forschung in Anstalten des Reichs und der Länder.

§ 18. Die obersten Landesbehörden bestimmen, welche Behörden als zuständige Behörden im Sinne dieser Verordnung anzusehen sind.

B. Bleihaltige Verbindungen.

62. Verordnung zur Ausführung der Verordnung über die Schädlingsbekämpfung mit hochgiftigen Stoffen.

Vom 29. März 1928 (RGBl. I S. 137).

§ 1. Es ist verboten, bleihaltige Verbindungen und deren Zubereitungen zur Bekämpfung tierischer und pflanzlicher Schädlinge im Weinbau zu verwenden.

§ 2. Das Verbot erstreckt sich nicht auf die wissenschaftliche Forschung in den Anstalten des Reichs und der Länder.

§ 3. Wer den im § 1 getroffenen Bestimmungen zuwiderhandelt, wird nach § 2 der Verordnung über die Schädlingsbekämpfung mit hochgiftigen Stoffen vom 29. Januar 1919 in Verbindung mit der Verordnung über die Vermögensstrafen und Bußen vom 6. Februar 1924 (Reichsgesetzbl. I S. 44) mit Gefängnis bis zu einem Jahre und mit Geldstrafe oder mit dieser einer Strafen bestraft.

C. Arsenhaltige Verbindungen.

63. Verordnung zur Ausführung der Verordnung über die Schädlingsbekämpfung mit hochgiftigen Stoffen.

Vom 17. Juli 1934 (RGBl. I S. 712)[1].

§ 1. Arsenhaltige Verbindungen und deren Zubereitungen dürfen als Spritzbrühen zur Bekämpfung tierischer und pflanzlicher Schädlinge nur in Verdünnungen angewendet werden, deren Gehalt an Arsen (As) 0,10 Hundertteile nicht übersteigt.

§ 2. Arsenhaltige Verbindungen und deren Zubereitungen dürfen, unbeschadet der Vorschrift im § 1, zur Bekämpfung tierischer und pflanzlicher Schädlinge im Weinbau

a) als Spritzbrühen nur bis zum Ablauf des 31. Juli jedes Kalenderjahres,

---

[1]) In der Fassung der VO. v. 16. 11. 1934 (RGBl. I S. 1191), v. 24. 4. 1935 (RGBl. I S. 571) und v. 20. 5. 1936 (RGBl. I S. 479).

b) als trockene Stäubemittel nur bis zum Ablauf des 30. Juni jedes Kalenderjahres

angewendet werden.

§ 3. (1) Die Vorschriften in den §§ 1, 2 erstrecken sich nicht auf die wissenschaftliche Forschung in Anstalten des Reichs und der Länder.

(2) Der Reichsminister für Ernährung und Landwirtschaft kann im Einvernehmen mit dem Reichsminister des Innern weitere Ausnahmen von den Vorschriften in §§ 1, 2 zulassen.

§ 4. (1) Arsenhaltige Verbindungen und deren Zubereitungen dürfen für Zwecke der Bekämpfung tierischer und pflanzlicher Schädlinge nur feilgehalten, verkauft oder sonst in den Verkehr gebracht werden, wenn die Vorschriften des Abs. 2 innegehalten werden.

(2) Der Hersteller hat auf der Packung oder dem Behältnis den Arsengehalt in Hundertteilen, bezogen auf metallisches Arsen (As), genau anzugeben. Er ist ferner verpflichtet, der Packung oder dem Behältnis eine genaue, leicht verständliche und befolgbare Anweisung für die Herstellung der im § 1 vorgeschriebenen Verdünnung der Spritzbrühen beizugeben oder aufzudrucken. Außerdem hat er der Packung oder dem Behältnis einen Abdruck der vom Reichsgesundheitsamt gemeinsam mit der Biologischen Reichsanstalt für Land- und Forstwirtschaft aufgestellten Vorsichtsmaßregeln beizugeben.

(3) Beschriftungen auf den Packungen und Behältnissen sowie Werbe- und Aufklärungsschriften bedürfen, soweit sie die Herstellung oder Anwendung von Spritzbrühen (§ 1) oder die Anwendung von trockenen Stäubemitteln betreffen, vor der Ausgabe der Genehmigung der Biologischen Reichsanstalt für Land- und Forstwirtschaft und des Reichsgesundheitsamtes. Die Anträge auf Erteilung der Genehmigung sind bei der Biologischen Reichsanstalt einzureichen.

§ 5. Wer den in den §§ 1, 2 und 4 getroffenen Vorschriften zuwiderhandelt, wird nach § 2 der Verordnung über die Schädlingsbekämpfung mit hochgiftigen Stoffen vom 29. Januar 1919 in Verbindung mit der Verordnung über Vermögensstrafen und Bußen vom 6. Februar 1924 (Reichsgesetzbl. I S. 44) mit Gefängnis bis zu einem Jahre und mit Geldstrafe oder mit einer dieser Strafen bestraft.

64. Bekanntmachung.

Vom 20. Oktober 1934 (RABl. Nr. 259).

Zur Bekämpfung des großen braunen Rüsselkäfers (Hylobius abietis) dürfen staatliche, kommunale und private Forstverwaltungen arsenhaltige Spritzbrühen mit einem Gehalt von Arsen (As) bis zu 1,0 Hundertteile anwenden; die der Herstellung dieser Spritzbrühen dienenden arsenhaltigen Verbindungen oder deren Zubereitungen dürfen unter Beachtung der Vorschriften des § 4 der Verordnung nur an staatliche, kommunale oder private Forstverwaltungen abgegeben werden.

D. Äthylenoxyd.

65. Verordnung über den Gebrauch von Äthylenoxyd zur Schädlingsbekämpfung.

Vom 26. Februar 1932 (RGBl. I S. 97)[1].

§ 1. Zur Bekämpfung pflanzlicher und tierischer Schädlinge (einschließlich der als Ungeziefer bezeichneten Arten) ist der Gebrauch von Äthylenoxyd, rein oder in Mischungen und Lösungen, verboten.

§ 2. Das Verbot erstreckt sich nicht auf die Tätigkeit der Wehrmachtsdienststellen und der Dienststellen des Reichsarbeitsdienstes sowie auf die wissenschaftliche Forschung in Anstalten des Reichs und der Länder.

---

[1]) In der Fassung der VO. v. 10. 10. 1934 (RGBl. I S. 1260), v. 19. 10. 1935 (RGBl. I S. 1252) und v. 20. 5. 1936 (RGBl. I S. 480).

§ 3. Die obersten Landesbehörden oder die von ihnen bestimmten Behörden können auf Antrag Stellen oder Personen die widerrufliche Erlaubnis zur Anwendung der nach § 1 verbotenen Stoffe unter folgenden Bedingungen erteilen:

1. Die Erlaubnis darf nur gut beleumundeten, geistig und körperlich geeigneten, insbesondere zur sinnlichen Wahrnehmung des Äthylenoxyds befähigten und mit der Anwendung der Stoffe vertrauten Personen erteilt werden. Stellen kann unter sinngemäßer Anwendung der vorstehenden Bestimmung die Erlaubnis erteilt werden, wenn sie nachweisen, daß sie über das erforderliche, mit der Anwendung der Stoffe vertraute Personal verfügen. Änderungen im Personalbestand sind der zuständigen Behörde anzuzeigen.

   Einzelpersonen dürfen nicht mehr als 3000 Kubikmeter umbauten Raumes binnen sechs Stunden durchgasen.

2. Die Anwendung der Stoffe unterliegt der Überwachung der von der obersten Landesbehörde bestimmten Behörde und ist ihr jeweils 48 Stunden, bei Durchgasung von Schiffen 24 Stunden vor Beginn der Durchgasung unter Angabe des Ortes, des Tages, der Stunde des voraussichtlichen Beginns und der Dauer der Durchgasung sowie des Namens des verantwortlichen Durchgasungsleiters anzuzeigen.

3. Jede mit der Anwendung der Stoffe beschäftigte Person muß mit einer gut sitzenden Gasmaske, die einen für die Entgiftung der Stoffe besonders geeigneten Einsatz haben muß, sowie mit zwei Ersatzatemeinsätzen versehen sein. Die Maske ist bei allen Arbeiten, die während der Durchgasung in den Räumen ausgeführt werden, anzulegen.

4. Die zu durchgasenden Gebäude, Schiffe oder Einzelräume müssen unter Verantwortlichkeit des Durchgasungsleiters vor Beginn der Gasentwicklung von Menschen und Haustieren geräumt sein und bis zur Freigabe gegen den Zutritt Unbefugter durch Verschließen der Türen und An-

bringung von Warnungstafeln, auf denen auch auf die Feuer- und Explosionsgefährlichkeit des Äthylenoxyds besonders hinzuweisen ist, gesichert werden. Zur Vermeidung von Explosionen ist ferner jedes offene oder glimmende Feuer in den auszugasenden Räumen zu beseitigen. Die elektrischen Leitungen sind durch Ausschalten des Hauptschalters oder der Sicherungen stromlos zu machen. Einzelne Wohnungen oder Räume in bewohnten Gebäuden oder Schiffen dürfen nur durchgast werden, wenn sie sorgfältig abgedichtet sind; außerdem müssen die Räume, die neben, oben und unten an die zu durchgasenden Räume unmittelbar angrenzen, entweder vor Beginn der Gasentwicklung von Menschen und Tieren geräumt und zur Verhütung des Aufenthalts Unbefugter durch Warnungstafeln kenntlich gemacht sowie nach Beendigung der Durchgasung mindestens eine Stunde lang gelüftet werden oder, falls eine Räumung nicht möglich war, während der ganzen Dauer der Durchgasung ständig gelüftet werden. Sonstige mittelbar mit den durchgasten Räumen in Verbindung stehende Räume sind während der ersten fünf Stunden der Durchgasung zu beobachten und bei Eindringen von Äthylenoxyd wie die unmittelbar angrenzenden Räume zu behandeln.

5. Das Beschicken von Gebäuden in geschlossener Bauweise oder von Räumen in bewohnten Gebäuden muß spätestens um 13 Uhr beginnen.

6. Nach Beendigung der Durchgasung sind die Räume mindestens sechs Stunden lang gründlich zu lüften. Nach der Lüftung sind sämtliche Türen, Fenster und alle sonstigen Lufteinlässe für eine Stunde zu schließen, in heizbaren Räumen ist die Temperatur auf mindestens 15° C zu bringen und alsdann vom Durchgasungsleiter die Gasrestprobe zu machen. Wird bei sorgfältiger Durchführung der Gasrestprobe auch bei längerer Einwirkungszeit Äthylenoxyd in Mengen von nicht mehr als 0,5 mg/l weder in der freien Luft des Raumes noch in der Luft zwischen Polstern, Betten usw. festgestellt, so dürfen die Räume

freigegeben werden; andernfalls muß die Lüftung fortgesetzt und die Gasrestprobe wiederholt werden. Räume, die gewerblichen Zwecken dienen, können vorläufig freigegeben werden, wenn die Raumluft so weit äthylenoxydfrei ist, daß nur noch mit einem Freiwerden des von den Wänden und Einrichtungsgegenständen zurückgehaltenen Äthylenoxyds zu rechnen ist. Ebenso können Wohnräume zur Ausführung von Lüftungs- und Aufräumungsarbeiten vorläufig freigegeben werden. In den vorläufig freigegebenen Räumen darf nur bei offenen Türen und Fenstern gearbeitet werden, das Ausruhen und Schlafen in ihnen ist jedoch verboten.

7. Die Genehmigung für die Errichtung und Benutzung von Kammern für Durchgasungen mit Äthylenoxyd darf nur erteilt werden, wenn die Kammern in nicht bewohnten Gebäuden oder in mindestens 5 Meter Entfernung von bewohnten Gebäuden im Freien aufgestellt werden, gasdicht, verschließbar, mit geeigneter Heizungsanlage und mit Vorrichtungen versehen sind, die eine schnelle und auch für die Nachbarschaft ungefährliche Entlüftung ermöglichen.

Die oberste Landesbehörde oder die von ihr bestimmte Behörde kann weitergehende Sicherheitsmaßnahmen anordnen oder in besonderen Fällen Erleichterungen zulassen.

§ 4. Die nach § 1 verbotenen Stoffe dürfen nur an die im § 2 bezeichneten Stellen oder an solche Stellen und Personen abgegeben werden, denen eine Erlaubnis zur Anwendung nach § 3 erteilt worden ist.

§ 5. Wer den in den §§ 1, 4 getroffenen Bestimmungen oder einer ihm auf Grund des § 3 auferlegten Bedingung zuwiderhandelt, wird nach § 2 der Verordnung über die Schädlingsbekämpfung mit hochgiftigen Stoffen vom 29. Januar 1919 in Verbindung mit der Verordnung über Vermögensstrafen und Bußen vom 6. Februar 1924 (Reichsgesetzbl. I S. 44) mit Gefängnis bis zu einem Jahre und mit Geldstrafe oder mit einer dieser Strafen bestraft.

E. Phosphorwasserstoff.

66. Verordnung über die Verwendung von Phosphorwasserstoff zur Schädlingsbekämpfung.

Vom 6. April 1936 (RGBl. I S. 360)[1]).

§ 1. Die Verwendung von Phosphorwasserstoff oder von Phosphorwasserstoff entwickelnden Verbindungen oder Zubereitungen zur Bekämpfung pflanzlicher oder tierischer Schädlinge (einschließlich der als Ungeziefer bezeichneten Arten) ist verboten. Die Verwendung von Phosphorwasserstoff entwickelnden Verbindungen oder Zubereitungen als Fraßgifte zur Ungezieferbekämpfung fällt nicht unter dieses Verbot.

§ 2. Das Verbot erstreckt sich nicht auf die Tätigkeit der Wehrmachtsdienststellen sowie auf die wissenschaftliche Forschung in Anstalten des Reichs und der Länder.

§ 3. (1) Die obersten Landesbehörden oder die von ihnen bestimmten Behörden können auf Antrag Stellen oder Personen die widerrufliche Erlaubnis zur Anwendung der nach § 1 verbotenen Stoffe unter folgenden Bedingungen erteilen:

1. Die Erlaubnis darf nur gut beleumundeten, geistig und körperlich geeigneten, insbesondere zur sinnlichen Wahrnehmung des Phosphorwasserstoffs befähigten und mit der Anwendung der Stoffe vertrauten Personen erteilt werden. Stellen kann unter sinngemäßer Anwendung der vorstehenden Bestimmung die Erlaubnis erteilt werden, wenn sie nachweisen, daß sie über das erforderliche, mit der Anwendung der Stoffe vertraute Personal verfügen. Änderungen im Personalbestand sind der zuständigen Behörde anzuzeigen.
2. Die Anwendung der Stoffe unterliegt der Überwachung der von der obersten Landesbehörde bestimmten Behörde und ist ihr jeweils 48 Stunden, bei Durchgasung von Schiffen 24 Stunden vor Beginn der Durchgasung unter Angabe des Ortes, des Tages, der Stunde des voraus-

[1]) In der Fassung der VO. v. 15. 8. 1936 (RGBl. I S. 638).

sichtlichen Beginns und der Dauer der Durchgasung sowie des Namens des verantwortlichen Durchgasungsleiters anzuzeigen.

3. Der Durchgasungsleiter muß für das Durchgasungspersonal, das durch das Gas gefährdet ist, gut sitzende Gasmasken oder sonstige Atemschützer bereit halten, die einen für die Entgiftung der Stoffe besonders geeigneten Einsatz haben müssen. Die Maske oder der Atemschützer ist im Falle jeder stärkeren Gasentwicklung sowie bei allen Arbeiten anzulegen, die während der Durchgasung in den Räumen ausgeführt werden.

4. Die Gebäude, die Schiffe oder Einzelräume, in denen die Durchgasung durchgeführt wird, müssen unter Verantwortlichkeit des Durchgasungsleiters vor Beginn der Gasentwicklung von Menschen und Haustieren geräumt sein und bis zur Freigabe gegen Zutritt Unbefugter durch Verschließen der Türen und das Anbringen von Warnungstafeln, auf denen auch auf die Feuer- und Explosionsgefährlichkeit des Phosphorwasserstoffs besonders hinzuweisen ist, gesichert werden. Zur Vermeidung von Explosionen ist ferner jedes offene oder glimmende Feuer in den zu durchgasenden Räumen zu beseitigen. Die elektrischen Leitungen sind durch Ausschalten des Hauptschalters oder der Sicherungen stromlos zu machen. Einzelne Wohnungen oder Räume in bewohnten Gebäuden oder Schiffen dürfen nur durchgast werden, wenn sie sorgfältig abgedichtet sind; außerdem müssen die Räume, die an die zu durchgasenden Räume unmittelbar angrenzen, entweder vor Beginn der Gasentwicklung von Menschen und Haustieren geräumt und zur Verhütung des Aufenthaltes Unbefugter durch Warnungstafeln kenntlich gemacht sowie nach Beendigung der Durchgasung mindestens eine Stunde lang gelüftet werden oder, falls eine Räumung nicht möglich ist, während der ganzen Dauer der Durchgasung ständig gelüftet werden. Sonstige mittelbar mit den durchgasten Räumen in Verbindung stehende Räume sind während der ersten fünf

Stunden nach Beginn der Gasentwicklung zu beobachten und bei Eindringen von Phosphorwasserstoff wie die unmittelbar angrenzenden Räume zu behandeln.

In Gebäuden, die in geschlossener Bauweise stehen, dürfen Durchgasungen nur mit besonderer Genehmigung der zuständigen Behörde ausgeführt werden. Bevor die Erlaubnis zur Durchgasung erteilt wird, sind die Brandmauern des Gebäudes, in denen die Durchgasung durchgeführt werden soll, auf etwaige Gasdurchlässigkeit durch Besichtigung eingehend zu prüfen. Die Bewohner der anliegenden Gebäude sind mindestens 24 Stunden vor Beginn der Durchgasung schriftlich zu benachrichtigen. Gleichzeitig ist jeder Haushalt in diesen Gebäuden auf die Gefahren einer Phosphorwasserstoffvergiftung aufmerksam zu machen. Beim Eindringen von Phosphorwasserstoff in diese Gebäude sind die betreffenden Räume wie die unmittelbar angrenzenden Räume zu behandeln. Diese Vorschriften gelten sinngemäß für die Durchgasung in zusammenliegenden, bewohnten Kähnen.

5. Nach Beendigung der Durchgasung sind die der Gaseinwirkung ausgesetzten Räume gründlich zu lüften.
6. Jeder Durchgasungsleiter hat über die vorgenommenen Durchgasungen unter Angabe von Ort und Zeit der Durchgasung, der Art des Raumes, in dem die Durchgasung durchgeführt worden ist, Menge des verbrauchten Mittels, des Ortes und der Art der Beseitigung aller verwendeten Verpackungsgefäße, der Stoffe und der Namen des Begasungspersonals Buch zu führen.
7. Der Durchgasungsleiter hat dafür Sorge zu tragen, daß die Behältnisse der Stoffe und etwaige Rückstände vergraben werden.

(2) Die obersten Landesbehörden oder die von ihnen bestimmten Behörden können weitergehende Sicherheitsmaßnahmen anordnen; in besonderen Fällen können sie Erleichterungen zulassen oder mit Zustimmung des Reichsministers für

Ernährung und Landwirtschaft und des Reichsministers des Innern die Anwendung freigeben.

§ 4. (1) Die nach § 1 verbotenen Stoffe dürfen nur in gasdicht verschlossenen Originalpackungen an die im § 2 bezeichneten Stellen oder an solche Stellen oder Personen abgegeben werden, denen eine Erlaubnis zur Anwendung nach § 3 erteilt worden ist.

(2) Die Stoffe dürfen nur in gasdicht verschlossenen Originalpackungen in verschlossenen, kühlen und trockenen, tunlichst abseits der Wohnungen gelegenen Räumen, die nicht zum ständigen Aufenthalt von Menschen bestimmt sind, gelagert werden.

§ 5. Wer den in den §§ 1, 4 getroffenen Bestimmungen oder einer ihm auf Grund des § 3 auferlegten Bedingung zuwiderhandelt, wird nach § 2 der Verordnung über die Schädlingsbekämpfung mit hochgiftigen Stoffen vom 29. Januar 1919 in Verbindung mit der Verordnung über Vermögensstrafen und Bußen vom 6. Februar 1924 (Reichsgesetzbl. I S. 44) mit Gefängnis bis zu einem Jahr und mit Geldstrafe oder mit einer dieser Strafen bestraft.

§ 6. Die Verordnung tritt am 20. April 1936 in Kraft.

67. Erleichterung für die Anwendung von Phosphorwasserstoff entwickelnden Mitteln zur Kornkäferbekämpfung.

Runderlaß des Reichs- und Preußischen Ministers für Ernährung und Landwirtschaft und des Reichs- und Preußischen Ministers des Innern.

Vom 18. April 1936 (MBliV. Sp. 720).

(1) Der Kornkäfer hat in den letzten Jahren in steigendem Maße die Getreidevorräte befallen und Werte vernichtet, die sowohl für die menschliche Ernährung als auch für Futterzwecke unentbehrlich sind. Eine energische und wirksame Bekämpfung des Schädlings ist daher allenthalben dort, wo das Getreide dem Befall durch den Kornkäfer ausgesetzt ist (in Lagerhäusern, Speichern, Silos, Mühlen und auf den Kornböden der bäuerlichen Betriebe), unbedingt geboten.

(2) Die von der Wissenschaft und der Praxis angestellten Versuche haben ergeben, daß der Phosphorwasserstoff ein außerordentlich wirksames Bekämpfungsmittel ist. Wie jedoch verschiedene Vorkommnisse gezeigt haben, kann Phosphorwasserstoff, der sich aus leicht zersetzlichen, phosphorhaltigen Verbindungen entwickelt, gesundheitsschädigend wirken und den Tod von Menschen herbeiführen. Die Anwendung von Mitteln, die Phosphorwasserstoff entwickeln, kann daher nur zugelassen werden, wenn die zum Schutz der Gesundheit notwendigen Sicherungen gegeben sind. Dieser Forderung haben wir durch die VO. über die Verwendung von Phosphorwasserstoff zur Schädlingsbekämpfung v. 6. 4. 1936 (RGBl. I S. 360)[1]) Rechnung getragen, die im übrigen die Bedingungen enthält, deren Einhaltung einen ausreichenden Gesundheitsschutz gewährleistet und bei deren Vorliegen die Erlaubnis zur Anwendung dieses Stoffes zur Schädlingsbekämpfung erteilt werden kann.

(3) Eines der Phosphorwasserstoff entwickelnden Mittel ist das von der Firma Freyberg in Delitzsch hergestellte „Delicia"-Präparat, das von den amtlichen Stellen geprüft und als tauglich befunden worden ist, da es den Kornkäfer in allen Entwicklungszuständen abtötet. Die Erlaubnis zur Anwendung dieses Delicia-Mittels bestimmt sich grundsätzlich nach den in der VO. enthaltenen Bedingungen.

(4) Vom Standpunkt des Gesundheitsschutzes können aber darüber hinaus gewisse Erleichterungen für die Anwendung des Verfahrens in bäuerlichen Betrieben zugestanden werden, die es auf der anderen Seite ermöglichen, den in diesen Betrieben schwer zu vernichtenden Kornkäfer erfolgreich zu bekämpfen. Wir ersuchen daher gemäß § 3 Abs. 2 der oben genannten VO., die Anwendung des Delicia-Verfahrens in bäuerlichen Betrieben unter folgenden Bedingungen zuzulassen:

(5) Die Erlaubnis zur Durchgasung von geschüttetem oder gesacktem Getreide in bäuerlichen Betrieben kann den Leitern der Hauptstellen und Bezirksstellen für Pflanzenschutz sowie deren Personal unter Befreiung von den Bedingungen

[1]) Hier abgedruckt Nr. 66.

des § 3 Abs. 1 Nr. 3 und 6 der VO. erteilt werden, wenn diese Personen die Voraussetzungen des § 3 Abs. 1 Nr. 1 erfüllen. Die Durchgasung darf nur in Gebäuden vorgenommen werden, die nicht in geschlossener Bauweise stehen und keine Verbindung mit Räumen haben, die während der Durchgasung zum Aufenthalt von Menschen oder Haustieren dienen. Schließlich dürfen nur solche Originalpackungen zur Anwendung kommen, die mit einem Gasschutzbeutel oder sonstigen Sicherungsvorrichtungen versehen sind, die ein Entweichen der giftigen Gase wirksam verhindern.

(6) Wir ersuchen, die zur Durchführung und für die erleichterte Anwendung des Delicia-Verfahrens in bäuerlichen Betrieben erforderlichen Anweisungen an die nachgeordneten Behörden mit möglichster Beschleunigung zu erlassen. Über das Veranlaßte ersuche ich, dem RuPrMfEuL. Mitteilung zu machen.

Fünfter Teil.

Lebens- und Genußmittel.

I. Verkehr mit Lebensmitteln und Bedarfsgegenständen.

68. Gesetz über den Verkehr mit Lebensmitteln und Bedarfsgegenständen (Lebensmittelgesetz).

In der Fassung der Bekanntmachung vom 17. Januar 1936 (RGBl. I S. 17).

§ 1. (1) Lebensmittel im Sinne dieses Gesetzes sind alle Stoffe, die dazu bestimmt sind, in unverändertem oder zubereitetem oder verarbeitetem Zustand von Menschen gegessen oder getrunken zu werden, soweit sie nicht überwiegend zur Beseitigung, Linderung oder Verhütung von Krankheiten bestimmt sind.

(2) Den Lebensmitteln stehen gleich: Tabak, tabakhaltige und tabakähnliche Erzeugnisse, die zum Rauchen, Kauen oder Schnupfen bestimmt sind.

§ 2. Bedarfsgegenstände im Sinne dieses Gesetzes sind:

1. Eß-, Trink-, Kochgeschirr und andere Gegenstände, die dazu bestimmt sind, bei der Gewinnung, Herstellung, Zube-

reitung, Abmessung, Auswägung, Verpackung, Aufbewahrung, Beförderung oder dem Genusse von Lebensmitteln verwendet zu werden und dabei mit diesen in unmittelbare Berührung zu kommen;

2. Mittel zur Reinigung, Pflege, Färbung oder Verschönerung der Haut, des Haares, der Nägel oder der Mundhöhle;
3. Bekleidungsgegenstände, Spielwaren, Tapeten, Masken, Kerzen, künstliche Pflanzen und Pflanzenteile;
4. Petroleum;
5. Farben, soweit sie nicht zu den Lebensmitteln gehören;
6. andere Gegenstände, welche der Reichsminister des Innern bezeichnet.

§ 3. Es ist verboten,

1. a) Lebensmittel für andere derart zu gewinnen, herzustellen, zuzubereiten, zu verpacken, aufzubewahren oder zu befördern, daß ihr Genuß die menschliche Gesundheit zu schädigen geeignet ist;
   b) Gegenstände, deren Genuß die menschliche Gesundheit zu schädigen geeignet ist, als Lebensmittel anzubieten, zum Verkaufe vorrätig zu halten, feilzuhalten, zu verkaufen oder sonst in den Verkehr zu bringen;
2. a) Bedarfsgegenstände der im § 2 Nrn. 1 bis 4, 6 bezeichneten Art so herzustellen oder zu verpacken, daß sie bei bestimmungsgemäßem oder vorauszusehendem Gebrauche die menschliche Gesundheit durch ihre Bestandteile oder Verunreinigungen zu schädigen geeignet sind;
   b) so hergestellte oder verpackte Bedarfsgegenstände dieser Art anzubieten, zum Verkaufe vorrätig zu halten, feilzuhalten, zu verkaufen oder sonst in den Verkehr zu bringen.

§ 4. Es ist verboten,

1. zum Zwecke der Täuschung im Handel und Verkehr Lebensmittel nachzumachen oder zu verfälschen;
2. verdorbene, nachgemachte oder verfälschte Lebensmittel ohne ausreichende Kenntlichmachung anzubieten, feilzu-

halten, zu verkaufen oder sonst in den Verkehr zu bringen[1]); auch bei Kenntlichmachung gilt das Verbot, soweit sich dies aus den auf Grund des § 5 Nr. 5 getroffenen Festsetzungen ergibt;

3. Lebensmittel unter irreführender Bezeichnung, Angabe oder Aufmachung anzubieten, zum Verkaufe vorrätig zu halten, feilzuhalten, zu verkaufen oder sonst in den Verkehr zu bringen. Dies gilt auch, wenn die irreführende Bezeichnung, Angabe oder Aufmachung sich bezieht auf die Herkunft der Lebensmittel, die Zeit ihrer Herstellung, ihre Menge, ihr Gewicht oder auf sonstige Umstände, die für die Bewertung mitbestimmend sind.

§ 5. Der Reichsminister des Innern kann gemeinsam mit dem Reichsminister für Ernährung und Landwirtschaft

1. zum Schutze der Gesundheit für den Verkehr mit Lebensmitteln und Bedarfsgegenständen Verordnungen zur Durchführung der Verbote des § 3 erlassen;
2. die Herstellung und den Vertrieb bestimmter Lebensmittel von einer Genehmigung abhängig machen;
3. verbieten, daß Gegenstände oder Stoffe, die bei der Gewinnung, Herstellung oder Zubereitung von Lebensmitteln nicht verwendet werden dürfen, für diese Zwecke hergestellt, angeboten, feilgehalten, verkauft oder sonst in den Verkehr gebracht werden, auch wenn die Verwendung nur für den eigenen Bedarf des Abnehmers erfolgen soll;
4. für bestimmte Lebensmittel vorschreiben,
   a) daß sie nur in Packungen oder Behältnissen von bestimmter Art oder nur in bestimmten Einheiten abgegeben werden dürfen;
   b) daß an den Vorratsgefäßen oder sonstigen Behältnissen, in denen sie feilgehalten oder zum Verkaufe vorrätig gehalten werden, der Inhalt angegeben wird;
   c) daß auf den Packungen oder Behältnissen, in denen sie abgegeben werden, oder auf den Lebensmitteln selbst

---

[1]) Lt. Runderlaß des RuPrMdJ. vom 5. 9. 1936 (RMBliV. 1936 S. 1224) ist die Pflicht zur Kenntlichmachung nicht auf die Abgabe an den Verbraucher beschränkt, vielmehr muß die Kenntlichmachung auch im Verkehr zwischen dem Besteller, dem Großhändler und dem Kleinhändler erfolgen.

Angaben über die Herkunft, die Zeit der Herstellung, den Hersteller oder Händler und über den Inhalt anzubringen sind;

5. Begriffsbestimmungen für die einzelnen Lebensmittel aufstellen, Vorschriften über ihre Herstellung, Zubereitung, Zusammensetzung und Bezeichnung erlassen sowie festsetzen, unter welchen Voraussetzungen Lebensmittel als verdorben, nachgemacht oder verfälscht unter die Verbote des § 4 fallen, sowie welche Bezeichnungen, Angaben oder Aufmachungen als irreführend diesen Verboten unterliegen;
6. Vorschriften erlassen gegen die Einfuhr von Lebensmitteln, die den Vorschriften dieses Gesetzes oder den auf Grund dieses Gesetzes erlassenen Vorschriften nicht entsprechen;
7. Vorschriften über das Verfahren bei der zur Durchführung dieses Gesetzes erforderlichen Untersuchung von Lebensmitteln und Bedarfsgegenständen erlassen.

§ 6. (1) Die mit der Überwachung des Verkehrs mit Lebensmitteln und Bedarfsgegenständen beauftragten Beamten der Polizei und die von der zuständigen Behörde beauftragten Sachverständigen, bei Gefahr im Verzug auch die sonstigen Beamten der Polizei, sind befugt, in die Räume, in denen

1. Lebensmittel gewerbsmäßig oder für Mitglieder von Genossenschaften oder ähnlichen Vereinigungen gewonnen, hergestellt, zubereitet, abgemessen, ausgewogen, verpackt, aufbewahrt, feilgehalten oder verkauft werden,
2. Bedarfsgegenstände zum Verkaufe vorrätig gehalten oder feilgehalten werden,

während der Arbeits- oder Geschäftszeit einzutreten, dort Besichtigungen vorzunehmen und gegen Empfangsbescheinigung Proben nach ihrer Auswahl zum Zwecke der Untersuchung zu fordern oder zu entnehmen. Soweit nicht der Besitzer ausdrücklich darauf verzichtet, ist ein Teil der Probe amtlich verschlossen oder versiegelt zurückzulassen und für die entnommene Probe eine angemessene Entschädigung zu leisten.

(2) Soweit Erzeugnisse vorwiegend zu anderen Zwecken als zum menschlichen Genusse bestimmt sind, beschränkt sich die im

Abs. 1 Nr. 1 bezeichnete Befugnis auf die Räume, in denen diese Erzeugnisse als Lebensmittel zum Verkaufe vorrätig gehalten oder feilgehalten werden.

(3) Die Befugnis zur Besichtigung erstreckt sich auch auf die Einrichtungen und Geräte zur Beförderung von Lebensmitteln, die Befugnis zur Probeentnahme auch auf Lebensmittel und Bedarfsgegenstände, die an öffentlichen Orten, insbesondere auf Märkten, Plätzen, Straßen oder im Umherziehen, zum Verkaufe vorrätig gehalten, feilgehalten oder verkauft werden oder die vor Abgabe an den Verbraucher unterwegs sind.

(4) Als Sachverständige (Abs. 1) können auch die von den Berufsvertretungen und Berufsverbänden der Landwirtschaft, der Industrie, des Handwerks und des Handels zur Überwachung der Betriebe bestellten technischen Berater berufen werden.

§ 7. Die Polizeibehörde kann ihre Sachverständigen ermächtigen, zum Schutze der Lebensmittel gegen Verunreinigung oder Übertragung von Krankheitserregern unaufschiebbare Anordnungen vorläufig zu treffen oder beanstandete Lebensmittel vorläufig zu beschlagnahmen. Die getroffenen Anordnungen sind unverzüglich dem Besitzer oder dessen Vertreter zu Protokoll oder durch schriftliche Verfügung zu eröffnen und der Polizeibehörde mitzuteilen. Die Mitteilung einer Beschlagnahme kann an den Besitzer der beschlagnahmten Gegenstände oder dessen Vertreter auch mündlich erfolgen. Die Polizeibehörde hat die getroffenen Anordnungen unverzüglich entweder durch polizeiliche Verfügung zu bestätigen oder aufzuheben.

§ 8. Die Inhaber der im § 6 bezeichneten Räume, Einrichtungen und Geräte und die von ihnen bestellten Betriebs- oder Geschäftsleiter und Aufseher sowie die Händler, die an öffentlichen Orten, insbesondere auf Märkten, Plätzen, Straßen oder im Umherziehen, Lebensmittel oder Bedarfsgegenstände zum Verkaufe vorrätig halten, feilhalten oder verkaufen, sind verpflichtet, die Beamten und Sachverständigen bei der Ausübung der im § 6 bezeichneten Befugnisse zu unterstützen, insbesondere ihnen auf Verlangen die Räume zu bezeichnen, die Gegenstände zugänglich zu machen, verschlossene Behältnisse zu öffnen, angeforderte Proben auszuhändigen, die Entnahme von Proben zu ermöglichen und für die Aufnahme der Proben geeignete Gefäße oder Umhüllungen, soweit solche vorrätig sind, gegen angemessene Entschädigung zu überlassen.

§ 9. (1) Die Beamten der Polizei und die von der zuständigen Behörde beauftragten Sachverständigen sind, vorbehaltlich der dienstlichen Berichterstattung und der Anzeige von Gesetzwidrigkeiten, verpflichtet, über die Tatsachen und Einrichtungen, die durch die Ausübung der im § 6 bezeichneten Befugnisse zu ihrer Kenntnis kommen, Verschwiegenheit zu beobachten und sich der Mitteilung und Verwertung von Geschäfts- oder Betriebsgeheimnissen zu enthalten, auch wenn sie nicht mehr im Dienste sind.

(2) Die Sachverständigen sind hierauf zu beeidigen.

§ 10. (1) Die Zuständigkeit der Behörden und Beamten für die im § 6 bezeichneten Maßnahmen richtet sich nach Landesrecht.

(2) Landesrechtliche Bestimmungen, die den Behörden weitergehende Befugnisse als die im § 6 bezeichneten geben, bleiben unberührt.

(3) Der Vollzug des Gesetzes liegt den Landesregierungen ob.

§ 11. (1) Wer vorsätzlich einem der Verbote des § 3 oder einer nach § 5 Nr. 1 erlassenen Vorschrift zuwiderhandelt, wird mit Gefängnis und mit Geldstrafe oder mit einer dieser Strafen bestraft.

(2) Der Versuch ist strafbar.

(3) Ist durch die Tat eine schwere Körperverletzung oder der Tod eines Menschen verursacht worden, so ist die Strafe Zuchthaus bis zu zehn Jahren; daneben kann auf Geldstrafe erkannt werden.

(4) Neben der Freiheitsstrafe kann auf Verlust der bürgerlichen Ehrenrechte, neben Zuchthaus auch auf Zulässigkeit von Polizeiaufsicht erkannt werden.

(5) Ist die Zuwiderhandlung fahrlässig begangen, so tritt Geldstrafe und Gefängnis oder eine dieser Strafen ein.

§ 12. (1) Wer vorsätzlich einem der Verbote des § 4 oder einer nach § 5 Nrn. 2 bis 4, 6 erlassenen Vorschrift zuwiderhandelt, wird mit Gefängnis bis zu sechs Monaten und mit Geldstrafe oder mit einer dieser Strafen bestraft.

(2) Ist die Zuwiderhandlung fahrlässig begangen, so tritt Geldstrafe bis zu einhundertfünfzig Reichsmark oder Haft ein.

§ 13. (1) In den Fällen des § 11 ist neben der Strafe auf Einziehung oder Vernichtung der Gegenstände, auf die sich die Zuwiderhandlung bezieht, zu erkennen, auch wenn die Gegenstände dem Verurteilten nicht gehören. In den Fällen des § 12 kann dies geschehen.

(2) Kann keine bestimmte Person verfolgt oder verurteilt werden, so kann auf die Einziehung oder Vernichtung der Gegenstände selbständig erkannt werden, wenn im übrigen die Voraussetzungen hierfür vorliegen.

§ 14. (1) Ergibt sich in den Fällen der §§ 11, 12, daß dem Täter die erforderliche Zuverlässigkeit fehlt, so kann ihm das Gericht in dem Urteil die Führung eines Betriebs ganz oder teilweise untersagen oder nur unter Bedingungen gestatten, soweit er sich auf die Herstellung oder den Vertrieb von Lebensmitteln oder Bedarfsgegenständen erstreckt. Vorläufig kann es eine solche Anordnung durch Beschluß treffen.

(2) Die zuständige Verwaltungsbehörde kann die nach Abs. 1 Satz 1 getroffene Anordnung aufheben, wenn seit Eintritt der Rechtskraft des Urteils mindestens drei Monate verflossen sind.

(3) Wer der Untersagung zuwiderhandelt, wird mit Gefängnis und mit Geldstrafe bestraft.

§ 15. (1) In den Fällen der §§ 11, 12 kann neben der Strafe angeordnet werden, daß die Verurteilung auf Kosten des Schuldigen öffentlich bekanntzumachen ist. Auf Antrag des freigesprochenen Angeklagten kann das Gericht anordnen, daß der Freispruch öffentlich bekanntzumachen ist; die Staatskasse trägt in diesem Falle die Kosten, soweit sie nicht dem Anzeigenden auferlegt worden sind (§ 469 der Strafprozeßordnung).

(2) In der Anordnung ist die Art der Bekanntmachung zu bestimmen; sie kann auch durch Anschlag an oder in den Geschäftsräumen des Verurteilten oder Freigesprochenen erfolgen.

§ 16. Wer der durch § 8 auferlegten Verpflichtung zuwiderhandelt, wird mit Geldstrafe bis zu einhundertfünfzig Reichsmark oder mit Haft bestraft.

§ 17. (1) Wer der durch § 9 Abs. 1 auferlegten Verpflichtung zuwiderhandelt, wird mit Gefängnis bis zu einem Jahre oder mit Geldstrafe bestraft.

(2) Die Verfolgung tritt nur auf Antrag des Verletzten ein; die Zurücknahme des Antrags ist zulässig.

§ 18. Wenn im Verfolg der behördlichen Untersuchung von Lebensmitteln oder von Bedarfsgegenständen eine rechtskräftige strafrechtliche Verurteilung eintritt, fallen dem Verurteilten die der Behörde durch die Beschaffung und Untersuchung der Proben erwachsenen Kosten zur Last. Sie sind zugleich mit den Kosten des gerichtlichen Verfahrens festzusetzen und einzuziehen.

§ 19. Die auf Grund dieses Gesetzes auferlegten Geldstrafen sind nach näherer Anordnung der obersten Landesbehörden als Beihilfen für die Unterhaltung der öffentlichen Anstalten zur Untersuchung von Lebensmitteln zu verwenden.

§ 20. (1) Der Reichsminister des Innern erläßt die zur Durchführung oder Ergänzung dieses Gesetzes erforderlichen Rechts- und Verwaltungsvorschriften, in den Fällen des § 5 gemeinsam mit dem Reichsminister für Ernährung und Landwirtschaft.

(2) Der Reichsminister des Innern kann Ausnahmen von den Vorschriften dieses Gesetzes und den nach § 5 dieses Gesetzes erlassenen Verordnungen zulassen:

1. für Versuche, die mit seiner Genehmigung angestellt werden,
2. für Erzeugnisse, die für die Ausfuhr bestimmt sind, soweit nicht die Vorschriften des Einfuhrlandes entgegenstehen,
3. in sonstigen Fällen vorübergehend, soweit die Wirtschaftslage es erfordert.

§ 21. In den nach § 5 zu erlassenden Verordnungen dürfen an die aus dem Ausland eingeführten Lebensmittel und Bedarfsgegenstände keine geringeren Anforderungen gestellt werden als an gleichartige inländische.

§ 22. Der Reichsminister des Innern kann mit Inkrafttreten der nach § 5 zu erlassenden Verordnungen die durch diese

Verordnungen ersetzten Vorschriften des Gesetzes über das Branntweinmonopol vom 8. April 1922 (Reichsgesetzbl. I S. 335, 405), des Biersteuergesetzes vom 9. Juli 1923 (Reichsgesetzbl. I S. 557) und des Gesetzes, betreffend die Verwendung gesundheitsschädlicher Farben bei der Herstellung von Nahrungsmitteln, Genußmitteln und Gebrauchsgegenständen, vom 5. Juli 1887 (Reichsgesetzbl. S. 277) außer Kraft setzen.

69. Verordnung über Honig.

Vom 21. März 1930 (RGBl. I S. 101).

Begriffsbestimmungen.

§ 1. (1) Honig ist der süße Stoff, den die Bienen erzeugen, indem sie Nektariensäfte oder auch andere, an lebenden Pflanzenteilen sich vorfindende süße Säfte aufnehmen, durch körpereigene Stoffe bereichern, in ihrem Körper verändern, in Waben aufspeichern und dort reifen lassen.

(2) Es wird unterschieden:

1. nach der pflanzlichen Herkunft
   a) Blütenhonig: Honig von Blüten (z. B. Akazien-, Esparsette-, Heide-, Klee-, Lindenhonig);
   b) Honigtauhonig: Honig von anderen Pflanzenteilen (Blatt-, Tannen-, Fichtenhonig);
2. nach der geographischen Herkunft
   a) deutscher Honig: Honig, der innerhalb des Deutschen Reichs gewonnen worden ist, es sei denn, daß die Bienen vorwiegend mit ausländischem Honig gefüttert worden sind (z. B. ostpreußischer Honig, Schwarzwaldhonig, Allgäuhonig);
   b) ausländischer Honig: Honig, der außerhalb des Deutschen Reichs gewonnen worden ist (z. B. ungarischer Honig, Havannahonig, Chilehonig, kalifornischer Honig);
3. nach der Art der Gewinnung
   a) Scheibenhonig oder Wabenhonig: Honig, der sich noch in den von Bienen gebauten und verdeckelten, unbebrüteten Waben (Jungfernwaben) befindet;

b) dunkler Scheibenhonig: Honig, der sich noch in den von Bienen gebauten, brutfreien, größtenteils verdeckelten, nur wenig bebrütet gewesenen, höchstens ein Jahr alten Waben befindet;

c) Schleuderhonig: mit der Schleuder aus den brutfreien Waben gewonnener Honig;

d) Tropfhonig, Laufhonig, Senkhonig, Leckhonig: aus den brutfreien, zerkleinerten Waben ohne weitere Einwirkung ausgeflossener Honig;

e) Preßhonig: aus den brutfreien Waben durch Pressen auf kaltem Wege gewonnener Honig;

f) Seimhonig: aus den brutfreien, nicht eingestampften oder eingestampften Waben durch gelindes Erwärmen und nachfolgendes Pressen gewonnener Honig;

4. nach dem Verwendungszweck

a) Speisehonig: vollwertiger, zum unmittelbaren Genuß durch Menschen bestimmter und geeigneter Honig;

b) Backhonig: nicht vollwertiger und deshalb nur als Zusatz zu Backwaren verwendbarer Honig.

(3) Blütenhonig bildet in frischem Zustand eine dickflüssige, durchscheinende Masse, die allmählich mehr oder weniger fest und kristallinisch wird. Seine Farbe wechselt zwischen weiß, hell- bis dunkelgelb, grünlichgelb und braun, Geruch und Geschmack sind eigenartig, süß und aromatisch, je nach der Herkunft und Gewinnung des Honigs. Die Blütenhonige enthalten neben Fermenten und Pollenkörnern im allgemeinen bis 22 Hundertteile Wasser, 70 bis 80 Hundertteile eines Gemisches von Glukose (Traubenzucker) und Fruktose (Fruchtzucker), bis zu 5 Hundertteilen Saccharose (Rüben- oder Rohrzucker), 3 Hundertteile und mehr zuckerfreien Trockenrückstand, darunter organische Säuren, entsprechend 1 bis 4 Säuregraden, 0,3 Hundertteile und mehr Stickstoffverbindungen, ferner dextrinartige Stoffe; sie liefern 0,1 bis 0,35 Hundertteile Asche.

(4) Honigtauhonige erstarren nur schwer; sie haben dunklere Farbe und gewürzhaften oder harzigen Geruch und Geschmack. Außer einem höheren Gehalt an dextrinartigen Stoffen weisen

sie auch einen höheren Gehalt an Saccharose (Rüben- oder Rohrzucker) auf und liefern mehr Asche (0,4 bis 1,0 Hundertteile) als die Blütenhonige; sie enthalten im allgemeinen bis 22 Hundertteile Wasser, 60 bis 70 Hundertteile eines Gemisches von Glukose (Traubenzucker) und Fruktose (Fruchtzucker), 5 bis 10 Hundertteile Saccharose (Rüben- oder Rohrzucker).

Grundsätze für die Beurteilung.

§ 2. Als verdorben sind insbesondere anzusehen und, in den Fällen der Nr. 1, 2, 3, 4 auch bei Kenntlichmachung, vom Verkehr ausgeschlossen:

1. Honig, der, abgesehen von der in geringen Mengen stets vorhandenen natürlichen Säure, durch Essigsäuregärung, Milchsäuregärung oder auf ähnliche Weise sauer geworden ist, so daß der Säuregrad die Grenze von 4 Grad erheblich übersteigt;
2. Honig, der Brut enthält, verschimmelt oder stark verunreinigt ist oder ekelerregend riecht oder schmeckt;
3. aus verdorbenem Honig zubereiteter Honig, unbeschadet der Unterdrückung einer leichten Gärung durch Erhitzen;
4. durch Einstampfen der nicht brutfreien Waben gewonnene Erzeugnisse, auch ausgeschmolzen oder in Mischung mit Honig;
5. Honig, der in starke Gärung übergegangen ist, unbeschadet seiner Verwendung als Backhonig, sofern er als solcher gekennzeichnet ist;
6. treibender Honig, der einen dem Honig nicht eigenen Geruch oder Geschmack angenommen hat, unbeschadet seiner Verwendung als Backhonig, sofern er als solcher gekennzeichnet ist;
7. Honig, der so stark erhitzt ist, daß die diastatischen Fermente stark geschwächt oder zerstört sind, oder der angebrannt (karamelisiert) ist, auch in Mischung mit Honig, unbeschadet seiner Verwendung als Backhonig, sofern er als solcher gekennzeichnet ist.

§ 3. Als nachgemacht oder verfälscht sind insbesondere anzusehen und, in den Fällen der Nummern 1, 4, 5 auch bei Kenntlichmachung, vom Verkehr ausgeschlossen:

1. durch Bienen aus Zucker oder zuckerhaltigen Zubereitungen gewonnene Erzeugnisse, auch in Mischung mit Honig;
2. honigähnliche Zubereitungen, deren Zuckergehalt nicht oder nur zum Teil dem Honig entstammt, sofern sie nicht als Kunsthonig gekennzeichnet sind und Oxymethylfurfurol enthalten;
3. Honig, dem Säuren, Alkalien, Farbstoffe, Aromastoffe oder sonstige fremde Stoffe unmittelbar oder mittelbar zugesetzt sind, sofern er nicht als Kunsthonig gekennzeichnet ist und Oxymethylfurfurol enthält;
4. Honig, dem unmittelbar oder mittelbar Wasser zugesetzt ist;
5. Honig, der mehr als 22 Hundertteile Wasser enthält, ausgenommen unverschnittener Heidehonig, der nicht mehr als 25 Hundertteile Wasser enthält.

§ 4. Eine irreführende Bezeichnung, Angabe oder Aufmachung liegt, soweit nicht die Verordnung über Kunsthonig vom 21. März 1930 (Reichsgesetzbl. I S. 102) anders bestimmt, insbesondere vor:

1. wenn ein Erzeugnis, das den Begriffsbestimmungen für Honig (§ 1) nicht entspricht, als Honig oder als eine bestimmte Honigsorte oder mit einer das Wort Honig enthaltenden Wortbildung oder mit einem gleichsinnigen Ausdruck bezeichnet wird;
2. wenn Honig nach der pflanzlichen oder geographischen Herkunft oder nach der Art der Gewinnung oder nach dem Verwendungszweck entgegen den Begriffsbestimmungen im § 1 Abs. 2 Nr. 1 bis 4 bezeichnet wird;
3. wenn ein vorwiegend durch Fütterung von ausländischem Honig gewonnener Honig als deutscher Honig bezeichnet wird;
4. wenn ein Honig, der nicht vorwiegend aus Nektariensäften stammt, als Blütenhonig bezeichnet wird;
5. wenn ein Honig nach einer Blütenart bezeichnet wird, aus deren Nektariensäften er nicht vorwiegend stammt;

6. wenn im Verkehr mit ausländischem Honig, auch gemischt mit deutschem Honig, der Eindruck erweckt wird, daß es sich um deutschen Honig handelt;
7. wenn im Verkehr mit Honig entgegen den Tatsachen auf eine besonders gute Beschaffenheit oder eine besonders sorgfältige Gewinnung hingewiesen wird;
8. wenn einem bestimmten Honig eine besondere diätetische oder gesundheitliche Wirkung beigelegt wird.

Inkrafttreten.

§ 5. Diese Verordnung tritt am 1. Oktober 1930 in Kraft.

70. Verordnung über Kunsthonig.

Vom 21. März 1930 (RGBl. I S. 102).

Begriffsbestimmung.

§ 1. (1) Kunsthonig sind aus mehr oder weniger stark invertierter Saccharose (Rüben- oder Rohrzucker) mit oder ohne Verwendung von Stärkezucker oder Stärkesirup hergestellte aromatisierte, meist künstlich gefärbte, in Aussehen, Geruch und Geschmack dem Honig ähnliche Erzeugnisse, die von ihrer Herstellung her organische Nichtzuckerstoffe, Mineralstoffe und Saccharose (Rüben- oder Rohrzucker) sowie stets Oxymethylfurfurol enthalten. Kunsthonig, der unter Verwendung von Stärkezucker oder Stärkesirup hergestellt ist, enthält auch die hieraus stammenden Dextrine.

(2) Kunsthonig sind auch die im § 3 Nr. 2, 3 der Verordnung über Honig vom 21. März 1930 (Reichsgesetzbl. I S. 101) bezeichneten Erzeugnisse.

(3) Kunsthonig bildet je nach der Art seiner Herstellung eine feste oder dickflüssige Masse, deren Farbe zwischen weiß, hell- bis dunkelgelb und braungelb wechselt. Flüssiger Kunsthonig wird bei längerem Stehen häufig ganz oder teilweise kristallinisch.

Verbote zum Schutze der Gesundheit.

§ 2. (1) Es ist verboten, bei der Herstellung von Kunsthonig andere Säuren als Salzsäure, Schwefelsäure, Phosphorsäure,

Kohlensäure, Ameisensäure, Milchsäure, Weinsäure und Zitronensäure zu verwenden; diese Säuren müssen chemisch rein sein.

(2) Es ist verboten, dem Abs. 1 zuwider hergestellten Kunsthonig in den Verkehr zu bringen.

Grundsätze für die Beurteilung.

§ 3. Als **verdorben** sind insbesondere anzusehen und, auch bei Kenntlichmachung, vom Verkehr ausgeschlossen:

1. Kunsthonig, der, abgesehen von der in geringen Mengen stets vorhandenen Säure, durch Essigsäuregärung, Milchsäuregärung oder auf ähnliche Weise sauer geworden ist, so daß der Säuregrad die Grenze von 4 Grad erheblich übersteigt;
2. Kunsthonig, der verschimmelt oder stark verunreinigt ist oder ekelerregend riecht oder schmeckt;
3. aus verdorbenem Honig oder verdorbenem Kunsthonig zubereiteter Kunsthonig, unbeschadet der Unterdrückung einer leichten Gärung durch Erhitzen;
4. Kunsthonig, der in starke Gärung übergegangen ist.

§ 4. Als **verfälscht** sind insbesondere anzusehen und, auch bei Kenntlichmachung, vom Verkehr ausgeschlossen:

1. Kunsthonig, der mehr als 22 Hundertteile Wasser enthält;
2. Kunsthonig, der mehr als 30 Hundertteile Saccharose (Rüben- oder Rohrzucker) enthält;
3. Kunsthonig, dessen Säuregrad die Zahl 4 übersteigt;
4. Kunsthonig, der mehr als 0,4 Hundertteile Asche liefert;
5. Kunsthonig, bei dessen Herstellung auf 100 Teile des fertigen Erzeugnisses mehr als 20 Teile Stärkezucker oder Stärkesirup oder mehr als 20 Teile von diesen beiden Erzeugnissen zusammen verwendet worden sind.

§ 5. Eine **irreführende Bezeichnung, Angabe oder Aufmachung** liegt insbesondere vor:

1. wenn ein Erzeugnis, das der Begriffsbestimmung für Kunsthonig (§ 1) nicht entspricht, als Kunsthonig oder mit einem gleichsinnigen Ausdruck bezeichnet wird;

2. wenn ein Kunsthonig nicht durch die ungetrennte, aus Buchstaben von gleicher Größe bestehende Aufschrift „Kunsthonig" gekennzeichnet ist;
3. wenn die Bezeichnung eines Kunsthonigs das Wort „Honig" in anderer Verbindung als „Kunsthonig" enthält oder in anderer Weise auf die Art der Gewinnung von Honig oder auf die pflanzliche Herkunft von Honig hindeutet;
4. wenn ein Kunsthonig unter Zusatz von Honig hergestellt und mit einer Angabe über den Gehalt an Honig versehen ist, sofern nicht der Anteil an Honig in unmittelbarem Zusammenhang mit der in Nr. 2 vorgeschriebenen Bezeichnung „Kunsthonig" zahlenmäßig richtig angegeben ist;
5. wenn im Verkehr mit Kunsthonig entgegen den Tatsachen auf eine besonders gute Beschaffenheit oder eine besonders sorgfältige Art der Herstellung hingewiesen wird;
6. wenn einem Kunsthonig eine besondere diätetische oder gesundheitliche Wirkung beigelegt wird;
7. wenn im Verkehr mit Kunsthonig durch Umhüllungen, Bezettelungen oder Anpreisungen in Wort oder Bild auf Bienen, bienenähnliche Insekten, Bienenzucht oder Honiggewinnung hingewiesen wird.

Inkrafttreten.

§ 6. Diese Verordnung tritt am 1. Oktober 1930 in Kraft.

71. Verordnung über Kaffee.

Vom 10. Mai 1930 (RGBl. I S. 169).

Begriffsbestimmungen.

§ 1. (1) Kaffee (Kaffeebohnen, Bohnenkaffee) sind die von der Fruchtschale vollständig und von der Samenschale (Silberhaut) nach Möglichkeit befreiten, rohen oder gerösteten, ganzen oder zerkleinerten Samen von Pflanzen der Gattung Coffea.

(2) Unverlesener Kaffee ist der im Großhandel befindliche, noch nicht durch Beseitigung der minderwertigen und fremden Bestandteile gereinigte rohe Kaffee.

(3) Als Kaffeesorten werden im allgemeinen unterschieden:

(1) nach der geographischen Herkunft:

a) südamerikanischer Kaffee:
brasilianischer (Santos-, Rio-, Bahia-, Parana-) Kaffee, Venezuela-, Columbia-Kaffee;

b) mittelamerikanischer Kaffee:
Guatemala-, Costarica-, Mexiko-, Nicaragua-, Salvador-Kaffee;

c) westindischer Kaffee:
Cuba-, Jamaika-, Haiti-, Domingo-, Portorico-Kaffee;

d) ostindischer Kaffee:
Mysore-, Coorg-, Neilgherry-, Java-, Sumatra- (Padang-), Celebes- (Menado-) Kaffee;

e) arabischer (Mokka-) Kaffee;

f) afrikanischer Kaffee:
abessinischer (Mokka-), ostafrikanischer, westafrikanischer, Kongo-Kaffee;

2. nach der pflanzlichen Abstammung:
Kaffee von **Coffea arabica L.**, Kaffee von **Coffea liberica Bull.** (Liberia-Kaffee);

3. nach der Stufe der Zubereitung:
roher, gerösteter, gemahlener Kaffee.

(4) Der Wassergehalt des gerösteten Kaffees schwankt zwischen 1,5 und 5 Hundertteilen.

(5) Perlkaffee ist Kaffee aus einsamig entwickelten Kaffeefrüchten.

(6) Bruchkaffee (Kaffeebruch) sind zerbrochene Kaffeebohnen.

(7) Ausschußkaffee ist Kaffee, der vorwiegend aus den bei der Verlesung von Kaffee abfallenden Bohnen und deren Bruchstücken besteht.

(8) Kaffeemischungen und gleichsinnig bezeichnete Erzeugnisse sind Gemische verschiedener Kaffeesorten.

(9) Kaffee-Extrakt und Kaffee-Essenz sind ausschließlich aus gerösteten, zerkleinerten Kaffeebohnen hergestellte, mehr oder weniger eingedickte, wässerige Auszüge.

(10) **Koffeinarmer Kaffee** ist Kaffee, dessen Koffeingehalt höchstens 0,2 Hundertteile beträgt.

(11) **Koffeinfreier Kaffee** ist Kaffee, dessen Koffeingehalt höchstens 0,08 Hundertteile beträgt.

Verbote zum Schutze der Gesundheit.

§ 2. (1) Es ist insbesondere verboten:

1. Kaffee, Kaffeemischungen, Kaffee-Extrakt oder Kaffee-Essenz mit gesundheitsschädlichen Farbstoffen zu färben;
2. Kaffee oder Kaffeemischungen mit arsenhaltigem Schellack oder mit sonstigen Glasurmitteln zu überziehen, deren Genuß die menschliche Gesundheit zu schädigen geeignet ist;
3. Kaffee, Kaffeemischungen, Kaffee-Extrakt oder Kaffee-Essenz mit Borsäure, deren Salzen oder deren Verbindungen zu behandeln.

(2) Es ist verboten, derartig hergestellte Erzeugnisse in den Verkehr zu bringen.

Grundsätze für die Beurteilung.

§ 3. Als **verdorben** sind insbesondere anzusehen und auch bei Kenntlichmachung vom Verkehr ausgeschlossen:

1. Kaffee, der infolge unzweckmäßiger Art der Ernte oder der weiteren Behandlung, infolge Beschädigung durch See- oder Flußwasser (Havarie), ungeeigneter Lagerung oder anderer Zustände in rohem oder geröstetem Zustande oder in dem daraus bereiteten Getränk eine derart ungewöhnliche Beschaffenheit, insbesondere einen so fremdartigen oder widerwärtigen Geruch oder Geschmack aufweist, daß er zum Genuß ungeeignet ist;
2. Kaffee, der stark von Schimmel befallen oder stark verunreinigt ist;
3. gerösteter Kaffee, der ganz oder zu einem erheblichen Teil verkohlt ist;
4. gerösteter Kaffee, der aus verdorbenem rohen Kaffee hergestellt ist;
5. Kaffee-Extrakt und Kaffee-Essenz, die aus verdorbenem Kaffee hergestellt sind.

§ 4. Als nachgemacht sind insbesondere anzusehen und auch bei Kenntlichmachung vom Verkehr ausgeschlossen künstliche Kaffeebohnen.

§ 5. Als verfälscht sind insbesondere anzusehen und, außer in den Fällen der Nr. 3, 10, 15, 18, auch bei Kenntlichmachung vom Verkehr ausgeschlossen:

1. roher Kaffee, der mehr als 5 Hundertteile fremde Bestandteile enthält, ausgenommen Ausschußkaffee und unverlesener Kaffee;
2. gerösteter Kaffee, der mehr als 3 Hundertteile fremde Bestandteile enthält, ausgenommen Ausschußkaffee und unverlesener Kaffee;
3. durch See- oder Flußwasser in seinem Genußwerte wesentlich herabgesetzter (havarierter) Kaffee, auch wenn er mit anderem Kaffee gemischt ist, sofern nicht die minderwertige Beschaffenheit aus der Bezeichnung hervorgeht;
4. gerösteter Kaffee, der mehr als 5 Hundertteile Wasser enthält;
5. Kaffee, der zur Erhöhung des Gewichtes unmittelbar oder mittelbar mit Wasser beschwert worden ist;
6. Kaffee, dem Holzmehl oder andere bei seiner Reinigung verwendete Stoffe in einer technisch vermeidbaren Menge anhaften;
7. Kaffee, dessen minderwertige Beschaffenheit durch Farb- oder Überzugsstoffe verdeckt worden ist;
8. gerösteter Kaffee, der künstlich gefärbt ist;
9. gerösteter Kaffee, der mit anderen Überzugsstoffen versehen ist als Rüben- oder Rohrzucker, Stärkezucker (Kandiermittel), arsenfreiem Schellack, anderen gesundheitsunschädlichen Harzen oder Wachsen oder Gemischen von solchen (Glasurmittel);
10. gerösteter Kaffee, der mit den nach Nr. 9 zulässigen Kandiermitteln versehen und nicht als kandiert gekennzeichnet ist;
11. kandierter Kaffee, bei dem auf 100 Teile rohen Kaffee mehr als 8 Teile Zucker verwendet sind und der mehr als 4 Hundertteile abwaschbare Stoffe enthält;

12. kandierter Kaffee, bei dem auf 100 Teile rohen Kaffee mehr als 0,5 Teile Glasurmittel mitverwendet worden sind;
13. glasierter Kaffee, bei dem auf 100 Teile rohen Kaffee mehr als 0,5 Teile Glasurmittel verwendet worden sind;
14. Kaffee, der mit Alkali- oder Erdalkali-Hydroxyden oder -Karbonaten, Zuckerkalk (Kalziumsaccharat), Ammoniak, Ammoniumsalzen oder schwefliger Säure behandelt worden ist;
15. Kaffee, dem Koffein entzogen worden ist, sofern er nicht als koffeinarm bzw. koffeinfrei gekennzeichnet ist;
16. Kaffee, dem, unbeschadet kleiner technisch nicht vermeidbarer Mengen bei der Herstellung von koffeinarmem oder koffeinfreiem Kaffee, andere wasserlösliche Bestandteile entzogen worden sind;
17. Kaffee, dem künstliche Kaffeebohnen, Lupinen, Sojabohnen oder andere Kaffee-Ersatzstoffe oder Kaffee-Zusatzstoffe beigemischt sind, die in der Mischung mit Kaffeebohnen mit diesen verwechselt werden können;
18. Kaffee, dem andere als die in Nr. 17 bezeichneten Kaffee-Ersatzstoffe oder Kaffee-Zusatzstoffe beigemischt sind, sofern nicht die Mischung als Kaffee-Ersatz-Mischung gekennzeichnet und der Mindestgewichtsanteil des Kaffees in der Mischung zahlenmäßig richtig angegeben ist;
19. Kaffee, dem andere als die nach Nr. 9, 18 zulässigen Stoffe beigemischt sind.

§ 6. Eine irreführende Bezeichnung, Angabe oder Aufmachung liegt insbesondere vor:

1. wenn im Verkehr mit Kaffee, Kaffee-Ersatzstoffen oder Kaffee-Zusatzstoffen ein Erzeugnis, das den im § 1 gegebenen Begriffsbestimmungen nicht entspricht, als Kaffee oder als eine bestimmte Kaffeesorte oder, vorbehaltlich des § 5 Nr. 5 der Verordnung über Kaffee-Ersatzstoffe und Kaffee-Zusatzstoffe vom 10. Mai 1930 (Reichsgesetzbl. I S. 171), mit einer das Wort Kaffee enthaltenden Wortbildung bezeichnet wird;
2. wenn ein Kaffee mit einer Herkunftsbezeichnung versehen

wird, ohne aus dem entsprechenden Erzeugungsgebiet zu stammen;

3. wenn eine Kaffeemischung mit einer Herkunftsbezeichnung versehen wird, ohne daß der aus dem entsprechenden Erzeugungsgebiete stammende Anteil der Menge nach überwiegt und die Eigenart der Mischung bestimmt;
4. wenn ein Kaffee, der mehr als 0,2 Hundertteile Koffein enthält, als koffeinarm oder gleichsinnig bezeichnet wird;
5. wenn ein Kaffee, der mehr als 0,08 Hundertteile Koffein enthält, als koffeinfrei oder gleichsinnig bezeichnet wird;
6. wenn ein Erzeugnis als Kaffee-Extrakt oder als Kaffee-Essenz bezeichnet wird, ohne der Begriffsbestimmung im § 1 Abs. 9 zu entsprechen;
7. wenn im Verkehr mit Kaffee entgegen den Tatsachen auf eine besonders gute Beschaffenheit oder eine besonders sorgfältige Art der Herstellung hingewiesen wird;
8. wenn einem Kaffee entgegen den Tatsachen eine besondere diätetische oder gesundheitliche Wirkung zugeschrieben wird.

Maschinen zur Herstellung künstlicher Kaffeebohnen.

§ 7. Es ist verboten, Maschinen oder Vorrichtungen, die zur Herstellung künstlicher Kaffeebohnen bestimmt sind, herzustellen oder in den Verkehr zu bringen.

Inkrafttreten.

§ 8. Diese Verordnung tritt am 1. Oktober 1930 in Kraft; gleichzeitig tritt die Verordnung, betreffend das Verbot von Maschinen zur Herstellung künstlicher Kaffeebohnen, vom 1. Februar 1891 (Reichsgesetzbl. S. 11) außer Kraft.

72. Verordnung über Kaffee-Ersatzstoffe und Kaffee-Zusatzstoffe.

Vom 10. Mai 1930 (RGBl. I S. 171).

Begriffsbestimmungen.

§ 1. (1) Kaffee-Ersatzstoffe sind durch Rösten von Pflanzenteilen, auch unter Zusatz anderer Stoffe, hergestellte Erzeugnisse, die durch Ausziehen mit heißem Wasser ein kaffeeähnliches Getränk liefern und bestimmt sind, als Ersatz des Kaffees oder als Zusatz zu ihm zu dienen.

(2) Kaffee-Zusatzstoffe (Kaffee-Gewürze) sind durch Rösten von Pflanzenteilen oder Pflanzenstoffen oder Zuckerarten oder Gemischen dieser Stoffe, auch unter Zusatz anderer Stoffe, hergestellte Erzeugnisse, die bestimmt sind, als Zusatz zu Kaffee oder Kaffee-Ersatzstoffen zu dienen.

(3) Kaffee-Ersatzstoffe und Kaffee-Zusatzstoffe sind Kaffee-Ersatzmittel im Sinne des § 1 Abs. 1 Nr. 16 der Verordnung über die äußere Kennzeichnung von Lebensmitteln vom 29. September 1927 (Reichsgesetzbl. I S. 318).

(4) Als Rohstoffe für die Herstellung von Kaffee-Ersatzstoffen und Kaffee-Zusatzstoffen werden im allgemeinen verwendet:

1. Gerste, Roggen und andere stärkereiche Früchte;
2. Gerstenmalz, Roggenmalz und anderes gemälztes Getreide;
3. Zichorien, Zuckerrüben und andere Wurzelgewächse;
4. Feigen, Johannisbrot und andere zuckerreiche Früchte;
5. Erdnüsse, Sojabohnen und andere öl- und fettreiche Samen, auch teilweise oder ganz entölt;
6. Eicheln und andere gerbstoffreiche Pflanzenteile;
7. Zuckerarten.

(5) Als Zusatz- oder Überzugsstoffe werden vor, bei oder nach dem Rösten zucker-, gerbsäure- und koffeinhaltige Pflanzenauszüge, Kolanüsse, Speisefette und Speiseöle, Speisesalz (Chlornatrium), Alkalikarbonate, Rüben- oder Rohrzucker, Zuckersirup, Invertzucker, Stärkezucker, Stärkesirup, arsenfreier Schellack oder andere gesundheitsunschädliche Harze und Wachse verwendet.

(6) Gersten-, Roggen- (Korn-), Weizenkaffee sind aus den gereinigten Früchten der betreffenden Pflanzen durch Rösten hergestellte Erzeugnisse, die einen Weich- oder Dämpfungsprozeß durchgemacht haben. Gersten-, Roggen- (Korn-), Weizenkaffee enthalten bis zu 12 Hundertteile Wasser und liefern bis zu 4 Hundertteile Asche.

(7) Malzkaffee ist das aus Gerstenmalz durch Rösten mit oder ohne nachherige Behandlung mit Wasserdampf hergestellte

Erzeugnis. Malzkaffee enthält bis zu 12 Hundertteile Wasser und liefert bis zu 4 Hundertteile Asche.

(8) Roggen (Korn) malzkaffee, Weizenmalzkaffee sind aus Roggen- oder Weizenmalz in gleicher Weise wie Malzkaffee hergestellte Erzeugnisse. Roggen(Korn)malzkaffee, Weizenmalzkaffee enthalten bis zu 12 Hundertteile Wasser und liefern bis zu 4 Hundertteile Asche.

(9) Zichorienkaffee (Zichorie) ist das aus den gereinigten Wurzeln der Zichorie (Cichorium intybus), auch unter Zusatz von Zuckerrüben, geringen Mengen von Speisefetten, Speiseöl, Speisesalz (Chlornatrium), Alkalikarbonaten, durch Rösten und Zerkleinern mit oder ohne nachherige Behandlung mit Wasserdampf oder Wasser hergestellte Erzeugnis. Zichorienkaffee enthält bis zu 30 Hundertteile Wasser und liefert bis zu 8 Hundertteile Asche.

(10) Feigenkaffee ist das aus Feigen, den Scheinfrüchten des Feigenbaums (Ficus carica), durch Rösten und Zerkleinern, mit oder ohne nachherige Behandlung mit Wasserdampf oder Wasser hergestellte Erzeugnis. Feigenkaffee enthält bis zu 20 Hundertteile Wasser und liefert bis zu 7 Hundertteile Asche.

(11) Eichelkaffee ist das aus den von der Fruchtschale und dem größten Teile der Samenschale befreiten Samen der Eiche (Quercus-Arten) durch Rösten und Zerkleinern, mit oder ohne nachherige Behandlung mit Wasserdampf oder Wasser hergestellte Erzeugnis. Eichelkaffee enthält bis zu 15 Hundertteile Wasser und liefert bis zu 4 Hundertteile Asche.

(12) Kaffee-Ersatz-Mischungen und gleichsinnig bezeichnete Erzeugnisse sind Mischungen von Kaffee-Ersatzstoffen, auch mit Kaffee-Zusatzstoffen und auch mit Bohnenkaffee.

(13) Kaffee-Ersatz-Extrakt und Kaffeezusatz-Extrakt sind aus Kaffee-Ersatzstoffen oder Kaffee-Zusatzstoffen hergestellte, mehr oder weniger eingedickte, wässerige Auszüge.

(14) Kaffee-Ersatz-Essenz und Kaffeezusatz-Essenz sind aus Zuckerarten, zuckerhaltigen Säften, Melasse oder Gemischen dieser Stoffe durch Karamelisieren hergestellte Erzeugnisse.

Verbote zum Schutze der Gesundheit.

§ 2. (1) Es ist insbesondere verboten:

1. bei der Herstellung von Kaffee-Ersatzstoffen oder Kaffee-Zusatzstoffen solche Pflanzenteile oder Stoffe, auch in Lösung, zu verwenden, welche die menschliche Gesundheit zu schädigen geeignet sind, unbeschadet der Verwendung von Aromastoffen in gesundheitlich unbeschränkten Mengen;
2. Kaffee-Ersatzstoffe aus Getreide herzustellen, das nicht von giftigen Samen, insbesondere Kornraden- und Taumellolch-samen sowie von Mutterkorn bis auf technisch nicht vermeidbare Mengen befreit worden ist.

(2) Es ist verboten, derartig hergestellte Erzeugnisse in den Verkehr zu bringen.

Grundsätze für die Beurteilung.

§ 3. Als verdorben sind insbesondere anzusehen und auch bei Kenntlichmachung vom Verkehr ausgeschlossen:

1. Kaffee-Ersatzstoffe und Kaffee-Zusatzstoffe, die aus verdorbenen oder stark verunreinigten Rohstoffen hergestellt sind;
2. Kaffee-Ersatzstoffe und Kaffee-Zusatzstoffe, die stark von Schimmel befallen oder sauer geworden sind;
3. Kaffee-Ersatzstoffe und Kaffee-Zusatzstoffe, die als solche oder in dem daraus bereiteten Getränk einen ekelerregenden Geruch oder Geschmack aufweisen;
4. Kaffee-Ersatzstoffe und Kaffee-Zusatzstoffe, die durch Pflanzenschädlinge (z. B. Larven, Käfer, Milben) oder auf andere Weise stark verunreinigt sind;
5. Kaffee-Ersatzstoffe und Kaffee-Zusatzstoffe, die ganz oder zu einem erheblichen Teil verkohlt sind.

§ 4. Als verfälscht sind insbesondere anzusehen und auch bei Kenntlichmachung vom Verkehr ausgeschlossen:

1. Kaffee-Ersatzstoffe und Kaffee-Zusatzstoffe, die aus ungenügend gereinigten Rohstoffen hergestellt sind;
2. Kaffee-Ersatzstoffe und Kaffee-Zusatzstoffe, die ausgelaugte Zuckerrübenschnitzel, Obsttrester oder ähnliche Abfälle,

Steinnußabfälle, Nußschalen, Steinobstkerne, ausgelaugten Kaffee (Kaffeesatz), Farbstoffe oder andere für den Genuß des daraus bereiteten Getränkes wertlose Stoffe enthalten;

3. Kaffee-Ersatzstoffe und Kaffee-Zusatzstoffe, die unter Verwendung von Mineralölen, von Glyzerin oder von Melasse, die weniger als 45 Hundertteile Gesamtzucker enthält, hergestellt sind;
4. Kaffee-Ersatzstoffe und Kaffee-Zusatzstoffe, die andere als die nach § 1 Abs. 5 zulässigen Zusatz- oder Überzugsstoffe enthalten;
5. Kaffee-Ersatzstoffe und Kaffee-Zusatzstoffe, die infolge Verwendung von koffeinhaltigen Pflanzenauszügen Koffein in größerer Menge als 0,2 vom Hundert enthalten;
6. Kaffee-Ersatzstoffe aus gemälztem oder ungemälztem Getreide mit einem Wassergehalt von mehr als 12, aus Zichorien oder ähnlichen Wurzelgewächsen von mehr als 30, aus Feigen oder anderen zuckerreichen Früchten von mehr als 20, aus Eicheln oder anderen gerbstoffreichen Pflanzenteilen von mehr als 15, aus öl- oder fettreichen Samen von mehr als 10 Hundertteilen;
7. andere als die in Nr. 6 bezeichneten Kaffee-Ersatzstoffe sowie Kaffee-Zusatzstoffe mit einem höheren Wassergehalt, als einer handelsüblichen Ware entspricht;
8. Kaffee-Ersatzstoffe und Kaffee-Zusatzstoffe aus Getreide oder anderen stärkereichen Früchten, die mehr als 4, aus Zichorien oder ähnlichen Wurzelgewächsen, die mehr als 8, aus Feigen oder anderen zuckerreichen Früchten, die mehr als 7, aus öl- oder fettreichen Samen, die mehr als 7 Hundertteile Asche liefern;
9. andere als die in Nr. 8 bezeichneten Kaffee-Ersatzstoffe und Kaffee-Zusatzstoffe, die mehr Asche liefern, als einer handelsüblichen Ware entspricht;
10. Kaffee-Ersatzstoffe und Kaffee-Zusatzstoffe aus Zichorien oder ähnlichen Wurzelgewächsen mit einem Sandgehalt von mehr als 2,5, aus Getreide oder anderen stärkereichen Früchten, aus Feigen oder anderen zuckerreichen Früchten

oder aus öl- oder fettreichen Samen von mehr als 1 Hundertteil;

11. andere als die in Nr. 10 bezeichneten Kaffee-Ersatzstoffe mit einem höheren Sandgehalt, als einer handelsüblichen Ware entspricht;

12. Malzkaffee, sofern in weniger als 70 Hundertteilen der Körner der Blattkeim noch nicht bis mindestens zur Hälfte der Kornlänge entwickelt ist.

§ 5. Eine irreführende Bezeichnung, Angabe oder Aufmachung liegt insbesondere vor:

1. wenn Erzeugnisse als Kaffee-Ersatzstoffe oder Kaffee-Zusatzstoffe oder gleichsinnig bezeichnet werden, ohne den im § 1 gegebenen Begriffsbestimmungen zu entsprechen;

2. wenn Kaffee-Ersatzstoffe oder Kaffee-Zusatzstoffe als kandiert oder gleichsinnig bezeichnet werden und die Menge der abwaschbaren Stoffe in der fertigen Ware weniger als 2 vom Hundert beträgt;

3. wenn Kaffee-Ersatzstoffe oder Kaffee-Zusatzstoffe, auch in Mischungen mit Kaffee, als Kaffee oder mit Namen von Kaffeesorten oder als Kaffeemischung oder gleichsinnig bezeichnet werden;

4. wenn bei Kaffee-Ersatz-Mischungen, die Kaffee enthalten, die Kennzeichnung als Kaffee-Ersatz-Mischung fehlt oder der Anteil des Kaffees in der Mischung nicht zahlenmäßig richtig angegeben ist;

5. wenn Kaffee-Ersatzstoffe oder Kaffee-Zusatzstoffe mit Wortbildungen bezeichnet werden, die das Wort Kaffee enthalten, ausgenommen: Malzkaffee, Roggenmalzkaffee oder Kornmalzkaffee, Weizenmalzkaffee, Gerstenkaffee, Roggenkaffee oder Kornkaffee, Weizenkaffee, Zichorienkaffee, Feigenkaffee, Eichelkaffee, Kaffeegewürz, Kaffee-Ersatz-Extrakt oder Kaffeezusatz-Extrakt, Kaffee-Ersatz-Essenz oder Kaffeezusatz-Essenz, Kaffee-Surrogat, Kaffee-Ersatz, Kaffee-Zusatz, Kaffee-Ersatz-Mischung, Kaffeezusatz-Mischung;

6. wenn in den Bezeichnungen „Kaffee-Ersatzstoff" „Kaffee-

Zusatzstoff" oder in den sonst nach Nr. 5 zulässigen Wortbildungen das Wort „Kaffee" durch die Art des Druckes oder auf andere Weise gegenüber den übrigen Bestandteilen dieser Wortbildungen besonders hervorgehoben ist;

7. wenn Kaffee-Ersatzstoffe oder Kaffee-Zusatzstoffe mit einer nach Nr. 5 zulässigen Wortbildung nach einem bestimmten Rohstoff bezeichnet werden, aber nicht ausschließlich aus diesem Rohstoff hergestellt sind, unbeschadet des Zusatzes von Zuckerrüben zu Zichorie bis zu 25 Hundertteilen des Gesamtgewichts;
8. wenn Kaffee-Ersatzstoffe oder Kaffee-Zusatzstoffe mit anderen als den nach Nr. 5 zulässigen Bezeichnungen versehen sind, sofern sie nicht gleichzeitig deutlich sichtbar die Bezeichnung „Kaffee-Ersatzstoff" oder „Kaffee-Zusatzstoff" tragen;
9. wenn im Verkehr mit Kaffee-Ersatzstoffen oder Kaffee-Zusatzstoffen entgegen den Tatsachen auf eine besonders gute Beschaffenheit oder eine besonders sorgfältige Art der Herstellung hingewiesen wird;
10. wenn Kaffee-Ersatzstoffen oder Kaffee-Zusatzstoffen entgegen den Tatsachen eine besondere diätetische oder gesundheitliche Wirkung zugeschrieben wird;
11. wenn im Verkehr mit Kaffee-Ersatzstoffen oder Kaffee-Zusatzstoffen durch Umhüllungen, Bezettelungen oder Anpreisungen in Wort oder Bild auf Kaffee, seine Herkunft oder seine Gewinnung hingewiesen wird.

Inkrafttreten.

§ 6. Diese Verordnung tritt am 1. Oktober 1930 in Kraft.

73. Verordnung über Obsterzeugnisse.

Vom 15. Juli 1933 (RGBl. I S. 495).

§ 1. Als Obsterzeugnisse im Sinne dieser Verordnung gelten Obstkonfitüren, Marmeladen, Pflaumenmus, Obstsäfte, Obstsirupe, Obstgelee und Obstkraut.

Abschnitt I.

Obstkonfitüren und Marmeladen.

Begriffsbestimmungen.

§ 2. (1) Obstkonfitüren (Jams) sind aus einer Obstart hergestellte dickbreiig-stückige, streichfähige Zubereitungen, die in der Regel im fertigen Erzeugnis Obststücke erkennen lassen. Sie werden durch Einkochen von unzerteiltem oder in Stücke geschnittenem frischem oder frisch erhaltenem, entkerntem oder entsteintem Obstfruchtfleisch oder von Obstpülpe einer Obstart und technisch reinem weißem Verbrauchszucker (Saccharose) hergestellt. Zur Einwaage werden auf mindestens 45 Teile Obstfruchtfleisch höchstens 55 Teile Verbrauchszucker, bei Obstkonfitüren aus Zitrusfrüchten auf mindestens 30 Teile Obstfruchtfleisch höchstens 70 Teile Verbrauchszucker verwendet. Obstkonfitüren werden auch unter Verwendung von ungeschältem Obst, einer geringen Menge Obstpektin oder Obstgeliersaft, Stärkesirup, Weinsäure oder Milchsäure hergestellt. Sie werden mit dem Namen der verwendeten Obstart bezeichnet.

(2) Marmeladen sind dickbreiige, streichfähige Zubereitungen, die durch Einkochen von frischem oder frisch erhaltenem, entkerntem oder entsteintem Obstfruchtfleisch oder von Obstpülpe oder Obstmark und technisch reinem weißem Verbrauchszucker (Saccharose) hergestellt sind. Zur Einwaage werden bei Einfruchtmarmeladen auf mindestens 45, bei Mehrfruchtmarmeladen (Abs. 3 Nr. 2) und Gemischten Marmeladen (Abs. 3 Nr. 3) auf mindestens 25 Teile Obstfruchtfleisch höchstens 55 Teile Verbrauchszucker verwendet. Marmeladen werden auch unter Verwendung von ungeschältem Obst, einer geringen Menge Obstpektin oder Obstgeliersaft, Stärkesirup, Weinsäure oder Milchsäure, Aprikosenmarmelade auch unter Verwendung von getrockneten Aprikosen hergestellt.

(3) Als Marmeladensorten werden unterschieden:

1. Einfruchtmarmeladen: Marmeladen, die aus einer Obstart hergestellt sind; sie werden mit dem Namen dieser Obstart bezeichnet;

2. Mehrfruchtmarmeladen: Marmeladen, die aus 2 bis höchstens 4 verschiedenen Obstarten hergestellt sind. Unter Verwendung von Äpfeln oder Birnen oder von beiden Früchten zusammen hergestellte Mehrfruchtmarmeladen enthalten vom Obstanteil der Einwaage höchstens 50 Hundertteile an Äpfeln oder Birnen oder an beiden Früchten zusammen. Mehrfruchtmarmeladen werden mit dem Namen der verwendeten Obstarten bezeichnet;
3. Gemischte Marmeladen: Marmeladen, die aus verschiedenen — der Zahl nach nicht beschränkten — Obstarten hergestellt sind. Unter Verwendung von Äpfeln oder Birnen oder von beiden Früchten zusammen hergestellte Gemischte Marmeladen enthalten vom Obstanteil der Einwaage höchstens 50 Hundertteile an Äpfeln oder Birnen oder an beiden Früchten zusammen.

§ 3. (1) Obstpülpe ist ein nicht zum unmittelbaren Genuß geeignetes, aus frischem Obst hergestelltes Halberzeugnis, das neben Obstbestandteilen in breiig-stückiger Form auch unzerteilte Früchte und große Fruchtstücke enthält.

(2) Obstmark ist ein nicht zum unmittelbaren Genuß geeignetes Halberzeugnis aus mehr oder weniger fein zerteiltem frischem Obst.

(3) Obstpektin sind aus Obstrückständen hergestellte flüssige oder pulverförmige Zubereitungen, meist mit einem geringen Zusatz von Weinsäure oder Milchsäure. Flüssiges Obstpektin ist in 3 Zentimeter hoher Schicht durchscheinend und enthält mindestens 2,5 Hundertteile Pektinstoff (berechnet als Kalziumpektat); der Pektingehalt beträgt mindestens 25 Hundertteile der Trockenmasse. Pulverförmiges Obstpektin entspricht in 10prozentiger wässeriger Lösung diesen Bedingungen. Obstpektin wird mit dem Namen der verwendeten Obstart bezeichnet.

(4) Obstgeliersäfte sind Zubereitungen, die aus frischen Früchten einer pektinreichen Obstart durch Behandeln mit Wasser hergestellt werden. Obstgeliersäfte enthalten höchstens 2 Hundertteile Pektinstoff (berechnet als Kalziumpektat) und höchstens 15 Hundertteile Trockenmasse. Obstgeliersäfte werden

mit dem Namen der verwendeten Obstart bezeichnet, z. B. als Apfelgeliersaft, Stachelbeergeliersaft.

Verbote zum Schutze der Gesundheit.

§ 4. Es ist insbesondere verboten:

1. die in §§ 2, 3 bezeichneten Erzeugnisse so herzustellen, daß sie Arsen, Blei oder Zink oder mehr als technisch nicht vermeidbare Mengen Antimon oder Kupfer enthalten;

2. solche Erzeugnisse anzubieten, zum Verkaufe vorrätig zu halten, feilzuhalten, zu verkaufen oder sonst in den Verkehr zu bringen.

Grundsätze für die Beurteilung.

§ 5. Als verdorben sind insbesondere anzusehen und auch bei Kenntlichmachung vom Verkehr ausgeschlossen:

1. Obstkonfitüren und Marmeladen, die verschimmelt oder stark verunreinigt sind oder fremdartig oder ekelerregend riechen oder schmecken;
2. aus verdorbenen Früchten oder verdorbener Obstpülpe oder verdorbenem Obstmark oder anderen verdorbenen Rohstoffen zubereitete Obstkonfitüren und Marmeladen, unbeschadet der Unterdrückung einer leichten Gärung der verwendeten Früchte durch Erhitzen;
3. Obstkonfitüren und Marmeladen, die in starke alkoholische oder saure Gärung übergegangen sind;
4. Obstkonfitüren und Marmeladen, die angebrannt sind.

§ 6. Als nachgemacht sind insbesondere anzusehen und auch bei Kenntlichmachung vom Verkehr ausgeschlossen Erzeugnisse, die als Obstkonfitüren oder Marmeladen in den Verkehr gebracht werden oder die nach Aussehen, Konsistenz, Geruch und Geschmack einem dieser Erzeugnisse ähnlich sind, sofern sie ganz aus Obstrückständen oder ganz oder teilweise aus anderen Pflanzenteilen hergestellt sind, ausgenommen Hagebuttenmark und Hagebuttenmarmelade.

§ 7. Als verfälscht sind insbesondere anzusehen und, außer in den Fällen der Nr. 4, 9, 12, 14, auch bei Kenntlichmachung vom Verkehr ausgeschlossen:

1. Obstkonfitüren und Marmeladen, bei deren Herstellung Obstrückstände mitverwendet worden sind;
2. Obstkonfitüren und Marmeladen, bei deren Herstellung andere Aromastoffe verwendet worden sind als diejenigen, die beim Einkochen des Erzeugnisses entwichen, mit Hilfe von Kondensationsvorrichtungen wiedergewonnen und demselben Erzeugnis zugesetzt worden sind;
3. Obstkonfitüren und Einfruchtmarmeladen, die mehr als 35, Mehrfruchtmarmeladen und Gemischte Marmeladen, die mehr als 42 Hundertteile Wasser enthalten;
4. Obstkonfitüren und Marmeladen, bei deren Herstellung künstliche Farbstoffe verwendet worden sind, sofern sie nicht als „gefärbt" kenntlich gemacht sind;
5. Obstkonfitüren und Marmeladen, bei deren Herstellung Mineralstoffe verwendet worden sind;
6. Obstkonfitüren und Marmeladen, bei deren Herstellung Agar-Agar, Gelatine oder andere nicht im Obst enthaltene Gelierstoffe verwendet worden sind;
7. Obstkonfitüren und Einfruchtmarmeladen, bei deren Herstellung Obstpektin oder Obstgeliersaft oder beide Erzeugnisse zusammen in einer Menge verwendet worden sind, die mehr als 0,3 Hundertteilen Pektinstoff (berechnet als Kalziumpektat und bezogen auf das Fertigerzeugnis) entspricht; Mehrfruchtmarmeladen und Gemischte Marmeladen, bei deren Herstellung Obstpektin oder Obstgeliersaft oder beide Erzeugnisse zusammen in einer Menge verwendet worden sind, die mehr als 0,5 Hundertteilen Pektinstoff (berechnet als Kalziumpektat und bezogen auf das Fertigerzeugnis) entspricht.
8. Obstkonfitüren und Marmeladen, die mehr als 0,5 Hundertteile zugesetzte Weinsäure oder Milchsäure enthalten;
9. Obstkonfitüren und Einfruchtmarmeladen, bei deren Herstellung mehr als 5 Hundertteile Stärkesirup verwendet worden sind, sofern nicht das Erzeugnis durch die Worte „mit Stärkesirup" kenntlich gemacht ist, vorbehaltlich der Bestimmung in Nr. 10;

10. Obstkonfitüren und Marmeladen, bei deren Herstellung mehr als 12 Hundertteile Stärkesirup verwendet worden sind;
11. Obstkonfitüren, die unter Verwendung von getrocknetem Obst hergestellt worden sind;
12. Marmeladen, die unter Verwendung von getrocknetem Obst hergestellt worden sind, ausgenommen Aprikosenmarmelade, sofern sie als „Aprikosenmarmelade aus getrockneten Aprikosen" kenntlich gemacht ist;
13. Mehrfruchtmarmeladen und Gemischte Marmeladen, bei deren Herstellung vom Obstanteil der Einwaage mehr als 50 Hundertteile an Äpfeln oder Birnen oder an beiden Früchten zusammen verwendet worden sind;
14. aus mehreren Obstarten hergestellte Marmeladen, die der Begriffsbestimmung für Mehrfruchtmarmeladen nicht entsprechen, sofern sie nicht als „Gemischte Marmelade" kenntlich gemacht sind;
15. Obstpülpe und Obstmark, denen fremde Stoffe zugesetzt worden sind;
16. Obstpektin, dessen Gehalt an Pektinstoff (berechnet als Kalziumpektat) weniger als 25 Hundertteile der Trockenmasse beträgt;
17. flüssiges Obstpektin und 10prozentige wässerige Lösungen von pulverförmigem Obstpektin, die weniger als 2,5 Hundertteile Pektinstoff (berechnet als Kalziumpektat) enthalten;
18. flüssiges Obstpektin und 10prozentige wässerige Lösungen von pulverförmigem Obstpektin, die zellige Elemente in makroskopisch wahrnehmbarer Menge enthalten oder in 3 Zentimeter hoher Schicht nicht durchscheinend sind;
19. Obstpektin, dem außer Weinsäure oder Milchsäure andere fremde Stoffe, insbesondere Mineralstoffe, zugesetzt worden sind;
20. Obstgeliersäfte, die mehr als 2 Hundertteile Pektinstoff (berechnet als Kalziumpektat) oder mehr als 15 Hundertteile Trockenmasse enthalten;

21. Obstgeliersäfte, die zellige Elemente in makroskopisch wahrnehmbarer Menge enthalten;
22. Obstgeliersäfte, denen fremde Stoffe zugesetzt worden sind.

§ 8. Eine irreführende Bezeichnung, Angabe oder Aufmachung liegt insbesondere vor:

1. wenn Erzeugnisse als Obstkonsitüren oder Marmeladen oder als bestimmte Obstkonsitüren- oder Marmeladensorten oder mit einer das Wort Obstkonsitüre oder Marmelade enthaltenden Wortbildung oder mit einem gleichsinnigen Ausdruck bezeichnet werden, ohne den Begriffsbestimmungen (§ 2) zu entsprechen;
2. wenn Obstkonsitüren oder Marmeladen mit Phantasienamen bezeichnet werden, sofern sie nicht zugleich die Bezeichnung der entsprechenden Obstkonsitüren- oder Marmeladesorte tragen;
3. wenn eine Obstkonsitüre oder Marmelade mit dem Namen einer bestimmten Obstart bezeichnet wird, aber nicht ausschließlich diese eine Obstart verwendet worden ist;
4. wenn bei einer Mehrfruchtmarmelade nicht sämtliche verwendeten Obstarten angegeben sind;
5. wenn Gemischte Marmeladen in ihrer Bezeichnung oder in sonstigen Angaben einen Hinweis auf bestimmte Obstarten enthalten;
6. wenn im Verkehr mit Obstkonsitüren und Marmeladen entgegen den Tatsachen auf eine besonders gute Beschaffenheit oder auf eine besonders sorgfältige Art der Herstellung hingewiesen wird;
7. wenn im Verkehr mit Obstkonsitüren und Marmeladen durch Umhüllungen, Bezettelungen oder Anpreisungen in Wort oder Bild auf eine den Tatsachen nicht entsprechende Beschaffenheit, insbesondere im Verkehr mit Gemischten Marmeladen auf Obstarten oder im Verkehr mit Marmeladen aus Trockenaprikosen auf frische Früchte hingewiesen wird;
8. wenn einer Obstkonsitüre oder einer Marmelade entgegen

den Tatsachen eine besondere diätetische Wirkung zugeschrieben wird.

Abschnitt II.

Pflaumenmus.

Begriffsbestimmungen.

§ 9. (1) Pflaumenmus (Zwetschenmus, Zwetschgenmus, Zwetschgengesälz) sind dickbreiige, streichfähige Zubereitungen, die durch Einkochen des Pflaumenmarks aus frischen, auch getrockneten Pflaumen (Zwetschen, Zwetschgen) oder aus einem Gemisch dieser beiden hergestellt sind. Pflaumenmus wird zuweilen unter Verwendung von technisch reinem weißem Verbrauchszucker (Saccharose) und einer geringen Menge Weinsäure oder Milchsäure hergestellt.

(2) Als Pflaumenmussorten werden unterschieden:

1. Pflaumenmus: das Mus aus dem Pflaumenmark aus frischen Pflaumen;
2. Pflaumenmus gesüßt: das Mus aus dem Pflaumenmark aus frischen Pflaumen mit einem Zusatz von technisch reinem weißem Verbrauchszucker (Saccharose);
3. Pflaumenmus aus Trockenpflaumen: das Mus aus dem Pflaumenmark aus getrockneten Pflaumen, auch mit einem Zusatz von technisch reinem weißem Verbrauchszucker (Saccharose), Weinsäure oder Milchsäure;
4. Pflaumenmus aus Trockenpflaumen mit Zusatz von frischen Pflaumen: das Mus aus einem Gemisch des Pflaumenmarks aus frischen und getrockneten Pflaumen, das im Fertigerzeugnis mindestens 25 Hundertteile Mus aus frischen Pflaumen enthält und auch mit einem Zusatz von technisch reinem weißem Verbrauchszucker (Saccharose), Weinsäure oder Milchsäure hergestellt wird.

(3) Gemischtes Mus sind pflaumenmusähnliche Zubereitungen aus einem Gemisch von Pflaumenmark aus frischen oder getrockneten Pflaumen mit Mark aus einem anderen frischen oder getrockneten Obst, die im Fertigerzeugnis mindestens 50 Hundertteile Mus aus frischen oder getrockneten Pflaumen

enthalten und auch einem mit Zusatz von technisch reinem weißem Verbrauchszucker (Saccharose), Rübenkraut (Zuckerrübensaft) oder Speisesirup aus Entzuckerungsabläufen hergestellt werden.

(4) Pflaumenmark ist ein nicht zum unmittelbaren Genuß bestimmtes Halberzeugnis aus mehr oder weniger fein zerteilten frischen Pflaumen oder eingeweichten getrockneten Pflaumen, auch in eingedicktem Zustande.

Verbote zum Schutze der Gesundheit.

§ 10. Es ist insbesondere verboten:

1. die in § 9 bezeichneten Erzeugnisse so herzustellen, daß sie Arsen, Blei oder Zink oder mehr als technisch nicht vermeidbare Mengen Antimon oder Kupfer enthalten;
2. solche Erzeugnisse anzubieten, zum Verkaufe vorrätig zu halten, feilzuhalten, zu verkaufen oder sonst in den Verkehr zu bringen.

Grundsätze für die Beurteilung.

§ 11. Als verdorben sind insbesondere anzusehen und auch bei Kenntlichmachung vom Verkehr ausgeschlossen:

1. Pflaumenmus und Gemischtes Mus, die verschimmelt, stark verunreinigt oder mit Milben befallen sind oder fremdartig oder ekelerregend riechen oder schmecken;
2. aus verdorbenen Früchten oder verdorbenem Obstmark zubereitetes Pflaumenmus und Gemischtes Mus, unbeschadet der Unterdrückung einer leichten Gärung der verwendeten Früchte durch Erhitzen;
3. Pflaumenmus und Gemischtes Mus, die in starke alkoholische oder saure Gärung übergegangen sind;
4. Pflaumenmus und Gemischtes Mus, die angebrannt sind.

§ 12. Als nachgemacht sind insbesondere anzusehen und auch bei Kenntlichmachung vom Verkehr ausgeschlossen Erzeugnisse, die als Pflaumenmus oder Gemischtes Mus in den Verkehr gebracht werden oder die nach Aussehen, Konsistenz, Geruch und Geschmack einem dieser Erzeugnisse ähnlich sind, sofern sie ganz aus Obstrückständen oder ganz oder teilweise aus anderen als den in dieser Verordnung zugelassenen Pflanzenteilen hergestellt sind.

§ 13. Als verfälscht sind insbesondere anzusehen und, außer in den Fällen der Nr. 14, 16, 18 auch bei Kenntlichmachung vom Verkehr ausgeschlossen:

1. Pflaumenmus, bei dessen Herstellung anderes Obst als Pflaumen verwendet worden ist;
2. Pflaumenmus (§ 9 Abs. 2 Nr. 1), das nicht oder nicht ausschließlich aus dem Pflaumenmark (§ 9 Abs. 4) aus frischen Pflaumen hergestellt ist;
3. Pflaumenmus gesüßt, das nicht oder nicht ausschließlich aus dem Pflaumenmark (§ 9 Abs. 4) aus frischen Pflaumen und technisch reinem weißem Verbrauchszucker (Saccharose) hergestellt ist;
4. Pflaumenmus aus Trockenpflaumen mit Zusatz von frischen Pflaumen, das im Fertigerzeugnis weniger als 25 Hundertteile des Obstanteils an Mus aus frischen Pflaumen enthält;
5. Gemischtes Mus, das im Fertigerzeugnis weniger als 50 Hundertteile des Obstanteils an Pflaumenmus aus frischen oder getrockneten Pflaumen enthält;
6. Gemischtes Mus, bei dessen Herstellung außer Pflaumen mehr als ein weiteres Obst verwendet worden ist;
7. Pflaumenmus und Gemischtes Mus, bei deren Herstellung Obstrückstände mitverwendet worden sind;
8. Pflaumenmus und Gemischtes Mus, bei deren Herstellung Aromastoffe verwendet worden sind;
9. Pflaumenmus und Gemischtes Mus, die mehr als 47 Hundertteile Wasser enthalten;
10. Pflaumenmus und Gemischtes Mus, bei deren Herstellung Farbstoffe verwendet worden sind;
11. Pflaumenmus und Gemischtes Mus, bei deren Herstellung Mineralstoffe verwendet worden sind;
12. Pflaumenmus und Gemischtes Mus, bei deren Herstellung Obstpektin, Agar-Agar, Gelatine oder andere Gelierstoffe verwendet worden sind;

13. Pflaumenmus und Gemischtes Mus, bei deren Herstellung Stärkesirup verwendet worden ist;
14. Pflaumenmus, bei dessen Herstellung technisch reiner weißer Verbrauchszucker (Saccharose) verwendet worden ist, sofern nicht das Erzeugnis durch die Worte „mit Zucker" oder „gesüßt" kenntlich gemacht ist, jedoch vorbehaltlich der Bestimmung in Nr. 15;
15. Pflaumenmus und Gemischtes Mus, die mehr als 30 Teile technisch reinen weißen Verbrauchszucker (Saccharose) in 100 Teilen Mus enthalten;
16. Gemischtes Mus, bei dessen Herstellung Rübenkraut (Zuckerrübensaft) oder Speisesirup aus Entzuckerungsabläufen verwendet worden ist, sofern dieser Zusatz nicht kenntlich gemacht ist, vorbehaltlich der Bestimmung in Nr. 17;
17. Gemischtes Mus, bei dessen Herstellung mehr als die Hälfte des Zuckers durch Rübenkraut (Zuckerrübensaft) oder Speisesirup aus Entzuckerungsabläufen ersetzt worden ist;
18. Pflaumenmus und Gemischtes Mus, bei deren Herstellung Gewürze verwendet worden sind, sofern dieser Zusatz nicht durch das Wort „gewürzt" kenntlich gemacht ist;
19. Pflaumenmus aus Trockenpflaumen und Pflaumenmus aus Trockenpflaumen mit Zusatz von frischen Pflaumen, die mehr als 0,5 Hundertteile zugesetzte Weinsäure oder Milchsäure enthalten;
20. Pflaumenmark, dem fremde Stoffe zugesetzt worden sind.

§ 14. Eine irreführende Bezeichnung, Angabe oder Aufmachung liegt insbesondere vor:

1. wenn Erzeugnisse als Pflaumenmus oder als bestimmte Pflaumenmussorten oder als Gemischtes Mus oder mit einer die Worte Pflaumenmus oder Gemischtes Mus enthaltenden Wortbildung oder mit einem gleichsinnigen Ausdruck bezeichnet werden, ohne den Begriffsbestimmungen (§ 9) zu entsprechen;
2. wenn Pflaumenmus oder Gemischtes Mus mit Phantasienamen bezeichnet werden, sofern sie nicht zugleich die Be-

zeichnung der entsprechenden Sorte von Pflaumenmus oder Gemischtem Mus tragen;

3. wenn in der Bezeichnung von Gemischtem Mus der Name der verwendeten zweiten Obstart fehlt oder statt der verwendeten Obstart eine andere angegeben ist;
4. wenn im Verkehr mit Pflaumenmus oder Gemischtem Mus entgegen den Tatsachen auf eine besonders gute Beschaffenheit oder auf eine besonders sorgfältige Art der Herstellung hingewiesen wird;
5. wenn im Verkehr mit Pflaumenmus oder Gemischtem Mus durch Umhüllungen, Bezettelungen oder Anpreisungen in Wort oder Bild auf eine den Tatsachen nicht entsprechende Beschaffenheit der Erzeugnisse, insbesondere wenn im Verkehr mit Pflaumenmus, das nicht ausschließlich aus dem Mark frischer Pflaumen hergestellt ist, oder mit Gemischtem Mus auf frische Obstfrüchte hingewiesen wird;
6. wenn einem Pflaumenmus oder einem Gemischten Mus entgegen den Tatsachen eine besondere diätetische Wirkung zugeschrieben wird.

Abschnitt III.

Obstsäfte und Obstsirupe.

Begriffsbestimmungen.

§ 15. (1) Obstsäfte (Fruchtsäfte, Fruchtrohsäfte, Fruchtmuttersäfte) sind Zubereitungen, die durch Pressen von frischem oder vergorenem Obst einer Obstart mit oder ohne nachfolgende Filtration hergestellt sind. Obstsäfte aus Zitrusfrüchten enthalten meist einen geringen Zusatz von Schalenaroma. Obstsäfte werden mit dem Namen der verwendeten Obstart bezeichnet.

(2) Als Obstsaftsorten werden insbesondere unterschieden: Kirsch-, Himbeer-, Johannisbeer-, Erdbeer-, Apfel-, Birnen-, Zitronen-, Orangensaft.

(3) Als Kirschsaftsorten (Kirschmuttersaftsorten) werden unterschieden:

1. Kirschsaft, dunkler Sauerkirschsaft (Sauerkirschmuttersaft): der Saft aus dunklen Sauerkirschen, ausgenommen Schattenmorellen;
2. Heller Sauerkirschsaft (heller Sauerkirschmuttersaft): der Saft aus hellen Sauerkirschen sowie aus Schattenmorellen;
3. Gespriteter Kirschsaft: mehr oder weniger vergorener dunkler Sauerkirschsaft mit einem Gehalt bis zu 18 Raumhundertteilen Alkohol, von denen bis zu 15 Raumhundertteile in Form von Sprit zugesetzt sind;
4. Süßkirschsaft (Süßkirschmuttersaft): der Saft aus Süßkirschen aller Art.

§ 16. Obstsirupe (Fruchtsirupe) sind dickflüssige Zubereitungen, die durch Auskochen des Obstsaftes aus einer Obstart mit technisch reinem weißem Verbrauchszucker (Saccharose) hergestellt sind. Obstsirupe werden zuweilen auch auf kaltem Wege durch unmittelbares Behandeln von frischem Obst oder Obstsäften mit Verbrauchszucker, zuweilen auch unter Verwendung einer geringen Menge Weinsäure oder Milchsäure, hergestellt. Obstsirupe enthalten höchstens 68 Hundertteile Zucker, Obstsirupe aus Zitrusfrüchten enthalten meist einen geringen Zusatz von Schalenaroma. Obstsirupe werden mit dem Namen der verwendeten Obstart bezeichnet.

Ausnahmebestimmung.

§ 17. Säfte aus frischem Obst, die zum unmittelbaren Genuß unter Bezeichnungen wie Most, Obstmost, Süßmost, alkoholfreier Obstsaft in den Verkehr gelangen, sowie eingedickte Säfte und unter Verwendung von eingedickten Säften hergestellte Sirupe gelten nicht als Obstsäfte oder Obstsirupe im Sinne dieser Verordnung.

Verbote zum Schutz der Gesundheit.

§ 18. Es ist insbesondere verboten:

1. Obstsäfte und Obstsirupe so herzustellen, daß sie Arsen,

Blei oder Zink oder mehr als technisch nicht vermeidbare Mengen Antimon oder Kupfer enthalten;

2. solche Obstsäfte und Obstsirupe anzubieten, zum Verkaufe vorrätig zu halten, feilzuhalten, zu verkaufen oder sonst in den Verkehr zu bringen.

Grundsätze für die Beurteilung.

§ 19. Als verdorben sind insbesondere anzusehen und auch bei Kenntlichmachung vom Verkehr ausgeschlossen:

1. Obstsäfte und Obstsirupe, die verschimmelt oder stark verunreinigt sind oder fremdartig oder ekelerregend riechen oder schmecken;
2. aus verdorbenen Früchten zubereitete Obstsäfte und Obstsirupe, unbeschadet der Unterdrückung einer leichten Gärung durch Erhitzen;
3. Obstsäfte, die in stark saure, Obstsirupe, die in starke alkoholische oder saure Gärung übergegangen sind;
4. Obstsirupe, die angebrannt sind.

§ 20. Als nachgemacht sind insbesondere anzusehen und auch bei Kenntlichmachung vom Verkehr ausgeschlossen Erzeugnisse, die als Obstsaft oder Obstsirup in den Verkehr gebracht werden oder nach Aussehen, Geruch und Geschmack einem dieser Erzeugnisse ähnlich sind, sofern sie ganz aus Obstrückständen oder ganz oder teilweise aus anderen als den in dieser Verordnung zugelassenen Stoffen hergestellt sind. Ausgenommen sind die Säfte aus anderen Pflanzenteilen, sofern sie entsprechend bezeichnet sind, sowie Erzeugnisse aus anderen Stoffen, sofern sie als Kunsterzeugnisse kenntlich gemacht sind.

§ 21. Als verfälscht sind insbesondere anzusehen und, außer in den Fällen der Nr. 11, 18, 20, auch bei Kenntlichmachung vom Verkehr ausgeschlossen:

1. Obstsäfte und Obstsirupe, bei deren Herstellung Obstrückstände mitverwendet worden sind;
2. Obstsäfte und Obstsirupe, denen Wasser zugesetzt worden ist, unbeschadet des Ersatzes der beim Aufkochen verdampften Wassermenge bei Obstsirupen;

3. Obstsäfte und Obstsirupe, bei deren Herstellung Mineralstoffe verwendet worden sind;
4. Obstsäfte und Obstsirupe, bei deren Herstellung der Saft von mehr als einer Obstart verwendet worden ist, vorbehaltlich der Bestimmung in Nr. 20;
5. Obstsäfte, bei deren Herstellung Aromastoffe verwendet worden sind, unbeschadet der Verwendung von Schalenaroma bei Obstsäften aus Zitrusfrüchten (§ 15 Abs. 1);
6. Obstsäfte, denen Säuren zugesetzt worden sind;
7. Obstsäfte, bei deren Herstellung Farbstoffe, auch in Form von Säften anderer Obstsorten, oder sonstige fremde Stoffe verwendet worden sind;
8. Obstsäfte, die unter Verwendung von Auszügen aus getrocknetem Obst hergestellt sind;
9. Obstsäfte, die unter Verwendung von Nachpresse hergestellt sind;
10. Kirschsaft (§ 15 Abs. 3 Nr. 1), der nicht ausschließlich aus dunklen Sauerkirschen, ausgenommen Schattenmorellen, hergestellt ist;
11. Kirschsaft, der aus hellen Sauerkirschen oder Schattenmorellen hergestellt ist, sofern er nicht als „Heller Sauerkirschsaft" kenntlich gemacht ist;
12. Heller Sauerkirschsaft, der nicht ausschließlich aus hellen Sauerkirschen sowie Schattenmorellen hergestellt ist;
13. Süßkirschsaft, der nicht ausschließlich aus Süßkirschen hergestellt ist;
14. Kirschsäfte aller Art, bei deren Herstellung mehr als eine Kirschsaftsorte (§ 15 Abs. 3) verwendet worden ist;
15. Gespriteter Kirschsaft, sofern sein Alkoholgehalt 18 Raumhundertteile überschreitet;
16. Obstsirupe, bei deren Herstellung andere zuckerhaltige Erzeugnisse als technisch reiner weißer Verbrauchszucker (Saccharose) verwendet worden sind;
17. Obstsirupe, bei deren Herstellung andere Aromastoffe verwendet worden sind als diejenigen, die beim Einkochen entwichen, mit Hilfe von Kondensationsvorrichtungen

wiedergewonnen und demselben Erzeugnis zugesetzt worden sind, unbeschadet der Verwendung von Schalenaroma bei Obstsirupen aus Zitrusfrüchten (§ 16);

18. Obstsirupe, die mehr als 0,3 Hundertteile zugesetzte Weinsäure oder Milchsäure enthalten, sofern nicht das Erzeugnis durch die Worte „mit Weinsäure" oder „mit Milchsäure" kenntlich gemacht ist, vorbehaltlich der Bestimmung in Nr. 19;
19. Obstsirupe, die mehr als 1 Hundertteil zugesetzte Weinsäure oder Milchsäure enthalten;
20. Obstsirupe, bei deren Herstellung Farbstoffe, auch in Form von Säften anderer Obstarten oder von Pflanzensäften, verwendet worden sind, unbeschadet der Herstellung von Himbeersirup aus höchstens 1 Teil Kirschsaft auf 9 Teile Himbeersaft, sofern das Erzeugnis als „Himbeersirup mit Zusatz von Kirschsaft" kenntlich gemacht ist;
21. Obstsäfte und Obstsirupe, bei deren Herstellung eingedickter Obstsaft verwendet worden ist.

§ 22. Eine irreführende Bezeichnung, Angabe oder Aufmachung liegt insbesondere vor:

1. wenn Erzeugnisse als Obstsäfte oder Obstsirupe oder als bestimmte Obstsaft- oder Obstsirupsorten oder mit einer die Worte Obstsaft oder Obstsirup enthaltenden Wortbildung oder mit einem gleichsinnigen Ausdruck bezeichnet werden, ohne den Begriffsbestimmungen (§§ 15, 16) zu entsprechen;
2. wenn Obstsäfte oder Obstsirupe mit Phantasienamen bezeichnet werden, sofern sie nicht zugleich die Bezeichnung der entsprechenden Obstsaft- oder Obstsirupsorte tragen;
3. wenn im Verkehr mit Obstsäften oder Obstsirupen entgegen den Tatsachen auf eine besonders gute Beschaffenheit oder auf eine besonders sorgfältige Art der Herstellung oder auf ein bestimmtes Herkunftsgebiet hingewiesen wird;
4. wenn im Verkehr mit Obstsäften oder Obstsirupen durch Umhüllungen, Bezettelungen oder Anpreisungen in Wort oder Bild auf eine den Tatsachen nicht entsprechende Beschaffenheit der Erzeugnisse hingewiesen wird;

5. wenn einem Obstsaft oder Obstsirup entgegen den Tatsachen eine besondere diätetische Wirkung zugeschrieben wird.

Abschnitt IV.

Obstgelee und Obstkraut.

Begriffsbestimmungen.

§ 23. (1) Obstgelee sind aus dem Saft oder dem wässerigen Auszug von frischen Früchten oder der Pülpe einer Obstart und technisch reinem weißem Verbrauchszucker (Saccharose) durch Einkochen hergestellte gallertige, streichfähige Zubereitungen. Obstgelee wird auch unter Verwendung einer geringen Menge Obstpektin, Weinsäure oder Milchsäure hergestellt. Obstgelee enthält mindestens 50 und höchstens 70 Hundertteile Zucker. Obstgelee wird mit dem Namen der verwendeten Obstart bezeichnet.

(2) Als Obstgeleesorten werden insbesondere unterschieden: Apfel-, Quitten-, Johannisbeergelee. Dem Apfelgelee wird bisweilen der Saft einer anderen Obstart zugesetzt. Apfelgelee wird auch unter Verwendung von getrockneten Äpfeln, Apfelschalen und Apfel-Nachpresse hergestellt.

§ 24. (1) Obstkraut sind Zubereitungen, die aus frischen Äpfeln oder Birnen durch Dämpfen oder Kochen, Abpressen und Eindampfen des gewonnenen Auszuges oder aus Apfel- oder Birnensaft durch Eindampfen ohne oder mit Verwendung von technisch reinem weißem Verbrauchszucker (Saccharose) hergestellt werden. Obstkraut wird in den Fällen des Abs. 2 Nr. 2, 4 auch unter Verwendung von getrockneten Äpfeln, Apfelschalen und Apfel-Nachpresse hergestellt.

(2) Als Obstkrautsorten werden unterschieden:

1. Apfelkraut: die aus frischen Äpfeln ohne jeden Zusatz hergestellte Zubereitung;
2. Apfelkraut gesüßt: die aus Äpfeln unter Verwendung von technisch reinem weißem Verbrauchszucker (Saccharose) oder von einer geringen Menge Birnen hergestellte Zubereitung;

3. Birnenkraut: die aus frischen Birnen ohne jeden Zusatz hergestellte Zubereitung;
4. Apfel-Birnenkraut: die aus Äpfeln und Birnen oder durch Vermischen von Apfelkraut und Birnenkraut hergestellte Zubereitung.

(3) Gemischtes Kraut sind obstkrautähnliche Zubereitungen, die unter Verwendung von frischen oder getrockneten Äpfeln, frischen oder getrockneten Birnen, Apfel- oder Birnenschalen, Apfel- oder Birnen-Nachpresse sowie Rübenkraut (Zuckerrübensaft) oder Speisesirup aus Entzuckerungsabläufen mit oder ohne Verwendung von technisch reinem weißem Verbrauchszucker (Saccharose) oder Stärkesirup hergestellt sind. Gemischtes Kraut enthält im Fertigerzeugnis mindestens 1 Teil Obstkraut auf 1 Teil Rübenkraut oder auf 1 Teil Speisesirup aus Entzuckerungsabläufen oder auf 1 Teil dieser beiden zusammen.

Verbote zum Schutze der Gesundheit.

§ 25. Es ist insbesondere verboten:
1. die in §§ 23, 24 bezeichneten Erzeugnisse so herzustellen, daß sie Arsen, Blei oder Zink oder mehr als technisch nicht vermeidbare Mengen Antimon oder Kupfer enthalten;
2. solche Erzeugnisse anzubieten, zum Verkaufe vorrätig zu halten, feilzuhalten, zu verkaufen oder sonst in den Verkehr zu bringen.

Grundsätze für die Beurteilung.

§ 26. Als verdorben sind insbesondere anzusehen und auch bei Kenntlichmachung vom Verkehr ausgeschlossen:
1. Obstgelee, Obstkraut und Gemischtes Kraut, die verschimmelt oder stark verunreinigt sind oder fremdartig oder ekelerregend riechen oder schmecken;
2. aus verdorbenen Früchten oder anderen verdorbenen Rohstoffen zubereitetes Obstgelee, Obstkraut und Gemischtes Kraut, unbeschadet der Unterdrückung einer leichten Gärung durch Erhitzen;

3. Obstgelee, Obstkraut und Gemischtes Kraut, die in starke alkoholische oder saure Gärung übergegangen sind;
4. Obstgelee, Obstkraut und Gemischtes Kraut, die angebrannt sind.

§ 27. Als nachgemacht sind insbesondere anzusehen und auch bei Kenntlichmachung vom Verkehr ausgeschlossen:

1. Erzeugnisse, die als Obstgelee, Obstkraut oder Gemischtes Kraut in den Verkehr gebracht werden oder nach Aussehen, Konsistenz, Geruch und Geschmack einem dieser Erzeugnisse ähnlich sind, sofern sie ganz aus Obstrückständen oder ganz oder teilweise aus anderen als den in dieser Verordnung zugelassenen Stoffen hergestellt sind. Ausgenommen ist das aus Zuckerrüben hergestellte Rübenkraut, sofern es entsprechend bezeichnet ist;
2. obstgeleeähnliche Erzeugnisse, die aus Obstpektin, Wasser und Zucker, auch unter Mitverwendung von Fruchtsäuren, Aromastoffen und Farbstoffen, hergestellt sind.

§ 28. Als verfälscht sind insbesondere anzusehen und, außer in den Fällen der Nr. 3, 9, 11, 12, 16, 18, auch bei Kenntlichmachung vom Verkehr ausgeschlossen:

1. Obstgelee, Obstkraut und Gemischtes Kraut, bei deren Herstellung Mineralstoffe verwendet worden sind;
2. Obstgelee, Obstkraut und Gemischtes Kraut, bei deren Herstellung Agar-Agar, Gelatine oder andere nicht im Obst enthaltene Gelierstoffe verwendet worden sind;
3. Obstgelee und Obstkraut, bei deren Herstellung Auszüge aus getrockneten Äpfeln oder aus Apfelschalen oder Apfel-Nachpresse mitverwendet worden sind, ausgenommen Apfelgelee, Apfelkraut gesüßt und Apfel-Birnenkraut, sofern sie als „Apfelgelee aus Trockenäpfeln" oder als „Apfelgelee aus Apfelschalen" oder als „Apfel-Nachpresse-Gelee" oder als „Apfelkraut gesüßt (Apfel-Birnenkraut) aus Trockenäpfeln" oder als „Apfelkraut gesüßt (Apfel-Birnenkraut) aus Apfelschalen" oder als „Apfelkraut gesüßt (Apfel-Birnenkraut) mit Nachpresse" kenntlich gemacht sind, vorbehaltlich der Bestimmung in Nr. 4;

4. Apfelgelee, Apfelkraut gesüßt, Apfel-Birnenkraut und Gemischtes Kraut, die unter Verwendung von getrockneten Äpfeln, Apfelschalen oder Apfel-Nachpresse hergestellt sind, sofern sie weniger als 10 Hundertteile des Obstanteils der Einwaage an frischem Obst enthalten;
5. Obstgelee und Obstkraut, bei deren Herstellung Stärkesirup verwendet worden ist, ausgenommen Apfelgelee, das unter Verwendung von getrockneten Äpfeln, Apfelschalen oder Apfel-Nachpresse hergestellt ist, sofern sein Gehalt an Stärkesirup 12 Hundertteile nicht übersteigt;
6. Obstgelee, das mehr als 42 Hundertteile Wasser enthält;
7. Obstgelee, bei dessen Herstellung Obstpektin in einer Menge verwendet worden ist, die mehr als 0,5 Hundertteilen Pektinstoff (berechnet als Kalziumpektat und bezogen auf das Fertigerzeugnis) entspricht;
8. Obstgelee, das mehr als 0,5 Hundertteile zugesetzte Weinsäure oder Milchsäure enthält;
9. Obstgelee, bei dessen Herstellung Farbstoffe verwendet worden sind, sofern es nicht als „gefärbt" kenntlich gemacht ist;
10. Obstgelee, bei dessen Herstellung andere Aromastoffe verwendet worden sind als diejenigen, die beim Einkochen des Erzeugnisses entwichen, mit Hilfe von Kondensationsvorrichtungen wiedergewonnen und demselben Erzeugnis zugesetzt worden sind, vorbehaltlich der Bestimmung in Nr. 12;
11. Obstgelee, dem Saft einer anderen Obstart zugesetzt ist, ausgenommen Apfelgelee oder Apfelgelee aus Trockenäpfeln oder Apfelgelee aus Apfelschalen oder Apfel-Nachpresse-Gelee, sofern die Menge des zugesetzten Obstsaftes 10 Hundertteile des Fertigerzeugnisses nicht übersteigt und der Zusatz zugleich kenntlich gemacht ist;
12. Apfelgelee aus Trockenäpfeln oder Apfelgelee aus Apfelschalen oder Apfel-Nachpresse-Gelee mit einem Zusatz von natürlichem Himbeeraroma, sofern der Zusatz nicht kenntlich gemacht ist;
13. Apfelgelee oder Apfelgelee aus Trockenäpfeln oder Apfel-

gelee aus Apfelschalen oder Apfel-Nachpresse-Gelee, sofern sie mehr als einen der in Nr. 11, 12 zugelassenen Zusätze enthalten;

14. Obstkraut und Gemischtes Kraut, die mehr als 35 Hundertteile Wasser enthalten;
15. Obstkraut und Gemischtes Kraut, bei deren Herstellung Farbstoffe oder Aromastoffe verwendet worden sind;
16. Obstkraut, dem Rübenkraut oder Speisesirup aus Entzuckerungsabläufen zugesetzt worden ist, sofern es nicht als „Gemischtes Kraut" kenntlich gemacht ist;
17. Apfelkraut (§ 24 Abs. 2 Nr. 1), bei dessen Herstellung technisch reiner weißer Verbrauchszucker (Saccharose) oder Birnen verwendet worden sind;
18. Apfelkraut gesüßt, dem mehr als 25 Teile technisch reiner weißer Verbrauchszucker (Saccharose) auf 100 Teile Apfelkraut zugesetzt sind, sofern nicht das Erzeugnis durch die Worte „mit mehr als 25 Hundertteilen Zucker" kenntlich gemacht ist, vorbehaltlich der Bestimmung in Nr. 19;
19. Apfelkraut gesüßt, dem mehr als 40 Teile technisch reiner weißer Verbrauchszucker (Saccharose) auf 100 Teile Apfelkraut zugesetzt sind;
20. Apfelkraut gesüßt, das aus einem Gemisch von Äpfeln und Birnen mit mehr als 20 Hundertteilen Birnen hergestellt worden ist;
21. Gemischtes Kraut, das im Fertigerzeugnis weniger als 1 Teil Obstkraut auf 1 Teil Rübenkraut oder auf 1 Teil Speisesirup aus Entzuckerungsabläufen oder auf 1 Teil dieser beiden zusammen enthält.

§ 29. Eine irreführende Bezeichnung, Angabe oder Aufmachung liegt insbesondere vor:

1. wenn Erzeugnisse als Obstgelee oder Obstkraut oder als bestimmte Obstgelee- oder Obstkrautsorten oder mit einer die Worte Obstgelee oder Obstkraut enthaltenden Wortbildung oder mit einem gleichsinnigen Ausdruck oder als Gemischtes Kraut bezeichnet werden, ohne den Begriffsbestimmungen (§§ 23, 24) zu entsprechen;

2. wenn Obstgelee oder Obstkraut mit Phantasienamen bezeichnet werden, sofern sie nicht zugleich die Bezeichnung der entsprechenden Obstgelee- oder Obstkrautsorte tragen;
3. wenn im Verkehr mit Obstgelee, Obstkraut oder Gemischtem Kraut entgegen den Tatsachen auf eine besonders gute Beschaffenheit oder auf eine besonders sorgfältige Art der Herstellung hingewiesen wird;
4. wenn im Verkehr mit Obstgelee, Obstkraut oder Gemischtem Kraut durch Umhüllungen, Bezettelungen oder Anpreisungen in Wort oder Bild auf eine den Tatsachen nicht entsprechende Beschaffenheit der Erzeugnisse, insbesondere wenn im Verkehr mit Gemischtem Kraut auf Obst oder im Verkehr mit nicht ausschließlich aus frischem Obst hergestelltem Obstgelee oder Obstkraut auf frische Früchte hingewiesen wird;
5. wenn einem Obstgelee, Obstkraut oder Gemischtem Kraut entgegen den Tatsachen eine besondere diätetische Wirkung zugeschrieben wird.

Inkrafttreten.

§ 30. Diese Verordnung tritt am 1. Oktober 1933 in Kraft.

74. Verordnung über Kakao und Kakaoerzeugnisse.

Vom 15. Juli 1933 (RGBl. I S. 504).

Begriffsbestimmungen.

§ 1. (1) Kakaobohnen sind die vom Fruchtfleisch befreiten, getrockneten, ungerotteten oder gerotteten rohen Samen des Kakaobaumes (Theobroma Cacao L.).

(2) Es werden im allgemeinen unterschieden

I. nach der geographischen Herkunft

a) mittelamerikanische Kakaobohnen: Mexiko, Nicaragua, Costarica;

b) südamerikanische Kakaobohnen: Ecuador (Guayaquil, Caraquéz, Arriba, Machala), Brasilien (Bahia, Para),

Venezuela (Maracaibo, Puerto Cabello, Carácas, Carupano);

c) westindische (Antillen-) Kakaobohnen: Trinidad, San Domingo;

d) westafrikanische Kakaobohnen: Goldküste (Accra, Lagos, Fernando Po), Togo, Kamerun, San Thomé;

e) ostafrikanische Kakaobohnen: Madagaskar;

f) asiatische Kakaobohnen: Ceylon, Java;

g) australische Kakaobohnen: Samoa;

II. nach dem Grade der Reinheit

1. unverlesene Rohkakaobohnen:

a) ungestürzte: die aus dem Erzeugungsland in der ursprünglichen Verpackung eingeführte Rohware;

b) gestürzte: die nicht mehr in der ursprünglichen Verpackung befindliche Rohware, auch gemischt, soweit es sich um Ware derselben Herkunft handelt;

2. verlesene Rohkakaobohnen: die zur Weiterverarbeitung auf Kakao und Kakaoerzeugnisse bestimmte und von fremden Bestandteilen und ungeeigneten Bohnen hinreichend befreite Ware;

III. nach der Stufe der Zubereitung

a) rohe, gedarrte, geröstete Kakaobohnen;

b) Kakaokerne: gedarrte oder geröstete, entschälte und entkeimte verlesene Kakaobohnen; Kakaokerne enthalten Samenschalen, Samenhäutchen und Keime nur noch in technisch nicht vermeidbaren Mengen;

c) Kakaobruch: gebrochene Kakaokerne. Kakaobruch enthält wie die Kakaokerne Samenschalen, Samenhäutchen und Keime nur noch in technisch nicht vermeidbaren Mengen;

d) Kakaomasse: das Erzeugnis, das durch weitgehendes Zerkleinern (Mahlen, Walzen, Schleifen) der Kakaokerne oder des Kakaobruchs, auch unter Mitverwendung von höchstens 2 Hundertteilen Kakaogrus, gewonnen wird. Zuweilen wird der Kakaomasse im Fabrikationsgang Lezithin in geringer Menge zugesetzt;

e) aufgeschlossene Kakaomasse: die mit Alkalikarbonaten, Ammoniak, Ammoniumsalzen, Magnesiumoxyd oder anderen gesundheitsunschädlichen Stoffen, auch mit Dampf unter Druck behandelte Kakaomasse; ausgenommen sind organische Emulgierungsmittel. Kakaomasse und aufgeschlossene Kakaomasse enthalten im allgemeinen 52 bis 58 Hundertteile Kakaobutter und höchstens 0,3 Hundertteile Sand, berechnet auf fettfreie Trockenmasse; Kakaomasse liefert bis 5 Hundertteile, aufgeschlossene Kakaomasse bis 7 Hundertteile Asche;

f) Kakaogrus: kleine Kakaokernteilchen, die bei der Reinigung des Kakaoabfalls gewonnen werden und Samenschalen, Samenhäutchen und Keime nur noch in einer 10 Hundertteile nicht übersteigenden Menge enthalten;

g) Kakaoabfall: das beim Brechen, Schälen, Reinigen der gedarrten oder gerösteten Kakaobohnen anfallende Gemisch von Kernteilchen, Keimen, Samenschalen und Samenhäutchen;

h) Kakaoschalen: die beim Schälen der gedarrten oder gerösteten Kakaobohnen anfallenden, mehr oder weniger zerkleinerten Samenschalen.

§ 2. (1) Kakaobutter ist das aus Kakaokernen, Kakaobruch, auch unter Mitverwendung von höchstens 2 Hundertteilen Kakaogrus, oder aus Kakaomasse oder aufgeschlossener Kakaomasse durch Abpressen, mit oder ohne Filtration, ohne chemische Behandlung gewonnene Fett mit einem die Zahl 8 im Höchstfalle nicht übersteigenden Säuregrad.

(2) Kakaopulver ist das aus Kakaokernen, Kakaobruch, auch unter Mitverwendung von höchstens 2 Hundertteilen Kakaogrus, oder aus Kakaomasse oder aufgeschlossener Kakaomasse, durch teilweises Abpressen der Kakaobutter gewonnene und sodann gepulverte Erzeugnis; zuweilen werden dem Kakaopulver im Fabrikationsgang Lezithin in geringer Menge sowie natürliche Gewürze, Vanillin oder der ihm entsprechende Äthyläther zu-

gesetzt; Kakaopulver enthält mindestens 20 Hundertteile Kakaobutter. Stark entöltes Kakaopulver enthält mindestens 10, aber weniger als 20 Hundertteile Kakaobutter. Die Grenzwerte für den Gehalt an Kakaobutter beziehen sich auf ein Kakaopulver mit 5 Hundertteilen Wasser.

(3) Haferkakao ist eine Zubereitung aus mindestens 50 Hundertteilen Kakaopulver oder stark entöltem Kakaopulver und aus Hafermehl oder Haferflocken; zuweilen sind etwas Speisesalz (Siedesalz, Steinsalz) und Gewürze zugesetzt.

(4) Haferkakao gezuckert ist eine Zubereitung aus mindestens 2 Teilen Haferkakao und höchstens 1 Teil technisch reinem weißem Verbrauchszucker (Saccharose).

(5) Malzkakao ist eine Zubereitung aus mindestens 50 Hundertteilen Kakaopulver oder stark entöltem Kakaopulver und aus Gerstenmalzmehl oder mindestens 5 Hundertteilen Gerstenmalzextrakt.

(6) Hafermalzkakao ist eine Zubereitung aus mindestens 50 Hundertteilen Kakaopulver oder stark entöltem Kakaopulver, aus Hafermehl oder Haferflocken und aus mindestens 7 Hundertteilen Hafermalzmehl oder mindestens 5 Hundertteilen Hafermalzextrakt.

(7) Eichelkakao ist eine Zubereitung aus mindestens 60 Hundertteilen Kakaopulver oder stark entöltem Kakaopulver, aus mindestens 15 Hundertteilen geschälten, gerösteten und fein gemahlenen Eicheln oder einer entsprechenden Menge Extrakt aus solchen, ohne oder mit Zusatz von technisch reinem weißem Verbrauchszucker (Saccharose) und von geröstetem Weizenmehl.

§ 3. (1) Schokolade ist eine geformte oder nicht geformte Zubereitung aus Kakaokernen, Kakaobruch, auch unter Mitverwendung von höchstens 2 Hundertteilen Kakaogrus, oder aus Kakaomasse und technisch reinem weißem Verbrauchszucker (Saccharose), ohne oder mit Zusatz von Kakaobutter, natürlichen Gewürzen, Vanillin oder dem ihm entsprechenden Äthyläther; Schokolade besteht zu mindestens 40 Hundertteilen aus Kakaomasse oder aus einem Gemisch von Kakaomasse und Kakaobutter und zu höchstens 60 Hundertteilen aus Zucker. Der Gehalt an

Kakaobutter beträgt mindestens 21 Hundertteile. Der Gehalt an Kakaomasse beträgt bei Mitverwendung von Kakaobutter mindestens 33 Hundertteile.

(2) Schmelzschokolade ist eine durch besondere Bearbeitung (Walzen und Reiben) hergestellte Schokolade-Zubereitung, die zu mindestens 50 Hundertteilen aus Kakaomasse oder aus einem Gemisch von Kakaomasse und Kakaobutter und zu höchstens 50 Hundertteilen aus technisch reinem weißem Verbrauchszucker (Saccharose) besteht. Der Gehalt an Kakaobutter beträgt mindestens 26 Hundertteile. Der Gehalt an Kakaomasse beträgt bei Mitverwendung von Kakaobutter mindestens 35 Hundertteile.

(3) Sahneschokolade (Rahmschokolade) ist eine Schokolade-Zubereitung, die zu mindestens 25 Hundertteilen aus Kakaomasse oder aus einem Gemisch von Kakaomasse und Kakaobutter und zu höchstens 60 Hundertteilen aus technisch reinem weißem Verbrauchszucker (Saccharose) sowie aus Sahne oder aus Sahnepulver (Trockensahne) in einer solchen Menge besteht, daß der aus der Sahne oder dem Sahnepulver stammende Fettgehalt dieser Schokolade mindestens 5,5 Hundertteile beträgt. Der Gehalt an Kakaomasse beträgt bei Mitverwendung von Kakaobutter mindestens 10 Hundertteile. Zuweilen sind der Sahneschokolade noch, an Stelle einer entsprechenden Menge Zucker, Milch oder Milchpulver (Trockenmilch) zugesetzt.

(4) Milchschokolade (Vollmilchschokolade) ist eine Schokolade-Zubereitung, die zu mindestens 25 Hundertteilen aus Kakaomasse oder aus einem Gemisch von Kakaomasse und Kakaobutter und zu höchstens 60 Hundertteilen aus technisch reinem weißem Verbrauchszucker (Saccharose) sowie aus Milchbestandteilen in einer solchen Menge besteht, daß der Gehalt an Milchfett mindestens 3,2 Hundertteile und der Gehalt an fettfreier Milchtrockenmasse mindestens 9,3 Hundertteile beträgt. Der Gehalt an Kakaomasse beträgt bei Mitverwendung von Kakaobutter mindestens 10 Hundertteile.

(5) Magermilchschokolade (Schokolade mit Zusatz von entrahmter Milch) ist eine Schokolade-Zubereitung, die zu mindestens 25 Hundertteilen aus Kakaomasse oder aus einem

Gemisch von Kakaomasse und Kakaobutter und zu höchstens 60 Hundertteilen aus technisch reinem weißem Verbrauchszucker (Saccharose) sowie aus Milchbestandteilen in einer solchen Menge besteht, daß der Gehalt an fettfreier Milchtrockenmasse mindestens 12,5 Hundertteile beträgt. Der Gehalt an Kakaomasse beträgt bei Mitverwendung von Kakaobutter mindestens 10 Hundertteile.

(6) Gefüllte Schokolade (z. B. Kremschokolade, Marzipanschokolade, Nugatschokolade, Krokantschokolade, Trüffelschokolade, überzogene Pralinen) ist eine geformte Schokolade-Zubereitung, die aus einem Kern und einem Überzug aus Kakaomasse, Schokolade, Schokolade-Überzugsmasse, Sahne- oder Milchschokolade-Überzugsmasse besteht. Der Anteil an diesem Überzug beträgt bei den in Tafeln geformten Schokolade-Zubereitungen mindestens 25 Hundertteile des Gesamtgewichts.

(7) Fruchtschokolade ist eine Schokolade-Zubereitung, die unter Zusatz von Früchten oder Fruchtzubereitungen, bei Früchten der Zitrusarten auch unter gleichzeitigem Zusatz des natürlichen Schalenaromas oder unter Verwendung von Schalen, hergestellt ist.

(8) Nußschokolade ist eine Schokolade-Zubereitung, die unter Zusatz von Haselnüssen oder Walnüssen, auch in fein zerriebener Form, hergestellt ist; zuweilen wird der Ölgehalt der Nüsse durch Abpressen bis auf zwei Drittel des ursprünglichen Gehalts herabgesetzt.

(9) Mandelschokolade ist eine Schokolade-Zubereitung, die unter Zusatz von süßen Mandeln, auch in fein zerriebener Form, hergestellt ist; zuweilen wird der Ölgehalt der Mandeln durch Abpressen bis auf zwei Drittel des ursprünglichen Gehalts herabgesetzt.

(10) Schokolade (Abs. 1 bis 5) enthält zuweilen unter entsprechender Kenntlichmachung auch Zusätze, wie Kaffee, Orangeat.

(11) Schokolade-Überzugsmasse (Kuvertüre) ist eine Schokolade-Zubereitung, die zu höchstens 50 Hundertteilen aus technisch reinem weißem Verbrauchszucker (Saccharose) und zu mindestens 33 Hundertteilen aus Kakaomasse besteht, deren Gehalt an Kakaobutter durch Zusatz so erhöht ist, daß der Gesamt-

gehalt der Überzugsmasse an Kakaobutter mindestens 35 Hundertteile beträgt. Zuweilen sind in der Schokolade-Überzugsmasse bis zu insgesamt 5 Hundertteile Zucker durch die gleiche Menge von Haselnüssen, Walnüssen, süßen Mandeln, getrockneten Früchten (wie Rosinen, Sultaninen, Korinthen), Malzextrakt Malzzucker oder Milchpulver (Trockenmilch) ersetzt.

(12) Sahneschokolade-Überzugsmasse, Milchschokolade-Überzugsmasse sind Zubereitungen, die mindestens 35 Hundertteile Gesamtfett (Kakaobutter und Milchfett) und höchstens 50 Hundertteile technisch reinen weißen Verbrauchszucker (Saccharose) enthalten und im übrigen den Begriffsbestimmungen für Sahneschokolade, Milchschokolade (§ 3 Abs. 3, 4) entsprechen.

(13) Schokolade-Pulver (Schokolademehl, Puderschokolade, Trinkschokolade) ist eine gleichmäßige, in einem unter Wärmeentwicklung sich vollziehenden maschinellen Verfahren hergestellte Mischung von Kakaomasse oder aufgeschlossener Kakaomasse oder Kakaopulver oder stark entöltem Kakaopulver und technisch reinem weißem Verbrauchszucker (Saccharose); zuweilen sind natürliche Gewürze, Vanillin oder der ihm entsprechende Äthyläther zugesetzt. Der Zuckergehalt beträgt höchstens 60 Hundertteile, der Gehalt an Kakaobutter mindestens 6 Hundertteile.

(14) Kakaoerzeugnisse (§§ 1, 2, 3) enthalten zuweilen einen Zusatz von Lezithin in geringer Menge.

Ausnahmebestimmungen.

§ 4. Unter diese Verordnung fallen nicht

1. Bonbons, Dragees, Karamellen, Fondants und ähnliche Erzeugnisse;
2. massive Pralinen bis zu 20 Gramm Einzelgewicht;
3. die Kerne der gefüllten Schokoladen und Dauerbackwaren.

Grundsätze für die Beurteilung.

§ 5. Als verdorben sind insbesondere anzusehen und auch bei Kenntlichmachung vom Verkehr ausgeschlossen:

1. Rohkakaobohnen, die zur Weiterverarbeitung auf Kakaoerzeugnisse bestimmt sind,
   a) gestürzte, sofern der Anteil an zur Weiterverarbeitung ungeeigneten Kakaobohnen sowie an fremden Bestandteilen mehr als insgesamt 15 Hundertteile beträgt;
   b) verlesene, sofern der Anteil an zur Weiterverarbeitung ungeeigneten, insbesondere beschädigten Kakaobohnen sowie an fremden Bestandteilen mehr als insgesamt 3 Hundertteile beträgt.

   Als beschädigt sind Rohkakaobohnen anzusehen, die durch Seewasser, Schimmel, Fäulnis, Brandrauch oder Insektenfraß in ihrem natürlichen Zustande wesentlich verändert sind oder einen dumpfigen oder modrigen Geruch oder Geschmack haben;
2. Kakaoerzeugnisse aus solchen Rohkakaobohnen, bei denen der Anteil an zur Verarbeitung ungeeigneten, insbesondere beschädigten Kakaobohnen sowie an fremden Bestandteilen die technisch unvermeidbare Menge übersteigt;
3. Kakaoerzeugnisse, die im Aussehen, Geruch oder Geschmack so wesentlich verändert sind, daß sie für den menschlichen Genuß nicht geeignet sind;
4. Kakaobutter, deren Säuregrad die Zahl 8 übersteigt oder die ranzig, dumpfig, schimmelig, kratzend oder ekelerregend riecht oder schmeckt;
5. Sahneschokolade, Milchschokolade und Magermilchschokolade, die unter Verwendung von verdorbener Milch oder verdorbenen Milcherzeugnissen im Sinne der §§ 6, 7 der Ersten Verordnung zur Ausführung des Milchgesetzes vom 15. Mai 1931 (Reichsgesetzbl. I S. 150) hergestellt sind.

§ 6. Als nachgemacht oder verfälscht sind insbesondere anzusehen und, außer in den Fällen der Nr. 9, 11, 18c, 18f, 23, auch bei Kenntlichmachung vom Verkehr ausgeschlossen:

1. Zubereitungen, die als Kakaoerzeugnisse in den Verkehr gebracht werden, sofern sie nicht den dafür aufgestellten Begriffsbestimmungen in §§ 1 bis 3 entsprechen;
2. Zubereitungen, die zufolge ihrer sinnlich wahrnehmbaren

Eigenschaften, insbesondere Aussehen, Geruch, Geschmack, mit einem der in §§ 1 bis 3 bezeichneten Kakaoerzeugnisse verwechselbar sind, aber den dafür in §§ 1 bis 3 aufgestellten Begriffsbestimmungen nicht entsprechen, vorbehaltlich der Vorschriften des § 8;

3. Kakaoerzeugnisse, die mehr als die technisch unvermeidbare Menge an Kakaoschalen, Kakaokeimen oder Kakaosamenhäutchen enthalten;
4. Kakaoerzeugnisse, deren Gehalt an Fett nicht oder nicht ausschließlich aus Kakaobutter besteht, abgesehen von dem Fettgehalt, der durch die zugelassenen Zusätze (§ 3 Abs. 3, 4, 5, 8, 9, 12, 14) bedingt ist;
5. Kakaoerzeugnisse, denen Mineralöl zugesetzt ist;
6. Kakaoerzeugnisse, die unter Mitverwendung von mehr als 2 Hundertteilen Kakaogrus, berechnet auf die Kakaobestandteile, oder ganz oder teilweise aus Kakaoabfall, aus Kakaoschalen oder aus Gemischen von diesen hergestellt sind;
7. Kakaoerzeugnisse, die künstlich gefärbt oder mit Lack überzogen sind, unbeschadet der Verwendung von gesundheitsunschädlichen Farben zur Ausschmückung und von Sandarak- oder Benzoelack oder anderen gesundheitsunschädlichen Lacken zum Überziehen von Schokoladefiguren;
8. Kakaoerzeugnisse, denen Lezithin in größerer Menge als 0,3 Hundertteile, berechnet als Reinlezithin und bezogen auf das Kakaoerzeugnis, zugesetzt ist;
9. Kakaoerzeugnisse, die mit natürlichen oder künstlichen Aromastoffen versetzt sind, sofern sie nicht entsprechend kenntlich gemacht sind, ausgenommen mit natürlichen Gewürzen, mit Vanillin oder dem ihm entsprechenden Äthyläther versetzte Kakaoerzeugnisse;
10. Kakaomasse, Kakaopulver, stark entöltes Kakaopulver, die fremde Stoffe enthalten, abgesehen von
    a) kleinen, technisch nicht vermeidbaren Mengen von Kakaoschalen, Kakaokeimen und Kakaosamenhäutchen,
    b) einem geringen, durch den Geruch nicht wahrnehmbaren Gehalt an Ammoniumsalzen,

c) einem Zusatz von Alkalikarbonaten, Magnesiumverbindungen oder anderen gesundheitsunschädlichen Stoffen zum Aufschließen oder Abstumpfen, sofern der Gehalt an diesen Stoffen 2,5 Hundertteile der Kakaomasse nicht überschreitet,

d) einem Zusatz von natürlichen Gewürzen oder von Vanillin oder dem ihm entsprechenden Äthyläther,

e) einem Sandgehalt bis zu 0,3 Hundertteilen, berechnet auf fettfreie Trockenmasse,

f) einem Zusatz von Lezithin (Nr. 8);

11. Kakaopulver mit einem Gehalt von weniger als 20 Hundertteilen Kakaobutter, sofern es nicht als „stark entölt" kenntlich gemacht ist;

12. stark entöltes Kakaopulver mit einem Gehalt von weniger als 10 Hundertteilen Kakaobutter;

13. Kakaopulver und stark entöltes Kakaopulver, aus nicht aufgeschlossener Kakaomasse, sofern sie mehr als 5 Hundertteile Asche, berechnet auf Kakaomasse mit einem Gehalt von 55 Hundertteilen Kakaobutter, liefern;

14. Kakaopulver und stark entöltes Kakaopulver, aus aufgeschlossener Kakaomasse, sofern sie mehr als 7,5 Hundertteile Asche, berechnet auf Kakaomasse mit einem Gehalt von 55 Hundertteilen Kakaobutter, liefern;

15. Kakaopulver und stark entöltes Kakaopulver, die mehr als 9 Hundertteile Wasser enthalten;

16. Schokolade, der im Fabrikationsgang mehr als 1 Hundertteil Wasser zugesetzt worden ist;

17. Schokolade, die mehr als 2,5 Hundertteile Wasser enthält, mit Ausnahme von Sahneschokolade, Milchschokolade und Magermilchschokolade;

18. Schokolade, die fremde Stoffe enthält, abgesehen von

a) kleinen, technisch nicht vermeidbaren Mengen an Kakaoschalen, Kakaokeimen oder Kakaosamenhäutchen,

b) einem Sandgehalt bis zu 0,3 Hundertteilen, berechnet auf fettfreie und zuckerfreie Trockenmasse,

c) einem Zusatz von Milch oder Milcherzeugnissen, sofern

die Schokolade als Sahneschokolade (Rahmschokolade), Milchschokolade (Vollmilchschokolade) oder Magermilchschokolade (Schokolade mit Zusatz von entrahmter Milch) kenntlich gemacht ist,

d) einem Zusatz von natürlichen Gewürzen oder von Vanillin oder dem ihm entsprechenden Äthyläther,

e) einem Zusatz von Lezithin (Nr. 8),

f) der Mitverarbeitung von Haselnüssen, Walnüssen, süßen Mandeln, Erdnüssen, Kokosnüssen, Paranüssen, Cashewnüssen, Marzipan, Nugat, Trüffelmasse, Kaffee, Honig oder dergleichen, Früchten oder Fruchtzubereitungen, natürlichen oder künstlichen Aromastoffen (mit Ausnahme von Vanillin oder dem ihm entsprechenden Äthyläther), von Ei, Eigelb oder Eiweiß, sofern das Erzeugnis entsprechend der Art des Zusatzes kenntlich gemacht ist und die Gesamtmenge dieser Stoffe einschließlich des Zuckers nicht mehr als 60 Hundertteile beträgt; werden die Kerne oder Früchte ganz oder in Stücken zugesetzt, so bleiben sie außer Anrechnung;

19. Sahneschokolade, der Magermilchpulver (Trockenmagermilch) zugesetzt ist;

20. Sahneschokolade, Milchschokolade, Magermilchschokolade, die mehr als 60 Hundertteile Zucker einschließlich der zugelassenen Zusätze anderer Art enthalten; die ganz oder in Stücken zugesetzten Kerne und Früchte bleiben außer Anrechnung;

21. Nußschokolade und Mandelschokolade, die Rückstände aus der Ölgewinnung enthalten;

22. Schokolade-Zubereitungen, die unter Verwendung von Haselnüssen, Walnüssen, süßen Mandeln, Erdnüssen, Kokosnüssen, Paranüssen oder Cashewnüssen hergestellt sind, sofern ihnen Öl oder Fett aus den genannten Kernen zugesetzt ist;

23. Schokolade-Überzugsmasse mit einem Zusatz von Haselnüssen, Walnüssen, süßen Mandeln, Erdnüssen, Früchten über insgesamt 5 Hundertteile, sofern nicht das Erzeugnis entsprechend dem verwendeten Zusatz z. B. als „Nuß

schokolade-Überzugsmasse", als „Schokolade-Überzugsmasse mit Zusatz von Erdnüssen" kenntlich gemacht ist;

24. als Kakaobutter in den Verkehr gebrachtes Kakaofett, das durch Ausziehen mit Lösungsmitteln gewonnen ist;

25. Kakaobutter, die durch Ausziehen mit Lösungsmitteln gewonnenes Kakaofett oder tierische oder fremde pflanzliche Öle oder Fette oder gehärtete Fette oder Mineralöle oder andere fremde Stoffe enthält oder die künstlich gefärbt ist.

§ 7. Eine irreführende Bezeichnung, Angabe oder Aufmachung liegt insbesondere vor, wenn

1. ein Erzeugnis mit einer Bezeichnung, Angabe oder Aufmachung versehen ist, als ob es sich um ein in §§ 1, 2, 3 aufgeführtes Kakaoerzeugnis handele, ohne daß es der dafür aufgestellten Begriffsbestimmung entspricht;
2. Kakaopulver als „fettreich" oder gleichsinnig bezeichnet ist;
3. Haferkakao, Haferkakao gezuckert, Malzkakao, Hafermalzkakao, Eichelkakao, die unter Verwendung von stark entöltem Kakaopulver hergestellt sind, nicht in unmittelbarem Zusammenhang mit der Bezeichnung des Erzeugnisses als „stark entölt" kenntlich gemacht sind;
4. die im § 6 Nr. 18c, f aufgeführten erlaubten Zusätze nicht ausreichend in unmittelbarem Zusammenhang mit der Bezeichnung des Erzeugnisses kenntlich gemacht sind;
5. Schokoladepulver mit einem Gehalt zwischen 6 und 10 Hundertteilen Kakaobutter nicht in unmittelbarem Zusammenhang mit der Bezeichnung des Erzeugnisses als „stark entölt" kenntlich gemacht ist;
6. gefüllte Schokolade in Tafelform nicht als „gefüllte Schokolade" oder gleichsinnig kenntlich gemacht ist;
7. in den in §§ 2, 3 aufgeführten Wortbildungen mit Kakao und Schokolade die Worte Kakao oder Schokolade durch die Art des Druckes oder auf andere Weise vor den übrigen Bestandteilen dieser Wortbildungen besonders hervorgehoben sind;
8. im Verkehr mit Kakao oder Kakaoerzeugnissen entgegen

den Tatsachen auf eine besonders gute Beschaffenheit oder eine besonders sorgfältige Art der Herstellung hingewiesen wird;

9. einem Kakaoerzeugnis im Einzelfall entgegen den Tatsachen eine besondere diätetische oder gesundheitliche Wirkung zugeschrieben wird.

Fettglasuren.

§ 8. (1) Zum Überziehen von Backwaren oder Konditoreierzeugnissen dienende Zubereitungen, die nach ihren sinnlich wahrnehmbaren Eigenschaften, insbesondere Aussehen, Geruch, Geschmack, mit Schokolade-Überzugsmasse verwechselbar sind, aber infolge der Mitverwendung von Fremdfetten den Begriffsbestimmungen des § 3 Abs. 11, 12 nicht entsprechen, dürfen nur in Behältnissen an den Verbraucher abgegeben werden. Solche Zubereitungen sind als nachgemachte Schokolade-Überzugsmasse anzusehen und sind dann vom Verkehr ausgeschlossen, wenn sie nicht je nach der Art der verwendeten Fremdfette als „Erdnußfettglasur", „Kokosfettglasur" usw. kenntlich gemacht sind.

(2) Backwaren und Konditoreierzeugnisse, die mit solchen Zubereitungen überzogen sind, sind als nachgemacht oder verfälscht anzusehen und dann vom Verkehr ausgeschlossen, wenn sie nicht als „mit Erdnußfettglasur hergestellt", „mit Kokosfettglasur hergestellt" usw. kenntlich gemacht sind.

Handel mit Tafelschokolade.

§ 9. (1) Tafelschokolade darf im Einzelverkehr nur in Tafeln mit einem Reingewicht von 500, 250, 200, 125, 100, 50 oder 25 Gramm gewerbsmäßig verkauft oder feilgehalten werden.

(2) Diese Vorschrift gilt nicht für die Abgabe von Stücken unter 25 Gramm, für den Verkauf von Teilen (Riegeln, Rippen) einer Tafel, für die Abgabe durch Automaten und für Schokolade, die zugewogen verkauft wird.

(3) Das Gewicht darf bei Tafeln über 100 Gramm nicht um mehr als 2 vom Hundert und bei Tafeln von 100 Gramm und

darunter nicht um mehr als 3 vom Hundert von den im Abs. 1 vorgeschriebenen Gewichten abweichen. Ausgenommen hiervon sind gefüllte Schokoladen sowie Schokoladen, denen Samen, Kerne oder Früchte, ganz oder in Stücken, zugesetzt sind; bei diesen darf das Gewicht der Tafeln über 100 Gramm nicht um mehr als 4 vom Hundert und bei Tafeln von 100 Gramm und darunter nicht um mehr als 5 vom Hundert von den im Abs. 1 vorgeschriebenen Gewichten abweichen.

Inkrafttreten.

§ 10. Diese Verordnung tritt am 1. Oktober 1933 in Kraft. Gleichzeitig treten die Verordnung über den Handel mit Tafelschokolade vom 11. Dezember 1925 (Reichsgesetzbl. I S. 467) und die Verordnung über den Verkehr mit Kakaoschalen vom 19. August 1915 (Reichsgesetzbl. S. 507) außer Kraft.

75. Verordnung über Speiseeis.

Vom 15. Juli 1933 (RGBl. I S. 510).

Begriffsbestimmungen.

§ 1. (1) Speiseeis (Gefrorenes) sind durch Gefrieren in einen starren Zustand gebrachte Zubereitungen, die, mit oder ohne Verwendung von Ei (frische Eier, Kühlhauseier, Gefrierei, Eidotter oder Eiklar (Eiweiß) aus frischen Eiern oder aus Kühlhauseiern, Trockenei, Trockeneigelb),

aus technisch reinem weißem Verbrauchzucker (Saccharose) und aus Milch oder Magermilch — auch in Form der eingedickten Erzeugnisse oder in Form von Milch- oder Magermilchpulver — oder Sahne (Rahm) oder Butter oder

aus technisch reinem weißem Verbrauchszucker (Saccharose) und aus frischem Obstfruchtfleisch oder aus Obsterzeugnissen hergestellt sind.

Als Obsterzeugnisse werden verwendet: Obstmark und Obstsaft (Fruchtsaft) — auch in Form der eingedickten Erzeugnisse —, zuweilen auch Obstkonfitüren, Marmeladen, Obstgelees und Obstsirupe. Ferner werden Kaffee, Kakao, Schokolade, Vanille,

Nüsse, Mandeln, Aprikosenkerne, Pistazien und dergleichen — soweit technisch erforderlich auch in Form von Auszügen — sowie natürliche Fruchtessenzen als natürliche Geschmack- und Geruchstoffe, außerdem Wasser (Trinkwasser), sodann Stärkemehl, Tragant, Obstpektin oder Gelatine, Weinsäure oder Zitronensäure in geringer Menge verwendet.

Zuweilen werden auch künstliche Geschmack- und Geruchstoffe, wie Vanillin, sowie künstliche Farbstoffe verwendet.

(2) Als Speiseeissorten werden unterschieden:

1. Kremeis (Eierkremeis): Speiseeis, das aus technisch reinem weißem Verbrauchszucker (Saccharose), Milch — auch in Form von eingedickter Milch —, frischen Eiern, Kühlhauseiern, Gefrierei oder Eidotter aus frischen Eiern oder aus Kühlhauseiern, Trockenei, Trockeneigelb, natürlichen Geschmack- und Geruchstoffen (Abs. 1), zuweilen auch unter Verwendung einer geringen Menge Stärkemehl, Tragant oder Obstpektin, hergestellt ist; bei Kremeis werden mindestens 270 Gramm Vollei oder 100 Gramm Eidotter auf 1 Liter Milch verwendet; bei Verwendung von eingedickter Milch wird eine dem Eindickungsgrad entsprechende Menge Wasser zugesetzt; zuweilen werden zur Erzielung eines besonderen Geschmacks frisches Obstfruchtfleisch oder Obsterzeugnisse (Abs. 1) zugesetzt;
2. Fruchteis: Speiseeis, das aus technisch reinem weißem Verbrauchzucker (Saccharose), Wasser und frischem Obstfruchtfleisch oder Obsterzeugnissen (Abs. 1) sowie natürlichen Geschmack- und Geruchstoffen (Abs. 1), zuweilen auch unter Verwendung von Ei (Abs. 1) sowie von Milch oder Magermilch — auch in Form der eingedickten Erzeugnisse oder in Form von Milch- oder Magermilchpulver —, einer geringen Menge Stärkemehl, Tragant oder Obstpektin, Weinsäure oder Zitronensäure oder Schalenaroma, hergestellt ist; zur Herstellung werden mindestens 20 Hundertteile frisches Obstfruchtfleisch oder Obstmark oder Obstsaft oder eine hinsichtlich des Obstanteils entsprechende Menge der übrigen im Abs. 1 zugelassenen Obsterzeugnisse,

bei Zitroneneis mindestens 10 Hundertteile Zitronenmark oder Zitronensaft verwendet;

3. Rahmeis (Sahneeis): Speiseeis, das aus technisch reinem weißem Verbrauchzucker (Saccharose) und Schlagsahne sowie natürlichen Geschmack- und Geruchstoffen (Abs. 1), zuweilen auch unter Verwendung von Ei (Abs. 1) sowie einer geringen Menge Stärkemehl, Tragant oder Obstpektin, hergestellt ist; Rahmeis enthält mindestens 60 Hundertteile Schlagsahne; zuweilen werden zur Erzielung eines besonderen Geschmacks frisches Obstfruchtfleisch oder Obsterzeugnisse (Abs. 1) zugesetzt; Fürst-Pückler-Eis ist ein Rahmeis besonderer Art;

4. Milchspeiseeis: Speiseeis, das aus technisch reinem weißem Verbrauchzucker (Saccharose) und Milch, eingedickter Milch oder Milchpulver sowie natürlichen Geschmack- und Geruchstoffen (Abs. 1), Vanillin oder dem ihm entsprechenden Äthyläther, zuweilen auch unter Verwendung von Ei (Abs. 1) sowie einer geringen Menge Stärkemehl, Tragant, Obstpektin oder Gelatine, hergestellt ist; bei Verwendung von eingedickter Milch oder Milchpulver wird eine dem Eindickungsgrad entsprechende Menge Wasser zugesetzt; Milchspeiseeis enthält mindestens 70 Hundertteile Milch; zuweilen werden zur Erzielung eines besonderen Geschmacks frisches Obstfruchtfleisch oder Obsterzeugnisse (Abs. 1) zugesetzt;

5. Eiskrem: Speiseeis, das auf besondere Art durch Pasteurisieren, Homogenisieren, Stehenlassen bei niedriger Temperatur und Gefrieren aus technisch reinem weißem Verbrauchszucker (Saccharose) und Milch oder Magermilch — auch in Form der eingedickten Erzeugnisse oder in Form von Milch- oder Magermilchpulver — oder Sahne (Rahm) oder Butter sowie frischem Obstfruchtfleisch oder Obsterzeugnissen (Abs. 1) oder natürlichen Geschmack- oder Geruchstoffen (Abs. 1), gegebenenfalls Wasser, zuweilen auch unter Verwendung einer geringen Menge Stärkemehl, Tragant, Obstpektin oder Gelatine, hergestellt und

zuweilen mit Schokolade-Überzugsmasse (Kuvertüre) oder auch einer anderen Glasur überzogen ist; Fruchteiskrem enthält mindestens 8, sonstiger Eiskrem mindestens 10 Hundertteile Milchfett;

6. Einfacheiskrem: Speiseeis, hergestellt wie Eiskrem (Nr. 5), jedoch mit einem geringeren Gehalt an Milchfett; Einfacheiskrem enthält mindestens 3 Hundertteile Milchfett; dem Einfacheiskrem wird auch Vanillin oder der ihm entsprechende Äthyläther zugesetzt;
7. Kunstspeiseeis: Speiseeis, das nicht den Gehalt an Ei, frischem Obstfruchtfleisch oder Obsterzeugnissen, Schlagsahne oder Milch wie die unter Nr. 1 bis 6 ausgeführten Sorten aufweist; bei Kunstspeiseeis werden zuweilen auch künstliche Geschmack- und Geruchstoffe und künstliche Farbstoffe verwendet.

§ 2. (1) Speiseeis wird auch unter Verwendung von Halberzeugnissen hergestellt.

(2) Halberzeugnisse für Speiseeis sind Zubereitungen, die nicht zum unmittelbaren Genuß bestimmt und geeignet, sondern zur Weiterverarbeitung auf Speiseeis bestimmt sind. Es werden unterschieden:

1. Speiseeiskonserven: durch Erhitzen in luftdicht verschlossenen Behältnissen haltbar gemachte zähflüssige Zubereitungen aus technisch reinem weißem Verbrauchzucker (Saccharose) und frischem Obstfruchtfleisch oder Obsterzeugnissen (§ 1 Abs. 1) oder natürlichen Geschmack und Geruchstoffen (§ 1 Abs. 1), zuweilen auch unter Verwendung von Vanillin oder dem ihm entsprechenden Äthyläther, mit oder ohne Verwendung von Ei (§ 1 Abs. 1), einer geringen Menge Stärkemehl, Tragant oder Obstpektin, Weinsäure oder Zitronensäure;
2. Speiseeispulver: Mischungen aus technisch reinem weißem Verbrauchszucker (Saccharose) und Stärkemehl, Tragant, Obstpektin oder Gelatine, mit oder ohne Verwendung von natürlichen oder künstlichen Geschmack- oder Geruchstoffen, Weinsäure, Zitronensäure und Farbstoffen.

Zuweilen wird an Stelle von Verbrauchszucker auch Milchzucker oder Magermilchpulver verwendet, auch wird zuweilen dem Speiseeispulver Ei (§ 1 Abs. 1) zugesetzt.

Bestimmungen über Packung der Halberzeugnisse.

§ 3. (1) Zur Abgabe an den Verbraucher dürfen Speiseeiskonserven nur in luftdicht verschlossenen Behältnissen, Speiseeispulver nur in Behältnissen oder Packungen in den Verkehr gebracht werden.

(2) Auf den Packungen oder Behältnissen müssen in deutscher Sprache und an einer in die Augen fallenden Stelle in deutlich sichtbarer, leicht lesbarer Schrift angegeben sein:

1. der Name oder die Firma und der Ort der gewerblichen Hauptniederlassung dessen, der die Halberzeugnisse hergestellt hat;
2. der Inhalt nach seiner Art als Speiseeiskonserve oder Speiseeispulver und nach deutschem Gewicht;
3. die Speiseeissorte, zu deren Herstellung das betreffende Halberzeugnis bestimmt ist;
4. die zur Erzielung der angegebenen Speiseeissorte erforderlichen Zutaten nach deutschem Maß oder Gewicht.

Verbote zum Schutze der Gesundheit.

§ 4. (1) Es ist insbesondere verboten:

1. die in §§ 1, 2 genannten Erzeugnisse so herzustellen, daß sie Arsen, Blei oder Zink oder mehr als technisch nicht vermeidbare Mengen Antimon, Kadmium oder Kupfer enthalten;
2. zur Herstellung der in §§ 1, 2 genannten Erzeugnisse anderes Wasser als Trinkwasser zu verwenden;
3. zur Herstellung der in §§ 1, 2 genannten Erzeugnisse Milch, Sahne oder Magermilch, die nicht pasteurisiert, sterilisiert oder abgekocht ist, zu verwenden;
4. Speiseeis so herzustellen, daß das zum Gefrieren der Speiseeismasse benutzte Eis mit dieser in unmittelbare Berührung kommt;

5. zur Herstellung von Speiseeis flüssige oder feste Kohlensäure, die nicht frei von gesundheitsschädlichen Stoffen ist, zu verwenden;
6. Speiseeis durch Vermischen von Speiseeismasse mit Kohlensäure so herzustellen, daß in dem fertigen Speiseeis noch unvergaste Kohlensäure enthalten ist.

(2) Es ist verboten, derartig hergestellte Erzeugnisse anzubieten, zum Verkaufe vorrätig zu halten, feilzuhalten, zu verkaufen oder sonst in den Verkehr zu bringen.

Grundsätze für die Beurteilung.

§ 5. Als verdorben sind insbesondere anzusehen und auch bei Kenntlichmachung vom Verkehr ausgeschlossen:

1. Speiseeis und Halberzeugnisse, die verunreinigt sind oder fremdartig oder ekelerregend riechen oder schmecken;
2. Speiseeis und Halberzeugnisse, zu deren Herstellung verdorbene Rohstoffe oder Zusatzstoffe verwendet worden sind;
3. Speiseeis, zu dessen Herstellung Speiseeis verwendet worden ist, das infolge unsachgemäßer Aufbewahrung geschmolzen ist;
4. Speiseeiskonserven, die sich in bombierten oder undichten Behältnissen befinden.

§ 6. Als nachgemacht oder verfälscht sind insbesondere anzusehen und, außer im Falle der Nr. 23, auch bei Kenntlichmachung vom Verkehr ausgeschlossen:

1. Speiseeis und Halberzeugnisse, zu deren Herstellung nicht der Milch entstammende Fette verwendet worden sind, unbeschadet des in den verwendeten natürlichen Geschmack- und Geruchstoffen (§ 1 Abs. 1) enthaltenen Fettes;
2. Speiseeis und Halberzeugnisse, zu deren Herstellung Stärkesirup verwendet worden ist;
3. Speiseeis und Halberzeugnisse, zu deren Herstellung andere Zuckerarten als technisch reiner weißer Verbrauchszucker (Saccharose) verwendet worden sind, unbeschadet der Ver-

wendung von Milchzucker bei der Herstellung von Speiseeispulver;

4. Speiseeis und Halberzeugnisse, zu deren Herstellung Ei in anderer Form verwendet worden ist, als im § 1 Abs. 1 angegeben ist;
5. Kremeis, Fruchteis, Rahmeis und Eiskrem sowie Halberzeugnisse hierfür, zu deren Herstellung künstliche Geschmack- und Geruchstoffe verwendet worden sind;
6. Milchspeiseeis und Einfacheiskrem sowie Halberzeugnisse hierfür, zu deren Herstellung künstliche Geschmack- und Geruchstoffe verwendet worden sind, unbeschadet der Verwendung von Vanillin oder dem ihm entsprechenden Äthyläther bei Berücksichtigung der Bestimmung im § 7 Nr. 5;
7. Speiseeis und Halberzeugnisse, die, unbeschadet einer Auffärbung des verwendeten Obstmarks und der verwendeten Pistazien oder der Verwendung von Karamel als Geschmackstoff, künstlich gefärbt sind, ausgenommen Kunstspeiseeis und Speiseeispulver für Kunstspeiseeis;
8. Kremeis, Fruchteis und Rahmeis, zu deren Herstellung Gelatine verwendet worden ist;
9. Speiseeis, bei dem der Zusatz von Stärkemehl 1 Hundertteil, von Tragant 0,6 Hundertteile, von Obstpektin 0,3 Hundertteile (berechnet als Kalziumpektat) übersteigt;
10. Milchspeiseeis, Eiskrem, Einfacheiskrem und Kunstspeiseeis, bei denen der Zusatz von Gelatine 0,6 Hundertteile übersteigt;
11. Speiseeis, zu dessen Herstellung mehr als eines der in Nr. 8 bis 10 zugelassenen Bindemittel verwendet worden ist;
12. Speiseeis und Halberzeugnisse, bei deren Herstellung Neutralisationsmittel, insbesondere kohlensaures oder doppeltkohlensaures Natrium, verwendet worden sind;
13. Kremeis, Rahmeis und Milchspeiseeis, denen bei der Herstellung Wasser zugesetzt worden ist, jedoch unbeschadet des Zusatzes von Wasser bei Kremeis, das unter Verwendung von eingedickter Milch, und bei Milchspeiseeis, das unter

Verwendung von eingedickter Milch oder Milchpulver zubereitet wird, in einer dem Eindickungsgrad entsprechenden Menge;

14. Kremeis, zu dessen Herstellung weniger als 270 Gramm Vollei oder 100 Gramm Eidotter auf 1 Liter Milch verwendet worden sind;
15. Kremeis, zu dessen Herstellung Magermilch, eingedickte Magermilch, Milchpulver oder Magermilchpulver verwendet worden ist;
16. Fruchteis, zu dessen Herstellung, unbeschadet der Bestimmung in Nr. 17, weniger als 20 Hundertteile von dem der Bezeichnung der Fruchteissorte entsprechenden frischen Obstfruchtfleisch oder eine geringere Menge Obsterzeugnisse verwendet worden sind, als im § 1 Abs. 2 Nr. 2 festgesetzt ist;
17. Zitroneneis, zu dessen Herstellung weniger als 10 Hundertteile Zitronenmark oder Zitronensaft verwendet worden sind;
18. Rahmeis, zu dessen Herstellung Milch oder andere Milcherzeugnisse als Schlagsahne verwendet worden sind;
19. Rahmeis, zu dessen Herstellung weniger als 60 Hundertteile Schlagsahne verwendet worden sind;
20. Milchspeiseeis, zu dessen Herstellung Magermilch, eingedickte Magermilch oder Magermilchpulver verwendet worden ist;
21. Milchspeiseeis, zu dessen Herstellung weniger als 70 Hundertteile Milch verwendet worden sind;
22. Fruchteiskrem, der weniger als 8, sonstiger Eiskrem, der weniger als 10, Einfacheiskrem, der weniger als 3 Hundertteile Milchfett enthält;
23. Speiseeis, das den Begriffsbestimmungen für Kremeis, Fruchteis, Rahmeis oder Eiskrem nicht entspricht, sofern es nicht je nach der Art seiner Herstellung und Zusammensetzung als Milchspeiseeis, Einfacheiskrem oder Kunstspeiseeis kenntlich gemacht ist.
24. Speiseeiskonserven, die Gelatine enthalten.

§ 7. Eine irreführende Bezeichnung, Angabe oder Aufmachung liegt insbesondere vor, wenn

1. ein Erzeugnis als eine bestimmte Speiseeis- oder Halberzeugnissorte oder mit einem gleichsinnigen Ausdruck bezeichnet wird, ohne den Begriffsbestimmungen in §§ 1, 2 zu entsprechen;
2. ein Halberzeugnis als Halberzeugnis für eine bestimmte Speiseeissorte bezeichnet wird, aber zur Herstellung der betreffenden Speiseeissorte nach der angegebenen Gebrauchsanweisung (§ 3 Abs. 2 Nr. 3, 4) ungeeignet ist;
3. Speiseeis, das nicht den Begriffsbestimmungen für Kremeis, Fruchteis oder Rahmeis (§ 1 Abs. 2 Nr. 1 bis 3) entspricht, mit einem Phantasienamen bezeichnet wird, sofern es nicht zugleich die Bezeichnung der Speiseeissorte (§ 1 Abs. 2 Nr. 4 bis 7) trägt, aus der es besteht;
4. speiseeishaltige Zubereitungen, zu deren Herstellung andere Speisesorten als Kremeis, Fruchteis oder Rahmeis (§ 1 Abs. 2 Nr. 1 bis 3) verwendet worden sind, mit einem Phantasienamen bezeichnet werden, sofern sie nicht zugleich in der Bezeichnung eine Angabe über die verwendete Speiseeissorte enthalten;
5. Milchspeiseeis, Einfacheiskrem oder Kunstspeiseeis sowie Halberzeugnisse hierfür, zu deren Herstellung Vanillin oder der ihm entsprechende Äthyläther verwendet worden ist, in ihrer Bezeichnung einen Hinweis auf Vanille enthalten, unbeschadet der Angabe „mit Vanillegeschmack";
6. Milchspeiseeis, Einfacheiskrem oder Kunstspeiseeis sowie Halberzeugnisse hierfür, zu deren Herstellung Obst oder natürliche Fruchtessenzen verwendet worden sind, mit den Namen dieser Früchte bezeichnet werden, unbeschadet der Angabe „mit Frucht-, Himbeer- usw. Geschmack";
7. Kunstspeiseeis, zu dessen Herstellung künstliche Geschmack- oder Geruchstoffe verwendet worden sind, in der Bezeichnung einen Hinweis auf Obstfrüchte oder dergleichen enthält, unbeschadet der Angabe „mit Frucht-, Himbeer- usw. Aroma" und unbeschadet der Bestimmung in Nr. 5;

8. Speiseeispulver, zu deren Herstellung künstliche Geschmack- oder Geruchstoffe oder künstliche Farbstoffe verwendet worden sind, nicht als „Speiseeispulver für Kunstspeiseeis" kenntlich gemacht sind, unbeschadet der Bestimmung in Nr. 5;
9. durch Umhüllungen, Bezettelungen oder Anpreisungen in Wort oder Bild auf eine den Tatsachen nicht entsprechende Beschaffenheit der Erzeugnisse hingewiesen wird;
10. Speiseeis oder seinen Halberzeugnissen im Einzelfall entgegen den Tatsachen eine besondere diätetische oder gesundheitliche Wirkung zugeschrieben wird.

Inkrafttreten.

§ 8. Diese Verordnung tritt am 1. Oktober 1933 in Kraft.

76. Verordnung über Teigwaren.

Vom 12. November 1934 (RGBl. I S. 1181).

Begriffsbestimmungen.

§ 1. (1) Teigwaren sind kochfertige Erzeugnisse, die aus Weizengrieß oder Weizenmehl von nicht höherer Ausmahlung als 70 Hundertteile, mit oder ohne Verwendung von Ei, durch Einteigen ohne Anwendung eines Gärungs- oder Backverfahrens sowie durch Formen und Trocknen bei gewöhnlicher Temperatur oder bei mäßiger Wärme hergestellt werden. Den Teigen wird bisweilen auch Speisesalz (Steinsalz, Siedesalz) zugesetzt.

(2) Es werden unterschieden:

1. je nach der Verwendung von Ei
   a) Eier-Teigwaren: Erzeugnisse, zu deren Herstellung auf 1 Kilogramm Weizengrieß oder Weizenmehl mindestens 3 Hühnereier — frisch oder konserviert — im Gewicht von durchschnittlich nicht weniger als je 45 Gramm oder 3 Hühnereidotter im Gewicht von durchschnittlich nicht weniger als je 16 Gramm oder entsprechende Gewichtsmengen von Eidauerwaren verwendet worden sind; an Stelle von Hühnereiern werden auch entsprechende Mengen von Enten- oder Gänseeiern verwendet;

b) eifreie Teigwaren: Erzeugnisse, zu deren Herstellung Ei nicht verwendet worden ist; als eifreie Teigwaren gelten auch Teigwaren, zu deren Herstellung Ei in geringerer als der für Eier-Teigwaren vorgeschriebenen Menge verwendet worden ist;

2. nach der Art des verwendeten Weizenrohstoffs
   a) Grieß-Teigwaren: Erzeugnisse, bei denen zur Herstellung des Teiges als Weizenrohstoff ausschließlich Weizengrieß (Weizendunst) verwendet worden ist; Hartgrieß-Teigwaren: Grieß-Teigwaren, bei denen zur Herstellung des Teiges als Weizenrohstoff ausschließlich Hartweizengrieß (Grieß aus triticum durum) verwendet worden ist;
   b) Mehl-Teigwaren: Erzeugnisse, bei denen zur Herstellung des Teiges als Weizenrohstoff Mehl oder Mischungen von Mehl und Grieß verwendet worden sind;

3. nach der äußeren Form z. B.
   Nudeln (Bandnudeln, Schnittnudeln, Fadennudeln), Spätzle, Makkaroni (Röhrennudeln), Spaghetti.

§ 2. Zu den Teigwaren gehören auch folgende Teigwaren besonderer Art:

1. Milch-Teigwaren: Erzeugnisse, zu deren Herstellung auf 1 Kilogramm Weizenrohstoff eine mindestens 20 Gramm Milchtrockenmasse entsprechende Menge Milch oder Milchpulver verwendet worden ist;
2. Gemüse- und Kräuter-Teigwaren: Erzeugnisse, die Gemüse oder Küchenkräuter in solcher Menge enthalten, daß sie den Geschmack bestimmen;
3. Kleber-Teigwaren: Erzeugnisse, bei deren Herstellung Weizenkleber in einer Menge zugesetzt worden ist, daß der Gesamtgehalt des Erzeugnisses an Stickstoffsubstanz mindestens 25 Hundertteile beträgt;
4. Lezithin-Teigwaren: eifreie Erzeugnisse, zu deren Herstellung auf 1 Kilogramm Weizenrohstoff mindestens 4,5 Gramm Lezithin, auch in einer Mischung mit Fett, verwendet worden sind;

5. Vollkorn-Teigwaren: Erzeugnisse, bei denen zur Herstellung des Teiges als Weizenrohstoff ausschließlich Weizenvollkornmehl verwendet worden ist;
6. Graumehl-Teigwaren: Erzeugnisse, bei denen zur Herstellung des Teiges als Weizenrohstoff ausschließlich Weizenmahlerzeugnisse von einem Ausmahlungsgrad von 80 bis 85 Hundertteilen verwendet worden sind;
7. Roggen-Teigwaren: Erzeugnisse, zu deren Herstellung als Mahlerzeugnis ausschließlich Roggenmehl von einer 75 Hundertteile nicht übersteigenden Ausmahlung verwendet worden ist.

Grundsätze für die Beurteilung.

§ 3. Als verdorben sind insbesondere anzusehen und auch bei Kenntlichmachung vom Verkehr ausgeschlossen Teigwaren, die
1. unter Verwendung von verdorbenen oder stark verunreinigten Rohstoffen hergestellt sind;
2. einen die Zahl 8 überschreitenden Säuregrad aufweisen, soweit nicht bei Teigwaren besonderer Art ein höherer Säuregrad durch die verwendeten Rohstoffe bedingt ist.

§ 4. Als verfälscht sind insbesondere anzusehen und, außer im Falle der Nr. 5, auch bei Kenntlichmachung vom Verkehr ausgeschlossen
1. Teigwaren, die Mahlerzeugnisse des Weizens von höherer Ausmahlung als 70 Hundertteile oder Mahlerzeugnisse des Roggens von höherer Ausmahlung als 75 Hundertteile enthalten, ausgenommen Vollkorn-Teigwaren (§ 2 Nr. 5) und Graumehl-Teigwaren (§ 2 Nr. 6);
2. Teigwaren, die unter Verwendung von Ei-Ersatzmitteln, insbesondere Gelatine, hergestellt worden sind, vorbehaltlich eines Zusatzes von Lezithin bei Lezithin-Teigwaren;
3. Teigwaren, die mehr als 1 Hundertteil Natriumchlorid enthalten;
4. Teigwaren, die mehr als 13 Hundertteile Wasser enthalten;
5. eifreie Teigwaren, die künstlich gefärbt sind oder durch Zusatz von Lezithin eine gelbe Farbe erhalten haben, so-

fern nicht diese Erzeugnisse auf den Verpackungen und Umhüllungen deutlich als „gefärbt“ kenntlich gemacht sind;

6. Eier-Teigwaren, die künstlich gefärbt sind;
7. Eier-Teigwaren, die mit Lezithin versetzt sind.

§ 5. Eine irreführende Bezeichnung, Angabe oder Aufmachung liegt insbesondere vor,

1. wenn Teigwaren mit einer Bezeichnung, Angabe oder Aufmachung versehen werden, durch die ihnen die gute Beschaffenheit der im Haushalt hergestellten Teigwaren zugeschrieben wird, sofern sie nicht mindestens 5 Eier (Vollei) auf ein Kilogramm Weizengrieß oder Weizenmehl enthalten;
2. wenn Teigwaren, die nicht mindestens den für Eier-Teigwaren (§ 1 Abs. 2 Nr. 1a) vorgeschriebenen Eigehalt aufweisen, mit bildlichen Darstellungen von Eiern oder Vögeln oder mit sonstigen Bezeichnungen, Aufmachungen oder Angaben versehen werden, die auf einen Eigehalt hinweisen;
3. wenn Eier-Teigwaren mit einer Bezeichnung, Angabe, bildlichen Darstellung oder sonstigen Aufmachung versehen werden, die auf die Verwendung einer bestimmten Eisorte (wie Frischei, Kühlhausei, konserviertes Ei) oder eines bestimmten Ei-Erzeugnisses (wie Gefrierei, Trockenei, Vollei usw.) hinweist, sofern nicht ausschließlich die betreffende Eisorte oder das betreffende Ei-Erzeugnis verwendet worden ist;
4. wenn Eier-Teigwaren, die unter Verwendung von weniger als 5 frischen Eiern, Kühlhauseiern oder konservierten Eiern oder einer entsprechenden Menge Eikonserven auf 1 Kilogramm Mehl oder Grieß hergestellt sind, mit einer Bezeichnung, Angabe oder Aufmachung versehen werden, die auf einen hohen Eigehalt hinweist;
5. wenn Teigwaren entgegen den Tatsachen besondere diätetische oder gesundheitliche Wirkungen zugeschrieben werden;
6. wenn Teigwaren in Umhüllungen verpackt werden, die ganz oder teilweise aus gelben durchsichtigen oder durchscheinenden Stoffen bestehen.

Inkrafttreten.

§ 6. Diese Verordnung tritt, mit Ausnahme des § 5 Nr. 2, am 1. April 1935 in Kraft. § 5 Nr. 2 tritt am 1. Oktober 1935 in Kraft.

77. Verordnung über Tafelwässer.

Vom 12. November 1934 (RGBl. I S. 1183).

Begriffsbestimmungen.

§ 1. Tafelwässer sind:

1. Mineralwässer,
2. Mineralarme Wässer,
3. Künstliche Mineralwässer.

§ 2. (1) Mineralwässer sind natürliche, aus natürlichen oder künstlich erschlossenen Quellen gewonnene Wässer, die in 1 Kilogramm mindestens 1000 Milligramm gelöste Salze oder 250 Milligramm freies Kohlendioxyd enthalten und am Quellort in die für den Verbraucher bestimmten Gefäße abgefüllt sind. Mineralwässer werden zuweilen durch Belüftung enteisent und entschwefelt sowie mit Kohlensäure versetzt (vgl. § 7 Abs. 3).

(2) Säuerlinge (Sauerbrunnen) sind Mineralwässer mit einem natürlichen Gehalt von mindestens 1000 Milligramm freiem Kohlendioxyd in 1 Kilogramm, die, abgesehen von einem etwaigen weiteren Zusatz von Kohlensäure, keine willkürliche Veränderung erfahren haben (vgl. § 7 Abs. 3).

(3) Sprudel sind Säuerlinge, die aus einer natürlichen oder künstlich erschlossenen Quelle im wesentlichen unter natürlichem Kohlensäuredruck hervorsprudeln. Als Sprudel werden auch unter Kohlensäurezusatz abgefüllte Mineralwässer bezeichnet, auch wenn sie durch Belüftung enteisent oder entschwefelt sind (vgl. § 7 Abs. 3).

§ 3. Mineralarme Wässer sind aus natürlichen oder künstlich erschlossenen Quellen gewonnene Wässer, die, abgesehen von einem Kohlensäurezusatz (vgl. § 7 Abs. 5), keine willkürliche Veränderung erfahren haben und am Quellort in die für den Verbraucher bestimmten Gefäße abgefüllt sind.

§ 4. Künstliche Mineralwässer sind aus Wasser, Mineralwasser oder mineralarmem Wasser oder einem Gemisch aus diesen und Salzen oder Sole oder Kohlensäure oder mehreren dieser Zusätze hergestellte Erzeugnisse. Künstliche Mineralwässer werden auch durch Auslaugen von Mineralstoffen mit Wasser, auch kohlensäurehaltigem Wasser, hergestellt. Mineralarme Wässer (§ 3) gelten nicht als künstliche Mineralwässer.

§ 5. Sole ist natürliches salzreiches Wasser oder durch Wasserentziehung im Gehalt an Salzen angereichertes Mineralwasser mit einem Mindestgehalt von 14 Gramm gelösten, überwiegend aus Natriumchlorid bestehenden Salzen in 1 Kilogramm.

§ 6. Auch solche Wässer, die überwiegend zur Beseitigung, Linderung oder Verhütung von Krankheiten bestimmt sind, unterliegen, soweit sie als Tafelwasser (§ 1) angeboten, zum Verkaufe vorrätig gehalten, feilgehalten, verkauft oder sonst in den Verkehr gebracht werden, den Bestimmungen dieser Verordnung. Dasselbe gilt für Sole, die zur Herstellung von Tafelwasser bestimmt ist.

Bestimmungen über Packung und Kennzeichnung.

§ 7. (1) Tafelwässer, die nicht unmittelbar nach ihrer Gewinnung oder Herstellung zum Verbrauch gelangen, dürfen zur Abgabe an den Verbraucher nur in verschlossenen Gefäßen in den Verkehr gebracht werden.

(2) Auf den Gefäßen müssen angegeben sein:

1. bei Mineralwässern und mineralarmen Wässern der Name und der Ort der Quelle und der Name des Quelleigentümers oder die Firma des Betriebsunternehmens;
2. bei künstlichen Mineralwässern der Name oder die Firma und der Ort der gewerblichen Hauptniederlassung des Herstellers; bringt ein anderer als der Hersteller das Erzeugnis unter seinem Namen oder seiner Firma in den Verkehr, so ist anstatt des Herstellers dieser andere anzugeben.

(3) Mineralwässer, die eine Veränderung erfahren haben, müssen, sofern sie als Mineralwasser oder unter einem Quellnamen in den Verkehr gebracht werden, außerdem in unmittel-

barem Zusammenhang mit dem Quellnamen und in gleicher Schriftart und -farbe folgende Angaben tragen:

1. „mit Kohlensäure versetzt", wenn sie, abgesehen von der Verwendung von Kohlensäure zur Verdrängung der Luft aus den Abfüllgefäßen, einen Kohlensäurezusatz erfahren haben;
2. „enteisent und mit Kohlensäure versetzt" oder „entschwefelt und mit Kohlensäure versetzt", wenn sie eine Enteisenung oder Entschwefelung durch Belüftung und einen Kohlensäurezusatz erfahren haben.

(4) Als „natürlich" oder mit einem gleichsinnigen Ausdruck darf ein Mineralwasser bezeichnet werden, das ohne willkürliche über oder unter Tage erfolgte Veränderung abgefüllt worden ist. Ein Mineralwasser, das einen Kohlensäurezusatz oder unter Zusatz von Kohlensäure eine Enteisenung oder Entschwefelung durch Belüftung erfahren hat, darf als „natürliches Mineralwasser" bezeichnet werden, wenn diese Bezeichnung in unmittelbarem Zusammenhang mit den im Abs. 3 vorgeschriebenen Angaben und in gleicher Schriftart, -farbe und -größe angebracht ist.

(5) Mineralarme Wässer dürfen, wenn das verwendete Wasser nachweisbar mindestens seit dem Jahre 1910 unter einem bestimmten Quellnamen vertrieben wird, mit diesem weiter bezeichnet werden, sofern nicht durch sonstige Bezeichnungen oder Angaben oder durch die Aufmachung der Eindruck erweckt wird, daß ein Mineralwasser (§ 2) vorliegt. Ein Kohlensäurezusatz muß bei Angabe des Quellnamens in unmittelbarem Zusammenhang damit und in gleicher Schriftart und -farbe kenntlich gemacht werden. Erfährt ein solches Wasser, abgesehen von einem Kohlensäurezusatz, eine willkürliche Veränderung, so darf es nach der verwendeten Quelle bezeichnet werden, wenn es in unmittelbarem Zusammenhang mit dem Quellnamen und in mindestens halb so großen Buchstaben von gleicher Schriftart und -farbe die Angabe „Künstliches Mineralwasser" trägt.

(6) Künstliche Mineralwässer, die unter Mitverwendung von Mineralwasser oder Sole hergestellt sind, dürfen als Hinweis

hierauf nur die im Druck nicht besonders hervortretende Angabe „unter Zusatz von ... Mineralwasser" oder „unter Zusatz von ... Sole" tragen.

(7) Die in Abs. 2, 3, 5 vorgeschriebenen Angaben müssen in deutscher Sprache an einer in die Augen fallenden Stelle in gut lesbarer Schrift angebracht werden.

Verbote zum Schutze der Gesundheit.

§ 8. (1) Es ist insbesondere verboten:

1. zur Gewinnung oder Herstellung von Tafelwässern oder Sole anderes als gesundheitlich unbedenkliches Wasser zu verwenden;
2. Tafelwässer und Sole so zu gewinnen, herzustellen oder zu befördern, daß sie Blei, Zink, Kadmium oder Kupfer enthalten;
3. künstliche Mineralwässer so herzustellen, daß sie Antimon, Arsen, Barium, Strontium, Chrom, Jod, Brom, radioaktive Stoffe, freie Salpetersäure, freie Salzsäure oder freie Schwefelsäure enthalten, vorbehaltlich des Zusatzes von Barium, Strontium, Jod und Brom bei der Nachbildung eines bestimmten Mineralwassers in einer dem natürlichen Vorbild entsprechenden Menge;
4. solche Wässer anzubieten, zum Verkaufe vorrätig zu halten, feilzuhalten, zu verkaufen oder sonst in den Verkehr zu bringen.

(2) Diese Vorschriften finden keine Anwendung, soweit es sich nur um technisch nicht vermeidbare Verunreinigungen oder um natürliche Bestandteile der verwendeten Mineralwässer, Solen oder Quellsalze handelt.

Grundsätze für die Beurteilung.

§ 9. Als verdorben sind insbesondere anzusehen und auch bei Kenntlichmachung vom Verkehr ausgeschlossen:

1. Tafelwässer, die infolge undichter Behältnisse so erhebliche Mengen Kohlensäure verloren haben, daß sie schal geworden sind;

2. Tafelwässer, die in Holzgefäßen aufbewahrt oder befördert worden sind.

§ 10. Als nachgemacht oder verfälscht sind insbesondere anzusehen und auch bei Kenntlichmachung vom Verkehr ausgeschlossen: künstliche Mineralwässer, die unter Verwendung von Salzen hergestellt worden sind, die nicht den im § 12 hinsichtlich ihrer Reinheit gestellten Anforderungen entsprechen.

§ 11. Eine irreführende Bezeichnung, Angabe oder Aufmachung liegt insbesondere vor, wenn im Verkehr mit Tafelwässern

1. die Beschriftung eines Mineralwassers oder eines mineralarmen Wassers Angaben über seine chemische Zusammensetzung enthält, sofern nicht die Angaben der tatsächlichen Zusammensetzung des Wassers, wie es in den Verkehr gebracht wird, entsprechen und die Mengen in Milligramm, bezogen auf 1 Kilogramm Wasser, sowie Monat und Jahr der Untersuchung angegeben werden;
2. die Beschriftung eines künstlichen Mineralwassers Angaben über seine chemische Zusammensetzung enthält;
3. ein künstliches Mineralwasser, vorbehaltlich der Vorschrift der Nr. 4 und vorbehaltlich der Bezeichnung von künstlichem Mineralwasser als Selters oder Selterwasser, in seiner Bezeichnung einen Hinweis auf Ortsnamen, insbesondere Namen von Bädern, oder auf Quellen oder Brunnen enthält, sofern es nicht dem betreffenden natürlichen Mineralwasser in seiner Zusammensetzung nachgebildet oder durch Auflösen des aus Wasser der betreffenden Quelle durch Eindampfen oder Verdunsten gewonnenen Salzes in destilliertem Wasser hergestellt worden ist und zugleich vor dem angegebenen Namen und in unmittelbarem Zusammenhang mit ihm in gleicher Schriftart, -farbe und -größe die Angabe „künstlich" (z. B. „Künstliches Fachinger") enthält;
4. ein unter Verwendung von Sole hergestelltes künstliches Mineralwasser einen Hinweis auf die Verwendung und die Herkunft der Sole enthält (§ 7 Abs. 6), sofern es nicht

einen aus der Sole stammenden Natriumchloridgehalt von mindestens 1000 Milligramm in 1 Kilogramm enthält;

5. ein mineralarmes Wasser oder ein künstliches Mineralwasser als Sprudel, Säuerling, Quelle, Bronn, Brunnen oder ähnlich, auch in Wortverbindungen, oder mit einem Phantasienamen bezeichnet wird, der auf eine natürliche Herkunft hindeutet, vorbehaltlich der im § 7 Abs. 5 zugelassenen Bezeichnungen;
6. bei künstlichen Mineralwässern durch Wappen, Landschaften oder andere Abbildungen auf eine bestimmte Herkunft hingewiesen wird;
7. ein Mineralwasser als „natürlicher Sprudel" oder gleichsinnig bezeichnet wird, sofern es nicht ein aus einer natürlichen oder künstlich erschlossenen Quelle im wesentlichen unter Kohlensäuredruck hervorsprudelnder Säuerling ist, der keine willkürliche Veränderung erfahren hat;
8. eine Sole, die eine willkürliche Veränderung erfahren hat, als „natürlich" oder als „Natursole" bezeichnet wird;
9. eine Sole als Mineralbrunnensole oder gleichsinnig bezeichnet wird.

Reinheit der Salze.

§ 12. Zur Herstellung von künstlichen Mineralwässern sowie von künstlichen Mineralwassersalzen und künstlichen Mineralwasserpastillen dürfen die in der Anlage aufgeführten Salze nur dann verwendet werden, wenn sie den dort gestellten Anforderungen entsprechen.

Inkrafttreten.

§ 13. Diese Verordnung tritt am 1. April 1935 in Kraft.

Anlage.

1. Kristallisiertes Natriumkarbonat (Soda).

Gehalt mindestens 37 Hundertteile wasserfreies Natriumkarbonat.

Die wässerige Lösung (1 + 49) darf durch 3 Tropfen Natriumsulfidlösung nicht verändert werden (Schwermetallsalze); mit

Salpetersäure übersättigt, darf sie durch Bariumnitratlösung (Schwefelsäure) nicht verändert, durch Silbernitratlösung (Salzsäure) innerhalb 10 Minuten höchstens opalisierend getrübt werden. Beim Erwärmen der wässerigen Lösung (1 + 49) darf sich kein Ammoniak entwickeln (Ammoniumsalze). Ein Gemisch von 1 Gramm kristallisiertem Natriumkarbonat und 5 Kubikzentimeter Natriumhypophosphitlösung darf nach viertelstündigem Erhitzen im siedenden Wasserbade keine dunklere Färbung annehmen (Arsenverbindungen).

2. Getrocknetes Natriumkarbonat.

Gehalt mindestens 74 Hundertteile wasserfreies Natriumkarbonat.

Hinsichtlich seiner Reinheit muß es den an kristallisiertes Natriumkarbonat gestellten Anforderungen genügen; für die Prüfungen sind die dort angegebenen Gewichtsmengen auf die Hälfte herabzusetzen.

3. Natriumbikarbonat.

Gehalt des über Schwefelsäure getrockneten Salzes mindestens 98 Hundertteile Natriumbikarbonat.

Die mit verdünnter Essigsäure schwach angesäuerte Lösung von 0,3 Gramm Natriumbikarbonat in 10 Kubikzentimeter Wasser darf nach Zusatz von 2 Kubikzentimeter Natriumkobaltinitritlösung innerhalb 2 Minuten nicht getrübt werden (Kaliumsalze). Die mit verdünnter Essigsäure bis zur schwach sauren Reaktion gegen Lackmuspapier versetzte wässerige Lösung von Natriumbikarbonat (1 + 49) darf durch 3 Tropfen Natriumsulfidlösung (Schwermetallsalze) nicht verändert, durch Bariumnitratlösung (Schwefelsäure) innerhalb 3 Minuten nicht verändert werden. Die wässerige, mit Salpetersäure übersättigte Lösung (1 + 49) muß klar sein (Thioschwefelsäure) und darf nach Zusatz von Silbernitratlösung (Salzsäure) höchstens opalisierend getrübt werden; durch Eisenchloridlösung darf sie nicht rot gefärbt werden (Rhodanwasserstoffsäure). Die bei einer 15° nicht übersteigenden Temperatur unter leichtem Umschwenken hergestellte

Lösung von 1 Gramm Natriumbikarbonat in 20 Kubikzentimeter Wasser darf nach Zusatz von 3 Tropfen Phenolphthaleinlösung höchstens schwach gerötet werden (Natriumkarbonat). Beim Erwärmen der wässerigen Lösung (1 + 49) mit 1 Kubikzentimeter Natronlauge darf sich kein Ammoniak entwickeln (Ammoniumsalze). Ein Gemisch von 1 Gramm Natriumbikarbonat und 5 Kubikzentimeter Natriumhypophosphitlösung darf nach viertelstündigem Erhitzen im siedenden Wasserbade keine dunklere Färbung annehmen (Arsenverbindungen).

78. Verordnung über Knochenfett.

Vom 8. Juli 1936 (RGBl. I S. 565).

§ 1. (1) Zur Ernährung bestimmtes Knochenfett darf nur aus solchen Knochen hergestellt werden, die ausschließlich im Betriebe des Herstellers angefallen, frisch und unverdorben sind.

(2) Räume, Einrichtungen und Geräte, in denen Knochenfett für die Ernährung hergestellt wird, dürfen für die Gewinnung von technischen Fetten nicht verwendet werden.

§ 2. (1) Die Packungen, Behältnisse oder Umhüllungen, in denen zur Ernährung bestimmtes Knochenfett, auch in Mischungen mit anderem Fett, verkauft, feilgehalten oder an den Verbraucher abgegeben wird, müssen eine deutliche Aufschrift tragen, welche die Herkunft des Fettes aus Knochen erkennbar macht; daneben kann die Tierart angegeben sowie auf die Vermischung mit Fett anderer Art hingewiesen werden.

(2) Fett aus Pferdeknochen darf im gewerblichen Verkehr nicht mit Fett aus Knochen anderer Tiere vermischt werden.

§ 3. Diese Verordnung tritt am 1. August 1936 in Kraft.

79. Verordnung über Hackfleisch, Schabefleisch und ähnliche Zubereitungen (Hackfleischverordnung).

Vom 24. Juli 1936 (RGBl. I S. 570).

Begriffsbestimmungen.

§ 1. (1) Hackfleisch (Gehacktes, Gewiegtes) ist rohes Skelettmuskelfleisch von warmblütigen Schlachttieren in zerkleinertem Zustand ohne jeden anderen Zusatz.

(2) Schabefleisch ist fett- und sehnenfreies (schieres) rohes Skelettmuskelfleisch vom Rind in fein zerkleinertem Zustand ohne jeden Zusatz.

(3) Zubereitetes Hackfleisch (Hackepeter, Thüringer Mett, Wursthackfleisch, Bratwursthack usw.) ist Hack- oder Schabefleisch, dem Speisesalz (Steinsalz, Siedesalz), Zwiebeln oder Gewürze zugesetzt sind.

Vorschriften zum Schutze der Gesundheit.

§ 2. (1) Hackfleisch, Schabefleisch und zubereitetes Hackfleisch darf nicht aus Gefrierfleisch hergestellt werden.

(2) Hackfleisch, Schabefleisch und zubereitetes Hackfleisch darf, vorbehaltlich der Vorschriften des Absatzes 3, gewerbsmäßig nur in Schlächtereien und Fleischereibetrieben hergestellt, vorrätig gehalten, feilgehalten oder verkauft werden. Das Herstellen, Vorrätighalten, Feilhalten und Verkaufen im Freien, auf Märkten und Straßen, im Hausierhandel sowie in Freibänken und freibankähnlichen Einrichtungen ist verboten; dies gilt auch für den Fall, daß Hackfleisch, Schabefleisch oder zubereitetes Hackfleisch in Därme, Blasen oder andere Hüllen eingefüllt ist.

(3) In Gaststätten darf Hackfleisch, Schabefleisch und zubereitetes Hackfleisch nur zum Verzehr an Ort und Stelle hergestellt, feilgehalten oder abgegeben werden.

(4) Hackfleisch, Schabefleisch und zubereitetes Hackfleisch, das nicht unmittelbar nach der Herstellung oder Zubereitung an den Verbraucher abgegeben wird, muß in Kühleinrichtungen oder unter sicher abschließenden, luftdurchlässigen Fliegenschutzvorrichtungen kühl aufbewahrt werden.

§ 3. (1) Die Polizeibehörden können vorschreiben, daß Hackfleisch, Schabefleisch und zubereitetes Hackfleisch frühestens eine halbe Stunde vor den Hauptabsatzzeiten und höchstens in der Menge hergestellt werden darf, die dem durchschnittlichen Bedarf des betreffenden Betriebes für eine Hauptabsatzzeit entspricht.

(2) Das am Abend nach Ladenschluß oder im Falle des Ab-

satzes 1 nach einer Hauptabsatzzeit übrig gebliebene Hackfleisch, Schabefleisch und zubereitete Hackfleisch darf als solches nicht abgegeben werden. Es ist sofort in einen Zustand zu bringen, der die Abgabe als Hackfleisch, Schabefleisch oder zubereitetes Hackfleisch unmöglich macht (durch Kochen, Braten usw).

§ 4. Die zur Herstellung von Hackfleisch, Schabefleisch oder zubereitetem Hackfleisch verwendeten Zerkleinerungsvorrichtungen und sonstigen Geräte müssen täglich nach jeder Hauptabsatzzeit, mindestens aber mittags und abends, auseinandergenommen und gründlich gereinigt werden. Nach Verwendung von chemischen Reinigungsmitteln müssen die Geräte vor ihrer Wiederbenutzung mit reinem Wasser ausgespült werden.

Grundsätze für die Beurteilung.

§ 5. Als nachgemacht oder verfälscht sind insbesondere anzusehen und auch bei Kenntlichmachung vom Verkehr ausgeschlossen:

1. Hackfleisch und Schabefleisch, dem Wasser oder andere Fremdstoffe zugesetzt sind;
2. zubereitetes Hackfleisch, dem andere Stoffe als Speisesalz (Steinsalz, Siedesalz), Zwiebeln oder Gewürze zugesetzt sind;
3. Hackfleisch, Schabefleisch und zubereitetes Hackfleisch, das ganz oder teilweise unter Verwendung von anderem als Skelettmuskelfleisch (z. B. Sehnen, Blut, Herz, Milz, Lungen, Speiseröhren, Drüsen) hergestellt ist.

§ 6. Eine irreführende Bezeichnung liegt insbesondere vor,

1. wenn Hackfleisch, Schabefleisch oder zubereitetes Hackfleisch mit dem Namen einer Tierart bezeichnet ist, ohne daß das Fleisch ausschließlich von dieser Tierart stammt;
2. wenn Hackfleisch als Schabefleisch bezeichnet wird.

Inkrafttreten.

§ 7. Diese Verordnung tritt am 1. August 1936 in Kraft.

80. Verordnung über Enteneier.

Vom 24. Juli 1936 (RGBl. I S. 630).

§ 1. (1) Enteneier dürfen nur dann zum Verkauf vorrätig gehalten, feilgehalten, verkauft oder sonst in den Verkehr gebracht werden, wenn sie die deutlich lesbare, in unverwischbarer, kochechter, nicht gesundheitsschädlicher Farbe angebrachte Aufschrift

Entenei!
Kochen!

tragen. Die Kennzeichnung muß in ovaler Umrandung mit lateinischen Buchstaben von mindestens 3 mm Höhe aufgedruckt sein.

(2) An den Behältnissen, in denen Enteneier feilgehalten werden, muß an einer gut sichtbaren Stelle auf einem mindestens 20 cm langen und 15 cm breiten Schilde die deutlich lesbare Aufschrift

Enteneier!
Vor dem Gebrauch mindestens 8 Minuten kochen oder in Backofenhitze durchbacken!

angebracht sein.

§ 2. (1) Bei der Einfuhr in das Zollinland müssen Enteneier, die zum Verkauf bestimmt sind, die nach § 1 Abs. 1 erforderliche Kennzeichnung tragen.

(2) Sind sie nicht gekennzeichnet, so dürfen sie nur auf ein Zollager unter amtlichem Mitverschluß gebracht werden. Auf diesem kann die Kennzeichnung vorgenommen werden. Überführung vom Zollager in den Verkehr des Zollinlandes steht der Einfuhr in das Zollinland (Abs. 1) gleich.

§ 3. In den Geschäftsräumen und Verkaufsständen, in denen Enteneier feilgehalten werden, ist an gut sichtbarer Stelle in der Nähe der feilgehaltenen Enteneier ein mindestens 24 mal 30 cm großes Schild anzubringen, das die deutlich lesbare Aufschrift trägt:

Enteneier dürfen zur Verhütung von Gesundheitsschädigungen nicht roh oder weichgekocht verzehrt oder zur Herstellung von Puddings, Mayonnaise, Rührei, Setzei, Pfannkuchen usw. verwendet werden. Sie müssen vor dem Genuß mindestens 8 Minuten gekocht oder beim Kuchenbacken in Backofenhitze völlig durchgebacken werden.

§ 4. Diese Verordnung tritt am 1. September 1936 in Kraft.

81. Verordnung, betreffend den Verkehr mit Essigsäure.

Vom 14. Juli 1908 (RGBl. 1908 S. 475).

§ 1. Rohe und gereinigte Essigsäure (auch Essigessenz), die in 100 Gewichtsteilen mehr als 15 Gewichtsteile reine Säure enthält, darf in Mengen unter 2 Liter nur in Flaschen nachstehender Art und Bezeichnung gewerbsmäßig feilgehalten oder verkauft werden:

1. Die Flaschen müssen aus weißem oder halbweißem Glase gefertigt, länglich rund geformt und an einer Breitseite in der Längsrichtung gerippt sein.
2. Die Flaschen müssen mit einem Sicherheitsstopfen versehen sein, der bei wagerechter Haltung der gefüllten Flasche innerhalb einer Minute nicht mehr als 50 Kubikzentimeter des Flascheninhalts ausfließen läßt. Der Sicherheitsstopfen muß derart im Flaschenhalse befestigt sein, daß er ohne Zerbrechen der Flasche nicht entfernt werden kann.
3. An der nicht gerippten Seite des Flasche muß eine Aufschrift vorhanden sein, die in deutlich lesbarer Weise
   a) die Art des Inhalts einschließlich seiner Stärke an reiner Essigsäure angibt,
   b) die Firma des Fabrikanten des Inhalts bezeichnet,

c) in besonderer, für die sonstige Aufschrift nicht verwendeter Farbe die Warnung

„Vorsicht! Unverdünnt lebensgefährlich"

getrennt von der sonstigen Aufschrift enthält,

d) eine Anweisung für den Gebrauch des Inhalts der Flasche bei der Verwendung zu Speisezwecken erteilt.

Weitere Aufschriften dürfen auf der Flasche nicht vorhanden sein.

§ 2. Die Vorschriften des § 1 finden keine Anwendung auf das Feilhalten und den Verkauf von Essigsäure in Apotheken, soweit es zu Heil- oder wissenschaftlichen Zwecken erfolgt.

§ 3. Das Feilhalten und der Verkauf von Essigsäure der im § 1 bezeichneten Art unter der Bezeichnung „Essig" ist verboten.

82. Gesetz über die Verwendung salpetrigsaurer Salze im Lebensmittelverkehr (Nitritgesetz).

Vom 19. Juni 1934 (RGBl. I S. 513).

§ 1. (1) Vorbehaltlich der Vorschriften der §§ 2, 6 ist verboten, salpetrigsaure Salze (Nitrite)

1. für die Gewinnung, Herstellung oder Zubereitung von Lebensmitteln herzustellen, zu verpacken, zum Verkaufe vorrätig zu halten, anzubieten, feilzuhalten, zu verkaufen oder sonst in den Verkehr zu bringen;
2. bei der Gewinnung, Herstellung oder Zubereitung von Lebensmitteln zu verwenden;
3. in Räume von Lebensmittelbetrieben zu verbringen oder in diesen aufzubewahren.

(2) Das Verbot des Abs. 1 gilt auch für Gemische und Lösungen, die salpetrige Säure, frei oder gebunden, enthalten oder bei deren bestimmungsgemäßer Verwendung sich infolge eines Gehaltes an reduzierenden Stoffen salpetrige Säure, frei oder gebunden, bilden kann.

§ 2. Das Verbot des § 1 findet keine Anwendung auf

1. salpetrigsaures Natrium (Natriumnitrit), das für die Herstellung von Nitritpökelsalz (§ 3) bestimmt ist;

2. Nitritpökelsalz (§ 3) für den im § 6 angegebenen Zweck;
3. Pökellaken, die unter Verwendung von Nitritpökelsalz (§ 3) oder von Kochsalz und Salpeter hergestellt worden sind.

§ 3. Nitritpökelsalz ist ein ausschließlich aus Speisesalz (Steinsalz, Siedesalz) und salpetrigsaurem Natrium (Natriumnitrit) bestehendes gleichmäßiges Gemisch, das höchstens 0,6 und mindestens 0,5 Hundertteile salpetrigsaures Natrium (berechnet als $NaNO_2$) enthält. Das Nitritpökelsalz darf nur in Mischmaschinen hergestellt werden, die eine gleichmäßige Durchmischung gewährleisten.

§ 4. Die Herstellung von Nitritpökelsalz bedarf der Genehmigung des Reichsministers des Innern. Die Genehmigung kann jederzeit ohne Entschädigung zurückgenommen werden.

§ 5. (1) Salpetrigsaures Natrium, das zur Herstellung von Nitritpökelsalz bestimmt ist, sowie Nitritpökelsalz dürfen nur in dichten, festen und gut verschlossenen Behältnissen oder dauerhaften Umhüllungen aufbewahrt, befördert, zum Verkaufe vorrätig gehalten, angeboten, feilgehalten, verkauft oder sonst in den Verkehr gebracht werden.

(2) Die Behältnisse und Umhüllungen für salpetrigsaures Natrium, das zur Herstellung von Nitritpökelsalz bestimmt ist, müssen an mindestens zwei in die Augen fallenden Stellen die deutliche, nicht verwischbare Aufschrift „Salpetrigsaures Natrium. Vorsicht! Trocken aufzubewahren!" tragen.

(3) Die Behältnisse und Umhüllungen für Nitritpökelsalz müssen an mindestens zwei in die Augen fallenden Stellen die deutliche, nicht verwischbare Aufschrift „Nitritpökelsalz. Trocken aufzubewahren!" sowie den Namen oder die Firma des Herstellers und die Angabe des Ortes seiner gewerblichen Hauptniederlassung tragen. Zugleich müssen sie mit zwei bandförmigen Streifen von roter Farbe versehen sein, die bei Behältnissen oder Umhüllungen bis zu 50 Zentimeter Höhe mindestens 2 Zentimeter, im übrigen mindestens 5 Zentimeter breit sind.

§ 6. Nitritpökelsalz (§ 3) darf nur bei der Zubereitung von Fleisch sowie von Fleisch- und Wurstwaren, mit Ausnahme von zerkleinertem frischem Fleisch (Schabefleisch, Hackfleisch, Hackepeter), verwendet werden. Die gleichzeitige Verwendung von Salpeter neben Nitritpökelsalz ist verboten, jedoch darf bei Fleisch in großen Stücken Salpeter neben Nitritpökelsalz verwendet werden, sofern höchstens 1 Kilogramm Salpeter auf 100 Kilogramm Nitritpökelsalz kommt.

§ 7. (1) Wer vorsätzlich einem der Verbote des § 1 zuwiderhandelt, wird mit Gefängnis und mit Geldstrafe oder mit einer dieser Strafen bestraft.

(2) Der Versuch ist strafbar.

(3) Ist durch die Tat eine schwere Körperverletzung oder der Tod eines Menschen verursacht worden, so tritt an Stelle des Gefängnisses Zuchthaus bis zu zehn Jahren.

(4) Neben der Freiheitsstrafe kann auf Verlust der bürgerlichen Ehrenrechte, neben Zuchthaus auch auf Zulässigkeit von Polizeiaufsicht erkannt werden.

(5) Ist die Zuwiderhandlung fahrlässig begangen, so tritt Geldstrafe und Gefängnis oder eine dieser Strafen ein.

§ 8. (1) Wer vorsätzlich einer der Vorschriften des § 3 Satz 2, der §§ 4, 5, 6 zuwiderhandelt, wird mit Gefängnis bis zu sechs Monaten und mit Geldstrafe oder mit einer dieser Strafen bestraft.

(2) Ist die Zuwiderhandlung fahrlässig begangen, so tritt Geldstrafe bis zu einhundertfünfzig Reichsmark oder Haft ein.

§ 9. (1) In den Fällen des § 7 ist neben der Strafe auf Einziehung oder Vernichtung der Gegenstände, auf die sich die Zuwiderhandlung bezieht, zu erkennen, auch wenn die Gegenstände dem Verurteilten nicht gehören. In den Fällen des § 8 kann dies geschehen.

(2) Kann keine bestimmte Person verfolgt oder verurteilt werden, so kann auf die Einziehung oder Vernichtung der Gegenstände selbständig erkannt werden, wenn im übrigen die Voraussetzungen hierfür vorliegen.

§ 10. (1) Ergibt sich in den Fällen der §§ 7, 8, daß dem Täter die erforderliche Zuverlässigkeit fehlt, so kann ihm das Gericht in dem Urteil die Führung eines Betriebes ganz oder teilweise untersagen oder nur unter Bedingungen gestatten, soweit er sich auf die Herstellung oder den Vertrieb von Lebensmitteln oder Bedarfsgegenständen erstreckt. Vorläufig kann es eine solche Anordnung durch Beschluß treffen.

(2) Die zuständige Verwaltungsbehörde kann die nach Abs. 1 Satz 1 getroffene Anordnung aufheben, wenn seit Eintritt der Rechtskraft des Urteils mindestens drei Monate verflossen sind.

(3) Wer der Untersagung zuwiderhandelt, wird mit Gefängnis und mit Geldstrafe bestraft.

§ 11. (1) In den Fällen der §§ 7, 8 kann neben der Strafe angeordnet werden, daß die Verurteilung auf Kosten des Schuldigen öffentlich bekanntzumachen ist. Auf Antrag des freigesprochenen Angeklagten kann das Gericht anordnen, daß der Freispruch öffentlich bekanntzumachen ist; die Staatskasse trägt in diesem Falle die Kosten, soweit sie nicht nach § 469 der Strafprozeßordnung dem Anzeigenden auferlegt worden sind.

(2) In der Anordnung ist die Art der Bekanntmachung zu bestimmen; sie kann auch durch Anschlag an oder in den Geschäfträumen des Verurteilten oder Freigesprochenen erfolgen.

§ 12. Die Vorschriften des Lebensmittelgesetzes vom 5. Juli 1927 (Reichsgesetzbl. I S. 134) in der Fassung vom 31. Juli 1930 (Reichsgesetzbl. I S. 421)[1]) bleiben unberührt.

§ 13. Der Reichsminister des Innern erläßt die zur Durchführung und Ergänzung dieses Gesetzes erforderlichen Rechts- und Verwaltungsvorschriften.

§ 14. (1) Dieses Gesetz tritt, vorbehaltlich des Abs. 2, mit dem auf die Verkündung folgenden Tage in Kraft. Gleichzeitig tritt die Verordnung über Nitritpökelsalz vom 21. März 1930 (Reichsgesetzbl. I S. 100) außer Kraft.

(2) §§ 4, 5 Abs. 1, 2 treten am 1. August 1934 in Kraft.

---

[1]) Jetzt in der Fassung vom 17. 1. 1936 (RGBl. I S. 17).

83. Verordnung über die äußere Kennzeichnung von Lebensmitteln (Lebensmittel-Kennzeichnungsverordnung).

Vom 8. Mai 1935 (RGBl. I S. 590).

§ 1. (1) Der Kennzeichnungspflicht unterliegen folgende Lebensmittel, sofern sie in Packungen oder Behältnissen an den Verbraucher abgegeben werden:

1. Dauerwaren von Fleisch oder mit Fleischzusatz in luftdicht verschlossenen Behältnissen sowie Fleischpasten;
2. Dauerwaren von Fischen, einschließlich Marinaden, sowie Fischpasten, Sardellenbutter;
3. Dauerwaren von Krustentieren;
4. Milch- und Sahnedauerwaren (Dauermilch und Dauersahne);
5. Gemüsedauerwaren, einschließlich Trockengemüse;
6. Obstdauerwaren, einschließlich Trockenobst, Obstmuß, Obstkraut, Obstkonfitüren, Marmelade, Obstsaft, Obstgelee, Obstsirup, Obstsüßmost, Obstdicksaft sowie Verdünnungen aus Obstsüßmost oder Obstdicksaft, ferner Traubensüßmost, Traubendicksaft sowie Verdünnungen aus Traubensüßmost oder Traubendicksaft;
7. Honig, Kunsthonig, Rübenkraut (Rübensaft);
8. diätetische Lebensmittel;
9. Fleischextrakt, Hefeextrakt und Extrakte aus anderen eiweißhaltigen Stoffen, Erzeugnisse in fester und loser Form (Würfel, Tafeln, Körner, Pulver usw.) aus Fleischextrakt, Hefeextrakt oder Extrakten aus anderen eiweißhaltigen Stoffen, eingedickte Fleischbrühe sowie die Ersatzmittel der genannten Erzeugnisse, kochfertige Suppen in trockener Form;
10. Krebsextrakt, Krabbenextrakt;
11. Eipulver (Volleipulver, Eidotterpulver) und ihre Ersatzmittel;
12. Puddingpulver, Backpulver;
13. Gewürze und ihre Ersatzmittel sowie Gewürzauszüge;

14. Schokolade und Schokoladewaren, außer in Packungen unter 25 Gramm, Schokoladen- und Kakaopulver;
15. Marzipan und Marzipanersatz;
16. Kaffee, Kaffee-Ersatzstoffe und Kaffee-Zusatzstoffe, Tee und seine Ersatzmittel, Mate;
17. Teigwaren;
18. Zwieback, Keks, Biskuits, Waffeln, Lebkuchen;
19. Haferflocken, Hafergrütze, Hafermehl, Hafermark;
20. Speiseöle.

(2) Ohne die vorgeschriebene Kennzeichnung dürfen diese Lebensmittel in den Packungen oder Behältnissen nicht feilgehalten, verkauft oder sonst in den Verkehr gebracht werden.

(3) Die Kennzeichnung hat der Hersteller oder derjenige anzubringen, der das Lebensmittel aus dem Zoll-Ausland einführt. Falls ein anderer das Lebensmittel unter seinem Namen oder seiner Firma in den Verkehr bringen will, hat dieser andere die Kennzeichnung anzubringen; in diesem Falle findet die Vorschrift im Abs. 2 auf den Hersteller und den Einführenden keine Anwendung.

§ 2. (1) Auf den Packungen oder Behältnissen müssen an einer in die Augen fallenden Stelle in deutscher Sprache und in deutlich sichtbarer, leicht lesbarer Schrift angegeben sein:

1. der Name oder die Firma und der Ort der gewerblichen Hauptniederlassung dessen, der das Lebensmittel hergestellt hat; befindet sich die gewerbliche Hauptniederlassung des Herstellers im Ausland, ist aber das Lebensmittel im Inland hergestellt, so muß außerdem der Ort der Herstellung in folgender Form angegeben werden: „Hergestellt in . . .“; bringt ein anderer als der Hersteller das Lebensmittel in der Packung oder dem Behältnis unter seinem Namen oder seiner Firma in den Verkehr, so ist anstatt des Herstellers dieser andere anzugeben;
2. der Inhalt nach handelsüblicher Bezeichnung;
3. der Inhalt nach deutschem Maß oder Gewicht (entsprechend der Maß- und Gewichtsordnung) zur Zeit der Füllung oder

nach Stückzahl, vorbehaltlich der Vorschriften in den Absätzen 2 und 3.

(2) An Stelle der im Abs. 1 Nr. 3 vorgeschriebenen Angaben ist folgendes anzugeben:

1. bei Dauerwaren von Fleisch oder mit Fleischzusatz in luftdicht verschlossenen Behältnissen das Gewicht, welches das knochenfreie Fleisch (einschließlich Fett) oder der Speck zur Zeit der Füllung hat; bei Fleischsülze darf das Gewicht des Gelees, bei Rippchen, Eisbein und Geflügeldauerwaren das Gewicht der Knochen in dem angegebenen Gewicht einbegriffen sein; bei geschmorten Fleischdauerwaren genügt die Angabe des Gewichts des rohen Fleisches;
2. bei Dauerwaren von Fischen, einschließlich Marinaden, das Gewicht der zubereiteten Fische oder Fischteile zur Zeit der Füllung, außerdem die Zeit der Füllung nach Monat und Jahr, sofern es sich nicht um Ware handelt, die durch Erhitzen haltbar gemacht ist; die Verpflichtung zur Angabe der Zeit der Füllung fällt fort, wenn auf der Packung oder dem Behältnis getrennt von den übrigen Angaben an einer in die Augen fallenden Stelle die deutliche, nicht verwischbare Inschrift angebracht wird „Kühl aufbewahren, zum alsbaldigen Verbrauch bestimmt“; bei Sardinen (clupea pilchardus), die durch Erhitzen in Öl haltbar gemacht sind, genügt an Stelle der Gewichtsangabe die Angabe der Zahl der eingefüllten Fische;
3. bei eingedickter Milch der Inhalt nach Gewicht zur Zeit der Füllung sowie der Gehalt an Fett und fettfreier Milchtrockenmasse in Hundertteilen des Gewichts, bei sterilisierter Sahne und sterilisierter Schlagsahne der Inhalt nach Gewicht zur Zeit der Füllung sowie der Gehalt an Fett in Hundertteilen des Gewichts, bei Milchpulver, Magermilchpulver und Sahnepulver außerdem die Zeit der Herstellung nach Monat und Jahr;
4. bei Gemüsedauerwaren und Obstdauerwaren das Gewicht des Gemüses oder Obstes zur Zeit der Füllung ohne die zugesetzte Flüssigkeit, sofern nicht für die Füllung eine Nor-

maldose (§ 3) verwendet wird. Hiervon ausgenommen sind Trockengemüse sowie Trockenobst, Obstmus, Obstkraut, Obstkonsitüren, Marmelade, Obstsaft, Obstgelee, Obstsirup, Obstsüßmost, Obstdicksaft sowie Verdünnungen aus Obstsüßmost oder Obstdicksaft, ferner Traubensüßmost, Traubendicksaft sowie Verdünnungen aus Traubensüßmost oder Traubendicksaft; bei diesen Erzeugnissen finden die Vorschriften des Absatzes 1 Nr. 3 Anwendung;

5. bei kochfertigen Suppen in trockener Form, wieviel Teller Suppe (1 Teller = 250 Kubikzentimeter) daraus hergestellt werden können;
6. bei Backpulver die Gewichtsmenge Mehl, zu deren Verarbeitung der Inhalt der Packung auch noch nach der im Verkehr vorauszusehenden Lagerzeit ausreicht;
7. bei Puddingpulver der Inhalt nach Gewicht zur Zeit der Füllung sowie die Menge Flüssigkeit, die zur Herstellung des Puddings erforderlich ist;
8. bei Volleipulver der Inhalt nach Gewicht zur Zeit der Füllung sowie wieviel Eiern im Gewicht von je 45 Gramm, bei Eidotterpulver, wieviel Eidottern im Gewicht von je 16 Gramm der Inhalt der Packung entspricht;
9. bei Schokolade und Schokoladenpulver der Inhalt nach Gewicht zur Zeit der Füllung sowie die Menge der Kakaobestandteile in Hundertteilen des Gewichts;
10. bei Kaffee-Ersatzstoffen und Kaffee-Zusatzstoffen der Inhalt nach Gewicht zu dem Zeitpunkt, zu dem die Ware in den Verkehr gebracht wird.

(3) Bei Gratisproben, die als solche bezeichnet sind, und bei Gewürzen und ihren Ersatzmitteln in Packungen oder Behältnissen unter 25 Gramm bedarf es keiner Gewichtsangabe.

§ 3. (1) Unter einer $^1/_1$-Normaldose ist eine Dose zu verstehen, die, in nicht verschlossenem Zustand gemessen, einen Rauminhalt hat

bei Gemüsedauerwaren von 900 Kubikzentimeter,
bei Obstdauerwaren von 850 Kubikzentimeter.

(2) Als Normaldosen im Sinne des § 2 Abs. 2 Nr. 4 gelten

neben der $^1/_1$-Normaldose: $^1/_8$-, $^1/_4$-, $^1/_2$-, $1^1/_2$-, $^2/_1$-, $2^1/_2$-, $^3/_1$-Normaldosen, bei Gurken $^1/_2$-, $^3/_1$-Normaldosen sowie 5-Liter-Dosen und 10-Liter-Dosen.

(3) Die Dosen müssen als Normaldosen entsprechend den zugelassenen Größen bezeichnet werden. Sie müssen handelsüblich gefüllt sein und dürfen nicht mehr Flüssigkeit enthalten, als technisch unvermeidbar ist.

§ 4. Die Vorschriften dieser Verordnung gelten auch für die aus dem Ausland eingeführten Lebensmittel.

§ 5. (1) Diese Verordnung tritt am 1. Juni 1935 in Kraft. Gleichzeitig tritt die Verordnung über die äußere Kennzeichnung von Lebensmitteln vom 29. September 1927 (Reichsgesetzbl. I S. 318) in der Fassung der Änderungsverordnung vom 28. März 1928 (Reichsgesetzbl. I S. 136) außer Kraft.

(2) Für Lebensmittel, die bisher der Kennzeichnungspflicht nicht unterlagen, tritt die Verordnung am 1. Januar 1936 in Kraft.

(3) Lebensmittel, die bisher nach der im Abs. 1 Satz 2 genannten Verordnung zu kennzeichnen waren, sind bis zum 31. Dezember 1935 auch dann als ausreichend gekennzeichnet anzusehen, wenn sie den bisherigen Kennzeichnungsvorschriften genügen.

84. Gesetz, betr. den Verkehr mit Butter, Käse, Schmalz und deren Ersatzmitteln.

Vom 15. Juni 1897 (RGBl. S. 475).[1][2]

§ 1. Die Geschäftsräume und sonstigen Verkaufsstellen, einschließlich der Marktstände, in denen Margarine, Margarinekäse oder Kunstspeisefett gewerbsmäßig verkauft oder feilgehalten wird, müssen an in die Augen fallender Stelle die deutliche, nicht verwischbare Inschrift „Verkauf von Margarine“, „Verkauf von Margarinekäse“, „Verkauf von Kunstspeisefett“ tragen.

Margarine im Sinne dieses Gesetzes sind diejenigen, der Milch-

[1] Sog. Margarinegesetz.
[2] In der Fassung der VO. vom 23. 3. 1933 (RGBl. I S. 144); nach Art. 5 S. 2 derselben finden die Vorschriften dieses Gesetzes keine Anwendung mehr auf Margarinekäse.

butter oder dem Butterschmalz ähnlichen Zubereitungen, deren Fettgehalt nicht ausschließlich der Milch entstammt.

Margarinekäse im Sinne dieses Gesetzes sind diejenigen käseartigen Zubereitungen, deren Fettgehalt nicht ausschließlich der Milch entstammt.

Kunstspeisefett im Sinne dieses Gesetzes sind diejenigen, dem Schweineschmalz ähnlichen Zubereitungen, deren Fettgehalt nicht ausschließlich aus Schweinefett besteht. Ausgenommen sind unverfälschte Fette bestimmter Tier- oder Pflanzenarten, welche unter den ihrem Ursprung entsprechenden Bezeichnungen in den Verkehr gebracht werden.

§ 2. Die Gefäße und äußeren Umhüllungen, in welchen Margarine, Margarinekäse oder Kunstspeisefett gewerbsmäßig verkauft oder feilgehalten wird, müssen an in die Augen fallenden Stellen die deutliche, nicht verwischbare Inschrift „Margarine" „Margarinekäse", „Kunstspeisefett" tragen. Die Gefäße müssen außerdem mit einem stets sichtbaren, bandförmigen Streifen von roter Farbe versehen sein, welcher bei Gefäßen bis zu 35 Zentimeter Höhe mindestens 2 Zentimeter, bei höheren Gefäßen mindestens 5 Zentimeter breit sein muß.

Wird Margarine, Margarinekäse oder Kunstspeisefett in ganzen Gebinden oder Kisten gewerbsmäßig verkauft oder feilgehalten, so hat die Inschrift außerdem den Namen oder die Firma des Fabrikanten, sowie die von dem Fabrikanten zur Kennzeichnung der Beschaffenheit seiner Erzeugnisse angewendeten Zeichen (Fabrikmarke) zu enthalten.

Im gewerbsmäßigen Einzelverkaufe müssen Margarine, Margarinekäse und Kunstspeisefett an den Käufer in einer Umhüllung abgegeben werden, auf welcher die Inschrift „Margarine", „Margarinekäse", „Kunstspeisefett" mit dem Namen oder der Firma des Verkäufers angebracht ist.

Wird Margarine oder Margarinekäse in regelmäßig geformten Stücken gewerbsmäßig verkauft oder feilgehalten, so müssen dieselben von Würfelform sein, auch muß denselben die Inschrift „Margarine", „Margarinekäse" eingepreßt sein.

§ 3. Die Vermischung von Butter oder Butterschmalz mit Margarine oder anderen Speisefetten zum Zwecke des Handels mit diesen Mischungen ist verboten.

Unter diese Bestimmung fällt auch die Verwendung von Milch oder Rahm bei der gewerbsmäßigen Herstellung von Margarine, sofern mehr als 100 Gewichtsteile Milch oder eine dementsprechende Menge Rahm auf 100 Gewichtsteile der nicht der Milch entstammenden Fette in Anwendung kommen.

§ 4. In Räumen, woselbst Butter oder Butterschmalz gewerbsmäßig hergestellt, aufbewahrt, verpackt oder feilgehalten wird, ist die Herstellung, Aufbewahrung, Verpackung oder das Feilhalten von Margarine oder Kunstspeisefett verboten. Ebenso ist in Räumen, woselbst Käse gewerbsmäßig hergestellt, aufbewahrt, verpackt oder feilgehalten wird, die Herstellung, Aufbewahrung, Verpackung oder das Feilhalten von Margarinekäse untersagt.

In Orten, welche nach dem endgültigen Ergebnisse der letztmaligen Volkszählung weniger als 5000 Einwohner hatten, findet die Bestimmung des vorstehenden Absatzes auf den Klein, handel und das Aufbewahren der für den Kleinhandel erforderlichen Bedarfsmengen in öffentlichen Verkaufsstätten, sowie auf das Verpacken der daselbst im Kleinhandel zum Verkaufe gelangenden Waren keine Anwendung. Jedoch müssen Margarine, Margarinekäse und Kunstspeisefett innerhalb der Verkaufsräume in besonderen Vorratsgefäßen und an besonderen Lagerstellen, welche von den zur Aufbewahrung von Butter, Butterschmalz und Käse dienenden Lagerstellen getrennt sind, aufbewahrt werden.

Für Orte, deren Einwohnerzahl erst nach dem endgültigen Ergebnis einer späteren Volkszählung die angegebene Grenze überschreitet, wird der Zeitpunkt, von welchem ab die Vorschrift des zweiten Absatzes nicht mehr Anwendung findet, durch die nach Anordnung der Landeszentralbehörde zuständigen Verwaltungsstellen bestimmt. Mit Genehmigung der Landes-Zentralbehörde können diese Verwaltungsstellen bestimmen, daß die Vorschrift des zweiten Absatzes von einem bestimmten Zeitpunkt ab ausnahmsweise in einzelnen Orten mit weniger als 5000 Einwohnern nicht Anwendung findet, sofern der unmittelbare räumliche Zusammenhang mit einer Ortschaft von mehr als 5000 Einwohnern ein Bedürfnis hierfür begründet.

Die auf Grund des dritten Absatzes ergehenden Bestimmungen sind mindestens sechs Monate vor dem Eintritte des darin bezeichneten Zeitpunktes öffentlich bekannt zu machen.

§ 5. In öffentlichen Angeboten, sowie in Schlußscheinen, Rechnungen, Frachtbriefen, Konnossementen, Lagerscheinen, Ladescheinen und sonstigen im Handelsverkehr üblichen Schriftstücken, welche sich auf die Lieferung von Margarine, Margarinekäse oder Kunstspeisefett beziehen, müssen die diesem Gesetz entsprechenden Warenbezeichnungen angewendet werden.

§ 6. Margarine und Margarinekäse, welche zu Handelszwecken bestimmt sind, müssen einen die allgemeine Erkennbarkeit der Ware mittelst chemischer Untersuchung erleichternden, Beschaffenheit und Farbe derselben nicht schädigenden Zusatz enthalten.

Die näheren Bestimmungen hierüber werden vom Bundesrat[1]) erlassen und im Reichsgesetzblatte veröffentlicht.

§ 7. Wer Margarine, Margarinekäse oder Kunstspeisefett gewerbsmäßig herstellen will, hat davon der nach den landesrechtlichen Bestimmungen zuständigen Behörde Anzeige zu erstatten, hierbei auch die für die Herstellung, Aufbewahrung, Verpackung und Feilhaltung der Waren dauernd bestimmten Räume zu bezeichnen und die etwa bestellten Betriebsleiter und Aufsichtspersonen namhaft zu machen.

Für bereits bestehende Betriebe ist eine entsprechende Anzeige binnen zwei Monaten nach Inkrafttreten dieses Gesetzes zu erstatten.

Veränderungen bezüglich der der Anzeigepflicht unterliegenden Räume und Personen sind nach Maßgabe der Bestimmung des Absatzes 1 der zuständigen Behörde binnen drei Tagen anzuzeigen.

§ 8. Die Beamten der Polizei und die von der Polizeibehörde beauftragten Sachverständigen sind befugt, in die Räume, in denen Butter, Margarine, Margarinekäse oder Kunstspeisefett

[1]) Jetzt Reichsregierung.

gewerbsmäßig hergestellt wird, jederzeit, in die Räume, in denen Butter, Margarine, Margarinekäse oder Kunstspeisefett aufbewahrt, feilgehalten oder verpackt wird, während der Geschäftszeit einzutreten und daselbst Revisionen vorzunehmen, auch nach ihrer Auswahl Proben zum Zwecke der Untersuchung gegen Empfangsbescheinigung zu entnehmen. Auf Verlangen ist ein Teil der Probe amtlich verschlossen oder versiegelt zurückzulassen und für die entnommene Probe eine angemessene Entschädigung zu leisten.

§ 9. Die Unternehmer von Betrieben, in denen Margarine, Margarinekäse oder Kunstspeisefett gewerbsmäßig hergestellt wird, sowie die von ihnen bestellten Betriebsleiter und Aufsichtspersonen sind verpflichtet, der Polizeibehörde oder deren Beauftragten auf Erfordern Auskunft über das Verfahren bei Herstellung der Erzeugnisse, über den Umfang des Betriebs und über die zur Verarbeitung gelangenden Rohstoffe, insbesondere auch über deren Menge und Herkunft zu erteilen.

§ 10. Die Beauftragten der Polizeibehörde sind, vorbehaltlich der dienstlichen Berichterstattung und der Anzeige von Gesetzwidrigkeiten, verpflichtet, über die Tatsachen und Einrichtungen, welche durch die Überwachung und Kontrolle der Betriebe zu ihrer Kenntnis kommen, Verschwiegenheit zu beobachten und sich der Mitteilung und Nachahmung der von den Betriebsunternehmern geheim gehaltenen, zu ihrer Kenntnis gelangten Betriebseinrichtungen und Betriebsweisen, solange als diese Betriebsgeheimnisse sind, zu enthalten.

Die Beauftragten der Polizeibehörde sind hierauf zu beeidigen.

§ 11. Der Bundesrat[1]) ist ermächtigt, das gewerbsmäßige Verkaufen und Feilhalten von Butter, deren Fettgehalt nicht eine bestimmte Grenze erreicht oder deren Wasser- oder Salzgehalt eine bestimmte Grenze überschreitet, zu verbieten.

§ 12. Der Bundesrat[1]) ist ermächtigt,

1. nähere, im Reichs-Gesetzblatte zu veröffentlichende Bestimmungen zur Ausführung der Vorschriften des § 2 zu erlassen,

[1]) Jetzt Reichsregierung.

2. Grundsätze aufzustellen, nach welchen die zur Durchführung dieses Gesetzes, sowie des Gesetzes vom 14. Mai 1879, betreffend den Verkehr mit Nahrungsmitteln, Genußmitteln und Gebrauchsgegenständen (Reichs-Gesetzbl. S. 145), erforderlichen Untersuchungen von Fetten und Käsen vorzunehmen sind.

§ 13. Die Vorschriften dieses Gesetzes finden auf solche Erzeugnisse der im § 1 bezeichneten Art, welche zum Genusse für Menschen nicht bestimmt sind, keine Anwendung.

§ 14. Mit Gefängnis bis zu sechs Monaten und mit Geldstrafe oder mit einer dieser Strafen wird bestraft:

1. wer zum Zwecke der Täuschung im Handel und Verkehr eine der nach § 3 unzulässigen Mischungen herstellt;
2. wer in Ausübung eines Gewerbes wissentlich solche Mischungen verkauft, feilhält oder sonst in Verkehr bringt;
3. wer Margarine oder Margarinekäse ohne den nach § 6 erforderlichen Zusatz vorsätzlich herstellt oder wissentlich verkauft, feilhält oder sonst in Verkehr bringt.

Im Wiederholungsfalle tritt Gefängnisstrafe bis zu sechs Monaten ein, neben welcher auf Geldstrafe erkannt werden kann; diese Bestimmung findet nicht Anwendung, wenn seit dem Zeitpunkt, in welchem die für die frühere Zuwiderhandlung erkannte Strafe verbüßt oder erlassen ist, drei Jahre verflossen sind.

§ 15. Mit Geldstrafe oder mit Gefängnis bis zu einem Jahr wird bestraft, wer als Beauftragter der Polizeibehörde unbefugt Betriebsgeheimnisse, welche kraft seines Auftrags zu seiner Kenntnis gekommen sind, offenbart, oder geheimgehaltene Betriebseinrichtungen oder Betriebsweisen, von denen er kraft seines Auftrags Kenntnis erlangt hat, nachahmt, solange dieselben noch Betriebsgeheimnisse sind.

Die Verfolgung tritt nur auf Antrag des Betriebsunternehmers ein.

§ 16. Mit Geldstrafe bis zu einhundertfünfzig Reichsmark oder mit Haft wird bestraft:

1. wer den Vorschriften des § 8 zuwider den Eintritt in die

Räume, die Entnahme einer Probe oder die Revision verweigert;

2. wer die in Gemäßheit des § 9 von ihm erforderte Auskunft nicht erteilt oder bei der Auskunfterteilung wissentlich unwahre Angaben macht.

§ 17. Mit Geldstrafe bis zu einhundertfünfzig Reichsmark oder mit Haft bis zu vier Wochen wird bestraft:

1. wer den Vorschriften des § 7 zuwiderhandelt;
2. wer bei der nach § 9 von ihm erforderten Auskunfterteilung aus Fahrlässigkeit unwahre Angaben macht.

§ 18. Außer den Fällen der §§ 14 bis 17 werden Zuwiderhandlungen gegen die Vorschriften dieses Gesetzes sowie gegen die in Gemäßheit der §§ 11 und 12 Ziffer 1 ergehenden Bestimmungen des Bundesrats[1]) mit Geldstrafe bis zu einhundertfünfzig Reichsmark oder mit Haft bestraft.

Im Wiederholungsfall ist auf Geldstrafe oder auf Haft, oder auf Gefängnis bis zu drei Monaten zu erkennen. Diese Bestimmung findet keine Anwendung, wenn seit dem Zeitpunkt, in welchem die für die frühere Zuwiderhandlung erkannte Strafe verbüßt oder erlassen ist, drei Jahre verflossen sind.

§ 19. In den Fällen der §§ 14 und 18 kann neben der Strafe auf Einziehung der verbotswidrig hergestellten, verkauften, feilgehaltenen oder sonst in Verkehr gebrachten Gegenstände erkannt werden, ohne Unterschied, ob sie dem Verurteilten gehören oder nicht.

Ist die Verfolgung oder Verurteilung einer bestimmten Person nicht ausführbar, so kann auf die Einziehung selbständig erkannt werden.

§ 20. Die Vorschriften des Gesetzes, betreffend den Verkehr mit Nahrungsmitteln, Genußmitteln und Gebrauchsgegenständen, vom 14. Mai 1879 (Reichs-Gesetzbl. S. 145)[2]) bleiben unberührt. Die Vorschriften in den §§ 16, 17 desselben[3]) finden auch bei Zuwiderhandlungen gegen die Vorschriften des gegen-

[1]) Jetzt Reichsregierung.
[2]) Ersetzt durch das Lebensmittelgesetz, abgedruckt RGBl. 1936 I S. 17f.
[3]) Ersetzt durch §§ 15, 18, 19 des Lebensmittelgesetzes.

wärtigen Gesetzes mit der Maßgabe Anwendung, daß in den Fällen des § 14 die öffentliche Bekanntmachung der Verurteilung angeordnet werden muß.

§ 21. Die Bestimmungen des § 4 treten mit dem 1. April 1898 in Kraft.

Im übrigen tritt dieses Gesetz am 1. Oktober 1897 in Kraft. Mit diesem Zeitpunkte tritt das Gesetz, betreffend den Verkehr mit Ersatzmitteln für Butter, vom 12. Juli 1887 (Reichs-Gesetzbl. S. 375) außer Kraft.

85. Bekanntmachung, betreffend Bestimmungen zur Ausführung des Gesetzes über den Verkehr mit Butter, Käse, Schmalz und deren Ersatzmitteln.

Vom 4. Juli 1897 (RGBl. S. 591).[1])

1. Um die Erkennbarkeit von Margarine und Margarinekäse welche zu Handelszwecken bestimmt sind, zu erleichtern (§ 6 des Gesetzes, betreffend den Verkehr mit Butter, Käse, Schmalz und deren Ersatzmitteln, vom 15. Juni 1897), ist den bei der Fabrikation zur Verwendung kommenden Fetten und Ölen Sesamöl zuzusetzen. In 100 Gewichtsteilen der angewandten Fette und Öle muß die Zusatzmenge bei Margarine mindestens 10 Gewichtsteile, bei Margarinekäse mindestens 5 Gewichtsteile Sesamöl betragen.

Der Zusatz des Sesamöls hat bei dem Vermischen der Fette vor der weiteren Fabrikation zu erfolgen.

2. Das nach Nr. 1 zuzusetzende Sesamöl muß folgende Reaktion zeigen:

Wird ein Gemisch von 0,5 Raumteilen Sesamöl und 99,5 Raumteilen Baumwollsamenöl oder Erdnußöl mit 100 Raumteilen rauchender Salzsäure vom spezifischen Gewicht 1,19 und einigen Tropfen einer 2prozentigen alkoholischen Lösung von Furfurol geschüttelt, so muß die unter der Ölschicht sich absetzende Salzsäure eine deutliche Rotfärbung annehmen.

Das zu dieser Reaktion dienende Furfurol muß farblos sein.

---

[1]) In der Fassung der Bekanntmachung vom 23. 10. 1912 (RGBl. S. 526).

3. Für die vorgeschriebene Bezeichnung der Gefäße und äußeren Umhüllungen, in welchen Margarine, Margarinekäse oder Kunstspeisefett gewerbsmäßig verkauft oder feilgehalten wird (§ 2 Absatz 1 des Gesetzes), sind die anliegenden Muster[1]) mit der Maßgabe zum Vorbilde zu nehmen, daß die Länge der die Inschrift umgebenden Einrahmung nicht mehr als das Siebenfache der Höhe, sowie nicht weniger als 30 Zentimeter und nicht mehr als 50 Zentimeter betragen darf. Bei runden oder länglich runden Gefäßen, deren Deckel einen größten Durchmesser von weniger als 35 Zentimeter hat, darf die Länge der die Inschrift umgebenden Einrahmung bis auf 15 Zentimeter ermäßigt werden.

4. Der bandförmige Streifen von roter Farbe in einer Breite von mindestens 2 Zentimeter bei Gefäßen bis zu 35 Zentimeter Höhe und in einer Breite von mindestens 5 Zentimeter bei Gefäßen von größerer Höhe (§ 2 Absatz 1 des Gesetzes) ist parallel zur unteren Randfläche und mindestens 3 Zentimeter von dem oberen Rande entfernt anzubringen. Der Streifen muß sich oberhalb der unter Nr. 3 bezeichneten Inschrift befinden und ohne Unterbrechung um das ganze Gefäß gezogen sein. Derselbe darf die Inschrift und deren Umrahmung nicht berühren und auf den das Gefäß umgebenden Reifen oder Leisten nicht angebracht sein.

5. Der Name oder die Firma des Fabrikanten, sowie die Fabrikmarke (§ 2 Absatz 2 des Gesetzes) sind unmittelbar über, unter oder neben der in Nr. 3 bezeichneten Inschrift anzubringen, ohne daß sie den in Nr. 4 erwähnten roten Streifen berühren.

6. Die Anbringung der Inschriften und der Fabrikmarke (Nr. 3 und 5) erfolgt durch Einbrennen oder Aufmalen. Werden die Inschriften aufgemalt, so sind sie auf weißem oder hellgelbem Untergrunde mit schwarzer Farbe herzustellen. Die Anbringung des roten Streifens (Nr. 4) geschieht durch Aufmalen. Bis zum 1. Januar 1898 ist es gestattet, die Inschrift „Margarinekäse",

[1]) Vgl. hierzu RGBl. 1897 S. 593.

„Kunstspeisefett", die Fabrikmarke und den roten Streifen auch mittelst Aufklebens von Zetteln oder Bändern anzubringen.

7. Die Inschriften und die Fabrikmarke (Nr. 3 und 5) sind auf den Seitenwänden des Gefäßes an mindestens zwei sich gegenüberliegenden Stellen, falls das Gefäß einen Deckel hat, auch auf der oberen Seite des letzteren, bei Fässern auch auf beiden Böden anzubringen.

8. Für die Bezeichnung der würfelförmigen Stücke (§ 2 Absatz 4 des Gesetzes) sind ebenfalls die anliegenden Muster zum Vorbilde zu nehmen. Es findet jedoch eine Beschränkung hinsichtlich der Größe (Länge und Höhe) der Einrahmung nicht statt. Auch darf das Wort „Margarine" in zwei, das Wort „Margarinekäse" in drei untereinander zu setzende, durch Bindestriche zu verbindende Teile getrennt werden.

9. Auf die beim Einzelverkaufe von Margarine, Margarinekäse und Kunstspeisefett verwendeten Umhüllungen (§ 2 Absatz 3 des Gesetzes) findet die Bestimmung unter Nr. 3 Satz 1 mit der Maßgabe Anwendung, daß die Länge der die Inschrift umgebenden Einrahmung nicht weniger als 15 Zentimeter betragen darf. Der Name oder die Firma des Verkäufers ist unmittelbar über, unter oder neben der Inschrift anzubringen.

Werden für würfelförmige Stücke Umhüllungen aus festem Stoffe (Pappe oder dergleichen) verwendet, so ist die Inschrift in einer gegenüber dem übrigen Aufdruck deutlich hervortretenden Weise auf den zur Öffnung bestimmten, mindestens aber auf zwei Seiten anzubringen; die Länge der Einrahmung darf nicht weniger als vier Zentimeter betragen. Der Name oder die Firma des Verkäufers braucht nur auf einer Seite angebracht zu werden.

86. Bekanntmachung, betreffend Bestimmungen zur Ausführung des Gesetzes über den Verkehr mit Butter, Käse, Schmalz und deren Ersatzmitteln.

Vom 1. Juli 1915 (RGBl. S. 413).

§ 1. Bis auf weiteres kann als Erkennungsmittel für Margarine (§ 6 Abs. 1 des Gesetzes, betreffend den Verkehr mit Butter,

Käse, Schmalz und deren Ersatzmitteln, vom 15. Juni 1897) an Stelle von Sesamöl Kartoffelstärkemehl verwendet werden. In 1000 Gewichtsteilen der fertigen Margarine müssen mindestens zwei und dürfen höchstens drei Gewichtsteile Kartoffelstärkemehl in gleichmäßiger Verteilung enthalten sein.

§ 2. Diese Bestimmungen treten mit dem Tage der Verkündung in Kraft.

87. Grundsätze, betreffend die Trennung der Geschäftsräume für Butter und Butterschmalz sowie für Margarine und Kunstspeisefett.

(§ 4 des Gesetzes, betreffend den Verkehr mit Butter, Käse, Schmalz und deren Ersatzmitteln).

Vom 15. Juni 1897 (RGBl. S. 475)[1].

Die Verkaufsstätten für Butter oder Butterschmalz einerseits und für Margarine oder Kunstspeisefett andererseits müssen, falls diese Waren nebeneinander in einem Geschäftsbetriebe feilgehalten werden, derart getrennt sein, daß ein unauffälliges Hinüber- und Herüberschaffen der Waren während des Geschäftsbetriebes verhindert und insbesondere die Möglichkeit, an Stelle von Butter oder Butterschmalz unbemerkt Margarine oder Kunstspeisefett dem kaufenden Publikum zu verabreichen, tunlichst ausgeschlossen wird. Die Entscheidung darüber, in welcher Weise diesen Anforderungen entsprochen wird, kann nur unter Berücksichtigung der besonderen Verhältnisse jedes Einzelfalles und namentlich der Beschaffenheit der dabei in Betracht kommenden Räume erfolgen. Doch werden im allgemeinen folgende Grundsätze zur Richtschnur dienen können:

1. Es ist nicht erforderlich, daß die Räume je einen besonderen Zugang für das Publikum besitzen. Es ist vielmehr zulässig, daß

---

[1]) Diese von den deutschen Bundesregierungen vereinbarten Grundsätze sind im Jahre 1898 bekannt gegeben worden. (Für Preußen veröffentlicht im MBliV. 1898 S. 64/65).

ein gemeinschaftlicher Eingang für die verschiedenen Räume besteht.

2. Wenn auch die Scheidewände nicht aus feuerfestem Material hergestellt zu sein brauchen, so müssen sie immerhin einen so dichten Abschluß bilden, daß jeder unmittelbare Zusammenhang der Räume, soweit er nicht durch Durchgangsöffnungen hergestellt ist, ausgeschlossen wird. Als ausreichend sind beispielsweise zu betrachten abschließende Wände aus Brettern, Glas, Zement- oder Gipsplatten. Dagegen können Lattenverschläge, Vorhänge, weitmaschige Gitterwände, verstellbare Abschlußvorrichtungen nicht als genügend betrachtet werden. Bei offenen Verkaufsständen auf Märkten können jedoch auch Einrichtungen der letzteren Art geduldet werden. Die Scheidewände müssen in der Regel vom Fußboden bis zur Decke reichen und den Raum auch in seiner ganzen Breite oder Tiefe abschließen.

3. Die Verbindung zwischen den abgetrennten Räumen darf mittelst einer oder mehrerer Durchgangsöffnungen hergestellt sein. Derartige Öffnungen sind in der Regel mit Türverschluß zu versehen.

Die vorstehenden Grundsätze finden sinngemäße Anwendung auf die Räume zur Aufbewahrung und Verpackung der bezeichneten Waren.

Nach den gleichen Gesichtspunkten ist die Trennung der Geschäftsräume für Käse und Margarinekäse zu beurteilen.

88. Bekanntmachung, betreffend den Fett- und Wassergehalt der Butter.

Vom 1. März 1902 (RGBl. S. 64).

Butter, welche in 100 Gewichtsteilen weniger als 80 Gewichtsteile Fett oder in ungesalzenem Zustande mehr als 18 Gewichtsteile, in gesalzenem Zustande mehr als 16 Gewichtsteile Wasser enthält, darf vom 1. Juli 1902 ab gewerbsmäßig nicht verkauft oder feilgehalten werden.

89. Bekanntmachung über fetthaltige Zubereitungen.

Vom 26. Juni 1916 (RGBl. S. 589)[1].

§ 1. Fetthaltige Zubereitungen, welche Butter oder Schweineschmalz zu ersetzen bestimmt sind, ausgenommen Margarine und Kunstspeisefett, dürfen gewerbsmäßig nicht hergestellt, feilgehalten, verkauft oder sonst in den Verkehr gebracht werden.

Dies gilt insbesondere für Erzeugnisse, die außer Butter, Margarine oder einem Speisefett oder Speiseöl auch Milch (irgendeiner Art), Wasser, Quark, Stärke, Mehl, mehlartige Stoffe, Kartoffel oder Gelatine enthalten.

Der Reichskanzler[2]) kann Ausnahmen zulassen[3]).

§ 2. Margarine, die in 100 Gewichtsteilen weniger als 80 Gewichtsteile Fett oder in ungesalzenem Zustand mehr als 18 Gewichtsteile Wasser, in gesalzenem Zustand mehr als 16 Gewichtsteile Wasser enthält, darf gewerbsmäßig nicht feilgehalten oder verkauft werden.

§ 3. Mit Gefängnis bis zu sechs Monaten und mit Geldstrafe oder mit einer dieser Strafen wird bestraft:

1. wer der Vorschrift des § 1 zuwider fetthaltige Zubereitungen herstellt, feilhält, verkauft oder sonst in den Verkehr bringt;
2. wer der Vorschrift des § 2 zuwider Margarine feilhält oder verkauft.

Neben der Strafe kann auf Einziehung der Gegenstände erkannt werden, auf die sich die strafbare Handlung bezieht, ohne Unterschied, ob sie dem Verurteilten gehören oder nicht.

Wird auf Strafe erkannt, so kann angeordnet werden, daß die Verurteilung auf Kosten des Schuldigen öffentlich bekanntgemacht wird. Die Art der Bekanntmachung wird im Urteil bestimmt.

---

[1]) In der Fassung der Bekanntmachungen vom 10. 3. 1920 (RGBl. S. 323) und 28. 4. 1921 (RGBl. S. 501).

[2]) Jetzt Reichsminister für Ernährung und Landwirtschaft.

[3]) Lt. VO. vom 22. 5. 1933 (RGBl. I S. 288) findet § 1 Abs. 1 auf fetthaltige Zubereitungen, die ausschließlich aus Rinder- und Schweinefett bestehen und diesen Bestandteilen entsprechend bezeichnet werden, keine Anwendung.

§ 4. Die Vorschriften des § 2 und des § 3 Nr. 2 treten mit dem 15. Juli 1916, die des § 3 Nr. 1 mit dem 3. Juli 1916, im übrigen tritt diese Verordnung mit dem Tage der Verkündung in Kraft. Der Reichskanzler[1]) bestimmt den Zeitpunkt des Außerkrafttretens.

90. Verordnung des Reichspräsidenten zur Förderung der Verwendung inländischer tierischer Fette und inländischer Futtermittel.

Vom 23. Dezember 1932 (RGBl. I S. 575)[2])[3]).

Artikel 1.

§ 1. (1) Die Reichsregierung kann anordnen, daß bei der Herstellung von Margarine jede im deutschen Zollgebiet gelegene Margarinefabrik Butter, Talg, Schmalz und daraus gewonnene Erzeugnisse und daß bei der Herstellung von Seifen und Lichten jede im deutschen Zollgebiet gelegene Seifen- oder Lichtefabrik inländischen Talg verwendet.

(2) Macht die Reichsregierung von der Ermächtigung des Abs. 1 Gebrauch, so kann sie ferner bestimmen, daß Butter, Talg, Schmalz und daraus gewonnene Erzeugnisse der in das deutsche Zollgebiet eingeführten Margarine beigemischt werden.

§ 2. Die Reichsregierung kann bestimmen, welche Anforderungen an die Gewinnung, Behandlung, Beschaffenheit, Verpackung und Kennzeichnung der zu verwendenden oder beizumischenden Erzeugnisse zu stellen sind. Sie kann ferner anordnen, daß diese Erzeugnisse von bestimmten Stellen zu beziehen sind.

§ 3. Die Reichsregierung bestimmt den von den Margarinefabriken zu verwendenden und den der Margarine, die in das deutsche Zollgebiet eingeführt ist, beizumischenden Hundertsatz an Butter, Talg, Schmalz und den daraus gewonnenen Erzeugnissen sowie den von den Seifen- und Lichtefabriken zu verwendenden Hundertsatz an inländischem Talg. Dieser Hundert-

[1]) Jetzt Reichsminister für Ernährung und Landwirtschaft.
[2]) In der Fassung der VO. vom 23. 3. 1933 (RGBl. I S. 143).
[3]) Die hier nicht abgedruckten Art. 2 und 3 betreffen Futtermittel.

satz ist jeweils nach Maßgabe der verfügbaren Mengen festzusetzen, die den nach § 2 festgesetzten Anforderungen genügen.

§ 4. Soweit die Reichsregierung Vorschriften auf Grund des § 1 erläßt, sind entgegenstehende Vorschriften des Gesetzes, betreffend den Verkehr mit Butter, Käse, Schmalz und deren Ersatzmittel, vom 15. Juni 1897 (Reichsgesetzbl. S. 475) nicht anzuwenden; die Reichsregierung wird diese Vorschriften des genannten Gesetzes bekanntmachen.

§ 5. (1) Die Reichsregierung kann Vorschriften über den Umfang der gewerbsmäßigen Herstellung von Margarine, Kunstspeisefett im Sinne des im § 4 genannten Gesetzes und, soweit sie als solche für den Verbraucher bestimmt sind, von Speiseöl, auch gehärtet, Pflanzenfetten und gehärtetem Tran erlassen.

(2) Die Reichsregierung kann Vorschriften über die Verwendung von künstlichen Butteraromastoffen, Farbstoffen aller Art und Konservierungsmitteln bei der Herstellung von Margarine sowie über die Kennzeichnung von Margarine treffen; wenn sie Vorschriften über die Kennzeichnung trifft, kann sie bestimmen, inwieweit die Vorschriften des § 9 keine Anwendung finden. Sie kann ferner Vorschriften über die Verwendung der im Abs. 1 genannten Waren in gewerblichen und landwirtschaftlichen Betrieben treffen.

(3) Die Reichsregierung kann anordnen, daß nur bestimmte Sorten von Margarine gewerbsmäßig hergestellt und in den Verkehr gebracht werden dürfen; sie kann ferner den Umfang der gewerbsmäßigen Herstellung dieser Sorten regeln, ihre Preise sowie die Handelsspannen festsetzen und zugunsten notleidender Bevölkerungsgruppen einen Lieferzwang für bestimmte Sorten anordnen.

§ 6. Die Reichsregierung kann bestimmen, in welchem Umfange die im deutschen Zollgebiet gelegenen Ölmühlen verpflichtet sind, in ihren Betrieben inländische Ölsaaten zu verwenden.

§ 7. Die Reichsregierung kann die zur Durchführung dieses Artikels erforderlichen Rechtsverordnungen und allgemeinen Verwaltungsbestimmungen erlassen; sie kann, soweit sie es zur Erreichung des Zweckes dieses Artikels für erforderlich hält, Vorschriften ergänzenden Inhalts erlassen. Sie kann den Geschäftsbetrieb der Margarine-, Seifen- und Lichtefabriken und der Ölmühlen dahin überprüfen, ob den auf Grund dieses Artikels erlassenen Vorschriften genügt wird; zur Durchführung der Überprüfung kann sie sich anderer Stellen bedienen.

§ 8. Die Reichsregierung kann bestimmen, daß mit Geldstrafe bis zu einhunderttausend Reichsmark bestraft wird, wer den auf Grund der §§ 1 bis 3, 5 bis 7 dieses Artikels erlassenen Bestimmungen vorsätzlich oder fahrlässig zuwiderhandelt.

§ 9. (1) Es ist verboten, im Verkehr mit Margarine und Kunstspeisefett durch Umhüllungen, Bezettelungen, öffentliche Bekanntmachungen oder Mitteilungen, die für einen größeren Kreis von Personen bestimmt sind, in Wort oder Bild auf Milch, Butter, andere Milcherzeugnisse oder Schweineschmalz oder auf deren Gewinnung hinzuweisen.

(2) Wer vorsätzlich dem Verbote des Abs. 1 zuwiderhandelt, wird mit Gefängnis bis zu sechs Monaten und mit Geldstrafe oder mit einer dieser Strafen bestraft. Ist die Zuwiderhandlung fahrlässig begangen, so tritt Geldstrafe bis zu einhundertfünfzig Reichsmark oder Haft ein.

(3) Die Vorschriften in Abs. 1, 2 treten am 1. April 1933 in Kraft.

§ 10. Die Vorschriften des Kapitels III des Achten Teils der Verordnung des Reichspräsidenten zur Sicherung von Wirtschaft und Finanzen vom 1. Dezember 1930 (Reichsgesetzbl. I S. 517, 601) treten außer Kraft.

Artikel 2. ......

Artikel 3. ......

91. Verordnung über Fleischbrühwürfel und deren Ersatzmittel.

Vom 25. Oktober 1917 (RGBl. S. 969).

§ 1. Erzeugnisse in fester oder loser Form (Würfel, Tafeln, Kapseln, Körner, Pulver), die bestimmt sind, eine der Fleischbrühe ähnliche Zubereitung zum unmittelbaren Genuß oder zum Würzen von Suppen, Soßen, Gemüse oder anderen Speisen zu liefern, dürfen auf der Packung oder dem Behältnis, in denen sie an den Verbraucher abgegeben werden, nur dann die Bezeichnung „Fleischbrühe" oder eine gleichartige Bezeichnung (Brühe, Kraftbrühe, Bouillon, Hühnerbrühe usw.) ohne das Wort „Ersatz" enthalten, wenn

1. sie aus Fleischextrakt oder eingedickter Fleischbrühe und aus Kochsalz mit Zusätzen von Fett oder Würzen oder Gemüseauszügen oder Gewürzen bestehen;
2. ihr Gehalt an Gesamtkreatinin mindestens 0,45 vom Hundert und an Stickstoff (als Bestandteil der den Genußwert bedingenden Stoffe) mindestens 3 vom Hundert beträgt;
3. ihr Kochsalzgehalt 65 vom Hundert nicht übersteigt;
4. Zucker und Sirup jeder Art zu ihrer Herstellung nicht verwendet worden sind.

§ 2. Erzeugnisse der im § 1 genannten Bestimmung in fester oder loser Form, die den Anforderungen im § 1 Nr. 1 bis 3 nicht entsprechen, dürfen nur gewerbsmäßig hergestellt, feilgehalten, verkauft oder sonst in Verkehr gebracht werden, wenn ihr Gehalt an Stickstoff (als Bestandteil der den Genußwert bedingenden Stoffe) mindestens 2 vom Hundert beträgt, ihr Kochsalzgehalt 70 vom Hundert nicht übersteigt, Zucker und Sirup jeder Art zu ihrer Herstellung nicht verwendet worden sind und sie auf der Packung oder dem Behältnis, in denen sie an den Verbraucher abgegeben werden, in Verbindung mit der handelsüblichen Bezeichnung in einer für den Verbraucher leicht erkennbaren Weise das Wort „Ersatz" enthalten.

§ 3. Bei Erzeugnissen der in den §§ 1, 2 genannten Art, die bestimmt sind, in kleinen Packungen an den Verbraucher abgegeben zu werden, darf der Inhalt ohne die Packung nicht weniger als 4 Gramm wiegen.

§ 4. Der Reichskanzler[1]) kann Ausnahmen von den Vorschriften dieser Verordnung zulassen.

---

[1]) Jetzt Reichsminister des Innern.

§ 5. Mit Gefängnis bis zu sechs Monaten und mit Geldstrafe oder mit einer dieser Strafen wird bestraft,

1. wer der Vorschrift im § 1 zuwider Erzeugnisse mit einer unzulässigen Bezeichnung versieht oder solche mit unzulässiger Bezeichnung versehenen Erzeugnisse feilhält, verkauft oder sonst in Verkehr bringt;
2. wer der Vorschrift im § 2 zuwiderhandelt;
3. wer der Vorschrift des § 3 zuwider Erzeugnisse gewerbsmäßig herstellt, feilhält, verkauft oder sonst in Verkehr bringt.

Neben der Strafe kann auf Einziehung der Erzeugnisse erkannt werden, auf die sich die strafbare Handlung bezieht, ohne Unterschied, ob sie dem Täter gehören oder nicht.

Im Urteil kann ferner angeordnet werden, daß die Verurteilung auf Kosten des Schuldigen öffentlich bekanntzumachen ist.

§ 6. Die Vorschriften der Verordnung über die äußere Kennzeichnung von Waren vom 18. Mai 1916 (Reichsgesetzbl. S. 380)[1]) bleiben unberührt.

§ 7. Diese Verordnung tritt am 1. Dezember 1917 in Kraft. Der Reichskanzler[2]) bestimmt den Zeitpunkt des Außerkrafttretens.

92. Zweite Verordnung über Fleischbrühwürfel und deren Ersatzmittel.

Vom 11. November 1924 (RGBl. I S. 743).

Auf Grund des § 4 der Verordnung über Fleischbrühwürfel und deren Ersatzmittel vom 25. Oktober 1917 (RGBl. S. 969) wird folgende Ausnahme zugelassen:

Erzeugnisse nach § 2 brauchen auf der Packung oder dem Behältnis, in denen sie an den Verbraucher abgegeben werden, das Wort „Ersatz" neben der handelsüblichen Bezeichnung

---

[1]) Ersetzt durch die Lebensmittel-Kennzeichnungsverordnung vom 8. Mai 1935 (RGBl. I S. 590).

[2]) Jetzt Reichsminister des Innern.

nicht zu tragen, wenn ihre den Genußwert bedingenden Stoffe dem Hefeextrakt entstammen und dies aus der Bezeichnung deutlich hervorgeht.

93. Verordnung über den Verkehr mit Süßstoff.

Vom 4. August 1926 (RGBl. I S. 467).[1]

§ 1. Süßstoff im Sinne dieser Verordnung sind alle Erzeugnisse, die auf Grund des § 12 Satz 2 des Süßstoffgesetzes von der Reichsregierung als Süßstoff bezeichnet werden (vergleiche § 1 der Durchführungsbestimmungen zum Süßstoffgesetze vom 24. Juli 1926, Reichsministerialbl. S. 825).

§ 2. Benzoesäuresulfinid darf für den Verbrauch im Inland nur in den für den Inlandsabsatz bestimmten, von der Reichsregierung genehmigten Fabrikpackungen abgegeben oder zur gewerblichen Verwendung oder Weiterveräußerung bezogen werden; diese Packungen müssen eine für den Käufer leicht erkennbare Aufschrift tragen, die in deutscher Sprache enthält

a) die Angabe des Inhalts nach deutschem Gewichte, bei Tabletten nach der Stückzahl,

b) eine Angabe darüber, welchen Mengen Zucker der Inhalt der Packung entspricht,

c) die Angabe „Von der Reichsregierung genehmigte Inlandspackung".

§ 3. Dulcin darf im Einzelhandel nur von Apotheken abgegeben werden, und zwar in Mengen über ein Gramm nur auf ärztliche Anweisung.

Die Abgabe darf nur in Fabrikpackungen erfolgen; diese müssen eine für den Käufer leicht erkennbare Aufschrift tragen, die in deutscher Sprache enthält

a) die Angabe des Inhalts nach deutschem Gewichte,

b) eine Angabe darüber, welchen Mengen Zucker der Inhalt der Packung entspricht,

c) den Hinweis: „Zur strengen Beachtung! Dieser Süßstoff darf nur zur Süßung von Lebensmitteln in den hierzu

---

[1] In der Fassung der VO. vom 6. Juli 1928 (RGBl. I S. 196) und der VO. vom 30. September 1928 (RGBl. I S. 377).

erforderlichen Mengen verwendet werden. Für sich, in größeren Mengen genossen, kann er schädlich wirken".

Den gleichen Hinweis muß ein innerhalb der Packung liegender Zettel tragen.

§ 4. Soweit nicht nach § 5 Ausnahmen zugelassen sind, ist es verboten,

a) Lebensmitteln (Nahrungsmitteln, Genußmitteln, Stärkungsmitteln, diätetischen Nährmitteln) und Arzneimitteln bei ihrer gewerblichen Herstellung Süßstoff zuzusetzen;

b) süßstoffhaltige Lebensmittel und Arzneimittel anzubieten, zum Verkaufe vorrätig zu halten, feilzuhalten, zu verkaufen oder sonst in den Verkehr zu bringen.

§ 5. Benzoesäuresulfinid und Dulcin dürfen verwendet werden zur gewerblichen Herstellung von

1. Limonaden und Kunstlimonaden mit und ohne Kohlensäure, alkoholfreien Kalt- und Heißluftgetränken sowie Grundstoffen hierzu,
2. Essig,
3. Mostrich (Senf),
4. obergärigem Einfachbier mit einem Stammwürzegehalte von nicht mehr als 4 vom Hundert,
5. Eßoblaten,
6. Kautabak und Kaugummi,
7. Röntgenkontrastmitteln,
8. Lebensmitteln, die zum Verbrauche durch Zuckerkranke bestimmt sind und ausdrücklich als solche bezeichnet werden,
9. Stärkungsmitteln, diätetischen Nährmitteln und Arzneimitteln, soweit dies bei Inkrafttreten dieser Verordnung zugelassen war oder von der Reichsregierung in Zukunft zugelassen wird.

§ 6. Bei der gewerbsmäßigen Herstellung der im § 5 bezeichneten Erzeugnisse mit Ausnahme der Arzneimittel darf nur so viel Dulcin verwendet werden, daß 1 Liter oder 1 Kilogramm des gebrauchsfertigen Erzeugnisses nicht mehr als 0,3 Gramm Dulcin enthält.

§ 7. Die unter Verwendung von Süßstoff hergestellten Lebensmittel und Arzneimittel müssen, wenn sie in Packungen oder Umhüllungen an den Verbraucher abgegeben werden, die für den Verbraucher deutlich erkennbare, nicht verwischbare Aufschrift „Mit künstlichem Süßstoff zubereitet" tragen.

Bei Stärkungsmitteln, diätetischen Nährmitteln und Arzneimitteln müssen die Art und die Menge des Süßstoffs, bei gleichzeitiger Verwendung von Zucker auch dessen Menge, sowohl auf den Packungen und Umhüllungen als auch in den Ankündigungen angegeben werden.

Arzneiliche Zubereitungen, die mehr als 0,3 Gramm Dulcin in 1 Liter oder 1 Kilogramm enthalten, dürfen nur auf ärztliche Anweisung abgegeben werden.

§ 8. Wer den vorstehenden Bestimmungen zuwiderhandelt, wird mit Gefängnis bis zu einem Jahre und mit Geldstrafe oder mit einer dieser Strafen oder mit Haft bestraft.

§ 9. Diese Verordnung tritt am 1. September 1926 in Kraft.

Erzeugnisse, die vor Inkrafttreten dieser Verordnung entsprechend den bisherigen Bestimmungen unter Verwendung von Süßstoff hergestellt worden sind, dürfen noch bis zum 31. Dezember 1926 im Verkehre bleiben, auch wenn sie den Bestimmungen dieser Verordnung nicht genügen.

94. Gesetz, betreffend den Verkehr mit blei- und zinkhaltigen Gegenständen.

Vom 25. Juni 1887 (RGBl. S. 273).

§ 1. Eß-, Trink- und Kochgeschirr, sowie Flüssigkeitsmaße dürfen nicht

1. ganz oder teilweise aus Blei oder einer in 100 Gewichtsteilen Blei enthaltenden Metallegierung hergestellt,
2. an der Innenseite mit einer in 100 Gewichtsteilen mehr als einen Gewichtsteil Blei enthaltenden Metallegierung verzinnt oder mit einer in 100 Gewichtsteilen mehr als 10 Gewichtsteile Blei enthaltenden Metallegierung gelötet,
3. mit Email oder Glasur versehen sein, welche bei halbstündigem Kochen mit einem in 100 Gewichtsteilen 4 Gewichts-

teile Essigsäure enthaltenden Essig an den letzteren Blei abgeben.

Auf Geschirre und Flüssigkeitsmaße aus bleifreiem Britanniametall findet die Vorschrift in Ziffer 2 betreffs des Lotes nicht Anwendung.

Zur Herstellung von Druckvorrichtungen zum Ausschank von Bier, sowie von Siphons für kohlensäurehaltige Getränke und von Metallteilen für Kindersaugflaschen dürfen nur Metalllegierungen verwendet werden, welche in 100 Gewichtsteilen nicht mehr als einen Gewichtsteil Blei enthalten.

§ 2. Zur Herstellung von Mundstücken für Saugflaschen, Saugringen und Warzenhütchen darf blei- oder zinkhaltiger Kautschuk nicht verwendet sein.

Zur Herstellung von Trinkbechern und von Spielwaren, mit Ausnahme der massiven Bälle, darf bleihaltiger Kautschuk nicht verwendet sein.

Zu Leitungen für Bier, Wein oder Essig dürfen bleihaltige Kautschukschläuche nicht verwendet werden.

§ 3. Geschirre und Gefäße zur Verfertigung von Getränken und Fruchtsäften dürfen in denjenigen Teilen, welche bei dem bestimmungsgemäßen oder vorauszusehenden Gebrauche mit dem Inhalt in unmittelbare Berührung kommen, nicht den Vorschriften des § 1 zuwider hergestellt sein.

Konservenbüchsen müssen auf der Innenseite den Bedingungen des § 1 entsprechend hergestellt sein.

Zur Aufbewahrung von Getränken dürfen Gefäße nicht verwendet sein, in welchen sich Rückstände von bleihaltigem Schrote befinden. Zur Packung von Schnupf- und Kautabak, sowie Käse dürfen Metallfolien nicht verwendet sein, welche in 100 Gewichtsteilen mehr als einen Gewichtsteil Blei enthalten.

§ 4. Mit Geldstrafe bis zu einhundertfünfzig Reichsmark oder mit Haft wird bestraft:

1. wer Gegenstände der im § 1, § 2 Absatz 1 und 2, § 3 Absatz 1 und 2 bezeichneten Art den daselbst getroffenen Bestimmungen zuwider gewerbsmäßig herstellt;
2. wer Gegenstände, welche den Bestimmungen im § 1, § 2

Absatz 1 und 2 und § 3 zuwider hergestellt, aufbewahrt oder verpackt sind, gewerbsmäßig verkauft oder feilhält;

3. wer Druckvorrichtungen, welche den Vorschriften im § 1 Absatz 3 nicht entsprechen, zum Ausschank von Bier oder bleihaltige Schläuche zur Leitung von Bier, Wein oder Essig gewerbsmäßig verwendet.

§ 5. Gleiche Strafe trifft denjenigen, welcher zur Verfertigung von Nahrungs- oder Genußmitteln bestimmte Mühlsteine unter Verwendung von Blei oder bleihaltigen Stoffen an der Mahlfläche herstellt oder derartig hergestellte Mühlsteine zur Verfertigung von Nahrungs- oder Genußmitteln verwendet.

§ 6. Neben der in den §§ 4 und 5 vorgesehenen Strafe kann auf Einziehung der Gegenstände, welche den betreffenden Vorschriften zuwider hergestellt, verkauft, feilgehalten oder verwendet sind, sowie der vorschriftswidrig hergestellten Mühlsteine erkannt werden.

Ist die Verfolgung oder Verurteilung einer bestimmten Person nicht ausführbar, so kann auf die Einziehung selbständig erkannt werden.

§ 7. Die Vorschriften des Gesetzes, betreffend den Verkehr mit Nahrungsmitteln, Genußmitteln und Gebrauchsgegenständen, vom 14. Mai 1879 (Reichs-Gesetzbl. S. 145)[1]) bleiben unberührt. Die Vorschriften in den §§ 16, 17 desselben[2]) finden auch bei Zuwiderhandlungen gegen die Vorschriften des gegenwärtigen Gesetzes Anwendung.

§ 8. Dieses Gesetz tritt am 1. Oktober 1888 in Kraft.

95. Gesetz, betreffend die Verwendung gesundheitsschädlicher Farben bei der Herstellung von Nahrungsmitteln, Genußmitteln und Gebrauchsgegenständen.

Vom 5. Juli 1887 (RGBl. S. 277).

§ 1. Gesundheitsschädliche Farben dürfen zur Herstellung von Nahrungs- und Genußmitteln, welche zum Verkauf bestimmt sind, nicht verwendet werden.

---

[1]) Ersetzt durch das Lebensmittelgesetz, abgedruckt RGBl. 1936 I S. 14f.
[2]) Ersetzt durch §§ 15, 18, 19 des Lebensmittelgesetzes.

Gesundheitsschädliche Farben im Sinne dieser Bestimmung sind diejenigen Farbstoffe und Farbzubereitungen, welche: Antimon, Arsen, Baryum, Blei, Cadmium, Chrom, Kupfer, Quecksilber, Uran, Zink, Zinn, Gummigutti, Korallin, Pikrinsäure enthalten.

Der Reichskanzler[1]) ist ermächtigt, nähere Vorschriften über das bei der Feststellung des Vorhandenseins von Arsen und Zinn anzuwendende Verfahren zu erlassen.

§ 2. Zur Aufbewahrung oder Verpackung von Nahrungs- und Genußmitteln, welche zum Verkauf bestimmt sind, dürfen Gefäße, Umhüllungen oder Schutzbedeckungen, zu deren Herstellung Farben der im § 1 Absatz 2 bezeichneten Art verwendet sind, nicht benutzt werden.

Auf die Verwendung von

schwefelsaurem Baryum (Schwerspat, blanc fixe),
Barytfarblacken, welche von kohlensaurem Baryum frei sind,
Chromoxyd,
Kupfer, Zinn, Zink und deren Legierungen als Metallfarben,
Zinnober,
Zinnoxyd,
Schwefelzinn als Musivgold,
sowie auf alle in Glasmassen, Glasuren oder Emails eingebrannte Farben und auf den äußeren Anstrich von Gefäßen aus wasserdichten Stoffen

findet diese Bestimmung nicht Anwendung.

§ 3. Zur Herstellung von kosmetischen Mitteln (Mittel zur Reinigung, Pflege oder Färbung der Haut, des Haares oder der Mundhöhle), welche zum Verkauf bestimmt sind, dürfen die im § 1 Absatz 2 bezeichneten Stoffe nicht verwendet werden.

Auf schwefelsaures Baryum (Schwerspat, blanc fixe), Schwefelcadmium, Chromoxyd, Zinnober, Zinkoxyd, Zinnoxyd, Schwefelzink, sowie auf Kupfer, Zinn, Zink und deren Legierungen in Form von Puder findet diese Bestimmung nicht Anwendung.

§ 4. Zur Herstellung von zum Verkauf bestimmten Spielwaren (einschließlich der Bilderbogen, Bilderbücher und Tuschfarben für

[1]) Jetzt Reichsminister des Innern.

Kinder), Blumentopfgittern und künstlichen Christbäumen dürfen die im § 1 Absatz 2 bezeichneten Farben nicht verwendet werden.

Auf die im § 2 Absatz 2 bezeichneten Stoffe, sowie auf

Schwefelantimon und Schwefelcadmium als Färbemittel der Gummimasse,

Bleioxyd in Firnis,

Bleiweiß als Bestandteil des sog. Wachsgusses, jedoch nur, sofern dasselbe nicht ein Gewichtsteil in 100 Gewichtsteilen der Masse übersteigt,

chromsaures Blei (für sich oder in Verbindung mit schwefelsaurem Blei) als Öl- oder Lackfarbe oder mit Lack- oder Firnisüberzug,

die in Wasser unlöslichen Zinkverbindungen, bei Gummispielwaren jedoch nur, soweit sie als Färbemittel der Gummimasse, als Öl- oder Lackfarben oder mit Lack- oder Firnisüberzug verwendet werden,

alle in Glasuren oder Emails eingebrannten Farben

findet diese Bestimmung nicht Anwendung.

Soweit zur Herstellung von Spielwaren die in den §§ 7 und 8 bezeichneten Gegenstände verwendet werden, finden auf letztere lediglich die Vorschriften der §§ 7 und 8 Anwendung.

§ 5. Zur Herstellung von Buch- und Steindruck auf den in den §§ 2, 3 und 4 bezeichneten Gegenständen dürfen nur solche Farben nicht verwendet werden, welche Arsen enthalten.

§ 6. Tuschfarben jeder Art dürfen als frei von gesundheitsschädlichen Stoffen beziehungsweise giftfrei nicht verkauft oder feilgehalten werden, wenn sie den Vorschriften im § 4 Absatz 1 und 2 nicht entsprechen.

§ 7. Zur Herstellung von zum Verkauf bestimmten Tapeten, Möbelstoffen, Teppichen, Stoffen zu Vorhängen oder Bekleidungsgegenständen, Masken, Kerzen, sowie künstlichen Blättern, Blumen und Früchten dürfen Farben, welche Arsen enthalten, nicht verwendet werden.

Auf die Verwendung arsenhaltiger Beizen oder Fixierungsmittel zum Zweck des Färbens oder Bedruckens von Gespinsten oder Geweben findet diese Bestimmung nicht Anwendung. Doch dürfen derartig bearbeitete Gespinste oder Gewebe zur Herstellung der im Absatz 1 bezeichneten Gegenstände nicht verwendet werden, wenn sie das Arsen in wasserlöslicher Form oder in solcher Menge enthalten, daß sich in 100 Quadratzentimeter des fertigen Gegenstandes mehr als 2 Milligramm Arsen vorfinden. Der Reichskanzler[1]) ist ermächtigt, nähere Vorschriften über das bei der Feststellung des Arsengehalts anzuwendende Verfahren zu erlassen.

§ 8. Die Vorschriften des § 7 finden auch auf die Herstellung von zum Verkauf bestimmten Schreibmaterialien, Lampen- und Lichtschirmen sowie Lichtmanschetten Anwendung.

Die Herstellung der Oblaten unterliegt den Bestimmungen im § 1, jedoch sofern sie nicht zum Genusse bestimmt sind, mit der Maßgabe, daß die Verwendung von schwefelsaurem Baryum (Schwerspat, blanc fixe), Chromoxyd und Zinnober gestattet ist.

§ 9. Arsenhaltige Wasser- oder Leimfarben dürfen zur Herstellung des Anstrichs von Fußböden, Decken, Wänden, Türen, Fenstern der Wohn- oder Geschäftsräume, von Roll-, Zug- oder Klappläden oder Vorhängen, von Möbeln und sonstigen häuslichen Gebrauchsgegenständen nicht verwendet werden.

§ 10. Auf die Verwendung von Farben, welche die im § 1 Absatz 2 bezeichneten Stoffe nicht als konstituierende Bestandteile, sondern nur als Verunreinigungen, und zwar höchstens in einer Menge enthalten, welche sich bei den in der Technik gebräuchlichen Darstellungsverfahren nicht vermeiden läßt, finden die Bestimmungen der §§ 2 bis 9 nicht Anwendung.

§ 11. Auf die Färbung von Pelzwaren finden die Vorschriften dieses Gesetzes nicht Anwendung.

§ 12. Mit Geldstrafe bis zu einhundertfünfzig Reichsmark oder mit Haft wird bestraft:

1. wer den Vorschriften der §§ 1 bis 5, 7, 8 und 10 zuwider Nahrungsmittel, Genußmittel oder Gebrauchsgegenstände herstellt, aufbewahrt oder verpackt, oder derartig hergestellte, aufbewahrte oder verpackte Gegenstände gewerbsmäßig verkauft oder feilhält;

[1]) Jetzt Reichsminister des Innern.

2. wer der Vorschrift des § 6 zuwiderhandelt;
3. wer der Vorschrift des § 9 zuwiderhandelt, im gleichen, wer Gegenstände, welche dem § 9 zuwider hergestellt sind, gewerbsmäßig verkauft oder feilhält.

§ 13. Neben der im § 12 vorgesehenen Strafe kann auf Einziehung der verbotswidrig hergestellten, aufbewahrten, verpackten, verkauften oder feilgehaltenen Gegenstände erkannt werden, ohne Unterschied, ob sie dem Verurteilten gehören oder nicht.

Ist die Verfolgung oder Verurteilung einer bestimmten Person nicht ausführbar, so kann auf die Einziehung selbständig erkannt werden.

§ 14. Die Vorschriften des Gesetzes, betreffend den Verkehr mit Nahrungsmitteln, Genußmitteln und Gebrauchsgegenständen, vom 14. Mai 1879 (RGBl. S. 145)[1]) bleiben unberührt. Die Vorschriften in den §§ 16, 17 desselben[2]) finden auch bei Zuwiderhandlungen gegen die Vorschriften des gegenwärtigen Gesetzes Anwendung.

§ 15. Dieses Gesetz tritt mit dem 1. Mai 1888 in Kraft; mit demselben Tage tritt die Kaiserliche Verordnung, betreffend die Verwendung giftiger Farben, vom 1. Mai 1882 (RGBl. S. 55) außer Kraft.

II. Verkehr mit Fleisch.

96. Gesetz, betr. die Schlachtvieh- und Fleischbeschau.

Vom 3. Juni 1900 (RGBl. S. 547)[3],[4]).

§ 1. Rindvieh, Schweine, Schafe, Ziegen, Pferde und Hunde, deren Fleisch zum Genusse für Menschen verwendet werden

---

[1]) Ersetzt durch das Lebensmittelgesetz, abgedruckt RGBl. 1936 I S. 17.

[2]) Ersetzt durch §§ 15, 18, 19 des Lebensmittelgesetzes.

[3]) In der Fassung des Gesetzes vom 13. 12. 1935 (RGBl. I S. 1447).

[4]) Bezüglich der zu diesem Gesetze ergangenen Ausführungsbestimmungen vgl. die Zusammenstellung in der Bekanntmachung des Reichskanzlers vom 30. 5. 1902 (Beilage zum Zentralblatt 1902 S. 115f.). Diese Ausführungsbestimmungen sind später mehrfach abgeändert worden; vgl. im einzelnen hierzu Schroeter-Hellich, Das Fleischbeschaugesetz, 5. Aufl. 1934 S. 55 (Stand von Ende Dezember 1933). In der Folgezeit sind abgeändert Ausf.Best. A. am 9. 8. u. 13. 10. 1934 (RMBl. S. 572 u. 671 sowie am 7. 11. 1935 (RMBl. S. 826); Ausf.Best. D Anlage b am 22. 3. 1934 (RMBl. S. 278).

soll, unterliegen vor und nach der Schlachtung einer amtlichen Untersuchung. Durch Beschluß des Bundesrats[1]) kann die Untersuchungspflicht auf anderes Schlachtvieh ausgedehnt werden[2]).

Bei Notschlachtungen darf die Untersuchung vor der Schlachtung unterbleiben.

Der Fall der Notschlachtung liegt dann vor, wenn zu befürchten steht, daß das Tier bis zur Ankunft des zuständigen Beschauers verenden oder das Fleisch durch Verschlimmerung des krankhaften Zustandes wesentlich an Wert verlieren werde oder wenn das Tier infolge eines Unglücksfalls sofort getötet werden muß.

§ 2. Bei Schlachttieren, deren Fleisch ausschließlich im eigenen Haushalte des Besitzers verwendet werden soll, darf, sofern sie keine Merkmale einer die Genußtauglichkeit des Fleisches ausschließenden Erkrankung zeigen, die Untersuchung vor der Schlachtung und, sofern sich solche Merkmale auch bei der Schlachtung nicht ergeben, auch die Untersuchung nach der Schlachtung unterbleiben.

Eine gewerbsmäßige Verwendung von Fleisch, bei welchem auf Grund des Abs. 1 die Untersuchung unterbleibt, ist verboten.

Als eigener Haushalt im Sinne des Abs. 1 ist der Haushalt der Kasernen, Krankenhäuser, Erziehungsanstalten, Speiseanstalten, Gefangenenanstalten, Armenhäuser und ähnlicher Anstalten sowie der Haushalt der Schlächter, Fleischhändler, Gast-, Schank- und Speisewirte nicht anzusehen.

§ 3. Die Landesregierungen sind befugt, für Gegenden und Zeiten, in denen eine übertragbare Tierkrankheit herrscht, die Untersuchung aller der Seuche ausgesetzten Schlachttiere anzuordnen.

§ 4. Fleisch im Sinne dieses Gesetzes sind Teile von warmblütigen Tieren, frisch oder zubereitet, sofern sie sich zum Genusse

---

[1]) Jetzt Reichsregierung.

[2]) Laut Bekanntmachung des Bundesrats vom 10. 7. 1902 (RGBl. S. 242) ist die Beschaupflicht auf Esel, Maultiere und Maulesel ausgedehnt.

für Menschen eignen. Als Teile gelten auch die aus warmblütigen Tieren hergestellten Fette und Würste, andere Erzeugnisse nur insoweit, als der Bundesrat[1]) dies anordnet.

§ 5. Zur Vornahme der Untersuchungen sind Beschaubezirke zu bilden; für jeden derselben ist mindestens ein Beschauer sowie ein Stellvertreter zu bestellen.

Die Bildung der Beschaubezirke und die Bestellung der Beschauer erfolgt durch die Landesbehörden. Für die in den Armeekonservenfabriken vorzunehmenden Untersuchungen können seitens der Militärverwaltung besondere Beschauer bestellt werden.

Zu Beschauern sind approbierte Tierärzte oder andere Personen, welche genügende Kenntnisse nachgewiesen haben, zu bestellen.

In Gemeinden über 5000 Einwohner sollen mit der Leitung der öffentlichen Schlachthäuser nur approbierte Tierärzte beauftragt werden; das gleiche gilt für Schlacht- und Viehhöfe, die einen einheitlichen Betrieb darstellen.

§ 6. Ergibt sich bei den Untersuchungen das Vorhandensein oder der Verdacht einer Krankheit, für welche die Anzeigepflicht besteht, so ist nach Maßgabe der hierüber geltenden Vorschriften zu verfahren.

§ 7. Ergibt die Untersuchung des lebenden Tieres keinen Grund zur Beanstandung der Schlachtung, so hat der Beschauer sie unter Anordnung der etwa zu beobachtenden besonderen Vorsichtsmaßregeln zu genehmigen.

Die Schlachtung des zur Untersuchung gestellten Tieres darf nicht vor der Erteilung der Genehmigung und nur unter Einhaltung der angeordneten besonderen Vorsichtsmaßregeln stattfinden.

Erfolgt die Schlachtung nicht spätestens zwei Tage nach Erteilung der Genehmigung, so ist sie nur nach erneuter Untersuchung und Genehmigung zulässig.

§ 8. Ergibt die Untersuchung nach der Schlachtung, daß kein Grund zur Beanstandung des Fleisches vorliegt, so hat der

[1]) Jetzt Reichsregierung.

Beschauer es als tauglich zum Genusse für Menschen zu erklären.

Vor der Untersuchung dürfen Teile eines geschlachteten Tieres nicht beseitigt werden.

§ 9. Ergibt die Untersuchung, daß das Fleisch zum Genusse für Menschen untauglich ist, so hat der Beschauer es vorläufig zu beschlagnahmen, den Besitzer hiervon zu benachrichtigen und der Polizeibehörde sofort Anzeige zu erstatten.

Fleisch, dessen Untauglichkeit sich bei der Untersuchung ergeben hat, darf als Nahrungs- oder Genußmittel für Menschen nicht in Verkehr gebracht werden.

Die Verwendung des Fleisches zu anderen Zwecken kann von der Polizeibehörde zugelassen werden, soweit gesundheitliche Bedenken nicht entgegenstehen. Die Polizeibehörde bestimmt, welche Sicherungsmaßregeln gegen eine Verwendung des Fleisches zum Genusse für Menschen zu treffen sind.

Das Fleisch darf nicht vor der polizeilichen Zulassung und nur unter Einhaltung der von der Polizeibehörde angeordneten Sicherungsmaßregeln in Verkehr gebracht werden.

Das Fleisch ist von der Polizeibehörde in unschädlicher Weise zu beseitigen, soweit seine Verwendung zu anderen Zwecken (Abs. 3) nicht zugelassen wird.

§ 10. Ergibt die Untersuchung, daß das Fleisch zum Genusse für Menschen nur bedingt tauglich ist, so hat der Beschauer es vorläufig zu beschlagnahmen, den Besitzer hiervon zu benachrichtigen und der Polizeibehörde sofort Anzeige zu erstatten. Die Polizeibehörde bestimmt, unter welchen Sicherungsmaßregeln das Fleisch zum Genusse für Menschen brauchbar gemacht werden kann.

Fleisch, das bei der Untersuchung als nur bedingt tauglich erkannt worden ist, darf als Nahrungs- und Genußmittel für Menschen nicht in Verkehr gebracht werden, bevor es unter den von der Polizeibehörde angeordneten Sicherungsmaßregeln zum Genusse für Menschen brauchbar gemacht worden ist.

Insoweit eine solche Brauchbarmachung unterbleibt, finden die Vorschriften des § 9 Abs. 3 bis 5 entsprechende Anwendung.

§ 11. Der Vertrieb des zum Genusse für Menschen brauchbar gemachten Fleisches (§ 10 Abs. 1) darf nur unter einer diese Beschaffenheit erkennbar machenden Bezeichnung erfolgen.

Fleischhändlern, Gast-, Schank- und Speisewirten ist der Vertrieb und die Verwendung solchen Fleisches nur mit Genehmigung der Polizeibehörde gestattet; die Genehmigung ist jederzeit widerruflich. An die vorbezeichneten Gewerbetreibenden darf derartiges Fleisch nur abgegeben werden, soweit ihnen eine solche Genehmigung erteilt worden ist. In den Geschäftsräumen dieser Personen muß an einer in die Augen fallenden Stelle durch deutlichen Anschlag besonders erkennbar gemacht werden, daß Fleisch der im Abs. 1 bezeichneten Beschaffenheit zum Vertrieb oder zur Verwendung kommt.

Fleischhändler dürfen das Fleisch nicht in Räumen feilhalten oder verkaufen, in welchen taugliches Fleisch (§ 8) feilgehalten oder verkauft wird.

§ 12. Die Einfuhr von Fleisch in luftdicht verschlossenen Büchsen oder ähnlichen Gefäßen, von Würsten und sonstigen Gemengen aus zerkleinertem Fleische in das Zollinland ist verboten.

Im übrigen gelten für die Einfuhr von Fleisch in das Zollinland bis zum 31. Dezember 1903 folgende Bedingungen:

1. Frisches Fleisch darf in das Zollinland nur in ganzen Tierkörpern, die bei Rindvieh, ausschließlich der Kälber, und bei Schweinen in Hälften zerlegt sein können, eingeführt werden.

   Mit den Tierkörpern müssen Brust- und Bauchfell, Lunge, Herz, Nieren, bei Kühen auch das Euter in natürlichem Zusammenhange verbunden sein; der Bundesrat[1]) ist ermächtigt, diese Vorschrift auf weitere Organe auszudehnen.
2. Zubereitetes Fleisch darf nur eingeführt werden, wenn nach der Art seiner Gewinnung und Zubereitung Gefahren für die menschliche Gesundheit erfahrungsgemäß ausgeschlossen sind oder die Unschädlichkeit für die menschliche Gesundheit in zuverlässiger Weise bei der Einfuhr sich fest-

[1]) Jetzt Reichsregierung.

stellen läßt. Diese Feststellung gilt als unausführbar insbesondere bei Sendungen von Pökelfleisch, sofern das Gewicht einzelner Stücke weniger als vier Kilogramm beträgt; auf Schinken, Speck und Därme findet diese Vorschrift keine Anwendung.

Fleisch, welches zwar einer Behandlung zum Zwecke seiner Haltbarmachung unterzogen worden ist, aber die Eigenschaften frischen Fleisches im wesentlichen behalten hat oder durch entsprechende Behandlung wieder gewinnen kann, ist als zubereitetes Fleisch nicht anzusehen; Fleisch solcher Art unterliegt den Bestimmungen in Ziffer 1.

Für die Zeit nach dem 31. Dezember 1903 sind die Bedingungen für die Einfuhr von Fleisch gesetzlich von neuem zu regeln. Sollte eine Neuregelung bis zu dem bezeichneten Zeitpunkte nicht zustande kommen, so bleiben die im Abs. 2 festgesetzten Einfuhrbedingungen bis auf weiteres maßgebend.

§ 13. Das in das Zollinland eingehende Fleisch unterliegt bei der Einfuhr einer amtlichen Untersuchung unter Mitwirkung der Zollbehörden. Ausgenommen hiervon ist das nachweislich im Inlande bereits vorschriftsmäßig untersuchte und das zur unmittelbaren Durchfuhr bestimmte Fleisch.

Die Einfuhr von Fleisch darf nur über bestimmte Zollämter erfolgen. Der Bundesrat[1]) bezeichnet diese Ämter sowie diejenigen Zoll- und Steuerstellen, bei welchen die Untersuchung des Fleisches stattfinden kann.

§ 14. Auf Wildbret und Federvieh, auf das zum Reiseverbrauch mitgeführte Fleisch sowie auf Fleischwaren, die aus dem Ausland im Postverkehr nachweislich als Geschenk für Unbemittelte zum eigenen Gebrauch eingehen und deren Gesamtgewicht 5 Kilogramm nicht übersteigt, finden die Bestimmungen der §§ 12 und 13 nur insoweit Anwendung, als der Reichsminister des Innern dies anordnet.

Für das im kleinen Grenzverkehre sowie im Meß- und Marktverkehre des Grenzbezirkes eingehende Fleisch können durch

---

[1]) Jetzt Reichsregierung.

Anordnung der Landesregierungen Ausnahmen von den Bestimmungen der §§ 12 und 13 zugelassen werden.

§ 15. Der Bundesrat[1]) ist ermächtigt, weitergehende Einfuhrverbote und Einfuhrbeschränkungen, als in den §§ 12 und 13 vorgesehen sind, zu beschließen.

§ 16. Die Vorschriften des § 8 Abs. 1 und der §§ 9 bis 11 gelten auch für das in das Zollinland eingehende Fleisch. An Stelle der unschädlichen Beseitigung des Fleisches oder an Stelle der polizeilicherseits anzuordnenden Sicherungsmaßregeln kann jedoch, insoweit gesundheitliche Bedenken nicht entgegenstehen, die Wiederausfuhr des Fleisches unter entsprechenden Vorsichtsmaßnahmen zugelassen werden.

§ 17. Fleisch, welches zwar nicht für den menschlichen Genuß bestimmt ist, aber dazu verwendet werden kann, darf zur Einfuhr ohne Untersuchung zugelassen werden, nachdem es zum Genusse für Menschen unbrauchbar gemacht ist.

§ 18. Bei Pferden muß die Untersuchung (§ 1) durch approbierte Tierärzte vorgenommen werden.

Der Vertrieb von Pferdefleisch sowie die Einfuhr solchen Fleisches in das Zollinland darf nur unter einer Bezeichnung erfolgen, welche in deutscher Sprache das Fleisch als Pferdefleisch erkennbar macht.

Fleischhändlern, Gast-, Schank- und Speisewirten ist der Vertrieb und die Verwendung von Pferdefleisch nur mit Genehmigung der Polizeibehörde gestattet; die Genehmigung ist jederzeit widerruflich. An die vorbezeichneten Gewerbetreibenden darf Pferdefleisch nur abgegeben werden, soweit ihnen eine solche Genehmigung erteilt worden ist. In den Geschäftsräumen dieser Personen muß an einer in die Augen fallenden Stelle durch deutlichen Anschlag besonders erkennbar gemacht werden, daß Pferdefleisch zum Vertrieb oder zur Verwendung kommt.

Fleischhändler dürfen Pferdefleisch nicht in Räumen feilhalten oder verkaufen, in welchen Fleisch von anderen Tieren feilgehalten oder verkauft wird.

---

[1]) Jetzt Reichsregierung.

Der Bundesrat[1]) ist ermächtigt, anzuordnen, daß die vorstehenden Vorschriften auf Esel, Maulesel, Hunde und sonstige, seltener zur Schlachtung gelangende Tiere entsprechende Anwendung finden.

§ 19. Der Beschauer hat das Ergebnis der Untersuchung an dem Fleische kenntlich zu machen. Das aus dem Ausland eingeführte Fleisch ist außerdem als solches kenntlich zu machen.

Der Bundesrat[1]) bestimmt die Art der Kennzeichnung.

§ 20. Fleisch, welches innerhalb des Reichs der amtlichen Untersuchung nach Maßgabe der §§ 8 bis 16 unterlegen hat, darf einer abermaligen amtlichen Untersuchung nur zu dem Zwecke unterworfen werden, um festzustellen, ob das Fleisch inzwischen verdorben ist oder sonst eine gesundheitsschädigende Veränderung seiner Beschaffenheit erlitten hat.

Landesrechtliche Vorschriften, nach denen für Gemeinden mit öffentlichen Schlachthäusern der Vertrieb frischen Fleisches Beschränkungen, insbesondere dem Beschauzwang innerhalb der Gemeinde unterworfen werden kann, bleiben mit der Maßgabe unberührt, daß ihre Anwendbarkeit nicht von der Herkunft des Fleisches abhängig gemacht werden darf.

§ 21. Bei der gewerbsmäßigen Zubereitung von Fleisch dürfen Stoffe oder Arten des Verfahrens, welche der Ware eine gesundheitsschädliche Beschaffenheit zu verleihen vermögen, nicht angewendet werden. Es ist verboten, derartig zubereitetes Fleisch aus dem Ausland einzuführen, feilzuhalten, zu verkaufen oder sonst in den Verkehr zu bringen.

Der Bundesrat[1]) bestimmt die Stoffe und die Arten des Verfahrens, auf welche diese Vorschriften Anwendung finden.

Der Bundesrat[1]) ordnet an, inwieweit die Vorschriften des Abs. 1 auch auf bestimmte Stoffe und Arten des Verfahrens Anwendung finden, welche eine gesundheitsschädliche oder minderwertige Beschaffenheit der Ware zu verdecken geeignet sind.

§ 22. Der Bundesrat[1]) ist ermächtigt,

1. Vorschriften über den Nachweis genügender Kenntnisse der Fleischbeschauer zu erlassen,

[1]) Jetzt Reichsregierung.

2. Grundsätze aufzustellen, nach welchen die Schlachtvieh- und Fleischbeschau auszuführen und die weitere Behandlung des Schlachtviehs und Fleisches im Falle der Beanstandung stattzufinden hat,
3. die zur Ausführung der Bestimmungen in dem § 12 erforderlichen Anordnungen zu treffen und die Gebühren für die Untersuchung des in das Zollinland eingehenden Fleisches festzusetzen.

§ 23. Wem die Kosten der amtlichen Untersuchung (§ 1) zur Last fallen, regelt sich nach Landesrecht. Im übrigen werden die zur Ausführung des Gesetzes erforderlichen Bestimmungen, insoweit nicht der Bundesrat für zuständig erklärt ist oder insoweit er von einer durch § 22 erteilten Ermächtigung keinen Gebrauch macht, von den Landesregierungen erlassen.

§ 24. Landesrechtliche Vorschriften über die Trichinenschau und über den Vertrieb und die Verwendung von Fleisch, welches zwar zum Genusse für Menschen tauglich, jedoch in seinem Nahrungs- und Genußwert erheblich herabgesetzt ist, ferner landesrechtliche Vorschriften, welche mit Bezug auf
1. die der Untersuchung zu unterwerfenden Tiere,
2. die Ausführung der Untersuchungen durch approbierte Tierärzte,
3. den Vertrieb beanstandeten Fleisches oder des Fleisches von Tieren der im § 18 bezeichneten Arten

weitergehende Verpflichtungen als dieses Gesetz begründen, sind mit der Maßgabe zulässig, daß ihre Anwendbarkeit nicht von der Herkunft des Schlachtviehs oder des Fleisches abhängig gemacht werden darf.

§ 25. Inwieweit die Vorschriften dieses Gesetzes auf das in die Zollausschlüsse eingeführte Fleisch Anwendung zu finden haben, bestimmt der Bundesrat[1]).

§ 25a. Der Reichsminister des Innern erläßt die zur Durchführung oder Ergänzung dieses Gesetzes erforderlichen Rechts-

[1]) Jetzt Reichsregierung.

und Verwaltungsvorschriften und kann Ausnahmen von den Vorschriften dieses Gesetzes zulassen.

§ 26. Mit Gefängnis bis zu sechs Monaten und mit Geldstrafe oder mit einer dieser Strafen wird bestraft:

1. wer wissentlich den Vorschriften des § 9 Abs. 2, 4, des § 10 Abs. 2, 3, des § 12 Abs. 1 oder des § 21 Abs. 1, 2 oder einem auf Grund des § 21 Abs. 3 ergangenen Verbote zuwiderhandelt;
2. wer wissentlich Fleisch, das den Vorschriften des § 12 Abs. 1 zuwider eingeführt oder auf Grund des § 17 zum Genusse für Menschen unbrauchbar gemacht worden ist, als Nahrungs- oder Genußmittel für Menschen in Verkehr bringt;
3. wer Kennzeichen der im § 19 vorgesehenen Art fälschlich anbringt oder verfälscht, oder wer wissentlich Fleisch, an welchem die Kennzeichen fälschlich angebracht, verfälscht oder beseitigt worden sind, feilhält oder verkauft.

§ 27. Mit Geldstrafe bis zu einhundertfünfzig Reichsmark oder mit Haft wird bestraft:

1. wer eine der im § 26 Nr. 1 und 2 bezeichneten Handlungen aus Fahrlässigkeit begeht;
2. wer eine Schlachtung vornimmt, bevor das Tier der in diesem Gesetze vorgeschriebenen oder einer auf Grund des § 1 Abs. 1 Satz 2, des § 3, des § 18 Abs. 5 oder des § 24 angeordneten Untersuchung unterworfen worden ist;
3. wer Fleisch in Verkehr bringt, bevor es der in diesem Gesetze vorgeschriebenen oder einer auf Grund des § 1 Abs. 1 Satz 2, des § 3, des § 14 Abs. 1, des § 18 Abs. 5 oder des § 24 angeordneten Untersuchung unterworfen worden ist;
4. wer den Vorschriften des § 2 Abs. 2, des § 7 Abs. 2, 3, des § 8 Abs. 2, des § 11, des § 12 Abs. 2, des § 13 Abs. 2 oder des § 18 Abs. 2 bis 4, imgleichen, wer den auf Grund des § 15 oder des § 18 Abs. 5 erlassenen Anordnungen oder den auf Grund des § 24 ergehenden landesrechtlichen Vorschriften über den Vertrieb und die Verwendung von Fleisch zuwiderhandelt.

§ 28. In den Fällen des § 26 Nr. 1 und 2 und des § 27 Nr. 1 ist neben der Strafe auf die Einziehung des Fleisches zu erkennen. In den Fällen des § 26 Nr. 3 und des § 27 Nr. 2 bis 4 kann neben der Strafe auf die Einziehung des Fleisches oder des Tieres erkannt werden. Für die Einziehung ist es ohne Bedeutung, ob der Gegenstand dem Verurteilten gehört oder nicht.

Ist die Verfolgung oder Verurteilung einer bestimmten Person nicht ausführbar, so kann auf die Einziehung selbständig erkannt werden.

§ 29. Die Vorschriften des Gesetzes, betreffend den Verkehr mit Nahrungsmitteln, Genußmitteln und Gebrauchsgegenständen, vom 14. Mai 1879 (Reichs-Gesetzbl. S. 145)[1]) bleiben unberührt. Die Vorschriften des § 16 des bezeichneten Gesetzes[2]) finden auch auf Zuwiderhandlungen gegen die Vorschriften des gegenwärtigen Gesetzes Anwendung.

§ 30. Diejenigen Vorschriften dieses Gesetzes, welche sich auf die Herstellung der zur Durchführung der Schlachtvieh- und Fleischbeschau erforderlichen Einrichtungen beziehen, treten mit dem Tage der Verkündigung dieses Gesetzes in Kraft.

Im übrigen wird der Zeitpunkt, mit welchem das Gesetz ganz oder teilweise in Kraft tritt, durch Kaiserliche Verordnung mit Zustimmung des Bundesrats bestimmt.

97. Gesetz über den Verkehr mit Vieh und Fleisch.

Vom 10. August 1925 (RGBl. I S. 186)[3]).

§§ 1—5. . . . .

§ 6. Wer Gefrierfleisch im Kleinhandel feilhält, muß dieses in seinen Verkaufsräumen oder auf seinem Betriebsstand sowie bei öffentlichen Anpreisungen als solches bezeichnen.

§ 7. Mit Gefängnis bis zu einem Jahre und mit Geldstrafe oder mit einer dieser Strafen wird bestraft, wer den Vorschriften

[1]) Ersetzt durch das Lebensmittelgesetz, abgedruckt RGBl. 1936 I S. 17f.
[2]) Ersetzt durch §§ 15, 18 des Lebensmittelgesetzes.
[3]) In der Fassung des Gesetzes vom 4. 7. 1929 (RGBl. I S. 128).

des § 3 Abs. 1, der §§ 5, 6 oder den auf Grund des § 3 Abs. 3, 4 oder des § 4 erlassenen Bestimmungen zuwiderhandelt.

98. Verordnung über unzulässige Zusätze und Behandlungsverfahren bei Fleisch und dessen Zubereitungen.

Vom 30. Oktober 1934 (RGBl. I S. 1089)[1]).

§ 1. (1) Die Vorschriften des § 21 Abs. 1 des Gesetzes finden Anwendung

1. auf die folgenden Stoffe sowie auf die solche Stoffe enthaltenden Zubereitungen:
   a) Alkali-, Erdalkali- und Ammonium-Hydroxyde und -Karbonate,
   b) Benzoesäure und deren Verbindungen sowie Abkömmlinge der Benzoesäure (einschließlich der Salizylsäure) und deren Verbindungen,
   c) Borsäure und deren Verbindungen,
   d) Chlorsaure Salze,
   e) Fluorwasserstoff und dessen Verbindungen,
   f) Formaldehyd und solche Stoffe, die bei ihrer Verwendung Formaldehyd abgeben,
   g) schweflige Säure und deren Verbindungen sowie unterschwefligsaure Salze,
   h) Farbstoffe jeder Art,
   i) Säuren des Phosphors, deren Salze und Verbindungen,
   k) Aluminiumsalze und Aluminiumverbindungen;
2. auf Verfahren, die zur Befreiung tierischer Fette von Geruchsstoffen, Geschmacksstoffen, Farbstoffen und freien Fettsäuren dienen.

(2) Das Verbot des Absatzes 1 Nr. 1b findet keine Anwendung auf die Verwendung von Benzoesäure und benzoesaurem Natrium bei der Herstellung von Margarine. Das Verbot unter Abs. 1 Nr. 1h findet keine Anwendung auf die Verwendung

---

[1]) In der Fassung der Verordnungen vom 9. 5. 1935 (RGBl. I S. 593) und 7. 11. 1935 (RGBl. I S. 1291).

von gesundheitsunschädlichen Farbstoffen zur Gelbfärbung der Margarine und der Hüllen derjenigen Wurstarten, bei denen die Gelbfärbung herkömmlich und als künstlich ohne weiteres erkennbar ist.

(3) Der Reichsminister des Innern kann Ausnahmen zulassen. Die Ausnahmebewilligung kann jederzeit ohne Entschädigung zurückgenommen werden.

§ 2. (1) Diese Verordnung tritt, vorbehaltlich des Absatzes 2, am 1. Dezember 1934 in Kraft. Gleichzeitig tritt die Verordnung über gesundheitsschädliche und täuschende Zusätze zu Fleisch und dessen Zubereitungen vom 18. Februar 1902 (Reichsgesetzbl. S. 48) in der Fassung vom 4. Juli 1908, 14. Dezember 1916, 21. März 1930 und 19. April 1934 (Reichsgesetzbl. 1908 S. 470, 1916 S. 1359, 1930 I S. 100, 1934 I S. 316) außer Kraft.

(2) Das Verbot der Verwendung von Benzoesäure und ihren Salzen tritt am 1. April 1935 in Kraft.

99. Verordnung, betreffend Einfuhr von Fleisch von Bären, Füchsen, Dächsen und anderen fleischfressenden Tieren, die Träger von Trichinen sein können.

Vom 10. August 1933 (RGBl. I S. 579).

1. Frisches oder zubereitetes Fleisch von Bären unterliegt bei der Einfuhr einer Untersuchung auf Trichinen.

   Für die Untersuchung gelten sinngemäß die Vorschriften der Ausführungsbestimmungen D Anlage b zum Fleischbeschaugesetz (BBDb).

   Die erfolgte Untersuchung ist an dem Fleisch kenntlich zu machen. Für die Kenntlichmachung ist ein Stempel von der im § 26 Abs. 2 und 4 der BBD für taugliches Pferdefleisch vorgeschriebenen Stempelform mit der Aufschrift „trichinenfrei" an Stelle des Wortes „Pferd" und darunter dem Zeichen der betreffenden Untersuchungsstelle zu benutzen. Für die Anbringung der Stempelzeichen auf dem Fleisch gelten die Vorschriften des § 27 BBD sinngemäß.

   Bärenfleisch, in dem Trichinen nachgewiesen sind, ist nach § 28 BBD. unschädlich zu beseitigen.

Die Gebühren sind nach § 4 Nr. 1 und 2 der Gebührenordnung für die Untersuchung des in das Zollinland eingehenden Fleisches, vom 15. Februar 1924 (Reichsministerialbl. S. 48), zu erheben.

2. Die Einfuhr von Fleisch von Katzen, Füchsen, Dächsen und anderen fleischfressenden Tieren, die Träger von Trichinen sein können, ist verboten.

III. Verkehr mit Milch.

100. Milchgesetz.

Vom 31. Juli 1930 (RGBl. I S. 421)[1]).

§ 1. (1) Diesem Gesetz unterliegt der Verkehr mit Kuhmilch und den aus Kuhmilch gewonnenen Erzeugnissen, soweit sie für den menschlichen Genuß bestimmt sind. Doch erstreckt sich das Gesetz, abgesehen von den Vorschriften in §§ 3, 4 nicht auf den Verkehr mit diesen Lebensmitteln innerhalb des Haushalts, in dem sie Verwendung finden.

(2) Die Ausführungsbestimmungen können vorschreiben, wieweit dieses Gesetz auch für Milch anderer Tiere, einschließlich der Erzeugnisse, gelten soll.

(3) Als Milch im Sinne dieses Gesetzes gilt auch zubereitete Milch.

§ 2. (1) Verbraucher im Sinne dieses Gesetzes ist, wer Milch oder Milcherzeugnisse zum persönlichen Genuß oder zur Verwendung im eigenen Haushalt bezieht.

(2) Als Verbraucher gelten außerdem Gastwirte, Schankwirte und andere Gewerbetreibende, soweit sie diese Lebensmittel zur Verwendung innerhalb ihrer Betriebsstätte beziehen. Das Entsprechende gilt für Krankenhäuser, Heilanstalten, Erziehungsanstalten, Wohlfahrtsanstalten und ähnliche Einrichtungen.

(3) Milchwirtschaftliche Unternehmen sind nicht Verbraucher im Sinne des Gesetzes.

---

[1]) In der Fassung der VO. vom 23. 3. 1933 (RGBl. I S. 143) und des Gesetzes vom 20. 7. 1933 (RGBl. I S. 527).

I. Allgemeine Vorschriften über den Verkehr mit Milch.

§ 3. (1) Milch von Kühen, deren Gesundheitszustand die Beschaffenheit der Milch nachteilig beeinflussen kann, darf, vorbehaltlich der Vorschriften des § 4, weder als solche in den Verkehr gebracht noch zu Milcherzeugnissen oder anderen Lebensmitteln verwendet werden.

(2) Dieses Verbot bezieht sich insbesondere auf Milch von Kühen, die mit äußerlich erkennbarer Tuberkulose behaftet sind, sofern sie sich in der Lunge in vorgeschrittenem Zustand befindet oder Euter, Gebärmutter oder Darm ergriffen hat.

(3) Das Verbot des Abs. 1 gilt auch dann, wenn das Vorhandensein einer der Tuberkuloseformen des Abs. 2 in hohem Grade wahrscheinlich ist.

§ 4. (1) Milch von Kühen, die an Maul- und Klauenseuche leiden, sowie Milch, die aus Beständen stammt, in denen diese Seuche herrscht, ebenso Milch von Kühen, die an äußerlich erkennbarer Tuberkulose, abgesehen von den im § 3 Abs. 2 und 3 genannten Formen, erkrankt sind oder bei denen einfacher Verdacht der Eutertuberkulose besteht, darf als solche nur in den Verkehr gebracht oder zur Herstellung von Milcherzeugnissen oder anderen Lebensmitteln verwendet werden, wenn durch ausreichende Erhitzung oder ein gleichwertiges Verfahren jede Gefahr für die Gesundheit beseitigt ist.

(2) Die Ausführungsbestimmungen regeln, inwieweit in den Fällen des Abs. 1 die gedachte Bearbeitung innerhalb oder außerhalb der Betriebsstätte des Erzeugers zu erfolgen hat.

(3) Ferner können die Ausführungsbestimmungen weitere Ausnahmen von der Vorschrift des § 3, abgesehen von den Fällen des § 3 Abs. 2 und 3, zulassen, wenn die Milch durch ausreichende Schutzmaßregeln, insbesondere durch Bearbeitung oder Verarbeitung, für den menschlichen Genuß tauglich gemacht wird.

§ 5. (1) Die obersten Landesbehörden können, vorbehaltlich der Vorschriften des § 37 dieses Gesetzes und des § 5 des Gesetzes über den Verkehr mit Lebensmitteln und Bedarfsgegenständen

(Lebensmittelgesetz) vom 5. Juli 1927[1]) (Reichsgesetzbl. I S. 134), bestimmen, welche Mindestforderungen für die einzelnen Verbrauchergebiete an die Zusammensetzung der Milch, soweit sie nicht verarbeitet wird, besonders an den Fettgehalt und an das spezifische Gewicht zu stellen sind. Sie regeln, inwieweit Milch, die, ohne verfälscht zu sein, den festgesetzten Mindestforderungen nicht genügt, in den Verkehr gebracht werden darf.

(2) Vor der Festsetzung der Mindestforderungen für Verbrauchergebiete, die ganz oder zum Teil mit Markenmilch (Abschnitt II) beliefert werden, sind die beteiligten Überwachungsstellen (§ 26) zu hören.

§ 6. (1) Die Milch muß im Betriebe des Erzeugers bei und nach der Gewinnung und auf dem Wege vom Erzeuger bis zum letzten Verbraucher so behandelt werden, daß sie, soweit dies durch Anwendung der im Verkehr erforderlichen Sorgfalt vermeidbar ist, weder mittelbar noch unmittelbar einer nachteiligen Beeinflussung, insbesondere durch Staub, Schmutz aller Art, Gerüche oder Krankheitserreger oder durch die Witterung ausgesetzt ist.

(2) Das gilt ebenso, wenn die Milch nicht als solche an den Verbraucher abgegeben, sondern zu Milcherzeugnissen oder anderen in den Verkehr gelangenden Lebensmitteln verwendet wird.

§ 7. (1) Alle Räume, wo Milch aufbewahrt, bearbeitet, feilgehalten, abgegeben oder verarbeitet wird, müssen so beschaffen, ausgestattet und gelegen sein und so behandelt und benutzt werden, daß die Milch, soweit dies durch Anwendung der im Verkehr erforderlichen Sorgfalt vermeidbar ist, keiner nachteiligen Beeinflussung im Sinne des § 6 ausgesetzt ist.

(2) Dasselbe gilt für die Beschaffenheit, Behandlung und Benutzung von Einrichtungen und Gegenständen, die mit Milch in Berührung kommen, wie Gefäßen, Geräten, Rohrleitungen, Zapfhähnen und Beförderungsmitteln.

(3) Die im Abs. 2 genannten Gefäße und Geräte dürfen nur zu ihrem bestimmungsgemäßen Gebrauche benutzt, nicht mit

[1]) In der Fassung der Bekanntmachung vom 17. 1. 1936 (RGBl. I S. 17).

gesundheitlich bedenklichem Wasser gereinigt und nicht in Räumen aufbewahrt werden, wo Tiere gehalten werden.

§ 8. (1) Gefäße, Behältnisse, Milchwagen und ähnliche Einrichtungen, aus denen Milch unmittelbar an den Verbraucher abgegeben wird, sind auf der Außenseite so zu kennzeichnen, daß dieser die Art des Inhalts leicht erkennen kann. Dies gilt nicht für Meßgefäße.

(2) Die Vorschrift des Abs. 1 gilt nicht für die in einem landwirtschaftlichen Betriebe gewonnene Milch, soweit sie an der Betriebsstätte selbst unmittelbar an den Verbraucher abgegeben wird.

§ 9. (1) Wird Milch in Gefäßen oder Behältnissen, auf die sie zur verkaufsfertigen Abgabe an die Verbraucher abgefüllt ist, in den Verkehr gebracht, so müssen die Gefäße und Behältnisse den nachstehenden Anforderungen entsprechen:

1. sie müssen mit einem festen Verschlusse versehen sein und sich, falls sie zu wiederholter Benutzung bestimmt sind, leicht reinigen lassen;
2. auf der Außenseite oder auf dem Verschlusse muß in deutlicher, nicht leicht zu entfernender Schrift die Sorte der Milch, der Name und Wohnort des Einfüllers stehen und angegeben sein, ob die Milch roh oder ob sie einer Erhitzung oder einem gleichwertigen Verfahren unterzogen worden ist.

(2) Die Ausführungsbestimmungen können Anordnungen über die Art der Verschlüsse treffen und die weiteren Voraussetzungen regeln, unter denen Milch in den im Abs. 1 genannten Formen in den Verkehr gebracht werden darf.

(3) Das Abfüllen der Milch in Gefäße oder Behältnisse (Abs. 1) darf nur im Betriebe des Erzeugers oder in Bearbeitungsstätten vorgenommen werden.

§ 10. (1) Die zuständigen Behörden können, vorbehaltlich der Vorschriften des § 9 Abs. 2 dieses Gesetzes und des § 5 Nr. 3 des Lebensmittelgesetzes[1]), anordnen, inwieweit Milch in Gast- oder Schankstätten, Kantinen, Milchläden, Milchhäuschen oder

[1]) Jetzt § 5 Nr. 3b des Lebensmittelgesetzes in der Fassung vom 17. 1. 1936.

sonst zum Genuß an Ort und Stelle nur in den im § 9 genannten Formen abgegeben werden darf.

(2) Vor einer Anordnung der im Abs. 1 gedachten Art sind, sofern das Gebiet, für das die Anordnung gilt, ganz oder zum Teil mit Markenmilch beliefert wird, die beteiligten Überwachungstellen zu hören.

§ 11. (1) Wer Milch an öffentlichen Orten, insbesondere auf Märkten, Plätzen oder Straßen, an den Verbraucher abgibt, hat sie durch besondere Maßregeln, namentlich bei der Abgabe, vor nachteiliger Beeinflussung im Sinne des § 6 zu schützen. Insbesondere muß die Beschaffenheit, Benutzung und Handhabung der Gefäße diesem Erfordernis entsprechen.

(2) Dasselbe gilt für das Zubringen von Milch in die Behausungen.

(3) Die Abgabe von Milch nach Abs. 1 und 2 ist nur Unternehmern gestattet, die an festen Betriebsstätten Milch gewinnen, bearbeiten oder vertreiben.

(4) Die obersten Landesbehörden können nach Maßgabe der Ausführungsbestimmungen die weiteren Voraussetzungen bestimmen, unter denen die Unternehmer Milch nach Abs. 1 und 2 abgeben dürfen.

§ 12. (1) Die obersten Landesbehörden können vorbehaltlich der Vorschrift des § 37 anordnen, inwieweit die Milch vor der Abgabe an den Verbraucher zu bearbeiten, insbesondere einem Reinigungs-, Erhitzungs- oder Tiefkühlungsverfahren zu unterziehen ist (Bearbeitungszwang). Sofern das Gebiet, für das die Anordnung gilt, ganz oder zum Teil mit Markenmilch beliefert wird, sind, unbeschadet der Vorschrift des Abs. 3, die beteiligten Überwachungsstellen zu hören.

(2) Eine Erhitzung oder ein gleichwertiges Verfahren darf jedoch nicht gefordert werden:

1. für Milch, die nach den Ausführungsbestimmungen unter Anwendung besonderer Vorsichtsmaßregeln und unter besonderer Überwachung gewonnen, behandelt und vertrieben werden muß,

1) Jetzt § 5 Nr. 3b des Lebensmittelgesetzes in der Fassung vom 17. 1. 1936.

2. für Milch, die der Erzeuger in einem landwirtschaftlichen Betriebe gewinnt und an der Betriebsstätte selbst unmittelbar an den Verbraucher abgibt.

(3) Für Markenmilch gelten die Vorschriften des § 32.

(4) Die Vorschriften des § 4 sowie Vorschriften des Reichs- oder Landesrechts zur Bekämpfung übertragbarer Krankheiten bleiben unberührt.

§ 13. (1) Personen, die

1. an Typhus, Paratyphus, Ruhr oder offener Tuberkulose leiden oder
2. unter Typhus-, Paratyphus- oder Ruhrverdacht erkrankt sind oder
3. Erreger von Typhus, Paratyphus oder Ruhr dauernd oder zeitweilig ausscheiden,

dürfen weder bei der Gewinnung der Milch noch sonst im Verkehr mit Milch in einer Weise tätig sein, die die Gefahr mit sich bringt, daß Krankheitserreger auf andere übertragen werden.

(2) In den Ausführungsbestimmungen kann das Verbot des Abs. 1 auf andere übertragbare Krankheiten ausgedehnt werden.

(3) Im Verkehr mit Milch dürfen ferner Personen nicht tätig sein, die mit Geschwüren, eiternden Wunden oder mit Ausschlägen behaftet sind, soweit hierdurch die Beschaffenheit der Milch nachteilig beeinflußt werden kann oder ein ekelerregender Eindruck erweckt wird.

(4) Wie das Verbot des Abs. 1, 2 und 3 durchzuführen, insbesondere der Gesundheitszustand der im Verkehre mit Milch tätigen Personen zu überwachen ist, und in welchem Umfang die Arbeitsämter zu unterrichten sind, bestimmen die obersten Landesbehörden.

(5) Unberührt bleiben Vorschriften des Reichs- oder Landesrechts, die über den Abs. 1 hinausgehen.

§ 14. (1) Wer ein Unternehmen zur Abgabe von Milch betreiben will, bedarf dazu der Erlaubnis der zuständigen Behörde.

(2) Die Erlaubnis kann auch juristischen Personen und nichtrechtsfähigen Vereinen erteilt werden.

(3) Für die Erteilung der Erlaubnis ist die Behörde zuständig, in deren Bezirke sich die Niederlassung oder Zweigstelle befindet.

(4) Die Erlaubnis erstreckt sich nur auf die Niederlassungen und Zweigstellen des Unternehmens, die in dem Bescheid ausdrücklich aufgeführt sind. Von diesen Niederlassungen und Zweigstellen aus kann der Unternehmer die Milch ohne örtliche Beschränkung abgeben, falls sich nicht aus dem Bescheid etwas anderes ergibt. Er ist hierbei den für die einzelnen Absatzgebiete geltenden besonderen Bestimmungen über den Milchverkehr unterworfen.

(5) Die Erlaubnis darf nur erteilt werden, wenn

1. der Unternehmer, in den Fällen des Abs. 2 der Leiter des Unternehmens, die erforderliche Zuverlässigkeit besitzt,
2. die Personen, die für den milchwirtschaftlichen Betrieb des Unternehmens verantwortlich sind, über die hierfür notwendige Sachkunde verfügen,
3. der Tätigkeit der in Nr. 2 erwähnten Personen nicht die Vorschriften des § 13 oder die auf Grund von § 13 erlassenen Bestimmungen entgegenstehen,
4. die Einrichtungen und Gegenstände vorhanden sind, die zum Betrieb eines Unternehmens der betreffenden Art und Größe erforderlich sind,
5. die Räume, Einrichtungen und Gegenstände den im § 7 gestellten Anforderungen entsprechen,
6. anzunehmen ist, daß der Unternehmer eine von der zuständigen Behörde festzusetzende Mindestmenge in den Verkehr bringt.

(6) Die Erlaubnis darf weder auf Zeit noch auf Widerruf erteilt werden, soweit nicht die Ausführungsbestimmungen Ausnahmen vorsehen.

(7) Sie darf nur versagt werden, wenn den im Abs. 5 gestellten Anforderungen nicht genügt wird.

(8) Die Erlaubnis ist zurückzunehmen, wenn sich nachträglich Umstände ergeben, die ihre Versagung rechtfertigen würden.

§ 15. (1) Sollen die Befugnisse zum Betrieb eines Unternehmens, das nach § 14 der Erlaubnis bedarf, durch einen

Stellvertreter ausgeübt werden, so ist hierzu eine besondere Erlaubnis (Stellvertretererlaubnis) der zuständigen Behörde erforderlich.

(2) Die Stellvertretererlaubnis ist natürlichen Personen zu erteilen, wenn

1. nach Erteilung der Erlaubnis Umstände eingetreten sind, die den Inhaber hindern, das Unternehmen persönlich zu betreiben, insbesondere wenn er in der Verfügung über sein Vermögen beschränkt worden ist;
2. das Unternehmen nach dem Ableben des Inhabers für seine Witwe während ihres Witwenstandes oder für seine minderjährigen Erben oder bis zur Beendigung einer Nachlaßauseinandersetzung fortgeführt werden soll.

(3) Die Erlaubnis wird für einen bestimmten Stellvertreter erteilt. Die Vorschriften des § 14 Abs. 5 Nr. 1, Abs. 8 gelten entsprechend; ebenso gelten die Vorschriften des § 14 Abs. 5 Nr. 2 und 3 für den Stellvertreter entsprechend, wenn er für den milchwirtschaftlichen Betrieb des Unternehmens verantwortlich ist.

(4) Die Erlaubnis ist zu versagen, wenn die Voraussetzungen der Abs. 2 und 3 nicht vorliegen.

§ 16. (1) Die zuständige Behörde kann Personen, die ein Unternehmen der im § 14 bezeichneten Art von einem anderen übernehmen, zur Weiterführung des Unternehmens bis zur Erteilung der Erlaubnis widerruflich zulassen. Die Zulassung soll nicht für eine längere Zeit als drei Monate erfolgen; diese Frist kann verlängert werden, wenn ein wichtiger Grund vorliegt. Die Entscheidungen sind endgültig.

(2) Die Vorschrift des Abs. 1 findet auf die vorläufige Zulassung eines Stellvertreters entsprechende Anwendung.

(3) Im Falle des Todes eines Unternehmers gilt der Erbe zur Weiterführung des Unternehmens ohne weiteres als widerruflich zugelassen. Diese Zulassung erlischt, falls dem Erben nicht binnen drei Monaten die Erlaubnis erteilt worden ist. Die Frist kann verlängert werden, wenn ein wichtiger Grund vorliegt.

§ 17. (1) Der Inhaber eines landwirtschaftlichen Betriebs bedarf zur Abgabe der darin gewonnenen Milch der Erlaubnis, wenn er außerhalb der landwirtschaftlichen Betriebsstätte Milch unmittelbar an den Verbraucher abgibt. §§ 14 bis 16 gelten entsprechend, mit Ausnahme der Vorschrift im § 14 Abs. 5 Nr. 6.

(2) Die Ausführungsbestimmungen können Ausnahmen zulassen; sie regeln, welche Betriebe als landwirtschaftliche Betriebe zu gelten haben.

§ 18. (1) Die obersten Landesbehörden regeln das Verfahren für die nach §§ 14, 15 und 17 erforderlichen Entscheidungen. Vor der Entscheidung in erster Instanz sind Sachverständige, darunter solche aus den Kreisen zu hören, in denen Milch gewonnen, vertrieben und verzehrt wird, wenn solche Sachverständige nicht bei der Entscheidung mitwirken.

(2) Das Verfahren muß den Vorschriften der §§ 20, 21, 21a der Gewerbeordnung für das Deutsche Reich genügen.

§ 19. (1) Soweit Gast- und Schankwirte innerhalb des ordnungsmäßigen Gast- und Schankwirtschaftsbetriebs Milch abgeben, finden die Vorschriften der §§ 8, 11 Abs. 3, § 14 keine Anwendung.

(2) Dasselbe gilt, wenn Milch in Kantinen, Milchhäuschen oder sonst zum Genuß an Ort und Stelle abgegeben wird. In diesen Fällen darf die Milch auch nach dem gesetzlichen Ladenschluß und an Sonn- und Feiertagen abgegeben werden.

II. Vorschriften für Markenmilch.

§ 20. (1) Unter der Bezeichnung „Markenmilch“ darf Milch nur angeboten, feilgehalten, verkauft oder sonst in den Verkehr gebracht werden,

1. wenn sie außer den allgemeinen Anforderungen, die Abschnitt I an die Milch stellt, den besonderen Anforderungen dieses Abschnitts entspricht (§§ 21 bis 25, 31 Abs. 1 Nr. 1 und § 32),
2. wenn sie, außer der allgemeinen Überwachung des Verkehrs mit Milch nach § 43, hinsichtlich der Gewinnung, Beschaffenheit und Behandlung der in diesem Abschnitt geregelten besonderen Überwachung durch Überwachungsstellen unterstellt ist (§ 30),

3. wenn der Inhaber des Betriebs, in dem die Milch gewonnen wird, und, falls die Milch erst außerhalb dieses Betriebs in die für den Verbraucher bestimmten Gefäße und Behältnisse (§ 25) abgefüllt wird, auch der Unternehmer des Abfüllbetriebs die Genehmigung der Überwachungsstelle zum Vertriebe von Markenmilch erhalten hat.

(2) Der Bezeichnung „Markenmilch" kann ein bildlicher oder schriftlicher Zusatz beigefügt werden, aus dem die überwachende Stelle ersichtlich ist.

§ 21. Als Markenmilch darf nicht Milch von Kühen in den Verkehr gebracht werden, deren Gesundheitszustand Schutzmaßregeln im Sinne des § 4 erfordert.

§ 22. Die Viehbestände, deren Milch als Markenmilch verwendet werden soll, müssen dem staatlich anerkannten Tuberkulosetilgungsverfahren angeschlossen sein.

§ 23. (1) Die Markenmilch soll innerhalb der einzelnen Lieferbezirke der Überwachungsstellen denjenigen Mindestfettgehalt aufweisen, der bei sorgsamer und zweckmäßiger Behandlung des Milchviehs der beteiligten Erzeugerbetriebe für den betreffenden Lieferbezirk betriebswirtschaftlich erreichbar ist.

(2) Desgleichen sind an die Markenmilch hinsichtlich des Keimgehalts diejenigen Anforderungen zu stellen, die bei sorgsamer und zweckmäßiger Gewinnung und Behandlung der Milch in den beteiligten Unternehmen für den betreffenden Lieferbezirk betriebswirtschaftlich erreichbar sind.

§ 24. In den Ausführungsbestimmungen können gesonderte Anforderungen für rohe und für erhitzte Markenmilch aufgestellt werden.

§ 25. Markenmilch darf an den Verbraucher nur in den im § 9 genannten Formen abgegeben werden. An Unternehmen, die größere Mengen für den eigenen Verbrauch beziehen, wie Krankenhäuser, Wohlfahrtsanstalten, darf die Abgabe auch in plombierten, leicht zu reinigenden Kannen erfolgen.

§ 26. (1) Die besondere Überwachung der Markenmilch geschieht durch die Überwachungsstellen. Sie werden bei den gesetzlichen

Berufsvertretungen der Landwirtschaft gebildet. Diese bestimmen, vorbehaltlich der Vorschriften des § 52,

1. wie sich die Überwachungsstelle im einzelnen zusammensetzt,
2. nach welchen Grundsätzen die Beschlußfassung in der Überwachungsstelle erfolgt,
3. welche Voraussetzungen für die Auflösung der Überwachungsstellen maßgebend sind.

(2) In der Überwachungsstelle sollen die Gemeinden und Gemeindeverbände der zu beliefernden Verbrauchergebiete insgesamt durch mindestens einen Beauftragten mit Stimmrecht vertreten sein. Auch soll der Überwachungsstelle mindestens je ein Vertreter der Kreise, die Milch vertreiben oder verzehren, mit Stimmrecht angehören.

(3) Die Festsetzungen auf Grund des Abs. 1 Nr. 1 und 2 bedürfen der Zustimmung der obersten Landesbehörde.

(4) Ob eine Überwachungsstelle gebildet werden soll, entscheidet die gesetzliche Berufsvertretung der Landwirtschaft.

§ 27. (1) Innerhalb des Bezirkes einer gesetzlichen Berufsvertretung der Landwirtschaft können mehrere Überwachungsstellen gebildet werden.

(2) Desgleichen können mehrere solche Berufsvertretungen eine gemeinsame Überwachungsstelle bilden. Gehören diese Berufsvertretungen verschiedenen Ländern an, so muß die nach § 26 Abs. 3 erforderliche Zustimmung von den obersten Landesbehörden aller beteiligten Länder erteilt werden. Entstehen dabei Meinungsverschiedenheiten, so entscheidet der zuständige Reichsminister.

§ 28. Die obersten Landesbehörden können bestimmen, daß in den Gebieten, in denen die Förderung der Milchwirtschaft durch Schaffung einheitlicher Sorten von Milch nicht Aufgabe der gesetzlichen Berufsvertretungen der Landwirtschaft ist, die für die Berufsvertretungen vorgesehene Mitwirkung durch die von den obersten Landesbehörden bestimmten Stellen erfolgt. Soweit gesetzliche Berufsvertretungen der Landwirtschaft vorhanden sind, sind Überwachungsstellen im Benehmen mit diesen zu bilden.

§ 29. Die obersten Landesbehörden der nach den §§ 26, 27 beteiligten Länder können ständig oder für besondere Fälle Vertreter in die Überwachungsstellen entsenden. Die Vertreter haben das Recht, sich über die Tätigkeit der Überwachungsstellen zu unterrichten, und sind in den Sitzungen jederzeit zum Worte zuzulassen.

§ 30. (1) Die Überwachungsstellen haben fortdauernd darüber zu wachen, daß

1. die Milch von Kühen stammt, deren Gesundheitszustand die Beschaffenheit der Milch nicht nachteilig beeinflussen kann (§ 3),
2. die Milch sauber gewonnen, gereinigt, nach der Gewinnung entlüftet, gekühlt und so aufbewahrt wird, daß sie keiner Verunreinigung ausgesetzt ist,
3. die Milch bei der Beförderung keiner nachteiligen Beeinflussung im Sinne des § 6 ausgesetzt ist,
4. das etwa angewandte Erhitzungsverfahren oder ein gleichwertiges Verfahren sachgemäß durchgeführt wird,
5. die besonderen gesetzlichen (§§ 21 bis 25) und die von den Überwachungsstellen oder der Behörde nach § 31 Abs. 1 Nr. 1 und § 32 vorgeschriebenen Anforderungen erfüllt werden.

(2) Die nach Abs. 1 Nr. 1 und § 21 erforderliche Untersuchung der Milchkühe hat durch den beamteten Tierarzt oder durch andere von den Überwachungsstellen ständig damit betraute Tierärzte zu erfolgen.

§ 31. (1) Zur näheren Durchführung der Vorschriften dieses Abschnitts und der zu ihrer Ausführung erlassenen Bestimmungen setzen die Überwachungsstellen fest,

1. welche näheren Anforderungen an die Gewinnung, Behandlung und Beschaffenheit, insbesondere an den Fett- und Keimgehalt der Markenmilch, und an die Überwachung der beteiligten Unternehmen zu stellen sind,
2. inwieweit zur Deckung der Kosten für die Errichtung und Tätigkeit der Überwachungsstellen die beteiligten Unternehmer heranzuziehen sind.

(2) Die Beitreibung der Beiträge der beteiligten Unternehmer (Abs. 1 Nr. 2) erfolgt im Wege des Verwaltungszwangsverfahrens. Das Nähere regeln die obersten Landesbehörden.

§ 32. (1) Inwieweit Markenmilch einem Erhitzungsverfahren oder einem gleichwertigen Verfahren zu unterziehen ist, bestimmen, soweit dies nicht in den Ausführungsbestimmungen geregelt wird, die Überwachungsstellen.

(2) Ein behördlicher Zwang zur Durchführung einer Erhitzung oder eines gleichwertigen Verfahrens (§ 12 Abs. 1) ist jedoch zulässig, soweit Markenmilch in Gast- oder Schankstätten, Kantinen, Milchläden, Milchhäuschen oder sonst zum Genuß an Ort und Stelle abgegeben wird.

§ 33. (1) Die Genehmigung (§ 20 Abs. 1 Nr. 3) erteilt die Überwachungsstelle; sie ist schriftlich zu erteilen.

(2) Die Genehmigung darf erst erteilt werden, wenn die Überwachungsstelle festgestellt hat, daß die Anforderungen der §§ 21 bis 25, 30, des § 31 Abs. 1 und des § 32 erfüllt werden.

(3) Die Überwachungsstelle kann die Genehmigung davon abhängig machen, daß der Erzeuger, aus dessen Unternehmen die Milch stammt, einer Liefergemeinschaft angehört, die über die zur Kühlung und sonstigen Bearbeitung sowie zur Beförderung geeigneten Einrichtungen verfügt.

(4) Die Genehmigung ist zurückzuziehen, sobald die sich aus Abs. 2 und 3 ergebenden Voraussetzungen nicht mehr gegeben sind.

(5) Im übrigen bestimmen die Überwachungsstellen, aus welchen Gründen die Genehmigung zu versagen oder zurückzuziehen ist.

§ 34. (1) Die Ausführungsbestimmungen regeln, inwieweit die Festsetzungen oder Bestimmungen nach § 31 Abs. 1, § 32 Abs. 1 und § 33 Abs. 5 der Zustimmung der obersten Landesbehörden bedürfen.

(2) Gegen Beschlüsse der Überwachungsstellen, die nicht Festsetzungen oder Bestimmungen nach § 31 Abs. 1, § 32 Abs. 1 und § 33 Abs. 5 sind, muß, vorbehaltlich der Vorschrift in Satz 3, die Entscheidung einer Behörde angerufen oder eine Entscheidung

im schiedsrichterlichen Verfahren herbeigeführt werden können. Die Ausführungsbestimmungen treffen nähere Bestimmungen und regeln das Verfahren. Hierbei kann bestimmt werden, daß Beschlüsse der Überwachungsstelle auf Grund des § 33 endgültig sind.

III. Vorschriften für Milcherzeugnisse.

§ 35. (1) Die Vorschriften des Abschnitts I gelten entsprechend für den Verkehr mit Rahm, Magermilch, Buttermilch, Sauermilch, Joghurt und Kefir.

(2) In den Ausführungsbestimmungen kann angeordnet werden, inwieweit die Vorschriften des Abschnitts I auf den Verkehr mit anderen Milcherzeugnissen Anwendung finden sollen. Eine Ausdehnung der Vorschriften der §§ 14 bis 18 auf den Verkehr mit Butter, Käse, Dauermilch und Dauersahne ist jedoch nicht zulässig.

IV. Nachmachen von Milch und Milcherzeugnissen.

§ 36. (1) Es ist verboten, Milch und Milcherzeugnisse zur Verwendung als Lebensmittel nachzumachen oder solche nachgemachten Lebensmittel anzubieten, feilzuhalten, zu verkaufen oder sonst in den Verkehr zu bringen.

(2) Dieses Verbot bezieht sich nicht auf die Herstellung von Margarine und Margarinekäse.

V. Besondere Maßnahmen zur planmäßigen Ordnung der Milchwirtschaft.

§ 37. Um einheitliche Sorten von Milch und Milcherzeugnissen zu schaffen, können in den Ausführungsbestimmungen über den § 5 des Lebensmittelgesetzes hinaus Anforderungen an die Gewinnung, Herstellung, Behandlung, Beschaffenheit, Verpackung, Kennzeichnung und sonstige Aufmachung dieser Lebensmittel gestellt und kann darin bestimmt werden, wie die Einhaltung solcher Anforderungen zu gewährleisten ist.

§ 38. (1) Der Reichsminister für Ernährung und Landwirtschaft kann Erzeugerbetriebe und Betriebe, die Milch oder Milcherzeugnisse bearbeiten oder verarbeiten, sowie Betriebe, die mit Milch oder Milcherzeugnissen handeln, zur Regelung der Verwertung und des Absatzes von Milch und Milcherzeugnissen zusammenschließen.

(2) Er hat dabei für größtmögliche Wirtschaftlichkeit Sorge zu tragen und Schädigungen der Gesamtwirtschaft und des Gemeinwohls zu verhindern.

(3) Der Reichsminister für Ernährung und Landwirtschaft kann insbesondere

1. die Rechte und Pflichten der Mitglieder und die sonstigen Rechtsverhältnisse der Zusammenschlüsse durch eine Satzung regeln und bestimmen, daß die Zusammenschlüsse rechtsfähig sind,
2. bestimmen, daß gegen Mitglieder, die gegen die Satzung oder die zu ihrer Ausführung erlassenen Bestimmungen des Zusammenschlusses verstoßen, Ordnungsstrafen festgesetzt werden können,
3. Betriebe an bereits bestehende Zusammenschlüsse von Betrieben gleicher Art anschließen und hierbei die Rechte und Pflichten der Mitglieder auch abweichend von den vertraglichen Vereinbarungen regeln.

(4) Der Reichsminister für Ernährung und Landwirtschaft kann ferner Zusammenschlüsse, die zur Regelung der Verwertung und des Absatzes von Milch und Milcherzeugnissen gebildet worden sind, untereinander zusammenschließen. Die Vorschriften in Abs. 2 und 3 finden entsprechende Anwendung.

(5) Der Reichsminister für Ernährung und Landwirtschaft kann vor endgültigen Maßnahmen gemäß Abs. 1 bis 4 einstweilige Anordnungen zur Regelung der Verwertung und des Absatzes von Milch und Milcherzeugnissen treffen.

(6) Er kann ferner die ihm nach Abs. 1 bis 5 zustehenden Befugnisse auf Beauftragte übertragen.

(7) Soweit der Reichsminister für Ernährung und Landwirtschaft von den in Abs. 1 bis 6 genannten Befugnissen keinen Gebrauch macht, haben die obersten Landesbehörden diese Befugnisse.

(8) Wenn von den nach Abs. 1 und 4 gebildeten Zusammenschlüssen Preise oder Handelsspannen für Milch oder Milcherzeugnisse festgesetzt werden sollen, so sind Preisausschüsse einzusetzen, die bei der Festsetzung wirtschaftlich angemessener Preise und Handelsspannen mitzuwirken haben. Bei der Bildung der Preisausschüsse sind die Erzeuger, die Betriebe, die Milch oder Milcherzeugnisse bearbeiten oder verarbeiten, der Handel mit Milch oder Milcherzeugnissen und die Verbraucher angemessen zu berücksichtigen.

(9) Eine Entschädigung durch das Reich oder ein Land wegen eines Schadens, der durch eine Maßnahme im Sinne der Abs. 1 bis 7 entsteht, wird nicht gewährt.

§ 39. Soweit das Reich Verbandszeichen für Sorten im Sinne des § 37 oder für die Markenmilch zur Eintragung in die Zeichenrolle anmeldet, ist die Zeichensatzung durch Verordnung festzusetzen. Die Anmeldung der Verbandszeichen und die Abwicklung der sich hieraus ergebenden Geschäfte besorgt eine vom zuständigen Reichsminister zu bestimmende Stelle.

§ 40. (1) Bevor die Reichsregierung Verordnungen auf Grund von §§ 37, 39 erläßt, ist ein von dem zuständigen Reichsminister zu berufender Sachverständigenbeirat zu hören.

(2) Bevor die obersten Landesbehörden Vorschriften auf Grund vom § 37 erlassen, haben sie Sachverständige aus den beteiligten Wirtschaftskreisen zu hören.

§ 41. (1) Neben dem Verbandszeichen des Reichs (§ 39) dürfen für dieselbe Warensorte andere Verbandszeichen nur in der Weise geführt werden, daß das Verbandszeichen des Reichs in erster Linie zur Geltung kommt.

(2) Macht das Reich von der Befugnis des § 39 keinen Gebrauch, so gilt die Vorschrift des Abs. 1 entsprechend für die Verbandszeichen von Körperschaften des öffentlichen Rechtes sowie von Verbänden (Markenschutzverbänden), die von Körperschaften des öffentlichen Rechts zur Führung von Verbandszeichen ermächtigt worden sind.

§ 42. (1) Es ist verboten, die auf Grund des § 37 vorgeschriebenen Verpackungen, Kennzeichnungen und sonstige Aufmachung für andere Lebensmittel so zu verwenden, daß sie mit den nach § 37 festgesetzten Sorten verwechselt werden können. Lebensmittel, deren äußere Ausstattung gegen dieses Verbot verstößt, dürfen nicht in den Verkehr gebracht werden.

(2) Das Entsprechende gilt für Markenmilch.

VI. Überwachungs- und Strafbestimmungen.

§ 43. (1) Die Überwachung der Einhaltung der Vorschriften dieses Gesetzes erfolgt nach Maßgabe der Bestimmungen der §§ 7 bis 11 Abs. 1 und 2 des Lebensmittelgesetzes[1]) auch insoweit, als die Vorschriften dieses Gesetzes über den Rahmen des Lebensmittelgesetzes hinausgehen.

(2) Der Vollzug des Gesetzes liegt den Ländern ob. Die Ausführungsbestimmungen können vorschreiben, inwieweit zur Unterstützung der für die Überwachung der Vorschriften des Lebensmittelgesetzes und dieses Gesetzes zuständigen Behörden milchwirtschaftliche Sachverständige im Hauptberufe zu bestellen sind.

(3) Soweit auf Grund des § 37 besondere Milchsorten geschaffen werden, kann in den Ausführungsbestimmungen geregelt werden, unter welchen Voraussetzungen den Überwachungsstellen für Markenmilch (§ 26) die Überwachung der Einhaltung der an diese Milchsorten zu stellenden Anforderungen übertragen werden kann.

§ 44. (1) Mit Gefängnis bis zu drei Monaten und mit Geldstrafe oder mit einer dieser Strafen wird bestraft, wer vorsätzlich

1. Milch den Vorschriften oder Verboten der §§ 3, 4, 6, 11 oder den auf Grund des § 12 erlassenen Anordnungen zuwider gewinnt, behandelt, bearbeitet, verarbeitet, befördert, verpackt, aufbewahrt, anbietet, feilhält, abgibt, verwendet oder sonst in den Verkehr bringt,
2. den Vorschriften oder Verboten der §§ 7, 8, 9, 25, 36, 41, 42 oder den auf Grund des § 10 erlassenen Vorschriften zuwiderhandelt,

---

[1]) Jetzt §§ 6—10 des Lebensmittelgesetzes in der Fassung der Bekanntmachung vom 17. 1. 1936 (RGBl. I S. 17).

3. den auf Grund des § 37 an die Gewinnung, Herstellung, Behandlung, Beschaffenheit, Verpackung, Kennzeichnung oder sonstige Aufmachung von Milch und Milcherzeugnissen gestellten Anforderungen zuwiderhandelt.

(2) Ist die Zuwiderhandlung fahrlässig begangen, so tritt Geldstrafe bis zu einhundertfünfzig Reichsmark ein.

§ 45. (1) Wer vorsätzlich dem § 13 zuwider bei der Gewinnung der Milch oder sonst im Verkehr mit Milch tätig ist, wird mit Gefängnis und mit Geldstrafe oder mit einer dieser Strafen bestraft.

(2) Ebenso wird bestraft, wer vorsätzlich als Unternehmer, als Stellvertreter (§ 15) oder als Aufsichtsperson duldet, daß Personen dem § 13 zuwider bei der Gewinnung der Milch oder sonst im Verkehr mit Milch tätig sind.

(3) Ist die Zuwiderhandlung fahrlässig begangen, so tritt Gefängnis bis zu einem Jahre und Geldstrafe oder eine dieser Strafen ein.

§ 46. (1) Wer vorsätzlich oder fahrlässig ohne die nach § 14 erforderliche Erlaubnis oder ohne die nach § 16 erforderliche Zulassung ein Unternehmen zur Abgabe von Milch betreibt oder ohne die nach § 17 erforderliche Erlaubnis Milch abgibt, wird mit Gefängnis bis zu drei Monaten und mit Geldstrafe oder mit einer dieser Strafen bestraft.

(2) Ebenso wird bestraft, wer in einem Unternehmen zur Abgabe von Milch oder in einem nach § 17 erlaubnispflichtigen landwirtschaftlichen Betriebe ohne die nach § 15 erforderliche Erlaubnis als Stellvertreter tätig ist.

§ 47. Die Strafvorschriften dieses Gesetzes finden nur Anwendung, sofern die Tat nicht nach anderen Vorschriften mit höherer Strafe bedroht ist.

§ 48. In den Fällen der §§ 44 bis 46 kann neben der Strafe auf Einziehung der Gegenstände erkannt werden, auf die sich die Handlung bezieht, auch wenn sie dem Verurteilten nicht gehören. Die Einziehung ist auch zulässig, wenn die Bestrafung nach § 47 auf Grund anderer Vorschriften erfolgt. Im Falle des § 8 ist die Einziehung nur im Wiederholungsfalle zulässig.

§ 49. Die Vorschriften des § 44 Abs. 1 Nr. 1 und 2, Abs. 2 und der §§ 45 bis 48 gelten in gleicher Weise für die im § 35 oder auf Grund des § 35 bezeichneten Milcherzeugnisse.

§ 50. (1) Die Vorschriften der §§ 17, 18 des Lebensmittelgesetzes[1]) gelten auch für die im § 43 vorgesehene Überwachung der Einhaltung der Vorschriften dieses Gesetzes.

(2) Die Vorschriften der §§ 20, 21 des Lebensmittelgesetzes[1]) gelten auch bei Strafverfolgungen auf Grund der Vorschriften dieses Gesetzes.

VII. Schlußbestimmungen.

§ 51. . . . .

§ 52. (1) Die Reichsregierung erläßt mit Zustimmung des Reichsrats und nach Anhörung des zuständigen Ausschusses des Reichstags die erforderlichen Ausführungsbestimmungen. Hierbei können insbesondere

1. Grundsätze dafür aufgestellt werden, wie die in milchwirtschaftlichen Unternehmen tätigen Personen auszubilden und welche Anforderungen an Fachschulen zu stellen sind, ferner Grundsätze über die Eignung und Ausbildung der gemäß § 43 Abs. 2 zu bestellenden Sachverständigen,
2. Vorschriften darüber erlassen werden,
   a) daß Milch bestimmten Arten der Verwendung nur zugeführt werden darf,
      aa) wenn der Viehbestand, aus dem sie stammt, dem staatlich anerkannten Tuberkulosetilgungsverfahren angeschlossen ist,
      bb) wenn der Inhaber des Betriebs, in dem die Milch gewonnen wird, einem Milchkontrollverein oder einer ähnlichen Einrichtung angeschlossen ist,
   b) ob und wie gesetzliche Bestimmungen, Anordnungen oder Unterweisungen den in milchwirtschaftlichen Betrieben Beschäftigten oder den Verbrauchern durch Aushang bekanntzumachen sind,

---

[1]) Jetzt §§ 16, 17, 18, 19 des Lebensmittelgesetzes in der Fassung der Bekanntmachung vom 17. 1. 1936 (RGBl. I S. 17).

c) unter welchen Voraussetzungen milchwirtschaftliche Unternehmen bestimmte Bezeichnungen, wie Molkerei, Meierei, führen dürfen.

(2) Soweit die Reichsregierung von den im Abs. 1 gedachten Befugnissen keinen Gebrauch macht oder sich die Regelung bestimmter Gegenstände nicht ausdrücklich vorbehält, können die obersten Landesbehörden Bestimmungen der dort erwähnten Art erlassen.

§ 53. (1) Die Reichsregierung kann, vorbehaltlich der Vorschrift im Abschnitt VI, mit Zustimmung des Reichsrats bestimmen, daß mit Gefängnis bis zu drei Monaten und mit Geldstrafe oder mit einer dieser Strafen bestraft wird, wer den auf Grund dieses Gesetzes erlassenen Bestimmungen zuwiderhandelt.

(2) Dieselbe Befugnis haben die obersten Landesbehörden, soweit sie von einer der Ermächtigungen Gebrauch machen, die ihnen in diesem Gesetz übertragen sind.

§ 54. (1) Soweit dieses Gesetz Maßnahmen den zuständigen Behörden überträgt, bestimmen die obersten Landesbehörden, welche Behörden zuständig sind.

(2) Die obersten Landesbehörden können die ihnen auf Grund dieses Gesetzes zustehenden Befugnisse ganz oder zum Teil auf andere Behörden übertragen, soweit nicht Vorschriften des Reichs- oder Landesrechts entgegenstehen.

§ 55. (1) Die Reichsregierung wird ermächtigt, den Schutz der Milch und Milcherzeugnisse vor nachteiliger Beeinflussung bei der Behandlung im Eisenbahnverkehr und den Vollzug der hiernach zu erlassenden Bestimmungen abweichend von den Vorschriften dieses Gesetzes zu regeln.

(2) Vorsätzliche oder fahrlässige Zuwiderhandlungen gegen die nach Abs. 1 erlassenen Vorschriften können mit den im § 53 vorgesehenen Strafen bedroht werden.

§ 56. Unberührt bleiben andere den Verkehr mit Milch und Milcherzeugnissen treffende Vorschriften des Reichsrechts, insbesondere das Lebensmittelgesetz vom 5. Juli 1927 (Reichsgesetzbl. I S. 134)[1]), soweit nicht Vorschriften dieses Gesetzes entgegenstehen.

§ 57. (1) Die Reichsregierung bestimmt mit Zustimmung des Reichsrats den Zeitpunkt des Inkrafttretens dieses Gesetzes; sie kann die einzelnen Vorschriften des Gesetzes zu verschiedenen Zeiten in Kraft setzen.

(2) Die Reichsregierung kann ferner mit Zustimmung des Reichsrats Übergangsbestimmungen zu diesem Gesetz erlassen, insbesondere bestimmen, inwieweit Unternehmen der im § 14 genannten Art, die bei Inkrafttreten des § 14 bereits bestehen, einer Erlaubnis (§ 14) bedürfen. § 53 Abs. 1 gilt entsprechend.

(3) Mit dem Inkrafttreten dieses Gesetzes tritt das Gesetz zur Regelung des Verkehrs mit Milch vom 23. Dezember 1926 (Reichsgesetzbl. I S. 528) außer Kraft. Macht die Reichsregierung von der Befugnis Gebrauch, die einzelnen Vorschriften dieses Gesetzes zu verschiedenen Zeiten in Kraft zu setzen, so hat sie gleichzeitig zu bestimmen, inwieweit die entsprechenden Vorschriften des Gesetzes vom 23. Dezember 1926 außer Kraft gesetzt werden.

101. Erste Verordnung zur Ausführung des Milchgesetzes.

Vom 15. Mai 1931 (RGBl. I S. 150)[2]).

Abschnitt I.

Zu §§ 1, 3, 4 des Milchgesetzes und § 5 Nr. 1a, b, c Nr. 2, 4 des Lebensmittelgesetzes.

Begriffsbestimmungen.

Milch.

§ 1. (1) Milch ist das durch regelmäßiges, vollständiges Ausmelken des Euters gewonnene und gründlich durchgemischte

[1]) Jetzt in der Fassung der Bekanntmachung vom 17.1.1936 (RGBl. I S. 17).

[2]) In der Fassung des Gesetzes vom 20. 7. 1933 (RGBl. I S. 527) und der Verordnungen vom 8. 4. 1934 (RGBl. I S. 299), vom 20. 12. 1934 (RGBl. I S. 1267) und vom 25. 4. 1936 (RGBl. I S. 399).

Gemelk von einer oder mehreren Kühen aus einer oder mehreren Melkzeiten, dem nichts zugefügt und nichts entzogen ist.

(2) Nur die nachstehend aufgeführten Milchsorten sind Milch, auch wenn sie, wie im Abs. 3 aufgeführt, zubereitet sind:

1. Vollmilch ist Milch, die den von der obersten Landesbehörde gestellten Mindestforderungen an ihre Zusammensetzung, besonders an den Fettgehalt und an das spezifische Gewicht, genügt oder, soweit solche Mindestforderungen nicht gestellt werden, nicht erheblich hinter der Zusammensetzung zurückbleibt, die die Milch des in Betracht kommenden Verbrauchergebietes durchschnittlich aufweist. Minder-, fettarme oder gleichsinnig bezeichnete Milch ist Milch, die den von der obersten Landesbehörde an die Zusammensetzung von Vollmilch gestellten Mindestforderungen nicht genügt oder, soweit solche Mindestforderungen nicht gestellt werden, erheblich hinter der Zusammensetzung zurückbleibt, die die Milch des in Betracht kommenden Verbrauchergebiets durchschnittlich aufweist.
2. Markenmilch ist Vollmilch, die den Vorschriften im Abschnitt II des Gesetzes entspricht.
3. Vorzugsmilch ist Vollmilch, die den von der obersten Landesbehörde gestellten, besonders hoch bemessenen Anforderungen an ihre Gewinnung (Beschaffenheit des Stalles, Gesundheitszustand der Kühe und seine Überwachung, Fütterung, Haltung und Pflege der Kühe, Melken, Überwachung des Gesundheitszustandes des Personals), ihre Zusammensetzung (Fettgehalt, spezifisches Gewicht), ihre Beschaffenheit (Keimgehalt, Keimart, Frische), ihre Behandlung (Reinigung, Kühlung, Aufbewahrung), ihre Verpackung und ihre Beförderung genügt.

(3) Zubereitete Milch ist nur:

1. Homogenisierte Milch. Homogenisierte Milch ist Milch, die infolge mechanischer Zerkleinerung der größeren Fettkügelchen das Fett in so feiner Verteilung enthält, daß sich während 24 Stunden nach der Zubereitung keine Rahmschicht bildet.

2. Erhitzte Milch:
a) Gekochte Milch ist bis zum wiederholten Aufkochen erhitzte Milch;
b) Pasteurisierte Milch ist Milch, die spätestens innerhalb 22 Stunden nach dem Melken nach ausreichender Reinigung mittels eines anerkannten Pasteurisierungsverfahrens sachgemäß erhitzt und im unmittelbaren Anschluß daran tiefgekühlt (§ 23 Abs. 3) worden ist; die obersten Landesbehörden können aus zwingenden wirtschaftlichen Gründen im Einzelfalle die Überschreitung der 22stündigen Frist bis zu 3 Stunden zulassen, sofern durch zweckmäßige Maßnahmen einer nachteiligen Veränderung der Milch vor dem Pasteurisieren entgegengewirkt wird.

Als anerkannte Pasteurisierungsverfahren gelten:

Hocherhitzung auf mindestens 85° nach Arbeitsweisen mit Apparatetypen, die von der Reichsregierung zugelassen,. und in Einrichtungen, die von den Landesbehörden einzeln genehmigt sind;

Kurzzeiterhitzung auf 71 bis 74° unter Voraussetzungen, die von der Reichsregierung näher zu bestimmen sind, nach Arbeitsweisen mit Apparatetypen, die von der Reichsregierung zugelassen, und in Einrichtungen, die von den Landesbehörden einzeln genehmigt sind;

Dauererhitzung auf 62 bis 65° auf die Dauer von mindestens einer halben Stunde unter Voraussetzungen, die von der Reichsregierung näher zu bestimmen sind, nach Arbeitsweisen mit Apparatetypen, die von der Reichsregierung zugelassen, und in Einrichtungen, die von den Landesbehörden einzeln genehmigt sind;

Hocherhitzung im Wasserbad auf mindestens 85° auf die Dauer von mindestens einer Minute, wenn sie in Ausnahmefällen vorübergehend von den Landesbehörden genehmigt ist.

Die Reichsregierung kann andere Pasteurisierungsverfahren anerkennen und Übergangsbestimmungen für die Anerkennung von Einrichtungen als Pasteurisierungseinrichtungen treffen.

Milcherzeugnisse.

§ 2. Milcherzeugnisse sind, abgesehen von Butter und Käse, auf die diese Verordnung keine Anwendung findet, nur die nachstehend aufgeführten Erzeugnisse:

1. Sauermilchsorten:
   a) Sauermilch (Saure Milch, Setzmilch, Dickmilch u. ä.) ist das aus Vollmilch durch Gerinnung infolge von Selbstsäuerung oder infolge des Zusatzes von Milchsäurebakterien gewonnene Erzeugnis;
   b) Joghurt, Kefir u. ä. sind die mit den spezifischen Gärungserregern aus erhitzter Vollmilch auch nach Eindampfen hergestellten Erzeugnisse.
2. Magermilch, auch erhitzt, ist das bei der Entrahmung von Milch anfallende Erzeugnis.
3. Saure Magermilch ist das aus Magermilch durch Gerinnung infolge von Selbstsäuerung oder infolge des Zusatzes von Milchsäurebakterien gewonnene Erzeugnis sowie entrahmte Sauermilch.
4. Magermilch-Joghurt, Magermilch-Kefir u. ä. sind die mit den spezifischen Gärungserregern aus erhitzter Magermilch auch nach Eindampfen hergestellten Erzeugnisse.
5. Molke ist die Flüssigkeit, die bei der Herstellung von Käse nach Abscheidung des Käsestoffes (Kaseins) und des Fettes bei der Gerinnung der Milch anfällt.
6. Buttermilch ist das bei der Verbutterung von Milch oder Sahne nach Abscheidung der Butter anfallende Erzeugnis, wenn das dem Butterungsgut zugesetzte Wasser nicht mehr als 10 vom Hundert des anfallenden Erzeugnisses oder, wenn statt Wasser Magermilch verwendet wird, die dem Butterungsgut zugesetzte Magermilch nicht mehr als 15 vom Hundert des anfallenden Erzeugnisses beträgt; Reine Buttermilch ist Buttermilch ohne Zusatz von Wasser oder Magermilch zum Butterungsgut.

7. **Geschlagene Buttermilch** ist das durch besondere Behandlung (Säuerung, Schlagen usw.) von Magermilch gewonnene Erzeugnis.
8. **Sahne (Rahm), Kaffeesahne, Trinksahne,** auch homogenisiert oder erhitzt, ist das durch Abscheiden von Magermilch aus Milch gewonnene Erzeugnis mit einem Mindestfettgehalt von 10 vom Hundert.
9. **Saure Sahne** ist in vorgeschrittener milchsaurer Gärung befindliche Sahne.
10. **Schlagsahne** ist Sahne mit einem Mindestfettgehalt von 28 vom Hundert.
11. **Milch- und Sahnedauerwaren** (Dauermilch und Dauersahne):
    a) **Sterilisierte Milch** ist Vollmilch, die spätestens innerhalb 22 Stunden nach dem Melken nach einem als wirksam anerkannten Sterilisierungsverfahren sachgemäß erhitzt worden ist, wenn der dabei erforderliche keimdichte Verschluß unverletzt bleibt;
    b) **Sterilisierte Sahne** ist Sahne, die nach einem als wirksam anerkannten Sterilisierungsverfahren sachgemäß erhitzt worden ist, wenn der dabei erforderliche keimdichte Verschluß unverletzt bleibt; **Sterilisierte Schlagsahne** ist Schlagsahne, die nach einem als wirksam anerkannten Sterilisierungsverfahren sachgemäß erhitzt worden ist, wenn der dabei erforderliche keimdichte Verschluß unverletzt bleibt;
    c) **Eingedickte Milch** ist das Erzeugnis, das aus Milch auch nach Zusatz von Zucker und Einstellung auf einen für die Verarbeitung nötigen Fettgehalt durch Entziehung eines erheblichen Teils des Wassers gewonnen ist;
       aa) **Ungezuckerte Kondensmilch** ist eingedickte Milch ohne Zusatz von Zucker, die mindestens 7,5 vom Hundert Fett und mindestens 17,5 vom Hundert fettfreie Trockenmasse enthält;
       bb) **Gezuckerte Kondensmilch** ist eingedickte Milch mit Zusatz von Zucker, die mindestens 8,3 vom Hun-

dert Fett, mindestens 22 vom Hundert fettfreie Milchtrockenmasse und höchstens 27 vom Hundert Wasser enthält;

cc) Blockmilch ist bis zum schnittfähigen Zustand eingedickte Milch mit Zusatz von Zucker, die mindestens 12 vom Hundert Fett, mindestens 28 vom Hundert fettfreie Milchtrockenmasse und höchstens 16 vom Hundert Wasser enthält und mit einem Überzug von Kakaobutter versehen sein kann, der nicht mehr als 1 vom Hundert der Gesamtmasse beträgt;

dd) Blocksahne ist ein bis zum schnittfähigen Zustand eingedicktes Gemisch aus Sahne und Milch mit Zusatz von Zucker, das mindestens 18 vom Hundert Fett, mindestens 20 vom Hundert fettfreie Milchtrockenmasse und höchstens 16 vom Hundert Wasser enthält und mit einem Überzug von Kakaobutter versehen sein kann, der nicht mehr als 1 vom Hundert der Gesamtmasse beträgt;

d) Gezuckerte Kondensmagermilch ist eingedickte Magermilch mit Zusatz von Zucker, die mindestens 26 vom Hundert fettfreie Milchtrockenmasse und höchstens 30 vom Hundert Wasser enthält;

e) Milchpulver (Trockenmilch) ist das Erzeugnis, das durch weitgehende Entziehung des Wassers der Milch nach Einstellung auf einen für die Verarbeitung nötigen Fettgehalt entweder mittels Zerstäubung in warmem Luftstrom gewonnen ist und mindestens 25 vom Hundert Fett in der Trockenmasse und höchstens 4 vom Hundert Wasser enthält (Sprühmilch, Zerstäubungsmilch) oder unter Anwendung von heißen Walzen gewonnen ist und mindestens 25 vom Hundert Fett in der Trockenmasse und höchstens 6 vom Hundert Wasser enthält (Walzenmilch);

f) Magermilchpulver (Trockenmagermilch) ist das Erzeugnis, das durch weitgehende Entziehung des Wassers der Magermilch entweder mittels Zerstäubung in warmem Luftstrom gewonnen ist und höchstens 6 vom Hundert Wasser enthält (**Sprühmagermilch**, **Zerstäubungsmagermilch**) oder unter Anwendung von heißen Walzen gewonnen ist und höchstens 6 vom Hundert Wasser enthält (**Walzenmagermilch**);

g) **Sahnepulver** (**Trockensahne**) ist das Erzeugnis, das durch weitgehende Entziehung des Wassers der Sahne entweder mittels Zerstäubung in warmem Luftstrom gewonnen ist und mindestens 42 vom Hundert Fett in der Trockenmasse und höchstens 6 vom Hundert Wasser enthält (**Sprühsahne**, **Zerstäubungssahne**) oder unter Anwendung von heißen Walzen gewonnen ist und mindestens 42 vom Hundert Fett in der Trockenmasse und höchstens 6 vom Hundert Wasser enthält (**Walzensahne**).

Verbote zum Schutze der Gesundheit.

Milch.

§ 3. Es ist insbesondere verboten:

1. für andere zu gewinnen oder in den Verkehr zu bringen:

a) Milch von Kühen, die mit äußerlich erkennbarer Tuberkulose behaftet sind, sofern sie sich in der Lunge in vorgeschrittenem Zustand befindet oder Euter, Gebärmutter oder Darm ergriffen hat, oder bei denen das Vorhandensein einer dieser Tuberkuloseformen in hohem Grade wahrscheinlich ist (Anhang zu Abschnitt II Nr. 12 der Ausführungsvorschriften des Bundesrats zum Viehseuchengesetze vom 7. Dezember 1911 — Reichsgesetzbl. 1912 S. 4 —);

b) Milch von Kühen, die an Milzbrand, Rauschbrand, Wild- und Rinderseuche oder Tollwut erkrankt oder einer dieser Seuchen verdächtig sind oder die vor weniger als neun Tagen mit lebenden Erregern des Milzbrandes geimpft sind;

c) Milch von Kühen, die infolge einer Infektion mit Bakterien der Enteritisgruppe erkrankt sind oder diese Bakterien ausscheiden, ferner Milch von Kühen, die an fieberhaften Krankheiten leiden, insbesondere an solchen, die sich im Anschluß an das Abkalben entwickeln oder mit Störungen des Verdauungsapparats verbunden oder Blutvergiftungen sind;

d) Milch von Kühen, deren Allgemeinbefinden erheblich gestört ist oder die an solchen Erkrankungen der Geschlechtsorgane leiden, bei denen reichlicher Ausfluß besteht;

e) Milch von Kühen, die an einer entzündlichen Erkrankung der Haut des Euters oder des Euters selbst leiden, im Falle des gelben Galtes jedoch nur dann, wenn die Milch sinnfällig verändert ist;

f) Milch von Kühen, die mit Futtermitteln gefüttert werden, welche die Beschaffenheit der Milch nachteilig für die menschliche Gesundheit beeinflussen können;

g) Milch von Kühen, die mit in die Milch übergehenden Arzneimitteln behandelt werden oder vor weniger als fünf Tagen behandelt worden sind;

2. Milch in den Verkehr zu bringen, die Blei oder technisch vermeidbare Mengen Antimon, Zinn, Zink, Kadmium, Kupfer, Nickel, Eisen oder Aluminium enthält;

3. Einrichtungen und Gegenstände, die bei bestimmungsgemäßem oder vorauszusehendem Gebrauche mit Milch in Berührung kommen, soweit sie dabei gesundheitsschädliche Stoffe an die Milch abgeben können, herzustellen oder in den Verkehr zu bringen, insbesondere solche, die:

a) ganz oder teilweise aus Blei oder einer in 100 Gewichtsteilen mehr als 10 Gewichtsteile Blei enthaltenden Metallegierung hergestellt sind;

b) an der Innenseite mit einer Metallegierung verzinnt sind, die in 100 Gewichtsteilen mehr als 1 Gewichtsteil Blei enthält, oder verzinkt oder mit einer Metallegierung gelötet sind, die in 100 Gewichtsteilen mehr als 10 Gewichtsteile Blei enthält;

c) mit Email oder Glasur versehen sind, die bei halbstündigem Kochen mit einem in 100 Gewichtsteilen 4 Gewichtsteile Essigsäure enthaltenden Essig an diesen Blei oder bei halbstündigem Kochen mit einer Lösung von 3 Gewichtsteilen Weinsäure in 100 Gewichtsteilen Wasser an diese Antimon in einer Menge abgeben, die bei Gefäßen von 0,5 Liter Rauminhalt und darüber mehr als 2 Milligramm Blei oder 3 Milligramm dreiwertiges Antimon für je 1 Liter Rauminhalt, bei Gefäßen von unter 0,5 Liter Rauminhalt mehr als 1 Milligramm Blei oder 1,5 Milligramm dreiwertiges Antimon für das ganze Gefäß beträgt;

d) ganz oder teilweise aus Kupfer — ausgenommen Kessel —, Messing, Zink oder rostfähigem Eisen hergestellt sind, wenn diese Metalle nicht verzinnt oder mit einem Überzug von Email oder Aluminium versehen sind; die obersten Landesbehörden können abweichende Bestimmungen treffen;

e) verrostet oder in ihrer Verzinnung oder in ihrem Überzug so schadhaft sind, daß das darunterliegende Metall in größerer Ausdehnung sichtbar ist;

f) mit blei- oder zinkhaltigem Gummi oder mit einer Mennige enthaltenden Masse abgedichtet sind;

4. der Milch Frischerhaltungs- oder Neutralisierungsmittel zuzusetzen oder Milch, die solche Zusätze enthält, in den Verkehr zu bringen;

5. Frischerhaltungs- oder Neutralisierungsmittel zum Zwecke des Zusatzes zu Milch herzustellen oder in den Verkehr zu bringen.

§ 4. (1) Sofern nicht die Milch gemäß § 13 erhitzt ist, ist insbesondere verboten, für andere zu gewinnen oder in den Verkehr zu bringen:

1. Milch von Kühen, die an Maul- und Klauenseuche leiden, sowie Milch, die aus Beständen stammt, in denen diese Seuche herrscht; die obersten Landesbehörden können aus zwingenden wirtschaftlichen Gründen abweichende Bestimmungen treffen, wenn sie ein der ausreichenden Erhitzung gleichwertiges Verfahren vorschreiben;

2. Milch von Kühen, die an äußerlich erkennbarer Tuberkulose,

abgesehen von den im § 3 Nr. 1a genannten Formen erkrankt sind oder bei denen einfacher Verdacht der Eutertuberkulose besteht (Anhang zu Abschnitt II Nr. 12 der Ausführungsvorschriften des Bundesrats zum Viehseuchengesetze);

3. Milch von Kühen, die infolge einer Infektion mit dem Abortusbazillus Bang erkrankt sind oder diesen Bazillus mit der Milch ausscheiden; die obersten Landesbehörden können aus zwingenden wirtschaftlichen Gründen abweichende Bestimmungen treffen, wenn die Milch durch Verarbeitung für den menschlichen Genuß tauglich gemacht wird;
4. Milch, die aus Beständen stammt, in denen eine Infektion mit Bakterien der Enteritisgruppe festgestellt ist;
5. Milch von Kühen, die an Kuhpocken erkrankt sind.

(2) Ferner ist verboten, von Kühen, die an gelbem Galt leiden, Milch, die, ohne sinnfällig verändert zu sein, lediglich mikroskopisch nachweisbaren Eiter enthält, für andere zu gewinnen oder in den Verkehr zu bringen, sofern sie nicht nach Reinigung mit Zentrifugen und ausreichender Erhitzung (§ 13) zu Milcherzeugnissen verarbeitet wird.

(3) Die Verbote in Abs. 1 Nr. 3, 4, 5, Abs. 2 gelten für den Inhaber des Erzeugerbetriebs nicht, wenn in den Fällen des Abs. 1 Nr. 3, 4, 5 zum Zwecke der Erhitzung, im Falle des Abs. 2 zum Zwecke der Reinigung, Erhitzung und Verarbeitung Milch an Sammelmolkereien (§ 26 der Ausführungsvorschriften des Bundesrats zum Viehseuchengesetze) unter Kenntlichmachung abgegeben wird.

(4) Das Verbot im Abs. 1 Nr. 1 gilt für den Inhaber des Erzeugerbetriebs nicht, wenn die zuständige Behörde die Abgabe von Milch an Sammelmolkereien unter der Voraussetzung, daß die Erhitzung der gesamten Milch dort gewährleistet ist, ausnahmsweise zuläßt.

Milcherzeugnisse.

§ 5. Es ist insbesondere verboten:

1. Milcherzeugnisse oder andere Lebensmittel unter Ver-

wendung von Milch herzustellen, die unter die Verbote in §§ 3, 4 fällt;

2. Milcherzeugnisse in den Verkehr zu bringen, die Blei oder technisch vermeidbare Mengen Antimon, Zinn, Zink, Kadmium, Kupfer, Nickel, Eisen oder Aluminium enthalten;
3. Einrichtungen und Gegenstände, die bei bestimmungsgemäßem oder vorauszusehendem Gebrauche mit Milcherzeugnissen in Berührung kommen, soweit sie dabei gesundheitsschädliche Stoffe an die Milcherzeugnisse abgeben können, herzustellen oder in den Verkehr zu bringen, insbesondere solche der im § 3 Nr. 3 bezeichneten Art;
4. Milcherzeugnissen Frischerhaltungs- oder Neutralisierungsmittel zuzusetzen oder Milcherzeugnisse, die solchen Zusatz enthalten, in den Verkehr zu bringen;
5. Frischerhaltungs- oder Neutralisierungsmittel zum Zwecke des Zusatzes zu Milcherzeugnissen herzustellen oder in den Verkehr zu bringen;
6. sterilisierte Milch, sterilisierte Sahne, sterilisierte Schlagsahne, Kondensmilch oder Kondensmagermilch in oder aus Behältnissen, die aufgetrieben oder vor dem Öffnen nicht mehr keimdicht verschlossen sind, in den Verkehr zu bringen;
7. sterilisierte Milch, sterilisierte Sahne oder sterilisierte Schlagsahne, die bei dreitägiger Erwärmung auf 37° verdirbt, in den Verkehr zu bringen.

Grundsätze für die Beurteilung.

Verdorbene Milch und Milcherzeugnisse.

§ 6. Als verdorben ist insbesondere anzusehen und in den Fällen der Nr. 1, 2, 4 auch bei Kenntlichmachung vom Verkehr ausgeschlossen:

1. Milch, die kurz vor oder in den ersten 5 Tagen nach dem Abkalben gewonnen ist;
2. Milch, die in ihrem Geruch, Geschmack, Aussehen oder in ihrer sonstigen sinnfälligen Beschaffenheit so verändert ist, daß ihr Genuß- oder Gebrauchswert erheblich beeinträchtigt

ist, abgesehen von Milch, die lediglich sauer geworden ist (Nr. 3);

3. Milch, die beim Aufkochen oder beim Vermischen mit gleichen Raumteilen Alkohol von 68 Raumhundertteilen gerinnt oder die lediglich sauer geworden ist;
4. Milch, die erheblich verschmutzt ist.

§ 7. Als verdorben sind insbesondere anzusehen und in den Fällen der Nr. 1, 2, 4 auch bei Kenntlichmachung vom Verkehr ausgeschlossen:

1. Milcherzeugnisse, die unter Verwendung von verdorbener Milch im Sinne des § 6 Nr. 1, 2, 4 hergestellt sind;
2. Milcherzeugnisse, die in ihrem Geruch, Geschmack, Aussehen oder in ihrer sonstigen Beschaffenheit so verändert sind, daß ihr Genuß- oder Gebrauchswert erheblich beeinträchtigt ist, abgesehen von Magermilch, Sahne und Schlagsahne, die lediglich sauer geworden sind (Nr. 3);
3. Magermilch, Sahne und Schlagsahne, die lediglich sauer geworden sind;
4. Milcherzeugnisse, die verschmutzt sind.

Nachgemachte oder verfälschte Milch und Milcherzeugnisse.

§ 8. Als nachgemacht oder verfälscht ist insbesondere anzusehen und in den Fällen der Nr. 1, 3, 4, 5 auch bei Kenntlichmachung vom Verkehr ausgeschlossen:

1. Milch, die bei der Entnahme aus Gefäßen oder Behältnissen nicht gründlich durchgemischt ist;
2. Milch, die ganz oder teilweise entrahmt ist, sofern sie nicht als Magermilch bezeichnet wird;
3. Milch, der Wasser, Eis oder Milcheis zugesetzt ist;
4. Milch, der Magermilch zugesetzt ist;
5. Milch, der fremdartige Stoffe zugesetzt sind, sofern diese nicht für besondere diätetische Zwecke bestimmt sind;
6. Milch, der fremdartige Stoffe zu besonderen diätetischen Zwecken zugesetzt sind;
7. Milch, der Milch anderer Tierarten zugesetzt ist.

§ 9. Als nachgemacht oder verfälscht sind insbesondere anzusehen und auch bei Kenntlichmachung vom Verkehr ausgeschlossen:

1. Milcherzeugnisse, die unter Verwendung von nachgemachter oder verfälschter Milch im Sinne des § 8 Nr. 1, 3, 5, 7 hergestellt sind;
2. Milcherzeugnisse, mit Ausnahme von Magermilch, Molke, geschlagener Buttermilch, gezuckerter Kondensmagermilch, Magermilchpulver, die unter Verwendung von ganz oder teilweise entrahmter Milch oder unter Verwendung von nachgemachter oder verfälschter Milch im Sinne des § 8 Nr. 4 hergestellt sind;
3. Buttermilch, wenn das dem Butterungsgut zugesetzte Wasser mehr als 10 vom Hundert des anfallenden Erzeugnisses oder, wenn statt Wasser Magermilch verwendet worden ist, die dem Butterungsgut zugesetzte Magermilch mehr als 15 vom Hundert des anfallenden Erzeugnisses beträgt;
4. Milcherzeugnisse, denen Wasser, Eis oder Milcheis zugesetzt ist;
5. Milcherzeugnisse, denen fremdartige Stoffe, insbesondere Verdickungsmittel zugesetzt sind;
6. Milcherzeugnisse, denen Milch anderer Tierarten oder Erzeugnisse aus dieser zugesetzt sind.

Irreführende Bezeichnung, Angabe oder Aufmachung bei Milch und Milcherzeugnissen.

§ 10. Eine irreführende Bezeichnung, Angabe oder Aufmachung liegt insbesondere vor:

1. wenn ein nicht durch regelmäßiges, vollständiges Ausmelken gewonnenes Gemelk als Milch bezeichnet wird;
2. wenn Milch, die beim Aufkochen oder beim Vermischen mit gleichen Raumteilen Alkohol von 68 Raumhundertteilen gerinnt oder die gekocht oder sterilisiert ist, als frische Milch bezeichnet wird;
3. wenn Milch anderer Tierarten als Milch ohne Hinweis auf die Tierart bezeichnet wird;

4. wenn ein Erzeugnis als eine Milchsorte oder als eine zubereitete Milch, für die im § 1 Abs. 2, 3 eine Begriffsbestimmung aufgestellt ist, bezeichnet wird, ohne daß es dieser entspricht;
5. wenn Milch, die den von der obersten Landesbehörde an die Zusammensetzung von Vollmilch gestellten Mindestforderungen nicht genügt oder, soweit solche Mindestforderungen nicht gestellt werden, erheblich hinter der Zusammensetzung zurückbleibt, die die Milch des in Betracht kommenden Verbrauchergebiets durchschnittlich aufweist, nicht als Mindermilch, fettarme Milch oder gleichsinnig bezeichnet wird; die obersten Landesbehörden können bestimmen, welche Bezeichnungen gleichsinnig sind;
6. wenn zubereitete Milch als rohe Milch oder rohe Milch als zubereitete Milch bezeichnet wird;
7. wenn im Verkehr mit zubereiteter Milch nicht auf die Art der Zubereitung hingewiesen wird;
8. wenn im Verkehr mit Milch entgegen den Tatsachen auf eine besondere Frische, eine besonders gute Beschaffenheit oder eine besonders sorgfältige Gewinnung oder Behandlung hingewiesen wird;
9. wenn einer Milch entgegen den Tatsachen eine besondere diätetische oder gesundheitliche Wirkung zugeschrieben wird;
10. wenn Milch, die nicht Vorzugsmilch ist, oder Vorzugsmilch, die nicht in erster Linie als solche bezeichnet ist, als Kindermilch, Säuglingsmilch oder gleichsinnig bezeichnet wird.

§ 11. Eine irreführende Bezeichnung, Angabe oder Aufmachung liegt insbesondere vor:

1. wenn ein Erzeugnis, das nicht im § 2 genannt ist, als Milcherzeugnis bezeichnet wird;
2. wenn ein Erzeugnis als ein Milcherzeugnis, für das im § 2 eine Begriffsbestimmung aufgestellt ist, bezeichnet wird, ohne daß es dieser entspricht;
3. wenn Magermilch als Milch bezeichnet wird;
4. wenn erhitzte Magermilch nicht als solche bezeichnet wird;

5. wenn homogenisierte oder erhitzte Sahne nicht als solche bezeichnet wird;
6. wenn sterilisierte Milch, sterilisierte Sahne oder sterilisierte Schlagsahne nicht als solche bezeichnet wird;
7. wenn Erzeugnisse, die aus Milch anderer Tierarten gewonnen oder unter Verwendung von Milch anderer Tierarten hergestellt sind, als Erzeugnisse aus Milch ohne Hinweis auf die Tierart bezeichnet werden;
8. wenn im Verkehr mit Milcherzeugnissen entgegen den Tatsachen auf eine besondere Frische, eine besonders gute Beschaffenheit oder eine besonders sorgfältige Gewinnung oder Behandlung hingewiesen wird;
9. wenn einem Milcherzeugnis entgegen den Tatsachen eine besondere diätetische oder gesundheitliche Wirkung zugeschrieben wird.

Besondere Bestimmungen.

§ 12. Es ist verboten, Gegenstände oder Stoffe, die zur Nachmachung oder Verfälschung von Milch oder Milcherzeugnissen bestimmt sind, für diese Zwecke herzustellen oder in den Verkehr zu bringen.

§ 13. (1) Ausreichende Erhitzung im Sinne des § 4 ist eine Erhitzung gemäß § 1 Abs. 3 Nr. 2.

(2) Die Reichsregierung bestimmt, was ein gleichwertiges Verfahren im Sinne des § 4 Abs. 1 des Gesetzes ist.

Abschnitt II.

Zu §§ 6, 7 des Gesetzes.

§ 14. (1) Die im Verkehr mit Milch erforderliche Sorgfalt im Sinne der §§ 6, 7 des Gesetzes ist nicht angewendet, wenn nicht mindestens den Anforderungen in §§ 15 bis 19 entsprochen ist.

(2) Die obersten Landesbehörden können in besonderen Fällen für kleinbäuerliche Betriebe Ausnahmen von der Bestimmung des § 15 Abs. 1, für Alpwirtschaften von den Bestimmungen des § 15 Abs. 1, §§ 16, 18, 19 zulassen.

§ 15. (1) Die Ställe, in denen Kühe gehalten werden und die nach dem Inkrafttreten dieser Verordnung gebaut oder umgebaut werden, müssen folgenden Anforderungen genügen:

1. Die Ställe müssen hell und gut zu lüften sein;
2. der Fußboden des Ganges muß wasserundurchlässig sein;
3. die Jaucherinne muß wasserundurchlässig und so angelegt sein, daß die Jauche leicht abfließen kann; Tiefstallungen sind nur nach näherer Anordnung der obersten Landesbehörden zulässig;
4. die Krippen (Barren) müssen leicht zu reinigen sein;
5. die Ställe dürfen nicht mit Aborten in unmittelbarer Verbindung stehen.

(2) Die obersten Landesbehörden können unter Berücksichtigung der wirtschaftlichen Verhältnisse anordnen, inwieweit beim Inkrafttreten dieser Verordnung vorhandene Ställe den Anforderungen des Abs. 1 genügen müssen.

§ 16. Für die Pflege des Stalles und der Kühe gilt folgendes:

1. Die Wände müssen, soweit sie nicht abwaschbar sind, Kalkanstrich haben, der jährlich mindestens einmal zu erneuern ist;
2. das Reinigen des Stalles, die Entfernung des Dungs, die Erneuerung der Streu und das Putzen der Kühe muß regelmäßig erfolgen;
3. alle Stallarbeiten sind so vorzunehmen, daß die Milch weder mittelbar noch unmittelbar einer nachteiligen Beeinflussung, insbesondere durch Staub, Schmutz, aller Art, Gerüche oder Krankheitserreger, ausgesetzt wird;
4. Bett- und Packstroh darf als Streu nicht verwendet werden.

§ 17. Für das Melken gilt folgendes:

1. Vor dem Melken sind das Euter und seine Umgebung sorgfältig zu reinigen;
2. die Melkpersonen haben beim Melken saubere, waschbare Oberkleidung zu tragen. Sie haben sich vor dem Melken Hände und Unterarme mit Wasser und Seife zu reinigen und dies nach Bedarf zu wiederholen;
3. die ersten Striche aus jeder Zitze dürfen nicht in das Melkgefäß gemolken werden;

4. die Melkpersonen haben sich bei Beginn des Melkens durch Prüfen des Aussehens von der einwandfreien Beschaffenheit der Milch zu überzeugen;
5. Kühe, die keine einwandfreie Milch geben, sind gesondert und nach den anderen zu melken;
6. die Milch ist unmittelbar nach dem Melken aus dem Stall zu entfernen und zweckdienlich zu seihen, zu lüften und zu kühlen; die obersten Landesbehörden können abweichende Bestimmungen treffen.

§ 18. (1) Für die Räume, wo Milch aufbewahrt, bearbeitet, feilgehalten, abgegeben oder verarbeitet wird, gilt folgendes:
1. Sie müssen hell oder gut zu beleuchten, luftig, kühl, sauber und frei von Gerüchen, die sich der Milch mitteilen können, und frei von Ungeziefer und möglichst frei von Insekten sein;
2. der Fußboden muß wasserundurchlässig sein;
3. die Wände müssen bis zur Höhe von 1,50 Meter mit abwaschbarem Anstrich, Belag oder Verputz versehen sein;
4. die Räume dürfen nicht als Wohn-, Schlaf- oder Krankenzimmer benutzt werden;
5. die Räume dürfen nicht mit Aborten oder Ställen in unmittelbarer Verbindung stehen;
6. in den Räumen dürfen Haustiere nicht gehalten oder geduldet werden.

(2) Bei Betrieben, in denen Milch gewonnen wird, gelten die Bestimmungen im Abs. 1 Nr. 2, 3 nicht für die Räume, in denen Milch aufbewahrt wird.

(3) Bei Gast- und Schankwirtschaften, Kantinen, Milchhäuschen oder anderen Einrichtungen, in denen Milch zum Genuß an Ort und Stelle abgegeben wird, gelten die Bestimmungen im Abs. 1 Nr. 1, 2, 3, 5, 6 nicht für die Räume, in denen Milch feilgehalten oder abgegeben wird; dies gilt auch für die Bestimmung im Abs. 1 Nr. 4, soweit in Gast- und Schankwirtschaften der Ausschankraum als Wohnzimmer benutzt wird.

§ 19. Für die Einrichtungen und Gegenstände, die wiederholt mit Milch in Berührung kommen, gilt folgendes:

1. Zur Aufbewahrung und Beförderung dürfen Holzgefäße nicht verwendet werden;
2. Einrichtungen und Gegenstände, die fremdartige Stoffe an die Milch abgeben können, dürfen nicht verwendet werden, insbesondere nicht solche der im § 3 Nr. 3 bezeichneten Art;
3. sie müssen so beschaffen sein, daß sie sich leicht reinigen lassen;
4. sie dürfen nicht erheblich verbeult sein;
5. zum Verschließen oder Abdichten dürfen Stoffe, die Milch aufsaugen, nicht verwendet werden;
6. Stand- und Verkaufsgefäße müssen mit übergreifenden Deckeln verschlossen sein;
7. Gefäße müssen nach der Reinigung zum Trocknen an einem sauberen Platze auf Gestellen mit der Öffnung nach unten aufgestellt werden, soweit sie nicht durch besondere Einrichtungen getrocknet werden.

Zu §§ 8, 12, 17 des Gesetzes.

§ 20. Als landwirtschaftliche Betriebe im Sinne des § 8 Abs. 2, § 12 Abs. 2 Nr. 2, § 17 Abs. 1 des Gesetzes gelten nur solche Betriebe, in denen die Milch von Kühen gewonnen wird, die ausschließlich oder überwiegend mit wirtschaftseigenem Futter ernährt werden. Die obersten Landesbehörden können bestimmen, welche weiteren Voraussetzungen bei in Städten gelegenen Abmelkwirtschaften vorliegen müssen, damit sie als landwirtschaftliche Betriebe gelten.

Zu § 9 des Gesetzes.

§ 21. (1) Der feste Verschluß muß derart beschaffen sein, daß er selbst oder seine Sicherung beim Öffnen zerstört wird; nicht derart beschaffene Verschlüsse, insbesondere nicht derart beschaffene Pappscheibenverschlüsse, dürfen noch bis zum 30. Juni 1935 verwendet werden.

(2) Die Gefäße und Behältnisse müssen eine weite Öffnung haben.

(3) Gefäße oder Behältnisse aus Glas müssen durchsichtig sein.

(4) Wer vorsätzlich Milch in Gefäßen oder Behältnissen, auf

die sie zur verkaufsfertigen Abgabe an die Verbraucher abgefüllt ist, in den Verkehr bringt, ohne daß den Anforderungen im Abs. 1 bis 3 entsprochen ist, wird, sofern er nicht nach den Vorschriften des § 44 Abs. 1 Nr. 2, Abs. 2 in Verbindung mit § 9 des Gesetzes strafbar ist, mit Geldstrafe bestraft; ist die Zuwiderhandlung fahrlässig begangen, so tritt Geldstrafe bis zu einhundertfünfzig Reichsmark ein.

Zu § 11 des Gesetzes.

§ 22. Nach Ablauf eines Jahres vom Inkrafttreten dieser Verordnung ab ist die Abgabe von Milch an öffentlichen Orten, insbesondere auf Märkten, Plätzen oder Straßen, nur aus geschlossenen Gefäßen und nur dann zulässig, wenn diese so eingerichtet sind, daß die Auslaßstellen vor dem Eindringen von Staub oder Schmutz geschützt sind.

Zu § 12 des Gesetzes.

§ 23. (1) Reinigungsverfahren sind solche Verfahren, bei denen Filter oder Zentrifugen verwendet werden.

(2) Erhitzungsverfahren sind die im § 1 Abs. 3 Nr. 2 aufgeführten anerkannten oder von der Reichsregierung zugelassenen Pasteurisierungsverfahren.

(3) Tiefkühlungsverfahren sind solche Verfahren, durch die die Milch bis auf mindestens 5°, nicht aber unter 0° gekühlt wird.

(4) Eine Erhitzung oder ein gleichwertiges Verfahren darf für Vorzugsmilch (§ 1 Abs. 2 Nr. 3) nicht gefordert werden.

Zu §§ 14 bis 19 des Gesetzes.

§ 24. Der Antragsteller ist als unzuverlässig insbesondere dann anzusehen, wenn Tatsachen die Annahme rechtfertigen, daß er das Gewerbe zum Vertrieb gesundheitsschädlicher, verdorbener oder verfälschter Lebensmittel mißbrauchen oder die Vorschriften über den Verkehr mit Lebensmitteln nicht beachten wird.

§ 25. Die Erlaubnis ist bei juristischen Personen oder nichtrechtsfähigen Vereinen auf die Dauer von 30 Jahren zu beschränken.

§ 26. (1) Der Inhaber eines landwirtschaftlichen Betriebs bedarf zur Abgabe der darin gewonnenen Milch, auch wenn er außerhalb der landwirtschaftlichen Betriebsstätte Milch unmittelbar an den Verbraucher abgibt, nicht der Erlaubnis,

1. wenn die Abgabe von Milch nur an vereinzelte Abnehmer oder nur in vereinzelten Fällen erfolgt;
2. soweit Milch an die in dem landwirtschaftlichen Betrieb oder in seinen Nebenbetrieben beschäftigten Personen oder an deren Angehörige zum eigenen Verbrauch abgegeben wird.

(2) Die obersten Landesbehörden können nähere Bestimmungen darüber erlassen, wann die Voraussetzungen des Abs. 1 vorliegen. Sie können in Gebieten mit zahlreichen kleinbäuerlichen Betrieben für Betriebe dieser Art weitere Ausnahmen von den Vorschriften des § 17 Abs. 1 des Gesetzes zulassen, wenn die Durchführung der genannten Vorschriften zu einer unverhältnismäßigen Belastung der zuständigen Behörden führen würde.

Zu § 35 des Gesetzes.

§ 27. Die Vorschriften des Abschnitts I des Gesetzes finden auf den Verkehr mit Molke (§ 2 Nr. 5) entsprechende Anwendung.

Zu § 38 des Gesetzes.

§ 28.[1])

Zu § 52 des Gesetzes.

§ 29. (1) Milchwirtschaftliche Unternehmen dürfen die Bezeichnungen Molkerei, Meierei, Sennerei nur führen, wenn sie im Durchschnitt eines Jahres täglich mindestens 500 Liter Milch oder die entsprechende Menge Sahne bearbeiten oder verarbeiten und die hierfür erforderliche technische Einrichtung vorhanden ist.

(2) Milchwirtschaftliche Unternehmen dürfen die Bezeichnung Gutsmolkerei nur führen, wenn sie im Durchschnitt eines Jahres täglich mindestens 300 Liter Milch, die im eigenen landwirt-

---

[1]) Außer Kraft getreten laut Artikel 3 des Zweiten Gesetzes zur Änderung des Milchgesetzes vom 20. 7. 1933 (RGBl. I S. 527).

schaftlichen Betrieb im Sinne des § 20 gewonnen ist, bearbeiten oder verarbeiten und die hierfür erforderliche technische Einrichtung vorhanden ist.

(3) Wer vorsätzlich oder fahrlässig den Bestimmungen der Abs. 1, 2 zuwiderhandelt, wird mit Gefängnis bis zu drei Monaten und mit Geldstrafe oder mit einer dieser Strafen bestraft.

Abschnitt III.

§ 30. (1) Die obersten Landesbehörden können zu den Bestimmungen im Abschnitt II ergänzende Bestimmungen treffen.

(2) Die obersten Landesbehörden können beim Vorliegen eines wichtigen Grundes zulassen, daß den Anforderungen in §§ 15, 18, 19 Nr. 1, 6 erst nach Ablauf einer angemessenen Übergangsfrist entsprochen zu werden braucht.

§ 31. (1) Diese Verordnung tritt mit Ausnahme des § 28 am 1. Januar 1932 in Kraft.

(2) § 28 tritt am 15. Mai 1931 in Kraft.

102. Fünfte Verordnung zur Ausführung des Milchgesetzes.

Vom 25. April 1936 (RGBl. I S. 399).

§ 1. (1) Die verantwortliche technische Leitung von Molkereien (Meiereien, Sennereien) und Gutsmolkereien im Sinne des § 29 der Ersten Verordnung zur Ausführung des Milchgesetzes vom 15. Mai 1931 (Reichsgesetzbl. I S. 150) dürfen vom 1. Oktober 1936 an nur Personen übernehmen, die den Nachweis abgeschlossener Fachausbildung erbringen können.

(2) Die Vorschrift des Absatzes 1 gilt auch dann, wenn ein milchwirtschaftliches Unternehmen, bei dem die Voraussetzungen des § 29 der Ersten Verordnung zur Ausführung des Milchgesetzes vorliegen, nicht die Bezeichnung Molkerei (Meierei, Sennerei) oder Gutsmolkerei führt. Der Reichsminister für Ernährung und Landwirtschaft kann Ausnahmen für bestimmte Arten von Betrieben zulassen.

§ 2. (1) Als Nachweis abgeschlossener Fachausbildung ist anzusehen

1. der Besitz des Molkereimeisterbriefes des Reichsnährstandes oder
2. der Besitz des Zeugnisses über eine vor dem 1. Oktober 1936 an einer Molkereilehranstalt eines Landes, einer früheren Landwirtschaftskammer oder des Reichsnährstands oder unter staatlicher Aufsicht abgelegte molkereiwirtschaftliche Betriebsleiterprüfung oder
3. der Besitz eines vor dem 1. Oktober 1936 erworbenen Meisterbriefes einer Handwerkskammer.

(2) Dem Nachweis abgeschlossener Fachausbildung steht gleich eine mindestens zweijährige erfolgreiche verantwortliche technische Leitung einer Molkerei oder Gutsmolkerei, sofern diese Tätigkeit vor dem 1. Oktober 1934 begonnen wurde und der zuständige Milchwirtschaftsverband eine Bescheinigung über sie ausgestellt hat.

(3) Der Reichsnährstand kann abweichend von den Vorschriften der Absätze 1 und 2 bestimmen, was als abgeschlossene Fachausbildung für die Übernahme der verantwortlichen technischen Leitung von Betrieben zu gelten hat, in denen Emmentaler Käse oder Käse nach Emmentaler Art, Schmelzkäse, Sauermilchkäse oder Milch- oder Sahnedauerwaren hergestellt werden.

§ 3. (1) Die Fachausbildung gliedert sich in mehrere Stufen und umfaßt eine Lehrzeit, eine Gehilfenzeit und den Besuch von Lehrgängen an anerkannten Molkereilehranstalten. Über die einzelnen Stufen der Ausbildung werden auf Grund von Prüfungen Zeugnisse erteilt. Die Gesamtausbildungszeit für die Erlangung des Molkereimeisterbriefes einschließlich der Lehrgänge muß mindestens sieben Jahre und sechs Monate betragen. Der Molkereimeisterbrief darf keinem Bewerber vor der Vollendung des vierundzwanzigsten Lebensjahres erteilt werden.

(2) Der Reichsnährstand regelt die Einzelheiten des Ausbildungsganges und trifft Bestimmungen über die Anerkennung von Molkereilehranstalten.

§ 4. (1) Für Personen mit abgeschlossener Hochschulbildung ist

Voraussetzung für die Erlangung des Molkereimeisterbriefes eine praktische molkereiwirtschaftliche Ausbildungszeit von dreijähriger Dauer, der Besuch eines Lehrgangs von höchstens sechs Monaten und die Ablegung der Molkereimeisterprüfung.

(2) Der Reichsnährstand kann ferner abweichend von den Vorschriften des § 3 Abs. 1 Erleichterungen, insbesondere Abkürzungen der Ausbildungszeit zulassen, wenn der Bewerber in bezug auf Vorbildung, praktische Erfahrung oder geistige Anlagen besondere, näher zu bezeichnende Voraussetzungen erfüllt.

§ 5. Vorschriften, die der Reichsnährstand auf Grund des § 2 Abs. 3, des § 3 Abs. 2 und des § 4 Abs. 2 erläßt, bedürfen der vorherigen Zustimmung des Reichsministers für Ernährung und Landwirtschaft.

§ 6. (1) Mit Gefängnis bis zu drei Monaten und mit Geldstrafe oder mit einer dieser Strafen wird bestraft, wer vorsätzlich oder fahrlässig die verantwortliche technische Leitung eines der im § 1 genannten Betriebe übernimmt, ohne die nach dieser Verordnung vorgeschriebenen Voraussetzungen zu erfüllen.

(2) Gleicher Strafe unterliegt, wer als Inhaber oder als Vertreter oder Beauftragter des Inhabers eines der im § 1 genannten Betriebe vorsätzlich oder fahrlässig eine Person, die die vorgeschriebenen Voraussetzungen nicht erfüllt, als verantwortlichen technischen Leiter der Molkerei oder Gutsmolkerei bestellt.

§ 7. Im § 29 Abs. 1 der Ersten Verordnung zur Ausführung des Milchgesetzes wird das Wort „Sahne" ersetzt durch die Worte „die entsprechende Menge Sahne".

103. Verordnung über die Schaffung einheitlicher Sorten von Käse (Käseverordnung).

Vom 20. Februar 1934 (RGBl. I S. 114).

Sachliches Geltungsgebiet.

§ 1. Der im deutschen Zollgebiet gewerbsmäßig hergestellte, fertiggelagerte oder in den Verkehr gebrachte Labkäse und Sauermilchkäse aus Kuhmilch, Ziegenmilch und Schafmilch einschließlich der Schmelzkäse, Kochkäse und Zigerkäse unterliegt den Vorschriften dieser Verordnung.

Fettgehalt.

§ 2. Nach dem Fettgehalt sind folgende Fettstufen der Käse zu unterscheiden:

1. Doppelrahmkäse mit einem Mindestfettgehalt von 60 vom Hundert in der Trockenmasse (60 v. H. i. T.);
2. Rahmkäse mit einem Mindestfettgehalt von 50 v. H. i. T.;
3. Vollfettkäse mit einem Mindestgehalt von 45 v. H. i. T.;
4. Fettkäse mit einem Mindestfettgehalt von 40 v. H. i. T.;
5. Dreiviertelfettkäse mit einem Mindestfettgehalt von 30 v. H. i. T.;
6. Halbfettkäse mit einem Mindestfettgehalt von 20 v. H. i. T.;
7. Viertelfettkäse mit einem Mindestfettgehalt von 10 v. H. i. T.;
8. Magerkäse mit einem Fettgehalt von weniger als 10 v. H. i. T.

§ 3. (1) Soweit in den Absätzen 2 bis 5 für einzelne Käsesorten keine besondere Bestimmung getroffen ist, müssen alle Käsesorten mindestens als Halbfettkäse in den Verkehr gebracht werden.

(2) Es dürfen in den Verkehr gebracht werden:

1. Käse wie Gervais sowie Käse nach Art des Gervais nur als Doppelrahmkäse;
2. Käse wie Bel Paese, Brie, Stilton und Imperial sowie Käse nach Art des Bel Paese (Butterkäse), Brie, Stilton und Imperial nur als Rahmkäse;
3. Emmentaler Käse (Schweizerkäse) und Käse nach Art des Emmentaler Käses nur als Vollfettkäse;
4. Käse, die nur mit Phantasienamen ohne nähere Sortenbezeichnung versehen sind, mindestens als Vollfettkäse;
5. Käse wie Camembert und Käse nach Art des Camembert mindestens als Fettkäse.

(3) Schichtkäse mit Ausnahme der Sahneschichtkäse, für die Abs. 1 gilt, müssen mindestens als Viertelfettkäse in den Verkehr gebracht werden; bei allen Schichtkäsen wird der Fettgehalt in der Trockenmasse nach der Gesamttrockenmasse berechnet.

(4) Lederkäse sowie weiche Labkäse, die als Quadratkäse oder Stangenkäse in Zylinderform hergestellt werden, können auch als Viertelfett- oder Magerkäse in den Verkehr gebracht werden, soweit unter diesen Bezeichnungen und in diesen Formen Käse hergestellt werden, die bisher schon als Viertelfett- oder Magerkäse in den Verkehr gebracht wurden. Das gleiche gilt für Sauermilchkäse und Kochkäse, sofern sie eine Bezeichnung tragen, aus der ihre Art hervorgeht, z. B. Harzer Käse, Mainzer Käse, Thüringer Käse, Spitzkäse, Quark.

(5) Der Reichsminister für Ernährung und Landwirtschaft kann Ausnahmen von den Vorschriften der Absätze 1 bis 4 zulassen.

§ 4. (1) Schmelzkäse, der mit einem Hinweis auf eine bestimmte Käseart in den Verkehr gebracht wird, muß ausschließlich aus Käse dieser Art hergestellt sein; in bezug auf den Fettgehalt gelten für ihn die Vorschriften, die nach § 3 auf diese Käseart anzuwenden sind, mit der Maßgabe, daß Schmelzkäse aller Art mindestens als Halbfettkäse hergestellt werden muß. § 3 Abs. 2 Nr. 4 gilt für Schmelzkäse entsprechend.

(2) Bei Schmelzkäse, der aus vollfetten Hartkäsen hergestellt ist, sind Abweichungen im Fettgehalt aus technischen Gründen innerhalb einer Fehlergrenze vom 2 vom Hundert in der Trockenmasse zulässig.

Kennzeichnung von Inlandskäse.

§ 5. (1) Bevor der im deutschen Zollgebiet hergestellte und fertiggelagerte Käse, ausgenommen Magerkäse, in den Verkehr gebracht wird, ist er nach Herkunft und Fettstufe unter Beachtung der §§ 6 bis 10 in gut sichtbarer und haltbarer Weise zu kennzeichnen.

(2) Für Magerkäse verbleibt es hinsichtlich der Bezeichnung bei den Vorschriften des § 3 Abs. 4. Für Quark, der mindestens

als Viertelfettkäse hergestellt wird, gilt daneben von den Vorschriften der §§ 6 bis 10 nur § 9.

§ 6. Aller der Kennzeichnung gemäß § 5 Abs. 1 unterliegende Käse, mit Ausnahme der Hartkäse und halbfesten Schnittkäse, darf nur verpackt in den Verkehr gebracht werden.

§ 7. (1) Bei Hartkäsen und halbfesten Schnittkäsen, die unverpackt in den Verkehr gebracht werden, ist die Kennzeichnung auf dem Käse selbst anzubringen. Die Angaben können mittels Stempel, Schablone, Brand oder durch Befestigung einer Papier- oder Kaseinmarke gemacht werden.

(2) Käse, die verpackt in den Verkehr kommen, sind durch Vordruck auf der Packung zu kennzeichnen. Bei Käsen, die in Schachteln verpackt werden, genügt die Kennzeichnung auf diesen.

§ 8. Im übrigen gelten für die Kennzeichnung folgende Vorschriften:

1. Bei Hartkäsen, bei halbfesten Schnittkäsen und bei Weichkäsen, die in Quader- oder Würfelform in Stücken von mindestens 200 Gramm hergestellt werden, erfolgt die Kennzeichnung innerhalb einer rechteckigen Umrahmung.
   a) Auf Zeile 1 ist das Land der Herstellung und die Fettstufe anzugeben. Die obersten Landesbehörden können anordnen oder zulassen, daß an Stelle oder neben der Angabe des Landes ein engeres Erzeugungsgebiet bezeichnet wird. Wird der Käse nicht in dem Land oder Erzeugungsgebiet fertiggelagert, in dem er hergestellt ist, so ist statt des Landes der Herstellung oder des Erzeugungsgebiets das Land der Fertiglagerung anzugeben; die Bezeichnung eines engeren Erzeugungsgebiets ist in diesem Falle unzulässig. Bei den im § 3 Abs. 2 genannten Käsesorten kann die Angabe der Fettstufe unterbleiben.
   b) Auf Zeile 2 ist der Hundertsatz des Fettgehalts unter Beifügung des Vermerks „Fett i. T." anzugeben. Unbestimmte Angaben (z. B. „von ..... bis", „ca.") sind unzulässig.

c) Auf Zeile 3 ist in Ländern und Erzeugungsgebieten, in denen für die Hersteller und Fertiglagerer von Käse Kontrollnummern (§ 12) ausgegeben werden, die Kontrollnummer des Betriebes zu setzen, dem nach § 10 die Kennzeichnungspflicht obliegt. In Ländern und Erzeugungsgebieten, in denen keine Kontrollnummern ausgegeben werden, ist die Firma des Kennzeichnungspflichtigen anzugeben; diese Bezeichnung kann auch außerhalb der Umrahmung stehen, muß sich jedoch an deutlich sichtbarer Stelle befinden.

d) Die Buchstaben sind in leicht leserlicher Schrift anzubringen; Buchstaben und Ziffern müssen bei Hartkäsen eine Mindesthöhe von 2 Zentimeter, im übrigen eine Mindesthöhe von 0,3 Zentimeter haben.

e) Die Kennzeichnung ist nach folgendem Muster vorzunehmen:

Bayer. Vollfettkäse 45% Fett i. T. 1200

2. Für die nicht unter Nr. 1 fallenden, der Kennzeichnung unterliegenden Käse gelten die vorstehenden Bestimmungen mit der Maßgabe, daß von der Umrahmung der Kennzeichnung abgesehen werden kann; die vorgeschriebenen Angaben müssen aber vollständig und auffällig im Vordruck enthalten sein.

3. Schmelzkäse müssen außer den in Nr. 1 vorgeschriebenen Angaben in Zeile 1 auch die Bezeichnung „Schmelzkäse" tragen. Die obersten Landesbehörden können bestimmen, inwieweit die Angabe des Landes oder Erzeugungsgebietes zu unterbleiben hat, wenn der zur Herstellung des Schmelzkäses verwendete Käse nicht ausschließlich innerhalb des Landes oder Erzeugungsgebietes hergestellt ist.

§ 9. (1) In offenen Ladengeschäften und Verkaufsständen, in den Schaufenstern der Läden und auf Märkten muß bei Käse, der zum Zwecke des Kleinverkaufs angeschnitten ist oder dessen gekennzeichnete Verpackungen geöffnet sind, die Fettstufe durch Anbringung von Zetteln oder Schildern deutlich sichtbar gemacht werden. Schmelzkäse muß auch als solcher kenntlich gemacht werden.

(2) Wird Käse in Gast- oder Schankstätten, Kantinen oder sonst zum Genuß an Ort und Stelle auf Preistafeln oder Preisverzeichnissen angeboten, so muß neben der Sorte des Käses auch die Fettstufe angegeben werden; Schmelzkäse ist auch als solcher zu bezeichnen. Das gleiche gilt für Zeitungsanzeigen, schriftliche Angebote sowie für alle im Handelsverkehr üblichen Schriftstücke.

§ 10. (1) Die Kennzeichnung ist bei den im deutschen Zollgebiet hergestellten Hartkäsen, halbfesten Schnittkäsen, Schmelzkäsen und Weichkäsen mit kurzer Reifungsdauer (z. B. Camembert, Feinkostkäse) durch den Hersteller vorzunehmen, bei den übrigen im deutschen Zollgebiet hergestellten Käsen durch denjenigen, der die Ware erstmals in genußreifem Zustand oder verpackt in den Verkehr bringt.

(2) Hat hiernach der Hersteller die Kennzeichnung vorzunehmen, so ist neben ihm der Fertiglagerer für die Richtigkeit der in der Kennzeichnung enthaltenen Angaben verantwortlich.

Verpackung und Gewicht der Schmelzkäse.

§ 11. (1) Schmelzkäse darf nur verpackt in Blockform, Schachteln oder in kleinen Einzelstücken in den folgenden Gewichtsstufen in den Verkehr gebracht werden:

1. in Blockform im Reingewicht von 1000 Gramm, 2000 Gramm, 2250 Gramm, 2500 Gramm und weiter in Abstufungen von je 250 Gramm aufwärts;
2. in Schachteln oder in Einzelstücken im Reingewicht von 62,5, 125, 250 und 500 Gramm; dies gilt nicht für Einzelstücke, die aus Schachteln verkauft werden. Zum Zwecke der Ausfuhr darf Schmelzkäse auch in Schachteln im Reingewicht von 225 Gramm in den Verkehr gebracht werden.

Diese Packung darf im deutschen Zollgebiet an Verbraucher nicht abgegeben werden.

(2) Das Gewicht darf bei Schmelzkäse

1. in Blockform nicht um mehr als 1 vom Hundert,
2. in Schachteln nicht um mehr als 3 vom Hundert,
3. in Einzelstücken nicht um mehr als 4 vom Hundert

von den im Abs. 1 vorgeschriebenen Gewichten abweichen. Bei Packungen, die sich noch im Herstellerbetrieb befinden, sind innerhalb der ersten vierzehn Tage nach der Einfüllung Unterschreitungen der im Abs. 1 vorgeschriebenen Gewichte unzulässig.

Kontrollnummern.

§ 12. Die obersten Landesbehörden oder die von ihnen ermächtigten Stellen können anordnen, daß jeder, der im Landesgebiet oder in einem bestimmten Erzeugungsgebiet Käse herstellt oder fertiglagert, bei der zuständigen Stelle Antrag auf Erteilung einer Kontrollnummer zu stellen hat. Die Erteilung kann davon abhängig gemacht werden, daß der Antragsteller über die erforderlichen Einrichtungen und über geeignete Herstellungs- und Lagerräume verfügt. Die Kontrollnummer ist unübertragbar. Das Nähere bestimmen die obersten Landesbehörden.

Kennzeichnung von Auslandskäse.

§ 13. (1) Bei der Einfuhr von Käse, der nicht im deutschen Zollgebiet hergestellt ist, ausgenommen Magerkäse, müssen die Packungen eine Kennzeichnung tragen, die das Herkunftsland in deutscher Sprache deutlich erkennbar enthält. Bei Käse, der unverpackt eingeführt wird, muß die Kennzeichnung auf dem Käse selbst angebracht sein.

(2) Käse, der bei der Einfuhr nicht nach Abs. 1 gekennzeichnet ist, darf, sofern er nicht zum persönlichen Verbrauch durch den Einführenden oder den Empfänger bestimmt ist, nur auf ein Zollager unter amtlichem Mitverschluß gebracht werden. Die Kennzeichnung nach Abs. 1 kann auf dem Zollager bewirkt werden. Überführung von dem Zollager in den Verkehr des Zollinlandes steht der Einfuhr (Abs. 1) gleich.

§ 14. Ausländischer Käse darf im Zollinland nur angeboten, zum Verkauf vorrätig gehalten, feilgehalten, verkauft oder sonst in den Verkehr gebracht werden, wenn er außer mit dem Namen des Herkunftslandes (§ 13) auch mit der Angabe des Fettgehalts in der Trockenmasse in deutscher Sprache und in deutlich erkennbarer Weise gekennzeichnet ist. Er darf mit dem Namen einer der im § 2 vorgesehenen Fettstufen oder mit einer gleichsinnigen fremdsprachigen Benennung nur dann bezeichnet werden, wenn sein Fettgehalt den für diese Stufe vorgesehenen Mindestfettgehalt erreicht.

§ 15. Der Reichsminister für Ernährung und Landwirtschaft kann Ausnahmen zulassen, soweit ausländischer Käse mit Warenzeichen oder sonstigen Kennzeichnungen versehen ist, die den Vorschriften des § 13 Abs. 1 und des § 14 nicht völlig entsprechen, die Herkunft und den Fettgehalt in der Trockenmasse aber für den deutschen Verbraucher deutlich erkennen lassen.

Schlußbestimmungen.

§ 16. Nach Maßgabe des § 44 Abs. 1 Nr. 3 und Abs. 2 und der §§ 47 und 48 des Milchgesetzes wird bestraft, wer vorsätzlich oder fahrlässig den Vorschriften dieser Verordnung zuwiderhandelt.

§ 17. Die Vorschriften der §§ 1, 2 und 12 treten am 1. April 1934 in Kraft. Im übrigen bestimmt der Reichsminister für Ernährung und Landwirtschaft den Zeitpunkt des Inkrafttretens der Verordnung; er kann die einzelnen Vorschriften der Verordnung zu verschiedenen Zeiten in Kraft setzen.

104. Verordnung über die Schaffung einheitlicher Sorten von Butter (Butterverordnung).

Vom 20. Februar 1934 (RGBl. I S. 117)[1].

Beurteilungsgrundsätze.

§ 1. (1) Die Beurteilung von Butter richtet sich nach der Zahl der Wertmale, die sie für Geschmack, Geruch, Ausarbeitung, Aussehen und Gefüge aufweist. Dabei sind die einzelnen Eigenschaften wie folgt zu bewerten:

---

[1]) In der Fassung der VO. vom 15. 12. 1934 (RGBl. I S. 1264).

a) bei Geschmack (Reinheit, Aroma, Salz):

hochfein	10	Wertmale,
fein	9	„
gut	8	„
ausreichend	7	„
abfallend	5 bis 6	„
schlecht	3 „ 4	„

b) bei Geruch:

hochfein	3	Wertmale,
fein	2	„
genügend	1	Wertmal,
schlecht	0	„

c) bei Ausarbeitung (Buttermilch- und Wassergehalt):

sehr gut	3	Wertmale,
gut	2	„
ausreichend	1	Wertmal,
schlecht	0	„

d) bei Gefüge (Härtegrad, Streichbarkeit usw.):

gut (tadellos)	2	Wertmale,
mangelhaft	1	Wertmal,
schlecht	0	„

e) bei Aussehen (Reinheit, Farbe, Schimmer):

gut (tadellos)	2	Wertmale,
mangelhaft	1	Wertmal,
schlecht	0	„

(2) Der Reichsminister für Ernährung und Landwirtschaft kann die in Abs. 1 bestimmten Wertmale anderweitig festsetzen.

Kennzeichnung.

a) Inländische Butter.

§ 2. Inländische Butter darf nur angeboten, zum Verkauf vorrätig gehalten, feilgehalten, verkauft oder sonst in den Verkehr gebracht werden, wenn sie nach ihrer Sorte gekennzeichnet ist. Als Sortenbezeichnungen werden nur zugelassen die Bezeichnungen Markenbutter, Feine Molkereibutter (Feine Meiereibutter), Molkereibutter (Meiereibutter), Landbutter und Kochbutter.

§ 3. Inländische Butter darf gekennzeichnet werden

1. als „Markenbutter" nur, wenn ihre Gewinnung, Herstellung, Behandlung, Beschaffenheit, Verpackung, Kennzeichnung und sonstige Aufmachung besonderen Vorschriften genügt, die von den vom Reichsminister für Ernährung und Landwirtschaft hierzu ermächtigten Stellen erlassen werden, und wenn sie mindestens 17 Wertmale, davon mindestens 9 Wertmale für Geschmack, aufweist und mit einer von solchen Stellen verliehenen Schutzmarke (Buttermarke) versehen ist;
2. als „Molkereibutter" nur, wenn sie
   a) in einem milchwirtschaftlichen Unternehmen im Sinne des § 29 der Ersten Verordnung zur Ausführung des Milchgesetzes vom 15. Mai 1931 (Reichsgesetzbl. I S. 150) hergestellt ist, in dem nach näherer Anordnung der obersten Landesbehörde eine laufende Überwachung der zur Verarbeitung gelangenden Milch oder Sahne auf Reinheit, Säuregrad und Fettgehalt sowie der anfallenden Butter auf Wassergehalt stattfindet, und
   b) aus Sahne hergestellt ist, die einem anerkannten Erhitzungsverfahren unterworfen, sodann gekühlt und mit Reinkulturen gesäuert wurde, und
   c) mindestens 15 Wertmale, darunter mindestens 7 Wertmale für Geschmack, aufweist.

   Der Reichsminister für Ernährung und Landwirtschaft bestimmt den Zeitpunkt, von dem an die Voraussetzung unter b erfüllt sein muß. Butter, die den Anforderungen unter a bis c entspricht, aber mindestens 16 Wertmale aufweist, kann als „Feine Molkereibutter" bezeichnet werden;
3. als „Landbutter" nur, wenn sie mindestens 13 Wertmale, darunter mindestens 6 Wertmale für Geschmack, aufweist;
4. als „Kochbutter" nur, wenn sie mindestens noch zum Kochen, Backen oder Auslassen verwendet werden kann.

§ 4.. . .

§ 5. (1) Neben den nach §§ 2 und 3 vorgeschriebenen Kennzeichnungen muß Feine Molkereibutter und Molkereibutter mit dem Namen (der Firma) des Herstellers gekennzeichnet sein; daneben dürfen eingetragene Warenzeichen des Herstellers angebracht werden, wenn sie lediglich aus bildlichen Darstellungen bestehen.

(2) Wird Feine Molkereibutter oder Molkereibutter von einem anderen als dem Hersteller in den Verkehr gebracht, so darf sie dieser andere statt mit dem Namen (der Firma) und dem Warenzeichen des Herstellers mit seinem Namen (seiner Firma) kennzeichnen; er muß dies tun, wenn er solche Butter ausformt und sodann in den Verkehr bringt. Daneben kann er sein eingetragenes Warenzeichen anbringen, wenn es lediglich aus bildlichen Darstellungen besteht.

(3) Mischungen aus Molkereibutter und Feiner Molkereibutter sowie Mischungen aus Molkereibutter (Feiner Molkereibutter) verschiedener Hersteller, soweit sie nach § 12 Abs. 2 zulässig sind, müssen mit dem Namen (der Firma) desjenigen gekennzeichnet sein, der die Mischung vorgenommen hat; daneben darf sein eingetragenes Warenzeichen angebracht werden, wenn es lediglich aus bildlichen Darstellungen besteht. Die Angabe eines Herstellers der Butter ist unzulässig.

b) Ausländische Butter.

§ 6. (1) Die §§ 2, 3 und 5 Absätze 2 und 3 gelten sinngemäß für ausländische Butter, und zwar § 3 mit der Einschränkung, daß die Sortenbezeichnung der ausländischen Butter nur von dem Vorhandensein der vorgeschriebenen Wertmale, nicht dagegen von dem Vorhandensein der übrigen im § 3 genannten Voraussetzungen abhängt.

(2) Butter, die bei der Einfuhr nicht nach Abs. 1 gekennzeichnet ist, muß spätestens durch den ersten Empfänger im Inland gekennzeichnet werden, bevor die Butter von ihm in den Verkehr gebracht wird.

c) Gemeinsame Vorschriften.

§ 7. (1) Die nach §§ 2 bis 6 vorgeschriebenen oder zugelassenen Kennzeichnungen müssen, soweit nichts anderes bestimmt ist, auf den Packungen, Behältnissen oder Umhüllungen, in denen die Butter enthalten ist, bei offenem Verkauf auch an den Unterlagen, ungekürzt in gut sichtbarer und haltbarer Weise angebracht sein.

(2) Die Kennzeichnung der Sorte muß vor sonstigen Kennzeichnungen in erster Linie zur Geltung kommen.

§ 8. (1) Soweit nicht nach den vorstehenden Bestimmungen (§§ 2 bis 7) eine Kennzeichnung von Butter oder von Packungen oder Behältnissen, die Butter enthalten, vorgeschrieben oder zugelassen ist, ist jede Kennzeichnung von Butter oder von Packungen oder Behältnissen von Butter verboten. Als Kennzeichnung gilt auch die Anbringung von Schildern an den Behältnissen der Butter oder ihren Unterlagen.

(2) Zulässig ist lediglich, auf Verpackungen oder Behältnissen anzubringen

1. die Angabe des Landes oder Wirtschaftsgebietes oder Ortes, in dem die Butter hergestellt ist,
2. die Gewichtsangabe,
3. Kenn-Nummern zu Kontrollzwecken,
4. die Angabe, ob die Butter gesalzen ist oder nicht,
5. bei Butter, die in das Zollinland eingeführt ist, die nach den gesetzlichen Bestimmungen des Ursprungslandes vorgeschriebene oder zugelassene Kontrollmarke sowie den Namen (die Firma) und das Warenzeichen des Herstellers.

§ 9. Butter, deren Eigenschaften sich nachträglich so verändert haben, daß die Kennzeichnung nicht mehr zutrifft, ist neu zu kennzeichnen. Bei ausgeformter Butter genügt auch eine gut sichtbare und haltbare Berichtigung durch Klebezettel, Stempelaufdruck oder in sonstiger Weise.

Ausgeformte Markenbutter.

§ 10. Im Kleinhandel darf inländische Markenbutter nur ausgeformt in Stücken zu 500 Gramm, 250 Gramm, 125 Gramm und 62½ Gramm, die handelsüblich in Pergamentpapier oder in anderer vom Reichsminister für Ernährung und Landwirtschaft zugelassener Weise verpackt sind, zum Verkauf vorrätig gehalten werden. Die Stücke müssen eine rechteckige Blockform und folgende Größen aufweisen, wobei Abweichungen bis zu 5 Millimeter zulässig sind:

die Stücke zu 500 Gramm eine Länge von 150 Millimeter, eine Breite von 100 Millimeter und eine Höhe von 35 Millimeter,

die Stücke zu 250 Gramm eine Länge von 100 Millimeter, eine Breite von 75 Millimeter, eine Höhe von 35 Millimeter,

die Stücke zu 125 Gramm eine Länge von 75 Millimeter, eine Breite von 50 Millimeter, eine Höhe von 35 Millimeter.

Dies gilt nicht für Packungen, die zu besonderen Zwecken (z. B. für den Ausflugsverkehr) bestimmt sind.

§ 11. Das Ausformen von inländischer Markenbutter, die zur Abgabe an den Verbraucher im Kleinhandel bestimmt ist, darf nur im Betriebe des Herstellers der Butter vorgenommen werden. Dem Hersteller stehen gleich die Absatzzentralen, die von den vom Reichsminister für Ernährung und Landwirtschaft bestimmten Stellen errichtet sind, und wer von diesen Stellen zur Ausformung von Markenbutter besonders zugelassen ist.

Mischungen.

§ 12. (1) Das Mischen von Butter ist verboten.

(2) Ausgenommen von dem Verbot des Abs. 1 ist lediglich das Mischen von Butter aus dem gleichen Erzeugungsgebiet, wenn es sich um Butter von der gleichen Sorte handelt, wobei in Abweichung von der Vorschrift des § 2 Feine Molkereibutter und Molkereibutter als eine Sorte gelten. Jedoch darf das Mischen, solange sich die Butter im Verkehr befindet, nur in Betrieben vorgenommen werden, die hierzu durch vom Reichsminister für Ernährung und Landwirtschaft bestimmte Stellen zugelassen sind.

Verpackung.

§ 13. (1) Holz- und Pappgefäße dürfen zur Verpackung von Marken- und Molkereibutter (Feiner Molkereibutter) nur verwendet werden, wenn sie noch ungebraucht und mit Pergamentpapier oder in anderer vom Reichsminister für Ernährung und Landwirtschaft zugelassener Weise ausgelegt sind. Dies gilt nicht für Packungen, die lediglich zum Versand verpackter Butter dienen.

(2) Der Reichsminister für Ernährung und Landwirtschaft oder die von ihm bestimmten Stellen können für bestimmte Fälle Ausnahmen von den Vorschriften des Abs. 1 Satz 1 zulassen.

Schlußvorschriften.

§ 14. Nach Maßgabe des § 44 Abs. 1 Nr. 3 und Abs. 2 und der §§ 47 und 48 des Milchgesetzes wird bestraft, wer vorsätzlich oder fahrlässig den Vorschriften dieser Verordnung zuwiderhandelt.

§ 15. (1) Die Verordnung tritt mit Ausnahme der §§ 10 und 11 am 1. April 1934 in Kraft. Die §§ 10 und 11 treten am 1. Januar 1936 in Kraft; die obersten Landesbehörden können bestimmen, daß die §§ 10 und 11 schon vor diesem Zeitpunkt in Kraft treten.

(2) Die obersten Landesbehörden oder die von ihnen bestimmten Stellen können für die Zeit bis zum 31. Dezember 1934 solchen milchwirtschaftlichen Unternehmen, die den Anforderungen des § 29 Abs. 1 der Ersten Verordnung zur Ausführung des Milchgesetzes vom 15. Mai 1931 (Reichsgesetzbl. I S. 150) nicht entsprechen, im Durchschnitt eines Kalenderjahres aber mindestens 300 Liter Milch täglich oder die entsprechende Menge Sahne verarbeiten, in widerruflicher Weise gestatten, ihre Butter unter der Bezeichnung Molkereibutter in Verkehr zu bringen, wenn sie mindestens 15 Wertmale, darunter 7 Wertmale für Geschmack, aufweist.

(3) Verpackungen, die den Vorschriften dieser Verordnung nicht entsprechen, dürfen noch bis zum 30. Juni 1934 verwendet werden, wenn die vorgeschriebenen Kennzeichnungen durch Klebezettel, Stempelaufdruck oder auf sonstige Weise gut sichtbar angebracht werden.

IV. Verkehr mit Wein.

105. Weingesetz.

Vom 25. Juli 1930 (RGBl. I S. 356).

§ 1. Wein ist das durch alkoholische Gärung aus dem Safte der frischen Weintraube hergestellte Getränk.

§ 2[1]. (1) Es ist gestattet, Wein aus Erzeugnissen verschiedener Herkunft oder verschiedener Jahre herzustellen (Verschnitt).

(2) Rotwein darf nur mit Rotwein verschnitten werden. Deutscher Wein darf nicht mit ausländischen Erzeugnissen verschnitten werden; es ist jedoch gestattet, deutschem Rotwein bis zu einem Viertel der Gesamtmenge ausländischen Rotwein zuzusetzen. Auf welche Weise Schillerwein hergestellt wird, und inwieweit er verschnitten werden darf, regeln die Ausführungsbestimmungen.

(3) Dessertwein (Südwein, Süßwein) darf nur mit Dessertwein verschnitten werden. Es ist jedoch gestattet, einem Dessertwein, der zur Ausfuhr gelangt, Wein anderer Art zuzusetzen, sofern die Eigenart des Dessertweins gewahrt bleibt; in welcher Weise zu verhindern ist, daß der Verschnitt in den inländischen Verkehr gelangt, regeln die Ausführungsbestimmungen.

(4) Auf die Weiterverarbeitung von Wein in den Schaumweinfabriken, Weinbrennereien und Weinessigfabriken findet die Vorschrift des Abs. 2 keine Anwendung.

(5) Der aus amerikanischen Ertragskreuzungen gewonnene Wein darf nicht mit anderem Weine verschnitten werden. Er darf nur unter der Bezeichnung „Hybridenwein" in den Verkehr gebracht werden.

§ 3. (1) Dem aus inländischen Trauben gewonnenen Traubenmost oder Weine, bei Herstellung von Rotwein auch der vollen Traubenmaische, darf Zucker, auch in reinem Wasser gelöst, zugesetzt werden, um einem natürlichen Mangel an Zucker oder Alkohol oder einem natürlichen Übermaß an Säure insoweit abzuhelfen, als es der Beschaffenheit des aus Trauben gleicher Art

---

[1]) § 2 Abs. 5 ist gemäß § 34 Abs. 3 mit Inkrafttreten des § 13 Abs. 1 außer Kraft getreten.

und Herkunft in guten Jahrgängen ohne Zusatz gewonnenen Erzeugnisses entspricht. Dieser Zusatz darf jedoch in keinem Falle mehr als ein Viertel der gesamten Flüssigkeit betragen. Die Ausführungsbestimmungen erläutern, was unter guten Jahrgängen zu verstehen ist.

(2) Die Zuckerung darf nur in der Zeit vom Beginne der Traubenlese bis zum 31. Januar des auf die Ernte folgenden Jahres vorgenommen werden; sie darf in der Zeit vom 1. Oktober bis zum 31. Januar bei ungezuckerten Weinen früherer Jahrgänge nachgeholt werden.

(3) Die Zuckerung darf nur innerhalb der am Weinbau beteiligten Gebiete des Deutschen Reichs vorgenommen werden.

(4) Die Absicht, Traubenmaische, Traubenmost oder Wein zu zuckern, ist der zuständigen Behörde anzuzeigen.

(5) Auf die Herstellung von Wein zur Schaumweinbereitung in den Schaumweinfabriken finden die Vorschriften der Abs. 2, 3 keine Anwendung.

(6) In allen Fällen darf zur Weinbereitung nur technisch reiner nicht färbender Rüben-, Rohr-, Invert- oder Stärkezucker verwendet werden.

§ 4. (1) Unbeschadet der Vorschriften des § 3 dürfen Stoffe irgendwelcher Art dem Weine bei der Kellerbehandlung nur insoweit zugesetzt werden, als diese es erfordert. Die Ausführungsbestimmungen regeln, welche Stoffe verwendet werden dürfen, und geben Vorschriften über die Verwendung. Der Zusatz von Alkohol irgendwelcher Art ist verboten. Die Ausführungsbestimmungen können Ausnahmen zulassen für Dessertweine, die zur Wiederausfuhr gelangen, sowie für Weine, die nach tropischen Gegenden versandt werden.

(2) In den Ausführungsbestimmungen kann die Anwendung bestimmter Verfahren der Kellerbehandlung verboten oder nur unter Beschränkungen zugelassen werden.

(3) Die Kellerbehandlung umfaßt die nach Gewinnung der Trauben auf die Herstellung, Erhaltung und Zurichtung des Weines bis zur Abgabe an den Verbraucher gerichtete Tätigkeit.

(4) Versuche, die mit Genehmigung der zuständigen Behörde angestellt werden, unterliegen diesen Beschränkungen nicht.

§ 5. (1) Es ist verboten, Wein unter einer irreführenden Bezeichnung, Angabe oder Aufmachung anzubieten, zum Verkaufe vorrätig zu halten, feilzuhalten, zu verkaufen oder sonst in den Verkehr zu bringen.

(2) Gezuckerter Wein darf nicht mit einer Bezeichnung, Angabe oder Aufmachung versehen sein, die auf Reinheit des Weines oder auf besondere Sorgfalt bei der Gewinnung der Trauben deutet; solche Weine dürfen insbesondere nicht als naturrein, Wachstum, Gewächs oder Kreszenz, allein oder in Verbindung mit dem Namen eines bestimmten Weinbergsbesitzers oder Weinguts, bezeichnet werden.

(3) Wein, der durch Filtration entkeimt oder mit so entkeimtem Traubenmost versetzt worden ist, gilt nicht als gezuckerter Wein. Soweit diese Entkeimung vor vollendeter Gärung erfolgt oder so entkeimter Traubenmost zugesetzt ist, darf der Wein indes mit einer der im Abs. 2 angeführten Bezeichnungen nur dann in den Verkehr gebracht werden, wenn er zugleich eine auf diese Behandlung deutlich hinweisende Bezeichnung trägt.

(4) Wer Wein gewerbsmäßig in Verkehr bringt, ist verpflichtet, dem Abnehmer auf Verlangen vor der Übergabe mitzuteilen, ob der Wein gezuckert, verschnitten, vor vollendeter Gärung entkeimt oder mit entkeimtem Traubenmost versetzt worden ist, und sich beim Erwerbe von Wein die zur Erteilung dieser Auskunft erforderliche Kenntnis zu sichern.

(5) Das Nähere regeln die Ausführungsbestimmungen; sie können insbesondere bestimmen, welche Bezeichnungen, Angaben oder Aufmachungen nach Abs. 1 bis 3 verboten oder zulässig sind.

§ 6. (1) Im gewerbsmäßigen Verkehre mit Wein dürfen geographische Bezeichnungen nur zur Kennzeichnung der Herkunft verwendet werden.

(2) Die Vorschriften des § 16 Abs. 2 des Gesetzes zum Schutze der Warenbezeichnungen vom 12. Mai 1894 (Reichsgesetzbl. S. 441) in der Fassung vom 7. Dezember 1923 (Reichsgesetzbl. II

S. 445) und des § 5 Abs. 1 des Gesetzes gegen den unlauteren Wettbewerb vom 7. Juni 1909 (Reichsgesetzbl. S. 499) finden auf die Benennung von Wein keine Anwendung. Es ist jedoch gestattet, die Namen einzelner Gemarkungen oder Weinbergslagen, die mehr als einer Gemarkung angehören, zu benutzen, um gleichartige und gleichwertige Erzeugnisse benachbarter oder nahegelegener Gemarkungen oder Lagen zu bezeichnen. Die Ausführungsbestimmungen haben nähere Anordnungen darüber zu treffen, inwieweit Gemarkungen als nahegelegen oder benachbart im Sinne dieser Vorschrift anzusehen sind.

§ 7. (1) Ein Verschnitt aus Erzeugnissen verschiedener Herkunft darf nur dann nach einem der Anteile allein benannt werden, wenn dieser mindestens zwei Drittel der Gesamtmenge beträgt und die Art bestimmt; dabei finden die Vorschriften des § 6 Abs. 2 Satz 2 Anwendung. Die Angabe einer Weinbergslage ist jedoch nur dann zulässig, wenn der aus der betreffenden Lage stammende Anteil nicht gezuckert ist.

(2) Ein Verschnitt darf nicht als Wachstum, Gewächs oder Kreszenz, allein oder in Verbindung mit dem Namen eines bestimmten Weinbergsbesitzers oder Weinguts, bezeichnet werden.

(3) Die Beschränkungen der Bezeichnung treffen nicht die Vermischung von Trauben, Traubenmaische oder Traubenmost mit Trauben, Traubenmaische oder Traubenmost gleichen Wertes derselben oder einer benachbarten Gemarkung sowie den Verschnitt von selbstgewonnenen Weinen gleichen Wertes derselben oder einer benachbarten Gemarkung und den Ersatz der Abgänge, die sich aus der Pflege des im Fasse lagernden Weines ergeben.

§ 8. § 6 Abs. 2 Satz 2 und § 7 gelten nicht für die Verwendung von französischen und portugiesischen geographischen Bezeichnungen.

§ 9. Es ist verboten, Wein nachzumachen.

§ 10. (1) Unter das Verbot des § 9 fällt nicht die Herstellung von dem Weine ähnlichen Getränken aus dem Safte von frischem Stein-, Kern- oder Beerenobst sowie aus Hagebutten oder Schlehen, aus frischen Rhabarberstengeln, aus Malzauszügen oder aus Honig.

(2) Wein darf bei der gewerbsmäßigen Herstellung der im Abs. 1 bezeichneten Getränke nicht verwendet werden. Die Ausführungsbestimmungen können auch die Verwendung anderer Stoffe beschränken oder untersagen sowie bestimmen, welche Stoffe verwendet werden dürfen, und Vorschriften über die Verwendung geben.

(3) Die im Abs. 1 bezeichneten Getränke dürfen im Verkehr als Wein nur in solchen Wortverbindungen bezeichnet werden, welche die Stoffe kennzeichnen, aus denen sie hergestellt sind. Werden solche Getränke mit Phantasienamen bezeichnet, so muß der Bezeichnung eine Angabe über die Stoffe beigefügt werden, aus denen sie hergestellt sind.

§ 11. (1) Auf die Herstellung von Haustrunk aus Traubenmaische, Traubenmost oder frischen Weinrestern finden die Vorschriften des § 2 Abs. 2, 3, 5 und der §§ 3, 9 keine Anwendung.

(2) Die Vorschriften des § 4 finden auf die Herstellung von Haustrunk entsprechende Anwendung.

(3) Haustrunk darf nur in der Zeit vom Beginne der Traubenlese bis zum 31. Dezember des Jahres hergestellt werden.

(4) Wer Wein, Traubenmost oder Traubenmaische gewerbsmäßig in Verkehr bringt, ist verpflichtet, der zuständigen Behörde die Herstellung von Haustrunk unter Angabe der herzustellenden Menge und der zur Verarbeitung bestimmten Stoffe anzuzeigen; die Herstellung kann durch Anordnung der zuständigen Behörde beschränkt oder unter besondere Aufsicht gestellt werden.

(5) Die als Haustrunk hergestellten Getränke dürfen nur im eigenen Haushalt des Herstellers verwendet oder ohne besonderes Entgelt an die in seinem Betriebe beschäftigten Personen zum eigenen Verbrauch abgegeben werden. Bei Auflösung des Haushalts oder Aufgabe des Betriebs kann die zuständige Behörde die Veräußerung des etwa vorhandenen Vorrats von Haustrunk gestatten.

§ 12. Die Vorschriften der §§ 2, 4 bis 9, § 10 Abs. 2 Satz 1 finden auch auf Traubenmaische und Traubenmost Anwendung.

§ 13.[1]) (1) Traubenmaische, Traubenmost und Wein, die ganz oder teilweise aus amerikanischen Ertragskreuzungen gewonnen worden sind, dürfen nicht in den Verkehr gebracht werden.

(2) Erzeugnisse, die den Vorschriften des § 2 Abs. 1 bis 3, 5 Satz 1, der §§ 3, 4, 9, 10 oder den nach § 2 Abs. 2 Satz 3, §§ 4, 10 erlassenen Vorschriften zuwider hergestellt oder behandelt worden sind, dürfen, vorbehaltlich der Bestimmungen des § 15, nicht in den Verkehr gebracht werden. Für ausländische Erzeugnisse gilt dies nur, insoweit sie den Vorschriften des § 2 Abs. 1 bis 3, 5 Satz 1, des § 3 Abs. 1 oder der §§ 4, 9, 10 oder den nach §§ 4, 10 erlassenen Vorschriften nicht entsprechen; die Ausführungsbestimmungen können hinsichtlich der Vorschriften des § 4 und des § 10 Abs. 2 Satz 2 Ausnahmen für Erzeugnisse zulassen, die den für den Verkehr innerhalb des Ursprungslandes geltenden Vorschriften entsprechen. Die Reichsregierung kann aus Billigkeitsgründen in Einzelfällen Ausnahmen bewilligen.

§ 14. (1) Die Einfuhr von Erzeugnissen, die nach § 13 vom Verkehr ausgeschlossen sind, ist verboten.

(2) Die Ausführungsbestimmungen regeln, wie die Einhaltung dieses Verbotes zu sichern ist. Sie können die Einfuhr von Traubenmaische, Traubenmost oder Wein verbieten, die den am Orte der Herstellung geltenden Vorschriften zuwider hergestellt oder behandelt worden sind, sowie die Einfuhr von verdorbenen Trauben, von verdorbener Traubenmaische und von verdorbenen Getränken verbieten oder nur nach Vergällung zulassen.

(3) Trauben, die aus dem Ausland eingeführt und nach Nr. 45 des Zolltarifs als Tafeltrauben abgefertigt worden sind, dürfen nicht zur Herstellung von Most oder Wein verwendet werden; mit Erlaubnis der zuständigen Behörde dürfen sie jedoch unter ausreichenden Sicherungsmaßnahmen zur Herstellung von Essig oder Branntwein Verwendung finden.

---

[1]) § 13 Abs. 1 ist gemäß § 34 Abs. 3 erst am 1. Sept. 1935 in Kraft getreten.

§ 15. Erzeugnisse, die nach § 13 Abs. 1, 2 vom Verkehr ausgeschlossen sind, dürfen, vorbehaltlich des § 13 Abs. 2 Satz 3, nicht zur Herstellung von weinhaltigen Getränken, Schaumwein (Sekt), dem Schaumwein ähnlichen Getränken, Weinbrand oder Weinessig verwendet werden. Die Verwendung zu anderen Zwecken darf nur mit Genehmigung der zuständigen Behörde und unter ausreichenden Sicherungsmaßnahmen erfolgen.

§ 16. Die Ausführungsbestimmungen können die Verwendung bestimmter Stoffe bei der Herstellung von weinhaltigen Getränken, Schaumwein (Sekt), dem Schaumwein ähnlichen Getränken, Weinbrand und Weinbrandverschnitt beschränken oder untersagen sowie bestimmen, welche Stoffe bei der Herstellung solcher Getränke Verwendung finden dürfen. Sie können die Verwendung näher regeln.

§ 17. (1) Schaumwein (Sekt), der gewerbsmäßig verkauft oder feilgehalten wird, muß eine Bezeichnung tragen, die das Land erkennbar macht, in dem er auf Flaschen gefüllt worden ist; bei Schaumwein, dessen Kohlensäuregehalt ganz oder teilweise auf einem Zusatz fertiger Kohlensäure beruht, muß die Bezeichnung die Herstellungsart ersehen lassen. Dem Schaumwein ähnliche Getränke müssen eine Bezeichnung tragen, die erkennen läßt, welche dem Weine ähnlichen Getränke zu ihrer Herstellung verwendet worden sind. Das Nähere regeln die Ausführungsbestimmungen.

(2) In den Ausführungsbestimmungen kann vorgeschrieben werden, daß und in welcher Weise ein anders als in der Flasche vergorener Schaumwein zu kennzeichnen ist.

(3) Die in den Ausführungsbestimmungen vorgeschriebenen Bezeichnungen sind auch in die Preislisten, Weinkarten und Rechnungen sowie in die sonstigen im geschäftlichen Verkehr üblichen Mitteilungen mit aufzunehmen.

§ 18. (1) Trinkbranntwein, dessen Alkohol ausschließlich aus Wein gewonnen und der nach Art des Kognaks hergestellt ist, darf als Weinbrand bezeichnet werden. Trinkbranntwein, der neben Weinbrand Alkohol anderer Art enthält, darf als Weinbrandverschnitt bezeichnet werden, wenn mindestens ein Zehntel des Alkohols aus Weinbrand stammt. Andere Getränke und Grundstoffe zu Getränken dürfen nicht als Weinbrand oder mit einer das Wort Weinbrand enthaltenden Wortbildung bezeichnet werden, auch darf das Wort Weinbrand kein Bestandteil anderer Angaben der Flaschenaufschrift sein; auf Eierweinbrand findet dieses Verbot keine Anwendung.

(2) Weinbrand und Weinbrandverschnitt dürfen nur mit den für den Verkehr innerhalb des Ursprungslandes vorgeschriebenen Begleitscheinen in das Deutsche Reich eingeführt werden.

(3) Weinbrand, der nach französischem Rechte die Bezeichnung Cognac tragen darf und in trinkfertigem Zustand, entweder in Frankreich oder unter deutscher Zollaufsicht auf Flaschen gefüllt, mit den für den Verkehr innerhalb des Ursprungslandes vorgeschriebenen Begleitscheinen zur Einfuhr gelangt und unverändert geblieben ist, darf als Kognak (Cognac) bezeichnet werden. Andere Getränke und Grundstoffe zu Getränken dürfen nicht als Kognak (Cognac) oder mit einer das Wort Kognak (Cognac) enthaltenden Wortbildung bezeichnet werden, auch darf das Wort Kognak (Cognac) kein Bestandteil anderer Angaben der Flaschenaufschrift sein.

(4) Die Vorschriften der Abs. 1, 3 finden auch auf solche Bezeichnungen Anwendung, die mit den Namen Kognak, Weinbrand oder Weinbrandverschnitt verwechselt werden können.

(5) Weinbrand und Weinbrandverschnitt müssen in 100 Raumteilen mindestens 38 Raumteile Alkohol enthalten.

(6) Trinkbranntwein, der in Flaschen oder ähnlichen Gefäßen unter der Bezeichnung Kognak, Weinbrand oder Weinbrandverschnitt gewerbsmäßig verkauft oder feilgehalten wird, muß zugleich eine Bezeichnung tragen, welche das Land erkennbar macht, in dem er für den Verbrauch fertiggestellt worden ist. Das Nähere regeln die Ausführungsbestimmungen.

(7) Die in den Ausführungsbestimmungen vorgeschriebenen Bezeichnungen sind auch in die Preislisten, Weinkarten und Rechnungen sowie in die sonstigen im geschäftlichen Verkehr üblichen Mitteilungen mit aufzunehmen.

§ 19. (1) Wer gewerbsmäßig Trauben zur Weinbereitung,

Traubenmaische, Traubenmost oder Wein in Verkehr bringt oder zu Getränken weiterverarbeitet, ist verpflichtet, Bücher zu führen, aus denen zu ersehen ist:

1. welche Weinbergsflächen er abgeerntet hat, welche Mengen von Traubenmaische, Traubenmost oder Wein er aus eigenem Gewächse gewonnen oder von anderen bezogen und welche Mengen er an andere abgegeben oder welche Geschäfte über solche Stoffe er vermittelt hat;
2. welche Mengen von Zucker oder von anderen für die Kellerbehandlung des Weines (§ 4) oder zur Herstellung von Haustrunk (§ 11) bestimmten Stoffen er bezogen oder an andere abgegeben sowie welchen Gebrauch er von diesen Stoffen zum Zuckern (§ 3) oder zur Herstellung von Haustrunk gemacht hat;
3. welche Mengen von dem Weine ähnlichen Getränken er aus eigenem Gewächse gewonnen oder von anderen bezogen und welche Mengen er an andere abgegeben oder welche Geschäfte über solche Stoffe er vermittelt hat.

(2) Die Zeit des Geschäftsabschlusses und der Lieferung, die Namen der Lieferanten und, soweit es sich um die Abgabe im Fasse oder in Mengen von mehr als einem Hektoliter im einzelnen Falle oder um die Abgabe von Zucker handelt, auch der Abnehmer sind in die Bücher einzutragen.

(3) Die Bücher sind nebst den auf die eingetragenen Geschäfte bezüglichen Geschäftspapieren bis zum Ablauf von fünf Jahren nach der letzten Eintragung aufzubewahren.

(4) Das Nähere regeln die Ausführungsbestimmungen. Für Betriebe kleineren Umfanges und für Zweiggeschäfte, in denen nur Wein in fertigem Zustand bezogen und unverändert wieder abgegeben wird, können Erleichterungen oder Befreiung zugelassen werden.

§ 20. (1) Werden in einem Raume, in dem Wein zum Zwecke des Verkaufs hergestelllt oder gelagert wird, in Gefäßen, wie sie zur Herstellung oder Lagerung von Wein verwendet werden, Haustrunk (§ 11) oder andere Getränke als Wein oder Traubenmost verwahrt, so müssen diese Gefäße mit einer deutlichen

Bezeichnung des Inhalts an einer in die Augen fallenden Stelle versehen sein.

(2) Bei Flaschenlagerung genügt die Bezeichnung der Stapel.

(3) Personen, die wegen Verfehlungen gegen dieses Gesetz wiederholt oder zu einer Gefängnisstrafe verurteilt worden sind, kann die Verwahrung anderer Stoffe als Wein oder Traubenmost in solchen Räumen durch die zuständige Polizeibehörde untersagt werden.

§ 21. (1) Die Beobachtung der Vorschriften dieses Gesetzes ist durch die mit der Handhabung der Lebensmittelpolizei betrauten Behörden und Sachverständigen zu überwachen.

(2) Zur Unterstützung dieser Behörden sind für alle Teile des Reichs Sachverständige im Hauptberufe zu bestellen.

§ 22. Die zuständigen Beamten und Sachverständigen (§ 21) sind befugt, in Räume, in denen Traubenmaische, Traubenmost, Wein, weinhaltige Getränke, dem Weine ähnliche Getränke, Schaumwein, dem Schaumwein ähnliche Getränke, Weinbrand oder Weinbrandverschnitt hergestellt, verarbeitet, feilgehalten, gelagert oder verpackt werden, sowie in die zugehörigen Lager- und Geschäftsräume, ebenso in die Geschäftsräume von Personen, die gewerbsmäßig Geschäfte über solche Erzeugnisse vermitteln, einzutreten, in diesen Räumen sowie in den dem Betriebe dienenden Beförderungsmitteln Besichtigungen vorzunehmen, geschäftliche Aufzeichnungen, Frachtbriefe und Bücher einzusehen und nach ihrer Auswahl Proben zum Zwecke der Untersuchung zu fordern oder zu entnehmen. Über die Probeentnahme ist eine Empfangsbescheinigung zu erteilen. Ein Teil der Probe ist amtlich verschlossen oder versiegelt zurückzulassen. Soweit nicht der Besitzer ausdrücklich darauf verzichtet, ist für die entnommene Probe eine angemessene Entschädigung zu leisten.

§ 23. Die Inhaber der im § 22 bezeichneten Räume sowie die von ihnen bestellten Betriebsleiter und Aufsichtspersonen sind verpflichtet, den zuständigen Beamten und Sachverständigen auf Erfordern diese Räume zu bezeichnen, sie bei der Besichtigung zu begleiten oder durch mit dem Betriebe vertraute Personen begleiten zu lassen und ihnen Auskunft über das Verfahren bei Herstellung der Erzeugnisse, über den Umfang des Betriebs, über die zur Verwendung gelangenden Stoffe, insbesondere auch über deren Menge und Herkunft, zu erteilen sowie die geschäftlichen Aufzeichnungen, Frachtbriefe und Bücher, und zwar auf Verlangen auch in den zu kontrollierenden Räumen, vorzulegen. Personen, die gewerbsmäßig Geschäfte über Traubenmaische, Traubenmost, Wein, weinhaltige Getränke, dem Weine ähnliche Getränke, Schaumwein, dem Schaumwein ähnliche Getränke, Weinbrand oder Weinbrandverschnitt vermitteln, sind verpflichtet, Auskunft über die von ihnen vermittelten Geschäfte zu erteilen sowie die geschäftlichen Aufzeichnungen und Bücher vorzulegen. Die Erteilung von Auskunft kann jedoch verweigert werden, soweit derjenige, von welchem sie verlangt wird, sich selbst oder einem der im § 52 Nr. 1 bis 3 der Strafprozeßordnung bezeichneten Angehörigen die Gefahr strafgerichtlicher Verfolgung zuziehen würde.

§ 24. (1) Die mit der Überwachung des Weinverkehrs betrauten Beamten und Sachverständigen (§ 21) sind, vorbehaltlich der dienstlichen Berichterstattung und der Anzeige von Gesetzwidrigkeiten, verpflichtet, über die Tatsachen und Einrichtungen, die durch ihre Tätigkeit zu ihrer Kenntnis kommen, Verschwiegenheit zu beobachten und sich der Mitteilung und Verwertung von Geschäfts- oder Betriebsgeheimnissen zu enthalten, auch wenn sie nicht mehr im Dienste sind.

(2) Die Sachverständigen sind hierauf zu beeidigen.

§ 25. (1) Der Vollzug dieses Gesetzes liegt den Landesregierungen ob.

(2) Die Reichsregierung erläßt mit Zustimmung des Reichsrats nach Anhörung des zuständigen Ausschusses des Reichstags die erforderlichen Ausführungsbestimmungen.

Hierbei können

1. Grundsätze für den einheitlichen Vollzug, insbesondere für die Bestellung von geeigneten Sachverständigen und die Gewährleistung ihrer Unabhängigkeit aufgestellt,

2. Vorschriften für die jährliche Feststellung des Ergebnisses der Traubenernte sowie über Zeitpunkt, Form und Inhalt der nach § 3 Abs. 4 zu erstattenden Anzeige erlassen werden.

(3) Die weiter erforderlichen Vorschriften zur Sicherung des Vollzugs werden durch die obersten Landesbehörden oder die von diesen ermächtigten Behörden erlassen.

(4) Die Zuständigkeit der Behörden und Beamten richtet sich nach Landesrecht.

(5) Die obersten Landesbehörden können im Einvernehmen mit der Reichsregierung die Grenzen der am Weinbau beteiligten Gebiete bestimmen (§ 3 Abs. 3).

(6) Die Reichsregierung hat die Ausführung des Gesetzes zu überwachen und insbesondere auf Gleichmäßigkeit der Handhabung hinzuwirken.

§ 26. (1) Mit Gefängnis bis zu zwei Jahren und mit Geldstrafe oder mit einer dieser Strafen wird bestraft, wer vorsätzlich

1. den Vorschriften des § 2 Abs. 2, 3, 5 Satz 1, des § 3 Abs. 1 bis 3, 6, der §§ 4, 9, 10 Abs. 2 Satz 1, des § 11 Abs. 3, 5, der §§ 13, 14 Abs. 3, des § 15 oder den auf Grund des § 2 Abs. 2 Satz 3, des § 4 Abs. 1 Satz 2, Abs. 2, des § 10 Abs. 2 Satz 2, des § 11 Abs. 2 oder des § 16 erlassenen Vorschriften zuwiderhandelt;
2. Stoffe, deren Verwendung bei der Herstellung, Behandlung oder Verarbeitung von Wein, Haustrunk, weinhaltigen Getränken, dem Weine ähnlichen Getränken, Schaumwein, dem Schaumwein ähnlichen Getränken, Weinbrand oder Weinbrandverschnitt unzulässig ist oder die zur Nachmachung von Wein dienen, für diese Zwecke ankündigt, feilhält, verkauft oder an sich bringt oder einen diesen Zwecken dienenden Verkauf solcher Stoffe vermittelt;
3. den Vorschriften des § 2 Abs. 5 Satz 2, des § 5 Abs. 1 bis 3, der §§ 6, 7, des § 10 Abs. 3, der §§ 17, 18 oder den nach §§ 5, 17, 18 erlassenen Vorschriften zuwiderhandelt;
4. unrichtige Eintragungen in die nach § 19 zu führenden Bücher macht, die nach § 23 von ihm geforderte Auskunft unrichtig erteilt oder Bücher oder Geschäftspapiere, welche

nach § 19 Abs. 3 aufzubewahren sind, vor Ablauf der dort bestimmten Frist vernichtet oder beiseiteschafft.

(2) In den Fällen des Abs. 1 Nr. 1 ist auch der Versuch strafbar.

(3) Ist in den Fällen des Abs. 1 Nr. 1, 3, 4 die Zuwiderhandlung fahrlässig begangen, so tritt Geldstrafe oder Haft ein.

§ 27. Mit Geldstrafe oder mit Haft wird bestraft, wer vorsätzlich oder fahrlässig

1. außer in den Fällen des § 26 Abs. 1 Nr. 4 den Vorschriften über die nach § 19 zu führenden Bücher zuwiderhandelt;
2. die nach § 5 Abs. 4 zu erteilende Auskunft nicht oder unrichtig erteilt;
3. die nach § 3 Abs. 4, § 11 Abs. 4 vorgeschriebenen Anzeigen nicht erstattet oder den auf Grund des § 11 Abs. 4 erlassenen Anordnungen zuwiderhandelt;
4. den Vorschriften des § 20 Abs. 1, 2 oder einem nach § 20 Abs. 3 ergangenen Verbote zuwiderhandelt;
5. außer in den Fällen des § 26 Abs. 1 Nr. 4, Abs. 3 den durch § 23 auferlegten Verpflichtungen zuwiderhandelt;
6. den auf Grund des § 25 Abs. 3 erlassenen Vorschriften zuwiderhandelt.

§ 28. (1) In den Fällen des § 26 Abs. 1 Nr. 1, Nr. 2 ist neben der Strafe auf Einziehung oder Vernichtung der Erzeugnisse oder Stoffe zu erkennen, auf die sich die Zuwiderhandlung bezieht, auch wenn sie dem Verurteilten nicht gehören. Bei fahrlässigen Zuwiderhandlungen gegen die im § 26 Abs. 1 Nr. 1 bezeichneten Vorschriften und bei vorsätzlichen oder fahrlässigen Zuwiderhandlungen gegen die im § 26 Abs. 1 Nr. 3 bezeichneten Vorschriften kann dies geschehen.

(2) Die Vorschriften des Abs. 1 finden auch dann Anwendung, wenn die Strafe auf Grund eines anderen Gesetzes zu bestimmen ist.

(3) Kann keine bestimmte Person verfolgt oder verurteilt werden, so kann auf die Einziehung oder Vernichtung selbständig erkannt werden, wenn im übrigen die Voraussetzungen hierfür vorliegen.

§ 29. (1) In den Fällen des § 26 kann neben der Strafe angeordnet werden, daß die Verurteilung auf Kosten des Schuldigen öffentlich bekanntzumachen ist. Auf Antrag des freigesprochenen Angeklagten kann das Gericht anordnen, daß der Freispruch öffentlich bekanntzumachen ist; die Staatskasse trägt in diesem Falle die Kosten, sofern sie nicht nach § 469 der Strafprozeßordnung dem Anzeigenden auferlegt worden sind.

(2) In der Anordnung ist die Art der Bekanntmachung zu bestimmen; sie kann auch durch Anschlag an oder in den Geschäftsräumen des Verurteilten oder Freigesprochenen erfolgen.

§ 30. (1) Wer vorsätzlich oder fahrlässig der durch § 24 Abs. 1 auferlegten Verpflichtung zuwiderhandelt, wird mit Gefängnis bis zu einem Jahre oder mit Geldstrafe bestraft.

(2) Die Verfolgung tritt nur auf Antrag des Verletzten ein; die Zurücknahme des Antrags ist zulässig.

§ 31. Die Strafvorschriften dieses Gesetzes finden keine Anwendung, wenn die Tat nach anderen Vorschriften mit höherer Strafe bedroht ist. Ist die Tat nach anderen Vorschriften mit der gleichen oder einer niedrigeren Strafe bedroht, so finden nur die Strafvorschriften dieses Gesetzes Anwendung.

§ 32. Als gewerbsmäßig im Sinne dieses Gesetzes sind auch die Betriebe der Genossenschaften und ähnlicher Vereinigungen anzusehen.

§ 33. Die Vorschriften anderer die Herstellung und den Vertrieb von Wein betreffender Gesetze, insbesondere des Gesetzes über den Verkehr mit Lebensmitteln und Bedarfsgegenständen (Lebensmittelgesetz) vom 5. Juli 1927 (Reichsgesetzbl. I S. 134)[1], des Gesetzes zum Schutze der Warenbezeichnungen vom 12. Mai 1894 (Reichsgesetzbl. S. 441) in der Fassung vom 7. Dezember 1923 (Reichsgesetzbl. II S. 445) und vom 21. März 1925 (Reichsgesetzbl. II S. 115) und des Gesetzes gegen den unlauteren Wettbewerb vom 7. Juni 1909 (Reichsgesetzbl. S. 499) in der Fassung vom 21. März 1925 (Reichsgesetzbl. II S. 115) bleiben unberührt, soweit nicht die Vorschriften dieses Gesetzes ent-

[1]) Jetzt in der Fassung der Bekanntmachung vom 17. 1. 1936 (RGBl. I S. 17).

gegenstehen. Die Vorschriften der §§ 20, 21 des Lebensmittelgesetzes[1]) finden auch bei Strafverfolgungen auf Grund der Vorschriften dieses Gesetzes Anwendung. Durch die Landesregierungen kann jedoch bestimmt werden, daß die auf Grund dieses Gesetzes auferlegten Geldstrafen ganz oder teilweise zur Deckung der Kosten zu verwenden sind, die durch die Bestellung von Sachverständigen auf Grund des § 21 dieses Gesetzes entstehen.

§ 34. (1) Dieses Gesetz tritt, vorbehaltlich der Abs. 2, 3 am 1. September 1930 in Kraft. Gleichzeitig treten das Weingesetz vom 7. April 1909 (Reichsgesetzbl. S. 393) und die Verordnung betreffend Änderung des Weingesetzes, vom 28. März 1918 (Reichsgesetzbl. S. 155) außer Kraft.

(2) § 2 Abs. 3, § 4 Abs. 1 Satz 3, 4 treten am 1. April 1931 in Kraft.

(3) § 13 Abs. 1 tritt am 1. September 1935 in Kraft; gleichzeitig tritt § 2 Abs. 5 außer Kraft.

(4) Der Verkehr mit Getränken, die bei Inkrafttreten dieses Gesetzes nachweislich bereits hergestellt waren, ist nach den bisherigen Bestimmungen zu beurteilen.

106. Verordnung zur Ausführung des Weingesetzes.

Vom 16. Juli 1932 (RGBl. I S. 358)[2]).

Art. 1 (zu § 2 Abs. 2). (1) Schillerwein darf nur hergestellt werden

1. durch Keltern eines Gemisches von blauen und weißen Trauben aus gemischtem Satze,
2. durch Angären blauer Trauben auf der Maische.

(2) Deutscher Schillerwein darf nur mit deutschem Schillerwein verschnitten werden. Es ist jedoch gestattet, deutschem Schillerwein Rotwein zuzusetzen, sofern dabei dem Verschnitt die dem Schillerwein eigentümliche blaß- bis hellrote Farbe erhalten bleibt. Schillerwein, der ausschließlich aus inländischen

---

[1]) Jetzt §§ 18, 19 des Lebensmittelgesetzes in der Fassung vom 17. 1. 1936.

[2]) In der Fassung der Verordnungen vom 29. 8. 1935 (RGBl. I S. 1121), 20. 3. 1936 (RGBl. I S. 196), 6. 5. 1936 (RGBl. I S. 443) und 22. 10. 1936 (RGBl. I S. 906).

blauen Trauben hergestellt ist (Weißherbst), darf wie Rotwein verschnitten, der Verschnitt als Rotwein in den Verkehr gebracht werden.

Art. 2 (zu § 3 Abs. 1 Satz 3). Als guter Jahrgang ist ein solcher anzusehen, der sowohl nach dem Zucker- wie nach dem Säuregehalt der durchschnittlichen Zusammensetzung der als gut anzuerkennenden, aus Trauben gleicher Art und Herkunft gewonnenen Naturweine entspricht. Die von der Natur besonders bevorzugten Jahrgänge kommen als alleiniger Maßstab nicht in Betracht.

Art. 3 (zu § 3 Abs. 4). (1) Die Absicht, Traubenmaische, Traubenmost oder Wein zu zuckern, ist nach Maßgabe der Muster 1, 2 schriftlich anzuzeigen; die zuständige Behörde kann die Eintragung in Listen gestatten, die diesen Mustern nachzubilden und an geeigneten Stellen aufzulegen sind[1]).

(2) Für die neue Ernte ist die Anzeige vor Beginn des Zuckerns nach Muster 1 zu erstatten; dabei braucht die Menge der zu zuckernden Erzeugnisse sowie der Zeitpunkt des Zuckerns für die gesamte Ernte vom 1. September des betreffenden Jahres ab nicht angegeben zu werden. Für Wein früherer Jahrgänge ist jeder einzelne Fall des Zuckerns spätestens eine Woche zuvor nach Muster 2 anzuzeigen.

Art. 4 (zu §§ 4, 11, 12). (1) Bei der Kellerbehandlung dürfen, unbeschadet der nach § 3 des Gesetzes zulässigen Zuckerung, der Traubenmaische, dem Traubenmost oder dem Weine Stoffe irgendwelcher Art nur nach Maßgabe der folgenden Bestimmungen zugesetzt werden.

(2) Gestattet ist

A. Allgemein:

1. die Verwendung von im eigenen Betriebe gewonnener frischer, gesunder, flüssiger Weinhefe (Drusen) oder von flüssiger Reinhefe, um die Gärung einzuleiten oder zu fördern; die Reinhefe darf nur in Traubenmost oder Wein gezüchtet sein; dabei darf der Wein mit einer kleinen Menge

---

[1]) Wegen der hier nicht abgedruckten Anlagen vgl. RGBl. 1932 I S. 367 f.

Zucker versetzt und von Alkohol befreit werden. Der Zusatz der flüssigen Weinhefe darf nicht mehr als 20 Raumteile auf 1000 Raumteile der zu vergärenden Flüssigkeit betragen; doch darf diese Hefemenge zuvor in einem Teile des Mostes oder Weines vermehrt werden; dabei darf der Wein mit einer kleinen Menge Zucker versetzt und von Alkohol befreit werden;

2. die Verwendung von im eigenen Betriebe gewonnener frischer, gesunder, flüssiger Weinhefe (Drusen), um Mängel der Farbe oder des Geschmacks zu beseitigen. Der Zusatz darf nicht mehr als 150 Raumteile auf 1000 Raumteile Wein betragen; ein Zusatz von Zucker ist hierbei nicht zulässig;
3. die Entsäuerung mit reinem gefälltem kohlensaurem Kalk;
4. das Schwefeln mittels folgender Verfahren, sofern hierbei nur kleine Mengen von schwefliger Säure oder Schwefelsäure in die Flüssigkeit gelangen:
   a) Verbrennen von Schwefel oder Schwefelschnitten mit Ausnahme von gewürzhaltigem Schwefel,
   b) Verwendung von reiner gasförmiger schwefliger Säure,
   c) Verwendung von mindestens fünf vom Hundert Schwefeldioxyd enthaltenden Lösungen reiner gasförmiger schwefliger Säure in destilliertem Wasser,
   d) Verwendung von technisch reinem Kaliumpyrosulfit, auch in Tablettenform.

   Bei Traubensaft zum unmittelbaren Genuß (Traubensüßmost) darf die in 1 Liter der Flüssigkeit gelangende Menge von schwefliger Säure nicht mehr als 125 Milligramm betragen;
5. die Verwendung von reiner gasförmiger oder verdichteter Kohlensäure oder der bei der Gärung von Wein entstehenden Kohlensäure;
6. die Klärung (Schönung) mit folgenden technisch reinen Stoffen:
   a) in Wein gelöster Hausen-, Stör- oder Welsblase,
   b) Gelatine, Agar-Agar,

c) Tannin bis zur Höchstmenge von 10 Gramm auf 100 Liter,
d) Eiereiweiß,
e) ....
f) spanischer Erde, weißer Tonerde (Kaolin),
g) mechanisch wirkenden Filterdichtungsstoffen (Asbest, Zellulose und dergleichen);

7. die Verwendung von gereinigter Holz- oder Knochenkohle, soweit sie zum Klären (Schönen) oder zur Beseitigung von Fehlern oder Krankheiten erforderlich ist; zur Beseitigung des Rotweinfarbstoffs ist sie nicht zulässig;

8. die Klärung (Schönung) mit chemisch reinem Ferrocyankalium, auch in Verbindung mit den in Nr. 6, 7 genannten Stoffen, sofern der Zusatz so bemessen wird, daß in dem geklärten Erzeugnis keine Zyanverbindungen gelöst verbleiben;

8a. die Klärung (Schönung) des Traubensüßmostes mit Filtrationsenzym, einem Gemisch pflanzlicher Enzyme auf einem pflanzlichen Träger, auch in Verbindung mit den in Nrn. 6, 7 genannten Stoffen;

8b. die Verwendung von Sauerstoff;

B. Bei Wein, der in Fässern nach tropischen Gegenden versandt wird:

9. der Zusatz von aus Wein gewonnenem Alkohol oder reinem, mindestens 90 Raumhundertteile Alkohol enthaltenden Sprit bis zu 1 Raumteil auf 100 Raumteile Wein zur Haltbarmachung;

C. Bei ausländischem Dessertwein:

10. der Zusatz von kleinen Mengen gebrannten Zuckers (Zuckercouleur);

D. Bei ausländischem Dessertwein, der wieder ausgeführt wird:

11. der Zusatz von aus Wein gewonnenem Alkohol oder reinem, mindestens 90 Raumhundertteile Alkohol enthalten-

den Sprit bis zu der im Ursprungslande gestatteten Alkoholmenge;

E. Bei der Herstellung von Haustrunk:

12. der Zusatz von frischer Obstmaische und aus frischem Obst bereiteten Getränken. Die oberste Landesbehörde kann für die Herstellung von Haustrunk auch die Verwendung von Zitronensäure zulassen.

Art. 5 (zu § 5). (1) Als irreführend sind insbesondere anzusehen:

1. Phantasiebezeichnungen, sofern sie in unmittelbarer Verbindung mit Gemarkungsnamen gebraucht werden oder sonst geeignet sind, im Verkehr als Gemarkungs- oder Lagenamen aufgefaßt zu werden, auch mit Zusätzen wie Marke, Handelsmarke, Hausmarke;
2. Bezeichnungen, die einem Weine besondere heilende oder stärkende Wirkungen beilegen, wie Medizinalwein, Gesundheitswein, Krankenwein, Stärkungswein, Kraftwein, Blutwein, blutroter Wein.

(2) Wird ein innerhalb der am Weinbau beteiligten Gebiete des Deutschen Reichs mehrfach vorkommender Gemarkungsname als Herkunftsbezeichnung verwendet, so ist durch einen Zusatz deutlich erkennbar zu machen, um welche Gemarkung es sich handelt.

(3) Auch gezuckerter Wein darf mit dem Namen oder der Firma desjenigen versehen werden, der den Wein erzeugt hat oder in den Verkehr bringt; doch darf die Firmenangabe nicht auf Reinheit des Weines hindeuten. Ein Wein, der von einem anderen als dem Erzeuger gezuckert oder verschnitten worden ist, darf nur dann mit dem Namen oder der Firma des Erzeugers versehen werden, wenn dieser schriftlich eingewilligt hat.

(4) Als Bezeichnungen, die auf Reinheit des Weines oder auf besondere Sorgfalt bei der Gewinnung der Trauben deuten und somit für gezuckerte Weine nicht verwendet werden dürfen, kommen insbesondere in Betracht:

Naturwein, ungezuckerter Wein, rein, naturrein, echt, Wachstum, Gewächs, Kreszenz, Originalwein, Originalabfüllung, Originalabzug sowie alle sonstigen das Wort Original enthaltenden Wortbildungen, Kellerabfüllung, Kellerabzug, Schloßabzug, Eigengewächs, Faß Nr. . . ., Fuder Nr. . . ., Spätlese, Auslese, Ausbruch, Beerenauslese, Trockenbeerenauslese, Hochgewächs, Spitzengewächs, Edelgewächs, Edelwein, Edelauslese, Kabinettwein.

(5) Als Originalabfüllung oder Originalabzug darf nur ein ungezuckerter Wein bezeichnet werden, der im Keller des Erzeugers ausgebaut und abgefüllt worden ist.

(6) Als Spätlese darf nur ein ungezuckerter Wein von solchen Trauben bezeichnet werden, die erst nach der allgemeinen Lese in vollreifem Zustand geerntet worden sind.

(7) Als Auslese darf nur ein ungezuckerter Wein bezeichnet werden, der ausschließlich aus sorgfältig ausgelesenen Trauben unter Aussonderung aller nicht vollreifen, beschädigten oder kranken Beeren gewonnen worden ist.

(8) Beerenauslesen sind Auslesen, die nur aus den ausgelesenen und alsbald nach der Aberntung für sich gekelterten überreifen und edelfaulen Beeren guter Lagen gewonnen werden.

(9) Trockenbeerenauslesen sind Beerenauslesen, die nur aus den ausgelesenen und für sich gekelterten vollreifen, edelfaulen, rosinenartig eingeschrumpften Beeren gewonnen werden.

(10) Als Hochgewächs oder Spitzengewächs dürfen nur Beerenauslesen und Trockenbeerenauslesen bezeichnet werden.

(11) Auch gezuckerter Wein darf mit einem Korkbrand oder Korkaufdruck versehen werden; doch darf die Beschriftung keinerlei Angaben enthalten, die auf Reinheit des Weines hindeuten. Auf Flaschenaufschriften, Weinkarten und Preislisten darf nur ein ungezuckerter, im Keller des Erzeugers ausgebauter und abgefüllter Wein mit der Angabe „Korkbrand" versehen werden.

(12) Winzergenossenschaften und Winzervereine, welche die von ihren Mitgliedern geernteten Trauben in gemeinsamem Betriebe keltern, die daraus gewonnenen Weine kellereitechnisch

pflegen und auf gemeinsame Rechnung verkaufen, gelten gleichfalls als Erzeuger.

Art. 6 (zu § 5). Wein, der

1. vor vollendeter Gärung durch Filtration entkeimt oder
2. mit durch Filtration entkeimtem Traubenmost versetzt worden ist,

muß, sofern er auf Flaschenaufschriften, in Preislisten, Weinkarten, Rechnungen oder sonstigen im geschäftlichen Verkehr üblichen Mitteilungen mit einer der im § 5 Abs. 2 des Gesetzes erwähnten Bezeichnungen versehen wird, zugleich deutlich sichtbar im Falle der Nr. 1 die Bezeichnung „Mit Filter entkeimt", im Falle der Nr. 2 die Bezeichnung „Mit Filter entkeimt (Traubenmostzusatz)" tragen.

Art. 7 (zu § 10). (1) Bei der gewerbsmäßigen Herstellung der dem Weine ähnlichen Getränke dürfen Stoffe irgendwelcher Art nur nach Maßgabe der Abs. 2, 3, 4 zugesetzt werden.

(2) Gestattet ist

A. Allgemein:

1. die Verwendung von frischer, gesunder, flüssiger Hefe von weinähnlichen Getränken oder von flüssiger Reinhefe, um die Gärung einzuleiten oder zu fördern. Die Reinhefe darf nicht unter Verwendung von Traubenmost oder Wein vermehrt werden;
2. die Verwendung von frischer, gesunder oder gereinigter flüssiger Hefe von weinähnlichen Getränken oder von flüssiger Reinhefe in Verbindung mit einem 10 Gramm im Liter nicht übersteigenden Zuckerzusatze zur Auffrischung kohlensäurearmer weinähnlicher Getränke;
3. der Zusatz von chemisch reinen Ammoniumsalzen in Form von Chlorid, Karbonat, Phosphat oder Sulfat bis zur Höchstmenge von 40 Gramm auf 100 Liter der zu vergärenden Flüssigkeit, um die Gärung anzuregen oder zu fördern;
4. die Entsäuerung mit reinem gefälltem kohlensaurem Kalk;

5. das Schwefeln mittels folgender Verfahren, sofern hierbei nur kleine Mengen von schwefliger Säure oder Schwefelsäure in die Flüssigkeit gelangen:
   a) Verbrennen von Schwefel oder Schwefelschnitten mit Ausnahme von gewürzhaltigem Schwefel,
   b) Verwendung von reiner gasförmiger schwefliger Säure,
   c) Verwendung von mindestens fünf vom Hundert Schwefeldioxyd enthaltenden Lösungen reiner gasförmiger schwefliger Säure in destilliertem Wasser,
   d) Verwendung von technisch reinem Kaliumpyrosulfit, auch in Tablettenform;
6. die Verwendung von reiner gasförmiger oder verdichteter Kohlensäure oder der bei der Gärung entstehenden Kohlensäure;
7. die Klärung (Schönung) mit folgenden technisch reinen Stoffen:
   a) in weinähnlichen Getränken gelöster Hausen-, Stör- oder Welsblase,
   b) Gelatine, Agar-Agar,
   c) Tannin bei gerbstoffarmen Getränken bis zur Höchstmenge von 10 Gramm auf 100 Liter,
   d) Eiereiweiß,
   e) . . . .
   f) spanischer Erde, weißer Tonerde (Kaolin),
   g) mechanisch wirkenden Filterdichtungsstoffen (Asbest, Zellulose und dergleichen);
8. die Verwendung von gereinigter Holz- oder Knochenkohle, soweit sie zum Klären (Schönen) oder zur Beseitigung von Fehlern oder Krankheiten erforderlich ist;
9. die Klärung (Schönung) mit chemisch reinem Ferrozyankalium, auch in Verbindung mit den in Nr. 7, 8 genannten Stoffen, sofern der Zusatz so bemessen wird, daß in der geklärten Flüssigkeit keine Zyanverbindungen gelöst verbleiben;

B. Bei der Herstellung von Apfel- oder Birnenwein:

10. der Zusatz von technisch reinem nicht färbenden Rüben-, Rohr-, Invert- oder Stärkezucker zu Apfel- oder Birnenmost bis zur Erreichung eines Mostgewichts von höchstens 55 Grad Oechsle;
11. der Zusatz eines wässerigen Auszugs der abgepreßten Apfel- oder Birnentrester, sofern dadurch nicht mehr Wasser hinzukommt, als einem Zehntel der gesamten Flüssigkeit entspricht;
12. der Zusatz von höchstens 3 Gramm reiner Milchsäure auf 1 Liter;

C. Bei der Herstellung von Getränken aus Beerenobst, Steinobst, Hagebutten, Schlehen oder Rhabarberstengeln:

13. der Zusatz von technisch reinem nicht färbendem Rüben-, Rohr-, Invert- oder Stärkezucker;
14. der Zusatz von reinem Wasser oder wässerigen Auszügen der Preßrückstände in der technisch erforderlichen Menge;

D. Bei der Herstellung von süßvergorenen Getränken aus Kernobst, Beerenobst, Steinobst, Hagebutten, Schlehen oder Rhabarberstengeln:

15. der Zusatz von technisch reinem nicht färbendem Rüben-, Rohr-, Invert- oder Stärkezucker;
16. der Zusatz von reinem Wasser oder wässerigen Auszügen der Preßrückstände in der technisch erforderlichen Menge, doch darf bei der Herstellung von süßvergorenem Apfelwein der Zusatz von Wasser nur nach Maßgabe der Nr. 11 erfolgen;
17. der Zusatz von höchstens 20 Gramm Alkohol auf 1 Liter in Form von reinem, mindestens 90 Raumhundertteile Alkohol enthaltenden Sprit;
18. der Zusatz von kleinen Mengen gebrannten Zuckers (Zuckercouleur);
19. bei der Herstellung von süßvergorenem Erdbeer- oder Hagebuttenwein der Zusatz von höchstens 3 Gramm reiner Milchsäure auf 1 Liter;

E. Bei der Herstellung von Getränken aus Malzauszügen:

20. der Zusatz von höchstens 2 Gewichtsteilen reinem Wasser auf 1 Gewichtsteil Malz;

F. Bei der Herstellung von dessertweinähnlichen, mehr als 100 Gramm Alkohol im Liter enthaltenden Getränken aus Malzauszügen:

21. der Zusatz von höchstens 1,8 Gewichtsteilen Zucker auf 1 Gewichtsteil Malz;
22. der Zusatz von höchstens 2 Gewichtsteilen reinem Wasser auf 1 Gewichtsteil Malz und Zucker;

G. Bei der Herstellung von Getränken aus Honig:

23. der Zusatz von höchstens 2 Gewichtsteilen reinem Wasser auf 1 Gewichtsteil Honig;
24. der Zusatz von gebranntem (karamelisiertem) Honig;
25. der Zusatz von Hopfen;
26. der Zusatz von Gewürzen.

(3) In Württemberg, Baden, dem Bayerischen Regierungsbezirk Schwaben und Neuburg und den Hohenzollernschen Landen richtet sich die Herstellung der dort landesüblichen als Most bezeichneten Getränke aus Obst nach Landesbrauch, jedoch darf der Zusatz von Wasser nicht mehr als ein Drittel der gesamten Flüssigkeit betragen. Sofern das Erzeugnis außerhalb Württembergs, Badens, des Bayerischen Regierungsbezirks Schwaben und Neuburg und der Hohenzollernschen Lande in den Verkehr gebracht wird, muß es als Schwäbischer Most, Württemberger Most oder Badischer Most bezeichnet und die durch Zusatz in das Getränk gelangte Wassermenge zahlenmäßig richtig angegeben werden.

(4) Die unter Verwendung anderer als der im Abs. 2 Nr. 1 bis 9 genannten Stoffe hergestellten Getränke dürfen nicht als naturrein oder mit einer das Wort Natur enthaltenden Wortbildung bezeichnet werden.

Art. 8 (zu § 13). (1) Traubenmaische, Traubenmost oder Wein ausländischen Ursprunges, die den Vorschriften des § 4 des Gesetzes nicht entsprechen, werden zum Verkehr zugelassen, wenn sie den für den Verkehr innerhalb des Ursprungslandes geltenden Vorschriften genügen:

(2) Vom Verkehr ausgeschlossen sind jedoch:

a) roter Wein, mit Ausnahme von Dessertwein, desgleichen Traubenmost oder Traubenmaische zu rotem Weine, sofern ihr Gehalt an Schwefelsäure in 1 Liter Flüssigkeit mehr beträgt, als 2 Gramm neutralem schwefelsaurem Kalium entspricht;

b) Erzeugnisse, die einen Zusatz von Alkalikarbonaten (Pottasche oder dergleichen), von organischen Säuren oder deren Salzen (Weinsäure, Zitronensäure, Weinstein, neutrales weinsaures Kalium oder dergleichen) oder eines der im Artikel 13 genannten Stoffe erhalten haben;

c) Traubenmost, der einen Zusatz von Alkohol erhalten hat, sofern nicht das Erzeugnis aus Muskatellertrauben oder ähnlichen frischen Bukettrauben hergestellt ist, die Art des Dessertweins aufweist und in 1 Liter mindestens 200 Gramm natürlichen Zucker enthält;

d) sonstige Erzeugnisse, die einen Zusatz von Alkohol erhalten haben, soweit es sich nicht um Dessertweine, die im Ursprungsland mit Alkohol versetzt worden sind, oder um die im Artikel 15 Nr. 1 bezeichneten verstärkten Weine zur Herstellung von Weinbrand handelt;

e) Dessertwein, der unter Verwendung von Rosinen oder Zucker hergestellt worden ist.

Art. 9 (zu § 14). Verdorbene Trauben, verdorbene Traubenmaische und verdorbene Getränke sind von der Einfuhr ausgeschlossen. Insbesondere gilt dies für stichige Erzeugnisse; sofern diese im übrigen den Vorschriften des Weingesetzes entsprechen, können sie unter Zollsicherung zur Bereitung von Essig oder von Weinessig zugelassen werden.

Art. 10 (zu § 14). (1) Traubenmaische, Traubenmost und Wein, auch verstärkter Wein zur Herstellung von Weindestillat, dürfen nur über die von der Reichsregierung bezeichneten Zollstellen eingeführt werden.

(2) Die aus dem Ausland eingehenden Sendungen unterliegen bei der Einfuhr einer durch die Zollstelle zu veranlassenden amtlichen Untersuchung durch eine öffentliche Fachanstalt, die von einer obersten Landesbehörde hierzu bestellt worden ist. Hierbei sind in Zweifelsfällen, insbesondere für die Geschmacksprobe, die hauptberuflichen Sachverständigen oder andere anerkannt sachkundige Personen zuzuziehen.

(3) Das Ergebnis der Untersuchung ist der Zollstelle alsbald schriftlich mitzuteilen. Nur im Falle der Beanstandung bedarf es einer ausführlichen Begründung. Soweit die Sendung beanstandet wird, ist sie durch die Zollstelle von der Einfuhr zurückzuweisen. Den Verfügungsberechtigten hat die Zollstelle unter Angabe der für die Zurückweisung maßgebenden Feststellungen alsbald zu benachrichtigen; er kann innerhalb einer Frist von zehn Tagen nach Empfang der Nachricht bei der die Zurückweisung verfügenden Zollstelle die Entscheidung des Landesfinanzamts beantragen, welches endgültig entscheidet. Das Landesfinanzamt kann vor der Entscheidung ein Obergutachten von einer obersten Landesbehörde hierzu bestellten öffentlichen Fachanstalt einholen.

(4) Die Kosten der Untersuchung einschließlich der Versendung der Proben hat der Verfügungsberechtigte zu tragen.

(5) Von der Untersuchung sind befreit:

a) Sendungen im Einzelrohgewicht von nicht mehr als 10 Kilogramm;

b) Wein in Flaschen oder Fläschchen, wenn nach den Umständen nicht zu bezweifeln ist, daß er nur als Muster zu dienen bestimmt ist;

c) Wein in Flaschen oder Fläschchen, sofern das Gewicht des in einem Packstück enthaltenen Weines einschließlich seiner unmittelbaren Umschließung nicht mehr als 20 Kilogramm beträgt. Ist Wein, von dem mehrere Arten gleichzeitig in einer Sendung eingehen, nachweislich nicht zum gewerbsmäßigen Absatz bestimmt, so dürfen auch bei einem höheren

Gewicht diejenigen Weinarten von der Untersuchung freigelassen werden, von denen nicht mehr als $3\frac{3}{4}$ Liter eingehen;

d) Mengen von nicht mehr als 10 Kilogramm Rohgewicht, die im kleinen Grenzverkehr eingehen;

e) die von Reisenden oder Verkehrspersonal zum eigenen Verbrauche während der Reise mitgeführten Mengen;

f) Erzeugnisse, die als Umzugsgut eingehen und nicht zum gewerbsmäßigen Absatz bestimmt sind;

g) zur unmittelbaren Durchfuhr bestimmte Sendungen;

h) Wein, der als Gesandtschafts- oder Konsulargut zollfrei ist.

(6) Die Untersuchung kann unterbleiben, wenn die Einfuhrfähigkeit durch das Zeugnis einer wissenschaftlichen Fachanstalt des Ursprungslandes nachgewiesen wird, deren Berechtigung zur Ausstellung solcher Zeugnisse durch die Reichsregierung anerkannt worden ist.

(7) Auch ohne solches Zeugnis kann ausnahmsweise bei hochwertigem Weine in Flaschen von der Untersuchung abgesehen werden, wenn die Einfuhrfähigkeit auf andere Weise glaubhaft gemacht wird.

(8) Das Nähere bestimmt die Weinzollordnung.

Art. 11 (zu §§ 2, 4, 14). (1) Ausländische Dessertweine dürfen in das Reichsgebiet nur in dem Zustand eingeführt werden, in dem sie das Ursprungsland verlassen haben. Sie müssen, soweit nicht die Einfuhr in Flaschen erfolgt, vor dem Verlassen des Ursprungslandes amtlich verschlossen und von einer Bescheinigung der zuständigen Behörde des Ursprungslandes über den Verschluß sowie von einem Zeugnis einer wissenschaftlichen Fachanstalt des Ursprungslandes über das spezifische Gewicht und die Zusammensetzung des Weines, insbesondere über seinen Gehalt an Alkohol, Extrakt, Mineralstoffen, Zucker und Gesamtsäure (berechnet als Weinsäure), nach Gramm im Liter, begleitet werden. Die im Artikel 10 Abs. 5 bezeichneten Sendungen unterliegen nicht diesen Vorschriften.

(2) Die Zollstelle hat die Nachuntersuchung durch eine der im Artikel 10 Abs. 2 bezeichneten öffentlichen Fachanstalten auf

Kosten des Verfügungsberechtigten zu veranlassen. Artikel 10 Abs. 3 findet entsprechende Anwendung.

(3) Umfüllung während des Transports schließt die Einfuhrfähigkeit aus, soweit nicht mit einer ausländischen Regierung für besondere Fälle eine abweichende Regelung vereinbart worden ist.

(4) Die Vorschriften über die Untersuchung auf Einfuhrfähigkeit werden durch Abs. 1, 2 nicht berührt.

(5) Das Nähere bestimmt die Weinzollordnung.

Art. 12 (zu § 2 Abs. 3 Satz 2, § 4 Abs. 1 Satz 3, 4). Wer im Reichsgebiet einem zur Wiederausfuhr bestimmten ausländischen Dessertwein einen Wein anderer Art oder aus Wein gewonnenen Alkohol oder reinen, mindestens 90 Raumhundertteile Alkohol enthaltenden Sprit zuzusetzen beabsichtigt, hat dies der zuständigen Behörde anzuzeigen und besondere Bücher zu führen, in denen Art und Menge der verwendeten Getränke und Zusatzstoffe sowie die Wiederausfuhr nach dem Ausland nachgewiesen wird. Die in Betracht kommenden Kellerbestände sind an Hand der Bücher durch die Zollbehörden unter Mitwirkung der hauptberuflichen Sachverständigen fortlaufend zu überprüfen.

Art. 13 (zu § 16). Bei der Herstellung von weinhaltigen Getränken, deren Bezeichnung die Verwendung von Wein andeutet, von Schaumwein (Sekt) oder dem Schaumwein ähnlichen Getränken dürfen folgende Stoffe nicht verwendet werden:

lösliche Aluminiumsalze (Alaun und dergleichen), Ameisensäure, Bariumverbindungen, Benzoesäure, Borsäure, Eisenzyanverbindungen (Blutlaugensalze), jedoch mit Ausnahme von chemisch reinem Ferrozyankalium zur Klärung (Schönung), sofern der Zusatz so bemessen wird, daß in den geklärten Getränken keine Zyanverbindungen gelöst verbleiben, Farbstoffe mit Ausnahme von kleinen Mengen gebrannten Zuckers (Zuckercouleur), Fluorverbindungen, Formaldehyd und solche Stoffe, die bei ihrer Verwendung Formaldehyd abgeben, Glyzerin außer bei Pepsinwein, Kermesbeeren, Magnesiumverbindungen, Oxalsäure, Salizylsäure, unreiner (freien Amylalkohol enthaltender) Sprit, nicht technisch reiner Stärkezucker, Stärkesirup, Strontiumverbindungen, Wismutverbindungen, Zimtsäure, Zinksalze, Salze, Verbindungen und Abkömmlinge der genannten Säuren sowie der schwefligen Säure (Sulfite und dergleichen), jedoch mit Ausnahme von technisch reinem Kaliumpyrosulfit, auch in Tablettenform, sofern durch seine Verwendung nur kleine Mengen von schwefliger Säure oder Schwefelsäure in die Flüssigkeit gelangen.

Art. 14[1]) (zu § 16).

Art. 15 (zu § 16). Bei der Herstellung von Weinbrand dürfen nur folgende Stoffe verwendet werden:

1. Weindestillat, dem die den Weinbrand kennzeichnenden Bestandteile des Weines nicht entzogen worden sind und das nicht mehr als 86 Raumhundertteile Alkohol enthält. Wird das Weindestillat aus verstärktem Weine hergestellt, so muß dieser aus verkehrsfähigem Weine lediglich durch Zusatz von Weindestillat mit einem Alkoholgehalt von mindestens 65 Raumhundertteilen oder von Armagnac-Weindestillat mit einem Alkoholgehalt von mindestens 52 Raumhundertteilen gewonnen sein. Der verstärkte Wein darf in einem Liter nicht mehr als 2 Gramm flüchtige Säure (als Essigsäure berechnet) und nicht weniger als 12 Gramm zuckerfreies Extrakt enthalten;
2. reines Wasser;
3. technisch reiner Rüben- oder Rohrzucker in solcher Menge, daß der Gesamtgehalt an Zucker, einschließlich des durch sonstige Zusätze hineingelangenden (als Invertzucker berechnet), in 100 Kubikzentimeter des gebrauchsfertigen Weinbrandes bei 20° nicht mehr als 2 Gramm beträgt;
4. gebrannter Zucker (Zuckercouleur), hergestellt aus technisch reinem Rüben- oder Rohrzucker;
5. im eigenen Betriebe durch Lagerung von Weindestillat (Nr. 1) auf Eichenholz oder Eichenholzspänen auf kaltem Wege hergestellte Auszüge;

---

[1]) Außer Kraft getreten laut § 9 Abs. 1 der VO. über Wermutwein und Kräuterwein vom 20. 3. 1936 (RGBl. I S. 196).

6. im eigenen Betriebe durch Lagerung von Weindestillat (Nr. 1) auf Pflaumen, grünen (unreifen) Walnüssen oder getrockneten Mandelschalen auf kaltem Wege hergestellte Auszüge, jedoch nur in so geringer Menge, daß die Eigenart des verwendeten Weindestillats dadurch nicht wesentlich beeinflußt wird;
7. Dessertwein, jedoch nur in solcher Menge, daß in 100 Raumteilen des gebrauchsfertigen Weinbrandes nicht mehr als 1 Raumteil Dessertwein enthalten ist;
8. mechanisch wirkende Filterdichtungsstoffe (Asbest, Zellulose und dergleichen);
9. technisch reine Gelatine, Hausenblase, Eiereiweiß, Käsestoff (Kasein);
10. Sauerstoff oder Ozon.

Art. 16 (zu § 16). Bei der Herstellung von Weinbrandverschnitt dürfen nur folgende Stoffe verwendet werden:

1. Weinbrand;
2. reiner, mindestens 90 Raumhundertteile Alkohol enthaltender Sprit;
3. reines Wasser;
4. technisch reiner Rüben- oder Rohrzucker in solcher Menge, daß der Gesamtgehalt an Zucker, einschließlich des durch sonstige Zusätze hineingelangenden (als Invertzucker berechnet), in 100 Kubikzentimeter des gebrauchsfertigen Weinbrandverschnitts bei 20° nicht mehr als 2 Gramm beträgt;
5. gebrannter Zucker (Zuckercouleur), hergestellt aus technisch reinem Rüben- oder Rohrzucker;
6. im eigenen Betriebe durch Lagerung von Weindestillat (Artikel 15 Nr. 1) auf Eichenholz oder Eichenholzspänen auf kaltem Wege hergestellte Auszüge;
7. im eigenen Betriebe durch Lagerung von Weindestillat (Artikel 15 Nr. 1) auf Pflaumen, grünen (unreifen) Walnüssen oder getrockneten Mandelschalen auf kaltem Wege hergestellte Auszüge, jedoch nur in so geringer Menge, daß

die Eigenart des verwendeten Weinbrandes dadurch nicht wesentlich beeinflußt wird;

8. Dessertwein, jedoch nur in solcher Menge, daß in 100 Raumteilen des gebrauchsfertigen Weinbrandverschnitts nicht mehr als 1 Raumteil Dessertwein enthalten ist;
9. mechanisch wirkende Filterdichtungsstoffe (Asbest, Zellulose und dergleichen);
10. technisch reine Gelatine, Hausenblase, Eiereiweiß, Käsestoff (Kasein);
11. Sauerstoff oder Ozon.

Art. 17 (zu § 17). Schaumwein und ihm ähnliche Getränke, die gewerbsmäßig verkauft oder feilgehalten werden, sind wie folgt zu kennzeichnen:

a) Bei Schaumwein muß das Land, in dem der Wein auf Flaschen gefüllt ist, in der Weise kenntlich gemacht werden, daß auf den Flaschen die Bezeichnung

Deutscher Schaumwein,
Französischer Schaumwein,
Luxemburgischer Schaumwein

usw. angebracht wird. An Stelle der Bezeichnung „Schaumwein" kann auch das Wort „Sekt" treten.

b) Bei Schaumwein, dessen Kohlensäuregehalt ganz oder teilweise auf einem Zusatz fertiger Kohlensäure beruht, sind der unter a vorgeschriebenen Bezeichnung die Worte

Mit Zusatz von Kohlensäure

hinzuzufügen.

c) Bei den dem Schaumwein ähnlichen Getränken sind die zur Herstellung verwendeten dem Weine ähnlichen Getränke in der Weise kenntlich zu machen, daß auf den Flaschen in Verbindung mit dem Worte Schaumwein eine die verwendete Fruchtart erkennbar machende Bezeichnung, wie Apfel-Schaumwein, Johannisbeer-Schaumwein, angebracht wird.

An Stelle dieser Bezeichnungen können die Worte Frucht-Schaumwein, Obst-Schaumwein, Beeren-Schaumwein treten.

d) Die unter a, b vorgeschriebenen Bezeichnungen müssen in schwarzer Farbe auf weißem Grunde deutlich und nicht verwischbar auf einem mit der Hauptinschrift zusammenhängenden Streifen in lateinischer Schrift aufgedruckt sein. Die Schriftzeichen auf dem Streifen müssen bei Flaschen, die einen Raumgehalt von 425 oder mehr Kubikzentimeter haben, mindestens 0,5 Zentimeter hoch und so breit sein, daß im Durchschnitt je 10 Buchstaben eine Fläche von mindestens 3,5 Zentimeter Länge einnehmen. Die Inschrift darf, falls sie einen Streifen von mehr als 10 Zentimeter Länge beanspruchen würde, auf zwei Zeilen verteilt werden. Die Worte „Mit Zusatz von Kohlensäure" sind stets auf die zweite Zeile zu setzen. Der Streifen, der eine weitere Inschrift nicht tragen darf, ist gegen die Hauptinschrift durch einen mindestens 1 Millimeter breiten Strich deutlich abzugrenzen.

e) Die unter c vorgeschriebene Bezeichnung ist in deutlichen Schriftzeichen von mindestens der unter d angegebenen Größe auf der Hauptinschrift der Flasche oder auf einem mit dieser zusammenhängenden Streifen so anzubringen, daß sie sich von anderen Angaben auf dieser Inschrift (Firma, Sortennamen und dergleichen) sowie von etwa angebrachten Verzierungen deutlich abhebt.

Art. 18 (zu § 18). (1) Kognak oder anderer Weinbrand, der in Flaschen gewerbsmäßig verkauft oder feilgehalten wird, ist nach dem Lande, in dem er fertiggestellt ist, als

Deutscher, Französischer usw. Weinbrand,

Weinbrandverschnitt als

Deutscher, Französischer usw. Weinbrandverschnitt

zu bezeichnen. Kognak darf an Stelle der im Satze 1 vorgeschriebenen Bezeichnung auch die Bezeichnung

Kognak (Cognac), französisches Erzeugnis

tragen.

(2) Hat im Ausland hergestellter Weinbrand oder Weinbrandverschnitt in Deutschland lediglich einen Zusatz von reinem Wasser erhalten, um unbeschadet der Vorschrift des § 18 Abs. 5

des Gesetzes den Alkoholgehalt auf die übliche Trinkstärke herabzusetzen, so ist er als

Französischer usw. Weinbrand (Weinbrandverschnitt), in Deutschland fertiggestellt

zu bezeichnen.

(3) Die Bezeichnung muß bei Weinbrand in schwarzer, bei Weinbrandverschnitt in roter Farbe auf weißem Grunde deutlich und nicht verwischbar auf einem bandförmigen Streifen in lateinischer Schrift aufgedruckt sein. Die Schriftzeichen müssen bei Flaschen, die einen Raumgehalt von 350 Kubikzentimeter oder mehr haben, mindestens 0,5 Zentimeter hoch und so breit sein, daß im Durchschnitt je 10 Buchstaben eine Fläche von mindestens 3,5 Zentimeter Länge einnehmen. Die Inschrift darf, falls sie einen Streifen von mehr als 10 Zentimeter Länge beanspruchen würde, auf zwei Zeilen verteilt werden. Der Streifen, der eine weitere Inschrift nicht tragen darf, ist an einer in die Augen fallenden Stelle der Flasche, und zwar gegebenenfalls zwischen dem den Flaschenkopf bedeckenden Überzug und der die Bezeichnung der Firma enthaltenden Inschrift, dauerhaft zu befestigen. Wird der Streifen im Zusammenhange mit dieser oder einer anderen Inschrift hergestellt, so ist er gegen diese durch einen mindestens 1 Millimeter breiten Strich deutlich abzugrenzen.

Art. 19 (zu § 19). (1) Wer nach § 19 des Gesetzes oder nach Artikel 12 dieser Verordnung verpflichtet ist, Bücher zu führen, hat sich hierbei sowie bei allen mit der Buchführung zusammenhängenden Aufzeichnungen der deutschen Sprache zu bedienen. Die Bücher müssen gebunden und Blatt für Blatt oder Seite für Seite mit fortlaufenden Nummern versehen sein. Die Zahl der Blätter oder Seiten ist vor Beginn des Gebrauchs auf der ersten Seite des Buches anzugeben. Ein Blatt aus dem Buche zu entfernen, ist verboten. An Stellen, die der Regel nach zu beschreiben sind, dürfen keine leeren Zwischenräume gelassen werden. Der ursprüngliche Inhalt einer Eintragung darf nicht mittels Durchstreichens oder auf andere Weise unleserlich gemacht, es darf nichts radiert, auch dürfen keine Veränderungen vorgenommen werden, deren Beschaffenheit es ungewiß läßt, ob sie bei der ursprünglichen Eintragung oder erst später gemacht worden sind. Die Eintragungen dürfen nur mit Tinte erfolgen.

(2) Die Bücher und Belege sind sorgfältig aufzubewahren und auf Verlangen jederzeit den mit der Kontrolle betrauten Beamten und Sachverständigen vorzulegen. Sind die Geschäftsräume von den Kellereien oder sonstigen Lagerräumen getrennt, so sind die Bücher auf Verlangen auch in den zu kontrollierenden Räumen vorzulegen.

(3) Von der Buchführung sind befreit:

a) Mitglieder von Winzergenossenschaften oder Winzervereinen, sofern sie an diese ihre gesamte Traubenernte abliefern;

b) Kleinverkäufer, die Wein ausschließlich in Flaschen beziehen und unverändert in Flaschen oder glasweise wieder abgeben und deren jährlicher Umsatz im Durchschnitt insgesamt 1500 Flaschen nicht übersteigt.

c) Zweiggeschäfte, die Wein ausschließlich in Flaschen aus dem Hauptgeschäfte beziehen und unverändert in Flaschen wieder abgeben, sofern sie in demselben Lande liegen wie das Hauptgeschäft.

(4) In den Fällen des Abs. 3 unter b und c müssen die auf den Weinbezug bezüglichen Rechnungen und sonstigen Geschäftspapiere bis zum Ablauf von fünf Jahren sorgfältig geordnet und mit fortlaufenden Nummern versehen für sich gesondert aufbewahrt werden.

(5) Im einzelnen ist den Vorschriften des Gesetzes nach den den Mustern A bis H beigefügten Anweisungen zu genügen. Es haben Buch zu führen:

a) Winzer, die in der Hauptsache eigenes Gewächs in den Verkehr bringen, auch wenn sie nach Erfordernis im Inland gewonnene Trauben oder Traubenmaische zum Keltern zukaufen, nach Muster A.

Winzer, die im Durchschnitt der Jahre bei einer Ernte mehr als 30000 Liter Traubenmost einlegen, daneben auch nach Muster C oder D, jedoch jedenfalls nach Muster C, wenn sie mehr als 10000 Liter Traubenmost oder Wein einer Ernte zuckern;

b) Schankwirte, die ausschließlich für den eigenen Bedarf oder Ausschank im Inland gewonnene Trauben keltern, auch wenn sie nicht zu den Winzern gehören, sofern die im Durchschnitt der Jahre hergestellte Menge 3000 Liter nicht übersteigt, nach Muster A;

c) Schankwirte, Lebensmittelhändler, Krämer und sonstige Kleinverkäufer, die Traubenmost oder Wein nur in fertigem Zustand beziehen und unverändert wieder abgeben, nach Muster F;

d) Geschäftsvermittler über die von ihnen vermittelten Geschäfte nach Muster E.

Geschäftsvermittler, die für Rechnung ihrer Auftraggeber Traubenmaische, Traubenmost oder Wein einlegen oder behandeln, haben hierüber in gleicher Weise wie über eigene Geschäfte Buch zu führen;

e) Weinhändler, Winzergenossenschaften und andere Gesellschaften, auch wenn sie nur die Erzeugnisse ihrer Mitglieder verwerten, endlich alle übrigen zur Buchführung Verpflichteten, soweit nicht die Vorschriften unter a bis d etwas anderes ergeben, nach Muster B und daneben nach Muster C oder D, jedenfalls jedoch nach Muster C, wenn sie Traubenmaische, Traubenmost oder Wein zuckern;

f) Weinhändler, die ausländischem Dessertwein, der zur Wiederausfuhr bestimmt ist, Wein anderer Art oder aus Wein gewonnenen Alkohol oder reinen, mindestens 90 Raumhundertteile Alkohol enthaltenden Sprit zusetzen, nach Muster H;

g) alle zur Buchführung Verpflichteten über den Bezug und die Verwendung von Zucker oder anderen für die Kellerbehandlung des Weines oder zur Herstellung von Haustrunk bestimmten Stoffen nach Muster G.

(6) Den zur Buchführung Verpflichteten ist gestattet, nach Bedarf ihrer Betriebe die Bücher auch zu anderen, in dem Vordruck der Muster nicht vorgesehenen geschäftlichen Aufzeich-

nungen zu benutzen und den Vordruck entsprechend zu ergänzen, soweit es unbeschadet der Übersichtlichkeit geschehen kann.

(7) Für Lager unter Zollaufsicht ersetzt die von der Zollbehörde angeordnete und überwachte Buchführung die Buchführung nach Muster B, C, D.

(8) Die Verwendung der Muster A bis G darf außerdem unterbleiben, wenn die vorgeschriebenen Angaben in Bücher anderer Form eingetragen werden, die nach den Grundsätzen ordnungsmäßiger Buchführung geführt werden, doch sind die Muster zu verwenden, wenn die zuständige Behörde festgestellt hat, daß die geführten Bücher keine genügende Übersicht gewähren. Diese Behörde entscheidet hierüber auf Anrufen des Betriebsinhabers oder des zuständigen hauptamtlichen Sachverständigen endgültig.

Art. 20. (1) Diese Verordnung tritt am 1. September 1932 in Kraft. Mit diesem Tage treten die Ausführungsbestimmungen zum Weingesetz in der Fassung vom 1. Dezember 1925 (Reichsgesetzbl. I S. 413), die Verordnung zur Ausführung des Weingesetzes vom 29. August 1930 (Reichsgesetzbl. I S. 446) und die Zweite Verordnung zur Ausführung des Weingesetzes vom 30. März 1931 (Reichsgesetzbl. I S. 128) außer Kraft.

(2) Der Verkehr mit Getränken, die bei Inkrafttreten dieser Verordnung nachweislich bereits hergestellt waren, ist nach den bisherigen Bestimmungen zu beurteilen.

(3) Die im Artikel 16 Nr. 6, 7 bezeichneten Auszüge dürfen bis zum 31. August 1936 auch dann zur Herstellung von Weinbrandverschnitt verwendet werden, wenn sie nicht im eigenen Betriebe hergestellt worden sind.

107. Grundsätze für die einheitliche Durchführung des Weingesetzes.

Vom 2. November 1933 (RGBl. I S. 801).

I. Organisation der Weinkontrolle.

Art. 1. (1) Die mit der Handhabung der Lebensmittelpolizei betrauten Behörden und Sachverständigen haben auch den Verkehr mit Wein und den sonstigen unter das Weingesetz fallenden Erzeugnissen zu überwachen. Zu ihrer Unterstützung sind für alle Teile des Reichs geeignete Sachverständige im Hauptberufe (Weinkontrolleure) zu bestellen.

(2) Die Weinkontrolleure sollen ihre Tätigkeit vorwiegend solchen Betrieben zuwenden, in denen Weinfälschungen oder andere Zuwiderhandlungen gegen das Weingesetz in größerem Umfang möglich sind. Die Überwachung der anderen Betriebe kann in erster Linie den mit der allgemeinen Lebensmittelkontrolle betrauten Behörden und Sachverständigen überlassen werden, doch sollen die Weinkontrolleure auch von der Kontrolle dieser Betriebe nicht grundsätzlich ausgeschlossen sein.

(3) Auch die von der Buchführungspflicht befreiten Betriebe unterliegen der Weinkontrolle.

Art. 2. (1) Als Weinkontrolleure sollen nur Personen von guter Allgemeinbildung und erprobter Zuverlässigkeit bestellt werden, die mit den technischen Vorgängen bei der Herstellung und Behandlung des Weines sowie mit den gesetzlichen Vorschriften genau vertraut und in der geschmacklichen Beurteilung des Weines erfahren sind, aber auch ausreichende kaufmännische Kenntnisse besitzen, um sich in den Geschäftsbüchern der der Weinkontrolle unterliegenden Betriebe schnell zurechtfinden und Verschleierungen oder sonstige Verstöße aufdecken zu können.

(2) Werden diesen Anforderungen in erster Linie Weinfachleute zu genügen vermögen, so können doch ausnahmsweise auch Lebensmittelchemiker in Betracht kommen, denen besondere Erfahrung zur Verfügung steht.

(3) Die Weinkontrolleure müssen strengste Unparteilichkeit und vollkommene Unabhängigkeit von den ihrer Kontrolle unterliegenden Betrieben bewahren. Sie haben sich deshalb jeder privaten Betätigung auf dem Gebiete des Weinhandels und der Weinuntersuchung sowie jeder öffentlichen Stellungnahme auf den Gebieten, die ihre Amtstätigkeit berühren, zu enthalten. Eine auf die Innehaltung der bestehenden gesetzlichen Vorschriften gerichtete belehrende Tätigkeit in Wort und Schrift ist ihnen jedoch gestattet. Nicht unbedingt notwendig ist, daß die Weinkontrolleure ihre gesamte Arbeitskraft ausschließlich der

Weinkontrolle widmen. Es würde zum Beispiel unbedenklich erscheinen, daß ein Lebensmittelchemiker, der als hauptberuflicher Weinkontrolleur bestellt wird, die von ihm entnommenen Proben selbst untersucht und auch in anderen Zweigen der Lebensmittelkontrolle tätig ist. Die Weinkontrolle darf aber nicht ehrenamtlich oder nur als Nebenbeschäftigung ausgeübt werden.

Art. 3. Die Weinkontrolleure bedürfen einer gewissen Bewegungsfreiheit; sie sollen deshalb nicht nur auf besonderes Ersuchen der Polizeibehörden, sondern innerhalb der ihnen durch die vorgesetzte Behörde gezogenen Grenzen auch nach eigenem Ermessen Kontrollen ausführen.

Art. 4. Die Weinkontrolleure sind an öffentliche Lebensmittel-Untersuchungsanstalten anzugliedern. Soweit es schon bisher der Fall gewesen ist, können sie mit Zustimmung des Reichsministers des Innern öffentlichen landwirtschaftlichen Versuchs- und Forschungsanstalten angegliedert werden, sofern diese mit der chemischen Untersuchung der entnommenen Weinproben betraut sind.

Art. 5. (1) Die Anzahl der Weinkontrolleure und der Umfang der ihnen zuzuweisenden Bezirke müssen sich danach richten, ob der Kontrolleur die gesamte Weinkontrolle allein übernehmen soll oder ob neben ihm noch die mit der allgemeinen Lebensmittelkontrolle betrauten Sachverständigen an der Überwachung des Weinverkehrs teilnehmen; es kommt ferner darauf an, ob Weinbau und Weinhandel in dem Bezirke von größerer oder geringerer Bedeutung sind.

(2) Im allgemeinen soll der Bezirk so bemessen werden, daß jeder der Kontrolle unterliegende Betrieb im Zeitraum von 3 Jahren mindestens einer unvermuteten Kontrolle unterzogen werden kann.

Art. 6. (1) Die Untersuchungsanstalten und Weinkontrolleure sowie die sonst mit der Weinkontrolle betrauten Behörden und Sachverständigen sollen miteinander in Einvernehmen stehen und sich gegenseitig unterstützen.

(2) Für jede Gemeinde hat die Ortspolizeibehörde ein Verzeichnis der der Kontrolle unterliegenden Betriebe aufzustellen

und auf dem laufenden zu erhalten. In dem Verzeichnis ist bei den einzelnen Betrieben die Größe ihres Weinbergbesitzes anzugeben.

(3) Die Ortspolizeibehörden haben den Weinkontrolleuren bei Erfüllung ihrer dienstlichen Obliegenheiten die erforderliche Unterstützung zu leisten, ihnen insbesondere auf Verlangen die Liste der Betriebe einzuhändigen, verdächtige Betriebe zu bezeichnen, die Zuckerungs- und Haustrunkanzeigen zur Einsicht vorzulegen, auf Verlangen einen Beamten, möglichst nicht in Uniform, zur Hilfeleistung zur Verfügung zu stellen und für die sachgemäße Aufbewahrung und Versendung der entnommenen Proben Sorge zu tragen.

(4) Die Weinkontrolleure sollen sich gegenseitig nach Möglichkeit durch unmittelbare Mitteilung belangreicher Wahrnehmungen, z. B. über Weiterleitung zurückgewiesener Sendungen, über Versand von eingezogenen Erzeugnissen sowie von Hybridentrauben und Hybridenweinen, unterstützen und nötigenfalls bei der Aufklärung strafbarer Handlungen gemeinsam vorgehen. Die Kontrolleure verschiedener Länder können zu diesem Zweck in unmittelbaren Verkehr treten.

II. Ausführung der Weinkontrolle.

Art. 7. (1) Vor der Kontrolle hat der Weinkontrolleur, soweit dies im einzelnen Falle geboten erscheint, bei der Ortspolizeibehörde vorzusprechen und um die Mitwirkung eines Beamten zu bitten. Dieser Beamte soll den Kontrolleur bei der Kontrolle unterstützen, ihm insbesondere beim Aufsuchen der Kellereien, bei der Versiegelung der Fässer und bei der Entnahme, Verpackung und Versendung der Proben behilflich sein. Er hat sorgfältig darüber zu wachen, daß im Keller ohne Wissen des Kontrolleurs keine Veränderungen (Ändern oder Vertauschen der Faßaufschriften, Umfüllen oder Entleeren von Gebinden, Beiseiteschaffen von verdächtigen Gegenständen usw.) vorgenommen werden, die dazu dienen könnten, den Tatbestand einer strafbaren Handlung zu verdunkeln.

(2) Die Kontrolle ist den Verhältnissen des einzelnen Falles

anzupassen. Wie sie auszuführen ist, hängt davon ab, ob es sich um umfangreiche Weinlager einer großen Weinhandlung oder um kleine Winzerkeller mit geringen Weinbeständen handelt, ob ein besonderer Auftrag, etwa der Staatsanwaltschaft, vorliegt und ob Verdacht auf Zuwiderhandlungen gegen das Weingesetz besteht.

Art. 8. (1) Die Besichtigung, die in der Regel unvermutet und stets unauffällig erfolgen soll, ist mit der gebotenen Rücksichtnahme und möglichst in der Weise vorzunehmen, daß weder Aufsehen erregt noch der Betrieb gestört wird.

(2) Vor Beginn der Besichtigung hat der Kontrolleur den Betriebsinhaber oder dessen Vertreter aufzusuchen und ihm auf Verlangen seinen amtlichen Ausweis, den er stets bei sich zu führen hat, vorzuzeigen. Der Kontrolleur soll höflich, aber bestimmt auftreten und nur so lange in dem Betriebe verweilen, als zur Erfüllung seiner Aufgaben erforderlich ist. Eine etwa angebotene Bewirtung müssen er und der ihn begleitende Polizeibeamte ablehnen.

(3) Fragen des Betriebsinhabers oder seiner Angestellten soll der Kontrolleur nur insoweit beantworten, als sie unverfänglich sind, eine mißbräuchliche Verwendung der erteilten Antwort nicht zu erwarten ist und auch sonst dienstliche Interessen nicht entgegenstehen.

(4) Werden die geschäftlichen Aufzeichnungen, Frachtbriefe und Bücher nicht in den Herstellungs- und Lagerräumen selbst aufbewahrt, so geht der Besichtigung dieser Räume zweckmäßig die Einsichtnahme in die Bücher, Geschäftspapiere, Preislisten, Untersuchungszeugnisse usw. in den Geschäftsräumen voraus, so daß der Kontrolleur zunächst einen allgemeinen Überblick über die Art des Betriebes gewinnt. Dabei hat der begleitende Polizeibeamte darauf zu achten, daß in den übrigen Räumen, namentlich in den Kellerräumen, nichts vorgenommen wird, was die Kontrolle erschweren oder den Tatbestand verschleiern könnte. Es ist Vorsorge zu treffen, daß in den Kellerräumen die für die Kontrolle notwendigen Kellerbücher, Faßlagerbücher usw. zur Verfügung stehen.

(5) Bei der Durchsicht der Bücher ist zu prüfen, ob sie nach den Vorschriften des § 19 des Weingesetzes und der dazu ergangenen Ausführungsbestimmungen eingerichtet und geführt sind, insbesondere, ob die Bücher übersichtlich angelegt und die Eintragungen innerhalb der vorgeschriebenen Zeit vorgenommen und fortgeführt worden sind sowie ob der Lagerbestand mit den Eintragungen übereinstimmt. Diese Prüfung kann auf Stichproben beschränkt werden. Durch Befragen des Betriebsinhabers, seines Vertreters oder anderer in Betracht kommender Personen hat sich der Kontrolleur weiterhin zu unterrichten über die Art und den Umfang des Betriebes, über den Weinbergsbesitz, die geernteten Weinmengen, die Bezugsquellen und Abnehmer, ferner über die Preise und Bezeichnungen der Weine, den Bezug von anderen Getränken sowie von Stoffen zur Weinbehandlung, insbesondere von Ferrozyankalium, über die Zuckerung und Kellerbehandlung der Weine, über die Herstellung von Haustrunk, über die Zahl der in dem Betriebe beschäftigten Personen, über etwa vorgenommene chemische Untersuchungen usw.

(6) Erscheint dem Kontrolleur ein Betrieb von vornherein verdächtig oder ergibt sich ein Verdacht im Laufe der Besichtigung, so empfiehlt es sich, zur Festlegung des Tatbestandes die Auskünfte, die dem Kontrolleur gegeben werden, tunlichst in Gegenwart des Betriebsinhabers oder seines Vertreters schriftlich niederzulegen und einen Lageplan aufzunehmen, in den die einzelnen Fässer unter Angabe ihrer Nummern und ihres Inhalts (Wein, Haustrunk, Obstwein usw.) einzuzeichnen sind.

(7) Zur Vermeidung späterer Einreden empfiehlt es sich, vor dem Betreten der Kellerräume Auskunft darüber zu verlangen, ob Haustrunk, kranke oder verdorbene, insbesondere stichige Erzeugnisse, Obstwein oder andere Getränke vorhanden sind und wo sie lagern.

(8) Im Keller hat sich der Kontrolleur zunächst einen Überblick über die vorhandenen Bestände zu verschaffen. Eine Bestandsaufnahme ist nur dann erforderlich, wenn ein besonderer

Auftrag hierzu vorliegt oder wenn ein Verdacht auf Zuwiderhandlungen gegen das Weingesetz besteht.

Art. 9. (1) Die Kostprobe hat sich bei kleinen Lagern in der Regel auf sämtliche Fässer zu erstrecken; bei größeren Lagern richtet sich ihr Umfang nach der Anzahl der Gebinde und den Umständen des einzelnen Falles. Besonders billige Weine sind vornehmlich zu berücksichtigen; auch Flaschenweine sind der Kostprobe zu unterziehen. Auch diejenigen Gebinde und Gefäße, die angeblich keinen Wein enthalten, sind bei der Kontrolle nicht außer acht zu lassen. Auch auf Stoffe zur Kellerbehandlung ist zu achten.

(2) Bei der Kostprobe ist zu prüfen, ob die Erzeugnisse dem Gesetz entsprechend hergestellt und bezeichnet sind. Besonders ist darauf zu achten, ob unzulässiger Verschnitt von weißem mit rotem, von deutschem mit ausländischem Wein, insbesondere Dessertwein (§ 2 des Weingesetzes), Überzuckerung oder Überstreckung (§ 3), Zusatz verbotener Stoffe (Obstwein, Rosinen, Trester, Sprit, Chemikalien usw., § 4), unzulässige Herkunfts- oder Qualitätsbezeichnung (§§ 5, 6, 7), Nachmachung aus Trestern, Obstwein, Rosinen, Hefe usw. (§ 9) vorliegt.

(3) Bei der Prüfung des Haustrunkes ist darauf zu achten, ob ihm verbotene Stoffe (Weinsäure, Milchsäure, Tamarinden, Rosinen, Heferückstände usw.) zugesetzt sind und ob die vorgefundenen Mengen von Haustrunk den angemeldeten Mengen entsprechen. Dabei ist auch festzustellen, ob an denjenigen Gefäßen, die Haustrunk oder andere Getränke als Wein oder Traubenmost enthalten, die im § 20 des Weingesetzes vorgeschriebenen Bezeichnungen angebracht sind und ob die vorhandenen Vorräte von Schaumwein, dem Schaumwein ähnlichen Getränken, Weinbrand und Weinbrandverschnitt die in §§ 17, 18 des Gesetzes, Artikel 17, 18 der Ausführungs-Verordnung vorgeschriebenen Bezeichnungen tragen.

(4) Ausländische Erzeugnisse sind einer ebenso sorgfältigen Prüfung zu unterziehen wie inländische.

(5) Es ist nicht nur darauf zu achten, ob Verstöße gegen die Vorschriften des Weingesetzes vorliegen, sondern auch zu prüfen,

ob Zuwiderhandlungen gegen andere für die Herstellung und den Vertrieb von Wein geltende Gesetze und Verordnungen, z. B. Feilhalten verdorbener Erzeugnisse, vorgekommen sind. In Brennereien ist dem Verbleib der Rückstände der Weindestillation (Phlegma, Weinschlempe) nachzuforschen.

Art. 10. (1) Ergibt die Kontrolle nur geringfügige Verstöße, z. B. kleine Unrichtigkeiten bei der Buchführung, die mehr auf Ungeschicklichkeit und Unkenntnis als auf böse Absicht oder grobe Fahrlässigkeit zurückzuführen sind, so hat der Kontrolleur den Betriebsinhaber oder seinen Vertreter entsprechend zu belehren und ihm die Abstellung der vorgefundenen Unstimmigkeiten innerhalb einer angemessenen Frist aufzugeben.

(2) Bei gröberen Zuwiderhandlungen hat der Kontrolleur nach Maßgabe der ihm von seiner vorgesetzten Behörde erteilten Anweisung Strafanzeige zu erstatten.

Art. 11. (1) In der Regel sind nur von den verdächtigen Erzeugnissen Proben für die chemische Untersuchung zu entnehmen. Besteht Verdunkelungsgefahr, so hat der Kontrolleur zu veranlassen, daß die verdächtigen Erzeugnisse versiegelt und beschlagnahmt oder sonst sichergestellt werden.

(2) Bei der Versiegelung sind sämtliche Entnahmestellen durch Siegel und, wenn nötig, Schnüre derart zu sichern, daß eine Veränderung des Faßinhalts ohne Verletzung der Siegel nicht möglich ist.

(3) Bei gärenden Erzeugnissen muß die Versiegelung in der Weise vorgenommen werden, daß zwar die Kohlensäure entweichen kann, Flüssigkeiten oder andere Stoffe dagegen ohne Verletzung des Siegels nicht entnommen oder zugesetzt werden können.

(4) Nach der Versiegelung hat der zuständige Beamte den Betriebsinhaber ausdrücklich auf die strafrechtlichen Folgen der Siegelverletzung oder Veränderung des Faßinhalts (§§ 136, 137 des Strafgesetzbuchs) aufmerksam zu machen und ihm die Stelle anzugeben, an die er sich zu wenden hat, wenn eine Pflege des beschlagnahmten Weines durch Auffüllen, Umfüllen oder sonstige Behandlung erforderlich werden sollte. Der Betriebsinhaber ist

dahin zu belehren, daß er ohne besondere Erlaubnis derartige Veränderungen nicht vornehmen darf.

Art. 12. (1) Die Probe muß der wirklichen durchschnittlichen Beschaffenheit des zu untersuchenden Erzeugnisses entsprechen. Besteht bei Wein in Fässern die Möglichkeit, daß seine Zusammensetzung in den einzelnen Schichthöhen verschieden ist, z. B. besonders deshalb, weil er erst vor kurzem mit Zucker oder Zuckerlösung versetzt worden ist, so muß er durchmischt werden. Bei Wein, der auf der Hefe lagert, und bei kahmig gewordenem Weine ist die Probe aus der mittleren Flüssigkeitsschicht des nicht durchmischten Weines zu entnehmen. Soll durch die Untersuchung festgestellt werden, ob die Zusammensetzung des Faßinhalts in verschiedenen Schichthöhen ungleich ist, so sind Proben aus mehreren Schichthöhen der nicht durchmischten Flüssigkeit zu entnehmen.

(2) Die Proben sind entweder durch den Zapfhahn unter Ausschluß der zuerst ablaufenden Menge oder mit einem gereinigten Stechheber aus Glas zu entnehmen. Ist beides nicht möglich, so darf ein sauberer Gummischlauch verwendet werden, der zunächst mit dem zu entnehmenden Weine ausgespült wird.

(3) Aus jedem Fasse sind als Probe drei Flaschen (Dreiviertelliterflaschen oder Literflaschen) zu entnehmen. Die Flaschen müssen rein und trocken oder mit dem zu entnehmenden Weine mehrmals ausgespült sein; Krüge und undurchsichtige Flaschen, in denen etwa vorhandene Unreinlichkeiten oder Abscheidungen (Bodensatz und dergleichen) nicht erkannt werden können, dürfen nicht verwendet werden.

(4) Von Flaschenweinen sind mindestens drei Flaschen jeder beanstandeten Weinsorte zu entnehmen.

Art. 13. Die Proben von Traubenmaische und Traubenmost sind aus der mittleren Flüssigkeitsschicht zu entnehmen; sie müssen von Schalen, Kämmen und sonstigen Abfällen frei bleiben. Sie dürfen nicht filtriert werden und sind in der Weise haltbar zu machen, daß die zu drei Vierteln gefüllten Flaschen, nachdem die Kohlensäure durch Schütteln entfernt worden ist, fest verkorkt, zugebunden und darauf eine halbe Stunde im

Wasserbad auf 80 Grad erhitzt werden; ist eine geeignete Vorrichtung hierzu nicht vorhanden oder sollen die Proben auf Rohrzucker untersucht werden, so sind der Flüssigkeit in jeder Flasche sechs Tropfen ätherisches Senföl zuzusetzen. Von der Haltbarmachung darf abgesehen werden, wenn die Proben ohne größeren Zeitverlust an die Untersuchungsstelle abgeliefert werden können oder wenn sie nicht mehr deutlich gären und keinen süßen Geschmack aufweisen.

Art. 14. (1) Die Flaschen sind mit reinen, ungebrauchten Korkstopfen zu verschließen und so zu versiegeln, daß der Stopfen ohne Verletzung des Siegels nicht entfernt werden kann. Zu diesem Zwecke ist die Flaschenmündung fest zu umschnüren und das Siegel auf dem trockenen Korkstopfen so anzubringen, daß der Stopfen und der auf ihm liegende Teil der Schnur von dem Siegellack vollständig bedeckt werden. Die beiden Enden der Schnur sind zu verknoten und gleichfalls mit einem Siegel zu versehen.

(2) Jede Flasche ist mit einem angeklebten Zettel oder, was den Vorzug verdient, mit einem angebundenen und angesiegelten Schildchen aus Pappe oder einem anderen festen Stoff zu versehen. Auf dem Zettel oder Schildchen sind Angaben über den Inhalt, etwa nach folgendem Muster, anzubringen:

Nummer der Probe: 103, 2. Flasche
Entnommen am: 20. XII. 1933 in Ostheim
bei Adam Schmitz II aus Faß Nr.: 16
Raumgehalt: 1200 l
Bezeichnung: 1932er Ostheimer Kirchweg
Name des Kontrolleurs: Müller.

(3) Je eine versiegelte und bezeichnete Flasche der Probe ist dem Betriebsinhaber zurückzulassen. Je zwei Flaschen sind an die zuständige Untersuchungsanstalt einzusenden. Ist dies nicht alsbald ausführbar, so sind die Flaschen an einem vor Sonnenlicht geschützten kühlen Orte liegend aufzubewahren. Bei Traubenmaische, Traubenmost und Jungwein ist wegen ihrer leichten Veränderlichkeit auf besonders schnelle Beförderung Bedacht zu

nehmen. Die Flaschen sind zur Verhütung von Glasbruch sorgfältig zu verpacken.

(4) Für jede Probe ist ein Begleitschreiben nach dem Muster der Anlage A auszufüllen und der Sendung beizufügen[1]).

Art. 15. Über die Probeentnahme ist dem Betriebsinhaber eine Empfangsbescheinigung zu erteilen, in der die gezahlte oder vereinbarte Entschädigung anzugeben ist.

Art. 16. (1) Über jede Kontrolle ist eine Eintragung in das von dem Kontrolleur nach dem Muster der Anlage B zu führende Tagebuch zu machen. Im Falle der Beanstandung ist außerdem der vorgesetzten Dienststelle ein eingehender schriftlicher Bericht zu erstatten, in dem alle für die Strafverfolgung wichtigen Umstände anzugeben sind.

(2) Über die im Verlauf eines Jahres ausgeübte Kontrolltätigkeit ist ein zusammenfassender Bericht nach dem Muster der Anlage C zu erstatten und durch die vorgesetzte Dienststelle der obersten Landesbehörde einzureichen. Je zwei Abschriften der Berichte übersendet die oberste Landesbehörde dem Reichsminister des Innern.

108. Verordnung über Wermutwein und Kräuterwein.

Vom 20. März 1936 (RGBl. I S. 196).

§ 1. Wermutwein ist das aus Wein unter Verwendung von Wermutkraut hergestellte Getränk, in dem der dem Wermutkraut eigentümliche Geschmack deutlich hervortritt und das in einem Liter mindestens 750 Kubikzentimeter Wein sowie insgesamt mindestens 119 und höchstens 145 Gramm Alkohol enthält.

§ 2. (1) Kräuterweine sind die aus Wein unter Verwendung von würzenden Stoffen hergestellten Getränke. Zu den Kräuterweinen gehören jedoch nicht:

1. Wermutwein;
2. Bowlen, Punsche, Glühwein;
3. Trinkbranntweine aller Art;
4. Arzneiweine (Chinawein, Kondurangowein, Kolawein, Pepsinwein usw.).

---

[1]) Wegen der hier nicht abgedruckten Anlagen vgl. RGBl. 1933 I S. 805 f.

(2) Kräuterweine müssen so hergestellt sein, daß sie in einem Liter insgesamt höchstens 140 Gramm Alkohol und mindestens 750 Kubikzentimeter Wein enthalten.

§ 3. Bei der Herstellung von Wermutwein dürfen nur folgende Stoffe verwendet werden:

1. Wein, außer Hybridenwein;
2. Wermutkraut, allein oder im Gemisch mit anderen würzenden Pflanzenteilen, auch in Auszügen; zu einem Liter Wein dürfen jedoch höchstens 50 Kubikzentimeter wässeriger Auszug zugesetzt werden;
3. reiner, mindestens 90 Raumhundertteile Alkohol enthaltender Sprit;
4. technisch reiner Rüben- oder Rohrzucker, auch in reinem Wasser gelöst; auf ein Kilogramm Zucker dürfen jedoch höchstens zwei Liter Wasser verwendet werden;
5. kleine Mengen gebrannter Zucker (Zuckercouleur);
6. Zitronensäure;
7. zur Klärung (Schönung) die folgenden technisch reinen Stoffe:
   a) in Wein gelöste Hausen-, Stör- oder Welsblase,
   b) Gelatine, Agar-Agar,
   c) Tannin bis zur Höchstmenge von 10 Gramm auf 100 Liter,
   d) Eiereiweiß,
   e) spanische Erde, weiße Tonerde (Kaolin),
   f) mechanisch wirkende Filterdichtungsstoffe (Asbest, Zellulose u. dgl.);
8. entrahmte Milch bis zur Höchstmenge von einem Liter auf 100 Liter zur Beseitigung von Geschmacksfehlern.

§ 4. Bei der Herstellung von Kräuterweinen dürfen nur folgende Stoffe verwendet werden:

1. würzende Kräuter, auch in Auszügen, ausgenommen Wermutkraut und die daraus hergestellten Auszüge; zu einem Liter Wein dürfen jedoch höchstens 50 Kubikzentimeter wässeriger Auszug zugesetzt werden;
2. die im § 3 Nrn. 1, 3 bis 8 genannten Stoffe.

§ 5. (1) Wird Wermutwein oder Kräuterwein in Flaschen oder ähnlichen Gefäßen gewerbsmäßig verkauft oder feilgehalten, so muß auf dem Flaschenschild in deutlicher und unverwischbarer Schrift angegeben sein:

1. bei Wermutwein das Land der Herstellung durch die Bezeichnung „Deutscher Wermutwein", „Italienischer Wermutwein", „Französischer Wermutwein" usw.;
2. bei Kräuterwein die Bezeichnung „Kräuterwein";
3. bei Wermutwein und Kräuterwein der Name oder die Firma des Herstellers oder desjenigen, der das Getränk in den Verkehr bringt, sowie der Ort der gewerblichen Hauptniederlassung; wenn dieser Ort im Auslande liegt, das Getränk jedoch in Deutschland hergestellt ist, der Ort der Herstellung.

(2) Diese Bezeichnungen sind auch in die Preislisten, Weinkarten und Rechnungen sowie in die sonstigen im geschäftlichen Verkehr üblichen Mitteilungen mit aufzunehmen.

§ 6. Als nachgemacht oder verfälscht sind insbesondere anzusehen und auch bei Kenntlichmachung vom Verkehr ausgeschlossen:

Wermutwein und Kräuterweine, die entgegen den Vorschriften der §§ 1 bis 4 hergestellt sind.

§ 7. Eine irreführende Bezeichnung, Angabe oder Aufmachung liegt insbesondere vor:

1. wenn ein Erzeugnis als Gewürzwein oder als Medizinal-, Gesundheits-, Kranken-, Blut-, Magen-, Stärkungs-, Kraft-Wermutwein oder -Kräuterwein oder mit ähnlichen Wortbildungen bezeichnet wird oder wenn auf der Beschriftung oder zur Werbung Angaben oder Abbildungen verwendet werden, die eine heilende oder stärkende Wirkung andeuten;
2. wenn in der Bezeichnung von Wermutwein oder Kräuterwein auf Trinkbranntwein hingewiesen wird, auch mit Zusätzen, wie „Geschmack", „Art", „Typ", „Aroma", „Essenz", „Gewürz";
3. wenn in der Beschriftung von Wermutwein oder Kräuterwein der Alkoholgehalt angegeben wird.

§ 8. Wermutwein darf zur Herstellung von weinhaltigen Getränken anderer Art, mit Ausnahme von Trinkbranntweingemischen (Mixgetränken, Cocktails u. dgl.), nicht verwendet werden.

§ 9. (1) Diese Verordnung tritt am 1. Juli 1936 in Kraft. Gleichzeitig tritt Artikel 14 der Verordnung zur Ausführung des Weingesetzes vom 16. Juli 1932 (Reichsgesetzbl. I S. 358) außer Kraft.

(2) Der Verkehr mit Erzeugnissen, die bei Inkrafttreten dieser Verordnung nachweislich bereits hergestellt oder in das Reichsgebiet eingeführt waren, ist bis zum 31. Dezember 1936 nach den bisherigen Bestimmungen zu beurteilen. Diese Übergangsvorschrift gilt für Bezeichnungen nur insoweit, als sie bei Inkrafttreten dieser Verordnung nachweislich bereits an den Flaschen angebracht waren.

109. Gesetz über das Branntweinmonopol.

Vom 8. April 1922 (RGBl. S. 335 und 405).

(Auszug.)

§ 95. Die Reichsmonopolverwaltung darf nur die dem Massenverbrauche dienenden einfachen Trinkbranntweine herstellen. Als solche sind insbesondere Verschnitte von Weinbrand, Arrak und Rum und solche gesüßten Branntweine, die mehr als 10 Kilogramm Zucker in 100 Liter enthalten, nicht anzusehen.

§ 98. Wiederverkäufern ist verboten:

1. die Monopolerzeugnisse in Weingeistgehalt, Geruch, Geschmack oder Aussehen zu verändern; jedoch ist das Mischen der Monopolerzeugnisse miteinander oder mit anderen Stoffen auf Verlangen des Verbrauchers zum Zwecke des sofortigen Genusses gestattet;
2. die Verschlüsse der Kleinverkaufsbehältnisse oder die zu ihrer Sicherung angebrachten Vorkehrungen zu entfernen, bevor die Behältnisse geöffnet werden;
3. die in Kleinverkaufbehältnissen gelieferten Monopolerzeugnisse anders als unmittelbar aus den Behältnissen, in denen sie geliefert sind, abzugeben;

4. die in Kleinverkaufsbehältnissen gelieferten Monopolerzeugnisse in Mengen von 0,25 Liter oder mehr anders als in den verschlossenen Kleinverkaufbehältnissen der Reichsmonopolverwaltung abzugeben.

Der Reichsminister der Finanzen kann Ausnahmen von den Vorschriften im Abs. 1 Nr. 3 und 4 zulassen.

§ 100. Die Verwertung von Branntwein außerhalb des Monopolbetriebs zur Herstellung von Trinkbranntwein ist zulässig, soweit für den Branntwein der regelmäßige Verkaufpreis oder der Branntweinaufschlag oder der regelmäßige Monopolausgleich entrichtet worden ist.

Im Inland darf Trinkbranntwein nur unter Kennzeichnung des Weingeistgehalts in Raumhundertteilen in den Verkehr gebracht werden. Die Kennzeichnung hat bei Lieferungen in Behältnissen von mehr als einem Liter Inhalt auf der Rechnung, bei Lieferung in Behältnissen bis zu einem Liter Inhalt auf dem Flaschenschild zu erfolgen.

Im Inland dürfen Arrak, Rum und Obstbranntwein sowie Verschnitte davon und Steinhäger nur mit einem Weingeistgehalt von mindestens 38 Raumhundertteilen, sonstige Trinkbranntweine nur mit einem Weingeistgehalt von mindestens 32 Raumhundertteilen in den Verkehr gebracht werden. Die Reichsmonopolverwaltung kann in gemeinsamer Beschlußfassung mit dem Beirat Ausnahmen für besondere Gegenden und besondere Trinkbranntweinarten zulassen. Trinkbranntwein, der in Flaschen oder ähnlichen Gefäßen gewerbsmäßig verkauft oder feilgehalten wird, muß eine Bezeichnung tragen, die erkennen läßt, ob der Trinkbranntwein im Inland oder Ausland fertiggestellt ist. Außerdem sind der Fertigsteller und der Ort der Fertigstellung anzugeben, sowie der Sitz der Firma, wenn dieser mit dem Orte der Fertigstellung nicht übereinstimmt. Es ist verboten, den Flaschen eine Ausstattung zu geben, die geeignet ist, den Käufer über die Herkunft irrezuführen.

Das Nähere regeln die Ausführungsbestimmungen.

Die Vorschriften im § 18 des Weingesetzes vom 7. April 1909 (Reichsgesetzbl. S. 393ff.)[1]) bleiben unberührt.

§ 101. Unter der Bezeichnung Kornbranntwein darf nur Branntwein in den Verkehr gebracht werden, der ausschließlich aus Roggen, Weizen, Buchweizen, Hafer oder Gerste hergestellt und nicht im Würzeverfahren gewonnen ist. Mischungen von Kornbranntwein mit weingeisthaltigen Erzeugnissen anderer Art dürfen nicht unter der Bezeichnung Kornverschnitt oder unter einer ähnlichen Bezeichnung, die auf die Herstellung aus Korn (Roggen, Weizen, Buchweizen, Hafer oder Gerste) schließen läßt, in den Verkehr gebracht werden.

§ 102. Unter der Bezeichnung Kirschwasser, Zwetschenwasser, Heidelbeergeist oder ähnlichen Bezeichnungen, die auf die Herstellung aus Kirschen, Zwetschen, Heidelbeeren oder sonstigen Obst- und Beerenarten hinweisen (Kirschbranntwein, Kirsch, Zwetschenbranntwein, Steinobstbranntwein, Kernobstbranntwein und dergleichen), darf nur Branntwein in den Verkehr gebracht werden, der ausschließlich aus den betreffenden Obst- oder Beerenarten hergestellt ist. Die Vorschrift im § 101 Satz 2 findet entsprechende Anwendung.

Unter der Bezeichnung Steinhäger darf nur Trinkbranntwein in den Verkehr gebracht werden, der ausschließlich durch Abtrieb unter Verwendung von Wacholderlutter aus vergorener Wacholderbeermaische hergestellt ist.

§ 103. Die Verwendung von Branntweinschärfen ist untersagt.

§ 104. Trinkbranntwein, den nicht die Reichsmonopolverwaltung hergestellt hat, oder dessen Verpackungen oder Umhüllungen dürfen nicht mit der Bezeichnung Monopol oder mit einer ähnlichen Bezeichnung oder mit einer Ausstattung versehen oder in den Verkehr gebracht werden, die geeignet ist, den Eindruck hervorzurufen, daß es sich um Monopolerzeugnisse handelt. Das gleiche gilt für Ankündigungen, Preislisten, Geschäftsbriefe, Empfehlungen, Rechnungen oder dergleichen.

[1]) Ersetzt durch das Weingesetz vom 25. 7. 1930 (RGBl. I S. 356).

Unternehmungen oder Betriebe dürfen Bezeichnungen, die geeignet sind, den Eindruck hervorzurufen, daß eine Verbindung mit der Reichsmonopolverwaltung besteht, nur mit Genehmigung dieser Verwaltung verwenden.

§ 106. Der Handel mit Branntwein ist nur mit Genehmigung der Reichsmonopolverwaltung gestattet.

Ohne Genehmigung der Reichsmonopolverwaltung zulässig ist der Handel

1. mit dem im § 99 bezeichneten Branntwein und dem daraus hergestellten Trinkbranntwein, soweit sich nicht aus § 87 Abs. 2 oder aus § 99 Abs. 2 Beschränkungen ergeben,
2. mit Monopolerzeugnissen.

Branntwein darf nicht zu einem Preise angeboten, gehandelt oder erworben werden, der niedriger ist als der regelmäßige Verkaufspreis (§§ 88ff.). Das Nähere regeln die Ausführungsbestimmungen.

§ 107. Der Reichsminister der Finanzen wird ermächtigt, den Kleinhandel mit vergälltem Branntwein abweichend von den Vorschriften des § 33 der Gewerbeordnung zu regeln.

§ 115. Nahrungs- und Genußmittel — insbesondere weingeisthaltige Getränke —, Heil-, Vorbeugungs- und Kräftigungsmittel, Riechmittel und Mittel zur Reinigung, Pflege oder Färbung der Haut, des Haares, der Nägel oder der Mundhöhle dürfen nicht so hergestellt werden, daß sie Methylalkohol enthalten. Zubereitungen dieser Art, die Methylalkohol enthalten, dürfen nicht in den Verkehr gebracht oder aus dem Ausland eingeführt werden.

Die Vorschriften des Abs. 1 finden keine Anwendung

1. auf Formaldehydlösungen und auf Formaldehydzubereitungen, deren Gehalt an Methylalkohol auf die Verwendung von Formaldehydlösungen zurückzuführen ist,
2. auf Zubereitungen, in denen technisch nicht vermeidbare geringe Mengen von Methylalkohol sich aus darin enthaltenen Methylverbindungen gebildet haben oder durch andere mit der Herstellung verbundene natürliche Vorgänge entstanden sind.

Als Methylalkohol im Sinne dieser Vorschrift gilt auch Holzgeist.

§ 116. Gemische von Branntweinhefe mit Bierhefe dürfen nicht in den Verkehr gebracht werden, auch nicht im gewerbsmäßigen Verkehr angekündigt oder vorrätig gehalten werden.

Unter Branntweinhefe (Lufthefe, Preßhefe, Pfundhefe, Stückhefe, Bärme) im Sinne dieses Gesetzes werden die bei der Branntweinbereitung unter Verwendung von Stärkemehl- oder zuckerhaltigen Rohstoffen, insbesondere von Getreide (Roggen, Weizen, Gerste, Mais), Kartoffeln, Buchweizen, Melasse oder Gemischen der bezeichneten Rohstoffe erzeugten obergärigen frischen Hefen oder Gemische dieser Hefen verstanden.

Branntweinhefe darf nicht unter einer Bezeichnung in den Verkehr gebracht werden, die auf die Herstellung aus einem bestimmten Rohstoff hinweist (z. B. als Getreidehefe, Roggenhefe, Maishefe, Kartoffelhefe, Melassehefe), wenn die Hefe nicht ausschließlich aus diesem Rohstoff hergestellt worden ist.

Unter Bierhefe im Sinne dieses Gesetzes wird diejenige frische Hefe verstanden, die bei der Bereitung von Bier oder bierähnlichen Getränken unter Verwendung der durch die Biersteuergesetzgebung zugelassenen Rohstoffe erzeugt ist.

Bierhefe darf nur unter dieser Bezeichnung, Preßhefe, die aus Bierhefe hergestellt ist, jedoch auch als Bierpreßhefe in den Verkehr gebracht werden.

Branntwein- und Bierhefe, die einen Zusatz von anderen Stoffen erhalten hat, darf nicht in den Verkehr gebracht werden.

Der Reichsminister des Innern wird ermächtigt, Bestimmungen für die Untersuchung der Hefe zu treffen.

§ 131. Wer den Vorschriften in § 100 zuwiderhandelt, wird mit Geldstrafe bestraft.

§ 133. Wer der Vorschrift in § 104 zuwiderhandelt, wird mit Geldstrafe bestraft. Daneben kann auf Einziehung des Branntweins und der sonstigen im § 104 Abs. 1 bezeichneten Gegenstände, hinsichtlich deren die Zuwiderhandlung begangen worden ist, erkannt werden.

§ 140. Wer den Vorschriften der §§ 101 bis 103, 116 oder den dazu erlassenen Ausführungsbestimmungen vorsätzlich oder fahrlässig zuwiderhandelt, wird mit Geldstrafe oder mit Haft bestraft.

§ 141. Wer der Vorschrift des § 115 vorsätzlich zuwiderhandelt, wird mit Gefängnis bis zu sechs Monaten und mit Geldstrafe oder mit einer dieser Strafen bestraft. Ist die Zuwiderhandlung aus Fahrlässigkeit begangen worden, so ist auf Geldstrafe oder auf Gefängnis bis zu zwei Monaten zu erkennen.

§ 142. Neben der Strafe kann auf Einziehung der Gegenstände, die den Vorschriften in den §§ 101 bis 103, 115, 116 zuwider hergestellt, in den Verkehr gebracht oder eingeführt worden sind, einschließlich der Umschließungen erkannt werden, ohne Unterschied, ob sie dem Verurteilten gehören oder nicht; auch kann die Vernichtung ausgesprochen werden.

Die Vorschriften der §§ 15, 16 des Gesetzes, betreffend den Verkehr mit Nahrungsmitteln, Genußmitteln und Gebrauchsgegenständen, vom 14. Mai 1879 (Reichsgesetzbl. S. 145)[1]) finden auch bei Strafverfolgungen auf Grund der Vorschriften in den §§ 140 und 141 Anwendung.

§ 143. Die Vorschriften anderer Gesetze, nach denen in den Fällen der §§ 101 bis 103, 115, 116 eine schwerere Strafe verwirkt ist, bleiben unberührt. Die Einziehung oder Vernichtung sowie die öffentliche Bekanntmachung der Verurteilung sind auch dann zulässig, wenn die Strafe gemäß § 73 des Strafgesetzbuchs auf Grund eines anderen Gesetzes zu bestimmen ist.

§ 148. Auf das Strafverfahren finden die Vorschriften des zweiten Abschnitts des dritten Teiles der Reichsabgabenordnung entsprechende Anwendung.

Für das Strafverfahren in den Fällen der §§ 134 bis 143 sind nur die ordentlichen Gerichte zuständig.

§ 149. Ein im Strafverfahren eingegangener Geldbetrag ist zunächst auf die Monopoleinnahme zu verrechnen.

---

[1]) Ersetzt durch §§ 13, 15, 18 des Lebensmittelgesetzes, abgedruckt RGBl. 1936 I S. 17.

Im Strafverfahren eingezogener Branntwein ist der Reichsmonopolverwaltung anzubieten. § 108 Abs. 1 findet Anwendung.

Die Vorschrift im Abs. 2 gilt auch, wenn Branntwein in anderen Strafverfahren als wegen Zuwiderhandlung gegen das Gesetz über das Branntweinmonopol eingezogen wird.

110. Gesetz über den Verkehr mit Absinth.

Vom 27. April 1923 (RGBl. I S. 257).

§ 1. Es ist verboten:

1. den unter dem Namen Absinth bekannten Trinkbranntwein, ihm ähnliche Erzeugnisse oder die zur Herstellung solcher Getränke dienenden Grundstoffe (Essenzen, Extrakte) einzuführen, herzustellen, zum Verkaufe vorrätig zu halten, anzukündigen, zu verkaufen oder sonst in den Verkehr zu bringen; Trinkbranntwein, bei dessen Herstellung nur kleine Mengen Wermutkraut zur Geschmacksverbesserung verwendet werden, fällt nicht unter dieses Verbot;
2. Wermutöl oder Thujon (Tanaceton) bei der Herstellung von Trinkbranntwein oder anderen alkoholischen Getränken (Wermutwein oder dergleichen) zu verwenden, zu diesem Zwecke vorrätig zu halten, anzukündigen, zu verkaufen oder sonst in den Verkehr zu bringen;
3. Anweisungen zur Herstellung der nach Nr. 1 oder 2 verbotenen Getränke oder Grundstoffe anzukündigen oder zu verkaufen.

§ 2. Die Reichsregierung kann mit Zustimmung des Reichsrats

1. die Verbote im § 1 Nr. 1 auch auf Trinkbranntwein, bei dessen Herstellung nur kleine Mengen Wermutkraut zur Geschmacksverbesserung verwendet werden, sowie auf andere als die dort genannten Getränke und Grundstoffe, die Bestandteile des Wermutkrauts enthalten, ausdehnen;
2. verbieten, daß berauschende oder betäubende, im allgemeinen nicht als Genußmittel dienende Flüssigkeiten, deren gewohnheitsmäßiger Genuß die Gesundheit schädigt, in Gast- oder Schankwirtschaften zum Verkaufe vorrätig gehalten,

angekündigt, verkauft oder sonst an andere überlassen werden.

§ 3. Wer der Vorschrift des § 1 oder einem nach § 2 erlassenen Verbote zuwiderhandelt, wird mit Gefängnis bis zu einem Jahre und mit Geldstrafe oder mit einer dieser Strafen bestraft.

Neben der Strafe ist auf Einziehung der Getränke, Flüssigkeiten oder Stoffe zu erkennen, die dem Verbote zuwider eingeführt, hergestellt, vorrätig gehalten, angekündigt, verkauft, sonst in den Verkehr gebracht oder an andere überlassen worden sind, ohne Unterschied, ob sie dem Verurteilten gehören oder nicht, und zwar auch dann, wenn die Strafe nach § 73 des Strafgesetzbuchs nach einem anderen Gesetze zu bestimmen ist. Ist die Verfolgung oder Verurteilung einer bestimmten Person nicht ausführbar, so kann auf die Einziehung selbständig erkannt werden.

Anhang.

111. Auszug aus dem Strafgesetzbuch.

Maßregeln der Sicherung und Besserung.

§ 42 a.

Maßregeln der Sicherung und Besserung sind:

1. die Unterbringung in einer Heil- oder Pflegeanstalt,
2. die Unterbringung in einer Trinkerheilanstalt oder einer Entziehungsanstalt,
3. die Unterbringung in einem Arbeitshaus,
4. die Sicherungsverwahrung,
5. die Entmannung gefährlicher Sittlichkeitsverbrecher,
6. die Untersagung der Berufsausübung.

§ 42 b.

(1) Hat jemand eine mit Strafe bedrohte Handlung im Zustand der Zurechnungsunfähigkeit (§ 51 Abs. 1, § 58 Abs. 1) oder der verminderten Zurechnungsfähigkeit (§ 51 Abs. 2, § 58 Abs. 2) begangen, so ordnet das Gericht seine Unterbringung

in einer Heil- oder Pflegeanstalt an, wenn die öffentliche Sicherheit es erfordert. Dies gilt nicht bei Übertretungen.

(2) Bei vermindert Zurechnungsfähigen tritt die Unterbringung neben die Strafe.

§ 42c.

Wird jemand, der gewohnheitsmäßig im Übermaß geistige Getränke oder andere berauschende Mittel zu sich nimmt, wegen eines Verbrechens oder Vergehens, das er im Rausch begangen hat oder das mit einer solchen Gewöhnung in ursächlichem Zusammenhang steht, oder wegen Volltrunkenheit (§ 330a) zu einer Strafe verurteilt und ist seine Unterbringung in einer Trinkerheilanstalt oder einer Entziehungsanstalt erforderlich, um ihn an ein gesetzmäßiges und geordnetes Leben zu gewöhnen, so ordnet das Gericht neben der Strafe die Unterbringung an.

§ 42f.

(1) Die Unterbringung dauert so lange, als ihr Zweck es erfordert.

(2) Die Unterbringung in einer Trinkerheilanstalt oder einer Entziehungsanstalt und die erstmalige Unterbringung in einem Arbeitshaus oder einem Asyl dürfen nicht länger als zwei Jahre dauern.

(3) Die Dauer der Unterbringung in einer Heil- oder Pflegeanstalt, der wiederholten Unterbringung in einem Arbeitshaus oder einem Asyl und der Sicherungsverwahrung ist an keine Frist gebunden. Bei diesen Maßregeln hat das Gericht jeweils vor dem Ablauf bestimmter Fristen zu entscheiden, ob der Zweck der Unterbringung erreicht ist. Die Frist beträgt bei der Unterbringung in einer Heil- oder Pflegeanstalt und der Sicherungsverwahrung drei Jahre und bei der wiederholten Unterbringung in einem Arbeitshaus oder einem Asyl zwei Jahre. Ergibt sich bei der Prüfung, daß der Zweck der Unterbringung erreicht ist, so hat das Gericht die Entlassung des Untergebrachten anzuordnen.

(4) Das Gericht kann auch während des Laufs der in den Abs. 2

und 3 genannten Fristen jederzeit prüfen, ob der Zweck der Unterbringung erreicht ist. Wenn das Gericht dies bejaht, so hat es die Entlassung des Untergebrachten anzuordnen.

(5) Die Fristen laufen vom Beginn des Vollzugs an. Lehnt das Gericht die Entlassung des Untergebrachten ab, so beginnt mit dieser Entscheidung der Lauf der im Abs. 3 genannten Fristen von neuem.

§ 42 g.

(1) Sind seit der Rechtskraft des Urteils drei Jahre verstrichen, ohne daß mit dem Vollzug der Unterbringung begonnen worden ist, so darf sie nur noch vollzogen werden, wenn das Gericht es anordnet. Die Anordnung ist nur zulässig, wenn der Zweck der Maßregel die nachträgliche Unterbringung erfordert.

(2) In die Frist wird die Zeit nicht eingerechnet, in der der Unterzubringende eine Freiheitsstrafe verbüßt oder auf behördliche Anordnung in einer Anstalt verwahrt wird.

§ 42 h.

(1) Die Entlassung des Untergebrachten gilt nur als bedingte Aussetzung der Unterbringung. Das Gericht kann dem Untergebrachten bei der Entlassung besondere Pflichten auferlegen und solche Anordnungen auch nachträglich treffen oder ändern. Zeigt der Entlassene durch sein Verhalten in der Freiheit, daß der Zweck der Maßregel seine erneute Unterbringung erfordert, und ist die Vollstreckung der Maßregel noch nicht verjährt, so widerruft das Gericht die Entlassung.

(2) Die Dauer der Unterbringung in einer Trinkerheilanstalt oder einer Entziehungsanstalt und der erstmaligen Unterbringung in einem Arbeitshaus oder einem Asyl darf auch im Falle des Widerrufs insgesamt die gesetzliche Höchstdauer der Maßregel nicht überschreiten.

§ 42 i.

(1) . . . . . .

(2) Die in einer Heil- oder Pflegeanstalt, einer Trinkerheilanstalt oder einer Entziehungsanstalt Untergebrachten können

innerhalb oder außerhalb der Anstalt auf eine ihren Fähigkeiten und Verhältnissen angemessene Weise beschäftigt werden.

§ 42 k.

(1) Das Gericht kann neben der Strafe anordnen, daß ein Mann, der zur Zeit der Entscheidung das einundzwanzigste Lebensjahr vollendet hat, zu entmannen ist:

1. wenn er wegen eines Verbrechens der Nötigung zur Unzucht, der Schändung, der Unzucht mit Kindern oder der Notzucht (§§ 176 bis 178) oder wegen eines zur Erregung oder Befriedigung des Geschlechtstriebs begangenen Vergehens oder Verbrechens der öffentlichen Vornahme unzüchtiger Handlungen oder der Körperverletzung (§§ 183, 223 bis 226) zu Freiheitsstrafe von mindestens sechs Monaten verurteilt wird, nachdem er schon einmal wegen einer solchen Tat zu Freiheitsstrafe rechtskräftig verurteilt worden ist, und die Gesamtwürdigung der Taten ergibt, daß er ein gefährlicher Sittlichkeitsverbrecher ist;
2. wenn er wegen mindestens zwei derartiger Taten zu Freiheitsstrafe von mindestens einem Jahr verurteilt wird und die Gesamtwürdigung der Taten ergibt, daß er ein gefährlicher Sittlichkeitsverbrecher ist auch wenn er früher wegen einer solchen Tat noch nicht verurteilt worden ist;
3. wenn er wegen eines zur Erregung oder Befriedigung des Geschlechtstriebs begangenen Mordes oder Totschlags (§§ 211 bis 215) verurteilt wird.

(2) § 20a Abs. 3 gilt entsprechend.

(3) Eine ausländische Verurteilung steht einer inländischen gleich, wenn die geahndete Tat nach deutschem Recht ein Verbrechen oder Vergehen der im Abs. 1 genannten Art wäre.

§ 42 n

Maßregeln der Sicherung und Besserung können nebeneinander angeordnet werden.

Gemeingefährliche Vergiftung.

§ 324.

Wer vorsätzlich Brunnen- oder Wasserbehälter, welche zum Gebrauche anderer dienen, oder Gegenstände, welche zum öffentlichen Verkaufe oder Verbrauche bestimmt sind, vergiftet oder denselben Stoffe beimischt, von denen ihm bekannt ist, daß sie die menschliche Gesundheit zu zerstören geeignet sind, ingleichen wer solche vergiftete oder mit gefährlichen Stoffen vermischte Sachen wissentlich und mit Verschweigung dieser Eigenschaft verkauft, feilhält oder sonst in Verkehr bringt, wird mit Zuchthaus bis zu zehn Jahren und, wenn durch die Handlung der Tod eines Menschen verursacht worden ist, mit Zuchthaus nicht unter zehn Jahren oder mit lebenslänglichem Zuchthaus bestraft.

§ 325.

Neben der nach den Vorschriften der §§ 306 bis 308, 311 bis 313, 315, 321 bis 324 erkannten Zuchthausstrafe kann auf Zulässigkeit von Polizeiaufsicht erkannt werden.

§ 326.

Ist eine der in den §§ 321 bis 324 bezeichneten Handlungen aus Fahrlässigkeit begangen worden, so ist, wenn durch die Handlung ein Schaden verursacht worden ist, auf Gefängnis bis zu einem Jahre und, wenn der Tod eines Menschen verursacht worden ist, auf Gefängnis von einem Monat bis zu drei Jahren zu erkennen.

Absperrungsmaßregeln gegen übertragbare Krankheiten.

§ 327.

(1) Wer die Absperrungs- oder Aufsichtsmaßregeln oder Einfuhrverbote, welche von der zuständigen Behörde zur Verhütung des Einführens oder Verbreitens einer ansteckenden Krankheit angeordnet worden sind, wissentlich verletzt, wird mit Gefängnis bis zu zwei Jahren oder mit Geldstrafe bestraft.

(2) Ist infolge dieser Verletzung ein Mensch von der ansteckenden Krankheit ergriffen worden, so tritt Gefängnisstrafe von drei Monaten bis zu drei Jahren ein.

Vollrausch.

§ 330 a.

(1) Wer sich vorsätzlich oder fahrlässig durch den Genuß geistiger Getränke oder durch andere berauschende Mittel in einen die Zurechnungsfähigkeit (§ 51 Abs. 1) ausschließenden Rausch versetzt, wird mit Gefängnis bis zu zwei Jahren oder mit Geldstrafe bestraft, wenn er in diesem Zustand eine mit Strafe bedrohte Handlung begeht.

(2) Die Strafe darf jedoch nach Art und Maß nicht schwerer sein als die für die vorsätzliche Begehung der Handlung angedrohte Strafe.

(3) Die Verfolgung tritt nur auf Antrag ein, wenn die begangene Handlung nur auf Antrag verfolgt wird.

Überlassung von berauschenden Mitteln an Anstaltsinsassen.

§ 330 b.

Wer wissentlich einer Person, die in einer Trinkerheilanstalt oder einer Entziehungsanstalt untergebracht ist, ohne Erlaubnis des Leiters der Anstalt geistige Getränke oder andere berauschende Mittel verschafft, wird mit Gefängnis bis zu drei Monaten oder mit Geldstrafe bestraft.

Spiel, Trunk, Müßiggang.

§ 361.

Mit Haft wird bestraft:

. . . .

5. wer sich dem Spiel, Trunk oder Müßiggang dergestalt hingibt, daß er in einen Zustand gerät, in welchem zu seinem Unterhalte oder zum Unterhalte derjenigen, zu deren Ernährung er verpflichtet ist, durch Vermittelung der Behörde fremde Hilfe in Anspruch genommen werden muß;

. . . .

§ 362.

Die nach Vorschrift des § 361 Nr. 3 bis 8 Verurteilten können zu Arbeiten, welche ihren Fähigkeiten und Verhältnissen angemessen sind, innerhalb und, sofern sie von anderen freien Arbeitern getrennt gehalten werden, auch außerhalb der Strafanstalt angehalten werden.

Verkehr mit Giften.

§ 367.

Mit Geldstrafe bis zu einhundertfünfzig Reichsmark oder mit Haft wird bestraft:

. . . .

3. wer ohne polizeiliche Erlaubnis Gift oder Arzeneien, soweit der Handel mit denselben nicht freigegeben ist, zubereitet, feilhält, verkauft oder sonst an andere überläßt;

. . . .

5. wer bei der Aufbewahrung oder bei der Beförderung von Giftwaren, Schießpulver oder Feuerwerken, oder bei der Aufbewahrung, Beförderung, Verausgabung oder Verwendung von Sprengstoffen oder anderen explodierenden Stoffen, oder bei Ausübung der Befugnis zur Zubereitung oder Feilhaltung dieser Gegenstände, sowie der Arzeneien die deshalb ergangenen Verordnungen nicht befolgt;

. . . .

Alphabetisches Stichwortverzeichnis.

(Die fettgedruckten Zahlen bedeuten die Nummern, unter denen die zitierte Stelle angeführt ist; die einfachen die Seiten).

C.

D.

N.

O.

P.

T.

FSC
www.fsc.org
MIX
Papier | Fördert
gute Waldnutzung
FSC® C083411

Kolibri 360 GmbH
Ferdinand-Jühlke-Straße 7
99095 Erfurt, Deutschland
produktsicherheit@kolibri360.de